Jingshi

Tongwenguan

Waiyu

Jiaoyu Yanjiu

浙江省社科规划课题成果

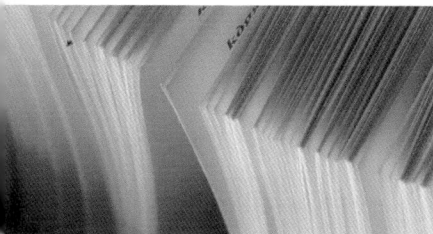

京师同文馆外语教育研究

张美平 / 著

ZHEJIANG UNIVERSITY PRESS
浙江大学出版社

目　录

绪论　学术史回顾

一、问题缘起

　　教育是一项以人为核心的事业,关系到一个国家、一个民族整体素质的高低,从而从根本上决定着一个国家和民族的兴衰存亡。教育现代化是国家现代化的重要组成部分。外语教育现代化又是教育现代化的重要组成部分。外语教育现代化在提高一个国家、一个民族的整体素质方面起到至关重要的作用,在向世界宣传和介绍中国、传递中国声音方面同样起着不可替代的作用。放眼世界,那些走在现代化前列的国家,大多是重视外语教育现代化的国家。道理很简单,对于任何一个国家或民族来说,要发展,要进步,无论是在过去、现在,还是在将来,都需要"走出去"和"请进来"。在保卫国家安全,引进国外先进的思想和技术,承担国际义务和进行国际合作,构建本国国际话语体系,"以多层次对外话语阐释中国价值观念"[①]等活动中,语言是不可或缺的媒介。正因为此,自 19 世纪中叶以来,奕䜣、曾国藩、李鸿章等开明士大夫启动了以创办外语学堂为重要内容之一的学习西方的洋务运动[②],开始了中国早期现代化进程。

　　现代化是一个全球现象,它发端于 14、15 世纪的西欧[③],其最初的启动力

---

　　①　吴学琴:《以多层次对外话语阐释中国价值观念》,《光明日报》,2015 年 7 月 2 日。

　　②　所谓"洋务",光绪二十九年(1903)出版的《近四十年世风之变态》有较完整的定义:"讲制造也,则曰必精算学;言交涉也,则曰必通语言;办教案也,则曰必谙外交;言通商也,则必曰通商情,合交涉、制造、教案、通商诸务,而一概之以一名词,曰洋务。"[《国民日报汇编》(第三集·社说),东大陆图专译印局 1903 年版,第 33 页]上述内容大致涵盖了清末洋务运动的主要内容。

　　③　钱乘旦:《现代化研究的理论与实践》,《光明日报》,2016 年 7 月 6 日。

量来自社会内部,有学者称之为"早发内生型"现代化①或曰"内源性"现代化②。"早发内生型"现代化是在西方基督教文明的历史背景与传统下孕育和发展起来的。中国的现代化不是社会发展的自然结果,而是在外来的异质文明的撞击下产生的,是被动进行的,即所谓的"后发外生型"现代化或曰"外源性"现代化。这一类型的现代化大多发生在非基督教文明地区。在"早发内生型"现代化这一模式中,工业化是基础、核心与动力,但在中国、日本等汉字文化圈的"后发外生型"现代化这一模式中,现代化启动的先决条件是人的现代化,即人的思想观念、价值追求、素质能力、行为方式等从传统向现代转型。在现代化进程中,"个体变得越来越重要,正逐渐取代家庭、社区或职业群体,成为社会的基本单位"③。"人既是实践主体,也是价值主体,更是终极目的。"④所以,没有人的现代化就没有真正意义上的现代化,就不可能引起人的思想观念的变革,而实现人的现代化的关键是教育现代化。有论者指出,"工业化始终有赖于思想文化等非经济因素的转变为其开辟道路……事实上,思想文化由传统向现代的转变一直是中国现代化的先导与关键,这是中国现代化运动的一个鲜明特点"⑤。

　　英国、法国等西方列强发动的两次鸦片战争,给中国社会造成了双重后果,一是使中国沦为半殖民地半封建社会,改变了中国社会发展的走向,阻碍了中国走向现代化的进程;二是促成了中国人民的觉醒,为谋求国家独立,中国人民开始了艰难的现代化探索历程。中国现代化运动的最初目标是"师夷长技以制夷",其具体实践是启动在教育、外交、军工和民用技术、商贸等领域效仿和学习西方的洋务运动。洋务运动的一个重要内容是在局部地区实施迥异于传统古典人文教育的近代新式教育。所谓新式教育,是指近代以来产生的不同于传统的官学、书院和私塾教育。新式教育主要有三种形态:一是自19世纪上半叶开始,西方传教士在中国本土开展的教会教育;二是19世纪60年代初开始的各类洋务学堂实施的外文、军事技术和科技实业教育;三是19世纪末20世纪初在维新运动和兴学高潮中涌现的各级各类学校开展的教育。

---

　　① 孙立平:《国外发展理论研究》,人民出版社1992年版,第191页。

　　② 罗荣渠:《现代化新论——世界与中国的现代化进程》(增订本),商务印书馆2009年版,第183页。

　　③ Encyclopaedia Britannica,INC:*Britannica Concise Encyclopedia*,上海外语教育出版社2008年版,第1105页。

　　④ 田芝健、许益军等:《现代化的核心是人的现代化》,《光明日报》,2013年1月28日。

　　⑤ 王立新:《美国传教士与晚清中国现代化》,天津人民出版社2008年版,第2页。

新式教育的一个显著特点是学校聘用外籍人士担任教习或主持校务工作,把近代西方的教育内容、思想和方法移植于中土,从而在一定程度上推进了中国现代化的进程。

作为"舶来品"和"外来者"的近代新式教育则以外国语文学堂的出现肇其端:自同治元年(1862)开始,奕䜣、李鸿章、张之洞等洋务派人士在北京、上海、广东、湖北、台湾、新疆等地相继创办了京师同文馆、上海同文馆(后改为上海广方言馆)等七八所外国语文学堂。这些学堂成为中国早期现代化的重要表征,是中国现代化运动的开路先锋。奕䜣等人通过学堂这一集教学、翻译与出版为一体的传媒机构,介绍西方自然科学、应用科学和人文社会科学及其成就,在相当一部分官员、士绅和普通知识分子中产生了影响,潜移默化地改变着他们的知识结构、价值观念、思维方式和行为习惯。

曾任国民政府教育部部长的蒋梦麟(1886—1964)在其回忆录《西潮》(*Tides from the West*)中说:"现代思潮从欧美涌到后,中国才开始现代化。"[①]现代思潮涌到中国的重要媒介即是近代创办的新式学堂,即外语教育家张正东所说的近代外语教育之兴起的两个源头:一个是西方传教士想在中国传教,用基督教文化影响中国文化,为了培植传教的环境和帮手而创办的教会学校;另一个是清政府、民间为了解决"洋务"问题而设置学习外语的学校,这类学校的规范模式是京师同文馆。[②]特别是京师同文馆(以下简称同文馆),为近代中国培养了一批外交官、军政要员、学堂教习、科技工作者等推进中国现代化事业的各类人才。可以说,不了解同文馆外语教育的历史,就难以了解中国外语教育史;不了解中国外语教育史,就难以全面深刻地认识和理解中国教育现代化乃至中国现代化的历史。因此,同文馆开展的外语教育活动是永远绕不过去的课题。

自19世纪60年代以迄当下150余年的时间里,各界对同文馆的办学实践都非常关注。同文馆教学、管理等多个层面的参与者、中外研究者以及关注同文馆教育的其他相关人士,在中国和西方国家的中外文报刊上发表了不少有关同文馆的介绍与专题研究,有的研究者还公开出版了相关的论著。还有部分同文馆教育活动的参与者撰写的日记、回忆录以及在与家人的通信中都会或多或少地提及同文馆。在现有对同文馆的介绍与研究中,大多数与同文馆外语教育有关,其中部分成果的质量达到了相当高的水准。然而,这些成果

---

① 蒋梦麟:《西潮》,外语教学与研究出版社2012年版,第489页。

② 张正东:《中国外语教学法理论与流派》,科学出版社2000年版,第6页。

在史料爬梳、理论分析和研究视野等方面也不可避免地存在这样那样的问题。它们好似散落一地、需要打磨的珍珠,没有串成一个完整、系统的知识链条,难以让人窥见这一时期同文馆外语教育的全貌。

学问与实际脱节,知识与生产脱节,学习与创造脱节,这是中国传统教育所产生的弊端。重视学用结合的同文馆外语教育实际上是对以猎取功名、登途入仕为唯一宗旨的传统教育制度的一种反动。同文馆外语教育既有成功的经验,也有失败的教训。先驱者的不懈努力,值得后人尊敬。其成败得失,都是宝贵的历史借鉴。当代外语教育中的许多理论、制度、课程及管理等问题,直接间接都和同文馆有着传承、衔接和扬弃关系。而且,当代外语教育研究的一个重要发展趋势是"传统外语教学方法和教学内容的反思与回归"①。因此,梳理和研究同文馆外语教育这份遗产,发掘其底蕴,洞见其本源,就比任何时候都来得必要和迫切。它不仅具有充实和加强晚清外语教育研究的学理价值,而且具有推进和加强中国外语教育现代化的现实意义。

二、学术史的回顾及问题所在

为方便讨论,我们拟将同文馆外语教育的研究史分为 1866 年至 1949 年和 1950 年至 2015 年两个时期。

(一)1866—1949 年的研究概况

1866 年 3 月 31 日,上海出版的英文刊物《北华捷报》(*The North-China Herald*)发表的一篇文章,介绍清政府首次派往欧洲访问的使团负责人斌椿及其从事翻译见习的同文馆学生张德彝等三人的相关情况②,这是笔者所见的最早提及与同文馆教学有关的文献资料。1870 年 1 月 25 日,《北华捷报》刊登了时任同文馆英文教习额伯连(M. J. O'brien)的一封来信。这封题为"北京同文馆"(*The Peking College*)的来信详尽介绍了同文馆存在的招生困难、学生无心向学、教习素质参差不齐、总理衙门越权管理等多方面的情况。③从目前所掌握的资料来看,这封约 7000 字的长信很可能是最早见诸公开出版物的讨论早期同文馆外语教育的专题文章。同年 4 月 4 日,《北华捷报》发表了同文馆法文教习李壁谐(Emile Lépissier)致该报编辑的一封信。在这封以

---

① 束定芳、庄智象:《现代外语教学:理论、实践与方法》(修订版),上海外语教育出版社 2008 年版,第 17 页。

② *The N. C. Herald and S. C. & C. Gazette*, Mar. 31, 1866, p. 50.

③ *The N. C. Herald and S. C. & C. Gazette*, Jan. 25, 1870, pp. 63-66.

法文撰写的约 2500 字的信件里,李壁谐对同文馆管理者粗暴的衙门作风及外籍教习和学生没有受到公平对待等表示了极度不满。[1] 虽然额、李二氏的信函不是研究性论文,只是对同文馆存在问题的介绍和看法,但这是同文馆一线教师的所见所闻及其感想,真实性强,是了解早期同文馆外语教育活动极其珍贵的史料。令人遗憾的是,学界几乎未利用过这两份珍贵史料。1872 年 8 月 31 日,《北华捷报》发表《中国在进步中》(Progress in China)一文,跟额伯连等人两年前的来信不同的是,该文正面介绍了同文馆,指出该馆在总教习丁韪良(W. A. P. Martin,1827—1916)的领导下,不再是无足轻重,而是一所正走出困境,拥有近百名来自大清帝国各地学生的"大有希望的学校"[2]。但该文介绍同文馆的内容很有限。

原同文馆英文和科学教习丁韪良自 1869 年执掌同文馆总教务后,取得了显著成效,赢得了口碑。时任江南制造局专职翻译的美国监理会传教士林乐知(Young Allen)在其主编的《教会新报》(1868—1874)上对丁氏做出了高度评价:"大美国丁韪良先生,泰西通儒也,来中土多年,深通华言文字。近年教习京师同文馆,著有《格物入门》等书,所论水火、汽电、力算诸学,言简意赅,确有精理,无一凿空,不独扩见闻,且多裨于民生日用者,诚格物穷理之名言,足可宝贵。"[3]这可能是最早专门介绍同文馆教习的史料。

1880 年 1 月 29 日,《北华捷报》发表同文馆原英文教习傅兰雅(John Fryer)的《江南制造总局翻译西书事略》(Account of the Department for the Translation of Foreign Books at the Kiangnan Arsenal, Shanghai)一文。文章提及丁韪良和他的助手们"出版了各类广受欢迎,且被证明为对政府有用的格致和公法书籍。这些译作的水平极高,官绅学士皆欲先睹为快。……约有五六位西教习翻译了不少格致书籍,他们必定为华人所推崇,成为师表"。除丁韪良以外,傅兰雅还提及时任同文馆教习的数学家、翻译家李善兰等人翻译西学书籍,称李氏"格致等学无不通晓","中国像他这样有才具者极为稀少"。[4] 这是较早提及同文馆教习从事翻译的史料。

---

① *The N. C. Herald and S. C. & C. Gazette*, Apr. 4, 1870, pp. 244-245.

② *The N. C. Herald and S. C. & C. Gazette*, Aug. 31, 1872, p. 168.

③ 佚名:《华友送来此说》//林乐知主编:《教会新报》,台湾京东书局影印,1968 年,第 9 页。

④ John Fryer. Account of the Department for the Translation of Foreign Books at the Kiangnan Arsenal, Shanghai. *The N. C. Herald and S. C. & C. Gazette*,Jan. 29, 1880, p. 81, p. 78.

1887 年 7 月，美国著名传教士李安德（Rev. L. W. Pilcher）在《教务杂志》（The Chinese Recorder）发表《中国新教育》（The New Education in China）一文称，学习外国语言，接触西方文学，从而使政府知晓外国的风俗、惯例及当今世界发生的大事等一系列优势促成了同文馆的诞生。他还提及因新思想的引进、新教育的发展而导致洋务派与保守派的思想交锋，即著名的同文馆之争。[①]

1900 年，丁韪良的英文自传《在华六十年的回忆》（A Cycle of Cathay）出版。虽然与同文馆有关的内容仅占全书的约 10%，但这是介绍同文馆外语教育最详尽的文献之一。该书最早由丁韪良口译、赵受恒笔述，以"花甲忆记"源头之名于宣统二年（1910）在上海出版。著名学人沈弘等人对该书进行了重译，取名"花甲忆记：一位美国传教士眼中的晚清帝国"，于 2004 年出版。丁韪良在书中回顾了他在华六十余年的传教和办学历程，该书第二部分的第六、第七章专门讨论同文馆的办学情况。其中，对其接手同文馆的原因、教习、学生、课堂教学、译书、外事活动等均有较详尽的记述和思考。[②]

1907 年，丁韪良发表《同文馆》（The Tungwen College）一文，对同文馆的发展历程作了简要介绍。该文收录在原同文馆英文教习马士（Hosea Morse）的《中华帝国对外关系史》（The International Relations of the Chinese Empire）一书的附录中。[③] 傅任敢将丁韪良的 A Cycle of Cathay 中有关"同文馆"的部分和马士书中的 The Tungwen College 进行节译，合成《同文馆记》，发表在 1937 年出版的《教育杂志》上。[④]《同文馆记》成为后来的研究者频繁引用的重要文献。丁韪良的上述成果虽略有自我标榜之嫌，但由于丁氏系同文馆教学与管理工作的实际主持者和一线教师，真实性较强。

这一时期，中国本土学者对同文馆也有少量介绍。1890 年，《万国公报》

---

① Rev. L. W. Pilcher. The New Education in China(I). The Chinese Recorder，Jul.，1889，pp. 308-309.

② W. A. P. Martin. A Cycle of Cathay or China, South and North with Personal Reminiscences. Fleming H. Revell Company，New York，1900，pp. 293-327. 中文参见丁韪良著，沈弘等译：《花甲忆记：一位美国传教士眼中的晚清帝国》，广西师范大学出版社 2004 年版，第 198-221 页。

③ W. A. P. Martin. The Tungwen College in Hosea B. Morse. The International Relations of the Chinese Empire(Volume I). Kent，UK：Global Oriental Ltd.，2008，pp. 471-478.

④ W. A. P. Martin 著，傅任敢译：《同文馆记》，《教育杂志》1937 年第二十七卷第四号，第 215-231 页。

刊登《北京同文馆总教习丁韪良先生纪略》一文。该文可能是国内最早介绍同文馆教习的文章。是年 5 月,丁韪良回国,同文馆师生为之饯行并献颂词,称学堂人才辈出,赖总教习分门析类,督课有方,以致馆务日有起色,详译西国各种书籍,皆精深宏实。其培养的学生,遍布海内外,或奉差出洋,或充各埠领事,或在各省机器局、学堂当差。① 颂词虽有夸大其词之嫌,但至少说明丁韪良对同文馆的发展是很有贡献的。 与此形成鲜明对比的是,著名保皇人士、被林语堂称为"铮铮之怪杰"的辜鸿铭(1857—1928)却以嘲讽的口吻言及同文馆:"同文馆,一个旨在使中国青年接受充分教育的学院……对于这个未来中国赖以拯救的极其重要的教育机构,赫德爵士不是选派第一流的学者、绝对胜任的人来主持,而是指派他的一个私人朋友、一个美国前传教士担任总教习。这样,本该成为中华民族的曙光、启蒙和'扩展'之源的同文馆,却被变成了一个收容贫苦、饥饿和无用青年的二流食宿学校。"②辜氏的评论不乏现实依据,但他对同文馆是在怎样的艰难环境下蹒跚起步的现实却充耳不闻,有失公允。

民国以降,中外学者对同文馆的介绍和研究依旧很少。这一时期的成果主要是追忆丁韪良和对同文馆做总体介绍。

1916 年 12 月 17 日,丁韪良在家中去世。是月 30 日,美国传教士明恩溥(Arthur Smith)在《北华捷报》发表了《缅怀已故丁韪良博士》(*The Late Dr. W. A. P. Martin*)的纪念文章,对丁氏给予了高度评价:"丁韪良的去世,使中国失去了一位具有历史意义的人物。他所取得的成就超过了同时代的其他所有的人。他是介绍国际法和科学,引起中国政府关注的先驱,也是使中国政府接受西学的先驱。他创办的训练驻外公使和大使的学校如同一把锋利的钢刀,在秉性迟钝的中国人和满洲守旧派身上开了一个通向外界的口子。在这一方面,丁韪良的影响最强大,也最持久!……他在京师同文馆以及京师大学堂总教习的这一具有影响力的职位上长期任职,给中国留下了持久的印记。"③其实,在丁韪良所处的晚清时代,赫德(Robert Hart)、傅兰雅、林乐知、李提摩太(Timothy Richard)等外籍人士在中西文化交流中的贡献未必就比他逊色。不过,明恩溥对丁氏的评价基本中肯,即便有所拔高,当是出于对逝者的尊重。1917 年 2 月,明恩溥发表《丁韪良博士生平》(*The Life and Work*

---

① 林乐知主编:《万国公报》,上海墨海书局 1890 年版,第 11297 页。

② 辜鸿铭著,黄兴涛等译:《辜鸿铭文集》,海南出版社 1996 年版,第 310 页。

③ Arthur Smith. The Late Dr. W. A. P. Martin. *The North-China Herald*, Dec. 30, 1916, p. 715.

of the Late Dr. W. A. P. Martin)一文,对丁韪良在华六十余年的生活和工作进行了回顾。此文较其先前发表的《缅怀已故丁韪良博士》更为详尽,着重介绍丁韪良的西书译介及其影响、教育活动及丁氏在中外政治、外交、教育界所产生的影响。① 同年 4 月,美国《印第安纳大学校友会季刊》(*Indiana University Alumni Quarterly*)刊登了时任国务卿福斯特(John Foster)以校友身份撰写的题为"感谢丁韪良博士"(*An Appreciation of Dr. W. A. P. Martin*)的文章。福斯特盛赞丁韪良在中国的教育等领域所做出的贡献。他说,在发生"拳乱"之前的这一代人中,他和清廷总税务司赫德足以称得上是"在中国的最杰出、最能干的外国人(the most distinguished and useful foreigner in China)"。② 晚清时期,丁韪良和赫德皆长期活跃在中国的舞台。但二者对中国影响的领域不同,前者主要在文化教育领域,后者帮助清廷管理海关。赫德对当时中国的内政外交影响较大,而且,对同文馆的运行与发展也颇有贡献,举凡办学经费、教习聘用、教学管理等方面都要施以援手,被丁韪良称为"同文馆之父"。③

1932 年,外交家、国立清华大学历史系教授蒋廷黻在《政治学报》发表《国际公法输入中国之起始》一文,对丁韪良翻译的中国近代第一部国际法专著《万国公法》作了考察,认为国际法的输入缘于丁氏 1863 年翻译、次年出版的《万国公法》,它"影响其维新事业甚巨。……不但裨益了中国的'洋务',而且影响了日本的维新"④。这是最早讨论国际法翻译的文献之一。1939 年,李抱宏发表文章,认为国际法输入中国并应用于外交,始于 1839 年林则徐翻译滑达尔(Emeric de Vattel)的国际法著作。⑤ 1933 年,《读书月刊》发表了吴宣易的《京师同文馆略史》。吴氏认为同文馆有三大贡献。一是外交方面的。"自此以后,同文馆的学生,在中国外交上,一天一天的占着地位了。"二是对中国教育的贡献。同文馆是"中国新教育的胚胎,是中国新教育的先锋队"。正是有了同文馆,"中国的学生才正式接受西洋的语言文字和各种的新科学"。三

---

① Arthur Smith. The Life and Work of the Late Dr. W. A. P. Martin. *The Chinese Recorder*, Feb. ,1917, pp. 116-123.

② John Foster. An Appreciation of Dr. W. A. P. Martin. *Indiana University Alumni Quarterly*, Vol. Ⅳ, No. 2, Apr. , 1917, p. 134.

③ W. A. P. Martin. *A Cycle of Cathay or China*, *South and North with Personal Reminiscences*. New York: Fleming H. Revell Company, 1900, p. 293.

④ 蒋廷黻:《国际公法输入中国之起始》,《政治学报》,1932 年,第 62、64 页。

⑤ 李抱宏:《国际公法之初次输入中国问题》,《外交研究》1939 年第 6 期。

是对中国学术的贡献。同文馆学生"练习翻译外国的书籍,并设立印刷局……于是译书渐多,同时教习方面也有所编译。由此可见同文馆对于西洋学术的介绍,也很有贡献"①。这是这一时期质量最高的研究同文馆的成果之一,但这是一篇对同文馆评好的论文,未提及同文馆办学过程中出现的诸多失误,似有不足。

毕乃德(Knight Biggerstaff)是美国著名汉学家,亚洲和中国现代化问题的专家,于 1945—1946 年任美国驻华使馆中文秘书。他著有 *The T'ung Wen Kuan* 一文,于 1934 年在英文季刊《中国社会及政治学报》(*Chinese Social and Political Science Review*)上发表。② 中译文《同文馆考》于翌年分别在《外交月报》(徐绍昌译)和《中华教育界》(傅任敢译)上发表。③ 毕乃德认为,同文馆是"中国教育制度中渗入现代观念的急先锋"。其创办之目的"本在传习外国文字",结果在"前后四十年中,它却按着近代的办法,给了学生们一种广博的训练,为中国政府造就一批翻译和外交人员"。④ 从同文馆的发展轨迹看,这一评价是符合实际的。不过,这也是一篇对同文馆评好的文献。

1936 年出版的《春冰室野乘》专门提及医学教习德贞、天文和化学教习欧礼斐等人。如介绍德贞云:"德贞者,英人也,精于医,为人捭阖,有机智。……于丁(韪良)为莫逆之交,丁乃援之入同文馆,充医学教习。"而对欧礼斐则流露出明显的蔑视:"实则欧于普通学外诸科学未谙门径……则英文外一无所知也。"⑤这应该是作者的偏见,因为欧氏早年毕业于爱尔兰皇后大学(Queen's College,Belfast,Ireland),获硕士学位。⑥ 设若真的不学无术,赫德是不会将其介绍给同文馆的,清廷也不会让他为同文馆服务 26 年,更不会在丁韪良去职后,让他接替总教习一职。

综上,清末至民国时期对同文馆的研究具有如下特点:从数量看,成果很有限,且外籍人士的成果多于中国本土学者,而外籍人士中又以美国人居多,

---

　①　吴宣易:《京师同文馆略史》,《读书月刊》1933 年第二卷第四号,第 10-13 页。

　②　Knight Biggerstaff. The T'ung Wen Kuan. *Chinese Social and Political Science Review*,1934(18),pp. 307-340.

　③　毕乃德著,徐绍昌译:《同文馆考》,《外交月报》1935 年第六卷,第 109-124 页;毕乃德著,傅任敢译:《同文馆考》,《中华教育界》1935 年第二十三卷第二期,第 13-26 页。

　④　毕乃德著,傅任敢译:《同文馆考》,《中华教育界》1935 年第二十三卷第二期,第 13 页。

　⑤　李岳瑞:《春冰室野乘》,民国二十五年(1936),陕西通志馆印,第 390、392 页。

　⑥　W. A. P. Martin. *A Cycle of Cathay or China*,South and North with Personal Reminiscences. New York:Fleming H. Revell Company,1900,p. 311.

这可能与同文馆主要负责人丁韪良的祖国是美国这一点有关。从方法上看，以一般性的介绍为主，堪称研究性的成果很少。从内容上看，对总教习丁韪良的介绍占了较大的比例。这说明丁韪良确实是很有影响与贡献的同文馆领导人，在中外学界或政治外交界均享有较大的知名度。这一时期的研究成果，以额伯连(1870)、丁韪良(1900)、蒋廷黻(1932)、吴宣易(1933)和毕乃德(1934)等为代表，这是这一时期为数不多的影响较大的学术成果，至今仍在不断被引用。

(二)1950—2015 年的研究概况

我们将这一时期的研究史分为两个阶段，1950—1989 年为第一阶段①，1990—2015 为第二阶段。

1. 1950—1989 年的研究概况

1950 年，曾在旧中国海关任职的英国人魏尔特(Stanley Wright)的专著《赫德与中国海关》(*Hart and the Chinese Customs*)问世。该书第 12 章专门讨论了同文馆与方根拔案件。本章前半部分介绍赫德率同文馆学生赴欧洲翻译见习、为同文馆选聘外籍教习及同文馆在培养译员方面的成就等；后半部分讨论该馆天文教习方根拔(未正式就任)与赫德对簿公堂的事件。作者肯定了同文馆的成就，称其毕业生取得的杰出成就有力回应了"帝国海关在过去四十年里没有训练出一位在现政府中服务的高级官员的指控"②。由于作者聚焦的中心不在同文馆，故其讨论的内容很有限。美籍华裔学者邓嗣禹(Ssu-yü Teng)和美国著名汉学家费正清(John Fairbank)于 1954 年合编的《中国对西方的反应——文献通考：1839—1923》(*China's Response to the West：A Documentary Survey* 1839—1923)是中国 1839—1923 年间部分官方文献汇编的英译并附有相关情况的分析和介绍，其中涉及同文馆之争等相关内容。③ 美籍华裔学者钱存训(Tsuen-Hsuin Tsien)的《近世译书对中国的影响》(*Western Impact on China Through Translation*)一文于 1954 年发表在《远东季刊》

①　我们之所以这样划分，是因为在改革开放前的三十年时间里，中国一直处于极其封闭的状态，凡是与外国有关的一切都被视为禁区。由于中美交恶，由美人丁韪良主政的同文馆更是成了禁区，相关研究极其缺乏。自 20 世纪 70 年代末才陆续有相关的研究成果面世，但直至 80 年代末有影响的成果依然不多。

②　Stanley F. Wright. *Hart and the Chinese Customs*. Belfast，Northern Ireland：Wm. Mullan & Son (Publishers) Ltd. ，1950，pp. 322-348.

③　Ssu-yü Teng，John K. Fairbank. *China's Response to the West：A Documentary Survey 1839—1923*. Cambridge：Harvard University Press，1954，pp. 73-78.

(*The Far Eastern Quarterly*)上，对丁韪良和同文馆译书均有简略介绍。[1] 1961 年，毕乃德的力作《近代中国最早的官办学校》(*The Earliest Modern Government Schools in China*)在康奈尔大学出版。该书对京师同文馆、江南制造局(上海同文馆)和福州船政学堂的办学情况作了较详尽的介绍与分析。其中关于同文馆的部分是以他于 1934 年发表的 *The T'ung Wen Kuan* 一文为基础进行修订和扩充而成。一直以来，和丁韪良的《花甲忆记》一样，该书是有关同文馆研究的最具影响力和权威性的著作之一，也是研究中国现代化问题的必读书之一，其作者是康奈尔大学"中国学"的奠基人，和费正清等人同属第一代留学中国的著名美籍学者。其引用的文献，很多是稀见史料，如当事人的日记、信件及美国国务院的原始档案等。作者认为，同文馆"从未像外人丁韪良、赫德以及中国的创办人恭亲王、文祥等人所期许的那样对中国人的生活产生了很大的影响。在十九世纪的一个不利于知识学习的氛围中，就这样一个非正统的教育机构而言，要承担大的教育角色是不大可能的。在遭遇绝大多数的主宰中国社会和政府的士大夫反对，甚至鄙视的情况下，要想招收优质生源是很困难的，将毕业生安置在重要岗位也面临不少困难"。但同文馆"并没有完全失败"，它给中国提供了新式的外交人员，它几乎与中国外交机构的发展保持同步。同文馆为自己和其他官办学校提供了师资。通过其毕业生和出版物，新的思想得到了传播。最终它成为京师大学堂的样本，后者在以后二十年里成为划时代的强有力的文化复兴中心。[2] 这种"一分为二"的态度是可取的。但应该看到，诸如学生、教习、课堂教学、译书以及利弊分析等方面都还有进一步发掘的空间。自 1978 年开始，费正清主编的洋洋 15 卷《剑桥中国史》(*The Cambridge History of China*)陆续出版。其中，与同文馆有直接关联的是第 10 卷(第一部)的第 10 章"自强运动：寻求西方的技术"，作者对同文馆的师资选聘、学生的招考和出路及同文馆之争的过程等均有简要介绍。[3]

　　自清末以迄当下，丁韪良作为极具影响力的公众人物，一直是学界关注的

---

[1]　Tsuen-Hsuin Tsien. Western Impact on China Through Translation. *The Far Eastern Quarterly*，May，1954，p. 316. 该文的中译文《近世译书对中国现代化的影响》(戴文伯译)载于《文献》1986 年第 2 期，第 187-188 页。

[2]　Knight Biggerstaff. *The Earliest Modern Government Schools in China*. New York：Cornell University Press，1961，pp. 152-153.

[3]　Self-strengthening：The Pursuit of Western Technology // John K. Fairbank. *The Cambridge History of China* (Volume 10，Late Ch'ing，1800—1911，Part I). London：Cambridge University Press，1978，pp. 525-532.

焦点。1966 年,杜斯(Peter Duus)的《科学和中国的拯救:丁韪良的生平与事业:1827—1916》[*Science and Salvation in China:The Life and Work of W. A. P. Martin*(1827 －1916)]一文被刘广京(Kwang-Ching Liu)主编的论文集《美国传教士在中国》(*American Missionaries in China*)收录。该论文由"青少年时代及其教育""在北京的传教及教育活动""主持同文馆;晚年的丁韪良"等五部分组成。这是较早研究丁韪良的专题论文。不过,作者探讨丁氏在同文馆的教学与管理活动的内容却不多。其最有价值的部分是揭示丁韪良通过翻译和教学在引介西学及西方思想中所做的努力,并正确地指出:"中国人愿意利用他的科学知识,接受他所倡导的改革,但不需要也不想要他传布的基督教。"[①]1969 年,史景迁(Jonathan Spence)的《改变中国:在中国的西方顾问(1620—1960)》(*To Change China:Western Advisers in China* 1620—1960)一书在美国出版。该书第五章"丁韪良与傅兰雅:修剪灯芯"(*Martin and Fryer:Trimming the Lamps*)的前半部分记述了丁韪良从美国启程来华到 1869 年接受总理衙门聘请,担任总教习为止的经历,指出丁韪良任职同文馆是准备"修剪灯芯",即借助学校为中国这个古老的帝国"引进西学",使千百万有志青年像追求古代经典那样去追求现代科学。[②] 柯饶富(Ralph Covell,1978)的专著《丁韪良:中国进步的先驱》(*W. A. P. Martin:Pioneer of Progress in China*)开系统研究丁韪良的先河。该书以其博士论文《丁韪良的生活与思想:19 世纪与 20 世纪早期中美联系的使者与译员》(1975)为基础。[③]作者从跨文化交际的角度全面回顾了丁韪良的一生,并肯定其在中西文化交流中做出的贡献,指出他"从事了不同角色的工作,其中最重要的是担任京师大学堂前身——京师同文馆的行政首长。在这个岗位上,他启动了中国的现代国家教育,制订了法律、科学、数学和政治经济学的课程表"。他还指出,丁韪良通过课堂或其他形式(如译介等),"向中国人介绍西方的信仰与文化","向西方听众解释那迷人的、充满神秘感的中国",他是"真正意义上的沟通东

---

① Kwang-Ching Liu(ed.). *American Missionaries in China—Papers from Harvard Seminars*. Mass.:Harvard University Press,1966,pp.30-31.

② Jonathan Spence. *To Change China:Western Advisers in China 1620—1960*. Boston:Little,Brown and Company,1969,pp.138-139.

③ Ralph Covell. *The Life and Thought of W. A. P. Martin:Agent and Interpreter of Sino-American Contact in the Nineteenth and Early Twentieth Century*. University of Denver. Ph.D. Dissertation,1975.

西方的桥梁,跨文化交际这门困难艺术的先驱"。① 这是笔者所见的这一时期研究同文馆教习的最详尽、质量最高的成果。但是,相较于丁韪良在同文馆长达 31 年的教学与管理活动(占其在华时间的一半),作者研究同文馆的内容明显偏少(仅占全部内容的 1/7)。而且,作者似乎过分强调了以丁韪良为代表的西方传教士在中国现代化进程中的作用,多少流露出西方中心主义心态。

这一时期,我国同文馆研究的重镇在台湾。1977 年,台湾政治大学孙子和博士的专著《清代同文馆之研究》由台湾嘉新水泥公司出版,这是中国学者系统研究同文馆之发轫。除京师同文馆以外,孙子和还将上海同文馆、广东同文馆、新疆俄文馆、台湾西学馆等八所晚清外国语文学堂全部纳入其研究范围。但他将其中一半的篇幅用来讨论京师同文馆,此举恰好说明它在晚清外语教育中的地位。孙子和探讨了同文馆不寻常的办学历程后,论及它的贡献和影响:"任职者亦屡见不鲜,上自中央院、部、寺、监,下至地方道、府、州、县,莫不有该馆学生之踪迹,在早期西方思想之传播,除由海外回国之留学生外,国内均藉彼等为重要之媒介。"同文馆师生所译并出版的西书,"分发政府机构阅读参考……此项读物直接自由散布于政府之核心,无疑对现代思想之在中国传播,贡献很大"。同文馆"至少为中国扮演一个角色,提供了西方学术的传道者,新的思想,透过该馆师生暨出版书刊得以迅速传播,并且为未来新的北京大学塑造出一个简单的模型"②。我们认为,这些认识在当时来说实属创见。该书的一大特色是史料丰富,具有较高的文献价值。不过,高晓芳则认为"它不算是一部研究性的著作,更多的具有资料选编的色彩"③。台湾辅仁大学教授苏精于 1985 年出版了他的专著《清季同文馆及其师生》。是书分上下两编,上编是作者根据其 1978 年出版的《清季同文馆》一书加以增补修订而成,讨论同文三馆(京师、上海、广东)的办学经过及成效,其中讨论京师同文馆的内容约占 42%;下编讨论同文三馆的师生及其在推进中国现代化进程中的贡献。苏精认为,同文馆所在的时期,正是中国开始现代化的自强运动时期,以及连续的变法维新时期。同文馆在四十年中一直有各种困扰的问题存在,也一直受到批评指责,但也有若干积极的成效,这些成效不仅见于当时,甚至

---

① Ralph Covell. *W. A. P. Martin: Pioneer of Progress in China*. Washington: Christian University Consortium, 1978, p. 3.

② 孙子和:《清代同文馆之研究》,台湾嘉新水泥公司 1977 年版,第 273-274 页。

③ 高晓芳:《晚清洋务学堂的外语教育研究》,商务印书馆 2007 年版,第 5 页。

在同文馆结束后,对于促进中国的现代化仍具有积极的影响。① 可见,孙子和与苏精对同文馆均持肯定的态度。由于篇幅所限,孙、苏二氏研究中的许多重要问题都未能充分展开。

在教习研究方面,主要有香港的林治平(1975)、台湾的姚松龄(1985)等人对丁韪良的研究。林治平的《丁韪良的生平与志事》,收在其著述《基督教与中国近代化论集》一书中。② 这是中国本土学者最早研究丁韪良的专论之一。姚松龄在其专著中将丁韪良、赫德、傅兰雅、林乐知、李提摩太等五人列为"影响我国维新的几个外国人"③。姚松龄简要讨论丁韪良在国际法翻译方面的贡献。林、姚二氏的研究比较简略。

中华人民共和国成立后至 20 世纪 70 年代末之前三十年的时间里,相较于外国和中国港台地区学者的研究而言,中国内地学者的研究,无论是从质量还是从数量上来看,明显不在一个档次。由于中西关系紧张及意识形态等方面的原因,凡是一切与外国有关的思想、观念及事物是很难进入国人的日常生活的,遑论进入学术界了。这一时期采用的研究方法是革命史取向下的"文化侵略"范式④,对具体到与同文馆有关的人和事,基本都持全盘否定的态度,以狂热的政治批判替代理性的学术争鸣。内地学术界对同文馆的关注,是从全面揭批丁韪良开始的。1951 年,清华大学教授丁则良发表《〈天津条约〉订立前后美国对中国的侵略行动》一文,指出丁韪良等传教士"公开地做了美国的官员,积极策划侵略中国的阴谋行动"。他们协助美国政府与清廷签订《天津条约》,"确实在美国侵华的过程中,完全是个帮凶,有时甚至是真凶中的一分子"⑤。丁则良的文章奏响了揭批丁韪良的序曲。郭悟真(1957)说丁韪良"在介绍'西学'的伪装下,奉行文化侵略政策,因而一心一意要把同文馆塑造成专

---

① 苏精:《清季同文馆及其师生》,台北上海印刷厂 1985 年版,第 137 页。

② 林治平:《基督教与中国近代化论集》,台湾"商务印书馆"1975 年版,第 85-124 页。

③ 姚松龄:《影响我国维新的几个外国人》,台湾传记文学出版社 1985 年版,第 23-38 页。

④ "文化侵略"一词最早出现在 20 世纪 20 年代的非基督教运动、收回教育权运动和大革命时期的反帝宣传活动中。1926 年,共产党人恽代英在《反对帝国主义的文化侵略》一文中对"文化侵略"一词做过明确的定义和较详尽的分析与阐述(恽代英:《恽代英文集》下卷,人民出版社 1984 年版,第 823 页)。以往论者对近代西方基督教在华活动史的评析,除沿用"文化侵略"范式以外,还沿用"现代化"范式、"文化交流"范式等。

⑤ 丁则良:《〈天津条约〉订立前后美国对中国的侵略行动》,《历史教学》1951 年第 2 期,第 37-38 页。

为欧美殖民主义服务的,进行奴化教育的,和广泛传播殖民地文化的基地"①。
1965 年 2 月 19 日,《羊城晚报》发表了原璞的文章,称"披着学者外衣"的丁韪
良"其实是个什么坏事都干得出的帝国主义分子","给中国人民带来了莫大的
灾难"。因此,"帝国主义分子"丁韪良掌管的同文馆自然不是什么好货色
了。② 关于同文馆的教学效果,历史学家范文澜(1955)认为,"这个小书馆,实
际进行的是崇拜洋人、贱视汉人、放任满人骄惰的教育,每年经费数千两,不曾
造就翻译的人才,却养成买办的精神,这些学生若干年后都担任外交要职,成
为满洲籍的洋务派"③。由于范氏在"文革"中含冤去世,这一颇具时代特征的
观点一直到 21 世纪初还是保持原样。④

　　20 世纪 70 年代末开始,中国进入改革开放时期,一些思想和学术的禁区
逐渐被冲破,对同文馆的研究进入一个相对活跃及观点相对多元的阶段,但进
程依旧缓慢,没有跳出学术问题政治化的藩篱。学界对同文馆与丁韪良存在
两种态度:其一是继续沿用全盘否定说。此说以陈景磐、陈旭麓等为代表。陈
景磐(1979)说,"同文馆之走帝国主义的殖民主义侵略路线,除了培养为帝国
主义服务的洋奴之外毫无成绩可言"⑤。苏谓昌(1980)说,同文馆"只是我国
近代教育史上一所典型的半封建半殖民地学校而已"⑥。陈旭麓(1981)把包
括丁韪良在内的多数传教士称作是"从事侵略活动的伪善者""披着宗教外衣
的帝国主义分子"。⑦ 顾长声(1981)认为丁韪良"并不认真教学,他一方面敷
衍塞责,另一方面却利用教学之便进行传教灌输奴化思想"⑧。这一观点,顾
氏后来有所改变,在其 2013 年出版的专著中删去了"灌输奴化思想"的表述,
其他照旧。⑨ 关于丁韪良的国际法翻译,张劲草(1982)说丁韪良是臭名昭著

　　① 郭悟真:《略论北京同文馆的设置》,《山西师院学报》(社会科学版)1957 年第 2 期,第
52 页。
　　② 原璞:《一个胃口特别大的斯文贼——丁韪良其人其事》,《羊城晚报》,1956 年 2 月 19
日。
　　③ 范文澜:《中国近代史》(上册),人民出版社 1955 年版,第 193 页。
　　④ 范文澜:《范文澜全集》第九卷,河北教育出版社 2002 年版,第 152 页。
　　⑤ 陈景磐:《中国近代教育史》,人民教育出版社 1979 年版,第 94 页。
　　⑥ 苏谓昌:《也评京师同文馆——兼与郑登云同志商榷》,《华东师范大学学报》(自然科
学版)1980 年第 4 期,第 40 页。
　　⑦ 陈旭麓:"序言"//顾长声:《传教士与近代中国》,上海人民出版社 1981 年版,第 1 页。
　　⑧ 顾长声:《传教士与近代中国》,上海人民出版社 1981 年版,第 245 页。
　　⑨ 顾长声:《传教士与近代中国》,上海人民出版社 2013 年版,第 204 页。

的帝国主义分子,把西方国际法介绍到中国来的用心"很值得怀疑"①。

　　上述以偏概全的做法与历史事实严重不符,导致历史的真相被掩盖,外籍人士对中国现代化事业的贡献被完全抹杀。这一现象的产生,既有论者认识方面的原因,也有当时极"左"思潮肆虐或极"左"思潮的阴魂仍未散去的原因。我们认为,一概抹杀丁韪良和同文馆在传播西学、培养人才等方面所做的贡献不符合唯物主义辩证法一分为二的观点。丁韪良虽然有过帝国主义侵略的行为,如在第二次鸦片战争中充当侵略者的翻译,参与起草中美《天津条约》等②,但在同文馆的教学与管理过程中还是兢兢业业的。同(治)光(绪)两代帝师、总理衙门大臣翁同龢(1830—1904)在日记中言及丁韪良,称其"专谈学徒事,近呆"③。丁韪良介绍和引进国际法,是对中国现代化运动的一大贡献。因此,全盘否定丁韪良不可取。

　　其二是部分否定说。此说以郑登云(1979)、王维俭(1984)等为代表。郑登云称同文馆成了丁韪良和赫德所控制的一个教育据点。"这些帝国主义分子,并不是真心要在中国发展教育,而是'在于造就服从他们的知识干部和愚弄广大的中国人民'",所以,同文馆"绝不是'中国新教育的始祖'"。但作者的结论却是,同文馆"标志了第一次改变旧的封建传统教育的尝试,在实际上是把二千多年来的封建教育制度打开了一个缺口",是"学习西方的'尖兵',它迈开了向西方学习科学技术知识的第一步"④。王维俭的《丁韪良和京师同文馆》是这一时期不可多得的力作之一。作者胪列了同文馆在推进中国现代化进程中的贡献:在课程设置方面,"开设了具有资本主义文化性质的西方语文、近代科技、国际公法和政治经济学等多种课程";在教学方法上,"注意学和用的结合,采用实验的方法"等;在组织管理上,同文馆具有近代欧美学校的特点,丁韪良的工作对此起了比较关键的作用。作者同时指出,丁韪良在中国的教育活动,"从根本上说是适应和推动了清政府的日益买办化","符合资本主义国家侵华根本利益的需要,反映出资本主义势力对清政府洋务教育事业的

---

　　①　张劲草:《国际法最早的汉文译著者是林则徐》,《法学》1982年第2期。

　　②　丁韪良熟悉中国官话,在第二次鸦片战争中充当了美国首任驻华公使列威廉(William Reed)与中国政府代表桂良、花纱纳谈判的中文译员。(W. A. P. Martin. *A Cycle of Cathay or China*, *South and North with Personal Reminiscences*. New York: Fleming H. Revell Company, 1900, pp. 146-147, pp. 166-187.)

　　③　[清]翁同龢:《翁同龢日记》(第五册),中华书局1997年版,第1183页。

　　④　郑登云:《评京师同文馆》,《上海师范大学学报》(社会科学版)1979年第2期,第52-53页。

操纵和利用"。在论证方法上,作者采取"先扬后抑"。在"抑"的部分里,作者用的仍是过往的政治套话。我们认为,如果要求作为外人的丁韪良"毫不利己,专门利人",不存一点私心和杂念,这是不可能的,也不是务实、求真的态度。又如,作者说同文馆培养的人才"大都属于政界和外交界地位不高的中下级官员",因而所起的作用很有限。① 此说值得商榷。1898 年以前,至少有 71名同文馆毕业生在国外公(领)使馆服务,甚至有不少人担任公使、领事等职务。② 周自齐(摄行大总统,署理国务总理)、胡惟德(代理国务总理并摄行临时执政,外交总长)、陆宗祥(代理国务总理,外交总长)、荫昌(参谋总长)等这些民国高官均毕业于同文馆。只有四十年办学历史的同文馆能有这样的成就已是很了不得了。不要说一百多年前,就是现在,有几所学校在短短四十年的时间里能有这样大的成就?虽然作者在论述丁韪良及同文馆时,仍不可避免地保留着鲜明的时代印迹,但总体而言,在公正性方面,作者在前人的基础上有了很大的推进,值得肯定。

1985 年,顾长声的《从马礼逊到司徒雷登——来华新教传教士评传》出版。其中,丁韪良小传占一章,对丁韪良的贡献和"帝国主义行为"均有介绍。虽略显简略,但应该是中国第一篇较详尽地介绍丁韪良的传记。③

同文馆的课程设置一直是学界关注的重点。其成果主要有两类:一是关于开设西学课程的争论,这类研究的成果相对比较丰富;二是同文馆课程设置的研究,这类成果很少,基本分散在各类教育史著作中,以简单介绍为主。

1866 年年底,奕䜣等人上折要求设立天文算学馆,招收正途官员④学习西学,引发了同文馆之争,这是中国近代史上第一次关于学习西方的争论。陈旭麓(1980)在《光明日报》发表《中国近代史上的爱国与卖国问题》一文,认为同文馆之争等"都是有助于解放生产力、推动社会前进的"⑤。这是这一时期不

---

①　王维俭:《丁韪良和京师同文馆》,《中山大学学报》(哲学社会科学版)1984 年第 2 期,第 106-111 页。

②　Knight Biggerstaff. *The Earliest Modern Government Schools in China*. New York:Cornell University Press,1961,pp. 149-151.

③　顾长声:《从马礼逊到司徒雷登——来华新教传教士评传》,上海人民出版社 1985 年版,第 200-221 页。

④　清代官吏出身有正途、异途之分。进士、举人出身者谓之科甲,与恩贡、拔贡、副贡、岁贡、优贡、荫生均为正途。若由捐纳或议叙而得官的,称为异途出身。(夏征农主编:《辞海》(缩印珍藏本),上海辞书出版社 2000 年版,第 1647 页)

⑤　陈旭麓:《中国近代史上的爱国与卖国问题》,《光明日报》,1980 年 1 月 8 日。

是全盘否定、就是部分否定同文馆的氛围中为数不多的肯定性评价之一。这在政治和学术不是很开放的20世纪80年代初期是很需要理论勇气的。刘广京(1982)认为同文馆之争的一个重要原因是"当时的政治和思想对于接受西洋科学与技术的障碍"①,所以,开设天文算学馆引起倭仁等守旧派人士的强烈抵制就不足为奇了。苏渭昌(1983)认为,既要看到这场论争在客观上确实起到了一定的开风气的作用,又要看到它在本质上毕竟是统治阶级内部为巩固自身统治地位而发生的一场争吵。同文馆之争表明,从近代开始,科学技术的学习、传播已成为一种不可逆转的潮流。它还表明教育与政治的关系是何等密切,中国近代学校的诞生,就是内政外交的产物。②

关于同文馆课程设置,吕达(1988)的《京师同文馆与我国近代课程的萌芽》是为数不多的专论之一。吕文从课程演变、试题、课程特点和关于设置西学课程的论争等方面展开,应该是专门讨论同文馆课程的奠基之作③,该文收入作者的专著《中国近代课程史论》(1994)一书④。

在人才培养方面,对有着整整四十年历史的同文馆,学界多有评说。王大明(1987)认为,同文馆"搞了几十年,仍然没有培养出自己的科技和外语师资力量,可以说是同文馆的一大失败"。不过,作者承认同文馆"对后来西方的科学文化在中国社会的传播,产生了不可忽视的积极影响"⑤。李长莉(1987)认为同文三馆受"狭隘的应付需用的思想"支配,"外交翻译人员也就始终是同文馆的主要培养目标"。它们是"中国近代资格最老的一批西学学堂,在一定程度上体现了基础教育与专门教育相结合的近代化教育原则,它们直接受着总理衙门的指导,这些因素都使他们在后来兴起的洋务学堂中一直处于标杆的地位,成为中国近代早期新式教育的代表"⑥。吕景林、张德信(1988)认为同文馆虽然进展缓慢,成就欠佳,但毕竟开了中国资本主义性质新教育的先声。同文馆作为中国新教育的起点,开拓了一种学习西方的新风气。总括北京、上

---

① [美]刘广京:《一八六七年同文馆的争议——洋务运动专题研究之一》,《复旦学报》(社会科学版)1982年第5期,第97-101页。

② 苏渭昌:《论同文馆之争》,《重庆师院学报》(哲学社会科学版)1983年第1期,第79-80页。

③ 吕达:《京师同文馆与我国近代课程的萌芽》,《教育评论》1988年第6期,第69-74页。

④ 吕达:《中国近代课程史论》,人民教育出版社1994年版,第53-63页。

⑤ 王大明:《京师同文馆及其历史地位》,《中国科技史料》1987年第4期,第46-47页。

⑥ 李长莉:《晚清同文馆三馆对人才的培养》,《河北师范大学学报》1987年第1期,第106页。

海、广东三处,却没有培养出几个有影响的科学技术专门家。最有成就的是翻译官和外交官,其次是某些洋务的管理官员和学堂教习。① 李长莉及吕、张二人均肯定了同文馆的创始意义及在翻译官和外交官培养方面所做的贡献。至于说"进展缓慢,成就欠佳"的问题,就要看观察问题的视角。如果以今人的眼光去衡量,同文馆存在的问题确实很多。但是,"事非经过不知难"。假如我们结合当时复杂的社会政治环境,认识到身处"鄙西学为可耻"②、视学外文为"下乔木而入于幽谷"③的年代及师资、经费、教学媒介等都要受制于外人的艰难情形的话,那么,我们认为,同文馆取得了很了不起的成就,不仅培养了一批自己的科技和外语师资,成为清末最重要的师资培训基地之一,还培养了蔡锡勇等一批有影响的科学技术专门家。④

可喜的是,这一时期外语界学者开始涉足同文馆研究。外语教育家付克(1986)的《中国外语教育史》是新中国第一部外语教育史。作者对同文馆的外语教育作了简要回顾,指出同文馆"已不是一所单纯的语言学校,而已经具有综合性大学的特点"⑤。李良佑等(1988)的《中国英语教育史》探讨了同文馆的创办动因、办学过程、学生、教师、教学与管理等内容,认为它是"我国官办的第一所近代化新式学校,是我国近代半封建半殖民地教育的开端"。同文馆创办后,"各地纷纷效仿,相继兴办了一批近代化学校,推动中国近代教育的发展"。虽然有杰出成就的学生不多,但他们"毕竟是中国自己培养的第一批外语教师和翻译。中国英语教学后来之所以能发展,其中也有他们的辛劳"⑥。这两部论著涉及同文馆的内容虽然不多,但为此后外语界学者涉足包括同文馆在内的晚清外语教育研究奠定了基础。

综上,这一时期的研究,外国学者比较活跃,成果较多,质量比较有保证,但研究范围比较狭窄,主要集中在对同文馆的总体介绍和对丁韪良的专题研究。前者以毕乃德(1961)等人为代表,后者以柯饶富(1978)、杜斯(1966)等为

---

① 吕景林、张德信:《略论京师同文馆与人才培养》,《近代史研究》1988 年第 5 期,第 86、91 页。

② 王之春:《国朝柔远记》,光绪十七年(1891)夏广雅书局刻,第 7 页。

③ 典出《孟子·滕文公章句上》:"今也南蛮𫕥舌之人,非先王之道,子倍子之师而学之,亦异于曾子矣。吾闻出于幽谷迁于乔木者,未闻下乔木而入于幽谷。"(杨伯峻译注:《孟子译注》,中华书局 2005 年版,第 125 页)

④ 参见本书第八章的相关讨论。

⑤ 付克:《中国外语教育史》,上海外语教育出版社 1986 年版,第 18 页。

⑥ 李良佑、张日昇、刘犁:《中国英语教学史》,上海外语教育出版社 1988 年版,第 28 页。

代表。国内的研究中,台湾学者孙子和(1977)、苏精(1985)及大陆的王维俭(1984)、吕景林、张德信(1988)等都取得了这一时期中国最具代表性的成果。大陆的研究可从前后两个阶段来看。前一阶段,即新中国成立后至 20 世纪70 年代末,研究以对同文馆及丁韪良的揭发批判为主,观点偏激,有一定质量的成果屈指可数。在 20 世纪 80 年代的 10 年中,研究质量有所提升。首先是研究范围有所扩大,除了对丁韪良和同文馆的总体研究,还延伸至人才培养、课程设置、同文馆之争等。其次,学术问题政治化倾向依旧明显,但批判力度已大大减弱,观点渐趋多元,全盘否定和部分肯定并存。这一情形说明随着时代的变迁,人们对历史现象的认识渐趋理性与宽容。

2. 1990—2015 年的研究概况

跟以往不同的是,这一时期研究同文馆的主阵地移至中国大陆。学界重新认识到传统外语教育的价值,因而对同文馆和丁韪良的态度发生了根本性转变,变得更加理性与宽容,以往的那种单向度思维,即一边倒的全盘否定的做法不大有了,而是努力发掘同文馆外语教育的亮点,以肯定为主,偶尔指出不足。特别是进入 21 世纪后,进入了思想更加活跃、观点更加多元、成果更加丰富的时期,这些变化得益于国家的政治、学术生态的明显改善。

在对同文馆的总体介绍方面,取得质量上乘的成果的有赵惠容(1990)、熊月之(1994)、余林祥(2000)等。赵惠容从缘起、沿革、译书、成就等方面展开了论述。赵惠容指出,同文馆"既是西方资本主义加深侵略中国的产物,也是中国人民面向西方、面向世界跨出的一步"。同文馆翻译的西书"使中国的几千年的封建文化被打开缺口,种种传统观念开始发生动摇,它直接影响了维新运动。早期资产阶级改良主义,从思想来源看,有一部分是从这里孕育起来的"。作者也指出同文馆具有"不中不西,浓厚的买办色彩"①。熊月之从文化传播与文化冲突的视角来描述和分析中西文化在同文馆相遇、碰撞与冲突的过程,着重探讨了同文馆的创办背景、课程与教学、教习与学生、译书与课艺及同文馆之争等。② 这是较早对同文馆进行较全面的研究的成果,较多地引用原始资料,视野开阔,分析细致。余林祥则从教育制度史角度深入探讨,指出"在洋务运动期间众多新式学堂中,京师同文馆和福州船政学堂最为著名,最具特色"。但同文馆与其他新式学堂"始终未能形成一个独立的文化教育体系,无

---

① 赵惠容:《北京近代教育源泉探——论析京师同文馆》,《北京社会科学》1990 年第 1 期,第 54 页。

② 熊月之:《西学东渐与晚清社会》,上海人民出版社 1994 年版,第 301-333 页。

力改变旧文化教育的主导地位"。这里,论者似乎忽略了同文馆办学的艰巨性。同文馆作为洋务运动的一项重要改革成果,获得掌控实权的慈禧太后的支持力度是有限的,这从同文馆之争中即可看出。任何一项改革措施,没有最高统治者的认同,是很难向前推进的。连作为一国之君的光绪帝都没办法,区区一所外文学堂,岂能"改变旧文化教育的主导地位"?不过,作者对同文馆创办意义的评价恰如其分:"它的产生,是中国教育一次重要变革,是中国教育制度史的一个转折点,拉开了中国新教育的序幕。学习西方教育,从此在中国开始变成现实。"[①]

进入 21 世纪后,晚清外语教育渐成外语界的研究热点,完成了多部与同文馆有关的论著,其中,较有影响的有顾卫星(2004)[②],李传松、许宝发(2006)[③],高晓芳(2007)[④],季压西、陈伟民(2007)[⑤],栗进英、易点点(2010)[⑥]等。这些成果是对同文馆的总体介绍,大都能结合当时的政治文化生态,比较客观、公允地介绍同文馆,在给予好评的同时,也指出其问题所在。因篇幅所限,这些成果仅将同文馆作为独立的一章来讨论,因此无法深入展开。

对于同文馆的创办原因,虽然相关的研究都要涉及,但大多过于简略,语焉不详。欧阳恩良、翟巍巍(2008),施正宇(2014)等人的探讨较为详尽。欧阳恩良、翟巍巍认为西方的坚船利炮不仅冲破了中国的海防,而且使清廷传统的夷狄观念发生了动摇,他们再也无法回避与西方的正式接触。而此时尚无信得过的与西方接触的沟通媒介。因此,培养自己的外交翻译人才成为创办同文馆的直接起因。[⑦] 施正宇认为,在晚清中外不平等条约中,以西方文字为条约文本法定文字的条款是同文馆建立的表层原因。一批精通中国语言的西方人在谈判桌上,以其驾轻就熟的语言能力延续并扩大了西方列强在军事战场

① 余林祥主编:《中国教育制度通史》(第六卷·清代),山东教育出版社 2000 年版,第 127、147 页。

② 顾卫星:《晚清英语教学研究》,苏州大学出版社 2004 年版,第 146-171、309-313 页。

③ 李传松、许宝发:《中国近现代外语教育史》,上海外语教育出版社 2006 年版,第 1-21 页。

④ 高晓芳:《晚清洋务学堂的外语教育研究》,商务印书馆 2007 年版,第 61-119 页。

⑤ 季压西、陈伟民:《语言障碍与晚清近代化进程(三)——从"同文三馆"起步》,学苑出版社 2007 年版,第 1-110 页。

⑥ 栗进英、易点点:《晚清军事需求下的外语教育研究》,湖南大学出版社 2010 年版,第 1-48 页。

⑦ 欧阳恩良、翟巍巍:《从"鴃舌之音"到京师同文馆的建立——近代中西语言接触看清廷观念的转变》,《甘肃社会科学》2008 年第 1 期,第 58 页。

上的战果,使清政府在遭受军事上的巨大失败之后,再一次遭受了精神上的羞辱与折磨是建立同文馆不可言说的深层原因。① 笔者以为,从特定视角看,这些观点都正确。但实际上,同文馆创办的原因要复杂得多,它是多种因素共同作用的结果。

关于同文馆的办学层次问题,学界是有不同看法的。熊月之(1994)对比分析后认为,"当年同文馆所授数学知识,大体相当于现在小学高年级和初中程度"②。吕达(1994)认为同文馆具有普通中学的性质。③ 张正东(2000)认为同文馆具有外语中学性质。④ 刘华(2004)认为,同文馆具有高等教育性质,"比天津中西学堂早30年成为高等学校,而且是中国独立按照欧美大学模式建立的近代高校"⑤。吴骁(2015)认为同文馆基本达到了高等专科教育的程度。⑥ 我们认同吕达、张正东的观点。理由如下:首先,早期同文馆大致相当于小学程度,但自19世纪60年代中后期天文算学馆设立,尤其是招收沪、粤两地同文馆学生入学后,学校类型和层次开始发生变化。后来,"八年课程表"颁布,学习年限延长为八年,和中学相当。其次,就课程设置及多数西学试题来看,同文馆够不上大学层次。它跟天津中西学堂不在一个档次。首先,从生源素质来看,中西学堂招收相当于小学毕业的学生,而早期同文馆招收的是未系统接受过小学教育的学生,只是在同治七年(1868)以后开始从沪、粤二馆招收了总共74名学生。从人数来看,这些学生没有成为同文馆在校生中的多数,他们在原来就读的学校也仅接受了三年的外语和西学教育。其次,从学习年限来看,早期同文馆学年为三年,大约从光绪二年(1876)起,才增至五到八年。虽然"八年课程表"提供了八年学习的课程,但不是强制性的课程标准,学生可提前或延后出馆。而中西学堂规定必须修满八年,加上所招学生已有三年的学习经历,故其年限至少是十一年。⑦ 更重要的是,同文馆没有毕业考试

---

① 施正宇:《试论清代来华西方人的中国语言水平——从京师同文馆的建立说起》,《清华大学学报》(哲学社会科学版)2014年第6期,第79页。

② 熊月之:《西学东渐与晚清社会》,上海人民出版社1994年版,第322页。

③ 吕达:《中国近代课程史论》,人民教育出版社1994年版,第6页。

④ 张正东:《中国外语教学法理论与流派》,科学出版社2000年版,第4页。

⑤ 刘华:《论京师同文馆的高等教育性质》,《浙江大学学报》(人文社会科学版)2004年第1期,第22页。

⑥ 吴骁:《谁是中国近代第一所大学?》,《光明日报》,2015年11月3日。

⑦ 天津中西学堂由头等学堂和二等学堂组成,头等学堂(相当于大学)和二等学堂(中学)的学习年限各为四年。二等学堂的学生从天津、上海、香港等地已完成三年学业的学生中招录。故这些学生完成大学学业至少需要接受十一年的教育。

一说,更不会颁发文凭。而中西学堂学生经过八年学习,考试合格即可获得文凭。如第一届学生王宠惠在中西学堂法科毕业后获得了"钦字第壹号"考凭(文凭)。不过,我们发现,光绪二十一、二十四年(1895/1898)外文考题中的汉文照会题、翻译题(均为汉译外)相当难①,部分拔尖学生的外文水平可能是具有或接近大学程度的。

在教习的研究方面,取得代表性成果的有丁伟(2006)、王文兵(2008)、高晞(2009)等。丁伟首次从教学法层面探讨了丁韪良的贡献:丁韪良在同文馆"进行了我国英语教学本土化的尝试,这不仅体现在英语人才培养模式的层面,更体现在英语教学法的层面。他把西方盛行的语法翻译法与中国传统语文教学法巧妙地结合在一起,遵循我国传统语文教学的控制、循环原则,使英语教学呈现出分阶段教学的特点"②。王文兵的力作《丁韪良与中国》将丁氏置于中西文明互动背景之下来考察,试图描述其一生各个阶段的变化及其原因。作者认为丁韪良这一时期的教学活动,是其传教活动的一部分,是"一种完全世俗化的方法",其实质就是"积极宣传和译介西方的世俗科学('实学')以化解中国的迷信,以西方世俗知识的普及为中国人的灵性皈依基督扫清道路"。③ 孙邦华(1999)也持类似观点。他说:"丁韪良不仅以教育为手段实施布道计划,而且以西学为布道工具,他利用总教习之职在京师同文馆不断扩大西学教育,把教育、西学两者结合起来作为传教手段。"④总之,作为中国第一部系统研究丁韪良的专著,《丁韪良与中国》文献基础扎实,具有较大的学术价值。但作者对丁韪良人生的第二个时期即同文馆时期的教育活动的研究明显偏少(仅占15%),因为,正如作者所说,"丁韪良在同文馆任职前后达31年之久……几乎占去他在中国全部时间的一半"⑤。高晞的《德贞传:一个英国传教士与晚清医学现代化》是占有大量史料(尤其是外文史料)的研究同文馆医学和生理学教习德贞的力作,将德贞与晚清现代化联系起来⑥,具有较高的学

① 关于光绪二十一年(1895)、光绪二十四年(1898)外文考题,参见本书附录1、附录2。
② 丁伟:《我国英语教学本土化的探索者丁韪良与京师同文馆》,《广西社会科学》2006年第10期,第189页。
③ 王文兵:《丁韪良与中国》,外语教学与研究出版社2008年版,第105页。
④ 孙邦华:《简论丁韪良》,《史林》1999年第1期,第86页。
⑤ 王文兵:《丁韪良与中国》,外语教学与研究出版社2008年版,第105页。
⑥ 高晞:《德贞传:一个英国传教士与晚清医学现代化》,复旦大学出版社2009年版。

术和史料价值。此外，还有何大进（2005）①、陈向阳（2007）②、黄运红（2013）③、张美平（2014）④等的研究。

但是，作为同文馆师资重要组成部分的汉教习目前尚无专文讨论。

同文馆之争仍是这一时期学界研究的重点。夏东元（1992）认为让正途人员学习天文算学"是要培养具有先进科学技术知识的新型知识分子的干部队伍，以改变官吏的结构"。这是有利于洋务事业发展的进步措施，"但以奕䜣为代表的革新教育的主张也没有成功"⑤。但我们认为以奕䜣为代表的洋务派并没有失败，因为正是通过这场论争，洋务派的许多理念得到进一步厘清，措施得到了落实。在奕䜣等人的支持下，同文馆正式启动了人事、课程、招生等一系列的制度改革，从而走上健康发展的道路。林建、顾卫星（2008）独辟蹊径，从外语教学的角度进行了探讨，将天文算学馆的设立视为"中国英（外）语教学首次改革"，"提升了英（外）语教学层次，增强了洋务学西学运动的实用性和学校教学内容的科学性"。⑥ 这是唯一以外语教学为视角而展开的研究，为我们提供了新的认识问题的视角。王升远（2008）从中国近代外语观的角度指出，"对于外语和西学的译介，由蔑视、拒斥到被迫接受而至积极倡导，近代外语观的嬗变从侧面折射出国人由华夷之辨的蒙昧走向开放、试图与世界平等对话的进取精神。其背后潜含着各派基于不同文化立场，对国家前途的思考和话语权的争夺"⑦。丁伟志、陈崧（2011）从文化史的角度得出结论说这场争论的实际意义"在于通过主张引进西学和反对引进西学之争，把如何处理中学和西学的关系问题，提上了中国近代文化史的日程"⑧。此外，从事该研究的

① 何大进：《丁韪良与京师同文馆》，《北方论丛》2005年第4期，第79-82页。

② 陈向阳：《论京师同文馆的洋教习》，《重庆社会科学》2007年第10期，第78-82页。

③ 黄运红：《晚清京师新式学堂教师聘任初探——从京师同文馆到京师大学堂》，《湖南师范大学教育科学学报》2013年第5期，第91页。

④ 张美平：《京师同文馆教习述论》，《海南师范大学学报》（社会科学版）2014年第7期，第106-110页。

⑤ 夏东元：《洋务运动史》，华东师范大学出版社1992年版，第157、160页。

⑥ 林建、顾卫星：《京师同文馆增设天文算学馆评析——中国英（外）语教学首次改革》，《苏州大学学报》（哲学社会科学版）2008年第2期，第118页。

⑦ 王升远：《中国近代外语观之嬗变——对清末同文馆之争的反思》，《上海师范大学学报》2008年第5期，第126页。

⑧ 丁伟志、陈崧：《中西体用之间——晚清文化思潮述论》，社会科学文献出版社2011年版，第76页。

还有项锷(2006)①,季压西、陈伟民(2007)②,刘华(2007)③等。应该说,这一时期关于同文馆之争的研究值得重视,其研究质量、视野、内容等方面较以往的研究有很大突破。

在外国语言文字教育方面,顾卫星的《京师同文馆外语教学特色简析》(2001)当是最早研究同文馆外语教学的专题论文之一。该文认为同文馆的外语教学"不但有系统的外语以及西学课程,而且还将课堂外语教学和翻译实践有机结合起来"④。顾卫星(2004)总结出同文馆的英语教学有三大经验:一是注重翻译实践的英语教学模式;二是语言和科学相结合的英语课程设置;三是英语教学措施不断调整并定位于为社会需求服务的方向。同文馆的"英语教学是我国近代外语教学的开端"⑤。张美平(2009)认为同文馆的英语教学"具有课程设计循序渐进、翻译实践扎实有效、考试制度严格有序"⑥等特色。俄文教育方面,郝淑霞的《京师同文馆的俄语教学》(2004)认为俄文馆对当时社会产生了三方面的影响:(1)为近代中国培养了第一批俄文外交官、译员;(2)增强了中国对俄罗斯的认识与了解,促进了中俄文化交流;(3)直接带动了新疆俄文馆、珲春俄文书院等俄语专门学校的设立。⑦ 郝淑霞(2012)从外交史的角度讨论了同文馆俄文教育及其效果,并指出俄文馆"课程设置及所开展的实践活动,对当今复合型外语人才、外交人才的培养,具有参考价值和借鉴意义"⑧。日文教育方面,目前有代表性的成果是许海华的《近代中国日语教育之发端——同文馆东文馆》(2008),此文系由作者的硕士论文《清末官办日

---

① 项锷:《再论同文馆之争》,《深圳大学学报》(人文社会科学版)2006年第2期。

② 季压西、陈伟民:《语言障碍与晚清近代化进程(三)——从"同文三馆"起步》,学苑出版社2007年版,第52-57页。

③ 刘华:《中国近代科学教育体制形成的认知逻辑基础——重评京师同文馆的创立及1866—1867年关于添设天文算学馆的争论》,《浙江大学学报》(人文社会科学版)2007年第6期,第108页。

④ 顾卫星:《京师同文馆外语教学特色简析》,《苏州大学学报》(哲学社会科学版)2001年第2期,第125页。

⑤ 顾卫星:《京师同文馆英语教学历史研究》,《外语与外语教学》2004年第5期,第23-27页。

⑥ 张美平:《略论京师同文馆的英语教学特色》,《广西社会科学》2009年第1期,第82页。

⑦ 郝淑霞:《京师同文馆的俄语教学》,《中国俄语教学》2004年第2期,第58-62页。

⑧ 郝淑霞:《晚清中俄外交与京师同文馆俄文教育》,《教育评论》2012年第4期,第134页。

语教育之研究》(浙江大学,2007)修改而成。作者考察了京师和广东两地同文馆的日文教育后指出,虽然东(日)文馆办学时间很短,但此举开清末国内日语教育的先河,"是中国日语教育史上具有重要意义的一章"①。

　　同文馆不仅是外国语文学堂,而且也是著名的翻译学堂,它的翻译是学界关注的焦点之一。有关同文馆翻译的研究主要集中在四个方面:一是有关翻译教育的总体介绍;二是对该馆师生翻译成果的介绍与评论;三是对翻译教学(教材编译)的讨论;四是对翻译政策的讨论。在总体介绍方面,代表性成果是李亚舒、黎难秋(2000),王宏志(2003,2011)等。李亚舒、黎难秋在其《中国科学翻译史》中讨论了同文馆的翻译,分翻译书籍、为科技刊物翻译稿件、为总署翻译外交文献等部分,并指出这些学生译员是我国自己培养的首批兼通外语与科技知识的笔译人员。② 王宏志的《京师同文馆与晚清翻译事业》是部力作。这篇长文经修改收入他主编的《翻译与文学之间》一书。③ 作者讨论了同文馆在中国近代翻译史上的角色及位置,重点探究其在晚清外语教学及翻译上的贡献、成就和缺失。作者认为同文馆译书切合了当时中国的政治及社会需要,甚至可以说,直至戊戌政变后梁启超提出翻译外国小说前,同文馆的译书活动是具有代表性的。尽管同文馆"问题和弊病很多",但它享有不容抹杀的创始之功,"如果没有同文馆的种种措施,其他陆续出现的语言学校、新式学堂和翻译机关并不一定能够造出今天所见到的成绩来,甚至根本不会成立"④。这是一篇很客观的论文,既对同文馆40年艰难办学中取得的成就予以肯定,也利用大量的一手资料揭示其存在的不足,这与20世纪80年代以前对同文馆普遍评差和21世纪初以来普遍评好的现象有本质差别,体现了作者的认真与严谨。除此之外,还有王立新(2008)⑤、邹振环(2012)⑥等的研究。

　　对同文馆的翻译讨论较多的是对该馆师生翻译成果的介绍与评论。其

　　① 许海华:《近代中国日语教育之发端——同文馆东文馆》,《日语学习与研究》2008年第1期,第56页。
　　② 李亚舒、黎难秋:《中国科学翻译史》,湖南教育出版社2000年版,第160-166页。
　　③ 王宏志:《翻译与文学之间》,南京大学出版社2011年版,第83-147页。
　　④ 王宏志:《京师同文馆与晚清翻译事业》,《中国文化研究所学报》2003年第12期,第319、328页。
　　⑤ 王立新:《美国传教士与晚清中国现代化》,天津人民出版社2008年版,第205-212页。
　　⑥ 邹振环:《京师同文馆及其译书简述》,《疏通知译史》,上海人民出版社2012年版,第130-141页。

中,丁韪良翻译的《万国公法》①最受学界关注,有张用心(2005)②、王中江(2014)③等多篇学术论文发表。此外,一些相关的论著也有讨论。田涛(2001)的《国际法输入与晚清中国》认为丁韪良引介《万国公法》的目的在于为基督教传播打开一条途径,进而试图改变中国。但是,国际法经传教士的介绍进入中国,不失为 19 世纪下半期西学输入的一个重要成就。④ 刘禾(2004,2014)的《翻译国际法》(*Translating International Law*)讨论了《万国公法》翻译的缘由及过程。此文收入她的《帝国的话语政治》(*The Clash of Empires*)一书中。⑤《万国公法》之所以广受关注,正如何勤华所说,是因为它是"译成中文的第一本西方国际法著作",首次"将近代国际法的基本原则、思想观念以及概念术语带入中国,对中国学术界产生了巨大的启蒙作用,直接促进了清末中国近代国际法学的诞生"。⑥ 对其他馆译西书研究的代表性成果有

---

① 《万国公法》于 1864 年刊行。这是丁韪良入职同文馆前的成果,但它作为教材在同文馆师生中使用,加上丁韪良长期主持同文馆的教务,所以人们在讨论同文馆的教学问题时,也常将其一并讨论。

② 张用心:《万国公法的几个问题》,《北京大学学报》(哲学社会科学版)2005 年第 3 期,第 76-84 页。

③ 王中江:《世界秩序中国际法的道德性与权力身影——"万国公法"在晚清中国的正当化及其依据》,《天津社会科学》2014 年第 3 期,第 122-131 页。

④ 田涛:《国际法输入与晚清中国》,济南出版社 2001 年版,第 100-103 页。

⑤ Lydia H. Liu. *The Clash of Empires*: *The Invention of China in Modern World Making*. Cambridge, Massachusetts: Harvard University, 2004, pp. 108-139. 中文见刘禾著,杨立华等译:《帝国的话语政治——从近代中西冲突看现代世界秩序的形成》,生活·读书·新知三联书店 2014 年版,第 146-186 页。

⑥ 何勤华:《〈万国公法〉与清末国际法》,《法学研究》2001 年第 5 期,第 137 页。

肖朗(1999)①、高晞(2008)②、傅德元(2006、2009)③、张登德(2010)④、万齐洲(2011a)⑤等，这些成果的学术和文献价值较高，限于篇幅，恕不一一介绍。

教材编译是同文馆翻译教学的一个重要方面，但目前的研究很薄弱。邱志红(2008)在研究同文馆学生汪凤藻、张德彝编译的早期英语文法书《英文举隅》和《英文话规》后指出，这两部书"不仅代表了同文馆卓著的英语教学水平，同时，它们对戊戌维新以后英语语法知识和概念传播的成熟化、深入化发展，起到了至关重要的承上启下作用"⑥。孙广平(2013)的博士论文《晚清英语教科书发展考述》对包括同文馆在内的洋务学堂编纂的教科书也有述及。⑦

翻译政策主要是由政府或民间的相关机构就翻译问题所制定的指导方针或具体规定。最早讨论晚清翻译政策的可能是黄立波、朱志瑜(2012)的《晚清时期关于翻译政策的讨论》⑧，但最早讨论同文馆翻译政策的专论则是罗列、杨文瑨(2015)的《论作为国家文化战略的翻译政策——以京师同文馆的翻译活动为例》。该文以洋务派的翻译政策对同文馆翻译活动的影响为个案，分析翻译政策的制定与实施对翻译选材、译员培训、翻译师资等的影响及翻译政策所体现出的主体文化对自我和他者文化的认知方式等。⑨ 作者对洋务派的翻译政策如何影响同文馆的翻译活动的讨论似可深入探讨，但该文的首创意义

---

①　肖朗:《西学考略与中国近代教育》,《华东师范大学学报》(教育科学版)1999 年第 1 期,第 1-9 页。

②　高晞:《"解剖学"中文译名的由来与确定——以德贞〈全体通考〉为中心》,《历史研究》2008 年第 6 期,第 80-104 页。

③　傅德元:《〈星轺指掌〉与晚清外交现代化》,《北京师范大学学报》(社会科学版)2006 年第 6 期;傅德元:《丁韪良主持翻译〈公法会通〉新探》,《河北学刊》2008 年第 2 期;李灵:《中西文化交流:回顾与展望——纪念马礼逊来华两百周年国际学术研讨会论文集》,上海人民出版社2009 年版,第 103-116 页。

④　张登德:《汪凤藻与富国策的翻译》,《苏州科技学院学报》(社会科学版)2010 年第 5 期,第 58-61 页。

⑤　万齐洲:《〈公法便览〉与战争法及其术语的输入》,《三峡大学学报》(人文社会科学版)2011 年第 2 期,第 98-100 页。

⑥　邱志红:《〈英文举隅〉与〈英文话规〉——同文馆早期毕业生编译的早期英语文法书》,《寻根》2008 年第 5 期,第 40 页。

⑦　孙广平:《晚清英语教科书发展考述》,浙江大学博士论文,2013 年。

⑧　黄立波、朱志瑜:《晚清时期关于翻译政策的讨论》,《中国翻译》2012 年第 3 期,第 26-33 页。

⑨　罗列、杨文瑨:《论作为国家文化战略的翻译政策——以京师同文馆的翻译活动为例》,《山东外语教学》2015 年第 2 期,第 91-97 页。

不容忽视。

在同文馆的学生管理方面,周俐玲、段怀清(2006)的《京师同文馆与晚清"学生—译员计划"》是角度较新、视野较宽的成果。[①] 此外还有陈向阳(2011)[②]及张美平(2015)[③]等的文章。

陈向阳(2004)的《晚清京师同文馆组织研究》系同文馆组织研究的奠基之作。作者从组织环境、组织设计、组织类型、组织运行、组织管理、组织效益、组织性质等方面详尽讨论了同文馆的组织问题。[④] 该著史料基础扎实,是一部力作。

在人才培养方面,夏红卫的《跨文化传播视野下的晚清同文馆》(2007)值得重视。作者从跨文化传播的角度对同文馆的传播者、受传者、传播内容、传播环境及传播效果等因素进行分析,认为同文馆的人才培养和西书翻译"启动了民族科学思想的启蒙,深刻影响了当时中国的内政外交,并为以后维新变法奠定了基础"。它作为一个典型案例,"充满了中国人以文化策略寻求突围的努力,鲜明地反映出中国文化主动性在跨文化传播和交流中的重要影响。尽管这种影响具有不可摆脱的保守和狭隘,但它为其后中国文化更加主动的选择奠定了不可或缺的基础"[⑤]夏文的创新之处在于突破了以往学界的聚焦点仅在培养外语、外交和翻译人才这个圈子里打转的尴尬,这是视角创新,实为学界研究的亮点。

赵海亮的学位论文《京师同文馆与中国近代化》(2004)分析外交因素在同文馆创设过程中的作用及办学对近代新式外交人才的培养,阐明它在中国外交近代化过程中所起的作用。作者认为同文馆对中国的现代化做出了不可磨灭的贡献。[⑥] 这是最早将同文馆置于中国现代化的角度而进行探索的论文,筚路蓝缕之功不容忽视。

---

① 周俐玲、段怀清:《京师同文馆与晚清"学生—译员计划"》,《北京化工大学学报》2006年第2期,第40-45页。

② 陈向阳:《京师同文馆的学生管理》,《广州大学学报》(社会科学版)2011年第4期,第87-91页。

③ 张美平:《京师同文馆学生管理模式述论》,《浙江树人大学学报》2015年第1期,第97-102页。

④ 陈向阳:《晚清京师同文馆组织研究》,广东高等教育出版社2004年版。

⑤ 夏红卫:《跨文化传播视野下的晚清同文馆》,《北京大学学报》(哲学社会科学版)2007年第6期,第141页。

⑥ 赵海亮:《京师同文馆与中国近代化》,山西大学硕士论文,2004年,第1-4页。

　　史学研究的本质是"求真",功能是"致用",也就是说,它的最直接的目的应当是为当下的现实服务。目前研究者已开始关注中国传统外语教育对当下外语教育的意义。仇云龙、张绍杰的《晚清外语人才培养特色及其当下启示》(2011)提及包括同文馆在内的晚清新式学堂"中体西用"的办学思想、复合型外语人才的培养、人文教育等方面值得借鉴的价值。① 陈媛媛(2012)的硕士论文《同文馆的翻译教学及其对 MTI 教学的启示》②和上述研究一样将传统的外语教育经验与当下的外语教育相结合,体现了作者的现实情怀。这说明传统外语教育经验正引起学界的重视,这是值得注意和肯定的趋向。

　　这一时期的研究具有如下特点:第一,同文馆外语教育研究的主战场在中国大陆,参与研究的人员甚众,成果较多,创见迭出。第二,研究者当中,除原先的中国近代史、教育史、文化史、中西交流史、外交史等领域的学者外,又新添了外语界学者。他们凭借自身的语言学和外语优势,为优化同文馆外语教育研究队伍,促进研究质量的提升做出了贡献。第三,港台及世界其他地区,除王宏志(2003,2011)等人的研究以外,有见地的成果不多,且数量也很少。

三、本书的问题意识及内容构成

(一)本研究的问题意识及研究方法

　　从上述研究史来看,研究者从不同角度或基于不同的问题意识,讨论了与同文馆有关的多个方面的问题,取得了不少研究成果。毋庸讳言,仍有不少成果在史料、内容、方法等方面存在较大问题。首先,从研究方法来看,以下几方面值得重视:第一,史料挖掘不够,重中文史料,轻外文文献。英国历史学家 E. H. 卡尔说:"在过去与现在之间存在着双向的交通,现在是由过去铸造的,然而又不断地再现过去。"③连接过去与现在的物化形态便是史料。要回到历史的背景中去,对史料的掌握极其重要,它是史学研究的灵魂,是所有历史研究或历史描述的第一步,甚至是所有学术研究的第一步。阿诺德·汤因比说,

---

① 仇云龙、张绍杰:《晚清外语人才培养特色及其当下启示》,《外语教学与研究》2011 年第 2 期,第 291-298 页。

② 陈媛媛:《同文馆的翻译教学及其对 MTI 教学的启示》,上海外国语大学硕士论文,2012 年。

③ [英]E. H. 卡尔著,陈恒译:《历史是什么》,商务印书馆 2014 年版,第 6 页。

史料"是全面深入地研究历史所不可缺少的基础"①。但在现有的研究中,对史料(尤其是外文史料)的爬梳剔抉、参互考寻尚未引起研究者足够的重视。香港学者王宏志说:"长期以来,我们见到一种颇为普遍的倾向,就是忽视史料,轻视考证。"②傅德元在《丁韪良研究述评》中也说"大陆学术界的研究视野过于狭窄,不注意大量搜集原始材料,存在以传统思维来妄加评论的现象"③。我们知道,中文史料(尤其是官修的档案文献)非常重要,在史学研究中具有无可替代的价值。E. H. 卡尔说:"档案就是事实圣殿中的约柜。"④但由于纂修者或受其所处地位、时代的制约,或为迎合当权者的口味或出于某种现实的考量,对准备归入档案的文献资料的取舍存在一定的随意性,客观性难免不受影响,因而并非所有的官修档案文献一定都是完整的、可靠的。清代乾隆年间编纂的《四库全书》即是明证。⑤ 学术研究中仅仅依靠中文史料,其价值和准确性未必能得到保证,而外文史料在较大程度上可弥补这一缺陷。同文馆的外文和科学(算学除外)教习,均系外籍人士,他们在中国或在其祖国公开出版的书籍、报刊杂志、回忆录、日记、纪念文章或与亲友的通信中一般都会提及同文馆,这些文献均可成为认识同文馆的重要印证与补充。他们以旁观者的身份,观察中国社会的方方面面。与中国档案文献纂修者最大的不同是,他们一般没有强烈的情感倾向,无须顾及各种利害关系。又由于他们是同文馆教学与管理的经历者、参与者,因而较前者更能保持其记载文献的真实性与客观性。而且,他们来自经济、教育、文化较发达的欧美国家,其视角更为独特、广阔。但现实情形是,很多极重要的一手外文史料出于多种原因未得到充分利用。⑥目前国内引进了一批晚清时期外籍人士撰写的有关他们在华工作、生活、旅游

---

① [英]阿诺德·汤因比著,刘北成等译:《历史研究》,上海人民出版社 2005 年版,"序言"第 1 页。

② 王宏志:"前言"//《翻译与近代中国》,复旦大学出版社 2014 年版,第 9 页。

③ 傅德元:《丁韪良研究述评(1917—2008)》,《江汉论坛》2008 年第 3 期,第 94 页。

④ [英]E. H. 卡尔著,陈恒译:《历史是什么》,商务印书馆 2014 年版,第 98 页。

⑤ 李建臣:《历史的拐点 文明的流变——〈四库全书〉悲喜录》,《光明日报》,2016 年 1 月 12 日。

⑥ 例如,1870 年 4 月 4 日,《北华捷报》刊登了同文馆法文教习李壁谐致该报编辑部的一封约 2500 字的来信。李壁谐在信中披露了早期同文馆的教学与管理乱象。据我们所掌握的资料,目前尚未发现有学者引用这份珍贵的法文史料。又如,1870 年 1 月 25 日,《北华捷报》发表了该馆英文教习额伯连的文章。文章对同文馆算学教习李善兰的短板(即不通应用数学和外文)有所介绍和议论。而学界大多从正面讨论李善兰的成就,对其短板却鲜有人提及。我们似未发现有研究者引用该文献的记载。

等方面的书籍,这些书籍是他们对中国及中国人的观察的真实记录,从中可以挖掘一些与同文馆有关的一手文献资料①,但就目前的情形来看,研究者拂尘披览文献的功夫做得不是很到位,真正得到有效利用的文献还不是太多。现有的不少研究不仅是重复性或类同性颇高的成果,而且,很少做史料的挖掘、整理和匡谬的工作,使用二手资料,以致以讹传讹。傅斯年说:"史学便是史料学。"②这一观点未必很全面,但至少说明史料在教育史研究中占有无比重要的地位。因此,如果研究缺少同文馆直接当事者的外文资料,其内容势必不会丰满,观点和结论势必不完善乃至空洞。第二,观点提炼不够,重盲目借鉴,轻独立生成。人云亦云,没有自己独立判断的见解不在少数。有的即使有自己的见解,却没有完善的史料作支撑。第三,叙事方法单一,重史实铺陈,轻客观分析。马克斯·韦伯在《社会科学方法论》中说:"文化科学中决定性的标志可能也在于某些因果连接'合乎规律的'重复。"③如何将这些"'合乎规律的'重复"的某些因果连接展示出来,提炼出对当下外语教育有借鉴价值的部分,是值得研究者认真对待的。但现有的很多研究基本上还没有超出粗线条描述及一般议论的范围,仍停留在"知其然"的层面,尚未"知其所以然",从而实现认识上的推进。第四,研究视野不够宽,重纵向讨论,轻横向比较,因而观点(或结论)缺乏一定的深度。进行适当的比较,可以扩大视野,增强对同文馆的认知及研究的深度,但许多研究尚未做到这一点。

其次,从研究内容来看,同文馆外语教育的研究还有进一步拓展的空间。虽然对同文馆的关注已有约150年的历史,特别是改革开放以来,涉及本课题的研究更是成为学界研究的热点。通过对中国知网等权威数据库的检索,仅与外语教育有关的论文就有不少于150篇。此外,各类教育史(含外语教育史)、翻译史、文化史等专著以及教科书对同文馆都有或多或少的关注。歌德说:"凡是值得思考的问题,没有不是被人思考过了的,我们所能做的不过是力

①　例如,广西师范大学出版社自 2009 年起陆续引进和出版了由美籍学者李国庆等人整理的国家重点出版规划项目"'中国研究'外文旧籍汇刊·中国记录"系列丛书,迄今已出版了七辑九十余种。

②　傅斯年:《史学方法导论》//戴逸主编,欧阳哲生编:《中国近代思想家文库·傅斯年卷》,中国人民大学出版社 2013 年版,第 165 页。

③　[德]马克斯·韦伯著,韩水法、莫茜译:《社会科学方法论》,商务印书馆 2013 年版,第 26 页。

图重新思考而已。"①我们认为,尽管当下学术界已积累了一定数量的学术成果,但同文馆仍然值得我们"重新思考"。而且,作为"值得思考"的同文馆,目前的研究依然不够完善,存在大力拓展的空间:第一,部分重要内容缺失。例如,对同文馆教习的研究中,汉教习是绕不过去的,但是,迄今为止,尚未发现有研究者对此展开专门的讨论。又如,同文馆教学组织系统中的各外文教学馆的设置成因及特点等尚属空白。第二,几乎所有的内容都不够完整。例如,同文馆的创办是基于当时复杂的政治、外交、军事形势。对于其创办动因,几乎所有的研究都要提及,但几乎所有的研究或出于篇幅的考虑,或鉴于掌握的一手资料有限,或由于对相关史实了解的欠缺,大多失之简单,未做深入讨论。第三,即便是某些研究相对成熟的领域,也还有补充或转换视角作深入探讨的必要。例如,由开设天文算学馆引起的清廷最高决策层关于中学西学的争论,学界大多从中国近代史、教育史、文化史等角度进行讨论,迄今尚未有人从翻译史的角度切入。开设天文算学馆,是"要将外文学习及翻译直接联系到当时的洋务自强运动"②。其中,洋务派首领奕䜣在和正统保守派首领倭仁等人的论战中,很大程度上都是从外语与翻译在引进西学的过程中所起作用的角度进行的,但尚未有人从这一角度进行讨论。而且,学界对争论过程和因争论而产生的负面影响致力颇多,但对其产生的正面影响却关注不够。又如,同文馆是近代中国最早出现的具有一定实力的官办翻译机构,和江南制造局翻译馆、广学会并称晚清三大译书中心。同文馆西学翻译是很值得研究的领域,但是现有的研究存在不少纰漏。以国际法翻译为例。近代西方国际法是以翻译为媒介传入中国的,而国际法学的术语即词汇是构成法学系统(如概念、原则、规则等)的基本单位,因此,试图从文本翻译及术语生成的角度来探讨国际法翻译显得特别有价值。但是,在现有的语言翻译取向的研究成果中,有价值的不是特别多。绝大多数仅借助汉译文本,并没有利用外文原本进行认真地对比分析③,而由于中外译者受限于语言和文化知识水平,这些汉译文本或多或少

①　转引自彭刚著:《叙事的转向——当代西方史学理论的考察》,北京大学出版社 2009 年版,第 80 页。

②　王宏志:《翻译与文学之间》,南京大学出版社 2011 年版,第 98 页。

③　其中有语言方面的原因,如有的文本是以法文或德文撰写的,非本专业的研究者难以跨越阅读障碍。也有资料难觅的原因,有的压根就找不到。其实,只要多下一点功夫,总会有收获的。同文馆翻译的六部国际法外文原本,在国家图书馆就能找到两部:《万国公法》(*Elements of International Law: With a Sketch of the History of the Science*)和《公法便览》(*Introduction to the Study of International Law*)。

都会存在误译的问题,因而某些研究的观点或结论存在瑕疵甚至是错误的。

再者,现有的研究还存在如下不足:一是许多研究多为宏观综论,缺少细节的挖掘与叙述,这在中国近代史、近代教育史和外语教育史等相关论著中的体现尤为明显。二是现有的研究以单篇论文为主。虽然目前已有150多篇的论文,但相对于同文馆在中国外语教育现代化运动中所起的作用及丰富的内涵而言,现有的研究显得不够丰满:从量的方面看,成果还远远不够;从质的方面看,问题依然不少,甚至有不少是类同性颇高的以二手资料为主体的重复性介绍,学术性较为缺乏。三是系统的专题研究成果极其缺乏。虽然已有《晚清同文馆组织研究》《丁韪良与中国》等成果问世,但迄今为止还没有一部对同文馆外语教育进行较系统和深入研究的专著。倘若在充分吸收前人成果的基础上,在文献利用、内容拓展、方法运用等方面作进一步的充实和深化,形成一部具有较高质量的论著,或许在一定程度上能弥补这一缺憾。

著名历史学家、翻译家何兆武说:"我们通常所说的'历史'一词,包含了两种含义:一是指过去所曾经发生过的事件、思想和活动。二是它同时也指我们自己对它们的认识和理解。"①在中国迈向现代化的进程中,那些忧国忧民的先知先觉者们在异常艰难的条件下,为改变中国的落后面貌,披荆斩棘,奋勇前行,取得了相当了不起的成就。本研究试图通过微观叙事,展示那些先行者们在中国外语教育早期现代化运动中所做的努力,具体说,就是针对目前研究中存在的问题,将同文馆外语教育研究置于中国早期现代化的语境中,通过叙述、诠释、比较及补充的手段重构清政府在西方列强的强大压力下创办同文馆,开展外语教育的史实,探讨几乎是在毫无先例可循②,事事不得不俯仰由人的情况下,同文馆如何在"三无"(一无师资、二无馆舍③、三无经验)的情况下,"摸着石头过河",开始艰难办学,最终成为近代中国有较大影响力的新式外国语学堂的历程,并为研究自近代以来的中国外语教育史提供一个有效的切入点,从而增进对中国外语教育史乃至中国现代化史的认知与理解。本课

---

① 何兆武:"序一"//彭刚著:《叙事的转向——当代西方史学理论的考察》,北京大学出版社2009年版,第1页。

② 虽然同文馆之前有俄罗斯文馆,但该馆未曾培养出合格的外语外交人才,除了一堆用处不大的"章程"之外,几乎毫无可借鉴的经验可言。丁韪良说,这所18世纪中叶就已存在的学馆,对于同文馆的贡献徒有虚名。(W. A. P. Martin. *A Cycle of Cathay or China*, *South and North with Personal Reminiscences*. New York: Fleming H. Revell Company, 1900, p.295.)

③ 同文馆创办初期曾借用设在东堂子胡同的总理衙门东半部的楼房作为馆舍。

题以现实关怀为指向,即以同文馆的办学经历为镜鉴,为当下的外语教育提供参照。姜琦在《教育史》中说:"历史之中心原理……是现在问题。"① R. 科尔波恩也说:"全部人类的历史都关系到现在和将来的人类需要。"②外语教育史研究,应该以对当下现实的关怀为旨归,否则,其研究的价值必定大大缩水。

　　绝对尊重文献史料,言必有征,论从史出,这是中国史学研究的优良传统,也是外语教育史研究必须遵循的原则。胡适说:"科学的方法,说来其实很简单,只不过'尊重事实,尊重证据'。在应用上,科学的方法只不过'大胆的假设,小心的求证'。"③本研究以史学方法(以文献法为主)为基本方法,结合语言学、教育学等研究方法,"尊重事实,尊重证据",即从材料入手,努力以第一手资料为依凭,将宏观把握和微观叙事结合起来。宏观上把握当时的历史背景、清政府的对外政策和外语教育政策、中西关系的变迁等;微观上正确把握主事者的个人心理状态,包括他们对同文馆外语教育的认识、社会责任感、采取的对策等,使同文馆的外语教育研究能处于当时的时代背景,即在清政府面临"数千年未有之强敌"及"数千年未有之变局",启动中国早期现代化运动的时代背景中去考察。

　　(二)本研究的内容

　　我们首先对过往的学术史进行回顾,这是本研究的绪论部分。本节分缘起、学术史回顾、问题意识及内容构成等三部分。其中,学术史回顾是本节的重点,对 1866—1949 年和 1949—2015 年两个历史阶段的有关同文馆外语教育活动的介绍和研究进行梳理和归纳,以期了解同文馆发展的不平凡历程。问题意识是开展学术研究的起点和基础,因而是本节讨论的重点。

　　本研究分为八章。各章次及研究内容如下:

　　在第一章里,我们将进行史实重建的叙事,探讨同文馆的创办动因及沿革,其中,创办动因为本章的重点。同文馆创办的原因错综复杂,它是在国事蜩螗、丧师失地的危局中由多种因素共同作用的结果。我们以前人的研究为基础,从启蒙思想家的舆论准备、痛苦的外交经验、现有译员的业务及道德水平、列强施加的压力和士大夫阶层对外夷认知的改变等五个方面入手,以众多

---

　　①　姜琦:《教育史》,商务印书馆民国二十一年(1932)十一月初版,第2-3页。

　　②　[英]阿诺德·汤因比著,刘北成等译:《历史研究》,上海人民出版社2005年版,第23页。

　　③　胡适:《治学的方法与材料》//胡适著,沈卫威选编:《胡适经典论丛:胡适论读书》,安徽教育出版社2013年版,第82页。

的中外文文献史料为依托,揭示同文馆创办的原因。此外,我们还对同文馆的沿革作简要介绍。

第二章研究同文馆教学的主体——汉洋教习的招聘和特点及他们在推进中国现代化进程中所做的贡献。从教育背景、社会经历、专业素养、敬业精神及清政府对他们的态度来看,绝大多数的汉洋教习均符合要求,胜任教育教学工作。但由于某些主客观原因,包括丁韪良、李善兰在内的所有汉洋教习均存在局限性。即便如此,他们在中国迈向现代化的进程中还是做出了较大的贡献。

第三章考察同文馆教学的客体——学生的管理模式。从招生管理模式、待遇管理模式、作息考勤管理模式和学习及考核奖惩管理模式入手,通过对同文馆在学生管理方面所做的尝试与探索进行分析,试图在描述同文馆在这一方面的成败得失的同时,也为当下各类学校的学生管理提供某些值得传承和借鉴的经验。

第四章对"同文馆的教学管理系统"和"同文馆的教学组织系统"进行考察。由于同文馆系近代中国创办的第一所新式外国语学堂,从历史上的同类学堂中获得可借鉴的经验极为有限,它在教学管理系统和教学组织系统的设置方面进行了有效探索和创新。我们通过对同文馆在这些方面所做的努力进行介绍和成因分析,试图勾勒出同文馆较为有效的,也被晚清其他一些同类学堂所效仿的学校教学管理系统和教学组织系统的一般图景。

第五章讨论同文馆课程建设与教育实践活动。课程设置和教学活动历来是学校教育教学活动的重中之重,相较于历史上的其他外国语学堂,同文馆在这些方面有很大的创新,因而也是本课题研究的重点。本章共分两部分:第一部分讨论同文馆的课程设置及其特点,其课程教学经历了两个阶段,即单纯学习语文的阶段及语文和科学兼学的阶段。第二部分讨论同文馆以外语实践为特色的教学——组织学生开展为国家和地方政府提供语言服务,如翻译西书、充任值班译员、翻译和审校外交文书、随使出洋充任见习译员等重视外语经验积累的教学活动。

第六章考察发生在同文馆历史上最高决策层关于中学西学的争论,即同文馆之争。虽然同文馆取得了一定的成就,但也饱受外界的质疑与批评。同文馆之争是一场影响深远的争论。我们除关注学术界致力颇多的争论的背景、过程及负面影响外,还着力探讨因争论而产生的对同文馆的正面影响——由此引发同文馆启动较为彻底的改革:一是课程体系改革。中国传统学堂未曾闻见的西学课程相继进入同文馆课程体系,这清楚地标示同文馆教育内容已从外国语言层面提升至技术层面。二是招生、人事制度、办学经费等方面的改革,为其进一步发展奠定了基础。上述改革改变了同文馆的语言学堂性质,确立了它在中国教育现代化进程中的开创性地位。

第七章讨论同文馆的西学翻译。西学翻译是同文馆外语教学极其重要的组成部分,也是同文馆外语教学的创新之举。我们通过对同文馆西学翻译的背景、内容、特点和过程进行梳理,分析西学翻译在推进中国现代化和促进中西文化交流等方面所起的作用。此外,我们还具体考察同文馆西学翻译在选材、方法、质量等方面存在的局限性。

第八章从两方面来考察同文馆的办学效果和影响。衡量一所学校影响力的一个具体方法是了解其毕业生。首先,我们通过同文馆毕业生在外交、军政、教育文化、科技等多个领域的表现来揭示其外语教育的成就及其影响。同时还具体分析同文馆在人才培养的目标和方法、学生的外语能力、教学管理、师资等方面存在的问题。其次,归纳和总结同文馆的教育目标、教育内容和教育方法等方面值得借鉴和传承的外语教育经验并分析其对当下中国外语教育的启示。

第一章 "欲悉各国情形,必先谙其言语文字": 同文馆的创办缘由及沿革

两次鸦片战争之后,以坚船利炮为代表的西方工业文明战胜了中国传统的农耕文明,中国原有的发展进程被打断,有着数千年文明史的中华帝国被无情地卷入资本主义世界性扩张的漩涡中,面临着现代化的严峻挑战。当时的情形正如马克思所说:"英国的大炮破坏了皇帝的威权,迫使天朝帝国与地上的世界接触。"①面对"数千年未有之变局"与"数千年未有之强敌"②,以奕䜣、曾国藩、李鸿章等为代表的开明士大夫,以"自强""求富"为号召,开展了向西方学习的洋务运动(亦称"同光新政""自强新政"或"自强运动"),启动了中国现代化的进程。兴办学堂、培植人才是洋务运动的核心内容之一。自同治元年(1862)起,洋务派官僚在北京、天津、上海、福州、广州等沿海沿江城市相继创办了近四十所洋务学堂,希冀通过学习西方语言文字及其他人文社科知识、自然科学与实用技术,走上民族复兴之路。

从培养目标来看,洋务学堂大致分为三种类型:外国语文学堂、科技实业学堂和军事技术学堂。外国语文学堂是其中创办时间最早、影响力最大的学堂。晚清时期,清政府设立了至少八所外国语文学堂,它们是京师同文馆(1861)、上海广方言馆(1863)、广州同文馆(1864)、新疆俄文馆(1887)、台湾西学馆(1887)、珲春俄文书院(1888)、湖北自强学堂(1893)、京师译学馆(1903)

---

① 马克思:《中国革命和欧洲革命》//中共中央马恩列斯著作编译局:《马克思恩格斯选集》(第二卷),人民出版社1974年版,第3页。

② 此语典出李鸿章。他曾到英法军舰上参观,对方"火炮之精纯,子药之精巧,器械之精明,队伍之雄整"给他留下了极为深刻的印象。同治十三年(1874),李鸿章在《筹议海防折》中阐述了对时局变迁的见解:"今则东南海疆万余里,各国通商传教,往来自如,麇集京师及各省腹地,阳托和好之名,阴怀吞噬之计,一国生事,诸国构煽,实为数千年来未有之变局。轮船电报之速,瞬息千里,军器机事之精,工力百倍,炮弹所到,无坚不摧,水陆关隘,不足限制,又为数千年来未有之强敌。"(《续修四库全书》编纂委员会:《续修四库全书·史部》,上海古籍出版社1995年版,第622页)

等。其中，京师同文馆是近代中国创办的第一所新式外国语文学堂。① 构成洋务运动的诸要素中，无论是制造、矿务、邮政，还是交涉、通商诸务，都离不开外国语言文字，诚如恭亲王奕訢所说："欲悉各国情形，必先谙其言语文字。"② 因此，创办培养通晓外国语言文字人才的同文馆，迎合了政府视野中的国家需要，是中国现代化启动的标志性事件之一。

作为晚清洋务学堂或曰新式学堂中的标志性学校，同文馆在其存续的四十年中，在人才培养目标、学生招选、教习延聘、课程设置、教学管理、西学翻译等各个层面进行了艰辛探索，开始了具有近代意义的教育改革，体现出传统的封建教育变革中从未有过的现代性，培养了一批国家亟须的外交、军政、教育、文化、科技诸领域的专门人才，为中国新教育的成长在观念、模式和制度上提

---

① 中国外语教学历史悠久。许多典籍中便有一系列关于与周边国家（或四方部族）交流及翻译官员的记载。"秦汉以来，设官主掌蛮夷之始。所谓大行令，即《周礼》行人之职，译官即《王制》所谓寄、译之类也。考史，昭帝用苏武为典属国，亦掌夷狄之官。"（[明]林尧俞等纂修：《景印文渊阁四库全书·子部》，台湾"商务印书馆"1983年版，第678-679页）郑玄曰："通外国之言者，曰象胥"（同上，第676页），而"象胥"一职在周朝就有了。但是，对于古时候人们的外语学习和以培养翻译官员为目标的外语教学活动，可惜没有可靠的史料记载，即便有，大都语焉不详，如《全唐文·开成改元敕文》云："兴行新制，务令通流天下。戎镇文武带宪官者，解补进退，并须奏闻。其边州令制，译语学官，常令教习，以达异志。"（[清]董诰等辑：《钦定全唐文》卷七五//《续修四库全书》编纂委员会：《续修四库全书·集部》，上海古籍出版社1995年版，第290页）于史有征的外语教学活动，以元世祖至元二十六年（1289）在大都（今北京）设立的回回国子学为最早，这是培养波斯语和"亦斯替非文字"（一种使用领域有限，用于政府之间财务税收、记账等的文字）译员，以备政府各部门使用的学校。其后，则有成立于明永乐五年（1407）的"四夷馆"，主要从事培养专门翻译、教授边疆少数民族和周边国家的语言文字。清初满人入关后，沿袭明制，将四夷馆改制而成四译馆，肄习回回、缅甸、百夷、暹罗等诸蕃语言文字。康熙四十七年（1708），创立俄罗斯文馆，这是一所培养俄语翻译以满足当时中俄交往需要的学校。再往后是成立于雍正七年（1729）的肄习拉丁文的译学馆（亦称"翻译馆"）及乾隆十三年（1748）由会同馆和四译馆合并而成的会同四译馆，专司翻译和除汉文以外的各语种教学。我国英语教学开始的时间相对较晚，可追溯到19世纪上半叶英美等国的传教士在我国澳门、香港等地创办的教会学校。其中，嘉庆二十三年（1818）在南洋马六甲创办的以中国学生为主要对象的教会学校英华书院（The Anglo-Chinese College at Malacca）被认为是远东地区最早的为中国人开办的教会学校。道光十九年（1839）在澳门创办的马礼逊学堂（The Morrison School），是第一所在中国本土设立，具有一定规模的专为国人开办的教会学校。迄至咸丰十年（1860）之前，有确切可考的，仅基督教新教在香港、广州、厦门、福州、宁波和上海六地开设各式学校就有50多所，学生1000余人。这些学校对中国人实施英语语言文字及西学教育。

② 国家图书馆：《国家图书馆藏历史档案文献丛刊：洋务档案》（第二册），全国图书馆文献缩微复印中心，2004年，第503页。

供了新的价值取向。

中国作为一个迈向现代化进程中的"后发外生型"国家,其教育现代化一开始就注定了与外来影响结下不解之缘。同文馆的创办,系由多种历史因素的聚合与撞击而促成,但其中多与外来影响有关。同文馆的运行,也是在外来的影响下进行的。

第一节　同文馆的创办背景

同文馆的创办既有近因,也有远因。所谓近因是指当时的中国在外患(指两次鸦片战争)与内难(指太平天国运动)叠加的大背景下,胜任中西沟通的合格译员极其缺乏,而现有译员(即通事)的道德、业务素质均存在问题,无法进行基本的跨语传译,从而导致清政府在政治、外交,乃至军事斗争中连连受挫。所谓远因是指近代启蒙思想家对创办外语学堂、培养外语人才提出了很多设想和呼吁,其营造的舆论氛围对当时社会和部分执掌朝纲的士大夫造成一定程度的影响。总之,同文馆的创办,是多种因素共同作用的结果。

一、"师夷长技以制夷":晚清启蒙思想家的舆论准备

梁元生(Leung Yuen Sang)说:"知识分子对其所处的时代负有更多的义务,对周围环境中发生的事更敏感,对生命内在价值的关注超过了对生活自身的追求。"[1]鸦片战争的炮火轰开了中国封闭几百年的国门,唤起了中国知识界的觉醒。一些先进的、有着更多责任担当的知识分子看到了敌强我弱、技不如人的窘况。他们或发表言论,或组织译介西方情事,"推动中国接受西方先进的文明成果"[2],从而实现"师夷长技以制夷"。道(光)咸(丰)时期(1820—1861)的启蒙思想家林则徐、魏源、王韬、郭嵩焘、冯桂芬等人是极其重要的推动者。这些知识界精英认识到西方在科技、经济、政治、军事、教育诸领域均领先于中国,产生了变法图强的思想,他们在这一时期开展翻译实践和发表有关重视外语和翻译的言论,在一定程度上为同文馆的创办做了思想和舆论准备。

---

① Leung Yuen Sang. *The Tragic Passage to a New World : Changing Attitudes of the Chinese Intellectuals to the West in the Late Ch'ing Period.*《香港中文大学中华文化研究所学报》1985 年第十六卷, p. 55。

② Knight Biggerstaff. *The Earliest Modern Government Schools in China*. New York: Cornell University Press, 1961, p. 4。

(一)林则徐：译介西方情事

林则徐(1785—1850)是近代中国第一位赞助并支持西书译介的人。① 他对西方情事的译介，始于1839年。② 在此之前，林则徐从未有过与被李鸿章称为"前史所未载，亘古所未通"③的西方国家和西方人打交道的经历，更谈不上有什么对外交涉的实际经验。道光十八年(1838)年底，清政府派林则徐作为钦差大臣前往广东查禁鸦片。林则徐抵达广东之后，为了更深刻地了解被称为"蕞尔小夷"的英国这一对手，便着手了解西方情事，"自去岁至粤，日日使人刺探西事，翻译西书，又购其新闻纸"以便"察其短长而御之"。④ 于是他迅速组建了一个翻译团队，翻译西方书籍和报刊上有关西人的观点及其活动的介绍，以作资料与情报。一切有关中国的资料，举凡茶叶、军事、鸦片、贸易、交涉等，都在收集之列，以备御览。林则徐与西人打交道，不仅利用译员的帮助，还利用他所能采用的一切手段来获取知识，如传教士布道用的小册子、中国出版的月刊、有关商业的专题研究，以及对英美等国的介绍和地理书籍等，他都要收集，或多或少地节译一部分内容。他对报刊上所有与中国有关的文章，特别是鸦片贸易，都要进行翻译。

林则徐组织译事的依靠力量是一个由四位专职译员组成的翻译班子：小德(Shaoutih)，即《海国图志》中提及的袁德辉。他曾在槟榔屿和马六甲英华书院就读，其美国同窗亨特(William Hunter)称他"专攻英语，不是浅尝辄止，而是深入研究……他取得了惊人的进步"⑤；亚孟(Ahmeang)，是印度塞兰坡马什曼牧师的学生，协助马礼逊将《圣经》译成中文；亚林(Alieaou)，曾在美国康涅狄格州康沃尔亚镇的一所学校学习；亚秩(Ahtsin)，即梁进德，是中国最早的牧师梁发的儿子。梁进德是美国传教士俾治文(Elijah Bridgman)的高足，是唐宁(Charles Downing)的《番鬼在中国》(*The Fan-Qui in China in*

---

① Wang-chi Lawrence Wong. *Translators and Interpreters during the Opium War between Britain and China* (1839—1842)// *Myriam Salama-Carr* (ed.). *Translating and Interpreting Conflict*. New York：Amsterdam-New York，2007，p. 42.

② Tsuen-Hsuin Tsien. Western Impact on China Through Translation. *The Far Eastern Quarterly*，Vol. 13，No. 3，May，1954，p. 315.

③ 李鸿章：《筹议制造轮船未可裁撤折》//[清]吴汝伦编：《李文忠公(鸿章)全集》，台湾文海出版社1980年版，第676页。

④ [清]魏源：《道光洋艘征抚记》//《魏源集》(上)，中华书局2009年版，第174页。

⑤ William Hunter. *Bits of Old China*. Taipei：Ch'eng-wen Publishing Company，1976，p. 261.

1836—1837），以及慕瑞（Hugh Murray）的《世界地理大全》（*The Encyclopae-dia of Geography*）的主要译者。

在愚昧狭隘、盲目自大的排外环境下，林则徐成功组建了中国近代翻译史上第一支专职翻译队伍。这支队伍翻译的材料按其内容可分为三部分：一是地理、律法、贸易方面的书籍；二是来往信件、文书；三是新闻报刊。其中，对后来影响较大的是地理、律法、贸易等方面的书籍。代表性的书籍有《四洲记》《华事夷言》《滑达尔各国律例》《鸦片罪过论》等。其中，作为《海国图志》一部分的《四洲记》译自慕瑞的《世界地理大全》①，它介绍了世界五大洲三十多个国家的地理、历史、政情和风俗，打开了中国人的眼界，被梁启超称为"新地理之嚆矢"②，该书也最能反映林则徐本人学习西方的愿望。③《滑达尔各国律例》译自瑞士法学家滑达尔的《万国律例》（*Le Droit Des Gens*，1758），这是当时欧洲外交家的通用手册。《番鬼在中国》成为《海国图志》里的《华事夷言》。《鸦片罪过论》译自英人地尔洼（A. S. Thelwall）《罪恶的鸦片贸易》（*The In-iquities of the Opium Trade with China*）一书。

除了这四位比较正式的译员外，林则徐还聘用其他中外译者为其服务，如美国传教士卫三畏（Samuel W. Williams）、英国商人罗伯聃（R. Thom）、英国海员喜儿（Dr Hill）、美国商人亨特等。例如，魏源在《海国图志》中专门注明《滑达尔各国律例》系"米利坚（按：美国）医生伯驾译出"④。林则徐还让俾治文和罗伯聃翻译致英国女王信。⑤

林则徐组织翻译传播近代西学知识的外文书籍、报刊、信函等，一方面是为其制定禁烟政策、防备英夷及处理对外交涉事务提供依据。林则徐在《答奕将军防御粤省六条》中说："夷情叵测，宜周密探报也。……近年雇有翻译之人，因而辗转购得新闻纸，密为译出。其中所得夷情，实为不少，制御准备之方，多由此出。"⑥他让这些材料在官员中传阅，开拓了他们的知识空间，增进其对世界的理解。另一方面，开阔了国人的眼界，对于中国思想现代化具有同

---

① Ssu-yü Teng & John K. Fairbank. *China's Response to the West：A Documentary Survey 1839—1923*. Cambridge：Harvard University Press，1954，p. 29.

② ［清］梁启超：《中国近三百年学术史》，中国人民大学出版社 2012 年版，第 324 页。

③ 高晓芳：《晚清洋务学堂的外语教育研究》，商务印书馆 2007 年版，第 61 页。

④ ［清］魏源：《魏源全集·海国图志》卷八十三，岳麓书社 2011 年版，第 1991 页。

⑤ 参见 Letter to the Queen of England，from the High Imperial Commissioner Lin，and His Colleagues（*The Chinese Repository*，VolII. No. 10，Feb.，1840，pp. 497-503）。

⑥ ［清］林则徐著，杨国桢选注：《林则徐选集》，人民文学出版社 2004 年版，第 140-141 页。

等重要的意义,成为近代先进中国人睁眼看世界、学习西方的先声。张之洞说,中国自林则徐出任两广总督时,才开始了解外部世界,"始求得外国新闻纸而读之,遂知洋情"①。值得一提的是,林则徐组织译书"首开政府参与译书之先河"②,也开近代国人翻译之先河。这些翻译的材料成为后来魏源编纂《海国图志》的重要蓝本。但是,富有革新意识和世界眼光的林则徐终被闭目塞听、不思进取的清政府革职,充军边疆。林则徐壮志未酬,但他对西方情事的译介,介绍世界主要国家的地理、历史、政情、法律等方面的状况,昭示了一种主动"洞悉夷情"的新的时代自觉,因而被誉为睁眼看世界的第一人,也是"中国近代传播西方文化、促进西学东渐的第一人"③。而且,正是从林则徐主持译介西方情事开始,诚如李泽厚所说,先进的中国人踏上了寻求救国真理的千辛万苦的艰难道路。④

(二)魏源:"立译馆,翻夷书"

中国在鸦片战争中惨败,暴露了敌强我弱、技不如人的窘况,使得"欲制外夷者,必先悉夷情始"⑤成为开明士人的共识。继林则徐组织编译《四洲记》(1841),陆续有魏源的《海国图志》(1842)、梁廷柟的《海国四说》(1846)、姚莹的《康輶纪行》(1846)、徐继畬的《瀛寰志略》(1848)、何秋涛的《朔方备乘》(1860)等大力鼓吹了解海外情势和中外关系的新著新作面世,表现出了中国人最初的世界意识。其中,最具影响力的当属魏源受林则徐嘱托⑥,在其《四洲记》基础上改编而成的《海国图志》⑦,这是近代中国第一部规模宏大的世界史地著作。

作为著名的军事历史、经济地理及对传统经典有批判精神的学者,魏源十

---

① [清]张之洞:《劝学篇·阅报第六》,湖北人民出版社 2002 年版,第 156 页。

② Tsuen-Hsuin Tsien. Western Impact on China Through Translation. *The Far Eastern Quarterly*, Vol. 13, No. 3, May, 1954, p. 315.

③ 李建臣:《历史的拐点 文明的流变——〈四库全书〉悲喜录》,《光明日报》,2016 年 1 月 12 日。

④ 李泽厚:《中国近代思想史论》,生活·读书·新知三联书店 2008 年版,第 263 页。

⑤ [清]魏源:《海国图志》,中州古籍出版社 1998 年版,第 4 页。

⑥ 汪家熔在《近代图书文化史话·海洋时代》中说:1841 年林则徐受命以四品卿"戴罪"从广州到镇海协同裕谦防守。6 月,林则徐发配伊犁途经镇江,魏源从扬州赶来和林相见。魏源有诗"万感苍茫日,相逢一语无"句,记镇江小晤。诗有小注:"时林公属撰《海国图志》。"(汪家熔辑注:《中国出版史料·近代部分》第一卷,湖北教育出版社 2004 年版,第 2 页,"注释"①)

⑦ 魏源云:"据前两广总督林尚书所译西夷之四洲志。"([清]魏源:《魏源集》(上),中华书局 2009 年版,第 9 页)

分重视知识与学术的传承,他"广泛利用翻译编纂世界地理书籍"①,将林则徐留给自己的《四洲记》进行了多次修订和扩充,"再据历代史志及明以来岛志及近日夷图、夷语,钩稽贯串……博参群议以发挥之",②最终汇编成五十卷的《海国图志》,于道光二十四年(1844)出版。《海国图志》与成书时间相近的《瀛环志略》是中国学者编写的最早两部具有划时代意义的世界地理著作。梁启超说:"此两书在今日诚为刍狗,然中国士大夫之稍有世界地理知识,实自此始。"③张之洞称魏源编译《海国图志》,"是为中国知西政之始"④。咸丰二年(1852),该书第三版出版,内容扩充至一百卷。

魏源是近代中国最早明确提出向西方学习的先知先觉者之一。他编纂《海国图志》的目的在于对身处故步自封大环境中的封建士大夫进行西学知识启蒙。他从学习西方的军事技术的要求中,概括出一个具有普遍意义的命题——"师夷长技以制夷"。他的这一思想,成为后来创办包括学堂在内的各类洋务事业的指导思想。他在《〈海国图志〉原叙》中指出:"是书何以作?"曰:"为以夷攻夷而作,为以夷款夷而作,为师夷长技以制夷而作。"⑤魏源在《海国图志·筹海篇》中再次重申了这一思想。他说:"攻夷之策二:曰调夷之仇国以攻夷,师夷之长技以制夷。"⑥魏源所谓的"师夷",即是学习西方发达的资本主义国家先进的军事技术:"夷之长技三:一战舰;二火器;三养兵练兵之法。"⑦所谓"制夷",就是"以守为战",克敌制胜。

魏源深知要"师夷""制夷",就得先"悉夷",需要沟通媒介,即外国语言文字,才能了解西方发达资本主义国家的历史地理、风俗民情、政治军事、经济文化等各方面的情况。他提出"欲制外夷者,必先悉夷情始。欲悉夷情者,必先

---

① Jean Woodsworth. *Translators through History*. Amsterdam:John Benjamins Publishing Company,1995,p.107.

② [清]魏源:《魏源集》(上),中华书局 2009 年版,第 207 页。

③ [清]梁启超:《中国近三百年学术史》,中国人民大学出版社 2012 年版,第 334 页。

④ [清]张之洞:《劝学篇·广译第五》,湖北人民出版社 2002 年版,第 152 页。

⑤ 汪家熔辑注:《中国出版史料·近代部分》第一卷,湖北教育出版社 2004 年版,第 1 页。

⑥ [清]魏源:《魏源全集》(四),岳麓书社 2011 年版,第 9 页。其实,"师夷""制夷"思想的源头来自林则徐。魏源在《道光洋艘征抚记》中说,1840 年林则徐被革职后,曾在一份被钦差大臣琦善扣押不报的奏折中说:"自六月以来,各国洋船愤贸易为英人所阻,咸言英人若久不归,亦必回国各调兵船前来讲理,正可以敌攻敌,中国造船铸炮,至多不过三百万,即可师敌之长技以制敌。"([清]魏源:《魏源集》(上),中华书局 2009 年版,第 177 页)

⑦ [清]魏源:《海国图志》(卷二),咸丰二年古微堂刻本,第 5 页。

立译馆翻夷书始"①。"立译馆、翻夷书"是当时历史条件下实现"悉夷"的主要路径。魏源在《圣武记》中对其"立译馆"的建议做了进一步的解释：

　　夫制御外夷者，必先洞夷情。今粤东番舶，购求中国书籍转译夷字，故能尽识中华之情势。若内地亦设馆于粤东，专充夷书夷史，则殊俗敌情，虚实强弱，恩怨攻取，瞭悉曲折，于以中其所忌，投其所慕，于驾驭岂小补哉！②

可见，外夷借助翻译，对当时中华之情势了然于胸。所以，为了"制御外夷"，必须"洞夷情"，设馆译书。这样，"译书→悉夷→制夷"成了一个完整的逻辑链条。可以说，魏源的这一思想高度，远在那些对国门之外的世界懵然无知的封建士大夫③之上。

虽然组织近代译书的第一人是林则徐，但首倡设立专门译书机构，系统了解世界者是魏源。他的"立译馆、翻夷书"建议，使得"师夷长技以制夷"的思想成为一个可具体操作的措施。这一思想掀起了近代国人学习西学的热潮。关于魏源的学术地位及在思想界的影响，历史学者邓嗣禹（Ssu-yü Teng）和费正清（John K. Fairbank）说，魏源"几乎可以与十七世纪的顾炎武和十八世纪的戴震相媲美"④。魏源通过"立译馆、翻夷书"以实现"师夷长技以制夷"的主张表明，19世纪40年代，先进的中国人从中西文化的最初碰撞中发现了至善至美的中国传统文化也存在缺陷，而来自化外之邦、被认为是粗鄙的"蛮夷"确有值得学习的"长技"。这是一种深刻的文化观念的变化，它推动了中西文化的交流融汇，开始了中国文化现代化的历程，诚如台湾著名学者王尔敏所说，魏源于1842年提出"师夷长技以制夷"的思想，"即以拈出一个使中国现代化的导向"⑤。

（三）王韬："设立译馆"

近代思想界提出设立外语学堂之动因滥觞于王韬（1828—1897）"设立译馆"之主张。王韬是近代著名改良派思想家、政论家、翻译家。道光二十九年

①　［清］魏源：《海国图志》卷二//《魏源全集》（四），岳麓书社2011年版，第35页。
②　［清］魏源：《圣武记》附录卷十二//《魏源全集》（三），岳麓书社2011年版，第518页。
③　姚莹称这些人"狃于不勤远略，海外事势人情平日置之不讲，故一旦海舶猝来，惊若鬼神，畏若雷霆"。（姚莹：《中复堂全集·东溟文后集·复光绿原书》，道光十三年刊，第10页）
④　Ssu-yü Teng & John K. Fairbank. *China's Response to the West: A Documentary Survey 1839—1923*. Cambridge: Harvard University Press, 1954, p.29.
⑤　王尔敏：《弱国的外交：面对列强环伺的晚清世局》，广西师范大学出版社2008年版，第39页。

(1849),王韬赴上海,受雇于英国基督教伦敦布道会(London Missionary Society)传教士麦都思(Walter Medhurst)等人所办的墨海书馆(the London Missionary Society Press),协助翻译宗教和科学书籍,参与编辑中文杂志《六合丛谈》,广泛接触西学。后来,王韬前往香港和英国,协助英国传教士理雅各(James Legge)将"四书""五经"译成了英文,取名 *The Chinese Classics*(《中国经典》),分二十八卷出版,"为中国文化走出去贡献良多"①。王韬一生中的大部分时间都在与西人接触,这些人几乎都是深通中华文化的"中国通",如理雅各、伟列亚力(Alexander Wylie)等。由于身处这样独特的环境,加上他和西人合作翻译西学书籍,接触到大量西方先进的自然科学和人文社会科学知识,从而眼界大开。他与那些闭目塞听、妄自尊大的封建士大夫在思想观念、视野眼界、行为方式等方面有着质的区别。咸丰初元,"国家方讳言洋务",封建士大夫们正守着"天朝上国"的迷梦时,王韬却敏锐地发现中国所面临的危机,便提出向西方资本主义国家学习,"仿行西法""以其所长,夺其所恃"。② 这反映了王韬的远见和胆识。针对晚清政府的执政者昧于西方情势,他提出应"备览西事,谙熟洋务",即设议院、广贸易、开煤矿、筑铁路、兴织纤、造轮船、办学校。③

为实现其目的,王韬提出国家应重视翻译,"设立译馆",培养"以备他日之用"的外语翻译人才:

> 西人凡于政事,无论巨细,悉载日报,欲知洋务,先将其所载各条一一译出,日积月累,自然所渐知其深,而彼无遁情。国家亦当于各口岸设立译馆,凡有士子及候补人员愿肄习英文者,听入馆中,以备他日之用。果其所造精深,则令译西国有用之书。西国于机器、格致、舆图、象纬、枪炮、舟车,皆著有专书,以为专门名家之学,苟识其字、通其理,无不可译。如此,则悉其性情,明其技巧,而心思材力之所至,何不可探其秘钥哉? 将见不十年间,而其效可睹已。④

由此可知,王韬主张,"欲知洋务",必须将西人报刊上的相关资料一一译出。同时,国家应在各通商口岸设立译馆,招选"士子及候补人员"学习西方语言文字。深通西方语言文字不仅可以"通彼此之情",而且可以从事西人书报

① 刘念业:《"佐译典籍贯中西":王韬的翻译事业》,《浙江外国语学院学报》2015 年第 2 期。

② 王韬:《弢园文录外编·洋务下》卷二,上海书店出版社 2002 年版,第 26-27 页。

③ 夏征农主编:《辞海》(缩印珍藏本),上海辞书出版社 2000 年版,第 1444 页。

④ 戴逸主编,海清编:《中国近代思想家文库·王韬卷》,中国人民大学出版社 2013 年版,第 194 页。

的翻译。经过日积月累,自然就能更彻底地了解西方,从而避免"于其性情日益隔阂,于其国政、民情终茫然罔有所知……一旦交涉事起,局促无据,或且动援成例以为裁制"①的尴尬。

必须指出,王韬"设立译馆"与魏源"立译馆"的内涵应该是不同的,前者是指设立专门的外语培训机构并翻译有关机器、格致、舆图等西学书籍,而后者是指设立翻译馆,从事译书事务。当然,译馆可能也承担培训的功能,但魏源似乎未专门提及。

王韬"设立译馆"的观点形成于"国家方讳言洋务"的 19 世纪 50 年代。虽然没有具体的措施,但观念很超前,这说明他对外语作用的认知走在了同时代其他封建士大夫的前面,成为后来启蒙思想家系统提出创办外语学校的先声。

(四)郭嵩焘:首倡设立外语学堂

根据现有资料,近代中国第一次提出设立外语学堂的是后来成为中国首位驻外使节的郭嵩焘(1818—1891)。郭嵩焘被李鸿章称为"学识闳通,志行坚卓"②,是晚清少有的考察过西洋政教文化的官员。自咸丰二年(1852)起,他奉曾国藩之命前往湖南、浙江等地筹集军饷。他曾途经上海,参观了外国人创办的墨海书馆。在那里他遇见了在馆翻译西书的中国近代著名学者李善兰、王韬等人。他还接触了致力于传播福音和西学的伟烈亚力(Alexander Wylie)、艾约瑟(Joseph Edkins)等著名外国传教士。郭嵩焘通过和这些传教士接触,得到他们所著的西书和刊物,了解到很多西方的情况,眼界大开,思想受到很大的震动。③

咸丰八年(1858),郭嵩焘了解到道光二十五年(1845)俄罗斯曾将"书七百五十九本,图十三本又二十二幅"④的俄文书籍资料等赠送清政府。当时虽设有培养俄语人才的俄罗斯文馆,却找不到一位通晓俄文、胜任翻译的译员,这批书籍便被束之高阁,无人问津。郭嵩焘在与友人的闲谈中,了解到这批无人

---

① 王韬:《弢园文录外编·洋务上》卷二,上海书店出版社 2002 年版,第 25 页。

② 国家清史编纂委员会:《李鸿章全集》(1),安徽教育出版社 2008 年版,第 7 页。

③ 郭嵩焘记述:咸丰六年(1856)二月初九,偕尹莲溪等人往看外夷的火轮船,"导至一船……船旁有悬梯,小夷目二人侍立两旁,引绳导客。外夷示敬之礼如此"。他参观了墨海书馆,发现"有磁器数种,细致精妙,非中国所能为也"。初十日,他在上海县新塘城隅,"道遇利名、泰兴数夷目,与予握手相款曲,彼此言语不相通晓,一面之识而致礼如此,是又内地所不如也"。(郭嵩焘:《郭嵩焘日记》第一卷,湖南人民出版社 1982 年版,第 31-34 页)外夷的礼貌、友善以及聪明能干,让郭嵩焘大开眼界,感慨万分。

④ 郭嵩焘:《郭嵩焘日记》第一卷,湖南人民出版社 1982 年版,第 187 页。

问津的书籍的价值：

> 今此书目所载，如舟师记、舟师信函、水师名将传、兵技战策、炮法、行军进退、行兵战守论、战陈总论、管船事宜论……可以知海外诸国之虚实。倘能译其书而为之备，必有以济海疆之用者矣。至其耕种树植之法、医药形体之论以及九数之方、七政之察、建造楼台、村居器具，可以备仰观俯察之用者，巨细无遗。译而衍之，于国计民生，似亦不无小补。①

可知，这批西学书籍如能顺利译出，不仅有利于海防和国家安全，而且对于国计民生也有很重要的价值，反映了他对外语翻译作用的朴素认知。他还了解到外籍人士千方百计地学习中国语言文字的事实，如俄罗斯早在雍正五年(1727)就派青年学子来当时中国的最高学府国子监留学，学习中国语文，"习满汉语言文字"。② 而且，中国当时最主要的敌人"英夷"在广东、上海等地以重资雇请中国的读书人，"审正文字声音"，而中国迄无一人"通知夷情，熟悉其语言文字者"，他的紧迫感与日俱增。于是，郭嵩焘于咸丰九年(1859)将多年来的思考以《请广求谙通夷语人才折》之名具疏上奏，正式提出创办外语学堂的建议：

> 今英夷鸱张于南，俄夷桀骜于北，中国情形虚实皆所周知，无所顾忌。而通市二百余年，交兵议款又二十年，始终无一人通知夷情，熟悉其语言文字者。窃以为今日御夷之窍要，莫切于是。
>
> 英夷在广东、上海率以重赀雇中国读书人，审正文字声音，所以能习知中国情形，大率由此。
>
> 中国不能钩致夷人，自可访求蒙古、汉人之通夷语者。广东、上海与诸夷相接，恰克图、库伦等处与俄夷相接，语言文字积久谙习，当不乏人。合无仰恳皇上饬令江广督臣、黑龙江将军、库伦办事大臣，推求此等人才，资送入京。命理藩院岁蠲银数千两，给之薪米，使转相传习，亦可以推考诸夷嗜好忌讳，以施控制之略。③

由此可见，郭嵩焘对外语学习和翻译重要性的认识在林则徐、魏源、王韬

---

① 郭嵩焘：《郭嵩焘日记》第一卷，湖南人民出版社 1982 年版，第 188 页。

② 郭嵩焘：《郭嵩焘日记》第一卷，湖南人民出版社 1982 年版，第 191 页。

③ 郭嵩焘：《请广求谙通夷语人才折》//台湾"中央研究院"近代史研究所编：《近代中国对西方及列强认识资料汇编》第一辑第一分册，台北清水印刷厂，1972 年十一月初版，第 670 页。

等人的基础上有了更进一步的推进,已从他们重视翻译实务转向倡导翻译人才的培育。这是近代中国第一次比较明确、具体地提出设立外语学堂的主张,把"通知夷情"与外语人才的培养结合起来,而且有具体的措施跟进,强调不能依赖夷人,要通过多种途径寻觅教习,培养"熟悉其语言文字者",是为其一。其二,把外语学习与"御夷"联系在一起,认为熟悉其语言文字为"今日御夷之窍要"。其三,除了传习夷语以外,还要学习西方资本主义国家的文化,"推考诸夷嗜好忌讳",将语言学习与文化学习结合在一起,这实为郭嵩焘的独特创见。

(五)冯桂芬:"设一翻译公所"

近代启蒙思想家冯桂芬(1809—1874),江苏吴县人,进士,翰林院编修。冯桂芬学养深厚,《清史稿》称其"自未仕时已名重大江南北"①。咸丰十年(1860),太平军攻陷苏州,冯桂芬避居上海。此时,上海已是中西交往的前沿,华洋杂处,传统与现代、东方和西方的文化在此交融与碰撞,给冯桂芬"出入夷场"提供了契机,"桂芬立会防局,调和中外杂处"②。冯桂芬作为会防局的负责人,负责协调中外联合镇压上海的太平军和中外官方在上海的行动。这段"出入夷场"的经历,对他的思想发展产生了不可估量的深远影响③,使得他对于外语在突破中西语言障碍中的作用及外语与西学关系的认识高度远超同时代的封建士大夫。是年,冯桂芬将他的认识和见解写进了著名的《采西学议》一文中。现摘录部分内容如下:

> 今欲采西学,宜于广东、上海设一翻译公所,选近郡十五岁以下颖悟文童,倍其廪饩,住院肄业,聘西人课以诸国语言文字,又聘内地名师课以经史等学,兼习算学。一切西学皆从算学出,西人十岁外无不学算。今欲采西学,自不可不学算,或师西人,或师内地人之知算者俱可。闻英华书馆、墨海书院藏书甚多,又俄夷道光二十七年所进书千余种存方略馆,宜发院择其有理者译之。由是而历算之术,而格致之理,而制器尚象之法,兼综条贯,轮船火器之外,正非一端……其他凡有益于国计民生者皆是,奇技淫巧不与焉。三年之后,诸文童于诸国书应口成诵者,借补本学。诸生如有神明变化,能实见之行事者,由通商大臣请赏给举人。如前议,中

---

①② 赵尔巽等撰:《清史稿》,中华书局 1977 年版,第 13438 页。

③ 季压西、陈伟民:《语言障碍与晚清近代化进程(一)——中国近代通事》,学苑出版社 2007 年版,第 363 页。

国多秀民，必有出于夷而转胜于夷者，诚今日论学一要务矣。①

上述引文是《采西学议》中的核心内容。冯桂芬首先阐述了肄习和掌握西学，即"采西学"的具体路径是在广东、上海设一专习西学的新式学堂——"翻译公所"。其操作步骤是考选十五岁以下之颖悟文童，发给膳食补贴，让其住校肄业。聘请外国教习教授外国语言文字，并兼习经史及算学诸学。这里，冯桂芬特别强调，"自不可不学算"，因为算学是肄习和掌握西方科技，是"制洋器"②的基础。他明确赞成和主张"师夷人"，这是"全不知外国之政事，又不询门考求"③的封建士大夫所达不到的境界。其次，建议翻译有益于国计民生的近代西方科技书籍。借助这些书籍，对中国民众进行西学补课，以达到更新知识、扩充视野、转变思想的目的。再次，规定了学制。完成三年的学业后，优秀学生应再补修应试科举所需的内容，即冯桂芬所称的"本学"，并赏给"举人"等功名。最后，冯桂芬对其设想中的"翻译公所"抱乐观态度，"中国多秀民，必有出于夷而转胜于夷者"。

由此可见，冯桂芬言论的可贵之处在于，创办"翻译公所"不以学习外国语文为终极目的，而是以之作为进一步研习西学的工具。冯桂芬设立"翻译公所"方案的设计，比魏源、王韬设立译馆的主张和郭嵩焘创办外语学堂的方案更丰富、更具体、更具可操作性。其深度和广度都超越后者。

冯桂芬与郭嵩焘创办外语学堂的主张、魏源和王韬设立译馆的建议及林则徐组织的翻译实践等表明，中国对外语和西方的认知范式在一定程度上发生了改变，已经有一部分开明士大夫认识到外语在师夷制夷、自强求富中的重要作用。他们最先把突破语言障碍和对外部世界的了解结合起来，这一点实际上也是奕䜣、李鸿章等洋务运动领袖设立京师同文馆等外语学堂的主要认知依据。虽不能说同文馆的创办完全是受了这些启蒙思想家的影响，但舆论引导的作用还是明显的。苏精说，奕䜣的关于设立外语学堂的奏折中，"关于学习外国语文一条的内容，多与郭嵩焘的建议相同"④。孙子和说，"京师同文

---

① 戴逸主编：《中国近代思想家文库·冯桂芬卷》，中国人民大学出版社 2013 年版，第 324 页。

② 冯桂芬：《制洋器议》//郑振铎编：《晚清文选》，中国社会科学出版社 2002 年版，第 144-146 页。

③ 姚莹：《康輶纪行·外夷留心中国文字》第十二卷，清同治六年（1867）刻本，第 22 页，中山大学图书馆藏。

④ 苏精：《清季同文馆及其师生》，台北上海印刷厂 1985 年版，第 2 页。

馆、上海广方言馆……之雏形,已具见于魏源之思想也"①。刘华也说,如果以接触西方文化并接受西方科学为现代化的标志,则中国自明代始就以开放的心态注意向世界学习,观念上也已有龚自珍、魏源、冯桂芬等从认识和理论上所做的大量工作为铺垫。② 林则徐、魏源等人开近代史上学习西方的先河,中国外语教育早期现代化思想由此发端。而且,在有关学校事务的决策方面,奕䜣与曾国藩、李鸿章等洋务领袖多有联系,互有影响。③李鸿章设立上海同文馆的奏折的母本就是冯桂芬的《采西学议》《制洋器议》和《上海设立同文馆议》。就在同文馆成立五年后,奕䜣在上呈朝廷的奏折中云:"夫中国之宜谋自强,至今日而已亟矣。识时务者,莫不以采西学、制洋器为自强之道。"④可见,这些思想家的思想一直受到奕䜣、李鸿章等洋务重臣的推重。

二、"无如外国条例俱系洋字,苦不能识":痛苦的外交经验

中国是个多民族的国家。自古以来就经常同周边国家或藩属有所接触,外交翻译是长期存在的。中国人自己的国家观念是"天朝上国""中央王国",即中国是地理、文化和政治上的世界中心,不管是执掌朝政的官僚,还是满腹经纶的由传统儒家教育熏陶出来的知识分子,都是"用'中国中心'的世界坐标轴来认识世界"⑤,根本不知道中国文明以外的地区还有可学习的东西及可遵循的价值观。因而,在处理对外关系的问题上,其方法显得颇为独特。清代承继明代对外关系的机制,对外交往建立在世代相沿的"朝贡制度"的基础上,这是一种宗主国和隶属国的关系。从严格意义上说,19世纪中叶以前,"中国与西方国家没有发生近代意义的外交关系,更谈不上建立近代意义的外交机构"⑥。现代意义上的外交关系是对等主权国家相互间的外交接触和承认,这是一个传统中国的统治者无法接受的概念。当时所谓的外交,无非是隶属国

① 孙子和:《清代同文馆之研究》,台湾嘉新水泥公司1977年版,第14页。

② 刘华:《论京师同文馆的高等教育性质》,《浙江大学学报》(人文社会科学版)2004年第1期。

③ 高时良:《中国近代教育史料汇编·洋务运动时期教育》,上海教育出版社1992年版,第10页。

④ 宝鋆:《筹办夷务始末》(同治朝卷四十六),民国十九年(1930)故宫博物院用抄本影印,第4498页。

⑤ 罗荣渠:《现代化新论——世界与中国的现代化进程》(增订本),商务印书馆2009年版,第277页。

⑥ 梁碧莹:《艰难的外交——晚清中国驻美公使研究》,天津古籍出版社2004年版,第23页。

或藩属前来中国朝贡或觐见皇帝。这种外交是单向的,"仅有使节前来朝贡,没有使节出访。使节不是带着贡品前来,就是带着命令回去"①。民国著名外交家、政治家蒋廷黻说:"几千年来,都是外夷学中国,没有中国学外夷的道理。"②正是由于中国经历了数千年的发展积累,奠定了深厚的物质基础,所以,中国能够凭借其强大的经济军事实力,使得藩属只有朝贡或臣服的份。郑观应说:"邦交益固,声威既壮,藩属不敢有外向之心。"③藩属通过纳贡给中国,得到后者的授权或册封。这种不平等的主从关系(即朝贡制度)是中国人对世界秩序的一种想象的制度表达,它构成了国人对中国以外的世界认知的基本框架。这种中国一家独大的情形导致了历朝政府严重忽视外交译员培养的局面。而实际上,在朝贡体制下,朝廷要跟隶属国或藩属往来,像国与国之间的往来一样,同样存在语言障碍的问题:"四夷入诸夏,因译而通。同形均气,语不相晓,虽五帝、三王,不能去译,独晓四夷。"④但是,即使是这样,中国政府和隶属国或藩属的联系是相当密切的,只不过是它们前来朝贡时,使用的主要沟通媒介是汉文或自带的译员,因此,外交翻译并没有构成太严重的问题。实际上,即便不是朝贡,清廷也基本能克服语言障碍。例如,康熙年间(1662—1722),中俄曾举行多次会谈,由于俄方特使不懂满文或汉文,清廷便委派在华的西方传教士,如南怀仁(Ferdinandus Verbiest)、闵明我(Philippus Grimaldi)、徐日升(Thomas Pereyara)、张诚(Jean Gerbillon)等担任翻译,以拉丁文沟通,以致在相当长的一段时间里,拉丁文成为中俄之间通用的外交语言,而中国方面也一直倚赖西方传教士来担任外交翻译的工作。早期的这种中西接触未对中国中心主义构成挑战。例如,英国政府于乾隆五十七年(1792)和嘉庆二十一年(1816)分别派遣马嘎尔尼(George Macartney)勋爵、阿美士德(William Pitt Amherst)勋爵率团访华,商讨与清政府建立商贸关系,以便进一步打开中国的门户。但因"礼仪之争",他们均未完成使命,无功而返。这两个使团及在东南沿海一带的中外贸易都未曾改变中国政府对西方的政策与态度,未能"建立起以国际社会的存在为前提,以主权平等的原则为

---

① W. A. P. Martin. *The Awakening of China*. New York: Doubleday, Page & Company, 1907, p. 211.

② 蒋廷黻:《中国近代史》,江苏人民出版社 2014 年版,第 97 页。

③ 郑观应著,夏东元编:《郑观应集·盛世危言·通使》,中华书局 2013 年版,第 170 页。

④ [汉]王充著,张宗祥校注,郑绍昌标点:《论衡校注》,上海古籍出版社 2013 年版,第 95 页。

基础的近代外交制度"①。这一方面是因为中国远离世界文明中心，另一方面是中国在东亚世界一直处于上国的地位，"我朝混一之初，海外诸夷莫不来庭"②。这种状况无疑导致了中国夜郎自大，傲视世界。特别是康熙朝开始禁教后，更是无视西方语言文化，达到登峰造极的地步。与清政府自甘封闭和自欺欺人的做法不同的是，西方国家的政府与民间人士一直在试图了解中国的语言文化并希望与中国接触。近代著名思想家、学者姚莹记述：

> 顺治十七年，则有普鲁社之麻领部落一士人著书谈中国……又有普鲁社之摩希弥阿部落教师亦曾译出中国《四书》一部。又有普鲁社之般果罗尼部落一名士曰阿旦上渣著书论中国风土人情，但用其本国文字……又有耶罗尼国之纽曼曾到广东，回国著一书论佛教，一书论中国风土……又翻出诗经一部。又有力达者著中国地理志一本，说中国如极乐之国。③

道光十四年（1834），英国政府派遣律劳卑（William Napier）为驻华商务监督。律劳卑到达广州后，希望与两广总督卢坤交涉两国间的贸易问题。但卢坤以"天朝疆吏从不与外夷通送书信"④为由予以拒绝。即便是被称为"蕞尔小夷"的英国在鸦片战争中以其势不可挡的威力，击败了以"天朝上国"自居的大清帝国，迫使其签订了被认为是"摧毁了中国虚矫的深具优越感的法律基础，为中西关系的深刻变革铺平道路"⑤的中英《江宁条约》（即《南京条约》），而后是五个条约口岸的产生，沿用数百年的"朝贡制度"被"条约制度"所取代，但是，充分领教了大英帝国坚船利炮威力的清朝统治阶层几乎未采取任何有效措施积极应对，也没有考虑向外部世界学习的问题，天朝上下绝大多数的人都没有感受到文化认同的危机，"他们不愿意承认西方物质文明的优越性以及

---

① 梁碧莹：《艰难的外交——晚清中国驻美公使研究》，天津古籍出版社2004年版，第24页。

② ［明］林尧俞等纂修：《景印文渊阁四库全书》史部三五六，台湾"商务印书馆"1983年版，第667页。

③ 《四库未收书辑刊》编纂委员会：《四库未收书辑刊》第五辑第十四册，北京出版社1997年版，第295页。

④ 汪中求、王筱宁：《1750—1950年的中国》，新世界出版社2008年版，第63页。

⑤ Leung Yuen Sang. *The Tragic Passage to a New World: Changing Attitudes of the Chinese Intellectuals to the West in the Late Ch'ing Period.*《香港中文大学中华文化研究所学报》1985年第十六卷，第59页。

因外国入侵而使本国文明和生活所遭遇的危险"①,仍然用根深蒂固的猜疑和文化沙文主义观点来看待外国人。因此,即使在战争期间不断遭遇语言障碍,也没有认识到语言是人类最重要的交际工具和认同标志,更没有对传统价值观产生怀疑,仍然一味地沉浸于"天朝"的幻想中。

　　中国政府之所以对作为跨语沟通媒介的译员的培养很不重视,一个重要的原因是,在以"朝贡制度"为基础的中西接触时,中国仅仰赖外方译员或传教士即能实现跨语沟通。自清中期以来,政府一直没有制定国家语言规划,因此也就没有办理外交和训练译员的长远打算和计划,因而几乎没有外语人才的储备,一遇有交涉事宜,便由外籍人士居间传译。两次鸦片战争中,与英美等列强交涉和签订条约时的传译任务,几乎全由外方译员或传教士承担。近代以来,比较著名的外国译员有:英国传教士马儒翰(J. R. Morrison),德国传教士郭实腊(Charles Gutzlaff,又译郭士立),美国传教士卫三畏、伯驾(Harry Parker)和丁韪良,俄国驻华公使馆专职翻译柏林(A. Popoff)及英国驻华使馆参赞威妥玛(Thomas Wade)等。由于顽固地恪守所谓的"夷夏之防",清政府在和列强谈判时,一方面昧于国际外交知识和主权观念,争所不必争,弃所不当弃,一方面缺乏或故意不派设翻译人员。例如,咸丰七年(1857)的中英天津谈判中,直隶总督谭廷襄以"惟该夷语言文字无人通晓"为由奏请派遣译员,但这一建议却被朝廷拒绝:"该夷如果前来,自必带有通事。……得其大意而止,不必多生枝节,此项人员尽可无须。"②实际上,朝廷的回绝既反映了清朝最高统治者对翻译在对外交涉中的作用的无知,也反映了当时外语人才极端匮乏,最终只得倚重外国译员的现实。这样做,后果很严重,等于把中国外交的翻译权、诠释权及重要信息的知情权拱手让给了对手,因而清政府在对敌斗争中总是处于被动受压的地位,甚至任由外国翻译官玩弄手脚而难以发觉。有时即使发觉了,由于难以跨越的语言障碍问题,也没有办法予以应对,任人拿捏、捉弄,对国家利益的维护压根就无从谈起。有论者正确地指出,中外交涉谈判基本上没有进行过讨价还价,这除了兵临城下,清廷的谈判代表没有什么可议价的能力外,也跟语言障碍有关,他们根本不能直接与外方领导人商谈,甚至连条约的英文版本是如何拟就的,他们也无从知悉或确定,他们所理

---

　　①　Harold M. Vinacke. *A History of the Far East in Modern Times* (*Fourth Edition*). New York: F. S. Crofts & Co. , Inc. ,1944,p. 70.

　　②　贾桢:《筹办夷务始末》(咸丰朝),民国十九年(1930)故宫博物院用抄本影印,第1164页。

解的是由外方所翻译和提供的中文版本。这其实有非常严重的后果,由此也种下更多日后的祸端。① 例如,咸丰十年(1860)签订的中法《天津条约》中文本,曾被私下里加入"并任法国传教士在各省租买田地,建造自便"②的条文,使法国传教士获得了在中国任何地方租买土地和盖房的特权。而参与谈判的法方代表是巴世达(M. de Bastard)、翻译官美里登(M. de Meritens)和德拉马神甫(Abbe Delamarre)。③ 西方传教士无论是在中国被迫与列强签订的不平等条约中,还是在华传播基督教的过程中,都起到了非常重要的作用。丁韪良在其回忆录《花甲忆记》(A Cycle of Cathay)中提及香港主教在致坎特伯雷大主教的信中,对丁韪良和卫三畏在缔结中美《天津条约》过程中所起的作用表示出由衷的赞赏:

> 大西洋两岸热爱基督教事业的朋友都应该知道,他们应当多么地感谢列卫廉阁下在其能干的公使馆秘书兼译员卫三畏博士和丁韪良牧师的支持下,在《天津条约》的措辞中增添了基督教的元素,他们进行热诚而友好的合作,从而使他们的英名与中国基督教事业紧密相连。④

这就是梁启超所说的当中国这个古老帝国"忽与泰西诸国相遇"⑤的时候,因无法克服语言和翻译的障碍而导致国家利权的重大损失所产生的严重后果。

第二次鸦片战争结束后,根据条约规定,中国被迫进一步开放,允许西方各国派驻公使进驻北京。"1860 年,中国政府第一次直接与外国公使接触。"⑥在此之后,中外交涉事件急遽增加,语际沟通成了与列强接触的最基础的需要,而当时中国的外语及翻译人才奇缺。同治元年(1862),日本思想家福泽谕吉在伦敦遇到一个中国人,双方经过交谈,得知日本约有 500 人能教、能读外

---

① 王宏志:《翻译史研究》,复旦大学出版社 2011 年版,第 110 页。

② 马士著,张汇文等译:《中华帝国对外关系史》第一卷,上海书店出版社 2000 年版,第 695 页。

③ Hosea B. Morse. *The International Relations of the Chinese Empire*(Volume I). Kent, UK: Global Oriental Ltd. , 2008, pp.596-597.

④ W. A. P. Martin. *A Cycle of Cathay or China*, *South and North with Personal Reminiscences*. New York: Fleming H. Revell Company, 1900, p.182.

⑤ [清]梁启超:《变法通议·论不变法之害》,华夏出版社 2002 年版,第 10 页。

⑥ Hosea B. Morse. *The International Relations of the Chinese Empire*(Volume III). Kent, UK: Global Oriental Ltd. , 2008, p.413.

文,而人口、土地远甚于日本的中国,仅有 11 人掌握了这种技能。① 数字未必很准确,但两国的差距无疑是巨大的。

"语言强弱系国运。"②国家强,则语言强;国家弱,则语言弱,语言的兴衰与国家的强弱息息相关。英语之所以从当初的英伦一隅起步,逐渐发展,越出国界,成为美、加、澳、新、印等国以及其他一些国家的第一或第二语言,并渗透到地球的每一个角落,"充当起推动货物、资金、思想和人员跨界自由流动的媒介"③,最终演变成世界范围内占主导地位的强势语言,根本不是它自身的语言魅力所致,英、美等国强大的经济军事实力是其背后的有力支撑,正如《文化的作用是什么》一文所说,如果没有英国当初的"硬实力",大英帝国不可能"日不落",英语不可能成为世界性的语言;如果没有美国二战后的"硬实力",星条旗不可能"永不落",英语很可能已经在世界式微。④ 而且,语言代表着国家认同,维系着国家和民族的团结与统一。由于时代及客观条件的局限,奕䜣等人未必能有这样的认知,但经历了两次鸦片战争的屈辱,他们对语言在对敌斗争中的重要性的感受还是直观、真切的,认识到缺乏通晓外文和翻译的人才会造成信息不对称,在外交上确实会带来很具体、很严重的麻烦。恭亲王奕䜣在给朝廷的奏折中,道出了办理中外交涉时缺乏人才的苦衷:"窃查中国语言文字,外国人无不留心学习。其中之尤为狡黠者,更与中国书籍潜心探索,往往辩论事件援据中国典制律例相难。臣等每欲借彼国事例以破其说,无如外国条例俱系洋字,苦不能识。"⑤

咸丰十年(1860),相继发生了一些事情,对清廷震动很大,成了清廷痛下决心创办外国语学堂的直接动因之一。是年 9 月,英法联军攻陷通州,直逼京畿,咸丰帝携两太后西狩热河,奕䜣受命议和。他命令被清军俘虏的英国参赞巴夏礼(Harry Parkes),致书联军联系议和。不料经僧格林沁派员转递而来的巴夏礼中文信件的末尾"夷字数行,未能辨识"⑥,竟然在军情紧急时稽延数

---

① 吕万和、罗澍伟:《西学在封建末期的中国与日本》,《历史研究》1981 年第 3 期。

② 赵世举主编:《语言与国家》,商务印书馆 2015 年版,第 8 页。

③ Joseph Sung-Yul Park & Lionel Wee. *Markets of English: Linguistic Capital and Language Policy in a Globalizing World*. New York: Routledge Taylor & Francis Group, 2012, p. 3.

④ 杨耕:《文化的作用是什么》,《光明日报》,2015 年 10 月 14 日。

⑤ 宝鋆等:《筹办夷务始末》(同治朝),民国十九年故宫博物院用抄本影印,第 2701 页。

⑥ 《恭亲王奕䜣等奏派员面见巴夏礼劝令作字退兵情形片》//中国史学会:《中国近代史资料丛刊:第二次鸦片战争》(五),上海人民出版社 1978 年版,第 147 页。

日以待翻译。最后经辗转请来密云县丞黄惠廉，经其辨识方知"其信后夷字"乃区区"名字及年月日，不关紧要"。[1] 无怪奕䜣感叹："与外国交涉事件，必先识其性情，今言语不通、文字难辨，一切隔膜，安望其能妥协！"[2]根据《天津条约》，在咸丰十年，北京被迫向外国公使开放，因此，必须提供与其交涉的译员[3]的难题摆在了清政府面前。

三、"至是始悟通事之不可恃"：现有译员的业务及道德水平的缺失

在中西交往中，清政府所能"假手"的承担交涉任务的主要媒介是外国译员（以传教士为主）和在通商口岸（treaty ports）形成的、在中外商人之间做跨语传译的通事（linguist）或买办（comprador）。自近代以来，这两类译员在中西交往中是最为重要的沟通媒介。根据相关文献，清廷对"通事"一词有泛化的倾向，将凡是与外人打交道的中国人或参与中西接触的外国人一概称为"通事"。这里，我们将两者分开讨论。

（一）中国通事

通事，作为一种职业，是指翻译人员。早在约三千年前的周朝，就有"象胥"一职，负责接待四方来使和翻译工作。《周礼》曰："象胥掌蛮、夷、闽、貉、戎、狄之国使，掌传王之言而谕说焉，以和亲之。"[4]唐以前的存世文献中，有关译员的最早记载似见于西汉戴德、戴圣编的《礼记·王制》："五方之民，言语不通，嗜欲不同。达其志，通其欲，东方曰寄，南方曰象，西方曰狄鞮，北方曰译。"[5]自西汉起，译员就有译长、译官令、九译令、译令史、译史、番书译语、译语人、通官、译语通事、译生、译字生、通事、舌人、通译官、翻译官等称谓。这些称谓中，以"通事"最为常见。"通事"一词至迟在宋代即已出现。宋朝学者周

① 《钦差大臣奕䜣等奏现办和议情形折》//中国史学会：《中国近代史资料丛刊：第二次鸦片战争》（五），上海人民出版社1978年版，第153页。

② 贾桢：《筹办夷务始末》（咸丰朝），民国十九年故宫博物院用抄本影印，第5754页。

③ W. A. P. Martin. The Tungwen College//Hosea B. Morse. *The International Relations of the Chinese Empire*(Volume III). Kent，UK：Global Oriental Ltd.，2008，p.471.

④ [汉]郑玄注，[唐]贾公彦疏：《周礼注疏·秋官司寇下》，上海古籍出版社2010年版，第1490页。

⑤ 邱浚：《大学衍义补》卷一百四十五，[明]林尧俞等纂修：《景印文渊阁四库全书》史部三五六，台湾"商务印书馆"1983年版，第677页。另见叶绍钧选注：《礼记》，商务印书馆民国十九年（1930）初版，第16页。

密在《癸辛杂识后集·译者》中说:"陈说内外之言,皆立此传语之人,以通其志,今北方谓之通事。"①自宋以后,迄止清代,均设有"通事"一职。通事除专指从事跨语沟通的传译人员以外,"它甚至可以指任何一个哪怕只会一点外语并仅参加了某次中外交涉翻译工作的人;通事可以是中国人,也可以是外国人"②。除了政府机构培养的充任政府译员的通事以外,还有在广东(含澳门、香港)、上海等沿海地区从事贸易和交涉事务等中西语言接触的民间通事。但自康熙朝起,至鸦片战争前夕,"等于对西方文化绝交"③的海禁被进一步强化,清政府几乎没有培养出胜任从事跨语传译的译员。在有限的中西接触中,从事跨语传译的工作主要由政府雇请的外籍传教士或民间通事承担。

中国通事(按:以下的"通事"主要指民间通事,即非官立学校培养的译员)作为参与中西贸易或交涉事务的中间人,至迟出现于16世纪葡萄牙人首开西方国家对华贸易活动中。香山知县张甄陶的《制澳夷状》云:"澳夷言语不通,必须通事传译,历来俱以在澳行商,传宣言语。"④从是时起至条约制度实施以前,出现了具有不同特征的通事:16—18世纪在广东、澳门一带主要与葡萄牙人接触的岭南通事,18世纪下半叶至19世纪上半叶在广州与西方商人接触的广东通事⑤及19世纪中叶上海开埠后相继出现的露天通事。⑥ 这些通事分别"创造"和使用了三种近代中西交流过程中颇有影响的洋泾浜混合语言:澳门的混合语"行话"、广州一带的"广东英语"和上海的"洋泾浜英语"。⑦ 通事是中西语言接触不可或缺的角色。有时,通事和买办、舌人并称,因为他们均在中西接触中从事居间传译的任务。他们的外语能力一般不会很高,大都没有经历过正规的外语院校培训,其有限的外语知识主要是为谋生计,在广东、

---

① [宋]周密:《癸辛杂识》后集,中华书局1988年版,第186页。

② 季压西、陈伟民:《语言障碍与晚清近代化进程(一)——中国近代通事》,学苑出版社2007年版,第93页。

③ 郭廷以:《近代中国的变局》,台湾联经出版事业公司1987年版,第9页。

④ 梁廷枏:《粤海关志》卷二十八,台湾文海出版社1974年版,第2005页。

⑤ 详见周毅:《近代广东通事及其角色特征之分析》,《四川大学学报》(哲学社会科学版)2005年第3期,第130-135页。

⑥ 《沪游杂记》卷二云:"洋船水手登岸,人地生疏,有曾习西语无业之人,沿江守候,跟随指引。遇有买卖则代论价值,于中取利。因衣多露肘,无室无家,故以'露天通事'名之。若辈自为一业,有三十六人之例,如多一人,必致争殴。"(葛元煦:《重修沪游杂记》,光绪十二年(1886),第3页)

⑦ 司佳:《从"通事"到"翻译官"——论近代中外语言接触史上的主、被动角色的转移》,《复旦学报》2002年第3期,第45页。

上海等沿海地区给外国人跑腿或充当掮客的过程中逐渐积累起来的。他们的社会地位普遍不高，大多是文化不高的下层商贾。孔慧怡在《重写翻译史》中列举的 21 种与"通事"有关的职业中，至少有 13 种是属于不入流的职业。①明代以降，明太祖朱元璋厉行海禁，实行闭关锁国。清康乾年间，海禁又得到进一步的强化。明清时期，政府为杜绝同外人接触，不惜上纲上线，无中生有，将一些同外国人正常交往的行为泛政治化，凡是与外国人正常接触，介绍中国的一些情况，教他们认字写字，都将会以"泄露情况""教唆洋人"等罪名处以极刑。传教士利玛窦（Matteo Ricci）从澳门到香山时，曾看到这样一份通告，上盖总督大印：

> 现在澳门犯罪违法之事所在多有，皆系外国人雇用中国舌人所致。此辈舌人教唆洋人，并泄露我国百姓情况。尤为严重者，现已确悉彼辈竟教唆某些外国教士学习中国语言，研究中国文字。此类教士已要求在省城定居，俾得建立教堂与私宅。兹特公告，此举有害国家，接纳外国人绝非求福之道。上项舌人倘不立即停止所述诸端活动，将严行处死不贷。②

不仅禁止通事（或称舌人、买办）等从事中西语言接触活动，甚至非通事身份的中国公民教西人学习汉文也在禁止之列。后来担任京师同文馆英文教习和总教习的丁韪良，在其回忆录《花甲忆记》中记述：

> 更为重要的是，官府禁止当地学者将神秘的中国书面语言教授给外国人。第一位英国传教士马礼逊博士雇佣的一位汉文教师，身上总是备着毒药，以便在一旦落入清朝官宪之手，被控犯有弥天大罪时得以自尽。这种恐怖气氛后来有所缓解。据称，最早来华的美国传教士卫三畏博士所聘用的一位教师，在往返奔波时，手里总拿着一只破鞋，随时在情况紧急时冒充补鞋匠。③

可见，在以"夷夏之辩"为核心的传统民族主义盛行的中国，从事中西语言接触的通事的社会地位是何等的低下。那么，通事的业务素质如何？从相关史料来看，他们的业务素质大都存在问题。道光十七年（1837）十月出版的《中

---

　　① 孔慧怡：《重写翻译史》，香港中文大学翻译研究中心 2005 年版，第 129-130 页。

　　② 利玛窦、金尼阁著，何高济等译：《利玛窦中国札记》，中华书局 2010 年版，第 156-157 页。

　　③ W. A. P. Martin. *A Cycle of Cathay or China，South and North with Personal Reminiscences*. New York：Fleming H. Revell Company, 1900，pp. 20-21.

国丛报》(*The Chinese Repository*)上的一篇文章揭示了当时通事的英语水平：

> 他们先将英语单词记在脑子里，然后根据汉语的习惯，将一些与谈话相关的信息组成所谓的句子。随后便以为自己是了不起的学者，完全可以充当自己国家的政府和外国商人之间的译员。这些"舌人"中却没有一个能读懂最简单的英文文书，绝大多数听不懂两个外国人之间的日常会话。①

美国人亨特(William Hunter)早年毕业于教授海外华人英文和外籍侨民中文的马六甲英华书院，是林则徐翻译班子重要成员袁德辉的同窗，通汉文，寓居广州，且经常与通事一起处理中外商务方面的事情。他称通事"除了自己的语言外，其余的什么都不懂(knew nothing of any language but their own)"②。亨特在《旧中国杂记》(*Bits of Old China*)一书中曾记述过一桩案件，首席通事蔡懋(即老汤姆"Old Tom")对英文几乎一窍不通，整个审讯过程的回答似乎全都是蔡懋及其助手所生造出来的，活脱脱的像一出闹剧。③1886年，曾任同文馆英文教习的英国传教士傅兰雅在《中西语言表达科学概念有效性之探讨》一文中说，在中国的外国商人通过买办来处理事务，但这些买办的英文并不好。④

近代中国改良派思想家王韬在反映其变革思想的《弢园文录外编》一书中提及"能识英人文字者"的业务水平时说："向时中国之能操泰西言语，能识英人文字者，当轴者辄深恶而痛嫉，中国文士亦鄙之而不屑与交，而其人亦类多赤贫无赖，浅见寡识，于泰西之政事得失、制度沿革，毫不关心。……于其性情日益隔阂，于其国政、民情终茫然罔有所知……一旦交涉事起，局促无据。"⑤虽然王韬没有点通事的名，但在极其封闭落后，刚刚打开国门的中国，只有通

　　① *The Chinese Repository*，Volume V. VI(2)，Oct.，1837，pp. 278-279.

　　② William Hunter. *The "Fan Kwae" at Canton Before Treaty Days*，1825—1844. Taipei：Ch'eng-wen Publishing Company，1970，p. 50.

　　③ William Hunter. *Bits of Old China*. Taipei：Ch'eng-wen Publishing Company，1976，pp. 26-31. 关于老汤姆(Old Tom)，亨特在《广东番鬼录》一书中也曾提及，参见：William Hunter. *The "Fan Kwae" at Canton Before Treaty Days*，1825—1844. Taipei：Ch'eng-wen Publishing Company，1970，p. 50，p. 53.

　　④ Ferdinand Dagenais：*The John Fryer Papers*(Vol. II)，广西师范大学出版社 2010 年版，第 591 页。

　　⑤ 王韬：《弢园文录外编·洋务上》，上海书店出版社 2002 年版，第 25 页。

事才能从事中西语言交流,尽管他们的语言水平广受时人诟病。时任翰林院编修的冯桂芬在《上海设立同文馆议》中指斥通事"识见浅陋""货利声色之外,不知其他"。① 看来,通事的业务能力是比较差的。即便王韬、冯桂芬等人的意见未必十分公允,那么,与通事经常打交道的亨特及传教士创办的《中国丛报》对通事的评价与事实一般不会有太大的出入,基本是可信的。

再来看通事的道德素质。早在明代嘉靖年间(1522—1566),葡萄牙人就以澳门为基地,跟中国人通商,延聘稍微学了一点葡语的中国人为"买办"。外国人较普遍地使用买办来协助经商,则是 18 世纪中叶以后。社会对从事中西沟通事务的买办、通事及舌人的评价基本上都是否定性的。这是因为他们经常与洋人接触,跟他们学习外语,在中西贸易中赚取利润。他们唯利是图,与外商勾结,甚至被视为汉奸,"是相率而为汉奸"②。一些空泛的甚至是莫须有的罪名也常常强加在这些人的头上,诸如"暗通外夷,挟制官长……向在夷人处专教华言,贪其微利,甘为指使"③,"私通夷人……又写就书信,设谋划策,希图常留收用,以为进身之步",于是要求把这些"奸民""不分首从,皆斩"。④中国在两次鸦片战争中吃了洋人的亏,这更加强化了国人对穿梭于洋人中间的这一群体的歧视性认知。林则徐被革职拿办后,两广总督琦善负责与英方议和交涉事宜。为琦善到英军营送信、商议及谈判的是广东买办鲍鹏。琦善因擅自割让香港后即遭裁撤、抄家,聘用鲍鹏成为其罪状之一。鲍鹏在琦善的卖国行为中固然负有责任,但琦善带着鲍鹏刚到广州,还没有来得及"卖国",便有掌广东道监察御史高人鉴奏参他"以懦怯之词轻宣诸口,惑人听闻",把"蕞尔小夷视为劲敌"。⑤

同治二年(1863),时任江苏巡抚的李鸿章在《请设外国语言文字学馆折》中,从出身、业务和道德水平等方面对通事进行了抨击。他说上海通事虽然

---

① 冯桂芬:《上海设立同文馆议》//《显志堂稿》,光绪二年校邠庐刊,第 19 页。

② 夏燮:《中西纪事》,岳麓书社 1988 年版,第 132 页。

③ [清]文庆:《筹办夷务始末》(道光朝)卷七十九,民国十九年故宫博物院用抄本影印,第 6634 页。

④ [清]文庆:《筹办夷务始末》(道光朝)卷八十,民国十九年故宫博物院用抄本影印,第 6728-6730 页。

⑤ 《掌广东道监察御史高人鉴奏参琦善已被白含章鲍鹏所蒙蔽折》,中国第一历史档案馆:《鸦片战争档案史料》(第二册),天津古籍出版社 1992 年版,第 729 页。关于鲍鹏的相关情况,详见梁廷枏:《清代史料笔记丛刊·夷氛闻记》第二卷,中华书局 1985 年版,第 50-51 页;王宏志:《翻译史研究》,复旦大学出版社 2011 年版,第 96-103 页;季压西、陈伟民:《中国近代通事》,学苑出版社 2007 年版,第 157-186 页。

"于士农工商之外别成一业",但他们并非科班出身,不外来自两种人,一类是广东、宁波的商伙子弟。他们轻佻放纵、游手好闲,"别无转移执事之路者,辄以通事为逋逃薮",即没有其他谋生之技能,只好来干通事这一行当;另一类是在英、法等国在中国设立的教会学堂就学的贫苦童稚,其来历难知,沾染洋泾习气。他还说这些市井村竖的品行和才学很成问题:在道德品质方面,"类皆资性愚蠢,心术卑鄙",只知和洋人沆瀣一气,欺压同胞,"惟知借洋人势力拨弄挑唆以遂其利欲,蔑视官长,欺压贫民,无所忌惮"。这些败类"勾结洋兵为分肥之计。诛求之无厌,挑斥之无理,支销之无艺,欺我聋喑,呈其簧鼓,或遂以小嫌酿大衅"。在外语业务能力方面,"且其仅通洋语者十之八九,兼识洋字者十之一二"。所识洋字,只不过是货名价目及一般礼仪,对于有关外国的政治经济、军事法律等皆懵懂无知,结果一遇有交涉事宜,"词气轻重缓亟,往往失其本旨"。① 如果把国家大事托付给这班人,后果将会非常严重:"遂致使彼己之不知,真伪之莫辩,宜与宜拒迄不得其要领。"②

由此可见,虽然通事是当时中西交涉的主要倚靠力量,但在李鸿章眼里却是一文不值。而现实却又是那么的尴尬:中国自道光二十二年(1842)被迫向列强开放以来的二十年里,发生中外交涉事件时,实现跨语沟通的媒介只有外国翻译官③和中国通事。而这两类译者的问题很大,前者"难保无偏袒捏架情弊",后者系"洋务之大害"。④ 中西交涉中人才缺乏的无奈现实,让身处开放和交涉前沿的奕䜣、李鸿章等洋务领袖痛下决心培养自己的外语外交人才。

李鸿章对通事的抨击不无夸大事实之处,但也不是没有道理,而是有事实支撑的。清代学者夏燮在《中西纪事》中指出,通事"受雇于外洋,或充其间谍,或助之打仗"⑤。可见,奕䜣、曾国藩、李鸿章等洋务运动的领袖是根本不可能重用通事的。正如《清史稿》所说的,有识之士"至是始悟通事之不可恃"⑥。

---

① [清]席欲福、沈师徐辑:《皇朝政典类纂》卷二百三十,台湾文海出版社 1969 年版,第4446 页。

② 冯桂芬:《上海设立同文馆议》//《显志堂稿》,光绪二年校邠庐刊,第 19 页。

③ 例如,1861 年 3 月 28 日,法国驻华公使鲍宝隆(M. de Bourboulon)谒见恭亲王奕䜣时,由于没有合适译员,只好由法籍译员美里登出任翻译。([英]D. F. Rennie 著,[美]李国庆整理. *Peking and the Pekingese during the First Year of the British Embassy at Peking*,广西师范大学出版社 2011 年版,第 40 页)

④ 陈学恂:《中国近代教育史教学参考资料》上册,人民教育出版社 1986 年版,第 51 页。

⑤ 夏燮:《中西纪事》,岳麓书社 1988 年版,第 122 页。

⑥ 赵尔巽:《清史稿·选举二》,中华书局 1976 年版,第 3121 页。

对于通事的道德素质,就是在同文馆创办多年以后,中国人对学习外语及与西人打交道已相当宽容的情况下,社会的评价依然是十分负面的。曾纪泽于光绪四年(1878)七月奉旨派充驻英国兼驻法国钦差大臣。临行前,曾纪泽觐见东、西两太后,回答她们问题时,明显流露出对通事的轻蔑:"现在能通洋务而深可信任之人,未易找寻,臣意中竟无其选,只好择臣素识之读书人中,择其心中明白、遇事皆留心者用之。至于通事、刚八渡(按:即 comprador,相当于'买办')等人,大半唯利是图,断无忠贞之悃,臣不敢轻易携带。"①光绪十二年(1886)三月十日,上海出版的《申报》发表了《论本埠设立华法公塾》一文,对通事大加挞伐:

> 今之学者,苟能略熟字母,略识拼法,执一外国笔,作春蚕叶声,得意疾书,为春蚓秋蛇之状,辄诩诩自喜,以为西学尽在于是,此后可无事他求,而不知此皆西学之绪余焉。此等人,其得手者或为翻译,或为管账;其失意者为细崽,为通事。总之皆仍为西人所用,于国家毫无所益。②

实际上,在中国历史上,曾经有过一段时期,通事是正式的官职,明代的四夷馆专门设有通事的职位,甚至分为大通事、小通事,接受严格的训练和考核。③ 只是从康熙朝开始,海禁得到空前强化,外语学习被禁止。沿海一带的一些贫苦子弟为了谋生,只能偷偷地向外国商人学一点外文,以通事为职业。尽管中国社会对与西人打交道的通事的认知存在一定程度的偏差,但从目前所掌握的资料来看,道德素质较高的通事应该不是很多。

但是,客观地说,虽然通事在业务和道德等方面均存在很大的问题,但在当时中国官办的新式学堂尚未普遍设立的情况下,他们毕竟多少弥补了这方面人才的空缺,诚如台湾学者苏云峰所说:"于早期的中外交涉中,(通事)是唯一可以依赖的人才。"④而且,并非所有通事均如李鸿章所说的那样,是"洋务之大害"。其实,具有较高业务水平的通事还是有一些的,他们中的一些人毕业于外语教育质量较好的教会学校,如作为李鸿章办理洋务的得力助手之一的唐廷枢,早年毕业于著名的教会学校马礼逊学堂,历任港英殖民政府翻译、上海海关总翻译、轮船招商局总办等。就是被梁廷枏指斥为"奸民"的鲍鹏,还

---

① 曾纪泽撰,王杰成标点:《出使英法俄国日记》,岳麓书社1985年版,第112页。

② 《论本埠设立华法公塾》,《申报》(影印本28),上海书店1983年版,第365页。

③ [清]张廷玉等:《明史》,中华书局1974年版,第1797-1798页。

④ 苏云峰:《中国新教育的萌芽与成长(1860—1928)》,北京大学出版社2007年版,第3页。

是具备一定业务水平的。他除了会说广东话和英语,胜任一般语际转换的任务外,还具备了特殊的元素及人际网络。夏燮称其"素通夷语",承担接替林则徐处理广东事务的总督琦善和义律(Charles Elliot)往来接触的传译任务。夏燮记载:"当琦相……行至山东,有东省潍县知县招子庸者,广东人,述有同乡鲍鹏在署,素通夷语,遂由东抚推毂,挈之至粤。鲍鹏以前年在粤充夷馆买办,与义律相识。……追随相国入粤,数与义律往还,所有请给香港退还定海之事,皆鲍鹏居间来往做说客。"①琦善和义律展开割让香港土地的"莲花山"谈判时,独立担任中方传译任务的就是鲍鹏。

(二)外国译员

清代前、中期以前,除少数几个朝代,大都国势强盛,中国对外交往的特点是以周边国家前来朝贡为主,朝贡国的来华使节大都有随行译员。而且,中国政府也有专门的外语培训机构,如明代四夷馆曾培养了一定数量的译员。即使没有自己的译员,也可以从在华的外国传教士中找寻。满人入关后,清廷沿袭了晚明时期的做法,让在华传教士充任译员。例如,马嘎尔尼使团抵京后,清廷便让天主教传教士索德超(Jose—Bernarododi Alneida)、安国宁(Anore Rodrigues)、巴茂贞(Carles Paris)和德天赐(Adeodat de St. -Augustin)充当翻译。而且,当时中西交往活动不会很多,这些译员基本能满足需要。因此,中西交往中一般不存在太多的语言障碍的问题。

自清中期开始,虽有培养译员的四译馆、俄罗斯文馆,但培养的译员的数量微乎其微。这一时期中西沟通的任务主要由外国传教士或其他外籍人员承担。例如,嘉庆二十一年(1816)阿美士德(William Pitt Amherst)使团来华时,由 1807 年来华的英国伦敦会传教士马礼逊(Robert Morrison)担任使团的中文翻译,中国方面称之为汉文正史。鸦片战争期间,参与中英《南京条约》谈判的外方译员是马礼逊的儿子马儒翰(John R. Morrison)和德国传教士郭实腊(Karl F. Gutzlaff)。② 道光二十四年(1844),来中国开展医学传教、后任美国驻华公使的伯驾为美国政府特使顾盛(Caleb Cushing)强迫清廷签订《望厦条约》的专职翻译。通过该条约,"(清朝)皇帝同意访问或居留该国的美国

---

① 夏燮:《中西纪事》,岳麓书社 1988 年版,第 87 页。

② 关于郭实腊、马儒翰等人在鸦片战争前后一段时间里的恶劣表现,参见 Myriam Salama-Carr(ed.). *Translating and Interpreting Conflict*. New York:Amsterdam-New York,2007,pp.45-51.

公民享有治外法权"①。咸丰八年（1858），基督教北长老会传教士丁韪良担任美驻华公使列威廉（William Reed）的中文译员②，参与起草中美《天津条约》，次年他又担任新任驻华公使华若翰（John Ward）的译员。自咸丰七年（1857）英军进入广州城开始，在中英谈判中担任居间传译任务的是巴夏礼和威妥玛（Thomas Wade）。英法联军占领广州后，斯特劳本奇将军写信给英军司令额尔金勋爵说："我必须非常诚恳地告诉您，巴夏礼先生对我们的帮助是十分宝贵的，如果没有他对当地语言和风土人情的了解，我们什么都做不了，也无法得到真实的信息。"③巴夏礼接着又参与了英法军队占领浙江舟山及北京等地的行动。④ 这些外籍译员之所以肆意横行于中国，是因为执掌朝纲的上层官僚中，除林则徐等一二开明者以外，鲜有积极主动地学习外国语言文字的动机与远见，闭目塞听，"无论于泰西之国政民情、山川风土，茫乎未有所闻，即舆图之向背、道里之远近，亦多有未明者"⑤，由此导致在中西交涉中，跨语传译一直由外方主导，这样也就谈不上顾及自身的话语主权和国家尊严的问题了。

关于译员的业务素养，舍夫纳（Christiana Schaffner）等人指出，他们至少需要语言、文化和专门领域的知识。⑥ 从这方面看，多数外国译员的业务素质当是不错的。英、法、俄等语言是他们的母语。对他们而言，汉语虽是外语，但他们在来华前或来华后的相当长的一段时间里，一直在努力学习，其中一些人具有相当的造诣，对中国的语言与文化有相当程度的了解，被称为"中国通"。例如，鸦片战争中担任英军翻译官的马儒翰汉文水平很高，"能书汉字""十余岁时前来澳门。有马里臣（即马儒翰）者，教以汉洋言语文字，管理贸易带兵等事，后为英国领事官，告示文字悉出其手"⑦。丁韪良担任列威廉的中文译员

① ［美］W. L. G. Smith 著，［美］李国庆整理：*Observations on China and the Chinese*，广西师范大学出版社 2013 年版，第 21 页。

② Kwang-Ching Liu. *American Missionaries in China—Papers from Harvard Seminars*. Mass.：Harvard University Press，1966，p. 19.

③ ［英］斯坦利·莱恩等著，金莹译：《巴夏礼在中国》，广西师范大学出版社 2008 年版，第 189 页。

④ 参见巴夏礼于 1860 年 4 月 17 日和 1860 年 8 月 21 日写给妻子的信。（［英］斯坦利·莱恩-普尔等著，金莹译：《巴夏礼在中国》，广西师范大学出版社 2008 年版，第 222-224、240-245 页）

⑤ 王韬：《弢园文录外编》卷三，上海书店出版社 2002 年版，第 68 页。

⑥ Christiana Schaffner & Beverly Adab：*Developing Translation Competence*，上海外语教育出版社 2012 年版，第 vii 页。

⑦ ［清］方濬师：《蕉轩随录》，退一步斋，同治十一年（1872），第 40 页。

之前,已有在浙江宁波传教十年的经历。在宁波期间,在传教的同时,他还创办了两所教会学堂,开展识字教育。他还用宁波方言翻译《圣经》。他撰写的《天道溯源》在当时的中国是最受欢迎的传教书籍。威妥玛是著名汉学家,第二次鸦片战争中曾担任英国政府全权代表额尔金的翻译。道光二十七年(1847)起,他就担任香港港英殖民政府的翻译。他因发明用罗马字母标注汉语发音系统——威氏拼音法(Wade-Giles Romanization)而蜚声中外。对于他们高超的中文水平,我们再举一例说明之。咸丰十年(1860)七月,英法联军攻陷大沽炮台,兵锋直指天津。耆英代表清政府与之交涉,英军翻译官李泰国(Horatio N. Lay)、威妥玛拿出三年前英军攻入广州城时缴获的时任两广总督耆英于1847年上呈道光皇帝的密奏,指斥他对大英帝国竟然大不敬,侮慢鄙视。耆英在奏折中说:"海外各夷情形不同,而赋性则同一险鸷。至逆夷英吉利,尤属万分狡黠,异常桀骜。喜则似有人心,怒则竟同犬豕,宽之则求请无厌,拂之则毒螫相加。既智取术驭之皆穷,亦理喻势禁之不可。"①直到此时此刻,耆英才终于明白过来,他的密奏不仅已落入侵略军之手,而且还被李泰国等人读懂。能读懂那些熟读"四书""五经"的士大夫的奏折,说明作为中方谈判对手的英军翻译官的汉语已达到很高的水准了。

　　从道德层面看,外国译员在涉及中国国家利益的根本问题上的表现如何?江苏巡抚李鸿章在给清廷的奏折中道出了他的忧虑:交涉谈判中,"皆凭外国翻译官传述,亦难保(他们)无偏袒捏架情弊"②。可见,中国是无法指望外国译员维护中国的国家利益的。鸦片战争中,马儒翰的表现十分活跃③,他利用精熟中文的便利条件,担任英国驻华商务总监义律的中文秘书兼翻译,"胁迫中方谈判代表伊里布接受英方条件"④。他甚至在《南京条约》的签字仪式上

---

　　①　中国史学会:《中国近代史资料丛刊:鸦片战争》第三册,神州国光社1954年版,第474页。

　　②　吴汝伦编:《李文忠公(鸿章)全集》,台湾文海出版社1980年版,第110页。

　　③　关于马儒翰的拙劣行径,清人夏燮在《中西纪事》中有较详尽的记载,现略举数例:

　　二十二年秋(按:1842年),濮鼎查、马利逊(按:即马儒翰,下同)等称要抚于白门,遂索赔款二千一百万。首列烟价六百万,补足一千二百万之原数也;次列商欠三百万。……谍者以告,马利逊呼之入,索贿款六十万,江寿民请减其半。马方欲疾趋江宁(按:南京)……二十一日,英将濮鼎查、马利逊等由旱西门进城,至上江考棚答拜……马利逊来往传说,议本年六百万交款后(原议二千一百万,本年先付六百万,余一千五百万,分作三年付给),奉到硃批,钤加国宝,即全数驶出吴淞口外。([清]夏燮:《中西纪事》,岳麓书社1988年版,第64、115、118页)

　　④　John K. Fairbank. *The Cambridge History of China* (Volume 10, Late Ch'ing, 1800—1911, Part I). London: Cambridge University Press, 1978, pp. 210-211.

作为英国政府的全权代表在条约的中外文本上盖印。① 又如，著名汉学家、翻译家郭实腊是德国基督教路德会牧师，他于 1831 年起出任东印度公司翻译。他曾多次游历中国沿海口岸，搜集有关中国的政治、军事、地理、风土人情、物产等情况，他还开展地形勘察、海道测量、绘制航海地图等活动，为后来效力英军和在浙东地区任职奠定了基础。西方传教士创办的英文报纸《中国丛报》（The Chinese Repository）对其活动也有较详尽的记载。② 郭实腊不仅全程参与了鸦片战争和《南京条约》谈判与签订的全过程，为英军担任翻译和向导，而且与英军头目璞鼎查（Henry Pottinger）一起"统带大、小火轮兵船二十九艘，再犯定海"③。在英国攻占浙江宁波和舟山后被委任为该地区的民政长官。据亨特的《广东番鬼录》（The "Fan Kwae" at Canton Before Treaty Days）一书记载，郭实腊在广东还利用分发《圣经》和小册子的便利，为鸦片贸易充当翻译。④ 在鸦片战争进行期间，美国派遣海军少将加尼率军舰来华为英军助威，担任其翻译和助手的是美国公理宗海外传道部（简称美部会）传教士俾治文（Elijah Bridgman）。他怂恿加尼向清政府勒索"最惠国待遇"。这个臭名昭著的"最惠国待遇"，最初写进了道光二十三年（1843）的中英《虎门条约》中，后来又写进了每一个中外条约中。次年 7 月签订的中美《望厦条约》⑤，几乎包括了英国所订条约中的一切内容，同时还确立了协定关税和领事裁判权、治外法权等特权。可见，在损害中国利权方面，马儒翰、郭实腊、俾治文、丁韪良等外国译员可谓"功不可没"。

中西交涉中，业务和道德素质俱佳的译员对于交涉双方来讲都是不可或缺的，因为假如没有通晓双语的译员居间传译，问题会变得很复杂。在与美国签订《望厦条约》时，中方全权代表耆英在一份奏折中说："嗣抵粤后，向黄恩彤询悉咪夷（按：即美国人）之难于晓谕，更甚英夷。缘英夷有马礼逊（按：指马礼逊之子马儒翰）等，虽属狡黠，而粗通汉文汉语，有事可与商议。咪夷止有伯

　　① The Chinese Repository, Vol. XI. No. 10, Oct., 1842, p. 575.

　　② The Chinese Repository, Vol. I, May, 1832, pp. 16-140; The Chinese Repository Vol. II, Apr., 1834, pp. 529-553.

　　③ ［清］夏燮：《中西纪事》，岳麓书社 1988 年版，第 102 页。

　　④ William Hunter. The "Fan Kwae" at Canton Before Treaty Days, 1825—1844. Taipei: Ch'eng-wen Publishing Company, 1970, p. 70.

　　⑤ 有关《望厦条约》的说明及其中英文本全文，详见 The Chinese Repository, Vol. XIV. No. 11, Nov., 1845, pp. 555-583.

驾、俾治文二人,所识汉字无多,仅能为粤省土语,以致两情难以互通,甚为吃力。"①耆英的话包含两层的意思,一是和"咪夷"交涉很吃力,因为担任翻译的伯驾、俾治文所识汉字有限。二是和"英夷"沟通相对容易,因为译员马儒翰等人通晓汉文,沟通方便。但是,耆英没有提到(或想到)的是,国家利权的不断丧失,缺乏合格的译员是极重要的原因之一。"现有的外语及翻译人才毫不可靠,不但对国家事务没有帮助,甚至会带来严重的祸害。"②可见,外国译员和中国通事这两类在中西交涉中承当传译任务的媒介,是不能再指望了。这一点,耆英可能没有想到,但奕䜣、曾国藩、李鸿章等洋务运动领袖想到了。为了实现"自强""求富"的洋务运动总目标,必须另做准备,创办外语学堂,培养自己的人才,"谙其言语文字,方不受人欺蒙"。③ 这样的认识是在西方列强的坚船利炮面前吃尽苦头后悟出来的。

四、"通晓外国书籍语言之人为不可少":西方列强的建议和压力

　　鸦片战争是一桩重大的历史事件,这是古老的中华帝国第一次正面与经历了工业革命的近代西方国家发生的不对称的战争。尽管这场战争历时不长,但其影响极其深远。中国被迫与英国等列强签订了一系列的不平等条约,开放五口通商,这是中国历史上第一次有限度的对外开放,在极不情愿的情况下加入了国际大家庭。英美等国迫使中国开放门户,除了要求中国弛禁贸易,开放市场,还有一个目的,就是解决加强文化交流的问题。中英战事尘埃落定后,这些国家通过其与中国签订的不平等条约实现了这一目的。美国则走在了其他列强的前面。中美接触始于乾隆四十九年(1784)美国商船"中国皇后(Empress of China)"号抵达中国广东黄埔港④,中美政府间的接触则始于鸦片战争结束之后。美国政府特使顾盛在 1844 年 6 月 5 日给国务卿约翰·纳尔逊(John Nelson)的一封信中提到允许外国人延请中国士民教习帝国的语

---

①　文庆:《筹办夷务始末》(道光朝)卷七十二,民国十九年故宫博物院用抄本影印,第5948 页。

②　王宏志:《京师同文馆与晚清翻译事业》,《中国文化研究所学报》2003 年新第 12 期,第293 页。

③　宝鋆等:《筹办夷务始末》(同治朝卷八),民国十九年故宫博物院用抄本影印,第 805页。

④　Kenneth S. Latourette. *The History of Early Relations between The United States and China*, 1784—1844. Hew Haven, Connecticut: Yale University Press, 1917, pp. 13-14.

言及采购图书合法化等问题。① 顾盛的这一建议写入了中美《望厦条约》。该条约第十八条规定:"准合众国官民延请中国各方士民人等教习各方语音并帮办文墨事件,不论所延请者系何等样人,中国地方官民等均不得稍有阻挠、陷害等情,并准其采买中国各项书籍。"② 是年签订的中法《黄埔条约》也有类似规定。③

咸丰六年(1856)发生了第二次鸦片战争,中国再次战败,被迫与英、法、美等西方列强签订了《天津条约》。中法《天津条约》重申了中法《黄埔条约》第二十四款中关于学习语言文字,采购各类书籍的规定。④ 中美《天津条约》也重申了《望厦条约》第十八款关于语言学习、采买书籍等规定。⑤ 但由于中国政府对外国语言文字的学习抱有与生俱来的恐惧与偏见,使得直到同文馆成立之前,始终是西洋各国对中国语文的单向学习。

对于语言文字的学习,除了在中美《天津条约》中予以明确外,美方全权代表列威廉(William Reed)还于 1858 年 5 月 20 日照会议约的中方首席代表桂良,提出 4 项建议,第一项便是建议学习外国语文。该建议如下:

> 现此次订明和约,中国应知通晓外国书籍语言之人为不可少,而于英法两国文词尤要。今泰西各国晓识中邦文理言语者多,而中华则无,是则朝廷何能究察别国体制、政事、国度一切事宜。当康熙、乾隆年间,已会不特觅用华民,乃亦延请外国之人襄办事务。……今上海等处已建设书馆,趁蒙大皇帝允准,可请外国人教习,并遣年轻之人诵习英法书籍,自能得人襄助办理通传翻译等事,而为国家之益,天文、地理、技术、富足胥在是矣。⑥

① *The Chinese Repository*, Vol. XIV. No. 11, Nov., 1845, p. 556. Also see Kenneth S. Latourette. *The History of Early Relations between The United States and China, 1784—1844*. Hew Haven, Connecticut: Yale University Press, 1917, p. 141.

② *Treaty of Wanghia. The Chinese Repository*, Vol. XIV. No. 11, Nov., 1845, p. 571.

③ 《黄埔条约》第二十四款//王铁崖:《中外旧约章汇编》第一册,生活·读书·新知三联书店 1957 年版,第 62 页。

④ 中法《天津条约》第十一款//王铁崖:《中外旧约章汇编》第一册,生活·读书·新知三联书店 1957 年版,第 106 页。

⑤ 中美《天津条约》第二十五款//王铁崖:《中外旧约章汇编》第一册,生活·读书·新知三联书店 1957 年版,第 94 页。

⑥ 《美使列威廉致大学士桂良等照会》//台湾"中央研究院"近代史研究所:《中美关系史料》,1968 年 12 月初版,第 305 页。

　　列威廉的建议所传达的信息非常清楚,西方列国通晓中国文理言语者甚多,对中国的了解已相当透彻,而中国少有人"究察别国体制、政事、国度一切事宜",如能让中国青年学习外国语文,则于国家利益有利。

　　咸丰十年(1860)十月,中英《北京续增条约》签订,重新认定咸丰八年(1858)签订的中英《天津条约》各项条款。《天津条约》第五十款规定:"嗣后英国文书俱用英字书写,暂时仍以汉文配送,俟中国选派学生学习英文、英语熟习,即不用配送汉文。自今以后,遇有文词辩论之处,总以英文作为正义。此次定约,英、汉文字详细校对无讹,亦照此例。"①中法《天津条约》第三款也有类似规定:"自今以后,所有议定各款,或有两国文词辩论之处,总以法文作为正义。"②《天津条约》"即不用配送汉文"的规定,明白无误地表明将丧失中外语言文字平等的权利。弱国无外交。作为西方列强代言人的列威廉的建议不可以不予理睬,与各列强签订的《天津条约》更是不能怠慢。这些条约的规定是非常严厉的,即如中英《天津条约》本身,虽"此次定约,英、汉文字详细校对无讹",若以后英方持有异议,"亦照此例",即以英文为准!

　　丁韪良在《同文馆记》(*The Tungwen College*)中说:在《天津条约》第五十款中,共有三条规定,虽无设立译员学校的明确规定,但就任何一条来看,译员学校的成立都是不可避免的:一是送达中国政府的文书俱以英文书写,二是文书暂时附上汉文,三是以英文作为文书和条约的权威文本。③ 但实际上,由于当时中国没有合格的外语人才,担任中外条约签订时的外方译员随意歪曲和添加条约原本没有的内容是司空见惯的。例如,1843 年签订的中英《五口通商附粘善后条款》第六款中,"但该民人等不得擅自殴打伤害,致伤和好"一句,英文本没有。又如,1844 年签订的中美《五口贸易章程:海关税则》第十款中,其英文本也没有"仍由海关填发红牌,知照别口,以免重征"④的字样。笔者查阅了 1901 年上海字林洋行印行的中英《天津条约》原本,发现该条款的中译文是有问题的,该条款的英文表述是:

---

　　① 王铁崖:《中外旧约章汇编》第一册,生活·读书·新知三联书店 1957 年版,第 102 页。

　　② 王铁崖:《中外旧约章汇编》第一册,生活·读书·新知三联书店 1957 年版,第 105 页。

　　③ W. A. P. Martain, *The Tungwen College* // Hosea B. Morse. *The International Relations of the Chinese Empire* (Volume I). Kent , UK: Global Oriental Ltd. , 2008, p.471.

　　④ 王铁崖:《中外旧约章汇编》第一册,生活·读书·新知三联书店 1957 年版,第 35、53 页。

All official communications addressed by the Diplomatic and Consular Agents of Her Majesty the Queen to the Chinese authorities, shall, henceforth, be written in English. They will for the present be accompanied by a Chinese version, but it is understood that, in the event of there being any difference of meaning between the English and Chinese text, the English Government will hold the sense as expressed in the English text to be the correct sense. This provision is to apply to the Treaty now negotiated, the Chinese text of which has been carefully corrected by the English original.①

细读原文可知，英文表述中并没有"俟中国选派学生学习英文、英语熟习，即不用配送汉文"的表达，只是说"暂时仍配送汉文本，但是，双方达成的谅解是，中英文本一旦有了分歧，英国政府将以英文本为准"。实际上，正如刘禾(Lydia H. Liu)所说，外交圈子里两国政府间使用的是汉语文本，英文文本只是英国政府使用。② 可见，英国并没有强行要求清政府也以英文本为准，只是说文本一旦有了分歧，英方将以英文本为准。但"俟中国……即不用配送汉文"说法后来被许多研究者引用，以致以讹传讹，造成了混乱。甚至连同文馆总教习丁韪良也这样说："第一条建议来自中英《天津条约》。该条约有一条规定，即今后三年内，英国照会须附有中文译本，以便中国政府在这一期限内培养出合格的译员。"③丁韪良关于"三年期限"的说法，纯系子虚乌有，没有任何史实依据。当时中国极度缺乏外交翻译人才，英国跟中方打交道必须带上自己的译员，这是众所周知的事实，英国政府不至于愚蠢到放任因三年期限过去"即不配送汉文"而导致双方交流受阻的尴尬局面的发生。实际上，西方列强在递交照会时，大都配送汉文本。根据时任美国驻华使馆秘书毕乃德的记载，至迟在1945—1946年，美国给国民政府的英文照会仍配有汉语译文，其原因

① *Treaties between the Empire of China and Foreign Powers* (together with *Regulations for the Conduct of Foreign Trade*, ETC. Edited by William F. Mayers. Shanghai: Printed and Published at the "North-China Herald" Office, 1901, p. 19.

② Lydia H. Liu. *The Clash of Empires: The Invention of China in Modern World Making*. Cambridge, Massachusetts: Havard University, 2004, p. 112.

③ W. A. P. Martin. *A Cycle of Cathay or China, South and North with Personal Reminiscences*. New York: Fleming H. Revell Company, 1900, p. 295.

是美国人可以更快地得到回复。① 但是，英方却巧妙地利用己方译员担任条约翻译的便利，达到了目的，使之对自己有利，条约对清廷形成的压力是显而易见的。徐中约说："该馆的创设是为了回应英、法《天津条约》中关于规定英语和法语文本为条约唯一正本的条款，中国因此需要训练精干的语言学家，以便摆脱对洋人翻译和半瓶子醋的广东通事的依赖。"②

看来，这些情形对清政府形成了很大的压力。而且，随着中国在战后被迫履行条约义务、鸦片贸易合法化、开放沿海港口和长江流域、允许外国公使驻京等一系列涉外事件的发生，中国"被迫按照欧洲标准来处理对外关系"③。而且，鸦片战争以来发生的一系列事件表明，谈判桌上，语言不通已成为清政府维护本国利益的最大障碍。④ 这些情形大大地加剧了清政府的紧张与焦虑。所以，无论是"御夷""抚夷"还是"自图振兴"，都离不开语言这一根本媒介，破除"祖宗家规"，设立外语学堂，培养通晓"夷语"的人才已经刻不容缓。

五、从"奸夷"到"良夷"：国人对外夷认知的转变

晚清时期，通常以"夷"来指称与外国有关的人和事，如一切与西方列强打交道的事务均称为"夷务"，称英国人为"英夷"等。中国古代的"夷"主要有两种含义：一是对东方各族的泛称，亦称"东夷"；二是用以泛指四方的少数民族。古代文献所描述的有代表性的少数民族是：东方曰"夷"，被发而纹身；南方曰"蛮"，雕题而交趾；西方曰"戎"，被发而衣皮；北方曰"狄"，衣羽毛而穴居。⑤这些少数民族被视为尚未开化、文明落后、仍与禽兽为伍的族群。《新唐书·突厥列传》记载："礼让以交君子，非所以接禽兽夷狄也……圣人饮食、声乐不与之共，来朝坐于门外，舌人体委以食之，不使知馨香嘉味也。"⑥后来，随着国门被西方列强的坚船利炮打开，中国步入近代社会，"夷"的概念普遍由指称少

---

① Knight Biggerstaff. *The Earliest Modern Government Schools in China*. New York：Cornell University Press，1961，p.98.

② 徐中约著，计秋风等译：《中国近代史：1600—2000 中国的奋斗》，世界图书出版公司2008 年版，第 214 页。

③ John Garraty，Peter Gay.（eds.）*The Columbia History of the World*. New York：Harper & Row，Publishers，1972，p.940.

④ 施正宇：《试论清代来华西方人的中国语言水平——从京师同文馆的建立说起》，《清华大学学报》（哲学社会科学版）2014 年第 6 期。

⑤ ［北宋］王钦若等：《册府元龟》，中华书局 1960 年影印版，第 11237 页。

⑥ 许嘉璐主编：《二十四史全译·新唐书》，汉语大辞典出版社 2004 年版，第 4585 页。

数民族转而指向非华夏的域外文明。

近代以降，中外交涉事件大幅增加。在同夷人的实际接触中，一部分国人对他们的认知也在不断变化。正如《哥伦比亚世界史》一书的作者所说，虽然此时他们仍然认为"外国人是夷人，对构成这个中央王国的文明基础的道德准则一无所知"①，但是，他们对夷人的态度，由当初的傲慢、轻视，②转而视不同情形予以区别对待。清政府的地方大员中，对夷人认知最深刻的当属两广总督林则徐。他在查禁鸦片、处理夷务的过程中，相信夷人中也有"奸夷"和"良夷"之别："至夷馆中惯贩鸦片之奸夷，本大臣早已备记其名，而不卖鸦片之良夷，亦不可不为剖白。有能指出奸夷，责令呈缴鸦片，并首先具结者，即是良夷。本大臣必先优加奖赏，祸福荣辱，惟其自取。"③正是林则徐采取了这样将"奸夷"和"良夷"进行区别对待的务实态度，取得了禁烟斗争的胜利，长了中国人的志气。

在对待夷人的态度上，持同样深刻认识的还有魏源。他在《西洋人玛吉士〈地理备考〉叙》中说：

> 夫蛮狄羌夷之名，专指残虐性情之民，未知王化者言之。故曰：先王之待夷狄，如禽兽然，以不治治之。非谓本国而外，凡有教化之国，皆谓之夷狄也。……诚知夫远客之中，有明礼行义，上通天象，下察地理，旁彻物情，贯穿今古者，是瀛寰之奇士，域外之良友，尚可称之曰夷狄乎？④

虽然魏源仍称洋人为"夷"，但却强调与传统中国所惯见的夷狄迥异，是"瀛寰之奇士，域外之良友"。

在中央政府这一层面，对"夷人"持务实态度的代表性人物是奕䜣。第二次鸦片战争中，英法军队侵入北京，皇帝西狩热河，奕䜣留下来代表政府与侵略军周旋。正是这样的与"夷人"直接交往和接触的经历，使得奕䜣对他们的认识发生了根本变化，发现他们也有正面的地方。英驻华公使馆医生芮尼（D. F. Rennie）在 1861 年 5 月 28 日的日记中记述，法国公使馆翻译美里登

---

① John Garraty & Peter Gay (eds.). *The Columbia History of the World*. New York：Harper & Row, Publishers, 1972, p. 938.

② 魏源说先王如禽兽般对待夷狄："先王之待夷狄，如禽兽然，以不治治之。"（［清］魏源：《魏源全集》（四），岳麓书社 2011 年版，第 1889 页）

③ 林则徐：《谕各国夷人呈缴烟土稿》，杨国桢选注：《林则徐选集》，人民文学出版社 2004 年版，第 95 页。

④ ［清］魏源：《魏源全集》（四），岳麓书社 2011 年版，第 1889 页。

(Baron de Meritens)曾在总署问奕䜣："你认为我们是蛮夷人(a barbarous people)吗?"奕䜣这样回答："我从来没有这样想过,因为从前对你们的真实情况一无所知,所以没有定见。但现在,我确实不这样认为。"①

咸丰十一年(1861),奕䜣呈上《通筹洋务全局酌拟章程折》,在该奏折的引论中,开宗明义地为他的"夷务"定位,就像思想家魏源一样,他强调了西洋各国与古代夷狄完全是不一样的:

> 窃惟夷情之强悍萌于嘉庆年间,迨江宁换约,鸱张弥甚,至本年直入京城,要挟狂悖,夷祸之烈极矣。……窃谓大沽未败之前,其时可剿而亦可抚,大沽既败以后,其时能抚而不能剿。至夷兵入城,战守一无足恃,则剿亦害抚亦害,就两者轻重论之,不得不权宜办理,以救目前之急。自换约以后,该夷退回天津,纷纷南驶,而所请尚执条约为据,是该夷并不利我土地人民,犹可以信义笼络驯服其性,自图振兴,似与前代之事稍异。②

上述引文的中心意思是夷人讲究信用,与以往"残虐性情""未知王化"③的夷狄不同。虽然夷祸烈极,但可用不同的"御夷之策"。他还以三国时蜀国对吴国所采用的策略作比,认为夷人也是可以打交道的,"譬如蜀之待吴,蜀与吴,仇敌也。而诸葛亮秉政,仍遣使通好,约共讨魏,彼其心岂一日而忘吞吴哉? ……仅该夷虽非吴蜀与国之比,而为仇敌,则事势相同"④。

奕䜣对夷人"似与前代之事稍异"的认识很重要,它和林则徐的"良夷"说、魏源的"良友"与"奇士"说,可以说是确立了"师夷"的理论基础,彻底地颠覆了传统"夷夏观"。正是奕䜣等洋务运动领袖有了这种新认识,才准备以认真,甚或是以较平等的态度对待曾被称为"天朝皇帝所任命的官宪脚下的尘埃"⑤的外夷了,所以才有奏请设置同文馆之举。同文馆的设置因此具有了政治和外交意义,清楚地标示外语及翻译人才的培养已纳入洋务运动中,成为其重要组

---

① [英]D. F. Rennie 著,[美]李国庆整理:*Peking and the Pekingese during the First Year of the British Embassy at Peking*,广西师范大学出版社 2011 年版,第 202 页。
② 贾桢.《筹办夷务始末》(咸丰朝)卷七十一,民国十九年故宫博物院用抄本影印,第5740 页。
③ [清]魏源:《魏源全集》(四),岳麓书社 2011 年版,第 1889 页。
④ 贾桢:《筹办夷务始末》(咸丰朝)卷七十一,民国十九年故宫博物院用抄本影印,第5741 页。
⑤ [美]马士著,张汇文等译:《中国帝国对外关系史》第三卷,上海书店出版社 2000 年版,第 150 页。

成部分,也成为中国早期现代化的重要内容。这是放弃传统夷夏观及持续了两百多年的闭关锁国政策的重要里程碑。同文馆的设立,同时也是"师夷"思想的延伸与实践。只有愿意"师夷",承认洋人"有值得学习之处"[①],才有必要设置学校去"认识外国文字,通解外国言语"[②],翻译他们的书籍。同文馆后来的发展,基本上沿着这一轨迹运行。

第二节　同文馆的创办经过及沿革

清人曹骧所做的《英字入门序》云:"同文馆设于京师,广方言馆设于各直省,皆以西学课诸生肄业。"[③]同文馆在四十年的办学历程中,经历了初期、中期和后期三个阶段,由创办时仅有的英文一馆发展成为拥有英、法等五个外文学馆和天文、算学、格致等多个科学馆的综合性外国语文学堂,培养了一批服务国家的各类人才,在中国教育史上占有重要地位。

一、创办经过

同文馆之创办,始自咸丰十年(1860)十二月初三恭亲王奕䜣、大学士桂良和户部左侍郎文祥联衔具奏的《统筹全局酌拟章程六条折》(简称"章程六条")。此折共计六条,其中第五条关涉外国语言文字的学习:

> 认识外国文字,通解外国言语之人,请饬广东、上海各派二人来京差委,以备询问也。查与外国交涉事件,必先识其性情。今语言不通,文字难辨,一切隔膜,安望其能妥协! 从前俄罗斯馆文字,曾例定设立文馆学习,具有深意。今日久视为具文,未能通晓,似宜量为鼓舞,以资观感。闻广东、上海商人有专习英、佛、咪三国文字语言之人,请饬各该省督抚挑选诚实可靠者,每省各派二人,共派四人,携带各国书籍来京,并于八旗中挑选天资聪慧,年在十三四以下者,各四五人,俾资学习。其派来之人,仿照俄罗斯馆教习之例,厚其薪水,两年后分别勤惰,其有成效者,给以奖叙。

---

① W. A. P. Martin. *The Lore of Cathy*. New York: Fleming H. Revell Company, 1912, p. 16.

② 贾桢:《筹办夷务始末》(咸丰朝)卷七十一,民国十九年故宫博物院用抄本影印,第5754页。

③ 曹骧:《英字入门序》,《英字入门》,同治甲戌暮春。

俟八旗学习之人,于文字言语悉能通晓,即行停止。①

在"章程六条"中,奕䜣等人首先强调了学习外国语言文字在中西交涉中的重要性。其次,勾勒出他们的初步构想,创办外语学堂,培养与外国交涉的译员。学生来源只限于"天资聪慧"的八旗少年,汉人不得参与。教习从广东、上海商人中选拔。再次,规定招选学生学习外国语文,但系临时的应急措施,一旦培养出能应付交涉需要的译员,学堂"即行停止"。

另据"章程六条"之第一条规定,为了更有效地办理洋务和对外交涉事务,决定设立总理各国事务衙门(简称"总理衙门""总署""译署"),"以专责成也"。总理衙门随即于咸丰十一年(1861)年初成立。这是近代中国最早设立的负责处理"夷务",即外交事务的机构。总理衙门也是综理洋务的中央机关,它分作五个股:俄国股、英国股、法国股、美国股和海防股。另有两个附属机构:海关总税务司和同文馆。总理衙门作为现代化运动的倡导者,是中国在响应西方冲击时所设置的第一个重大的机构,是中国外交制度现代化的里程碑,对中国以后的政治、外交、经济、教育、文化的发展产生了深远影响。

奕䜣等人向清廷呈上《总理衙门未尽事宜拟章程十条》,其中专门提及构想中的外国语文学堂要仿照康熙四十七年(1708)创办的俄罗斯文馆之例办理,由总理衙门大臣直接管理:

> 查臣等前定章程内,有请饬广东、上海挑选专习英、佛、咪三国文字语言之人来京差委,并挑选八旗子弟学习,厚其薪水,给以奖叙。除俄罗斯馆章程应由该馆遵旨酌议外,其英、佛、咪教习学生,应仿照俄罗斯馆议定之例办理,惟该学生原应归入俄罗斯馆,而该馆地方狭窄,难以兼容,若令设馆舍恐其别滋事端,现查铁钱局除改作衙署外,尚有炉房稍加修葺堪作馆舍,免致在外滋事,臣等亦可就近稽查考核。②

奕䜣等人从咸丰十年(1860)十二月呈上关于创办学堂学习外国语文的奏折,而同文馆却迟至同治元年(1862)五月才正式开始上课,比最初奏准获批的"章程六条"延宕了约一年半的时间。个中缘由,按奕䜣的说法是外文师资尚未到位:"所请派委教习,广东则称无人可派,上海虽有其人,而艺不甚精,价则

---

① 贾桢:《筹办夷务始末》(咸丰朝)卷七十一,民国十九年故宫博物院用抄本影印,第5754-5755 页。

② 贾桢:《筹办夷务始末》(咸丰朝)卷八,民国十九年故宫博物院用抄本影印,第 2716页。

过巨,未便饬令前来,是以日久未能举办。"①是为其一。其二,是总理衙门自身的原因。总理衙门因属初创,毫无先例可循,一切从头开始。修葺衙署、咨传司员、筹措经费等事忙于奏呈咨商,而且订约后西方各国公使相继入京,也都需要安顿,自然无暇顾及他事。其三,宫廷政争的影响。自咸丰十一年七月开始,宫廷政争趋于激烈,以慈禧、奕䜣为代表的一方和以顾命大臣肃顺等人为代表的一方的权力争夺随着咸丰帝的驾崩而白热化。至是年年底,肃顺等人被杀或被放逐,东、西两太后垂帘听政,奕䜣受封议政王,地位获得巩固。

同治元年五月十五日(1862 年 6 月 11 日),位于北京东堂子胡同的总理衙门迎来了第一批学习英文的学生。根据总理衙门大臣董恂在《还读我书室老人手订年谱》中的记载,这批学生不久迁至西堂子胡同,"七月十六、七两日总理署挑左右翼学生备入同文馆学习。二十四日迁西堂子胡同路北"②。此时仅设英文一馆而无"同文馆"之名。"同文馆"一词始见于奕䜣于同年七月二十五日(1862 年 8 月 20 日)上奏的《遵议设立同文馆折》。该折称:"先令挑定学生十人来馆,试行教习……即以此学为同文馆。"③由于相关的文献档案资料尚无明确记载,我们以此折批准之日为同文馆正式创始之日期。

二、沿革

同文馆是近代中国政府创办的第一所新式外国语学堂,也是中日甲午战争前创办的最成功和最具影响力的新式学堂之一。同文馆自同治元年(1862)五月创办,至光绪二十七年(1901)十二月,清廷降旨"著将同文馆归并大学堂"④,同文馆走过了四十年的风雨历程。在这四十年的时间里,同文馆经历了时代的变迁和自身的演进。其办学历程大致可分为三个时期。

(一)初期——同治元年至七年(1862—1868)

同文馆作为继总理衙门成立之后最早开始的重要洋务事业之一,是清政府唯一通过总理衙门直接办理的新政,其运作也必须配合朝廷办理外交,培养

---

① 国家图书馆:《国家图书馆藏历史档案文献丛刊:洋务档案》(第二册),全国图书馆文献缩微复印中心,2004 年,第 503 页。

② [清]董恂:《还读我书室老人手订年谱》卷一,台湾文海出版社 1968 年版,第 81 页。

③ 奕䜣:《遵议设立同文馆折》//宝鋆:《筹办夷务始末》(同治朝)卷八,民国十九年故宫博物院用抄本影印,第 806 页。

④ 北京大学、中国第二历史档案馆:《京师大学堂档案选编》,北京大学出版社 2001 版,第 94 页。

清政府所亟须的外文翻译和外交官员。同文馆先开设英文馆,"招集学生始仅十人,且仅习英文而已"①。奕䜣等人令这些主要从满洲、蒙古、汉军八旗中招收的十名八旗学童来馆试行教学。总理衙门延聘兼通汉文的英国在华传教士包尔腾(John Burdon)为英文教习。开课后不久,总理衙门着手整顿俄罗斯文馆,结果发现该馆全数十三名学生都"不熟习俄文"。而只有两名助教和三名副教习的师资队伍中,仅有国世春一人"稍通文义",随即将被丁韪良称为"徒有虚名"②的俄罗斯文馆并入新设立的俄文馆。接着,奕䜣决定进一步扩充门类,开设法文馆,并延聘法国传教士司默灵(R. C. Smorrenberg)和俄国公使馆翻译柏林(A. Popoff)分别担任法、俄文教习。翌年四月,俄文馆和法文馆一并开学。英、俄、法三馆每馆招生十人,共招学生三十人。同文馆除教授英、法、俄三国语言文字外,还延聘徐澍琳、张旭升、杨亦铭担任各馆汉教习,组织开展汉文教学。迄至同治五年(1866)年底奏请设立天文算学馆之前,同文馆是单纯的学习外国语文的语言学校。

同文馆开馆三年以后,即第一批入馆的学生参加总理衙门组织的大考,完成学业以后,恭亲王奕䜣于同治五年(1866)十二月向清廷呈上奏折,要求在原来的英、法、俄文三馆的基础上,再添一馆,招选青年及正途官员学习天文、算学等西学课程。一个月后,奕䜣再上一折,详尽论述了设立天文算学馆的理由及其安排。但此举引发了以奕䜣为代表的洋务实力派和以大学士倭仁为代表的正统保守派之间持续时间长达半年之久的最高决策层的中学西学之争。虽然同文馆之争最终在清廷的强力干预下,争论双方偃旗息鼓,但后果极其严重,不少人对同文馆起了戒心,报考人数大跌。同文馆英文教习额伯连在《北华捷报》上撰文说,同文馆"被扼杀在萌芽状态,体面的中国人不再愿意入馆读书了"。③ 奕䜣也不得不承认当时"浮言四起,正途投考者寥寥"④。美国驻华公使劳文罗(J. Ross Browne)以一种沮丧的笔调叙述了当时同文馆的情形:"丁韪良走了,额伯连只有两名(英文)学生,李壁谐有八名年龄在 22～42 岁的

---

　　① 马挺亮:《京师同文馆学友会第一次报告书》,京华印书局代印,1916 年,第 1 页。

　　② Hosea Morse. *The International Relations of the Chinese Empire* (*Volume III*). Kent ,UK: Global Oriental Ltd. , 2008, p. 473.

　　③ M. J. O'brien. The Peking College. *The North-China Herald* , Jan. 25, 1870, p. 64.

　　④ 中国史学会主编:《中国近代史资料丛刊:洋务运动》(二),上海人民出版社 2000 年版,第 52 页。

(法文)学生。柏林有十八名(俄文)学生。"[1]额伯连称,同文馆已"名存实亡"[2]。

同文馆虽然遭遇重大挫折,但奕䜣等人毫不气馁,随即启动了招生制度改革,决定自同治六年(1867)起调取上海、广东两地同文馆学有成效的优秀学生进京考试,合格者留京师同文馆深造。此举迅即得到响应。粤、沪两地同文馆自 1867 年、1868 年起陆续向京师同文馆输送优质生源,极大地改善了京馆的生源结构。

(二)中期——同治八年至光绪二十年(1869—1894)

中期是同文馆发展史上最重要也是取得重大成就的阶段。这一阶段为时约 25 年,可分为两个阶段,先是同治八年(1869)起至光绪初年(1874 年)的整顿改革,继之为光绪初年以后的扩充发展。

因设立天文算学、招收正途人员学习西学而导致的同文馆之争使同文馆元气大伤,毕乃德说:"是时总理衙门的大臣们似乎对同文馆不再有兴趣了,将维持其运转的活扔给了赫德。"[3]在此情况下,清廷海关总税务司赫德(Robert Hart)正在美国休假,曾担任同文馆英文、格致等课程教习的丁韪良回来主持该馆的教务。

同治八年,丁韪良接受了赫德的邀请,正式出任同文馆总教习。他决心"将同文馆由'萤火虫'转变为'灯塔',以便让千百万有志青年像追求古代经典那样追求现代科学"[4]。从此以后,丁韪良放弃了传教工作,专注于同文馆世俗的教育工作。他对同文馆进行了大刀阔斧的改造。首先,启动了促使中国教育从传统走向现代的课程革命。他根据学生的素质制定了五年和八年课程表,同时将学习年限由三年延长为五至八年。其次,延聘适应西学教育的优质师资。他在赫德的帮助下,通过各种途径先后聘请了数十位来自欧美发达国家的外文和科学教习。再次,组织师生开展外交文书与西学书籍的翻译实践。丁韪良主持同文馆期间,率领他的翻译团队翻译了三十余部西方自然和人文

---

① Stanley F. Wright. *Hart and the Chinese Customs*. Belfast, Northern Ireland: Wm. Mullan & Son (Publishers) Ltd., 1950, p. 328.

② M. J. O'brien. The Peking College. *The North-China Herald*, Jan. 25, 1870, p. 64.

③ Knight Biggerstaff. *The Earliest Modern Government Schools in China*. New York: Cornell University Press, 1961, p. 124.

④ Jonathan Spence. *To Change China: Western Advisers in China 1620—1960*. Boston: Little, Brown and Company, 1969, p. 139.

社科书籍,为中国开展西学教育与西学传播做出了重要贡献。

同治十年(1871),同文馆添设布(德)文馆,由俄文教习 C. 韦贝兼任德文教习,同治十二年(1873)起由 N. 第图晋、W. N. 夏干相继任德文教习。光绪二十一年(1895),东(日)文馆成立。至此,同文馆已成为拥有五种外国语文,具有一定规模的外国语文学堂,建立起相对完备的外文教学体系。英文等各外文学馆的设立,实具恒久价值。透过外国语文了解列国形势,实为高远识见,契合国家需要。除了外文各馆,同文馆又先后设立了天文、算学、格致、化学、医学等馆,揭开了正式学习西方科学的序幕。至此,同文馆在丁韪良的领导下,逐步走上正轨。诚如《中国在进步中》一文所说:"(同文馆)正渐渐从所谓的'北京大学'(Peking University)的废墟中重新站起来。"[1]

此后约二十年间,同文馆在整顿的基础上继续发展。清廷自光绪三年(1876)派郭嵩焘驻节伦敦后,相继往其他欧洲国家派驻使节,同文馆学生陆续被派往国外,先是承担辅助的角色,后来独当一面,承担翻译官的角色。马士(Hosea Morse)说,过去三十年里,京师同文馆和广东同文馆"为总理衙门和国外的公使馆提供了所有的译员"[2]。

(三)后期——光绪二十一年至二十七年(1895—1901)

光绪二十一年(1895),中国在甲午战争中惨败,使得过去三十年来专注"师夷长技以制夷"的洋务运动的成果化为乌有,代之而起的是以"救亡图存"为目标的资产阶级维新变法运动,中国推行现代化的努力进入一个新的阶段。思想的丕变使得作为洋务自强运动表征之一的同文馆也受到影响。维新派认为同文馆的办学范围过于狭窄、教育程度过于粗浅,不足以应对引进西学、培养现代化人才的需求。实际上,19 世纪末兴起的兴学高潮,已使得同文馆不复具有学习外国语文、培养翻译人才的特殊地位,自从光绪二十四年(1898)京师大学堂设立后,此种趋势更为明显。而且,"海通以来,士夫言西学者莫不以语言文字为先务"[3]的认知已不再具有普世价值,加上后期同文馆的管理极度混乱,同文馆不可避免地日趋式微。虽然总理衙门采取整顿措施,并在光绪二十二年(1896)起,先后两次派遣陈贻范、国栋等 32 名同文馆学生分赴英、法、

---

① Progress in China. *The North-China Herald*, Aug. 31, 1872, p. 168.

② Hosea B. Morse. *The International Relations of the Chinese Empire* (Volume Ⅲ). Kent, UK: Global Oriental Ltd., 2008, p. 413.

③ 陈初:《京师译学馆校友录》,台湾文海出版社 1974 年版,第 1 页。

德、俄等国留学,又于是年增设东(日)文馆①,但同文馆或被撤并,或为新兴学堂所替代的日子已是指日可待了。光绪二十七年(1901),总理衙门呈上《奏请将同文馆归并大学堂片》,云:"同文馆……乃创设三十年(按:应为四十年)而成材曾不数觏要,皆由于管理非专职,学程无良规,教习如虚设,视为寻常习成疏懈。"②是年十二月,光绪帝颁《著将同文馆归入京师大学堂谕》,将同文馆从外务部(按:即原来的总理衙门)中剥离出来,归入京师大学堂,"仍设同文馆,课学生以各国语言文字,兼授国文"③。清廷派张百熙为管学大臣,让他管理学堂事务。④ 不久,同文馆成为京师大学堂翻译科,与光绪二十九年(1903)四月成立的译学馆合并。同文馆完成了使命,走进了历史。

---

① 《同文馆章程及续增条规》记载:"设立东文馆,添传记名学生肄习东文,派东文翻译官唐家桢充东文教习。"(朱有瓛:《中国近代学制史料》第一辑上册,华东师范大学出版社1983年版,第18页)

② 北京大学、中国第一历史档案馆编:《京师大学堂档案选编》,北京大学出版社2001年版,第94页。

③ 吴相湘、刘绍唐主编:《国立北京大学纪念刊》第一册(民国六年廿周年纪念册上),台湾传记文学出版社1971年影印初版,第102页。

④ 北京大学、中国第一历史档案馆编:《京师大学堂档案选编》,北京大学出版社2001年版,第94页。

第二章 "在馆课读,朝夕无间":同文馆的教习

　　蒋梦麟在《西潮》中说:"西方列强的兵舰政策不但带来了货品和鸦片,同时也带来了西方科学文化的种子。"①带来西方科学文化种子的有功之臣便是同文馆的外文教习和科学教习。

　　同文馆是近代中国开始对西方实行有条件开放后创办的新式外国语学堂,它与历史上培训外语人才的机构相比,虽然创办目的不尽相同,但对外文教习的招聘大都大同小异。例如明代四夷馆在创办之初,外文教习大多来自外国,"此四夷馆之设,猷虑甚弘远也。当是时为馆傅者多征自外国,简吾子弟之幼颖者而受学焉"②。所以,同文馆和历史上的同类机构一样,一开始就选聘外籍人士充任教习。不同的是,同文馆的一部分洋教习是欧美传教士出身,他们一般都有较好的学养和国际视野。郑观应说,他们"亦多习华语,读华书,讲伦常,明礼义"③。例如,同文馆总教习丁韪良是美国长老会的传教士,入馆担任英文教习之前即是能以汉文写作的"中国通",并且还有译员的经历。

　　同文馆的教习构成中,除了承担外国语文和科学课程教学的洋教习,和《明会典》所说"取本国人为教师"④的四夷馆一样,也选聘了一批本土出身的饱学之士充任汉文和算学教习,李善兰是其中的代表。从对中国社会的贡献来讲,同文馆的汉洋教习大都兢兢业业,恪尽职守,不仅培养了一批为国服务的从事外交、军政、文化教育和科学技术人才,而且还引进了近代西方先进的教育制度,译介了一批反映近代西方人文社会科学、自然和应用科学成果的书

---

① 蒋梦麟:《西潮》,外语教学与研究出版社 2012 年版,第 8 页。
② [明]王宗载:《四夷馆考》,东方学会印本,甲子夏六月,第 15 页。四夷馆选聘了多名外籍人士来馆任教,"先是,缅甸人当丙、云清、班思杰、康剌改、潘达速、已扯盻六名以进贡至京,俱留本馆教授。景泰二年,缅甸宣慰差其酋卜剌浪、差酋陶孟思完、通事李瓒等进贡,并送人孟香的酒、香中三名留本馆教授,俱授序班职事。"(出处同注①)
③ 郑观应著,王贻梁评注:《盛世危言·传教》,中州古籍出版社 1998 年版,第 166 页。
④ [明]申时行等修:《明会典》卷二二一//《续修四库全书》编纂委员会:《续修四库全书·史部·政书类》,上海古籍出版社 2002 年版,第 624 页。

籍,扩大了包括部分士大夫在内的中国民众观察世界的视野,增进了他们对世界的理解,在一定程度上推动了中国现代化进程。

第一节 同文馆洋教习的招选及特点

作为一所"培植译人,以为总署及各使馆之用"①的外国语文学堂,同文馆所面临的最紧迫的任务是招选"认识外国文字,通解外国言语"的外文教习。于是,创办初期的同文馆迅即启动了外文教习和汉文教习的招选。同治五年(1866)起,同文馆又启动了科学和算学教习的招选。同文馆的师资主要由两部分构成,一是洋教习,二是汉教习,其中洋教习有 51 人②,汉教习有 32 人。洋教习主要来自美、英、法、俄、德、日等国家,分别担任英、法、俄、德、东(日)等外文及化学、天文、医学等科学课程的教学。汉教习是来自中国本土的著名学者,担任汉文和算学等课程的教学。③

一、洋教习的招选

咸丰十年(1861)十二月,恭亲王奕䜣等人在《通筹善后章程折》中就提出

---

① 毛佩之:《变法自强奏议汇编》,光绪辛丑年(1901),上海书局石印,第 271 页。

② 关于同文馆的洋教习人数,学界说法不一。白燕认为,"1862—1898 年,京师同文馆先后聘请了 110 名教习,其中有 27 名'洋教习',分别担任语言和其他各科教授"。[白燕:《北京大学聘请外籍教师百年回顾》,《北京大学学报》(哲学社会科学版)2001 年第 5 期]同文馆的主要课程是外文和科学这两类课程,按当时中国的社会实际,承担这些课程教学的主要是外籍人士,接受传统科举教育的中国本土学者是无法承担这些课程的教学任务的。同文馆存续 40 年,开设了英文、法文、天文、化学、格致、国际法、医学等几十门外语和科学课程,按白燕的说法,同文馆仅聘请过 27 名洋教习,83 名汉教习,恐与事实不符。王宏志考证说,先后在同文馆任教的洋教习共有 51 人。(王宏志:《翻译与文学之间》,南京大学出版社 2011 年版,第 104 页)苏精认为,截至光绪二十四年(1898)年底,同文馆历年洋教习共计 50 位。(苏精:《清季同文馆及其师生》,台北上海印刷厂 1985 年版,第 70 页)夏红卫说同文馆"先后延聘近 70 位洋教习"。[夏红卫:《跨文化传播视野下的晚清同文馆》,《北京大学学报》(哲学社会科学版)2007 年第 6 期]综上,同文馆聘任的洋教习当不少于 50 人。同时,同文馆也聘用了一部分汉教习,承担汉文和算学的教学。初期同文馆的外文各馆仅有 30 名学生(每馆 10 名),仅需 3 名汉教习。同治六年(1867)以后,同文馆招生规模扩大,总人数由初期的 30 扩大到约 120 人,但汉文仅在后馆开设,前馆学生基础较好,不开设汉文。因此,对汉教习的需求依然有限。天文算学馆开设以后,又先后聘请了李善兰等 3 位算学教习。根据现有资料,同文馆存续期间,一共聘请了 32 位,而不是 83 位汉教习。

③ 张美平:《京师同文馆教习述论》,《海南师范大学学报》(社会科学版)2014 年第 7 期。

了创办外国语文学堂的意向,他们首先考虑的就是师资问题:"闻上海、广东商人,专习英、佛、咪三国文字语言之人,请饬各省督抚挑选诚实可靠者,每省各派二人,共派四人,携带各国书籍来京,并于八旗中挑选天资聪慧,年在十三四以下者,各四五人,俾资学习。"①从中可以看出,奕䜣等人的初衷是从上海、广东两地通晓外文的商人中,而不是从在华的外国人中招选教习。但出乎他们意料的是,沪、粤两地"无咨送来京之人",而中国迄无熟悉外国语言文字之人,只好在来华的外国人中延访。英国驻华公使馆参赞、曾任《天津条约》《北京条约》英方译员的威妥玛(Thomas Wade,1818—1895)捷足先登,自告奋勇地向奕䜣等人推荐英国圣公会(the Church of England)传教士、后来担任香港维多利亚教区主教的包尔腾(John Burdon,1826—1907)出任英文教习一职,奕䜣原则同意。在包尔腾来总署后,奕䜣觉得此人尚属诚实,于是决定录用,试用期为1年。奕䜣与威妥玛言明,包尔腾在馆只能从事英文教学,不准传教。奕䜣等人这样做可能有维护中华文化正统,免遭西方话语侵扰的思想。实际上,近代中国几乎所有的新式学堂都聘用洋教习教授西学课程,但它们几乎都明文规定洋教习在课堂上不得传教,可能都是基于此种考虑。例如,同治三年(1864)成立的广东同文馆明令禁止"西人借端影射,将天主教暗中传习"②。陕西崇实书院校长刘光蕡在光绪二十四年(1898)致陕西学政的信中云:"倾闻人言,今岁所来洋人,视其教为最重,凡学语言文字,必从其礼拜。今令诸生学语言文字,欲为中国用也。若从其教,则趋中国为外人矣。此似万不可行,须别延教西语西文之人。"③

包尔腾于同治元年(1862)六月正式就任。奕䜣还不放心,另请汉人徐澍琳担任汉文教习,"并令暗为稽察"④。根据《傅兰雅档案》(*The John Fryer Papers*)记载,后来接替包尔腾出任同文馆第二任英文教习的英国传教士傅兰雅对这一做法深感不满。他在给亨利·维恩(Henry Wenn)的一封信中说自他有了在香港圣保罗书院教学的经历,教授同文馆这九名少年对他来说是易如反掌。但唯一糟糕的是这里不允许给这些"无知、堕落的异教徒"传授"开

① 奕䜣:《统筹善后章程折》//贾桢:《筹办夷务始末》(咸丰朝)卷七十一,民国十九年故宫博物院用抄本影印,第5754-5755页。
② [清]毛承霖编:《毛尚书(鸿宾)奏稿》,台湾文海出版社1971年版,第1281页。
③ 高时良:《中国近代教育史料汇编·洋务运动时期教育》,上海教育出版社1992年版,第801页。
④ 奕䜣:《遵议设立同文馆折》(附章程)//宝鋆:《筹办夷务始末》(同治朝)卷八,民国十九年故宫博物院用抄本影印,第805页。

启他们的心智,让基督教的真理之光深入他们心中"的宗教内容。而且,还让一位中国教习坐在教室里,以便阻止"任何的向学生传播宗教的企图"①。

可见,清廷虽然录用了一位洋教习教英文,但对他还是很不放心的。而实际上,清廷仍坚持聘用华人教习教授英文。《同文馆章程六条》第二条明确规定:"将来如广东、上海两处得人,应照咸丰十年奏定章程,由该省督抚送来京充补。此缺系中国人充当。"②可见,奕䜣等人聘用洋教习,并非他们对外语教学规律有着明确的认识,实属无奈之举。不过,同文馆从国人中挑选外文教习的规定后来并未真正实行过,实际聘请的外文教习基本上都是外国人。同文馆聘请洋教习之举,在封闭保守的晚清社会里,实在是开风气的事,为后来创办的各类新式学堂所仿效。但值得注意的是,后来创办的新式学堂,无论是外国语文学堂还是科技、实业或军事学堂,甚至堂堂的京师大学堂除聘用热心中国教育事业的洋教习外,还从同文馆的离校学生中招聘外文教习及各类教学管理人员。例如,文廉、柏锐、杨书雯、全森(京师大学堂英文教习)、汪凤藻(上海南洋公学校长)、天津武备学堂校长联芳,翻译教习廮昌、蔡锡勇(湖北自强学堂总办)、桂荣(新疆俄文馆俄文教习),等等。

包尔腾在同文馆教习英文的时间不长,仅干了一年多,有关其英语教学情况的记载及研究很少。由于包尔腾的志向不是做英语教师,而是要在传教事业上发展,因此,他向总理衙门推荐极富语言天才,同是传教士的英国同胞傅兰雅(1839—1928)接替自己出任英文教习。傅兰雅在同治二年(1863)年底开始,辞去香港圣保罗书院校长之职,成为同文馆的第二任英文教习。③ 关于任职同文馆一事,他在1896年提交的华中长老会50周年节庆论文中也曾提及。他说,"丁韪良夫妇离开宁波抵达北京后,他成了我在那里最好的朋友之一。

---

① Ferdinand Dagenais:*The John Fryer Papers*(Volume Ⅰ),广西师范大学出版社 2010 年版,第 218 页。

② 国家图书馆:《国家图书馆藏历史档案文献丛刊:洋务档案》第二册,全国图书馆文献缩微复印中心,2004 年,第 505 页。

③ 本内特(Adrian Bennett)提及傅兰雅出任英文教习的主要原因是"学习中国官话"。(Adrian Bennett. *John Fryer*:*The Introduction of Western Science and Technology into Nineteenth-Century China*. Mass.:Harvard University Press,1967, p. 5.)傅兰雅在给亨利·维恩的信中也提及,几乎是艰难的不可救药的中文,让他一开始工作就倍感泄气。因此,学习中文是他任职同文馆英文教习的主要原因。(John Fryer 著,Ferdinand Dagenais 主编:*The John Fryer Papers*(Vol.Ⅰ),广西师范大学出版社 2010 年版,第 211-213 页)

我离开同文馆后,这位优秀的博士接替我出任英文教习一职"。① 但由于傅兰雅未婚妻的原因,英国圣公会不同意他继续留在北京,他只好于同治四年(1865)春前往上海,先是担任上海英华书院(The Anglo-Chinese College)校长,不久后出任江南制造局翻译馆的专职翻译,就在这里,傅兰雅"完成了他一生在中国最重要的事业,确立了他一世的声名"②。和包尔腾一样,傅兰雅在同文馆任教英文的时间不长,也仅干了一年多。由于相关文献阙如,我们无从得知傅氏在馆的课堂教学情况。但从多方面的情况来看,他应该是一位相当不错的教习。1870 年 3 月 5 日,傅兰雅在给弟弟乔治的信中提及,同文馆曾来信正式邀请他重回学校任教,但被他婉拒。③ 可以想象,如果傅氏不够出众,美人丁韪良治下的同文馆当不会在傅氏在上海广方言馆和江南制造局已有稳定工作的前提下再次请他出山。中国近代思想家王韬对傅兰雅推崇备至,景仰盛名,称傅氏"文章经济、学问道德,为举世所钦羡"④。接替傅兰雅教习一职的是美国北长老会传教士丁韪良。是年,丁韪良经美驻华公使蒲安臣(Anson Burlingame)的举荐,正式出任同文馆第三任英文教习,"美人丁韪良于同治四年到馆,充英文翻译教习"⑤。丁韪良从此与同文馆结下了长达 30 年的不解之缘。同治八年(1869),在赫德的撮合下,丁韪良被任命为同文馆总教习。丁韪良在这一岗位上服务了 25 年。

除丁韪良以外,自同治七年(1868)开始,先后来到同文馆英文馆担任教习的还有额伯连(1868 年到馆)等 11 人,他们是:额伯连、吉德(C. Edward Makean)、柯里士(J. P. Cowles)、马士(Hosea B. Morse)、欧礼斐(Charles H. Oliver)、韩威礼(W. Hancock)、烈悌(Oliver G. Ready)、安格联(Francis A. Aglen)、贝安德(C. M. B. Bryant)、马都纳(W. MacDonald)、徐迈德(J. H. Smyth)。加上前述的包尔腾、傅兰雅、丁韪良 3 人,担任过同文馆的英文

① John Fryer. 1896 March "Jubilee Papers"—Central China Presbyterian Mission//John Fryer 著,Ferdinand Dagenais 主编:*The John Fryer Papers*(Vol. II),广西师范大学出版社 2010 年版,第 413 页。

② 王扬宗:《傅兰雅与近代中国的科学启蒙》,科学出版社 2000 年版,第 12 页。

③ Ferdinand Dagenais:*The John Fryer Papers*(Volume I),广西师范大学出版社 2010 年版,第 436 页。

④ 戴逸主编,海清编:《中国近代思想家文库·王韬卷》,中国人民大学出版社 2013 年版,第 150 页。

⑤ [清]李希圣:《译学馆沿革略》//[清]缪荃孙辑:《艺风堂杂钞》,中华书局 2010 年版,第 90 页。

教习共有 14 人。这些英文教习中,多数人仅担任英文教习一职,但也有一些人除承担英文的教学任务以外,还承担其他课程的教学,如丁韪良还是国际公法的教授。来自爱尔兰的欧礼斐担任天文、化学教习,在丁韪良去职后,接替他担任了同文馆总教习一职。欧礼斐是第二任也是最后一任同文馆总教习。

除英文以外的其他外文教习中,最早到馆的是法文教习司默灵(A. E. Smorrenberg)和俄文教习柏林(A. Popoff,又称"波波夫")。他们均于同治二年(1863)到馆。清廷在聘用他们时,也是颇为慎重的。同文馆成立后的第二年四月,俄罗斯文馆归并进来,成为俄文馆。法文馆也同时成立。俄、法二馆和英文馆一样,同样面临师资紧缺的问题。英文教习包尔腾是通过英驻华公使馆找到的,于是奕䜣等人如法炮制,寻求俄、法驻华公使馆的帮助。奕䜣在接见俄、法两国公使时,让他们"留心延访"。法国驻华公使馆临时代办哥士耆(Michel Alexandre Kleczkowski)、俄国驻华公使把留捷克,陆续函荐法国传教士司默灵、俄国驻华使馆翻译柏林二人。然而,奕䜣对有着传教士身份的司默灵并不看好,无意聘用,"臣等闻哥士耆之荐,颇不谓然,当即力却"。但经哥士耆再三剖辩,指明司默灵虽系传教士,但现在并不传教,"且其人尚诚朴可充斯席"。奕䜣便让其来总署面见,发现"尚无传教士习气",于是决定录用。为方便管理,奕䜣与司默灵约法三章,规定到同文馆任职后,不准从事传教事务,"一涉此弊,立即辞回"。柏林受聘则未遇波折。奕䜣发现此人"尚不十分狡诈,以之教习学生,似尚无大流弊"[1],于是与把留捷克订立聘用合约。

自同治二年(1863)起,继法、俄文教习司默灵和柏林到馆后,同文馆又先后聘请了 26 位其他各科(英文除外)的外文教习,他们是:李壁谐(又译李华丽,法文)、德达那(G. d'Arnoux,法文)、林春(Paul Ristelhueber,法文)、华碧乐(Charles Vapereau,法文)、伟贝(Carl Waeber,俄文)、第图晋(N. Titoushkin,俄文)、夏干(W. N. Hagen,俄、德文)、雷乐石(Louis Rocher,法文)、帛黎(A. Theophile Piry,法文)、班铎(E. G. R. Pander,俄、德)、师克和(F. A. Scherzer,法文)、柯乐德(Victor Von Grot,俄文)、吴乐福(H. E. Wolf,德文)、威礼士(A. H. Wilzer,德文)、科必达(法文)、谭安(C. E. Tannant,法文)、劳腾飞(P. B. von Rautenfeld,俄文)、顾伦曼(H. M. W. Grundmann,德文)、聂务满(Julius Neumann,德文)、单尔(俄文)、阿森玛(德文)、铁士兰(Henri P. Destelan,法文)、郜悌爱(俄文)、葛诺发(N. A. Konovaloff,俄文)、毕斯玛

---

[1] 奕䜣:《延聘同文馆各项教习折》//宝鋆:《筹办夷务始末》(同治朝)卷十五,民国十九年故宫博物院用抄本影印,第 1510 页。说明:以下引用的内容出处相同,恕不注明。

（H. M. A. Bismarck，德文）、杉几太郎（东文）等。

同文馆从首次聘请英人包尔腾起，至光绪二十四年（1898）止，先后聘请来馆承担外文教学任务的洋教习共计 42 人。其中，英文教习 14 人，法文教习 11 人，俄文教习 10 人，德文教习 6 人，东（日）文教习 1 人。作为近代中国创办最早的新式外国语文学堂，同文馆拥有世界上最主要的几大语种的教学力量，成为后来具有近代意义的高等教育的雏形（见表 2-1）。

表 2-1　京师同文馆洋教习（外文）名录①

姓　名	国籍	到馆时间	馆别	学历（大学及以上）
包尔腾 John Burdon	英	同治元年（1862）	英	不详
傅兰雅 John Fryer	英	同治二年（1863）	英	Highbury Training College, London LL. D. , Alfred University, N. Y.
丁韪良 W. A. P. Martin	美	同治四年（1865）	英、格致	D. D. , LL. D. , Indiana State University
额伯连 M. J. O'brien	英	同治七年（1868）	英	Queen's College, Ireland
吉　德 C. E. Mckean	英	同治十一年（1872）	英	B. A.
柯里士 J. P. Cowles	不详	同治十三年（1874）	英	不详
马　士 Hosea B. Morse	美	光绪五年（1879）	英	Harvard University LL. D. , Western Reserve University
欧礼斐 Charles H. Oliver	英	光绪五年（1879）	英、化学	M. A. , Queen's College, Ireland
韩威礼 W. Hancock	英	光绪五年（1879）	英	Queen's College, Ireland

---

① 资料来源：W. A. P. Martin. *A Cycle of Cathay, South and North with Personal Reminiscences*. New York: Fleming H. Revell Company, 1900, p. 311；苏精：《清季同文馆及其师生》，台北上海印刷厂 1985 年版，第 43-44 页；熊月之：《西学东渐与晚清社会》，上海人民出版社 1994 年版，第 311-313 页。有改动。

姓　名	国籍	到馆时间	馆别	学历（大学及以上）
烈悌 Oliver Ready	英	光绪十四年（1888）	英	Cambridge University, British
安格联 Francis A. Aglen	英	光绪十五年（1889）	英	Marlborugh College
贝安德 C. M. B. Bryant	英	光绪十八年（1892）	英	不详
马都纳 W. MacDonald	英	光绪十八年（1892）	英	Royal School of Miners, London
徐迈德 J. H. Smyth	英	光绪二十四年（1898）	英	M. A., Dublin University, Ireland
司默灵 A. E. Smorrenberg	法	同治二年（1863）	法	不详
李壁谐 Emile Lépissier	法	同治七年（1868）	法	不详
德达那 G. d'Arnoux	法	同治十年（1871）	法	不详
林春 Paul Ristelhueber	法	同治十年（1871）	法	不详
华碧乐 CharlesVapereau	法	同治十年（1871）	法	不详
雷乐石 Louis Rocher	法	光绪二年（1876）	法	不详
帛黎 Theophile Piry	法	光绪二年（1876）	法	不详
师克和 F. A. Scherzer	法	光绪八年（1882）	法	不详
科必达	不详	光绪十八年（1892）	法	不详
谭安 C. E. Tannant	法	光绪二十年（1894）	法	不详
铁士兰 Henri Destelan	法	光绪二十三年（1897）	法	不详
柏林 A. Popoff	俄	同治二年（1863）	俄	不详
伟贝 Carl Waeber	俄	同治十年（1871）	俄	不详

续表

姓　名	国籍	到馆时间	馆别	学历（大学及以上）
第图晋 N. Titoushkin	俄	同治十一年（1872）	俄	不详
夏　干 W. N. Hagen	俄	同治十一年（1872）	俄、德	不详
班　铎 E. G. R. Pander	俄	光绪七年（1881）	俄、德	Ph. D.
柯乐德 Victor Von Grot	俄	光绪十四年（1888）	俄	不详
劳腾飞 P. von Rautenfeld	俄	光绪二十年（1894）	俄	Dopat University, Estonia
单　尔	不详	光绪二十二年（1896）	俄	不详
郜悌爱	不详	光绪二十三年（1897）	俄	不详
葛诺发 N. A. Konovaloff	俄	光绪二十四年（1898）	俄	不详
吴乐福 H. E. Wolf	德	光绪十四年（1888）	德	不详
威礼士 A. H. Wilzer	德	光绪十七年（1891）	德	不详
顾伦曼 H. M. Grundmann	德	光绪二十一年（1895）	德	不详
聂务满 Julius Neumann	德	光绪二十一年（1895）	德	不详
阿森玛	德	光绪二十三年（1897）	德	不详
毕斯玛 H. M. A. Bismarck	德	光绪二十四年（1898）	德	不详
杉几太郎	日	光绪二十四年（1898）	东（日）文	不详

　　同文馆除先后聘用了 42 位外文洋教习以外，还聘用了 9 位教授西方自然科学的洋教习，现胪列如下：毕利干（Anatole A. Billiequin，化学）、德贞（J. Dudgeon，医学）、海灵敦（Mark W. Harrington，天文）、费礼饬（Hermann Fritsche，天文）、骆三畏（S. M. Russell，天文、化学）、卜世礼（Stephen W. Rushell，医学）、英德秀（医学）、施德明（C. C. Stuhlmann，化学、医学）、满乐道（R. Coltman, Jr.，医学）（见表 2-2）。其中化学教习 2 人，医学教习 4 人，天文

教习 3 人。① 科学教习的人数显然比外文教习少了许多。个中原因可能是科学教习较语言教习难聘,因为相比于科学教习,语言教习的要求相对低一些,对专业知识的要求没有科学那么严格。而且,一些语言教习也在兼任科学课程,如英文教习欧礼斐,还是格致教习,同时兼任化学、天文的教学。有的教习担任两门课程的教学,如来自爱尔兰的骆三畏是天文、化学教习;来自德国的施德明是化学和医学教习。再说,作为以教授语言为主的外国语学堂,同文馆规模很小,在最繁荣的时候,学生数仅稳定在 120 人左右,对科学教习的吸纳很有限。

表 2-2 京师同文馆洋教习(科学)名录②

姓　名	国籍	到馆时间	馆别	学历(大学及以上)
毕利干 Anatole Billiequin	法	同治十年(1871)	化学	不详
德　贞 J. Dudgeon	英	同治十一年(1872)	医学	M. D., University of Edinburg, Scotland
海灵敦 Mark Harrington	美	光绪四年(1878)	天文	M. A., University of Michigan
费礼饬 Hermann Fritsche	俄	光绪四年(1878)	天文	Ph. D.
骆三畏 S. M. Russell	英	光绪五年(1879)	天文、 化学	M. A., Queen's College, Ireland
卜世礼 Stephen Rushell	英	光绪十年(1884)	医学	M. D., University of London
英德秀	不详	光绪十六年(1890)	医学	不详
施德明 C. C. Stuhlmann	德	光绪十九年(1893)	化学、 医学	Ph. D., University of Freiberg, German
满乐道 R. Coltman, Jr.	美	光绪二十二年(1892)	医学	M. D., Jefferson Medical College, Philadelphia

① 这些洋教习中,有些是兼任两门科学课程的,统计人数时,以第一门课程作为其归属,如来自德国的施德明分别教授化学和医学,将其归入化学教习。

② 资料来源:苏精:《清季同文馆及其师生》,台北上海印刷厂 1985 年版,第 43-44 页;H. B. Morse & W. A. P. Martin 著:《同文馆记》,傅任敢译,《教育杂志》第 27 卷,民国二十六年(1937)上海商务印书馆发行,第 219 页;熊月之:《西学东渐与晚清社会》,上海人民出版社 1994 年版,第 311-313 页。

　　综上,同文馆共选聘了 51 名从事外国语言和科学教学的洋教习。这些教习系从不同的渠道招聘而来。众所周知,中国在打开国门、厉行学习西方的时候,要想在国内寻找合格的外文和科学(算学除外)教习如同海底捞针般艰难。总理衙门只好将目光转向西方列强驻华公使馆,为延聘洋教习的第一种方式。如前所述,同文馆首位洋教习包尔腾就是通过英国驻华公使馆参赞威妥玛推荐的。俄文馆、法文馆的首位教习柏林、司默灵也是由俄、法公使馆推荐的。公使馆推荐教习这种模式主要见于创办初期。自 19 世纪 60 年代中后期开始,随着同文馆逐步走上正轨,选聘教习一事没有像当初那么艰难。教习之间互相引荐也是解决同文馆师资难题的第二种方式,如包尔腾辞去英文教习一职时,便推荐了时任香港圣保罗书院(St Paul's College)校长的傅兰雅。同治九年(1870),总教习丁韪良邀请已经离职的傅兰雅重返同文馆执教,尽管遭到后者的婉拒①,但作为一种求贤的方式,还是值得肯定。总理衙门延聘洋教习的第三种方式,也是最常见的一种方式,就是通过清廷海关总税务司、清朝正三品大员赫德(Robert Hart)的帮助。根据苏精(1985)的研究,同文馆 51 名洋教习中,至少有 19 名是原海关职员,由赫德派为同文馆教习的。② 魏尔特(Stanley Wright)在《赫德与中国海关》一书中指出,赫德于同治四年(1865)八月自上海迁入北京时就热心投身于增强和扩大同文馆的事业中。赫氏坚称,有必要采用现代路径实施科学教育以培养发展这个国家的领导人。正是赫德说服总理衙门拓宽同文馆的课程体系,并授权他物色合适的洋教习来教授西方科学③,是为其一。其二,赫德委托其驻英代表金登干(James D. Campbell)在欧洲物色招聘。此外,赫德于同治五年(1866)三月利用回国的机会,一边率同文馆学生凤仪、德明、彦慧等三人前往欧洲翻译见习,一边受总理衙门委托

---

　　① 1870 年 5 月 25 日,傅兰雅在给丁韪良的回信中婉拒了让其回同文馆教学的请求。原文如下:

　　I am obliged to your kind wishes in respect to having me back again at the T'ung-wen-kwan. Nothing would give me grater(按:系 greater 之误) pleasure than to work again with Professor Li(按:Li 即李善兰), and I would make great sacrifice to be able to do so. At present, however, I am under an engagement which prevents me from leaving the arsenal(按:指江南制造局)for another year. (Ferdinand Dagenais: *The John Fryer Papers*,广西师范大学出版社 2010 年版,第 445 页)

　　② 苏精:《清季同文馆及其师生》,台北上海印刷厂 1985 年版,第 67 页。

　　③ Stanley F. Wright. *Hart and the Chinese Customs*. Belfast, Northern Ireland: Wm. Mullan & Son (Publishers) Ltd. , 1950, pp. 325-328.

为同文馆物色合适的教习，包括天文和数学、化学、英文、法文及军事学的教习。[①] 奕䜣在《请添设一馆讲求天文算学折》中就已向同治帝汇报将由赫德招聘洋教习一事。他说："其延聘洋人一事，前与总税务司赫德议及，伊可代为招聘。"[②] 这次赫德赴欧洲的最大成果是引进了额伯廉、毕利干、李壁谐等英文、化学、法文教习。其中，毕利干被丁韪良称为"中国化学之父（Father of Chinese Chemistry）"[③]。"中国是古代炼金术的老家，介绍近代化学到中国来的以毕利干的功劳为最大。"[④]

二、洋教习的专业素养

（一）教育背景

对于同文馆洋教习的教育背景，历来存在不同的观点。光绪二十年（1894）进同文馆学习德文和法文的著名戏剧理论家齐如山（1875—1962）在论及洋教习时说，"五馆的洋文教习，倒都是各国的人，但可以说没有一个是大学毕业的，没有一个够学者二字的"[⑤]。与齐如山的观点形成呼应的是 1869 年有人在《新闻纸》上撰文称："同文馆的失败在很大程度上是因为教授的无能……他们是在浪费时间。"[⑥] 果真如此的话，同文馆的教学质量是不问便知的了。不过，同文馆英文教习额伯连在《北华捷报》上撰文驳斥了"教授无能"的说法。他说，这是"大错特错（blunders）""严重歪曲（misrepresentations）"。"从事我母语教学的那点工作并不需要高深的学问。任何受过一般教育的英国人，只要具备必要的汉语知识，都能胜任这一工作。"[⑦] 我们认为，不管是齐如山还是在《新闻纸》上撰文的人，其论断显然过于偏激，偏离了事实轨道。根

---

①　John K. Fairbank. *The Cambridge History of China* （Volume 10，Late Ch'ing，1800—1911，Part I）. London：Cambridge University Press，1978，p. 528；Knight Biggerstaff. *The Earliest Modern Government Schools in China*. New York：Cornell University Press，1961，p. 120.

②　宝鋆:《筹办夷务始末》（同治朝）卷四十六，民国十九年故宫博物院用抄本影印，第 4418 页。

③　Knight Biggerstaff. *The Earliest Modern Government Schools in China*. New York：Cornell University Press，1961，p. 120.

④　W. A. P. Martin. *A Cycle of Cathay*，*South and North with Personal Reminiscences*. New York：Fleming H. Revell Company，1900，p. 303.

⑤　齐如山:《齐如山回忆录》，辽宁教育出版社 2005 年版，第 32，34 页。

⑥　*The N. C. Herald and S. C. & C. Gazette*，Jan. 25，1870，p. 63.

⑦　*The N. C. Herald and S. C. & C. Gazette*，Jan. 25，1870，p. 63.

据文献资料及学界的研究,至少有不少洋教习拥有大学及以上学历。台湾学者孙子和认为齐如山对于洋教习的批评,"亦未免过苛"①。实际上,同文馆洋教习群体的教育背景还是比较过硬的。例如,英文教习马士(Hosea Morse,1855—1933),哈佛大学毕业,于光绪五年(1879)到馆,由美国国务院代为招聘来华。马士不仅教学严谨,而且还是一位著述等身的学者和知名汉学家,著有多部关于中国的书籍,其中,最有影响的是其三卷本著作《中华帝国对外关系史》(*The International Relations of the Chinese Empire*)。被《春冰室野乘》一书称为"精于医"②的医学教习德贞(John Dudgeon,1837—1901),是英国格拉斯哥大学的外科硕士(Master of Surgery)。③ 他于同治十一年(1872)入馆。中国首任驻美公使陈兰彬为其翻译的《全体通考》(又名《体骨要略》)作序,称:"德子固教习贞(按:子固是德贞按中国习惯取的字),自泰西来游中土二十年,博涉多通,译述不卷。近复著《全体通考》一十八卷,附以五百余图于人身肌骨。"④又如,同文馆总教习丁韪良,被总理衙门大臣周家楣称为"西儒之魁杰"。他在为丁韪良的《西学考略》一书所做的序中说:"同文馆冠西丁总教习,本西儒之魁杰,而于中学西学博涉深造,皆有心得……自西儒之入我中华有声于时者,大抵以天文算学专门名家,而总教习则学具体要,不专一长,在华既久,习知中国政教本末,而于泰西各国用人行政之端特详察而着明之。"⑤可见,丁韪良由于在华既久,熟知中国政教本末的背景,从而成为清末最具影响力的外籍教育家之一。

关于俄文馆教习柏林(A. Popoff),俄罗斯科学院东方学研究所高级研究员哈赫洛夫·亚历山大·尼古拉耶维奇对其有详尽介绍,现概述如下:波波夫

---

① 孙子和:《清代同文馆之研究》,台湾嘉新水泥公司1977年版,第164页。

② 《春冰室野乘》云:"德贞者,英人也,精于医,为人掉阖,有机智。光绪中叶,西人之来华营路矿者,皆以德为主谋。德亦广交游,接纳权贵,大奄名优,王公贵戚无不得其欢心,于丁为莫逆之交,丁乃援之入同文馆,充医学教习。"[李岳瑞撰:《春冰室野乘》,民国二十五年(1936),陕西通志馆印,第59页]

③ 丁韪良在《花甲忆记》中说德贞是爱丁堡大学的医学博士。(W. A. P. Martin. *A Cycle of Cathay, South and North with Personal Reminiscences*. New York:Fleming H. Revell Company,1900,p. 311.)但据历史学者高晞的考证,德贞获得的是英国格拉斯哥大学的外科硕士学位,其依据是格大艺术系主任Nick Pearce在德贞母校档案馆中查核得出的。(高晞:《德贞传:一个英国传教士与晚清医学现代化》,复旦大学出版社2009年版,第55页)

④ "陈兰彬序"//德贞译:《全体通考》,同文馆聚珍版,光绪丙戌孟夏。

⑤ 《续修四库全书》编纂委员会:《续修四库全书·子部·西学译著类》,上海古籍出版社1995年版,第673页。

（按：即柏林）于 1843—1853 年间，先在奥廖尔神学院、圣彼得神学院学习拉丁语、希腊语、德语、希伯来语和法语。1854 年 1 月毕业后，担任一所教会学校的观察员职务，并教授希腊语、教义问答和宗教历史。次年 2 月开始，波波夫就以辅导员的身份，成为新成立的北京传教团（东正教）代表团的成员（已取得硕士学位）并担任翻译。他精通汉语，是杰出的汉学家。[①] 可见，柏林是水平不凡的学者，足以胜任教习之职。即便是被齐如山称作"人极骄傲，不但不够学者，而且几乎是不通文"[②]的欧礼斐，也是毕业于英国爱尔兰皇仁大学的文科硕士。[③] 此人于光绪五年（1879）和后来担任同文馆天文教习的骆三畏（S. M. Russell）一道来华。他们分别出任英文、化学教习。魏尔特称他们俩"是皇仁大学非常杰出的毕业生"[④]。光绪二十年（1894）起，欧礼斐担任总教习直至同文馆归并京师大学堂。客观地说，欧礼斐拥有硕士学位，其英文及西学水平当不至于很差，否则根本不会受到总理衙门的重用。即以欧氏任教的《格物》而论，其包括的内容非常丰富，有力学、水学、声学、气学、火学、光学和电学。设若他没有一定的水平，是很难在讲堂站稳脚跟的。他著有《电理测微》《弧三角阐微》二书。他还鉴定同文馆学生文祐翻译的《坤象究原》一书。

　　根据苏精的《京师同文馆大学学历洋教习名录》，同文馆的历任洋教习中，拥有大学学历的教习有 19 人，其中，博士 9 人，硕士 4 人，其余是学士或大学毕业。他们是博士：傅兰雅、丁韪良、德贞、卜世礼、满乐道、施德明、班铎、马

　　① 哈赫洛夫·亚历山大·尼古拉耶维奇著，张飞燕译：《清末京师同文馆的第一位俄语教师》，《中国文化》2013 年第 1 期。

　　② 对于欧礼斐的人品及学养，齐如山在其时隔半个世纪后的回忆录中称："人极骄傲，可是不但不够学者，而且几乎是不通文。我见他给学生改英文的试卷……他改着已经这样吃力，则他的洋文程度可知，而且据英文馆同学们说，他改的也并不十分通顺。"（齐如山：《齐如山回忆录》，辽宁教育出版社 2005 年版，第 33 页）齐如山对欧礼斐的记述应该是错误的。光绪五年（1879），欧氏初履中土即教英文，直至十四年（1888）改任新开设的格物课的教学为止。齐如山在二十年（1894）才入同文馆，此时欧氏早已不教英文。不过，民国时期出版的野史《春冰室野乘》云："欧礼斐者，略谙普通学……欧于普通学外，诸科学未谙门径故事。总教习必通各国语言文字始能稽核课程，欧则英文外，一无所知也。"[李岳瑞撰：《春冰室野乘》，民国二十五年（1936），陕西通志馆印，第 61 页]寥寥数语倒是与齐如山的评价有一定程度的契合。不同的是，齐如山说欧礼斐连英文都不通，而李岳瑞说他除英文外，一无所知。

　　③ W. A. P. Martin. *A Cycle of Cathay, South and North with Personal Reminiscences.* New York：Fleming H. Revell Company，1900，p. 311.

　　④ Stanley F. Wright. *Hart and the Chinese Customs.* Belfast，Northern Ireland：Wm. Mullan & Son (Publishers) Ltd.，1950，p. 330.

士、费礼饬;硕士:海灵敦、欧礼斐、徐迈德、骆三畏;学士及本科学历:韩威礼、安格联、马都那、劳腾飞、烈悌、吉德。① 同文馆拥有大学学历的教习中,似应增加同治七年(1868)到馆的英文教习额伯连。额伯连于 1870 年 1 月 25 日在《北华捷报》上撰文称他自己于 1863 年毕业于爱尔兰皇仁大学,并以优异成绩毕业(graduate with honours)。② 如果加上额伯连,同文馆具有大学学历的洋教习有 20 人。由于资料有限,上述研究未必能完全反映同文馆洋教习学历的真实面貌。但有一点是肯定的,同文馆的师资构成中,是有高质量的、高学历的具有硕士、博士学位的洋教习的,如丁韪良、马士、柏林、德贞等。当然,也有如孙子和所云"亦非尽属子虚,同文馆洋教习之未曾大学毕业者,当亦不乏其人"③的情况,甚或存在没有学历的"不够学者"的误人子弟者,甚至还有被丁韪良称为"臭名昭著"(notoriety),曾被聘为天文学教授(但未到馆任职)的德国人方根拔(Johannes von Gumpach),在失业的困境中苟延了几年的时光之后,最终死于贫困。④

从上述讨论中可以看出,拥有学士或大学毕业及以上的学位、学历者占同文馆洋教习总数的 36.54%,其中拥有硕博士学位者占 25.49%,拥有硕博士学位的比例甚至比 20 世纪 70 年代改革开放前后的中国不少地区的高校要高得多,更遑论中学了。应该说,在封闭落后的晚清社会,同文馆在师资队伍建设方面已取得了很了不起的成就。我们不能以现代人的眼光来苛求前人。更何况,就知识水平而言,教零起点的同文馆学生肄习外文,未必一定需要本科以上的文化程度。

(二)社会经历

就实际工作的效果而言,一个人的社会经历可能比学历更为重要。学历体现的是一个人在学校接受教育的经历,但未必能完全反映其真实的专业知识和技能。从相关史料及学界的研究来看,有相当一部分洋教习在进入同文馆之前已经是某一领域的专家,具有丰富的实践经验,用当下的话语表达就是,他们属于"双师型"教师。后来担任同文馆总教习的丁韪良博士,于同治四

---

① 苏精:《清季同文馆及其师生》,台北上海印刷厂 1985 年版,第 68-69 页。

② *The N. C. Herald and S. C. & C. Gazette*, Jan. 25, 1870, p. 64.

③ 孙子和:《清代同文馆之研究》,台湾嘉新水泥公司 1977 年版,第 165 页。

④ W. A. P. Martin. *A Cycle of Cathay or China, South and North with Personal Reminiscences.* New York: Fleming H. Revell Company, 1900, p. 305;傅兰雅:《江南制造总局翻译西书事略》//罗新璋编:《翻译论集》,商务印书馆 1984 年版,第 223 页。

年(1865)接受英文教习一职之前,已经是精通汉语的"中国通"了,而且还具有一定的学校教育管理经验,魏尔特称其为"杰出的汉学家""在中国尝试西方教育的先驱"。① 丁韪良在宁波传教期间,创办了两所教会学校。同治二年(1863)进入北京后,创办崇实中学。他还将美国著名外交家、国际法权威惠顿(Henry Wheaton)的《国际法原理》(*Elements of International Law*)译成汉文,后将其改名为《万国公法》。丁韪良人职同文馆后,率领他的翻译团队一共翻译了 30 余部西学书籍,其中他个人独立翻译和与他人合译的作品至少有 6 部,其中大多为质量上乘之作。江南制造局翻译馆专职翻译傅兰雅对丁韪良所译西书的质量给予很好的评价:"如设翻译馆后,则有丁韪良在北京著《格物入门》《万国公法》诸书,与其同事者,亦著格致书与公法书数种,皆为华人所悦服者,亦大有益于国。其书文雅清顺,故官绅学士皆欲先睹。"②他编译的《格物入门》被傅兰雅称为光学领域里有用的、极具吸引力的书籍。③ 著名学者、曾任总理衙门大臣的徐继畬也给予肯定,称该书内容"皆闻所未闻,且一一可见之实事,与他人之驰骛无虚其语,卒不可究诘者"④。由于丁韪良在翻译领域的杰出贡献,其母校宾夕法尼亚大学还于 1861 年授予他荣誉学位。⑤ 著名传教士林乐知对丁韪良推崇备至,在其主编的《万国公报》中撰文称:

> 丁君韪良冠西先生,美国通儒也。蓄道德,能文章,广交游,精著作。寓华垂五十载(按:应该是六十多年),所至有声。历应中朝之聘,主讲京师同文馆,并授为大学堂总教习,历有年所,造就甚多。且于中国语言文字尤能讲求至理。故其译著各书类多经世传世之作,其尤为脍炙人口者,有《天道溯源》《万国公法》《格物入门》《性学举隅》等书。无论教会中人,宦途中

---

① Stanley F. Wright. *Hart and the Chinese Customs*. Belfast, Northern Ireland: Wm. Mullan & Son (Publishers) Ltd. , 1950, p. 330.

② 傅兰雅:《江南制造总局翻译西书事略》,罗新璋编:《翻译论集》,商务印书馆 1984 年版,第 223 页。英文见 John Fryer. Account of the Department for the Translation of Foreign Books at the Kiangnan Arsenal, Shanghai. *The N. C. Herald and S. C. & C. Gazette*, 1882, p. 81.

③ Ferdinand Dagenais: *The John Fryer Papers* (Vol. II): *Years in Shanghai Jiangnan Arsenal 1872—1896*,广西师范大学出版社 2010 年版,第 522 页。

④ 王立新:《美国传教士与晚清中国现代化》,天津人民出版社 2008 年版,第 209 页。

⑤ Ralph Covell. *W. A. P. Martin: Pioneer of Progress in China*. Washington: Christian University Consortium, 1978, p. 132.

人，学塾中人，市肆中人，皆读先生之书，知先生之名而望风景仰者也。①

同文馆法文教习李壁谐于同治七年(1868)入馆。入馆之前已在其母国的高中担任了七年的语文教师，而且还拥有丰富的社会经历：在国民教育部部长的举荐下在巴黎皇家天文台和法国经度局(le Bureau des Longitudes de France)担任了十二年的天文工作者；在国家人寿保险公司从事了两年保险精算师的工作；在法国政府组织的在墨西哥的科学探险中，被推荐为文史组和天文组成员候选人。在就读大学期间，李壁谐即是享受奖学金的优秀学生。1870年2月24日，他在给《北华捷报》编辑部的信中写道：

> 我曾经在巴黎的查理曼高中(le Lycée Charlemagne à Paris)学习文学，大家一致认为我的成绩很出色。我能拿出的最好的证明，就是我在法瓦尔德学院(l'Institution Favard)学习时没有让我的父母为我负担任何的费用，因为我每年得到的奖学金足以支付我的学习开支。在我顺利地完成学业之后，院长先生任命我为学院的教师，来给我之前的同窗们上课。在七年之间，我一直在巴黎不同的学校里面重复教授二年级、三年级和修辞班的课程，比如在查理曼高中和波拿巴高中(le Lycée Bonaparte)。②

这封于是年4月4日在该报刊登的信件中，李壁谐强调他有足够的水平向中国学生教授他的母语。

英文教习傅兰雅曾在伦敦海伯雷师范学院(Highbury Training College)就读，毕业后来到中国香港。来同文馆任职前，已有担任两年香港圣保罗书院校长的资历。③

有硕士头衔的医学教习德贞，是英国伦敦会(London Missionary Society)的传教士。他于同治三年(1864)来华，主持由雒魏林(William Lockhart)在三年前创办、设在北京的施医院。他于同治十一年(1872)出任同文馆医学与生理学教习，"担任该职一直到1895年为止"④。他是同文馆非常了不起的专业

①　林乐知、任廷旭译：《丁君韪良演说北京使馆被围事略》//钱锺书主编：《万国公报文选》，生活·读书·新知三联书店1998年版，第151页。

②　*The N. C. Herald and S. C. & C. Gazette*，Apr. 4，1870，p.244.

③　Adrian Bennett. *John Fryer：The Introduction of Western Science and Technology into Nineteenth-Century China*. Mass.：Harvard University Press，1967，p.4.

④　Adrian Bennett. *Missionary Journalist in China：Young J. Allen and His Magazines，1860—1883*. Georgia：The University of Georgia Press，1983，p.143.

课教习,在接受同文馆教职之前,"在对'洋鬼子'充满疑忌的帝国权贵眼皮底下,设置首家不受官府控制的慈善性施医院"①,为缺医少药的普通民众纾苦解难。历史学者朱维铮对其作出如此评价:

> 德贞在晚清同光二朝,是在京开业的首位西医,是进入清廷统治层面的首位医学传教士,是成为官方同文馆从事医学教育的首位外国雇员,是与政府各类官员建立个人关系的首位洋务专家,又是在京各类外侨公认的成功人士,以致《英国医学杂志》发布的德贞讣告,称他为在华"知名度仅次于赫德的外国人"。②

丁韪良在《同文馆记》中记述:"多年以前,我们就设了一个医学班,由London Mission 的德贞博士主持其事。德贞博士是北京最著名的一位开业医师。他和别些教会医师一样,是为贫苦小民而工作的,可是宫廷的门禁对他也是开放着的。帝皇皂隶,等量齐观。"③这里,丁韪良的正面介绍与朱维铮教授的评价形成了呼应。三口通商大臣、直隶总督崇厚也对德贞给予了很高的评价:"为泰西名医,来中华多年,经丁冠西总教习荐为医学教习。都中士大夫延其治理者无不奏效,此信而有征也。余曾出使法兰西、俄罗斯并游历英吉利、美利坚,见各国医学林立……今子固所著《全体通考》并绘图立说,精通妙理,有益于后之学者。"④德贞还著有《西医举隅》(1875)、《身体骨骼部位脏腑血脉全图》(1875)、《药材通考》(1895)、《中国的疾病》(1877)等。除了在医学方面的贡献,德贞还在其他领域里向中国传播西方科学。根据《傅兰雅档案》记载,德贞著有《脱影奇观》(*Treatise on Photography*)一书。该书于1873年出版,用中文写就,是专为中国人写的,填补了摄影学方面的空白。⑤ 此外,他还在《教务杂志》发表连载十一期的系列文章《中俄政教记》(*Russian Ecclesi-*

---

① 朱维铮:"序"//高晞:《德贞传:一个英国传教士与晚清医学现代化》,复旦大学出版社2009年版,第4页。

② 朱维铮:"序"//高晞:《德贞传:一个英国传教士与晚清医学现代化》,复旦大学出版社2009年版,第6页。

③ W. A. P. Martin 著,傅任敢译:《同文馆记》,《教育杂志》1937年第二十七卷第四号,第229页。

④ "光绪甲申完颜崇厚序"//德贞译:《全体通考》,同文馆聚珍版,光绪丙戌孟夏。

⑤ Ferdinand Dagenais: *The John Fryer Papers*(Vol. Ⅱ): *Years in Shanghai Jiangnan Arsenal 1872—1896*,广西师范大学出版社2010年版,第521-522页。

astical Mission)①,迄今已逾近 150 年,"仍是西方研究中俄关系史的学者一再引用的文献"②。可见,德贞等洋教习在入职同文馆前均有十分丰富的社会经历及专业能力,这些经历确保了同文馆的教学质量。同文馆聘用有丰富社会经验的外籍人士充任教习的做法,很值得当下学校借鉴。

这里提及的丁韪良、德贞、柏林、傅兰雅等四人都是传教士,前述的包尔腾、司默灵及满乐道等也都是传教士。除了京师同文馆,晚清其他新式学堂所聘的洋教习中也有不少是来自异域他邦的传教士。传教士受青睐的原因,正如《延教士传授西学最为便易说》一文所言:

> 方今海禁大开,梯航鳞集,二十二行省俱有西人之车辙马迹,来为教习。学者无负笈之劳,获磋磨之益,其便一也。中西文字各别,语言不通,每发一言,必俟翻译辗转口述,强半失真。教士深通西学,兼识华文,自无扞格,其便二也。日本明治以前,厉禁传教严于我,嫉视教士亦甚于我。乃初行新法,藉教士之力居多,于是民教辑睦,水乳交融,不数年而国势之兴勃然焉。岂中国为亚洲亘古之大邦,转不如东瀛一岛国,无是理也,则其便三也。③

上述文献除了指出延聘传教士传授西学的三大便利:一是在华传教士人数众多,选用方便;二是他们很有学问,"深通西学,兼识华文",无须配备翻译,如新教传教士马礼逊来华前已具备相当扎实的汉语功底。④ 郭廷以称来华传教士"多为饱学之士与抱道君子"⑤;三是中国环境宽松,"民教辑睦,水乳交融"。此外,还揭示了传教士是非常有特点的群体。他们善于吃苦,不辞辛劳,"二十二行省俱有西人之车辙马迹"。他们异常坚忍,能够忍受常人难以忍受的苦痛。英籍传教士苏慧廉(W. E. Soothill)说:"传教士职业生涯中的头一二年往往是最痛苦的——极度的孤独,极度的伤悲,满眼的泪水。"⑥因此,对

---

① J. Dugeon, Esq. M. D. Russian Ecclesiastical Mission. *The Chinese Recorder and Missionary Journal*, 1870, pp. 143-322, pp. 10-17; 1871, pp. 337-345.

② 苏精:《清季同文馆及其师生》,台北上海印刷厂 1985 年版,第 254 页。

③ 李楚材:《帝国主义侵华教育史资料·教会教育》,教育科学出版社 1987 年版,第 522 页。

④ Lindsay Ride. *Robert Morrison, the Scholar and the Man*. Hong Kong: Hongkong University Press, 1957, p. 3.

⑤ 郭廷以:《近代中国的变局》,台湾联经出版事业公司 1987 年版,第 91 页。

⑥ W. E. Soothill 著,[美]李国庆整理:*A Typical Mission in China*,广西师范大学出版社 2013 年版,第 17 页。

博大精深的中华文化的向往和崇敬、独具善心、学养深厚、吃苦耐劳、胸怀使命感是绝大多数来华传教士的共性特征。另据上海清心中学创始人、美北长老会传教士范约翰（J. M. W. Farnham）所说，他们来华时遇到了前所未有的困难：

> 吾西教士之辞别祖国，渡海东来者，皆出于一团热忱，思有以救斯亿万生灵，脱离魔鬼之羁绊，享天赐之永福。然至中华，则每苦于风土人情之不谙，语言文字之隔膜，望洋兴叹，自觉无能为力。乃彷徨四顾，访求同志有华人之中，无奈异教之势固，而迷信之焰炽，芸芸众生，谁非魔鬼之子民，又安从而得其人哉。吾长老会之初来华也，其境遇之困难，诚有过于此而无不及也。①

这些负笈东来的欧美传教士如果没有异常高的精神使命感和顽强的吃苦精神，是无法在被当时欧洲的一些外交官、商人污蔑为充满"撒谎者和无赖""从上到下都是天生的盗贼"②的中国坚持下去的。这些传教士阅历丰富，担任教习之前一般都有传教、教育、翻译和医护等专业经历。所以，自同文馆始，晚清各类新式学堂大都愿意聘请欧美传教士担任外文和科学的教习，例如同治二年（1863）成立的上海同文馆（1867年改称上海广方言馆）聘请美国南监理会传教士林乐知（Young J. Allen，1836—1907）、英国新教传教士傅兰雅等人为英文和西学教习。次年成立的广东同文馆，聘用美国传教士谭顺（Theos Sampson）和北长老会传教士哈巴安德（Andrew P. Happer）等人为英文教习。光绪二十一年（1895）成立的北洋大学堂（天津大学前身）聘美国公理会传教士丁家立（Tenney C. Daniel）担任总教习。光绪二十三年（1897）成立的浙江求是书院（浙江大学前身）聘请美国传教士王令庚（E. L. Mattox）担任西学总教习。可见，晚清时期的中国在现代化的道路上艰难前行着，其中也有西方传教士的一份功劳。季压西、陈伟民说，近代来华外国人特别是传教士在帮助中国人排除语言障碍上做出了不容忽视的贡献。③而且，传教士在开启民智、传播近代西方文明等方面也做出了贡献，正如美著名学者鲁珍晞（Jessie G. Lutz）所

① 《上海清心中学滥觞记》//《清心两级中学校七十周年纪念册》1910年；李楚材：《帝国主义侵华教育史资料·教会教育》，教育科学出版社1987年版，第191页。

② ［法］Reynaud 著，［美］李国庆整理：*Another China：Notes on the Celestial Empire as Viewed by a Catholic Bishop*，广西师范大学出版社2013年版，第7页。

③ 季压西、陈伟民：《语言障碍与晚清近代化进程（一）——中国近代通事》，学苑出版社2007年版，第6页。

说:"(他们)充当西方文明在中国的传播者……通过其个人的生活以及建立学校、医院、印刷厂和其他机构,成为西方文明中的理想与风俗习惯的宣传者。"①

大多数的西方教会都注意派遣能力出众和受过良好教育的传教士前往中国。那些被赋予重任在中国各地组建传教使团的传教士水平都很高,更不用说在同治元年(1862)以后抵达中国的那些传教士了。例如,英国圣公会的包尔腾和美国圣公会的施约瑟(Samuel J. Schereschewsky)后来都被提拔到主教位置,施约瑟还是著名教会大学上海圣约翰大学的创办者。这些传教士都以实实在在的行动证明了他们无愧于传教士这一称号。伦敦会的艾约瑟(Joseph Edkins)和美国公理会的白汉礼(H. Blodget)是退职主教,前者是著名的汉学家,后者以其纯朴的性情、优雅的风度和良好的修养而成为传教士中的模范。又如,上海同文馆英文教习林乐知拥有神学和法学两个博士学位。他在中国创办了一所大学。他又是多产的译者,翻译了三十多部西学书籍,是除傅兰雅以外的翻译西书最多的外籍人士。他还自费创办中文报刊《万国公报》。丁韪良称林乐知在中国完成了"鲜有人能够完成的工作"②。近代中国第一所教会大学——登州文会馆(Tengchou Presbyterian College)首任校长狄考文(C. W. Mateer)被明恩溥(Arthur Smith)称为"当时中国最出色的教育家"③。中国近代著名思想家王韬非常推崇西方传教士。他在《弢园文录外编·传教下》中说:"西国奉教之士,其来也由于考授,非世家子弟,亦彼国俊髦,于西国书籍既通,而又肄习中国之语言文字,其学问之深者,亦卓然可称为专门名家,其性情品诣,有时亦复蔼然可亲,纯然有异。"④

同文馆的师资构成,除了传教士以外,有些是外交译员出身。例如,丁韪良精通汉文,来同文馆前已在宁波传教10年,用宁波方言翻译《圣经》。自咸丰八年(1858)起,丁韪良先后担任美驻华公使列威廉(William Reed)和华若翰(John E. Ward)的中文译员。他被美籍华裔学者刘禾(Lydia H. Liu)称作是"集翻译家和外交官于一身的传教士"⑤。又如,俄文教习柏林,曾是俄国驻中国公使馆

① Jessie Gregory Lutz. *China and the Christian Colleges*, *1850—1950*. Ithaca: Cornell University Press, 1972, p. 1.

② Gilbert Reid. Rev. Young Allen, D. D. , LL. D. *The Chinese Recorder*, Jul. ,1907, p. 377.

③ Arthur Smith. The Life and Work of the Late Dr. W. A. P. Martin. *The Chinese Recorder*, Feb. ,1917, p. 118.

④ 王韬:《弢园文录外编》卷三,上海书店出版社2002年版,第54页。

⑤ Lydia H. Liu. *The Clash of Empires*: *The Invention of China in Modern World Making*. Cambridge, Massachusetts: Harvard University, 2004, p. 113.

的专职翻译。根据文献资料,时任俄国驻北京使团翻译官的柏林曾将伊兹勃兰特·伊台斯于康熙三十一年(1692)奉沙皇彼得一世访华的笔记翻译了出来,并以"聘盟日记"之名刊于丁韪良主编的《中西闻见录》上。这是将伊台斯本人及其秘书亚当·勃兰德所记合成的外交实录,历述从莫斯科经西伯利亚到北京沿途的所见所闻。① 柏林的翻译活动在中俄关系史上占有一定位置。

这些译员都有较深厚的中外语文功底,具有从事翻译实务的背景,非常适合从事教育工作。例如,俄文馆的柏林不仅俄、汉文功底扎实,而且教学效果好。以下史料来自他写于 1865 年和 1869 年的两封信:

> 二月份我应中国人的邀请担任俄语教学工作。学生们进步很明显,能够准确地交谈和造句,较好地完成俄译中的句子。在去年的考试中,他们是三所语言学校(按:指英文馆、法文馆和俄文馆)中成绩最优秀的……不久前我们刚刚经历了三年教学以来最为重要的一次考试:中俄互译。七名高年级学员中有四名获得了令人羡慕的官职,而在英语和法语学校只有三个。除此之外,我们还有两个最优秀的学生被派往中国驻欧洲的使馆。他们经常给我写信,而且写的如此工整。不是每一个受过中学教育的人都能像他们写的这么好。②

同文馆不仅拥有像柏林这样的教学效果好、能力强的合格教习,而且还有不少洋教习,不管是外文教习,还是科学教习,都具备较强的双语互译能力(有些本身就是专职译员)。例如,同文馆首位英文教习包尔腾,曾将丁韪良编撰的"不知被重印了多少版"的《天道溯源》(*Evidences of Christianity*)译成地道的中国官话。③ 并且,这些洋教习以身作则,或独立译书或与学生合作译书。在同文馆师生所译的 30 余种西学书籍中,教习独译或合作翻译或独著或鉴定的书籍有 20 余种,还有的译者不详,无法确定。例如,化学教习毕利干在馆期间翻译了《化学指南》《法国律例》《化学阐原》和《汉法字汇》等,这些书籍均在同文馆出版。他是同文馆仅次于丁韪良翻译西书最多的洋教习。除丁、毕二氏外,同文馆翻译两部以上西书的洋教习还有德贞、施德明、欧礼斐、骆三

① 蔡鸿生:《〈聘盟日记〉及其译者柏林》//蔡鸿生:《俄罗斯馆纪事》,中华书局 2006 年版,第 109-113 页。
② 哈赫洛夫·尼古拉耶维奇著,张飞燕译:《清末京师同文馆的第一位俄语教师》,《中国文化》2013 年第 1 期。
③ Arthur Smith. The Life and Work of the Late Dr. W. A. P. Martin. *The Chinese Recorder*,Feb.,1917, p.118.

畏等人。可见,同文馆的师资构成体现出多元化的特点,大多数教习具有某一领域的专门知识,而且不少是各界翘楚。这些人成为同文馆的各科教习,颇能证明同文馆的办学实力。尽管有人对同文馆的师资水平持有不实之词①,实际上有些洋教习也确实存在一些问题,但总体来说,洋教习的业务水平还是稳定、可靠的。有论者指出,从已有史料看,水平和能力特别低劣的洋教习似乎还比较少见。②

　　(三)敬业精神

　　齐如山在论及早年同文馆洋教习的情形时说:"凡有外国新到人员,都是先派到同文馆充当教习,他们被派到同文馆,外面是来教洋文,事实是为他们自己学习中国话,在当地教习的期间,自己在外边请着中国人学中文及言语,学得够用之后,即派往各省海关去当差,这几乎是定例。"③齐如山所说的情况应当是存在的,外国教习中确实有人将同文馆作为中转站,再转到海关任职。孙子和也认同齐如山的观点。他说:"齐氏所称洋教习转任海关职务之情形,如法文教习李壁谐、英文教习额布廉,诚有其事,一八九〇年代中期,齐氏在同文馆时,或许更多。"④其实,学好了对象国语言,然后另谋高就,这种情况不仅在过去,即便是现在,也是相当普遍的。洋教习的专业能力、道德水平、敬业精神参差不齐势所难免,但如果同文馆的洋教习尽如齐如山所说,肯定是偏离事实轨道的。前面提及的丁韪良、毕利干、德贞、柏林等都是同文馆教习中之翘楚。丁韪良,除了具有无比杰出的中英文语言天赋,他还是著名的国际法专家、教育家、翻译家,其敬业精神更是无可挑剔。翁同龢在日记中称丁韪良"专谈学徒事,近呆"⑤。根据明恩溥(Arthur Smith)《丁韪良博士生平》(*The Life and Work of the Late Dr. W. A. P. Martin*)一文记述,丁韪良甚至在其生命走向终点时,还在分批地教育学生,将其视为乐此不疲的工作。⑥ 季压西、

---

　　① 齐如山在《齐如山回忆录》中说:"在西洋各国中,凡有学问道德之人,总有常久的工作,绝对不会赋闲。凡学问不够,或道德有亏,在本国不易觅工作者,方肯来华找饭碗……在光绪庚子以后,因中国已渐渐开通,由西洋来华之人,才稍有专门人才,以前则几乎可以说是没有。"(齐如山:《齐如山回忆录》,辽宁教育出版社 2005 年版,第 32-33 页)

　　② 陈向阳:《论京师同文馆的洋教习》,《重庆社会科学》2007 年第 10 期。

　　③ 齐如山:《齐如山回忆录》,辽宁教育出版社 2005 年版,第 32 页。

　　④ 孙子和:《清代同文馆之研究》,台湾嘉新水泥公司 1977 年版,第 165 页。

　　⑤ [清]翁同龢:《翁同龢日记》第五册,中华书局 1997 年版,第 1183 页。

　　⑥ Arthur Smith. The Life and Work of the Late Dr. W. A. P. Martin. *The Chinese Recorder*, Feb., 1917, p. 122.

陈伟民称其是具有高度责任感,平易近人,深得总理衙门信任的理想总教习。① 美国汉学家毕乃德称,丁韪良"也许在十九世纪最后三分之一的岁月里,是继赫德之后,这个国家首都里的最具影响力的外国人"②。苏精(1985)对同文馆 50 名洋教习的任教年资进行了统计,兹录于表 2-3。

表 2-3　京师同文馆洋教习任教年资③

年资	人数	备注	年资	人数	备注
未及 1 年	10	含 7 名署任	7 年	1	
1 年	15	含 10 名署任	8 年	1	
2 年	3	含 1 名署任	22 年	3	
3 年	4	含 1 名署任	23 年	1	
4 年	4		24 年	1	
5 年	3		30 年	1	
6 年	3		总计	50	含 19 名署任

说明:苏精统计的洋教习任教年资的截止时间,除欧礼斐、骆三畏确知任教至光绪二十七年(1901)以外,均以同文馆第七次提名录之光绪二十四年(1898)为止。

由上述统计可知,同文馆共有洋教习 50 人,其中应聘实任者 31 人,暂署代理者 19 人。所谓暂署(署任)是指遇有空缺,如洋教习回国休假等原因,急需人暂时代课。在馆任教时间在 1 年及以内的有 25 人(含署任),占总数的 50%。这些人由于各种原因(其中包括去了海关)离开了同文馆,基本上是谈不上有职业认同感的。更何况,这 25 人中,有 17 人系署任,即临时代课,不是专职教习。如果去掉 17 名任职 1 年以内的署任教习,同文馆专职教习共 33 人。这 33 名专职教习中,不安心教职(即任教时间 1 年以内)的仅有 8 人,仅占 24.2%。而任教时间在 5 年以上的洋教习高达 14 人,占总人数的 42.4%,大大超过了任职仅一年的专职教习数。从当时的社会现实来看,由外国人赫德等人掌控的海关等地的发展前景显然要优于同文馆。这些教习能在同文馆任职 5 年以上,甚至有 21 年(共有 6 人,占 18%)以上的,如果没有对同文馆具有相当的,甚至是极高的认同感,是无法做到这一点的。难怪孙子和要为这些

① 季压西、陈伟民:《语言障碍与晚清近代化进程(三)——从"同文三馆"起步》,学苑出版社 2007 年版,第 64 页。

② Knight Biggerstaff. *The Earliest Modern Government Schools in China*. New York: Cornell University Press,1961, p. 121.

③ 资料来源:苏精:《清季同文馆及其师生》,台北上海印刷厂 1985 年版,第 69 页。

洋教习打抱不平。他说,丁韪良在馆执教 30 年以上,其他资深教习,如被丁氏称为"中国化学之父"的毕利干在馆 29 年,华毕乐 25 年,德贞 23 年,欧礼斐 22 年,骆三畏 21 年,均久居教职,"如何能谓其意在学习中国语文,一旦够用,即去海关任职? ……谓该馆尽属如此,则亦有失公平"①。

(四)清政府的态度

恭亲王奕䜣在同治四年(1865)两次上折,奏请奖叙在馆洋教习。是年四月初五(4 月 29 日)奕䜣呈上《俄法两馆二年期满请照章奖叙教习折》,云:"嗣经觅得俄人柏林教习俄文,法人司默灵教习法文……该教习等在馆课读,朝夕无间,自应照章奖叙,均以知县用。如蒙俞允,即由臣衙门咨照吏部遵办。"②是年十二月初五(1866 年 1 月 21 日),奕䜣再次上折,要求奖赏洋教习,"因饬该馆提调等备函嘉奖,每名酌送平银二百两,明示以酬劳之意"。其理由是"因思该外国教习前次岁考后既有酌加薪水之请,此次大考该学生等与外国语言文字又颇有进益"③。作为总理衙门总负责人的奕䜣,一年两次上折要求给洋教习加薪奖励,说明这些洋教习确实没有辜负奕䜣等人的期望,其教学态度和教学质量是符合要求的。其中固然有洋教习"酌加薪水之请",但如果他们不是"在馆课读,朝夕无间",学生于外国语言文字毫无进益,那么,奕䜣对其奖叙加薪的理由便不复存在了。有论者指出,同文馆教习中有不少人原来都是传教士,这些人大多懂得汉语,且愿意投身教育,视教育中国人为传教士的重要使命,因而他们的教学是较认真的。④ 这一判断是符合实际的。

光绪十一年(1885),清廷赐封丁韪良等三位洋教习三品及四品的官衔,以奖励他们在教学中的表现。总理衙门大臣奕劻在《请赏给洋教习虚衔折》中云:"臣等查同文馆总教习丁韪良,于同治四年到馆充英文翻译教习,同治七年升授总教习之任,化学教习毕利干、法文教习华必乐,均于同治十年到馆,资格最深,馆课亦能勤慎,拟请赏给虚衔,以昭激劝。"⑤所附的清单中,赏丁韪良三品衔,华必乐四品衔,毕利干四品衔。光绪十五年(1889),总理衙门大臣曾纪

---

① 孙子和:《清代同文馆之研究》,台湾嘉新水泥公司 1977 年版,第 164-165 页。

② 高时良:《中国近代教育史料汇编·洋务运动时期教育》,上海教育出版社 1992 年版,第 56 页。

③ 奕䜣:《酌给外国教习奖赏片》//高时良:《中国近代教育史料汇编·洋务运动时期教育》,上海教育出版社 1992 年版,第 57 页。

④ 王宏志:《翻译与文学之间》,南京大学出版社 2011 年版,第 106 页。

⑤ 高时良:《中国近代教育史料汇编·洋务运动时期教育》,上海教育出版社 1992 年版,第 61 页。

泽在受旨审查及整顿同文馆后,在上呈朝廷的奏折中亦强调"汉洋教习尚属专心教导"①,由此可见清政府对这些洋教习是感到满意的。

著名的洋务运动领袖张之洞是主张聘请洋教习从事外文教学的。他在《劝学篇·广译第五》中强调外文学习中有无洋教习,效果完全两样:"若能明习中学而兼通西文,则有洋教习者,师生对语,不惟无误,且易启发;无洋教习者,以书为师,随性所近,博学无方。"②从这个意义上说,我们认为同文馆聘请洋教习之举是值得肯定的。

此外,同文馆洋教习在通过教学和翻译向中国民众传播先进的西洋文化的同时,还向对中华文明十分隔膜的西方世界传播灿烂辉煌的中华文化。例如,丁韪良对中华文化十分推崇,以英文撰写了《中国古世公法论略》(*International Law of Ancient China*)、《汉学菁华:中国人的精神世界及其影响力》(*The Lore of Cathy*)、《中国觉醒》(*The Awakening of China*)、《中国的传说与诗歌》等著作,向西方世界介绍中国的法律、政治、哲学、文学、历史、地理等。同文馆医学教习卜世礼(Stephen Rushell)曾撰写了"不少关于中国考古和美术的论文,他的《中国美术》(两卷,1905—1905年初版,1909年修订再版)、《东方陶瓷艺术》(1899年版)及他翻译注释的明代元汴的《中国陶瓷》(1908年版)等书,在西方享有盛誉"③。同文馆医学和生理学教习德贞在英文杂志《教务杂志》发表连载六期的系列文章《中国医疗术》(*Chinese Art of Healing*)及专著《中国土地问题》(*The Land Questions with Lessons to be Drawn from Peasant Proprietorship in China*,1886)等。这些中西文化的传播者,在让世界了解中国的过程中,在近代中西文化交流中做出了重要贡献。

三、洋教习的待遇

由于当时外语人才紧缺,而奕䜣又不愿重用符合条件的本土民间通事,就只好将目光转向在华的外籍人士。奕䜣通过英国驻华公使威妥玛的帮助,将英人包尔腾纳入同文馆师资队伍中,包氏遂成为近代以来第一位入职中国新式官办学堂的外籍人士,很可能也是有史以来第一位在中国官办学堂任职的外籍英文教习。关于洋教习的薪酬待遇,清廷的做法是待遇从优。包尔腾到

---

① 曾纪泽:《奏陈同文馆在馆学生情形折》//高时良:《中国近代教育史料汇编·洋务运动时期教育》,上海教育出版社1992年版,第76页。

② 张之洞撰,冯天瑜等评注:《劝学篇》,湖北人民出版社2002年版,第153页。

③ 吕景林、张德信:《略论京师同文馆与人才培养》,《近代史研究》1988年第5期。

馆时,其薪水每年给银 300 两,因为这是在试用期,"系属试办"。这也是威妥玛的建议薪酬。第二年如包尔腾教有成效,则"须岁给银千两内外",以让其"专心课徒,俾无内顾之忧"。① 法、俄二馆教习司默灵、柏林入馆后,因没有在试用期内少给薪水一说,清廷将其薪酬待遇提高到每年 1000 两。清廷这样做,固然说明政府对同文馆的支持与重视,但还有如下两点考虑:一是如奕䜣等人所说"外国人唯利是图","非厚给薪水亦无人愿来充当"教习。② 而且事先外国公使均言明"必需重资",这些外人方肯来馆执教。于是清廷不得不给予洋教习高薪厚禄,"厚其薪水以生其歆羡之心"③。二是如果洋教习薪酬过低,中途撒手,撇下几十号学生而去,这让奕䜣等人颜面扫地倒是小事,败坏了洋务事业的大局却是生死攸关,谁也脱不了干系的大事。实际上,清廷给予洋教习的待遇确实丰厚。第一任英文教习包尔腾每年 300 两,即每月 25 两,是同一时期的汉教习,如徐澍琳的薪俸每月 8 两的三倍多。而同期清政府官员的收入普遍不高,例如,七品官(如翰林院的编修)每年的俸银仅为 45 两(每月3.75 两),八品官 40 两,九品官只有 32.3 两。次年司默灵、柏林等入职同文馆时的年俸是 1000 两,是徐澍琳等人年俸 96 两的 10.4 倍。后来,洋教习的薪酬进一步增加。根据魏而特记载,同治五年(1866)起,洋教习的年俸达到600 英镑,大约折合 1800 两。五年后,增加到 800 英镑,十年后增加到 1000 英镑④(按:约合 3000 两)。例如,化学教习毕利干初来时是 600 英镑,入馆后增加到 800 英镑。同治十二年(1873),回法国休假时仍支领半薪。回华后至迟于光绪十一年(1885)薪俸升至 1000 英镑。同期汉教习的薪酬虽有增加,但增加的幅度很有限,跟洋教习的差距有无限扩大的趋势。可见,洋教习的薪酬待遇无疑是高得出奇。清廷这样做,反映了它对外交翻译人才培养的心情极其迫切。

　　按理说,清政府给洋教习的待遇不可谓不高。但英文教习额伯连在致《北

　　① 奕䜣:《遵议设立同文馆折》(附章程)//宝鋆:《筹办夷务始末》(同治朝卷八),民国十九年故宫博物院用抄本影印,第 806 页。

　　② 奕䜣:《延聘同文馆各项教习折》//宝鋆:《筹办夷务始末》(同治朝)卷十五,民国十九年故宫博物院用抄本影印,第 1511 页。

　　③ 国家图书馆:《国家图书馆藏历史档案文献丛刊:洋务档案》第二册,全国图书馆文献缩微复印中心,2004 年,第 504 页。

　　④ Stanley F. Wright. *Hart and the Chinese Customs*. Belfast, Northern Ireland: Wm. Mullan & Son (Publishers) Ltd., 1950, p. 335. Also see Knight Biggerstaff. *The Earliest Modern Government Schools in China*. New York: Cornell University Press,1961, p. 120.

华捷报》编辑部的信中仍然对总理衙门表示不满。他说："我们的经历已经表明，为学生所做的工作显得无足轻重、毫无效力。在总理衙门这样充斥着官场习气的氛围中，我们毫无地位。我们认为可取的是，他们应该将我们放在一个重要的位置，让我们在管理学生的学习中拥有一定的话语权，说话有分量。"①从额伯连的信中可以看出，洋教习们没有抱怨薪酬低，只是抱怨他们没有被重视、认可和尊重。而且，他们也希望作为同文馆主管部门的总理衙门不要大权独揽，应让他们参与同文馆教学的管理，这实际上体现了洋教习们强烈的责任意识。无独有偶，就在《北华捷报》发表额伯连来信的两个多月以后，该报刊登了法文馆教习李璧谐的来信。李璧谐要求"京师同文馆的教授也该得到中国政府的关怀，我不敢希望大家能得到像我们的总教习兄弟那般的优待，但起码应该可以像海关的职员一样得到同等的关怀"②。可见，清政府除了提供丰厚的经济待遇以外，对洋教习精神需求的关注可能是不够的。

四、洋教习的局限性

由于洋教习主要来自经济、文化较发达的欧美国家，在意识形态、价值观念、文化背景等方面与国人均有很大的差异。他们在给中国人民传播西方文明的同时，也存在一些与中华传统格格不入的做法，存在很大的局限性。在同文馆延聘的 51 位洋教习中，丁韪良是最具有争议性和代表性的一位。现以丁韪良为例说明之（关于丁韪良的详细情况，参见第四章第一节的相关介绍）。

应该承认，在传播西学、开启民智方面，丁韪良在同文馆所有的洋教习中，无疑是最为出色的，甚至在清末新式学堂所有的洋教习中，也是最为出色的教习之一。特别是他率领同文馆师生翻译、编纂了 30 多部包括国际公法在内的人文社科和自然科学类书籍，为当时从未受过西方自然科学和人文社会科学知识洗礼的国人认知和观察世界打开了一扇窗口，厥功甚伟。而且，丁韪良在协助中国维护国家利益方面也确实做过有益的工作。根据《教务杂志》的记载，在与西方列强争论的几次重要的国际场合中，丁韪良曾是中国政府的国际法事务的顾问。③ 朱务本在《洋教习与晚清的教育事业》一文中指出，丁韪良、

---

① M. J. O'brien. The Peking College. *The North-China Herald*, Jan. 25, 1870, p. 65.

② Emile Lépissier. The Peking College. Peking, 24th Fevrier, 1870. *The North-China Herald*, Apr. 4, 1870, p. 244.

③ Arthur Smith. The Life and Work of the Late Dr. W. A. P. Martin. *The Chinese Recorder*, Feb., 1917, p. 116.

毕利干等洋教习在培养中国现代化人才的过程中,"确实出了力"。① 此外,丁韪良对中国人民还是怀有一定感情的。著名传教士明恩溥在《北华捷报》撰文称,丁韪良在其晚年让一批批的学生聚集在他的周围,教他们英语及其他课程,这已成了惯例。他慷慨大方,给他们提供免费食宿,还给一些学生提供来年的学费,甚至还给他们的兄弟姐妹及远房亲戚提供帮助。② 他因此赢得了学生的爱戴。光绪十七年(1891)八月,丁韪良偕夫人从美国返回中国时,受到了总理衙门官员及同文馆师生的热烈欢迎。③ 丁韪良在华积极从事文化教育事业,赢得了中国政府的赞赏和表彰。清政府分别于光绪十一年(1885)、二十四年(1898)授予其三品和二品官衔,以表彰他"资格最深,馆课亦能勤慎"。④在他87岁生日这一天,中华民国大总统袁世凯派人送去一副对联和"学海耆英"的题词。1916年12月17日,丁韪良去世后,黎元洪总统派秘书作为他的代表前去参加葬礼并宣读由他撰写的悼词,悼词称丁韪良为"泰山""北斗"。可见,丁韪良在中国确实产生过不小的影响,在中国迈向现代化的进程中做出过贡献。

　　然而,丁韪良在做出贡献的同时,也有过帝国主义行径,伤害了中国人民的感情。正因为这一点,多年以来,不少教科书和学术著作都将丁韪良拟定为帝国主义分子或对中国进行文化侵略的代表人物。毋庸讳言,任何人的性格正如硬币,都有正反两面,丁韪良也毫不例外。他性格中的两面,即是吕景林、张德信所说的"天使和强盗的双重性格"。⑤ 其强盗性格主要有如下表现:其一是在第二次鸦片战争中,担任美驻华公使列威廉等人的中文译员,参与起草了不平等的中美《天津条约》。为了照顾西方国家及其传教士的利益,丁韪良伙同卫三畏一道胁迫清政府将批准传教士到中国内地传教的条款写入中美《天津条约》。史景迁(Jonathan Spence)说,丁韪良"在中美条约中插入宗教宽

　　① 朱务本:《洋教习与晚清的教育事业》,《贵州社会科学》1990年第6期。
　　② Arthur Smith. The Late Dr. W. A. P. Martin. *The North-China Herald*, Dec. 30, 1916, p.716.
　　③ Editorial Comment. *The Chinese Recorder*, Nov.,1891, p.538.
　　④ 中国史学会:《中国近代史资料丛刊:洋务运动》(二),上海人民出版社2000年版,第65页。
　　⑤ 吕景林、张德信:《略论京师同文馆与人才培养》,《近代史研究》1988年第5期。

容条款起到了作用"①，从而使外国传教士和中国教徒享有"治外法权"②，引起了中国人民"最大的恐惧和仇恨"③，为后来教案连绵不断的发生埋下了祸根。其二，主张使用武力和瓜分中国。针对中国人民的反抗运动，他公然叫嚣："按照上帝的旨意看来是必需的，首先应该使用武力，先挫一挫这些傲慢的亚洲人的锐气，再用福音使他们振作起来。"④他不仅主张使用武力，还在八国联军洗劫北京期间，背上毛瑟枪，直接参与抢劫。他在《北京被围目击记》(*The Siege in Peking-China against the World by an Eye Witness*)一书中记述：

> 传教士们非常渴望为他们的信众争取食物供给，我和维利和怀定两牧师一起，开始为信众们抢了一些东西。听说在京师大学堂附近有一家被遗弃的商店。我们到了那里，发现有相当数量的小麦、玉米和其他粮食。于是，我们把这些粮食搬到了好几辆骡车上，运走的粮食不少于二百蒲式耳……他（按：指都春圃牧师）发现该处和附近一带房屋里有大量的皮货、绸缎和其他值钱的东西。他向军队和使馆做了广告，把这些物品拿出来公开拍卖。……很荣幸我和他们一样存在过失。我承认自己应当承担罪责，尽管占有了供自己使用的唯一一件物品仅是一幅山羊皮毛毯(goat-skin rug)。这件毛毯是在大前门西边的一间爬满老鼠的屋子里，是我的那些用人给我挑选的。⑤

丁韪良对其参与抢劫一事毫无内疚亏欠之心，反而厚颜无耻地感到"很荣幸"。而且，他还公然叫嚣瓜分和分裂中国。他在义和团运动发生后在给"基督教世界"的一封公开信中说："各公使馆附近的城墙已被我们的军队占领……我们的伤亡极大，除非救援赶到，否则我们都得完蛋……我们成了这些狂热的异教徒的牺牲品。让西方基督教大国来瓜分这个异教徒帝国，在中国

---

① Jonathan Spence. *To Change China*：*Western Advisers in China 1620—1960*. Boston：Little，Brown and Company，1969，p.132.

② Harold M. Vinacke. *A History of the Far East in Modern Times*(*Fourth Edition*). New York：F. S. Crofts & Co.，Inc.，1944，p.46.

③ [美]费正清编，中国社会科学院历史研究所译：《剑桥中国晚清史 1800—1911》上卷，中国社会科学出版社 1993 年版，第 599 页。

④ W. A. P. Martin. "*Two American Embassies*" (unpublished book-length manuscript)，quoted from Ralph Covell. *W. A. P. Martin*：*Pioneer of Progress in China*. Washington：Christian University Consortium，1978，p.90.

⑤ W. A. P. Martin. *The Siege of Peking-China against the World by an Eye Witness*. Edinburgh，London：Oliphant Anderson & Ferrier，1900，pp.135-137.

建立新秩序,开创新的世纪吧!"①丁韪良的狂妄言论,引起了中国人民的强烈愤慨。孙子和正确地指出:丁韪良"瓜分中国之谬论,尤为华人所反对"②。丁韪良甚至还发表了主张占领中国部分地区的狂言:

> 直至目前,我们在中国的政治影响还不显著。但是,一个巨大的机会已经来临,决不能让其白白失去! 在我看来,需要一块领土作为我们的立足点。如果(占领)一个岛屿不能令人称心的话,再(占)有一个港口就能满足我们所有的要求,也就是说,一个供海军舰队立足的地方,一个我们的陆军可以集结的基地。这样,万一有需要,我们就可以反击某一有贪欲的国家兼并中国,镇压我们当前所目睹的这种反对文明世界的暴动(按:指义和团运动)。③

丁韪良所谓的"立足点",就是作为香港与菲律宾之间踏脚石的中国领土海南岛,占领了这个岛屿,西方列强在有关中国前途的一切重大问题上便有了发言权。其实,丁韪良发表干涉中国内政的谬论并不是第一次。早在1870年,天津教案发生后,他就"叫嚣要把天津夷为平地,让法国人来管理"。④ 帝国主义狼子野心昭然若揭!

光绪二十二年(1896),针对清末新式学堂在聘用洋教习过程中存在的弊端,维新思想家梁启超曾提出了强烈批评,其著名观点即是其五个"不相宜":

> 今天下之变日亟,教学之法亦日新,于是立同文馆、水师学堂等……一切教习多用西人。西人言语不通,每发一言,必俟翻译辗转口述,强半失真,其不相宜一也。西人幼学,异于中土,故教法亦每不同。往往有华文一二语可明,而西人衍至数十言者;亦有西人自以为明晓,而华文犹不能解者,其不相宜二也。西人于中土学问向无所知,其所以为教者,专在西学,故吾国之就学其间者,亦每拨弃本原,几成左衽,其不相宜三也。所聘西人,不专一国,各用所习,事杂言庞……不知沟通,各不相习……其不相宜四也。西人教习,既不通于用,而所领薪俸,又恒倍于华人,其不相宜

　　① W. A. P. Martin. *The Awakening of China*. New York: Doubleday, Page & Company, 1907, p. 177.

　　② 孙子和:《清代同文馆之研究》,台湾嘉新水泥公司1977年版,第159页。

　　③ W. A. P. Martin. *The Siege of Peking—China against the World by an Eye Witness*. Edinburgh, London: Oliphant Anderson & Ferrier,1900, p. 157.

　　④ 王扬宗:《傅兰雅与近代中国的科学启蒙》,科学出版社2000年版,第119页。

五也。①

梁启超的观点在一定程度上较真实地反映了晚清时期各新式学堂延聘的洋教习所存在的问题,其主要反映的是一些洋教习在业务水平方面存在的问题。而实际上,某些洋教习还有道德品质方面的问题,正如朱务本所云:"由于洋教习应聘动机复杂,心态各异,加上当时中国的国家主权遭到破坏,清政府聘用洋教习因本身条件所限,不能很好地把握人才质量关,以致泥沙俱下,鱼龙混杂。"②一些洋教习品行不端、水平低劣,在受聘中国期间,确实留下不少劣迹。主要有:第一,进行奴化教育。第二,肆意侮辱中国的国格和中国人的人格。第三,为一己私利而偾中国之事。③梁启超、朱务本所言并非全部针对同文馆,但是,这些情况在同文馆的洋教习中也是存在的,如齐如山所说的那些新到的外籍人士,先派到同文馆,表面上是教外文,事实上是来学中国话,学得够用之后,再到各地海关去当差的"不够学者二字的"教习。④ 总体而言,"就他们任教于同文馆这件事来说,则是值得肯定的。论及同文馆在中国近代文化史和教育史上的启蒙作用的时候,我们不应该忘记这几十位洋教习所做出的贡献"⑤。

第二节 同文馆汉教习的招选及特点

香港学者林治平说:"(丁)韪良及赫德为提高同文馆水平,对于教习之延聘,慎重而谨慎,试查历任汉洋教习,多为饱学之士。"⑥同文馆汉教习的构成主要是两类,一是汉文教习,承担同文馆汉文的教学任务;二是算学教习,承担算学的教学任务。

一、汉教习的招选

同文馆先后招选承担汉文教学的汉教习和承担算学教学的汉教习。同文馆遴选汉教习的过程和遴选洋教习一样,是十分严格的。同文馆初期,汉教习的职责有二:一是承担汉文功课的讲授,二是稽查洋教习有无传教的情形。由

---

① 梁启超:《论师范》//梁启超:《饮冰室合集》之一,中华书局1989年版,第35-36页。
②③ 朱务本:《洋教习与晚清的教育事业》,《贵州社会科学》1990年第6期。
④ 齐如山:《齐如山回忆录》,辽宁教育出版社2005年版,第32页。
⑤ 吕景林、张德信:《略论京师同文馆与人才培养》,《近代史研究》1988年第5期。
⑥ 林治平:《基督教与中国近代化论集》,台湾"商务印书馆"1975年版,第112-113页。

于早期同文馆的外文教习,如包尔腾、司默灵、傅兰雅、丁韪良等均系传教士,总理衙门对其都有约束,规定不能传教。为防范起见,便令汉教习暗为查察。由于奕䜣、文祥等负责同文馆事务的总理衙门大臣大多不通外文,要防范洋教习不从事传教活动的效果是很有限的。根据丁韪良的记述,这些规定系一纸具文而已。学校尽管禁止传教,但他自己经常在课上和学生讨论宗教方面的问题。[①] 同治六年(1867),天文算学馆开设后,讲授算学的任务由著名数学家李善兰承担。汉教习最初是通过采访、咨传,如同文馆首任汉教习徐澍琳是通过采访而得的,他被分入英文馆。其人系顺天人候补八旗官学教习。

汉教习的选拔条件,首先在道德条件方面要求达标。奕䜣等人上奏的《延聘同文馆各项教习折》中明确规定,汉教习"必须人品端正,方为可用"。同治二年(1863),法、俄两馆的镶蓝旗汉教习张旭升、候补八旗汉教习杨亦铭二人,"品学均尚端粹,堪膺斯选"[②],也是照上年采访、咨传"人品较优"的徐澍琳的办法,业经行文国子监、礼部咨取而来。

其次,要求"学历""职称"达标。总理衙门奏定章程,规定"汉教习均由八旗咨传考试录用"[③],即通过考试等方式从八旗官学候补教习中挑选,这说明对汉教习已有较高的专业要求了。八旗官学系清代中央旗学系统中超越于八旗义学、八旗学堂之上的最高层次,当为旗学高等教育。这表明同文馆的汉教习在来馆之前均已获得类似于当下的高校教师资格,且经过礼部备案,即他们具有被国家最高文教机关认可的"职称"。[④]

再次,要求凡进必考。同文馆创办初期,清廷规定从八旗子弟中选拔年在十三四岁及以下的资质聪颖的学童在馆肄习,因而教习这些学童汉文的教习也自八旗官学的候补汉教习中考取。而且,考取范围仅限定在直隶、山东、山西和河南四省,"取其土音易懂,便于教引"[⑤]。事实上,除最早到馆的徐澍琳

---

① W. A. P. Martin. *A Cycle of Cathay or China*, *South and North with Personal Reminiscences*. New York: Fleming H. Revell Company, 1900, p.325.

② 高时良:《中国近代教育史料汇编·洋务运动时期教育》,上海教育出版社1992年版,第56页。

③ 奕䜣:《延聘同文馆各项教习折》//宝鋆:《筹办夷务始末》(同治朝卷十五),民国十九年故宫博物院用抄本影印,第1512页。

④ 刘华:《论京师同文馆的高等教育性质》,《浙江大学学报》(人文社会科学版)2004年第1期。

⑤ 国家图书馆:《国家图书馆藏历史档案文献丛刊:洋务档案》第二册,全国图书馆文献缩微复印中心,2004年,第505页。

(1862)、曹佩珂(1863)、张旭升(1863)、杨亦铭(1863)等四名汉教习从八旗官学咨传到馆以外,以后因为没有合乎上述条件的人报考,"嗣于上年(按:1867年)六月间,因礼部咨称,四省中八旗教习无人",只好变通办理,放宽考取条件。同治七年(1868)起,总理衙门规定,不论何省,只要是举贡正途出身,都可以取具同乡京官印结投考。八旗官学候补教习,如有意投考,则由礼部照章咨送总理衙门考试,"择其文字优长、语言明白者"①,详慎录用。考试分初试及复试两次,录取的人数较补用的缺额多,按名次先后传补。总理衙门大臣董恂在《还读我书室老人手订年谱》中记述:"(同治二年九月)初八日,同文馆考试教习。"②他多次记述其考察应聘教习的情况:"(同治七年九月)翌日(十八日)考试同文馆教习……十一月十八日同文馆教习补复试";"(同治十三年十一月)二十一日起赴同文馆考试天文、算学、翻洋译汉及甄别并投考教习。"③董恂没有提及同治年间考试同文馆教习的内容,但他记录了光绪五年(1879)十二月二十日考试汉教习的题目:"请学为圃,赋得准备花时要索诗,得诗字。"复试题为"大匠诲人必以规矩,赋得晓光未白句先成,得先字"④。此次考试计录用十二人。看来,对于汉教习,同文馆的做法是凡进必考,考试教习是常态。通过此流程,把好了教习入职的质量关。

从工作态度看,根据文献资料,同文馆汉文教习的表现相当敬业。《京报》云:"法文馆汉教习丁汝梅、俄文馆汉教习王钟麟等'在馆课读,朝夕无间'。"⑤光绪十二年(1886),两广总督张之洞在给朝廷的奏折中提及,"所有馆中提调汉文教习及馆长、分教等均能常川在馆,认真教诲,不无微劳足录"⑥。张之洞提及的是广东同文馆汉教习的表现。可见,无论是京师同文馆还是其他新式学堂的汉文教习,在"学历""职称"、教学能力、责任心等方面,基本都是过关的。

① 奕䜣:《请变通同文馆教习录取办法折》//高时良:《中国近代教育史料汇编·洋务运动时期教育》,上海教育出版社 1992 年版,第 60 页。

② [清]董恂:《还读我书室老人手订年谱》卷一,台湾文海出版社 1968 年版,第 92 页。

③ [清]董恂:《还读我书室老人手订年谱》卷一,台湾文海出版社 1968 年版,第 123、167 页。

④ [清]董恂:《还读我书室老人手订年谱》卷一,台湾文海出版社 1968 年版,第 207 页。

⑤ 《京报》,《续登奏请教习同文馆叙疏》//林乐知主编:《教会新报》,同治七年至十三年(1868—1874),第 246 页。

⑥ 张之洞:《请奖励同文馆各员等折》,光绪十二年(1886)八月//国家清史编纂委员会编:《张之洞全集》,武汉出版社 2008 年版,第 437 页。

同文馆在同治六年(1867)添设天文算学馆之前,英、法、俄三馆各设汉教习一员,兼课汉文,"令该学生等奉以为师"。天文算学馆设立之后,便不再设立汉教习。总理衙门给出的理由是天文算学馆的学生"均系已成之材,汉文无不通晓,汉教习自不可设"。同文馆不设汉教习,并不是不用汉文教习了,而是在废除汉教习后另设"总管同文馆事务大臣"一职,由"老成望重、足为士林矜式"①的太仆寺卿徐继畬(1795—1873)担任。同文馆聘用汉文教习的做法一直保持到光绪二十四年(1898)王中隽到馆为止。从第一位汉教习徐澍琳到馆起,共有 29 位汉文教习在馆任职。不过,对于汉文教习的人数,学界有不同看法。王宏志说,现在已知的汉文教习最少有 23 人,最迟到馆的是光绪十九年(1893)的文聘珍。② 此说恐不确切。按照《〈同文馆题名录〉关于历任汉洋教习的记载》,在文聘珍之后还有朱存理(1895 年到馆)、黄启蓉(1895 年到馆)、洪锡祊(1896 年到馆)、罗意晨(1897 年 5 月到馆)、王中隽(1898 年 10 月到馆)。③ 故在同文馆实际任职的汉教习有 29 人。这些教习在同文馆的后馆教授汉文基础较差或没有学过汉文的八旗学子。同文馆前馆的学生汉文基础较好,因而不再开设汉文课程了。关于同文馆算学汉教习的任职资格,似未见于相关文献史料。但从受聘的算学教习的情况来看,他们均有很高的专业水准。同文馆一共聘过三位算学教习,他们是李善兰、席淦、王季同。其中,李善兰到馆最早,时间是同治七年(1868)。其实,早在两年前,即同治五年(1866),清廷发布上谕咨传著名数学家邹伯奇、李善兰到馆,但由于没有明确他们的职责,他们便称病拒绝进京赴任。同治六年(1867),天文算学馆成立,总理衙门请饬送邹、李二人来京,认为"该生等到此,驾轻就熟,正好与所延西洋教习及考取学习各员,讨论切磋,以期互有进益"④。李善兰遂于翌年到馆担任算学教习,而邹伯奇可能是因健康原因⑤,没有出现在《同文馆题名录》所列"历任汉洋教

---

① 宝鋆:《筹办夷务始末》(同治朝)卷十五,民国十九年故宫博物院用抄本影印,第 4524 页。

② 王宏志:《京师同文馆与晚清翻译事业》,《中国文化研究所学报》2003 年新第 12 期,第 308 页。

③ 高时良:《中国近代教育史料汇编·洋务运动时期教育》,上海教育出版社 1992 年版,第 66 页。

④ 总理衙门:《请旨饬送邹伯奇、李善兰来京折》//高时良:《中国近代教育史料汇编·洋务运动时期教育》,上海教育出版社 1992 年版,第 59 页。

⑤ Knight Biggerstaff. *The Earliest Modern Government Schools in China*. New York: Cornell University Press,1961, pp. 121-122.

习"名单中。在李善兰之后出任算学教习的是席淦和王季同。他们都是同文馆自己培养的优秀学生,由副教习升授教习一职的。

二、汉教习的专业素养

同文馆在设学之初就在汉教习的遴选上比较严格,由总理衙门亲自挑选和任命,因而担任同文馆的汉文和算学教学的教习均有较高的学识与专业修养。如前所述,承担汉文教学的汉教习均受过八旗官学,即旗学高等教育,均有类似于当下的高等学校教师资格和职称。而同文馆尚未达到高等学校的层次,可见汉教习的专业素养应对同文馆的学生当是绰绰有余的。限于篇幅,本节仅对同文馆算学教习的专业素养作一介绍。

从现有文献资料来看,同文馆算学教习李善兰是当时国内科学界首屈一指的学者。民国时期出版的《上海县续志》对其有专门介绍,称当时数学界"罔不宗仰推为巨擘":

> 李善兰,字壬叔,一字秋纫,海昌人,精畴人家言。咸丰壬子来沪,居十年,译成《续几何原本》《谈天》《代数学》《代微积拾级》《重学》《植物学》等书,皆从西书中绅译出之。其自著有则古昔斋算学各种,一时中西人士精此学者,罔不宗仰推为巨擘。曾国藩开府两江,延入幕。同治戊辰入都,为天文馆总教习。门人经其指授,因以名家者甚众。卒年七十余。[①]

同光两代帝师翁同龢在其日记中对李善兰也有介绍:"在坐李仁叔(按:'仁叔'应为'壬叔',系李善兰的别号),海宁人,同文馆教习,所著算法书甚夥,其人有江湖气,盖久在曾相幕中。"[②]李善兰的成就主要在数学和科学翻译方面。他的成果主要收集在同治三年(1864)出版的《则古昔斋算学》一书中,该书收集了李善兰算学著作凡十三种,计《方圆阐幽》《弧矢启秘》《对数探源》《垛积比类》等二十四卷。[③] 晚清名臣、著名外交家郭嵩焘非常钦佩李善兰的才学。他说:"李君淹博,习勾股之学。"[④]19世纪60年代中期,奕䜣为了洋务事业发展的需要,决定在同文馆开设天文、算学等课程,以培养通晓西学的各类

---

① 吴馨等修:《上海县续志》卷二十一,上海南园志局,民国七年(1918),第6页。

② 翁同龢著,陈义杰整理:《翁同龢日记》(第二册)中华书局1997年版,第840页。

③ [清]李善兰:《则古昔斋算学·序》//《续修四库全书》编纂委员会编:《续修四库全书·子部·天文类》,上海古籍出版社1995年版,第469页。

④ [清]郭嵩焘著,杨坚、钟叔河整理:《郭嵩焘日记》第一卷,湖南人民出版社1982年版,第33页。

人才。同时,向社会招聘算学教习。郭嵩焘亲自奏呈《保举实学人员疏》,向清廷力荐李善兰和当时著名数学家邹伯奇。该奏疏称:"南海生员邹伯奇,木讷简古,专精数学……江南诸生李善兰,淹通算术,尤精西法,宜与邹伯奇并置之同文馆,以资讨论。"①邹伯奇、李善兰终被清廷确定为首任算学教习。同治帝甚至亲自下谕旨,让他们俩进京任职。在他们"引疾不赴"后,总理衙门再次上折,请旨饬送他们二人来京。从同治帝和总理衙门两度要求咨送邹、李二人进京的情况来看,他们确实是清政府亟须的极为优秀的数学人才。

李善兰不仅是著名的数学家,而且还是清末最著名的科学翻译家之一。梁启超说,同治初迄光绪中叶约三十年间,"近代新法再输入,忠实翻译之业不让晚明。其代表人物为李壬叔善兰、华若汀衡芳等"②。咸丰二年(1852),李善兰来到上海墨海书馆(London Missionary Society Mission Press),协助著名传教士伟烈亚力(Alexander Wylie)翻译了欧几里得著的《几何原本》(Euclid's Elements)后九卷、甘棣么(De Morgan)的《代数学》(Algebra,西方代数学的第一个中译本)等近代西方数学和科学书籍。他在《续译原序》中称:

> 道光壬寅,国家许息兵,与泰西各国定约,此后西士愿习中国经史,中士愿习西国天文算法者。听闻之,心窃喜,岁壬子(按:1852年)来上海,与西士伟烈君亚力约续徐利二公未完之业(按:即续译徐光启、利玛窦《几何原本》后九卷)。伟烈君无书不览,尤精天算且熟悉华语,遂以三月朔为始,日译一题,中间因应试避兵诸役,屡作屡辍,凡四历寒暑,始卒业。③

李善兰还和其他外籍汉学家,如傅兰雅、艾约瑟(Joseph Edkins)等人一起,翻译了赫歇尔的《谈天》(Herschel's Outline of Astronomy,又译《天文学大纲》)、卢米斯的《代微积拾级》(Loomis's Conic Section and Infinitesimal Calculus)、胡威立的《重学》(Whewell's Mechanics,又译《机械学》)和牛顿的

---

① 国家清史编纂委员会:《清代诗文集汇编·郭侍郎奏疏》,上海古籍出版社2011年版,第259页。

② 梁启超:《中国近三百年学术史》,中国社会科学出版社2008年版,第343页。关于李善兰在翻译方面的成就,参见 W. A. P. Martin. A Cycle of Cathay or China, South and North with Personal Reminiscences. New York: Fleming H. Revell Company, 1900, pp. 368-370;熊月之:《西学东渐与晚清社会》,上海人民出版社1994年版,第266-272页;李亚舒、黎难秋:《中国科学翻译史》,湖南教育出版社2000年版,第146-147页;杨自强:《学贯中西——李善兰传》,浙江人民出版社2006年版,第89-161页。

③ [清]李善兰:《续译原序》//《续修四库全书》编纂委员会编:《续修四库全书·子部·西学译著类》,上海古籍出版社1995年版,第148页。

《原理》(*Newton's Principia*,又译《奈端数理》)等。其中,《代微积拾级》是中国第一部微积分教材。该书的翻译出版,"标志着西方高等数学在中国的传入"[①]。《谈天》是近代恒星天文学创始人赫歇尔最重要的代表作之一。同治十三年(1874)上海江南制造局翻译家、化学家徐建寅又在李译的基础上将该书补充续译并在该局以聚珍版印行。虽然哥白尼学说在魏源的《海国图志》中已略有介绍,但在《谈天》一书出版后,该学说才在中国得以广泛传播,成为康有为、严复、谭嗣同等思想家批判封建主义和为革新变法制造舆论的思想武器。《代数学》《谈天》和《重学》被历史学者邹振环列入《影响中国近代社会的一百种译作》。[②] 傅兰雅于光绪六年(1880)在《北华捷报》上撰文,简要介绍李善兰所从事的翻译活动,对其评价极高:

> 又有中国著名算学家李壬叔暂时在馆译书,后至北京同文馆为算学总教习。李君系浙江海宁人,幼有算学才能,于1845年初印其新著算学;一日,到上海墨海书馆礼拜堂,将其书予麦先生展阅,问泰西有此学否,其时有住于墨海书馆之西士伟烈亚力见之甚悦,因请之译西国深奥算学并天文等书。又与艾约瑟译重学,与韦廉臣译植物学,以致格致等学无不通晓。又与伟烈亚力译奈端数理数十页,后在翻译馆内与傅兰雅译成第一卷。此书虽为西国甚深算学,而李君亦无不洞明,且甚心悦,又常称赞奈端之才。此书外另设西国最深算题,请教李君,亦无不冰解。想中国有李君之才者极稀;或有能略与颉颃者,必中西广行交涉后,则似李君者庶乎其有。[③]

1890年5月,傅兰雅在上海举行的基督教新教传教士全国代表大会上宣读了《科学术语:当前的差异和寻求一致的手段》(*Scientific Terminology：Present Discrepancies and Means of Securing Uniformity*)一文。他在该文的"译者应遵循的原则"(*Principles Followed by Author in Translation*)部分中提及23年前入馆开始从事翻译时,可供参考的仅有《谈天》《代微积拾级》

① 杨自强:《学贯中西——李善兰传》,浙江人民出版社2006年版,第116页。

② 邹振环:《影响中国近代社会的一百种译作》,中国对外翻译出版公司1996年版,第46-54页。

③ 傅兰雅:《江南制造总局翻译西书事略》//罗新璋编:《翻译论集》,商务印书馆1984年版,第215-216页。英文见John Fryer. Account of the Department for the Translation of Foreign Books at the Kiangnan Arsenal, Shanghai. *The N. C. Herald and S. C. & C. Gazette*, Jan. 29, 1880, p.78.

《重学》等 7 部近代西学著作和晚明耶稣会士翻译的西学书籍。傅兰雅和他的中国同事以这些书籍为基础，确立了科技术语翻译的体系。① 虽然傅兰雅没有专门提及李善兰的贡献，但是，《谈天》《代微积拾级》《重学》等西书是李善兰和传教士伟烈业力、艾约瑟等人通力合作的结晶，其中也有李善兰的重要贡献。这些近代科技翻译的先驱者创造了许多科技术语，其中的一些至今仍在使用。可见，李善兰对西方科学在中国的传播，对中文科技术语的定型化做出了贡献。根据相关文献，李善兰出任同文馆算学教习之前，曾有一段时间在上海江南制造局翻译馆从事西学翻译。他和傅兰雅有过短暂的合作，与后者完成了《奈端数理》第一卷的翻译。

丁韪良在《花甲忆记》中记述，同是数学家的英国传教士伟烈亚力对李善兰的才干极其钦佩。伟烈亚力曾专门跟丁韪良提及李善兰的翻译能力。他说，在译者面对困难茫然失措时，李善兰却常常能够敏锐地捕捉到原文的精神。② 不仅如此，李善兰在科学翻译的过程中，为我们贡献了许多至今仍在通行的新概念、新术语。这些新的概念和术语来源于西文原本，经李善兰的再创造，成为当今数学学科领域的核心语汇。以《代数学》为例，他创造的新术语有代数学、系数、根、方程式、函数、微分、积分、几何学、横轴、纵轴、无穷、极大、极小、方程式等。③ 在极其封闭的晚清社会，西方科技体系中的思想、概念、术语等，不是饱读"四书""五经"的学人士子所能理解的。用"夏虫不可以语冰"④来形容或许有些绝对，但上至官僚士绅，下至普通民众甚至知识分子对西方科学的确十分隔膜。李善兰做出如此重要的贡献，实属中国数学界之大幸。可见，同文馆所有汉教习中，在专业水准及其影响力方面，李善兰无疑是最杰出者之一，他因此获得了很好的社会评价。清廷对李善兰评价很高："查故教习李善兰，于算术中，笔译西法各书，创立简捷门径，实梅定九、王寅旭后所仅见，

---

① Ferdinand Dagenais: *The John Fryer Papers*(Vol. Ⅱ)，广西师范大学出版社 2010 年版，第 383-384 页。

② W. A. P. Martin. *A Cycle of Cathay or China，South and North with Personal Reminiscences*. New York：Fleming H. Revell Company，1900，p. 369.

③ 杨自强：《学贯中西——李善兰传》，浙江人民出版社 2006 年版，第 113 页。

④ 典出《庄子·秋水》。北海若曰："井蛙不可以语于海者，拘于虚也；夏虫不可以语于冰者，笃于时也；曲士不可以语于道者，束于教也。"（孙通海译注：《庄子》，中华书局 2007 年版，第 243 页）

李锐、罗士琳皆不及也。"①《清史稿》称李氏"成就甚众"②。魏尔特称:"李善兰到馆担任数学教习是同文馆的荣耀,大大鼓舞了同文馆的学生。"③丁韪良说:"一八八六年夏又新设了一个数学班,由李善兰主持。他是个才具很高的人,除了中国学问以外,又因与伟烈(亚力)同译数学天文的教科书,对于西人治学的方法,也颇有理解。"④"他是一只凤凰,中国少见的人才(a phoenix—a rare bird in China)。"⑤

综合当时社会各方面的情况来看,李善兰确实是中国历史上为数不多的杰出数学家兼科学翻译家之一。但是,任何人都不可能十全十美,李善兰也有其短板。他不懂英文⑥,也不懂应用数学,限制了他的视野和数学水平的进一步提升。这两大短板迟缓了学生在知识获取进程中的脚步。早期同文馆英文教习额伯连的一段议论值得学界重视,便于我们更好、更全面地理解李善兰:

> 这些学生多年来一直在学习英文,以便使自己能听懂以英文讲授的科学课。遗憾的是,由于李教授除母语外不会说任何的外语,所以这些学生在学习新知识时,却将以往花了大量的金钱与精力学的英文很快就扔了。更糟糕的是,李教授对以理论数学为先导的应用数学却一窍不通。学生们学完李教授讲授的这些东西后,便不能再前进一步了。他们将不能学习机械学、天文学或其他任何与数学有关的课程,因为他们看不懂这方面的英文书籍。学习这些课程需要我们这一套符号和运算系统,而这些却恰恰是他们所不具备的。李教授仅了解中国烦琐的运算方式,即有关算盘或某种改进的运算工具的使用。除了若干最基本的书籍以外,目前尚没有用来学习科学的中文书籍。但是,学生还是没有受到很大的影

---

①　[清]席欲福、沈师徐辑:《皇朝政典类纂》卷二百三十,台湾文海出版社1969年版,第4442页。

②　赵尔巽等撰:《清史稿》,中华书局1977年版,第14012页。

③　Stanley F. Wright. *Hart and the Chinese Customs*. Belfast, Northern Ireland: Wm. Mullan & Son (Publishers) Ltd. , 1950, p.329.

④　W. A. P. Martin 著,傅任敢译:《同文馆记》,《教育杂志》1937年第二十七卷第四号,第217页。

⑤　W. A. P. Martin. *A Cycle of Cathay or China, South and North with Personal Reminiscences*. New York: Fleming H. Revell Company, 1900, p.369.

⑥　在中国翻译史上,不懂外文的翻译家并不少见,如徐光启、徐寿、华衡芳、李善兰、林纾等。这些翻译家在翻译外文作品时采用的模式是"西译中述",即由懂外文的人根据原文进行口译,然后由笔述者重新组织、润色、修改等。西汉至北宋的佛经翻译、明清时期的科学翻译等大都采用这种模式。

响。他们学习数学不是出于热爱,而是要逃避在洋教习脚下学习时所受到的责难。学习数学给他们提供了实现目的的便捷途径。[1]

跟上述所有的给予李善兰泛泛好评所不同的是,额伯连的评价更为具体和切合实际。作为责任心极强的同文馆一线教师,额伯连要比除丁韪良以外的上述所有评论者更了解同文馆及其学生的实际,因而更能触及问题的要害。由于现有的研究大都从正面肯定李善兰,对他的不足之处谈及甚少,以致我们对他的了解不够深入,因此,此份被学界忽视的珍贵文献值得研究者深入了解。

除李善兰以外,同文馆知名的算学教习有席淦和王季同。席淦是晚清外国语学堂中第一位获得教习职位的同文馆毕业生。他早年就读于上海同文馆,于同治七年(1868)和汪凤藻、严良勋等人一起咨送同文馆深造。在馆期间,席淦因成绩优异被提拔为算学副教习,又于光绪十二年(1886)升任教习。席淦执教近三十年,成为馆中继李善兰之后最有名的算学教习。同文馆被撤并之后,席淦成为京师大学堂的算学教习。总理衙门拟复总教习丁韪良的条陈中称,"查李教习高第弟子精于算术者以席淦为最优"[2]。对于席淦和李善兰的业务能力,就是对同文馆批评最严苛的齐如山也倍加称赞:"其中最认真的,就是汉文算学,教习为席汉伯(按:即席淦),乃李善兰得意的门生,教法也很好,家兄补六两银子的膏火,就是因为算学学得深。"[3]可见,他们确实是广受景仰的教习。

王季同曾就读同文馆,于光绪二十一年(1895)由副教习升授教习。他和李善兰、席淦一样,对数学颇有造诣。光绪二十八年(1902),他出版《积较补解》《九客公式》《泛倍数衍》等著作。这些书籍系我国早期介绍西方数学的重要著作,有一定的社会影响。

三、汉教习的待遇

按照同治元年(1862)新设同文馆章程规定,汉教习比照八旗官学教习,月给薪水银8两。仅从这点来看,汉教习的薪水是很低的,不及当年聘用的英文教习包尔腾(每月25两)的三分之一。跟翌年聘用的法、俄二馆教习司默灵、

---

① M. J. O'brien. The Peking College. *The North-China Herald*, Jan. 25, 1870, p. 65.

② [清]席欲福、沈师徐辑:《皇朝政典类纂》卷二百三十,台湾文海出版社1969年版,第4442页。

③ 齐如山:《齐如山回忆录》,辽宁教育出版社2005年版,第41页。

柏林(每月 83.33 两)相比就更低了,只及他们的 9.6%。汉教习的经济待遇之低,甚至还比不上学生。例如,同治五年(1867)十二月,奕䜣在奏设天文算学馆时,为了吸引优秀学生投考,要求"厚给薪水以期专致也"[1]。每月给学生的薪水为 10 两。但实际上,汉教习除了每月 8 两的薪水以外,尚有奖励,即"二年期满,如有成效,无论学贡班次,均奏请以知县用。再留二年,准以知县分发省分,归候补班补用"。[2] 也就是说,只要在同文馆干上二年,即有机会分发各省"以知县用"。虽然汉教习的待遇不高,但在以"科举入仕"为终极目标的社会里,这样的奖励对于广大的读书人是极具诱惑力的,用当下的话语表达就是有机会当公务员、当上县长,因而同文馆能聘到业务能力和责任心等方面均符合条件的教习。汉教习的这一待遇曾引起额伯连的不满。他说,我们在总理衙门每天见面的中国教习都有相应的品秩(有些人达到五品),而来自欧洲教授文学和科学的教习的地位和待遇比本土教习还要低。[3] 其实,额伯连所说的"地位和待遇"主要是指政治方面的。后来,清政府赏丁韪良、华必乐、毕利干等人的三、四品虚衔,很可能是出于提高同文馆洋教习政治地位的考量。如前所述,洋教习在经济方面获得的报酬是很可观的。

根据《京报》记载,同治十一年(1872),总理衙门呈上奏折,要求照章奏请奖叙法文馆汉教习丁汝梅、俄文馆汉教习王钟麟二人。[4] 根据孙子和的研究,包括李善兰在内的多数汉教习均如杨亦铭、张旭升二人,获得了奖励。[5] 这些汉教习大多准以知县分发各省录用。光绪年间,汉教习的薪水提高到每月 12两,除薪水外并按照京官待遇支领米石折银,其多寡则依各人官品高下不等。

第三节 同文馆教习的贡献

1899 年 8 月 12 日,《汇报》发表《设立专门学堂聘西洋教师教习议》一文,指出:"吾中国欲富强,广学校,培人才,亦宜遴选英慧子弟,兼通中西文字,入

---

① 奕䜣等:《同文馆添设天文算学一馆折》//高时良:《中国近代教育史料汇编·洋务运动时期教育》,上海教育出版社 1992 年版,第 47 页。

② 奕䜣等:《俄法两馆二年期满请照章奖叙教习折》//高时良:《中国近代教育史料汇编·洋务运动时期教育》,上海教育出版社 1992 年版,第 56 页。

③ M. J. O'brien. The Peking College. *The North-China Herald*, Jan. 25, 1870, p.65.

④ 《续登奏请教习同文馆奖叙疏》//林乐知主编:《教会新报》,同治七年至十三年(1868—1874),第 246 页。

⑤ 孙子和:《清代同文馆之研究》,台湾嘉新水泥公司 1977 年版,第 175-176 页。

专门学堂,聘博学西士为之教习,各授西学,则海内奇才异能之士,可自励于学,门径既专,致精有自,其所成就,益远且大,数年之后,各种人才斐然皆备,不可胜用矣。"①《汇报》提及中国欲富强,宜遴选英慧子弟,入新式学堂学习,并延聘博学西士为之教习,讲授西学,培养兼通中西文字的人才。在这一点上,同文馆大致做到了。同文馆在其存续期间,一共聘用了83位汉洋教习。这些教习在中国迈向现代化的进程中,大都自觉不自觉地为中国近代社会的发展做出了较大贡献。主要体现在如下几个方面。

一、培养了政治、外交、文教、科技等多个领域的人才,进一步推进中国现代化进程

同文馆最重要的功绩是启动了中国新教育,培养了一批服务国家的政治、外交、文教、科技等领域的贤才俊彦,其中汉洋教习功不可没。同文馆是以奕䜣为代表的洋务派创办,由总教习丁韪良实际负责教学与管理的第一所不同于传统的新式外国语学堂,培养了第一代具有现代知识的为国家服务的政界要人、外交官、外语翻译和学堂教习等各类人才。在军政界任职的以周自齐(摄政大总统、国务总理)等人为代表。晚清、民国时期,至少有汪凤藻、陆征祥等35位杰出的同文馆毕业生出任驻外公使;至少有20人出任各衙门、各官方机构的翻译官员。同文馆为自己及各地的新式学堂如京师大学堂、上海南洋公学、湖北自强学堂等提供了50余名优质师资。同文馆还贡献了蔡锡勇等20多位科技界专家。关于同文馆教习在培养人才方面的贡献,相关章节已有详尽讨论,兹不赘述。

二、译介近代西方的自然和社会科学知识,打开了国人视野,为中国开启了走向世界的大门

同文馆翻译出版了一批人文社科和自然科学书籍,增进国人对世界的理解,在一定程度上改变了他们的思想观念,增强了中国对西方文明的初步认识。以总教习丁韪良为中心的翻译团队组织的译书活动,以《万国公法》等国际法文献的翻译为肇端,渐及格致等其他学科,使同文馆得以和上海江南制造局、广学会一并成为晚清三大译书中心,不仅为洋务运动提供了重要的知识和思想资源,而且对晚清社会产生了重要影响。丁韪良、毕利干、德贞、施德明、

---

① 李楚材:《帝国主义侵华教育史资料·教会教育》,教育科学出版社1987年版,第525页。

骆三畏、海灵敦等洋教习翻译了很有分量的人文和自然科学著作。其中，《万国公法》《公法会通》《陆地战例新选》《法国律例》等7部书籍是最早、最系统地被翻译和引进中国的与国际法有关的西学著作。《化学阐原》是最早的中文化学教科书。汉教习李善兰不仅是杰出的数学家，而且还是享誉中外的翻译家。在西学东渐史上，李善兰是致力于西方自然科学著作翻译的最著名的中国学者之一。关于同文馆教习的翻译活动及成果参见第七、第八章的相关讨论。

三、猛烈冲击了中国的传统教育制度，引进了先进的近代西方教育制度

同文馆教习在革新中国教育制度中所做的贡献主要表现在：首先，在教育内容方面，积极引进中国缺乏的西学课程。丁韪良接管同文馆后，仿照泰西学堂之例，除开设外文以外，还先后开设数学、天文、格致、化学、制造、医学等课程。这些课程除数学外，都由洋教习教授。如丁韪良讲授格致，德贞讲授解剖学，海灵敦讲授天文学等。西学课程的开设冲击了中国士大夫中那种把西方科学技术视为"奇技淫巧"、方技小道、致乱之源的传统价值观念。同文馆因而从纯粹的培养外语、外交人才的外国语学堂转变为实施外语和西学教育的综合性学堂。其次，在科举取士方面，丁韪良曾多次向清政府"力陈科举采用科学的必要"，并倡议"在各省设立教授科学的学校"。[①] 傅兰雅要求中国变通考取人才的方法，在科举考试中加入科学的内容："虽不敢期中国专以西学考取人才，然犹愿亲睹场中起首考取格致等学，吾其拭目望之矣。"[②]林乐知也在《万国公报》撰文，建议改革中国的考试制度，其中重要的一条举措便是在科举考试中加入科学的内容，而后取消八股文，用更加宽泛的考核多样化课程的方式来取代它。[③] 光绪十三年(1887)，科学的内容终于被引进科举考试中。丁韪良说："学院对这个帝国的高级官员的间接影响以及通过他们对这个国家政体的影响不可谓不大。其中，最主要的成就是将科学引入(尽管有限)科举考试之中。1887年由清廷颁布的这个方案经过了20年的酝酿。总督及督抚们早已将此方案提出，但一直到政府通过我们的学院了解了近代科学的性质和

---

① 朱有瓛:《中国近代学制史料》第一辑上册,华东师范大学出版社1983年版,第183页。

② 傅兰雅:《江南制造总局翻译西书事略》//罗新璋:《翻译论集》,商务印书馆1984年版,第224页。

③ Adrian Bennett. *Missionary Journalist in China*: *Young J. Allen and His Magazines*, *1860—1883*. Georgia: The University of Georgia Press, 1983, p. 231.

规模之后才将其付诸实施。"①科学进入科举,无疑让学习外语和科学的同文馆学生又多了一条出路。再次,在学校管理方面,讲求科学秩序。丁韪良担任总教习后,对同文馆进行了大刀阔斧的改革,教学秩序的改革是他最着力的内容之一:主持外文和西学教习的聘用与督导及教材的编译;严格考试制度,对枪替等情弊予以重罚;规定洋教习休假时,中国副教习每日午后应照常当班,而副教习不克到馆时,学馆应暂时帮教,庶新生不误功课。这些被接纳和推行的建议,大大促进了同文馆的科学管理。最后,引进了西方近代学制。丁韪良制定了"五年课程表"和"八年课程表"。这是中国教育史上首次制订的分年制教学计划,颠覆了两千多年以来儒家经典占据学校教育内容的传统教育模式,先进的西方科技知识正式进入中国官办的新式学堂,成为其他新式学堂效仿的榜样和后来学制改革的先声。

　　值得注意的是,像齐如山一样,梁启超对同文馆教习质量的评价也很低。他认为同文馆等近代新式学堂聘用的教习无论是道德品质还是学术水平都不上档次。他说同文馆所聘用的西人,"半属无赖之工匠,不学之教士,其用华人者,则皆向者诸馆之学生,学焉而未成,成焉而不适于用者也。其尤下者,香港、宁波之衣食于西人也"②。实事求是地说,梁启超所说的情况在晚清的新式学堂中肯定是存在的,"无赖之工匠"充任同文馆教习的情况也是有的,如被聘为天文学教授的方根拔即是一例。但说同文馆教习半属系"无赖之工匠",恐怕是经不起推敲的,这样的评价似过苛刻。

---

　　① W. A. P. Martin. *A Cycle of Cathay or China*, *South and North with Personal Reminiscences*. New York: Fleming H. Revell Company, 1900, p. 318.

　　② 梁启超:《学校余论》,《饮冰室合集》之一,中华书局1989年版,第61页。

第三章 "派充翻译之选":同文馆的学生

从现有的文献资料来看,中国历史上几乎所有的外国语文学堂都是翻译学校,如元代回回国子学培养的是译史,"凡百司庶府所设译史,皆从本学取以充之焉"①。明代四夷馆培养"通译语言文字"②的翻译人才。前清的会同四译馆"分设回回、缅甸、百夷、西番、高昌、西天、八百、暹罗八馆,以译远方朝贡文字"③。晚清的京师同文馆也不例外。光绪十一年(1885)九月,主管外交、海军事务的总理衙门首席大臣奕劻在《请推广招考满汉学生折》中云:"同文馆学生向由八旗咨取年在十三四岁以下幼丁,由臣等面试,择其天资聪明者,记名挨次传补,分馆肄业。其用功奋勉、学有成效者,拨入前馆,保奖职衔,以备随带出洋,派充翻译之选。"④现有的文献资料表明,"派充翻译之选"一直是同文馆培养学生的宗旨,"设立同文馆令诸生学习西语西文,备翻译差委之用"。⑤为达此目的,同文馆采取了诸多措施,加强学生管理,因为学生管理质量不仅直接关系到学校的生源质量和教学效果,而且还进一步影响到学校的可持续发展。

具体而言,同文馆学生管理中较具特色的是其招生管理模式、待遇管理模式、作息考勤管理模式、学习及考核奖惩管理模式等。这些管理模式中,有些是沿用过往的一些外国语学堂的做法,如月考、季考和岁考制度等则是仿效四夷馆、俄罗斯文馆等学堂的做法。但有些做法,如从其他若干同类学堂如上海、广东两地同文馆中招收拔尖学生加以培养,则是同文馆的首创。

---

① [明]宋濂:《元史》卷八十一,中华书局 1976 年版,第 2029 页。另见[明]陈邦瞻:《元史记事本末》卷八,中华书局 1979 年版,第 60 页。

② [清]张廷玉等撰:《明史》,中华书局 1974 年版,第 1797 页。

③ 赵尔巽等:《清史稿》,中华书局 1976 年版,第 3283 页。

④ 中国史学会主编:《中国近代史资料丛刊:洋务运动》(二),上海人民出版社 2000 年版,第 63 页。

⑤ 高时良:《中国近代教育史料汇编·洋务运动时期教育》,上海教育出版社 1992 年版,第 101 页。

第一节　同文馆招生管理模式

同文馆在创办初期,招收学生的数量极为有限:"拟先传十名,俟有成效,再行添传,仍不得逾二十四名之数"①,等到打算专习外文的八旗学子掌握所学语言文字后,"即行停止"②。可见,在培养外语人才方面,奕䜣等人并未作长远打算,遵循的是"急用先学"③的思路。因此,每馆仅招学生 10 名。后来,洋务运动向纵深发展,社会对通晓外文的外交、科技人才的需求增加,同文馆的办学规模随之扩大,在馆学生的人数一度增至 120 余名。随着形势的变化,为改善生源结构,同文馆招选学生的途径也由创办初期单一的咨传扩大为咨传、招考、保送和推荐四种。

一、咨　传

咨传是同文馆创办初期仅有的一种招选学生的方式。咨传的对象是八旗子弟,"于八旗中挑选天资聪慧、年在十三四以下者,各四五人,俾资学习"④。这是一种不经考试而入学的选拔方式。招选学生的范围,沿用原俄罗斯文馆旧例,严格限定在十三四岁以下的八旗少年,而将人口占绝大多数的汉人子弟排除在外。次年七月,奕䜣等人奏呈的《遵议设立同文馆折》(附章程)对招生条件作了调整:"将来传补将次完竣,应由八旗满、蒙、汉闲散内,择其资质聪颖、现习清文、年在十五岁上下者,每旗各保送二三名,由臣等酌量录取,挨次传补。"⑤虽然这种选拔方式存在所招学生程度参差不齐的弊端,但在"以洋务为不屑,鄙西学为可耻"⑥的年代,能招到若干"资质聪慧"的入馆肄习西洋语文的学习者是极其不易的。曾在同文馆学习,后来成为著名喜剧理论家的齐

---

① 宝鋆:《筹办夷务始末》(同治朝卷八),民国十九年故宫博物院用抄本影印,第 808 页。

② 贾桢:《筹办夷务始末》(咸丰朝卷七十一),民国十九年故宫博物院用抄本影印,第 5755 页。

③ 李亚舒:"序言"//张美平:《晚清外语教学研究》,中国社会科学出版社 2011 年版,第 5 页。

④ 贾桢:《筹办夷务始末》(咸丰朝卷七十一),民国十九年故宫博物院用抄本影印,第 5755 页。

⑤ 宝鋆:《筹办夷务始末》(同治朝卷八),民国十九年故宫博物院用抄本影印,第 5755 页。

⑥ [清]王之春:《国朝柔远记》,光绪十七年(1891)夏广雅书局刻,第 7 页。

如山①回忆说："馆是成立了，但招不到学生，因为风气未开，无人肯入，大家以为学了洋文，便是投降了外国。"②可见，有身份地位的旗人子弟是不会来馆学习外文的，而此时的同文馆又没有对愿意入馆的汉人子弟开放，因此，咨传的对象，正如同文馆英文教习额伯连所说，只能是"满人——家境贫寒的旗人子女，属于极其卑微的社会阶层"③。而且，咨传对象仅限旗人这一做法，虽然为部分穷困的旗人子弟开辟了成才路径，但严重局限了选拔生源的范围，其后果之一是将一些为解决生计问题而愿意入馆的"资质聪慧"的汉人子弟挡在了门外。说严重些，这是在开历史倒车。在19世纪60年代前期成立的"同文三馆"中，京师同文馆和广东同文馆在其创办初期都严格规定必须从旗人子弟中招收学生，而上海同文馆则因为没有八旗驻防及处于开放的前沿地带，得风气之先，因而理念更为超前，故面向民间招考。清廷之所以将招生对象局限在八旗子弟，是因为除了沿袭清朝官设翻译诸学的惯例以外，还有如下原因：一是减少传统保守势力的抵制。沿用俄罗斯文馆旧例，可以此作为挡箭牌，封住保守势力的嘴巴。二是出于防范汉人的心理："缘旗人居有定所，较易防闲，仍禁民间学习，以免别滋流弊"④。三是满族统治者方便控制的心理因素。伊文思认为19世纪60年代的满族统治者发现他们所面临的情况与17世纪中叶入主中原之初有相同之处，即都必须尝试接受一些异族方式，以便由了解进而施予控制，清初为此目的而成立了包含满族语文及中国传统教育内容的八旗官学，19世纪中叶面对来自西洋的异族入侵时，又基于同样的心理而有同文馆的产生⑤。四是垄断人才培养。招收八旗子弟入学既是一种特权，又可使"利权不致外溢"。将挑选学生的范围局限在八旗子弟的做法，对此后同文馆的影响极大，可以说该馆之所以不能有很大发展，是为主要原因之一。毕乃德（Knight Biggerstaff）认为这样招选学生，问题最为严重。⑥ 其实，早在元代，

---

① 齐如山(1875—1962)，河北高阳人。清末民初加入孙中山的革命党，后期尤以戏曲理论家享名于世，曾筹划梅兰芳赴美国、苏联演出，向海外弘扬国粹艺术。齐如山早年进北京同文馆学习法、德文，对该学馆的真实状况有深切的感受。

② 齐如山：《齐如山回忆录》，辽宁教育出版社2005年版，第29页。

③ M. J. O'brien. The Peking College. *The N. C. Herald and S. C. & C. Gazette*, Jan. 25, 1870, p. 63.

④ 宝鋆：《筹办夷务始末》(同治朝卷二十五)，民国十九年故宫博物院用抄本影印，第2479页。

⑤ 苏精：《清季同文馆及其师生》，台北上海印刷厂1985年版，第71页。

⑥ Knight Biggerstaff. *The Earliest Modern Government Schools in China*. New York: Cornell University Press, 1961, p. 140.

种族之间的藩篱就已打破。朝廷规定,回回国子学的招选对象是蒙古、回回、汉等民族的富民子弟,"凡公卿大夫与夫富民之子,皆依汉人入学之制,日肄习之"①,即从"公卿大夫"等贵族子弟到平民子弟皆能入学。实际上,时任江苏巡抚的李鸿章就比奕䜣等人有远见得多。他在请设上海同文馆的奏折中说:"夫通商纲领,固在总理衙门,而中外交涉事件,则两口转多,势不能以八旗学生兼顾。惟多途以取之,随地以求之,则习其语言文字者必多。人数既多,人才斯出。"②他把选拔学生的范围扩大至八旗子弟以外的人群。再者,没有经过考试选拔,一些学业基础较差的八旗学童入馆后,学习上遭遇了极大的困难。因为,他们入馆前大多没学过汉文,仅通满文,年龄小,思维的发展和先在知识的铺垫尚不充分,对学习内容理解和掌握的能力有待提高。这些孩子入馆后在短短三年的有限时间里,既要学外文,又要学汉文,后来还要学算术,课业负担很重。因此,早期同文馆除了张德彝、凤仪等少数学生外,大都学习效果欠佳。

二、招　考

招考一途始于同治六年(1867)。初期的同文馆只是一所以培养通晓外文的对外交涉人才为旨归的语言学堂。以奕䜣为代表的洋务派,在办理洋务的过程中,深感洋务事业需要的不仅仅是外语外交人才,而且还需要通晓外文的近代科技人才。时任清廷海关总税务司的赫德也在试图说服奕䜣等人,强调有必要开展科学教育,以现代方式培养发展这个国家的领导人。奕䜣等人同意扩大同文馆的招生规模,开展天文、算学等西方科学教育。③ 为达此目的,必须扩大招生规模,拓宽生源选拔范围,改革原有的仅靠咨传学生入馆学习的方式,让真正有培养潜质的学生入馆学习。同治五年(1866)十一月,奕䜣呈上《请添设一馆讲求天文算学折》,请设天文算学馆,招取汉文业已通顺,年龄在二十以外的满汉举人及恩、拔、岁、副、优五贡生员,"取具同乡京官印结或本旗图片,赴臣衙门考试,并准令前项正途出身五品以下满汉京外各官,年少聪慧,

---

① [明]宋濂:《元史》卷八十一"选举志·学校",中华书局1976年版,第2028页。

② 李鸿章:《请设外国语言文字学馆折》//[清]席欲福、沈师徐辑:《皇朝政典类纂》卷二百三十,台湾文海出版社1969年版,第4447页。

③ Stanley F. Wright. *Hart and the Chinese Customs*. Belfast, Northern Ireland: Wm. Mullan & Son (Publishers) Ltd., 1950, pp. 328-329. Also see Knight Biggerstaff. *The Earliest Modern Government Schools in China*. New York: Cornell University Press, 1961, p. 108.

愿入馆学习者"①。奕䜣将招生对象由八旗少年扩大到满汉举人及五贡生员，且需经过考试入学，由此确定了同文馆招考学员的制度。次年一月，奕䜣再上一折，将招选学生的范围进一步扩大到正途人员，"请专取正途人员以资肄习"，"凡翰林院庶吉士、编修、检讨，并五品以下由进士出身之京外各官，俾充其选"。② 但由于以文渊阁大学士、同光两代帝师倭仁为代表的正统保守派的强烈反对，导致投考同文馆受到普遍抵制，"部院庶僚，亦自以下乔迁谷为耻，迄今十余年，尚无儒衣冠入馆者"③。鉴于招生窘况，奕䜣被迫将报考资格放宽至"杂项"人员。此次考试中，仅有98人报名，没有一名是正途出身。经过考试最终到馆的只有10人，分别进入英、法文二馆。④ 这是一次失败的招考，如同额伯连所说："没有一个体面的中国人愿意报考同文馆……没有一个年轻人愿意将自己职业晋升的希望寄托在那所学院（即同文馆）上面。"这位自同治四年（1865）入馆担任英文教习的英国人还说，"我要重复的是，（除英、法文外）其他教习没有一个学生，也没有被要求从事与学院有关的任何工作。"⑤甚至在同文馆之争的两年后，在馆学生依旧很少，英文馆仅有21人。这些学生分为高级和初级两个班。法文馆的情形也差不多。拥有13名学生的初级班，其成员几乎无一例外的全是30岁至50岁的"老人"（old men）。高级班由青年人组成。⑥

　　奕䜣通过招考学生学习天文算学以扩大同文馆的如意算盘虽然落空，但此举导致了同文馆的招生革命，意义非凡，"北京同文馆对学生最初立下之满汉界限及年龄限制，至此已打破，入学方式亦改为保送及投考两种"⑦，改变了

---

① 杨东梁等：《清史编年》第十卷（同治朝），中国人民大学出版社2000年版，第290页。

② 奕䜣：《酌议同文馆章程疏》//宋元放主编，汪家熔辑注：《中国出版史料·近代部分》第一卷，湖北教育出版社2004年版，第358页。

③ 陈康祺：《郎潜纪闻》//《续修四库全书》编纂委员会：《续修四库全书·子部·杂家类》，上海古籍出版社1995年版，第164页。

④ 同文馆招收的是毫无英文基础的学生，因此所谓的考试，只是考查学生的汉文基础及书写能力。根据总理衙门大臣董恂的记载，同治六年（1867）五月二十日第一次招考的试题是"抱仁戴义论""问射御书数明理策"。同治九年（1870）四月二十二日的试题是"九功惟叙论竖崇俊良策"。光绪四年（1878）九月十二日的初试题目是"汉立博士十有四家论""三不朽三不殆论"，复试为"陈蕃荐荐五处士论"。（[清]董恂：《还读我书室老人手订年谱》卷一，台湾文海出版社1968年版，第118、131、198页）

⑤ *The N. C. Herald and S. C. & C. Gazette*, Jan. 25, 1870, p. 63.

⑥ *The N. C. Herald and S. C. & C. Gazette*, Jan. 25, 1870, pp. 63-64.

⑦ 孙子和：《清代同文馆之研究》，台湾嘉新水泥公司1977年版，第188页。

以往入学同文馆由八旗子弟垄断的做法,为以后招考愿意学习外语和西学的汉人子弟入馆创造了条件。再者,虽然同文馆考察的不是学生的外文基础,而是汉文,但相较于不经考试即可入学的咨传来说,显得更为务实和专业。扎实的汉文基础在非目的语环境下非常有利于外语学习。进入同文馆学习外国语文和西方自然科学正逐渐被认同,报读同文馆的学生人数日渐增加。同治十一年(1872),赫德在致金登干(J. D. Campbell)的信中说:

> 我很高兴地说这所大学(按:指同文馆)正稳步向前发展。我们现在已有70名来自北京的学生,12名来自广东的学生,7名来自江苏和浙江的学生,大约共有100名。德贞博士已被任命为天文和生理学教授。这些学生正在学习英语、法语、德语、俄语、数学、格致和化学。①

同治六年(1867)、同治九年(1870),光绪四年(1878)、光绪十一年(1885),同文馆先后四次招考学生。特别是光绪十一年(1885),招考异常顺利,首先是因为此时的社会风气、人们的价值观念及对西学的态度等均发生了重大变化。其次,随着对外交涉事务日增,中国自光绪二年(1876)首次派遣郭嵩焘驻节伦敦以来,相继在多个国家派驻使节,对于译才与使才之需求尤为迫切。再者,此次招考是出于总教习丁韪良的建议。② 招考条件和对象再次放宽:一是不分满汉,年在十五岁以上、二十五岁以下、文理业已通顺者;二是满汉之举贡生监,平日讲求天文、算学、西国语言文字者,不拘年岁,准其取具印结、图片,一律收考。③ 结果报考空前踊跃,报考者达394人,经初试、复试,最后录取108名。光绪十三年(1887),同文馆学生达到120名。总理衙门大臣奕劻等奏陈招生之经过,云:

> 查自出示招考后,投考者颇不乏人。臣等于十一月二十六、七、八、九等日,分期考试,计应试者三百九十四名,试以策论、四书文,认真考校,将各省试卷公同阅看,取其文理通顺及粗通天文、算学、化学、洋文者,选择一百五十名,于十二月初八日复试,详加甄录,共取汉文八十名,幼童虽未

---

① Stanley F. Wright. *Hart and the Chinese Customs*. Belfast, Northern Ireland: Wm. Mullan & Son (Publishers) Ltd., 1950, p. 349.

② 奕劻上折称:"兹据总教习丁韪良呈称:'前次考取学生,现已传补完竣,应请出示招考,并拟推广办法,藉可收效加倍。'"(引自孙子和:《清代同文馆之研究》,台湾嘉新水泥公司1977年版,第188页)

③ 奕劻等:《招考满汉学生情形折》//中国史学会主编:《中国近代史资料丛刊:洋务运动》(二),上海人民出版社2000年版,第65-66页。

全篇而文理明顺者十名，天文二名，算学十二名，化学三名，翻译洋文一名，共一百八名，以备送馆肄业。[1]

此次报考同文馆的学生人数将近 400 名，是 20 年前同文馆首次招考的四倍。这反映了因时代变迁而引起人们思想观念与价值取向的变化[2]，也反映了随着洋务运动向纵深推进，对通晓外文的各类人才需求的增加。就录取的标准而论，除策论文理以外，还兼顾科学及语文的基础，这些都是较以前进步的现象。

三、保 送

所谓保送，是指上海同文馆（1867 年以后改称"上海广方言馆"，简称沪馆）和广东同文馆（简称粤馆）向京师同文馆（简称京馆）咨送优秀学生入馆深造。根据现有文献资料，尚未发现由地方学校保送优秀学生进入国都深造的先例，故此途系同文馆在生源选拔方面的创新。在同治二年、三年（1863、1864）沪馆和粤馆相继创办时，奕䜣、李鸿章等人奏称："倘一二年后学有成效，即调京考试，授以官职，俾有上进之阶。"[3]可见，此时奕䜣等人已经主张咨送沪、粤二馆优秀学生进京考试。但是，这并非是他们有优化京馆生源结构的先见之明，而是旨在考试授官，让学生踏上仕途之路。真正让总理衙门决意调取沪、粤二馆学生进京学习的启动因素是同治六年（1867）同文馆添设天文算学馆，招收正途人员入馆学习的努力遭遇挫折，招生陷入了困境。为了使同文馆能正常维持下去，总理衙门采取补救措施，决定从上述两馆调取成绩优秀的外语学生进入京馆学习天文、算学等西学科目。奕䜣等人奏呈的《请调取上海广东学有成效者来京考试片》云：

---

[1] 奕劻等：《招考满汉学生情形折》//中国史学会主编：《中国近代史资料丛刊：洋务运动》（二），上海人民出版社 2000 年版，第 66 页。

[2] 对于这一情形，身为同文馆总教习的丁韪良也感慨万千："我们的学生……获得秀才、举人和进士这三种学位的人都有……汪凤藻君还成了翰林院的一员，同文馆因而受到知识界的尊重，甚至贵胄子弟也争相入学。但是，当初同文馆的情形可不是这样的。要求翰林院的翰林们来馆学习被认为是对中国学问的侮辱。"（W. A. P. Martin. *A Cycle of Cathay or China, South and North with Personal Reminiscences*. New York: Fleming H. Revell Company, 1900，pp. 311-312.）

[3] 宝鋆等：《筹办夷务始末》（同治朝卷十四），民国十九年故宫博物院用抄本影印，第 1148-1149 页。另见毛鸿宾：《开设教习外国语言文字学馆折》（附章程十五条）//[清]毛承霖编：《毛尚书（鸿宾）奏稿》，台湾文海出版社 1971 年版，第 1281 页。

兹查上海、广东两处所设学馆已届三年,其中子弟所学即或未能深粹,而通其语言文字者谅不乏人。臣衙门开馆伊迩,若于该学生中择其已有成效者咨送来京考试,与臣衙门本年度所考各员共为讲解,必可得力。应请旨饬下上海通商大臣、两广总督、广东巡抚,将各该处所立外国语言文字学馆内择其已有成效者,每省酌送数名来京考试,以便群相研究,俟有成效,果系才识出众,即由臣等酌请奖励,授以官职,俾资鼓舞。①

粤、沪二馆对总理衙门的指令迅即回应。这正好是时间节点,粤、沪两地同文馆的第一届学生刚好完成学业。同治六年(1867),粤馆率先选拔蔡锡勇、那三等六名学生前往北京应考。此举恰好配合清廷在粤馆成立时给广州将军库克吉泰等人的指令,即一旦学生学有成效,即调京考试,授以官职。② 但他们是如何选拔的,似未发现相关的史料记载。有明确记载的是,粤馆曾为第二批咨送北京的学生组织考试。考试采用翻译面试的形式,由两广总督瑞麟亲自主持,"本将军当堂面试,先以西文令译汉文,复以汉文令翻西文"③。复试时,总理衙门也把考察学生的翻译能力和算学作为录用的标准。奕䜣对第一批赴京的粤馆学生蔡锡勇等人"逐日细加考察,并先试以汉文译作洋文,继令将洋文照会译成汉文,嗣又以算法各条令其逐条登答",结果发现这些学生的中外文功底相当不错,"文理俱各明顺,登答均无舛错"④。除英文外,他们还要考验蔡锡勇等人的算学基础。总理衙门大臣董恂记述,"十月十二日考试粤馆咨送来京学生算学,问以斤求两一条,方程一条,勾股一条"⑤。蔡锡勇等人获奖给监生身份后即回到广东,继续留馆学习。

总理衙门选拔聪颖俊秀子弟进京考试,引起了美国《纽约时报》的关注。1869 年 4 月 14 日,该报刊登《清国兴办新式学堂有成效》的消息,引用了瑞麟的奏折,称此折"显示了清国政府实施这种英才教育的指导思想,并表明清国

　　① 高时良:《中国近代教育史料汇编·洋务运动时期教育》,上海教育出版社 1992 年版,第 72 页。

　　② 宝鋆等:《筹办夷务始末》(同治朝卷十四),民国十九年故宫博物院用抄本影印,第 1148-1149 页。

　　③ 瑞麟:《送学生咨文》//马挺亮:《京师同文馆学友会第一次报告书》,京华印书局代印,1916 年,第 13 页。

　　④ 奕䜣:《请照章准蔡锡勇等一体乡试折》//宝鋆等:《筹办夷务始末》(同治朝卷五十六),民国十九年故宫博物院用抄本影印,第 5259-5260 页。

　　⑤ [清]董恂:《还读我书室老人手订年谱》卷一,台湾文海出版社 1968 年版,第 81 页。

开始着手进行现代化的幼童教育"①。同治十年(1871)，粤馆咨送博勒洪武、韩常泰等 11 人赴北京考试，并留京馆继续学习。自同治六年(1867)至光绪二十五年(1899)，粤馆共选送了 6 批共 46 名"精通西语西文、才识优长"②的学生调京考试，并留京馆继续深造。名单表 3-1 所示：

表 3-1 广东同文馆学生咨送京师同文馆名单

同治六年(1867)：蔡锡勇、那三、博勒洪武、韩常泰、左秉隆、坤扬(翌年全部回粤)

同治十年(1871)：博勒洪武、韩常泰、坤扬、杨枢、马呈忠、沈铎、善桐、叶兆仪、左庚、王镇贤、罗谦和

同治十一年(1872)：蔡锡勇、那三、左秉隆(上年因故扣送)

光绪十六年(1890)：茂连、齐海、杨福、丁永焜、周自齐、杨晟、联康、元章、马廷亮、王汝淮、李光亨、董鸿钧

光绪二十二年(1896)：多兴、蒋俊、爱存、柏锐、国栋、熙臣、薛永年、毛秉科

光绪二十五年(1899)：李殿璋、窦学光、许国桢、许国樑、谢有熊、柏茎③

上述保送京馆的学生，在京馆丁韪良、李善兰等著名的中外名教习指导下，系统学习外国语文和自然及应用科学课程，接受近代教育的洗礼。其中，蔡锡勇、左秉隆、杨枢、沈铎、周自齐、杨晟等人是杰出代表，他们自京馆毕业后，在各自的岗位上取得了出色的成就，令国人瞩目。

沪馆启动咨送学生入京的时间稍晚于粤馆。沪馆咨送学生入京之前，参照粤馆，对学生的语言能力(主要是翻译能力)进行了测试，遴选出最优者赴京。时任两江总督的曾国藩在《送学生咨文》中云："附监生严良勋、席淦、王宗福、汪凤藻、汪远焜、王文秀等六名，均系肄业有年，翻译洋文已属通顺，外国语言亦能领会，堪以给咨赴京，听候考试。"④可见，这些预备咨送京馆的学生的质量是可靠的。同治七年(1868)三月，首批咨送北京的严良勋、席淦等 5 人抵京。沪馆咨送学生入京，和粤馆一样，是解京馆因同文馆之争而导致的生源危机的燃眉之急。这些学生在总理衙门的安排下，参加了考试。其做法和考查

---

① 郑曦原编，李方惠等译：《帝国的回忆——〈纽约时报〉晚清观察记》，生活·读书·新知三联书店 2001 年版，第 32 页。

② 奕䜣：《妥议广东同文馆激劝章程折》//中国史学会主编：《中国近代史资料丛刊：洋务运动》(二)，上海人民出版社 2000 年版，第 113 页。

③ 苏精：《清季同文馆及其师生》，台北上海印刷厂 1985 年版，第 134 页；黎难秋、李亚舒：《中国科学翻译史料》，中国科技大学出版社 1996 年版，第 541-542 页。

④ 马挺亮：《京师同文馆学友会第一次报告书》，京华印书局代印，1916 年，第 12 页。

粤馆学生的方式如出一辙："臣等按照调考粤省学生成式，饬在新立天文算学馆中居住，逐日详加考试，令以算法商除、归除及勾股弦和较诸法逐条讲论。嗣以汉文照会饬翻洋文，并令以洋文照会译成汉文。诸生等于算法颇能通晓，即翻译汉洋文字亦皆明顺，并无舛错。"①总理衙门将沪馆第一批的 5 名英文和算学俱佳的英文学生②留下，连同此前京馆天文算学馆复试后留馆继续肄习英文的 2 名天文算学馆学生和 3 名法文馆学生，在同文馆接受正规的外语和科学教育。这些学生素质优良，均属可造之才："于经书文艺讲贯有年，复能兼习西文，学有成效，均堪造就。"所以，总理衙门"将附生严良勋、席淦二名给予内阁中书职衔，并作为附监生，俾得就近于北闱应试。监生汪凤藻、汪远焜、王文秀三名给予国子监学正职衔"③。由此可见，咨送粤、沪二馆学子赴京师深造的方式，与其说是保送，更应该说是招考，此次与之前仅测试学生汉文基础不同的是更全面的招考。

早期同文馆英文馆学生张德彝在《航海述奇》中对沪馆选拔优秀生源的情况也有介绍："此馆（按：广方言馆）系官设……其肄业生，率皆籍隶江南。每月每季皆如北京同文馆考试，课卷系道台披阅，皆有奖赏花红。每届三年，择优咨送总署堂考，奏请鼓励。"④

自此以后，沪馆又分别选送了五批优秀学生赴京考试。迄至光绪二十二年（1896），沪馆共向京馆咨送了 5 批共 28 名学生。名单如表 3-2 所示：

表 3-2　上海广方言馆学生咨送京师同文馆名单

同治七年（1868）：严良勋、席淦、汪凤藻、汪远焜、王文秀（均英文学生）

同治十年（1871）：朱格仁、王宗福、杨兆鋆、黎子祥、徐广坤、金仁杰、杨兆鋆（均英文学生）

光绪五年（1879）：吴宗濂、黄致尧（均法文学生）

（未成行）　　　英文 5 人、法文 6 人、算学 4 人，光绪十二年办理，至十五年总署核准（算学生除外），学生已离馆。

---

① 高时良：《中国近代教育史料汇编·洋务运动时期教育》，上海教育出版社 1992 年版，第 203 页。

② 这首批 6 名学生（含未进京的王宗福）"年岁籍贯"等相关信息，参见马挺亮：《京师同文馆学友会第一次报告书》，京华印书局代印，1916 年，第 13 页。

③ 高时良：《中国近代教育史料汇编·洋务运动时期教育》，上海教育出版社 1992 年版，第 203 页。

④ 张德彝：《航海述奇》，湖南人民出版社 1981 年版，第 145 页。

光绪十六年(1890)：朱敬彝、杨书雯、陈贻范(均英文学生)、刘镜人、刘式训、陆征祥、翟青松(均法文学生)

光绪二十二年(1896)：周传经、唐再复、戴陈霖、黄书淦、徐绍甲、方传钦、陈思谦(均法文学生)①

这些成绩优异的学生入京馆后，其成绩大都仍能名列前茅，高出同畴。据《同文馆提名录》所记学生大考榜单，光绪五年(1879)举行的大考中，考取英文第一名的是汪凤藻，汉文算学第一名是席淦，天文第一名是徐广坤，他们均系沪馆学生。光绪二十四年(1898)大考，法文第一、第二、第四、第五名获得者周传经、徐绍甲、陈思谦、唐再复及同治十一年(1872)岁试英文格致第一名的朱格仁也都是沪馆学生。朱格仁的试卷被作为范本，在总教习丁韪良主编的《中西闻见录》上登出。② 可见，这些经过层层选拔的学生确实优秀。

自同治六年(1867)到光绪二十五年(1899)间，粤馆和沪馆共向京馆保送共 11 批 74 名英法文学生，其中广东同文馆共保送 6 批 46 名，上海广方言馆共保送 5 批 28 名。

1872 年 1 月 18 日，丁韪良在给时任美国驻华公使镂斐迪(Frederic F. Low)的信中说："至于学生数，我们只有很少的一部分，总共只有 92 人。但这个数字是一年前西华先生(George Seward)访问同文馆时见到的两倍。其中，最优秀的学生均来自开放口岸的学校。自此以后，这些学校被看作是附属于这所中央学校的生源供应地。"③丁韪良提及的开放口岸的学校，是指沪粤两地的同文馆。因为当时的官立学校中仅有这两所外国语文学校有条件向京馆输送优秀学生。中国传统学堂重视古典人文教育，忽视技术教育，仅开展传统的经史教育，没有能力开展外文教育。尽管当时有相当一批由西方在华传教士创办的教会学堂早已开始外文和科学教育，如澳门的马礼逊学堂(The Morrison School)、浙江的育英书院(Hangchow Presbyterian College)等，但这类教育机构是游移于中国教育体制之外的办学实体，培养的学生数量很有限。因此，向京馆输送优质生源的使命，历史地落在了这两所学校身上。张元济在《设立通艺学堂呈总理各国事务衙门文》中说："查上海广方言馆、广东同

---

① 苏精：《清季同文馆及其师生》，台北上海印刷厂 1985 年版，第 108 页。

② 熊月之：《西学东渐与晚清社会》，上海人民出版社 1994 年版，第 342 页。

③ U. S. Department of States, Legation Archives, *China*, CCXLIII, 92-93, as cited in Knight Biggerstaff. *The Earliest Modern Government Schools in China*. New York：Cornell University Press,1961, p. 126.

文馆高等学生均经总理衙门随时调考,优者保奖留馆供差。"①虽然这是京馆为应对生源短缺的无奈之举,但对改善京馆的生源结构,带动同文馆的教学质量,提升人才培养层次都大有裨益。这些咨送京馆的学生素质好,勤奋向学,都成了同文馆外语学习的主干,清末民国时期在外交、政治、教育诸领域里的叱咤风云者大多出自这批学生。

四、推荐

同文馆通过咨传、招考、保送三途招选学生都有制度性规定,有一定的选拔条件和标准,其目的是要培训符合洋务事业需要的合格人才。此外,同文馆还有一种叫作"推荐"的制度外的选拔方式。此途的入学方式无资格限制,只要有达官显贵或馆中教习的推荐即可,即齐如山所谓的介绍入馆。齐如山在回忆录中曾述及其家兄齐竺山和他本人分别被晚清重臣、同治帝师李鸿藻和同光两代帝师翁同龢推荐入馆的情形:

> 一次家兄竺山到北京乡试,李文正公(鸿藻)见之,问先君曰:"大世兄今年多大?"先君答以二十岁,文正公曰:"不必再做八股了,入同文馆罢。"……次年春,家兄便已进了同文馆,当时先君本有意使我同家兄同去……因我岁数稍小,以致未果。其实是当时不深知同文馆的情形,不用说两个人,就是十人八人,文正公一句话,就都可以进去,毫不费事,这不但不算作弊,而且算是帮助同文馆。……我进去的时候,是由翁文恭公同龢交派的,我入馆后之第二年,因为想入的人太多了,所以才有考试的规定,然亦不难,且有大人情者不考亦仍可加入。到光绪戊戌,虽然变法未成功,但因政治的变动,于民智有了很大的影响,想入者更多,以后就非经考试不能入馆了。②

齐如山所说的当是可信的。在 19 世纪 80 年代之前,入学同文馆相当容易,特别是同文馆刚创办的 19 世纪 60 年代初期,招生极其困难。而人口占绝大多数的汉人子弟却因种族关系无缘报读同文馆。因此,只要是旗人子弟,愿意入馆学习更是同文馆求之不得。因为,在 19 世纪 60 年代的中国,要动员

---

① 张元济:《张元济全集·诗文》(第 5 卷),商务印书馆 2008 年版,第 1 页。
② 齐如山:《齐如山回忆录》,辽宁教育出版社 2005 年版,第 28—38 页。

青少年去攻读外语和西学可不是件容易的事。① 即使有人想学外文,也只能去西方传教士创办的教会学堂。学习者大多是沿海通商城市的商人子弟,"一个富有但理论上是低微的社会阶层,他们靠英语使他们的生意获利"②。在两千多年的儒家文化熏陶下,上至官僚士绅,下至一般的平民知识分子都想走科举正途,以便在官场上谋得一官半职,因而认为学习"华夏正音"之外的语言都是"鴃舌之人,非先王之道"。③ 新式学堂招收学习外语和西学的学生非常困难。例如,福州船政学堂为鼓励当地贫寒子弟投考,规定给发饭食及患病医药之费,并"每名月给银四两,俾赡其家,以昭体恤",甚至许诺解决出路,"学成后准以水师员弁擢用",但应者寥寥,因为科举尚存,人人视海军为畏途,应试者"多属闽省附近地区家境清寒者"。④ 严复年少失怙,"家贫不再从师"⑤,不得已才投考船政学堂。同文馆虽然地处京师,但京师的开放程度远不及上海、广东、福建等地,故招生更为艰难。由于中国民众对外语和西学的认同度低,中国的士人阶层是不愿意将其子女送往同文馆等这类新式学堂的,因为学习这些舶来的西学知识几乎无法给他们带来任何的影响力,官场的职位也不会向他们开放。根据鲁珍晞(Jessie Gregory Lutz)的《中国教会大学史(1850—1950)》一书记述,1880年,美国驻广州领事馆领事切西(F. D. Chesire)在致美驻华公使西华(George F. Seward)的信中写道,十年前,广东同文馆的十四名学生被咨送北京同文馆深造。但是,打那以后,没有一名该馆学生进入政府机构任职。做父母的通常是将最没出息的孩子送往专门学校(按:指洋务派创办的外语、军事技术学校)就读。⑥ 同文馆英文教习额伯连在1870年1月25日的《北华捷报》上撰文称,同文馆学生甚至被那些受过经典教育的同胞视为变

---

① 当时国人对西人西语的认同感极低,同文馆很难招到适龄学生。丁韪良曾提及,同文馆学生中甚有有爷爷辈的:"一些要来学外语的'年已四十的调皮鬼'曾闹过不少笑话……有一次我看到其中一位学生手里牵着一个漂亮的小孩在街上行走,便问道:'是你的令郎吗?''是我的孙子。'他微笑着回答。我们的学生几乎无一例外都是结婚成家的人。"(W. A. P. Martain. *A Cycle of Cathay or China*, *South and North with Personal Reminiscences*. New York: Fleming H. Revell Company, 1900,p. 315)

② Adrian A. Bennett. *John Fryer: The Introduction of Western Science and Technology into Nineteenth-Century China*. Mass. : Harvard University Press,1967, p. 8.

③ 杨伯峻:《孟子·滕文公上》//《孟子译注》,中华书局2005年版,第125页。

④ 包遵彭:《清季海军教育史》,台湾"国防研究院"印行,1969年版,第10页。

⑤ 王蘧常:《严几道年谱》,台湾"商务印书馆"1977年版,第4页。

⑥ Jessie Gregory Lutz. *China and the Christian Colleges*, *1850—1950*. Ithaca: Cornell University Press,1972,pp. 44-45.

节者(renegades)、叛徒(traitors)。他们从来不承认自己是同文馆的学生,因为这一身份,用他们自己的话来说,即是"汉奸"。① 曾任民国政府代总理兼外交总长的陆征祥(1871—1949),是早年上海广方言馆的学生,后来被咨送同文馆深造。陆征祥说,在19世纪80年代初期,他进入上海广方言馆时,在那里就学的学生仍然被看作是叛徒,利用所学的外语把国家出卖给外国人。② 陆征祥入学时,社会大环境已发生很大变化,人们的思想观念相对比较开放,但学习外国语文仍受歧视,足见二十年前同文馆招生之困难。③ 推荐一途,在社会风气发生根本转变、外语学习受追捧的同文馆后期可能也有类似于当下的所谓"走关系"的因素存在,但在考试制度不是很完善的晚清时期,仍然给齐如山这样的优秀学子提供了成才的途径。

同文馆的生源选拔机制呈现出多元化的特点,这是独具特色的,走在了晚清其他新式学堂的前面。正是这种多元化的生源选拔机制,一批有培养潜质的出众青少年进入了学堂学习,接受近代先进的西方人文社科和自然科学教育,率先接受西洋科学的洗礼,成为近代中国第一批外交官员、政治家、教育工作者等各类为国服务的人才,在一定程度上推进了中国现代化进程。而且,对于身处社会底层的贫困学生来讲,这种多元化的生源选拔机制为他们提供了机遇,使他们得以进入同文馆。他们所学习的英语及西学课程,"为他们打开了通向财富与权势的大门"④,最终使他们脱颖而出,改变了自己的命运。尽管这些选拔方式或多或少地存在问题,但也都招到了部分优秀学子,特别是保送和招考这两种生源选拔方式,对改善同文馆的生源结构起到了决定性的作用,也为后来的新式学堂的招生提供了借鉴和样本。

---

① *The N. C. Herald and S. C. & C. Gazette*, Jan. 25, 1870, p. 63.

② Knight Biggerstaff. *The Earliest Modern Government Schools in China*. Ithaca: Cornell University Press,1961, p. 196.

③ 齐如山记述说,同文馆初创时,有小孩在同文馆就读的家庭,很被人看不起,被说堕落,"有许多人便同他们断绝亲戚关系,断绝来往。甚而至于人家很好的儿媳妇,因她家中弟弟入了同文馆,使一家人瞧不起这个媳妇,而且因之便受了公婆之气"。所以,同文馆招生极为困难,"虽然是奉官调生,但有人情可托的学生谁也不去,所挑选者,大多数都是没有人情,或笨而不用功的学生。因为这种学生,向来功课不好,八旗官学虽腐败,这种学生也站不住,或将被革,倘到同文馆,或者还可以混一个时期。这是最初招生的情形"。(齐如山:《齐如山回忆录》,辽宁教育出版社2005年版,第29页)齐如山的记述可能会夸大事实。不过,他所说的至少反映了早期同文馆招生的两个基本事实,一是招生困难;二是生源素质欠佳。

④ Jessie Gregory Lutz. *China and the Christian Colleges*, *1850—1950*. Ithaca: Cornell University Press, 1972,p. 2.

同文馆自同治元年(1862)创办,到光绪二十八年(1902)并入京师大学堂,历时四十年之久,其间共培养了多少学生,似未有确切的数据。同文馆在创办初期,仅有英、法、俄三馆,每馆仅招 10 名学生,人数非常有限。同治六年(1867)起,同文馆扩大规模,但学生数依然很少,其确切数字,目前"尚无确实资料可查"①。李良佑等人也认为,"似乎未有权威之资料可依据"②。一些相关文献,如清光绪朝武英殿大学士宝鋆等人纂修的《筹办夷务始末》等官修文献档案及今人的相关研究,似也未给出详尽权威的数据。毕乃德根据光绪五年(1879)、光绪十四年(1888)、光绪十九年(1893)、光绪二十四年(1898)《同文馆题名录》(*Triennial Calendar of The Tungwen College*,简称"题名录"),以参加大考的学生作为基础,制成该年份同文馆各课程学生人数表。兹引如下(见表 3-3):

表 3-3 同文馆课程总入学人数③

馆 别	年 份			
	1879	1888	1893	1898
英 文	38	35	53	32
后 馆			23	23
前 馆			30	9
法 文	25	29	23	19
后 馆			5	10
前 馆			18	9
俄 文	15	17	13	22
后 馆			2	15
前 馆			11	7
德 文	10	10	11	16
后 馆			8	3
前 馆			3	13

---

① 付克:《中国外语教学史》,上海外语教育出版社 1986 年版,第 19 页。

② 李良佑、张日昇、刘犁:《中国英语教学史》,上海外语教育出版社 1988 年版,第 16 页。

③ 资料来源:Knight Biggerstaff. *The Earliest Modern Government Schools in China*. New York: Cornell University Press,1961, p. 129.

续表

馆　别	年　份			
	1879	1888	1893	1898
东文馆				17
算学馆	33	19	25	30
格物测算	7	4	3	
天文学	6	5	7	11
化　学	12	20	10	34
格　致			20	4
医学(生理学)	8	9	7	
国际法	9	8	12	
新入馆学生		20	8	26
缺席	4	3		

原注:基于参加大考的学生人数统计。

　　根据毕乃德统计的数据,光绪五年、光绪十四年、光绪十九年、光绪二十四年四年在校学生数(含缺席参加大考的学生数)分别是 167 人、179 人、192 人和 211 人,而学界和相关文献所提供的同文馆在校学生数一般在 120 人左右。[①] 从这点看,毕乃德的统计似乎又是不符合实际的,但毕氏说这是根据上述四次的"题名录"统计出来的,而作为学校最原始的教学管理档案的"题名

[①]　以下关于同文馆在校学生数的文献史料可供参考。

　　丁韪良:"我们的学生——全系官费生——名额只限于 120 人。学生分两类,一类是从语言开始学习,另一类是从格致开始学起。"(W. A. P. Martin. *A Cycle of Cathay or China*, *South and North with Personal Reminiscences*. New York: Fleming H. Revell Company, 1900, p.311)。毕乃德:"一八六七年同文馆扩大组织以后,入学旗人增加了一倍……一八七九年,增至一百;一八八八年,加至一百二十五人。"(朱有瓛:《中国近代学制史料》第一辑上册,华东师范大学出版社 1983 年版,第 203 页)。吴宣易:"到了光绪十三年(一八八七年),同文馆学生的名额已增加到一百二十名。这个数目,一直到同文馆停止时,都是这样。"(吴宣易:《京师同文馆略史》,《读书月刊》1933 年第二卷第四号,第 9 页)。曾纪泽:"现在学生中,除随同出洋及调往黑龙江、新疆、天津学堂等处差遣外,实计在馆者一百十余名,内英文最优者十余人,法文最优者五六人,俄文最优者三四人,布文最优者一二人";光绪二十一年(1895)九月"堂谕":"乃近来到馆诸生,皆婉转恳求习学英文,而于法、俄、德三国文字,若有不愿学而不屑学之状。现在英馆学生业有五十名之多,法、俄两馆各仅二十余名,德馆尤少,不过十余名。"(高时良:《中国近代教育史料汇编·洋务运动时期教育》,上海教育出版社 1992 年版,第 76、112 页)

录",其真实性和权威性又是不容置疑的。笔者以为,其中最大的一种可能是出现重复计算的情况,如1879年的统计中,共有25名法文馆学生参加大考,这些参考的学生中有部分人可能又参加了其他科目如德文或算学的考试,从而造成重复统计。同文馆的体制中,学习两种及以上科目(当时没有"专业"这一说法)的学生不在少数。如齐如山在同文馆学习的是德文和法文。如果这一年他同时参加两门外语的考试,统计时很有可能算作2人,而不是1人。这一推测,虽然尚未得到一手文献资料的支持,但我们认为还是很有可能的。所以,毕乃德的统计与一般认为的120人左右的数字有较大出入的原因可能就在这里。此外,同文馆还有一个奇特的做法,就是学生没有毕业一说,学习年限一到,就出馆,自奔前程。虽然早期同文馆规定学生在馆学习的年限是三年,后来改为五年或八年,但仍有一些没有找到出路的学生,即使年限到了,也还没有离馆,留在馆内继续学习。这些学生留馆的时间长短不一,最长的如俄文馆的奎印、英文馆的文秀,留馆时间长达20年。奎印曾"分别参加了光绪五年(1879)与光绪二十四年(1898)的大考"①。因此,重复统计学生的情况在所难免。后来发生了八国联军侵华战争,同文馆遭到洗劫,它的原始档案文献大都灭失。所以,要准确统计同文馆的学生数几乎是不大可能了。

第二节 同文馆待遇管理模式

同文馆是奕䜣、文祥等洋务派人士苦心经营,以培养外交翻译人才为旨归的新式外国语学堂。为吸引学生入学,清政府势必要给他们"名分",给他们提供良好的待遇,特别是经历了两次鸦片战争,在上至官僚士绅、下至普通百姓都对西人西语抱有极大成见的大环境下,如果做不到这一点,是很难招收到学生的。齐如山说:"因为不容易招学生,所以订立的章程,对于学生有极优的待遇。"②同文馆学生的待遇主要包括身份地位、生活保障等。

一、身份地位

对于学生的身份问题,奕䜣等人在咸丰十年(1861)呈奏的关于设立外语学校学习英、法语言文字的《通筹善后章程折》中没有做出具体规定。最早对这一问题做出明确规定的是奕䜣于同治元年(1862)七月奏呈的《遵议设立同

---

① 高晓芳:《晚清洋务学堂的外语教育研究》,商务印书馆2007年版,第91页。
② 齐如山:《齐如山回忆录》,辽宁教育出版社2005年版,第29页。

文馆折》(附章程)。按照乾隆二十二年(1757)俄罗斯文馆奏定,嘉庆八年(1803)军机处和内阁具奏,道光十九年(1839)经礼部奏准,在馆学生经考试获得优秀者,都给予相应的品秩。因此,奕䜣等人在"附章程"第五条中规定:"按照旧例,优者授为七、八、九品官等,劣者分别降革、留学(即留馆学习),俟考定等第,将升降各生咨行吏部注册。……由同文馆考取七品官复考一等授为主事者,请仍准掣分各衙门行走,遇缺即补。"①可知,考试优者,授为七、八、九品官等,劣者降革留馆。七品官复考取得一等者,则授为主事。② 这样,清政府给予了同文馆学生法定的身份待遇,即优者授六、七、八、九品官,这无异于打开了跻身官场的通道。同文馆英文教习额伯连曾提及他的两名高级班学生获得相应品秩,膏火银由每月三两提高到十两。③ 这在以"学而优则仕"为主流价值取向的晚清社会,这一规定无疑是极具诱惑力的。从历史上看,除少数朝代,翻译职位低微,是不入流的职业。为吸引学生就读,政府必须提供较优厚的条件。例如,创办于明永乐五年(1407)的外语学校四夷馆为鼓励学子踊跃报考,准许习译监生子弟在开科时就试,"合格,准出身","授以官职"④,"不许别图出身,三年后考中,食粮月给米一石;又三年考中冠带,为译字官;又三年考中,授序班职事"。⑤ 序班为古代职官,明始置,清沿置,在清朝之位阶为从九品。因此,可以说,历朝为吸引优秀学生进入专门学堂,都会出台一些措施,给予学生一定的身份待遇保障。

二、生活保障

孔慧怡说:"有史料可查的译员培训工作都由政府控制,因此也专为各朝的需要服务。自元至清,翻译培训均属官办,学员可以领取津贴。"⑥同文馆作为政府创办的以培训中西交涉需要的译员为目的的外语学校,给学生提供了

① 奕䜣等:《遵议设立同文馆折》(附章程)//宝鋆等:《筹办夷务始末》(同治朝卷八),民国十九年故宫博物院用抄本影印,第813页。

② 按清朝例,各部院主事是正六品衔,相当于京县知县、各省通判。其他官署如内务府、理藩院亦设有主事。

③ *The N. C. Herald and S. C. & C. Gazette*, Jan. 25, 1870, p.65.

④ [明]林尧俞等:《景印文渊阁四库全书·史部》,台湾"商务印书馆"1983年版,第681页。

⑤ [明]申时行等修:《明会典》(万历朝重修本)卷一〇五,中华书局1988年版,第1098页。

⑥ 孔慧怡:《重写翻译史》,香港中文大学翻译研究中心2005年版,第133页。

良好的生活保障,同样是基于吸引学生入馆学习的目的。学生分两类,一类是领有膏火(津贴)的,称额内学生;另一类是不领膏火的,称额外学生。奕䜣等人的《酌拟变通同文馆章程六条》规定仿照俄罗斯文馆旧章,解决学生的生活保障问题,考得官职的学生领取俸银,"给予俸米,以资养膳"。助教每年俸银八十两,七品官每年俸银四十五两,八品官每年俸银四十两,九品官每年俸银三十二两五钱①,另加与俸银相当的米石折银。初期学生不分额内、额外,均为额内学生②,即丁韪良所说的官费生,每人每月膏火银三两。额伯连说,每月三两的膏火银是很低的,但对于学生来说是足够了,这是来自总理衙门,学生因学习外国学问而被污名化所获得的补偿。③

同治五年十二月(1867 年 1 月),奕䜣等人上折请设天文算学馆,为吸引科甲正途人员及优秀的寒畯之士入馆肄业,"厚给薪水以期专致"。奕䜣等人将生活标准提高到每月奉银十两,即每年达到一百二十两,这还不包括总理衙门提供的免费饮食住宿。他们"厚给薪水"的初衷是让学子们"庶内顾无忧而心益专一矣"④。学生除每日的茶饭供应,且派有苏拉(按:即低级杂役)、皂役多名伺应茶水、灯烛及洒扫、买办等事,其饭食点心均有厨役预备,日常生活极其方便。齐如山回忆:

> 驻馆学生,除不管衣服外,其余都管,所谓煤油蜡烛,微如纸煤洋火,等等,都由馆中供给。饮食最优,六个人一桌,共四大盘,六大碗,夏天一个大海,还有荷叶粥果藕,等等。冬天则无大海,而添一个火锅。盘碗中的菜不必说,单说这个火锅,共分三种,任凭学生点要,一是什锦锅,二是白肉锅,三是羊肉锅,所有各种羊肉片、鱼片、肝片、腰片及鸡蛋、冻豆腐,

---

① 宝鋆等:《筹办夷务始末》(同治朝卷三十七),民国十九年故宫博物院用抄本影印,第3540 页。

② 丁韪良称,同文馆学生全系官费生(all on paid scholarships),名额只限于 120 人。学生分两类,一类是从语言开始学习,另一类是从格致开始学起。前者从北京的八旗子弟中招收,一般是来学习外文的,但他们对自己的语言却知之不多。后者包括汉人和鞑靼人(Tartars,即满人),他们的文学水平必须达到能通过科举考试的程度。在他们中间,获得秀才、举人和进士资格的人都有,有不少人入馆时是最低的功名,出馆时获取了最高的功名。(W. A. P. Martin. *A Cycle of Cathay or China, South and North with Personal Reminiscences*. New York: Fleming H. Revell Company, 1900, pp. 311-312.)

③ *The N. C. Herald and S. C. & C. Gazette*, Jan. 25, 1870, p. 63.

④ 宝鋆等:《筹办夷务始末》(同治朝卷四十六),民国十九年故宫博物院用抄本影印,第4506 页。

等等,合着一切作料应有尽有,总之跟从前北平正阳楼一样,吃不够再添。……从前有好几位外国教员告诉我说,世界上的学校,没有同文馆待学生再优的了。①

从奕䜣等人将学生的生活标准提高到每月奉银十两及齐如山的描述来看,这是极高的生活标准,因为同期的汉教习的俸银每月才八两,每年一共才九十六两。同文馆学生的俸银甚至比七品的翰林院编修和五品的外官俸银还高出许多,前者每年四十五两,后者每年八十两。翰林院编修加上米石折银(外官无此项)平均每月都不到十两,更不用说是品秩较低的办事人员了。可见,学生待遇之优厚,诚如孙子和所说,"不谓空前,亦属绝后"②。无怪乎此种待遇会成为同文馆被攻击的口实之一。清政府为了培养外语和外交人才,不惜花费血本,就连时任总教习的丁韪良也感慨不已:"同文馆算是特别的幸运,有总理衙门作背景,有恭亲王做靠山,才能诞生。"③但从另一视角看,这一做法确实反映了清政府培养中西交涉人才的心情之迫切。

同治八年(1869),丁韪良经清廷总税务司赫德引荐,出任同文馆总教习。丁韪良走马上任后,对同文馆进行了大刀阔斧的改造,使同文馆的办学规模和质量更上层楼。光绪五年(1879)第一次"题名录"所列人数达到102名,其中领有膏火的额内学生82名,额外学生20名。根据是年三月"堂谕",同文馆对膏火的发放进行了改革,将所有学生分为四等:上等每月十五两,系兼副教习学生(内有二十两者,系属破格,有十二两者,亦属有因,且尚待缺,均无庸援以为例);二等每月十两;三等每月六两,系前馆学生;四等每月三两,系后馆学生。皆按资格造诣以次递升,有长必录。④ 具体分配指标是,上等8名,二等20名,三等17名,四等37名。这82名领取膏火的全是额内学生。总理衙门规定,对于勤奋用功、学有进益的学生,"着记名以应增应给之数,遇缺即补"。对于"屡请差假旷误功课"的学生,"随时严加甄别,分别减革开缺"⑤,把膏火另补应给之人。这样有梯度的膏火发放形式,能起到奖勤罚懒的作用。

① 齐如山:《齐如山回忆录》,辽宁教育出版社2005年版,第30页。

② 孙子和:《清代同文馆之研究》,台湾嘉新水泥公司1977年版,第232页。

③ 朱有瓛:《中国近代学制史料》第一辑上册,华东师范大学出版社1983年版,第159页。

④ 高时良:《中国近代教育史料汇编·洋务运动时期教育》,上海教育出版社1992年版,第101页。

⑤ 高时良:《中国近代教育史料汇编·洋务运动时期教育》,上海教育出版社1992年版,第101页。

第三节 同文馆作息考勤管理模式

同文馆为了确保教学质量,先后制定了一系列的考核管理制度,主要有《同文馆章程六条》《酌拟变通同文馆章程六条》《同文馆学习天文、算学章程六条》《同文馆章程及续增条规》《出洋学生经费章程》《稽查功课章程》《整顿馆课办法》及《续增同文馆条规八条》等。这些规章制度大多涉及学生管理问题,有的本身就是专门的学生管理规章。其中大多数的规章对在校学生的学习、生活起居等活动均有较详细的规定。学生管理涉及多方面的内容,其中,作息考勤管理是学校学生管理最重要的内容之一,涉及学习风气、教学质量、学生安全等诸多问题。本节主要就其中的请假制度、画到制度和定期检查制度进行讨论。

一、请假制度

请假制度是极其重要的学生管理制度,它事关学生的规矩意识、生活习惯、行为规范的正确养成。自古及今,请假制度是各级各类学校为整顿纲纪而狠抓的一项制度。同治四年(1865)制定的《酌拟变通同文馆章程六条》(简称"章程六条")第四条规定:

> 严定学生告假日期以免作辍也。查同文馆学生,向无告假日期定限,难免任意旷废。嗣后学生除季考、月课不准告假,违者扣除一月膏火外,其平日告假,每月应以二日为限,逾二日者按日扣除膏火。遇有事故以百日为限,逾百日者撤退。再,学生功课,寸阴当惜,惟离馆远近不同,早晚奔驰,亦恐耽误。嗣后应准备各学生任便在馆留宿,不愿者,听。①

可知,"章程六条"颁布之前,同文馆学生管理过于松弛,学生请假的随意性大,"向无告假日期定限",因此,难免出现"任意旷废"的现象。为杜绝此弊,"章程六条"规定缺席季考、月课者,"扣除一月膏火"。平时请假超过二日者,要"按日扣除膏火"。如遇大事,超过百日未回校者,即行开除。对于不愿住校的学生要予以处理。

根据《清德宗实录》,同文馆对学生的请假制度作了更为细致的规定,对违反规定者,有相应的惩戒措施跟进。其规定分如下六种:

---

① 宝鋆等:《筹办夷务始末》(同治朝),民国十九年故宫博物院用抄本影印,第3538页。

差假：在各衙门当差学生，每月准给假六天

丧假：学生有丁艰大故时，给假百日并往返盘费

婚假：给假两月，但不给川资

试假：遇乡、会试年份，应试者给假一月

病假：给假两月，逾期即罚扣膏火

事假：洋教习暑假及星期日时，学生如有事故每月准假两日，逾期即按日罚扣膏火。光绪六年九月，总理衙门又奏准京师同文馆学生凡请假逾限半年即行开除，并将所得保案撤销。①

二、画到制度

同文馆在长期的管理过程中，制定了一系列严格的管理制度。其中，画到制度是严明纪律、实行过程管理的一项重要的考勤制度。所谓画到，即所有的学生在上课前须到提调、帮提调或教习处签到。《同文馆章程及续增条规》(简称"条规")规定"所有在馆学生，均应一律画到，如有无故不到者，罚扣膏火"②。"条规"规定画到的范围极广，除了各种法定的节假日外，都要求学生画到，如不画到，则"按日罚扣膏火"："各学生除午节、秋节、年节放学时免其画到外，其每年夏月洋教习息伏期内，及每月外国礼拜洋教习不到馆之日，除准两日假期外，各学生均令在馆学习汉文，照常画到，违者按日罚扣膏火，无膏火学生照迟到馆办法。"③另据光绪二十四年(1898)的《京师同文馆馆规》，前后馆学生如不按时到馆画到，要给予相应处罚：

后馆学生，向例早晨学习汉文，午后学习洋文。近来竟有午刻(按：白天十一点到一点)始行到馆，并不学习汉文，殊属有违馆规。嗣后前后馆学生，仍照旧立夏起十点钟，至立秋起九点钟到馆，当面画到。如逾时不到，即照章办理。午后仍著提调不时抽查，倘有画到后出馆者，即著从严惩办。④

汉文是学习一切学科的基础。为使学生勤习汉文，同文馆甚至还规定，洋

① 苏精：《清季同文馆及其师生》，台北上海印刷厂1985年版，第54页。

② 高时良：《中国近代教育史料汇编·洋务运动时期教育》，上海教育出版社1992年版，第103页。

③ 高时良：《中国近代教育史料汇编·洋务运动时期教育》，上海教育出版社1992年版，第50-51页。

④ 张静庐辑注：《中国近代出版史料初编》，上杂出版社1953年版，第7页。

教习于礼拜天休息时，学生须来馆学习，仍以画到为考勤之法："近闻每逢外国礼拜之日，该学生等即不照常到馆学习汉文，殊非认真用功之道。为此谕前后各馆学生知悉：嗣后除每日分做功课外，凡遇礼拜日期，务须到馆专心学习汉文，一例赴提调处画到。有不到者仍按日扣除薪水；其旷功日多者，由提调回堂酌办。"[①]可见，即使是礼拜天，学生仍需要到馆学习汉文。拒不到馆画到者，要接受按日扣除薪水的处罚。对连续旷课者，由提调回堂酌办。

三、定期检查制度

和请假制度、画到制度一样，定期检查同样是同文馆为了更好地实施管理，保证教学质量，营造积极向学的氛围而实施的一项重要的过程管理制度。同文馆规定，对于"资性过钝""习气疲顽，诗书文字无一可取者"及"有成效可考者"都要在该生名下注明"呈堂察核"。光绪二年（1876）十二月"堂谕"云：

> 新章内开：每逢月底，由汉教习将学生功课呈送帮提调等查核。现已届期，该提调等自当实力奉行，倘该学生等有资性过钝，及习气疲顽，诗书文字无一可取者，即于该生名下注明。其有成效可考者，亦即于该生名下详注。务当认真查核，毋得稍有瞻徇。每月查核后，开列功课清单，呈堂察核，汇订成册，用觇实学，而祛浮伪。[②]

根据光绪二十二年（1896）二月"堂谕"，总理衙门作了进一步规定，不管是一般的学生，还是部分充当教习之责的副教习都一视同仁，要进行抽考，考核其汉洋语言技能，对于"学业生疏毫无长进者，轻则罚扣膏火，重则除名"。对于不守馆规者，"立即回堂惩办"：

> 同文馆为储才之地，各学生功课必须认真讲求，方足收得人之效，除按月考试外，本大臣现定于每月初二、初九、十六、二十三等日亲赴提调公所，分班接见洋汉教习，抽考副教习，及前后馆生徒，面试洋汉文及各国言语，并一切技艺等项。其有学业生疏毫无长进者，轻则罚扣膏火，重则除名。并着提调等随时稽察，如有不守馆规、任意荒嬉者，立即回堂惩办。

---

① 高时良：《中国近代教育史料汇编·洋务运动时期教育》，上海教育出版社1992年版，第50-51页。

② 高时良：《中国近代教育史料汇编·洋务运动时期教育》，上海教育出版社1992年版，第99页。

经此次晓谕后,各该学生等务须加意用功,勉图上进,毋得视为具文。①

综上所述,同文馆为了提高教育质量,有效训练出适应洋务事业需要的各类人才,采取了一系列符合同文馆实际的学生管理制度,其中,作息和考勤管理是极其重要的管理制度,在一定程度上扭转纪律松弛的现象,促进同文馆的学风建设,形成有利于学习的良好环境。

第四节　学习及考核奖惩管理模式

学生的学业成绩是一所学校办学质量的直接体现。为了保证教学质量,造就洋务事业所需外语及其他各类的人才,作为同文馆直接管理者的总理衙门,制定了一系列的学习及考核奖惩制度。

一、学习过程管理

学生学业成绩的好坏,完全取决于他们在学习过程中的表现。因此,同文馆十分重视学习过程管理。根据光绪二十四年(1898)的《续增同文馆条规八条》,同文馆管理层得知后馆学生功课近来疏懈,且闻有聚谈游戏诸事,"殊堪痛恨",于是"嗣后即责成提调实力稽查,每月认真校对日课、月课等簿是否符合,仍抽查各学生写字、背书、作文诸功课,倘不见长进,及任意作辍者,即交由汉教习从严戒饬,以示惩儆"②。除了对违规学生从严戒饬以外,同文馆还建立了淘汰制度,强化过程管理。学生进入同文馆之后,并非一劳永逸地解决了就学问题,期间还有一个试验期或曰考察期。根据同治四年(1865)制定的《酌拟变通同文馆章程六条》,总理衙门制定了"去留限制"制度,即淘汰制度,以免"滥厕",即滥竽充数者混充其间:

> 请定去留限制以免滥厕也。查初传到馆学生,天资敏纯不能预知,学习三月,自可略见端倪。是否尚堪造就,应令各教习于学生到馆三月后出具切实考语,由臣等分别去留。其留学者,应俟一年期满,甄别一次。如于西洋语言文字无所通晓,或略知大概而翻译模糊者,即行撤退,另行更换。其每月膏火,应俟一年甄别留学后,方准开支,庶免滥竽。③

---

① 高时良:《中国近代教育史料汇编·洋务运动时期教育》,上海教育出版社1992年版,第115页。
② 陈学恂:《中国近代教育史教学参考资料》上册,人民教育出版社1986年版,第36页。
③ 宝鋆等:《筹办夷务始末》(同治朝),民国十九年故宫博物院用抄本影印,第3538页。

　　"章程六条"传递了总理衙门的三条举措，一是学生到馆三个月后，由各学馆教习出示"是否尚堪造就"的意见，由总理衙门定夺；二是留馆继续学习者，一年期满，再行甄别一次，如学生毫无肄习西洋语言文字的潜质，则"即行撤退，另行更换"；三是变更了同文馆创办初期的学生一经入馆学习，即给予膏火的做法，改为学生入馆学习满一年，经甄别留馆继续学习后，"方准开支，庶免滥竽"。齐如山在回忆录中也谈到了入学需要甄别淘汰，以六个月为试验期，考试合格的留下，"最劣等的革出"。他说："到光绪中叶，因为学生越来越多，倘太不用功就不容易站住了。从前是一进馆，每月就给三两银子，到我进去的时候，就改为先学六个月，此为试验期，六个月期满，考试一次，最劣等的革出，平常的留馆，再试六个月，最好的每月给三两。"[①]淘汰制度的实施，一方面反映了同文馆为提高教育质量采取了具体而实在的举措，另一方面反映了因时代变迁，普通民众对外语和西学的观念和态度发生了变化，说明同文馆越来越受到社会的肯定和广大学子的青睐。淘汰制度在一定程度上确保了同文馆的生源质量。

　　除了通过制定各种规章进行制度上的过程管理之外，同文馆还有一个颇具创新的举措，委托出使大臣对在海外学习的学生进行管理。同治年间，跟随斌椿使团出访的张德彝、凤仪、彦慧等同文馆学生除了出任使团的见习翻译以外，还有在海外短期学习的任务，他们均由斌椿等人进行管理。光绪年间，同文馆学生王丰镐、胡惟德、郭家骥等三人随驻英公使薛福成出使英、法、意、比等国。薛福成要求这些学生必须每天写日记观察自己心得，以备查阅：

　　　　该学生等随本大臣出使泰西以策励精神，增长学问为先务。惟不宣之笔墨，本大臣无由考其底蕴，课其浅深。今自登公司轮船之日始，该学生应各置日记一本，每日随所见闻，自一行以至数十行，各听其便。凡纬度道里山川形势，风土物产矿台苟阅历有得，皆可登记。该生等每于次日将前日所记呈本大臣亲阅，一则藉觇该学生能否用心，可以随时讨论；一则备本大臣择要选记，免得再费一番查访。[②]

二、考核奖惩管理

　　考核奖惩是同文馆学生管理的较有亮点的举措之一，在一定程度上促进

　　①　齐如山：《齐如山回忆录》，辽宁教育出版社 2005 年版，第 38 页。
　　②　薛福成：《札翻译学生写呈日记》//薛福成：《出使公牍·奏疏》，台湾文海出版社 1976 年版，第 505 页。

了同文馆的学风建设和教学质量的提高。

(一)考试类型、时间及奖励

学生的学业成绩是一面镜子,真实体现了一所学校的办学质量。为了保证教学质量,总理衙门制定了一系列的考核管理制度。这些制度的最初依据是创办于康熙四十七年(1708)的俄罗斯文馆制定的考核制度。以下是奕䜣等人奏呈的《遵议设立同文馆折》(附章程)中有关俄罗斯文馆考核制度的记载:

> 查旧例,俄罗斯文馆有月课、季考、岁试三项。月课则每月初一由该教习拟定文条,散给诸生翻译誊卷,该教习分别等第注册备查。季考则于二月、五月、八月、十一月之初一日举行,出题等第,均如月课。惟试卷则呈堂裁定,始行注册。是月停止月课。至岁试则于每年十月初十日前,堂定日期面试。考列一等者赏给笔墨纸张,以示奖励。是月月课、季考均行停止。①

奕䜣等人为方便管理,也为了避免正统保守派人士可能提出的批评,决定照搬俄罗斯文馆的做法,其奏折云:"今改设同文馆,除遇有考试勿庸停止月课、季考外,其余一切均请仿照办理。"关于考试方式,该奏折云:"惟所试之艺,现在甫经开学,于外国文字未必遽能熟悉。一年之内,应先用满汉文字考试。俟一年后,学有成效,再试以各国照会,令其翻译汉文。"②同治四年(1865),同文馆第一届学生学习满三年,为检验办学效果,总理衙门举行了大考。从此以后,每届学生都要参加这四种类型的考试。光绪年间出版的《钦定大清会典》简略记述了这几类考试的时间、内容及对大考中的优者进行不同品级官位的奖励:

> 月督其课。每月由教习拟定文条,散给诸生翻译誊卷,由教习分别等第注册。
>
> 季试其能。季考定二月、五月、八月、十一月举行,出题等第,均如月课。惟试卷则呈堂裁定,乃注册。是月停止月课。
>
> 岁考其程。岁试于每年十二月初十日前定期呈堂面试,考列一等者奖励。是月亦停止月课。
>
> 届三年,则大考,分别等第,奏请奖叙。不列等者,降黜有差。大考由堂官出题,试以洋文译汉,汉文译洋,外国语言及天文、算学、格物、化学诸

---

① 宝鋆等:《筹办夷务始末》(同治朝),民国十九年故宫博物院用抄本影印,第811页。
② 宝鋆等:《筹办夷务始末》(同治朝),民国十九年故宫博物院用抄本影印,第812页。

艺。总教习分而校之,合而衡之。汇其卷送堂官核定甲乙,优者奏请授为七、八、九品等官,咨行吏部注册,劣者分别降革留学。其由七品官历二次大考取一等者,应请授为主事,分部遇缺即补,仍留馆肄业。①

《钦定大清会典》只提及大考中对成绩优异者的奖励。其实,在同文馆月考、季试、岁考等日常考试中还有"花红"奖励。所谓花红,即是犒赏或奖金,是指用来奖励同文馆学生中考试成绩优异者的膏火银。这些学生除了获得膏火以外,每逢考试只要成绩出众,即可获得一定奖赏,即"花红"奖励。《京师同文馆馆规·考课章程》记载:

> 考试有月课、季考、岁试之分。季考于月终举行,岁试于封印前举行。月课、季考二日而毕事,提调、总教习、分教习监场。岁试三日而毕事,总理衙门堂官监场。月课例给花红银三十二两,季考例给花红银四十八两,岁试例给花红银七十二两。夏季增加汉文课,每月给花红银八两。岁试、季考则酌量课业之进退,而增减其薪水。大考每届三年举行,优者保升官阶,次则记优留馆,劣者除名。②

《同文馆章程》提及总理衙门也有相应的奖励举措:

> 请酌定奖赏,以资鼓励也。查章程内开,除月课外,每年于四仲之月考试一次,谓之季考。每年十月考试一次,谓之岁考。上两年岁考,由臣等分别等第,皆给奖赏,季考并无奖赏。今拟岁、季考均酌定奖赏数目,以资鼓励。岁考一等,每馆二名,每名四两;二等三名,每名二两;季考一等二名,每名三两,二等三名,每名一两五钱。岁、季考等第,由臣等阅定月课等第,由提调官酌定,分别注册存查。每遇季考月份,即停其月课,以免重复。③

可知,岁考一等两名,每名四两,相当于普通学生一个月零十天的膏火;二等三名,每名二两。季考一等两名,每名三两,相当于一个月的膏火;二等三名,每名一两五钱。同文馆创办初期,每馆学生最多不超过 10 人,却有 5 名学

① 昆岗等纂修:《钦定大清会典》卷一百,商务印书馆,光绪戊申(1908)十一月,第 3 页。同治元年(1862)奕訢等人上呈《遵议设立同文馆折》(附章程)中也有较具体的规定。相关内容参见宝鋆等:《筹办夷务始末》同治朝卷八,民国十九年故宫博物院用抄本影印,第 811-812 页。

② 吴相湘主编:《皇朝蓄艾文编》卷十四·学校一,台湾学生书局 1965 年印行,第 1311 页。

③ 宝鋆等:《筹办夷务始末》(同治朝),民国十九年故宫博物院用抄本影印,第 3537 页。

生可以获一、二等奖,即半数学生可领取奖赏,可见,奖励面还是比较大的。后来,随着同文馆办学规模的扩大和学生人数的增加,"花红"奖励的额度也相应递加,岁试高达七十二两,季考四十八两,并另增月课花红三十二两,夏季汉文月课花红八两。"花红"奖励在激励学生一心向学,促进学校良好学风的形成起到了一定作用。

(二)考试方法、内容及细则

总理衙门对于考试向来十分重视。考试之目的,一是检查和督促学生努力学习,形成良好的学习氛围,二是衡量办学效果。考试是教学的指挥棒,也是一面镜子,十分重要。作为一所为洋务运动服务的官办外国语学堂,同文馆的"初始目的是培养中西外交中所需要的译员"①。因此,同文馆的培养目标必须在考试方法和考试内容中予以体现。

如前所述,同文馆的考试由月课、季考、岁试和大考组成。月课由各科教习自行出题并评分,季考由教习或总理衙门大臣出题,试卷需经总理衙门大臣裁定,岁试及同治四年(1865)以后的大考均由总理衙门大臣或由其委托的洋教习出题、监考、评分。考试的科目,以岁试或大考而言,最初只有外国语文,同治九年(1870)增加算学、格致(格物),以后考试科目逐年增加,但并非每年都考同样的科目,而是根据实际情况予以增减。例如,同治十二年(1873)的考试有算学、翻译等五门科目,但在第二年的考试中,取消了原有的格物测算、化学、医学考试科目,增加了天文。据经常主持其事的总理衙门大臣董恂的记载,自同治十年(1871)至光绪四年(1878)曾经考过的科目有:

> 同治十年(1871)翻译、算学、化学
> 同治十二年(1873)算学、翻译、格物测算、化学、医学
> 同治十三年(1874)天文、算学、翻洋译汉
> 光绪元年(1875)算学、翻译、化学、格物
> 光绪二年(1876)算学、翻译、格物、化学、富国策
> 光绪三年(1877)天文、算学、翻译、化学、(各国)史略
> 光绪四年(1878)算学、翻译、化学、格物测算、天文、公法、医学②

---

① John K. Fairbank. *The Cambridge History of China* (Volume 10, Late Ch'ing, 1800—1911, Part I). London: Cambridge University Press, 1978, p.525.

② [清]董恂:《还读我书室老人手订年谱》卷一,台湾文海出版社1968年版,第140、159、167、175、185、191、198页。

从上述记载看出，这些年考试的内容每年都有变化，考核课程的门数是每年递增的。由同治十年（1871）的翻译、算学、化学等三门增加到光绪四年（1878）的翻译、算学、化学、格物测算等七门。每年必考的科目是外国语文（翻译）和算学，足见这两门课在同文馆课程体系中所处的重要地位，特别是外文的地位更是无可撼动，以至于奕䜣等总理衙门大臣的奏折屡屡要对外文（翻译）考试详加说明。算学是学习西方自然和应用科学的最重要的基础学科，和外文的地位同等重要。其次是化学、格物（格致）、天文等。再次是医学、富国策、各国史略、公法。这说明清政府办学有明确的目标指向，即培养洋务运动所急需的具有近代科学知识的外交翻译人才及通晓外文的科技人才。

根据同治元年（1862）奕䜣等人奏定的《同文馆章程》，学生每届三年，由总理衙门组织一次大考，对同文馆办学质量进行核实甄别。以下是同治四年十一月初五日（1865年12月22日）奕䜣等人呈奏的《奏陈同文馆学生考试情形折》中关于外文考试的内容及细则：

> 经臣等定期于十月十一日至二十日，按馆分日。由臣等在大堂公同面试。并饬提调等在旁稽察，防其枪替等弊。初次考试，各国配送洋字照会，令其译成汉文。复试将各国条约摘出一段，令其翻成洋文。因洋文非臣等所习，特饬总税务司赫德与各馆外国教习会同阅看，分别名次高下。复恐各学生于外国文字虽能通晓，而语言未必娴熟，因再行复试，由臣等密出汉话条字，按名交该学生等令其翻成外国言语，隔座向外国教习侍讲，再令外国教习将学生言语译汉，写明两相核对，计共九日试毕。臣等将三次试卷条子合并比较，其翻译各文，虽未能通体贯串，亦尚有相符之处。外国言语亦多吻合。自应分别优劣，照章办理。①

从上述奏折可知，大考分初试和复试两种。初试内容是让学生将各国配送的外文照会译成汉文。复试分两次进行，第一次是将各国条约（汉文）摘出一段，让学生译成洋文，并由清廷总税务司赫德与各馆外国教习会同阅看，决定名次。第二次复试是总理衙门相关人员让学生将汉文条子当着外国教习的面译成外文，并让外国教习将学生所译的外文译成汉文，然后两相核对，判明学生译得正确与否，这一过程共需九天。这是真正意义上的教考分离，严厉杜绝了作弊、枪替等情弊，虽然费时费力，但公平性和准确性是无可置疑的，对于

① 奕䜣：《奏陈同文馆学生考试情形折》//宝鋆等：《筹办夷务始末》（同治朝卷三十七），民国十九年故宫博物院用抄本影印，第3533-3534页。

良好学风的养成起到推动作用。

后来,同文馆对考试作了改革,考试时间缩短,由九天减少至一天。以下是光绪二十二年(1896)三月"堂谕"有关考试的记载:

> 据总教习呈称:向章每逢月考、季考、岁考之期,由辰刻入场,汉洋题一齐发给,其翻译较熟者,午刻即可缴卷,其翻译稍生者,至酉刻尚未完卷。阅卷者只能以翻译之优绌,定其高下,不能以翻译之迟速,判其低昂。惟同文馆原为翻译照会传递言语起见,倘竟如是延缓,恐致贻误公事。拟请每逢考汉洋照会之日,预定限期,不得任意迟延。再每月考试,原定辰刻点名,而学生等竟有迟至数刻,犹未到馆,拟请严定章程等语。总教习所称各节,系为整顿馆规起见,自应照所拟办理。嗣后每月考验照会,着定于辰刻九点钟点名,发给洋文题目,译成汉文,限至十一点半钟交卷出场。又于午刻一点钟入场,发给汉文题目,翻成洋文,限至三点半钟交卷出场,至场后所余时刻,即作为学生等食息之用。再每逢考试点名后,限一刻工夫准其补点,如遇一刻即不准入场,仍酌罚膏火,并着提调认真稽察,以肃馆规。①

从"堂谕"可知,每场考试时间是从上午九点到十一点半,计两个半小时,下午一点开考,三点半交卷,时间也是两个半小时。同时实行点名制,迟到一刻钟便不准入场。这种考试形式同现在的各类考试形式基本无异。其优点是简便、经济、方便操作。缺点是作弊、枪替等情弊难以根绝②,甚至为少数极不负责的洋教习在判卷中"瞻徇情面"③提供了便利,其严肃性、公正性难以保证。

同文馆对考试管理作了改革,但语言类考试的内容始终未变,还是翻译照会等。④ 光绪二十四年(1898)一份总理衙门的奏折记述了当时大考的情况:

---

① 《同文馆章程及续增条规》//高时良:《中国近代教育史料汇编·洋务运动时期教育》,上海教育出版社 1992 年版,第 116 页。

② 光绪二年(1876)十二月"堂谕"云:"同文馆之设,原以培养真才归诸实用。该学生等奋勉用功者,固不乏人;玩忽成性者,恐亦不免。风闻近来每逢月课、季考,兼有倩人代作,或通融抄录,草率了卷,殊非核实之道。"(《同文馆章程及续增条规》//高时良:《中国近代教育史料汇编·洋务运动时期教育》,上海教育出版社 1992 年版,第 99 页)

③ 陈其璋:《请整顿同文馆疏》,《皇朝蓄艾文编》卷十四//陈学恂:《中国近代教育史教学参考资料》上册,人民教育出版社 1986 年版,第 30 页。

④ 考试题型及内容参见附录 1、附录 2 的光绪二十一年(1895)、光绪二十四年(1898)大考试题。

光绪十六年复经臣衙门奏请在馆学生，择其资深学优者……兹自光绪二十一年请奖后，扣至二十四年十二月，已届三年期满，臣等于上年十二月初九、初十等日，传集在馆新旧各学生，编列坐号，按日分场，试以格物、测算、天文、算学、化学、医学、语言等项，并将各国洋文照会翻成汉文，复将各国汉文照会翻作洋文。其到馆未久，年齿较轻者，试以洋文译汉，汉文译洋，分别深浅，酌令翻译。汉文试卷即由臣等详细校阅，公同评定甲乙，洋文试卷督令洋教习阅看，分别取定名次高下，该学生等翻译汉洋各文所拨取前茅者，词意均属符合，余俱堪资造就，其兼肄习格物、测算、天文、算学、化学、医学各事者，亦尚知用心讲求。试以各国语言，就题解释，俱能贯串无误。①

可见，就考试要求及其过程来看，同文馆的考试是很严格的，作为其主管部门的总理衙门也是极为重视。同治四年（1865）第一次大考时，总理衙门诸大臣、监察官、总教习、提调、帮提调、教习等都来监场，这一做法后来一直未变。总理衙门诸大臣除了参加大考的有关教务，还要参加其他类型考试的出题、面试等。除了前述的官修文献档案史料，一些同文馆教育管理的经历者，如总理衙门大臣曾纪泽、翁同龢等也给我们留下了珍贵的一手文献资料：

◆ 曾纪泽：《曾惠敏公手写日记》

光绪十三年元月十八日 巳正三刻，至译署，阅牍。饭后与彦甫久谈，出题试同文馆学生三人。

七月十九日 巳初一刻，往东厅考同文后馆学生九人。②

◆ 翁同龢：《翁同龢日记》

光绪廿一年八月廿九日 是日季考前馆，大学生也。翻新报，到坐如生童也。欧斐礼（按：系"欧礼斐"之误）陪坐有顷，俄教习亦来，呼诸生前，以一条示之，令作洋语告教习，教习以洋语录其语，用话语告余，余以原条考其合否，凡试六人皆好。六人者，英陈贻范、马廷亮、萨荫图，俄邵恒浚、刘崇惠、翟青松。（按：翁同龢记述有误，萨荫图系俄文生，翟青松系法语生）

---

① 朱有瓛：《中国近代学制史料》第一辑上册，华东师范大学出版社 1983 年版，第 81-82 页。

② ［清］曾纪泽：《曾惠敏公手写日记》（七、八），台湾学生书局 1965 年版，第 3776、3905 页。

光绪廿一年十二月初十日 遂至总署,是日同文馆大考,三年一次,将优保也。凡四十六人,自巳正迄酉正,兀坐不动,与总教习欧礼斐谈,张、吴二公同座。照会一件,以华译洋,又一件,以洋译华,如是而已。中间挑十余人,试以语言,则随手指华文数行,使以洋话传诸教习,教习以汉话告之语余,合则佳,否则为劣也。[1]

(三)对作弊的惩戒

既然是考试,就要决出成绩高下,因为成绩是教育单位及各级各类管理机构奖惩的依据,同时也是为了方便管理。因此,只要有考试制度存在,就有抄袭、枪替等情弊的发生,中外古今皆然。作弊的危害性极大,它会摧毁公平性,颠覆主流价值观,败坏社会风气,对学生进行错误引导,导致其无心向学。物质和精神层面的奖励与惩处是作弊现象发生的现实土壤,而获取奖励、规避惩处恰恰是人与生俱来的内在倾向或曰本能。因此,在考试作弊的问题上,管理层是无论如何都不能高估学生的自制力和自觉性的,作为同文馆管理者的总理衙门对此心知肚明。因此,除了在制度层面对各个类型考试的形式及内容等作详尽规定外,还采取了严格的防范和惩治枪替等措施。奕䜣等呈奏的《奏陈同文馆学生考试情形折》规定月课、季课及年终岁考,前后馆学生须分别考试,"饬提调等在旁稽察,防其枪替等弊"[2]。自光绪年间开始,随着同文馆招生规模的扩大,管理方面的一些弊端逐渐显现,学生私挟夹带,并请人代枪传递等情形时有发生,总理衙门出台了一些具体和严格的措施,如将参考学生编上座位号,印于卷面,对号入座等。光绪二年(1876)十二月"堂谕"云:

同文馆之设,原以培养真才归诸实用。该学生等奋勉用功者,固不乏人;玩忽成性者,恐亦不免。风闻近来每逢月课、季考,兼有倩人代作,或通融抄录,草率了卷,殊非核实之道。现当岁考届期,即仿照考试旧规,先期编立坐号,印于卷面,该生等各坐各号,不准搬移越位。是日派司官八员,会同正副提调等,轮班监场,该学生等务当恪守场规,毋得仍蹈故习,

---

① 陈义杰整理:《翁同龢日记》第五册,中华书局1997年版,第2841、2869页。

② 奕䜣:《奏陈同文馆学生考试情形折》//宝鋆等:《筹办夷务始末》(同治朝),民国十九年故宫博物院用抄本影印,第3533页。在同文馆的早期阶段,总理衙门对于如何惩治枪替等情弊似未作具体规定,原因是早期同文馆学生人数少,英、法、俄三馆,每馆各10人,总共才30人,考试时总理衙门大臣、总税务司、提调、帮提调、各外文教习等都来监场,容易监督,学生几无作弊的空间。

自干咎泪。①

　　同文馆后期，腐败盛行、管理松弛、学生厌学及考试作弊等情况愈演愈烈②，迫使同文馆管理层采取更严厉的惩治措施，以严肃考风考纪。光绪二十二年（1896）九月"堂谕"云：

　　　　据总教习呈称：查同文馆章程，每逢月底有月考、季考之名，每届年终有岁考、大考之别，原为查核学生等有无长进，以判其优劣，岂容私挟夹带，并倩人代枪传递之理。乃近年来各馆学生竟有平日功课进益无多，而至月底考试所翻译者，反驾乎他人之上，迫次日各教习再行面试，而又茫然不知，是非翻阅夹带亦必倩人代枪，故各教习编取名次甚为难。拟请嗣后无论有何考试，倘查出各生等有私挟夹带者，立即逐出场外，不准入考；再犯者，罚一月膏火以示薄惩。倘于阅卷后，各教习面试，而该生竟茫然不解，查出实系倩人代枪传递者，初犯罚一月膏火，再犯罚三月膏火，如仍不悛，立即除名，被枪与代枪者，一例惩治。③

　　从"堂谕"反映的情况来看，"私挟夹带，并倩人代枪传递"的情况相当严重，其直接后果是败坏了学习风气，导致学生不思进取，"平日功课进益无多"，成绩急速下滑，"各教习再行面试，而又茫然不知"。所以，总理衙门对考试作弊者，做出扣除一至三个月的膏火银，对"仍不悛"者，开除出馆，而且对涉事的"被枪与代枪者，一例惩治"。光绪二十四年（1898）的《续同文馆条规八条》也明确规定："月课、季考及年终岁考，前后堂学生须分别考试。第一日考前后馆能翻译汉、洋文各学生，其翻译条子者即归次日考试。该提调务当实力稽查，严防枪替，其有不遵守约束者，立即回堂，照章办理。"④

　　综上，同文馆在学生管理模式的构建与实施方面，作了积极的尝试，取得

---

①　《同文馆章程及续增条规》//高时良：《中国近代教育史料汇编·洋务运动时期教育》，上海教育出版社1992年版，第99页。

②　相关情况参见陈锦：《请饬整顿同文馆并将提调苑葆池严惩折》//中国史学会主编：《中国近代史资料丛刊·洋务运动》（二），上海人民出版社2000年版，第59-61页。陈其璋：《请整顿同文馆疏》；总理衙门：《遵议陈其璋整饬同文馆疏》//［清］席欲福、沈师徐辑：《皇朝政典类纂》卷四百七十四，台湾文海出版社1969年版，第8-10页。

③　《同文馆章程及续增条规》//高时良：《中国近代教育史料汇编·洋务运动时期教育》，上海教育出版社1992年版，第118-119页。

④　《同文馆章程及续增条规》//高时良：《中国近代教育史料汇编·洋务运动时期教育》，上海教育出版社1992年版，第52页。

了一定的成效,虽有不完善之处,但其中的许多措施仍具有一定的借鉴价值,为后来的许多新式学堂所仿效。例如,晚于同文馆一年成立的上海广方言馆和成立于光绪十九年(1893)的湖北自强学堂都像同文馆那样实行月考、大考制度。① 重视学生汉译外水平的测试是同文馆的传统,也是特色,同样被自强学堂②、国立北京大学③等学校所仿效。又如,同文馆为严明考试纪律,出台了相关举措,为保证教学秩序、公正有效地衡量学生的学习成果提供了制度支撑。这些举措也为后来的新式学堂所沿用。徐士佳在《奏请乡会试增设洋文中额折》中要求"酌照入考同文馆之法"组织考试:

> 拟请自明岁顺天乡试为始,凡应试士子有兼通洋文者,于试前一月,由外务部出示,招考该生取具同乡京官印结,将兼能何国文字先期报明,由该部定期考试。点名时出结官眼同识认,挨次入场酌照入考同文馆之法,当堂考试,弥封试卷,由该部大臣酌带译员秉公校阅。将取列者榜示坐号,次日再面加复试,以对笔迹,然后拆封,将姓名册送贡院,名曰兼译生监。④

其他的还有优秀生保送、提供生活费、实施淘汰制、严格考勤制度及重视过程管理等,限于篇幅,恕不一一列举。

---

① 张美平:《晚清外语教学研究》,中国社会科学出版社 2011 年版,第 112 页。

② 汉译外试题参见高晓芳:《晚清洋务学堂的外语教育研究》,商务印书馆 2007 年版,第196-198 页。

③ 北大预科和本科招生试题都采用汉译外或外译汉的形式。题型参见张美平:《民国外语教学研究》,浙江大学出版社 2012 年版,第 286-288 页。

④ 徐士佳:《奏请乡会试增设洋文中额折》(光绪二十九年)//黎难秋、李亚舒:《中国科学翻译史料》,中国科学技术大学出版社 1996 年版,第 107 页。

第四章　同文馆的教学管理系统和组织形式

　　同文馆作为直属于总理衙门的教学机构，有一套专门的教学管理系统和组织形式。这套系统相当复杂，与同文馆创办之前的外国语文学堂，如明代四夷馆等有较大的区别[①]，与在其之后创办的上海广方言馆等新式外国语学堂也有较大的区别。[②] 作为一个专门培养外语外交人才的办学机构，同文馆的组织机构非常有特点，且比较复杂，这在中国教育史上应该说是独一无二的。在早期阶段，同文馆虽是一个教学机构，其实它更像一个衙门。同文馆原英文教习额伯连说："在 1867 年成为大学之前，它是人们通常所说的衙门学校。"[③]同治六年(1867)天文算学馆设立以后，同文馆进行了制度改革，教育管理体系更趋完善，形成了较为复杂的教学组织机构，它既有纵向的层次结构，又有横向的部门结构等。具体说，同文馆的组织层次结构分为决策、执行两个层级。组织部门结构包括各外文教学馆、各科学教学馆、前馆和后馆及各教学辅助机构。这些构成了同文馆整体的组织架构。通过对同文馆的管理系统和组织结构及其成因的分析，便于我们了解晚清教育组织或学校组织机构变迁的情形。

---

　　① 《四译馆增订馆则》云："旧即其馆，师官望之最深者总馆事，惧弗胜任。弘治七年，内阁大臣建置太常寺卿、少卿各一员为提督官，重其职也。"(《续修四库全书》编纂委员会：《续修四库全书》，上海古籍出版社 2002 年版，第 650 页)《皇舆考》记载："设十三馆通事，译其语音，礼部辖之。设四夷馆，译其文字，太常寺少卿提督，亦礼部辖之。"([明]桂萼：《皇舆考·四夷图叙》卷十二，副都御史黄登贤家藏本，第 5 页)由此可见，四夷馆设立之初，明政府并没有委派专人进行管理，而是由馆内年高德劭者掌管馆内事务。因恐其不能胜任，明政府于弘治七年(1494)设置正三品的太常寺卿、正四品的少卿各一人为四夷馆提督官，由礼部管辖。至此，四夷馆开始由专人负责管理。而同文馆甫一设立即由总理衙门直接掌控，即便在 1869 年设立总教习负责日常管理，其许多事务仍由总理衙门大臣掌管。

　　② 上海广方言馆的管理及组织架构为：南洋通商大臣—江海关道—监院(上海县学官担任)/江南制造局(1867 年后)—广方言馆(英文馆、法文馆、算学馆、天文馆)等。

　　③ M. J. O'brien. The Peking College. *The N. C. Herald and S. C. & C. Gazette*, Jan. 25, 1870, p. 63.

第一节　同文馆的教学管理系统

同文馆的教学管理系统分为决策和执行两个层级：决策层级包括总理衙门大臣、总管同文馆事务大臣和清廷总税务司兼任的监察官；执行层级则包括同文馆总教习、提调和帮提调、教习和副教习及助教等。

一、决策层级

(一)总理衙门大臣

总理衙门是晚清主管外交、派遣驻外使节并兼管通商、关税、海防、路矿、军工、邮电、同文馆及派遣留学生等事务的中央机构，由皇帝特简（按：皇帝对官员的破格选用）的大臣组成，由王大臣或军机大臣兼领，并仿军机处体例，设大臣和章京两级职官。咸丰十一年(1861)，总理衙门成立，接管了以往礼部和理藩院所执掌的对外交往事务，由恭亲王奕䜣、大学士桂良和户部左侍郎文祥等三人出任总理衙门大臣。此后人数不断增加，一般是 7 至 8 人，光绪十一年(1885)曾一度达到 13 人。除奕䜣、桂良、文祥以外，晚清重臣李鸿章、倭仁、翁同龢、郭嵩焘、曾纪泽、左宗棠等先后担任过此职。

《钦定大清会典》规定总理衙门的职责和议事方式为："掌各国盟约，昭布朝廷德信，凡水陆出入之赋，舟车互市之制，书币聘飨之宜，中外疆域之限，文译传达之事，民教交涉之端，王大臣率属定议，大事上之，小事则行，每日集公廨以治庶务。"[1]王大臣率部属"每日集公廨以治庶务"的这种全体大臣合议的决策方式，颇有现代行政组织中合议制的精神，总理衙门对于共同商酌的事项，由全体大臣联衔具奏于皇帝，或咨劄照会有关部院和人员。对于同文馆的馆务，同样是经由这一程序办理。若对该馆有所令示，则统称为"堂谕"，即表示该馆是在全体大臣隶属之下，即使在派有专管事务大臣期间，总理衙门的其他大臣仍经常参与馆务，甚至主持其事。[2] 虽然总理衙门大臣掌管的外交、商务、军事、经济等领域的事务非常多，但同文馆教育也是其关注的重点。他们事必躬亲，事无巨细，不仅参与同文馆的决策和制定大政方针，而且也参与接

---

[1]　昆岗等纂修：《钦定大清会典》卷一百，商务印书馆，光绪戊申(1901)十一月，第 1 页。
[2]　苏精：《清季同文馆及其师生》，台北上海印刷厂 1985 年版，第 20 页。

待新生、出题、监考、阅卷、巡视等非常具体的事务。①《张文襄幕府纪闻》收录了辜鸿铭记述的一件趣事：

> 余同乡故友蔡毅若观察，名锡勇，言幼年入广东同文馆肄习英文，嗣经选送京师同文馆肄业。偕同学入都，至馆门首，刚下车卸装，见一长髯老翁欢喜迎入，慰劳备至。遂带同至馆舍，遍导引观。每至一处，则告之曰：此斋舍也，此讲堂也，此饭厅也。指示殆遍。其貌温然，其言蔼然，诸生但知为长者，而不知为何人。后询诸生曰午餐未？诸生答曰未餐，老翁即传呼提调官，旋见一红顶花翎者旁立，貌甚恭，诸生始知适才所见之老翁，乃今日当朝之宰相文中堂也。于此想见我朝前辈温恭恺悌之风度也。②

辜鸿铭所描绘的是在同治六年（1867）十一月，咨送北京考试的蔡锡勇、那三等第一批六名广东同文馆学生，由时任总理衙门大臣文中堂（即文祥）亲自接待的经过。这种处事方式虽有胡子眉毛一把抓，不善于抓主要矛盾之嫌，但也真切地反映出他们对同文馆的重视和培养外语人才以应对纷繁复杂的对外交涉事务的迫切心情。

（二）同文馆管理大臣

"同文馆管理大臣"一词来自《钦定大清会典》③，但在奕䜣呈奏的《请饬派徐继畬为总管同文馆事务大臣折》中，又称其为"总管同文馆事务大臣"④，《同文馆题名录》中则又称"同文馆专管大臣"。为方便讨论，本书一律称"同文馆管理大臣"。

同文馆管理大臣一职系奕䜣于同治六年（1867）正月以新设天文算学馆学

---

① 总理衙门大臣翁同龢在其日记中有较详尽的记载，兹摘录部分内容如下：

光绪廿一年十二月十一日　方略馆少休，即赴总署。是日同文馆考后馆学生，并算学、化学、格致学、医学，交卷较早，申正毕。仍陪教习饭，蕙吟未到……卷封至堂上，后日再定。

光绪廿二年四月初二日　偕樵野赴同文馆查课，与总教习款曲，提试六人，以洋译汉。

光绪廿三年七月廿六日　是日同文馆录科六十四人，李相（即李鸿章）点名出题，许（即许应骙）、廖（即廖寿恒）、崇（即崇礼）、敬（即敬信）皆集。（翁万戈编，翁以钧校订：《翁同龢日记》第六、七卷，中西书局 2012 年版，第 2914、2946、3076 页）

② ［清］辜鸿铭：《张文襄幕府纪闻》//《笔记小说大观》（四编），台湾新兴书局有限公司 1981 年版，第 5481 页。

③ 昆岗等纂修：《钦定大清会典》卷一百，商务印书馆，光绪戊申（1901）十一月，第 2 页。

④ ［清］席欲福、沈师徐辑：《皇朝政典类纂》卷二百三十，台湾文海出版社 1969 年版，第 4437 页。

生之汉文已有根基,无须添设汉教习,但恐外界误会同文馆"专以洋人为师",故奏请设"群情宗仰之一人"以为师表,"以专稽查而资表率":

> 惟查臣衙门前设英、法、俄国语言文字各馆,均设洋教习一员,专司讲译;此外各设汉教习一员,兼课汉文,令该学生等奉以为师。现在学习天文、算学之员,均系已成之材,汉文无不通晓,汉教习自可不设,但亦必须有群情宗仰之一人,在彼指引开导,庶学者有所禀承,否则该馆只有洋人讲贯,而中国无师表之人,恐来学者竟疑专以洋人为师……惟有臣徐继畬老成望重,品学兼优,足为士林矜式,拟请旨饬派徐继畬作为总管同文馆事务大臣,以专责成而资表率。①

"老成望重,品学兼优"的徐继畬于是年被任命为首任同文馆管理大臣。徐继畬(1795—1873),晚清名臣,山西五台人。年少时师从著名文学家高鹗等名人。道光六年(1826)中进士,选庶吉士,授翰林院编修。道光十年(1830)起,先后出任陕西监察御史、广东按察使、福建布政使、闽浙总督等职。咸丰元年(1851),授太仆寺少卿。咸丰四年(1854),以三品京堂候补,在总理各国事务衙门行走②,协助奕䜣办理洋务。徐继畬还是著名的学者,著有《瀛寰志略》《古诗源评注》《退密斋诗文》等极具影响力的著作。

根据《钦定大清会典》,同文馆管理大臣"于本衙门大臣内特简,无定员,掌通五大洲之学,以佐朝廷一声教"③。因此,让堪称"士林矜式"的徐继畬从事文治声教的事业,是奕䜣等人奏请设立同文馆管理大臣的初衷之一,反映出总理衙门对同文馆的重视与期望之高。可见,奕䜣等人为防微杜渐,力避嫌疑,其考虑不可谓不周详,但仍不免饱受讥议。同治五年(1866),总理衙门决定设立天文算学馆,招收已获取功名或官职的满汉举人、五贡生员及进士出身之京外各官,学习天文、算学,不料遭到了以倭仁为代表的正统保守派的强烈反对,引发了同文馆之争,致使同文馆遭遇了重大挫折,招选学生学习科学的计划搁浅,徐继畬难以有所作为,只好于八年(1869)以老病乞休。

迄至光绪中叶,社会风气出现明显转变,对外语学习显示出进一步的认同,甚至光绪皇帝也都亲自过问同文馆的馆务状况及外国语文学习之情形。

---

① 宝鋆:《筹办夷务始末》(同治朝卷四十七),民国十九年故宫博物院用抄本影印,第4524-4525页。

② "行走"系清代非专任的职官名称。总理各国事务衙门由亲王统领,即首席大臣,下设总理大臣、总理大臣上行走、总理大臣学习上行走等。

③ 昆岗等纂修:《钦定大清会典》卷一百,商务印书馆,光绪戊申(1901)十一月,第2页。

例如,曾纪泽在日记中记述,光绪十五年(1889)二月二十五日,他觐见光绪帝,后者"问中国通洋语者多少"。翌日,"皇上问同文馆事……问西洋语言文字之大凡"①。同文馆因此获得了较好的发展机遇,其学生人数、课程、规模等都大为扩充。光绪十五年(1889),总理衙门大臣、庆亲王奕劻考虑到"现在交涉事宜较前倍多,翻译言语文字最关紧要",而近年"招考学生额数加添",新设格物馆,建造观星台,学生又分属天文、算学、化学、格物、外国语文各馆,"汉洋并习,功课较紧","非有大臣总理其事,不足以专责成"②,于是在简派徐继畬二十余年后,再次简派曾纪泽、徐用仪二人为同文馆管理大臣,他们同时也是总理衙门大臣。此后一直到光绪二十六年(1900)庚子事变前,总理衙门大臣中都有两位兼任同文馆管理大臣。自徐继畬起,一共有 7 人先后担任过同文馆管理大臣,他们是徐继畬(1867—1869)、曾纪泽(1889—1890)、徐用仪(1889—1895)、张荫桓(1890—1898)、翁同龢(1895—1898)、崇礼(1898—1901)、袁昶(1898—1900)等。

在所有同文馆管理大臣中,曾纪泽是极为出色的一位。他是清末著名的外交家,曾任出使英、法、俄国大臣,被丁韪良称为近代中国派往国外的最成功的外交家。③ 他一生中对国家最重要的贡献是于光绪七年(1881)通过改订的《中俄伊犁条约》收回了部分被沙俄强占的领土。孙子和说,曾纪泽"精通外语外文,历任驻外钦使,屡膺交涉重任,初在京师时,即与洋人时相过从,同文馆诸洋教习亦相交稔熟"。④ 曾纪泽对同文馆的发展倾注了大量心血,许多事情都是亲力亲为,出题、监考、阅卷、封卷、与教习谈话,等等,不一而足。好在其日记中均有记述,为后人留下了不少研究同文馆的珍贵史料。现略举数例:

---

①　[清]曾纪泽:《曾惠敏公手写日记》,台湾学生书局印行,1965 年版,第 4316、4317 页。

②　奕劻:《请简派员专管同文馆事务片》//高时良:《中国近代教育史料汇编·洋务运动时期教育》,上海教育出版社 1992 年版,第 61 页。

③　W. A. P. Martin. *A Cycle of Cathay or China*, *South and North with Personal Reminiscences*. New York: Fleming H. Revell Company, 1900, p. 380.

④　孙子和:《清代同文馆之研究》,台湾嘉新水泥公司 1977 年版,第 127 页。除"精通外语外文"以外,笔者同意孙子和的评价。曾纪泽确实花了很多工夫学习英、法两种语言,他在日记中均有很多记述。关于其外语水平,人们的评价似乎不很高。丁韪良说:"他口语流利,但不合语法。他阅读和写作总有困难。"(W. A. P. Martin. *A Cycle of Cathay or China*, *South and North with Personal Reminiscences*. New York: Fleming H. Revell Company, 1900, p. 365.)钱锺书说:"曾纪泽作得很好的诗,又懂英语,还结合两者,用不通的英语翻译自己的应酬诗。"(钱锺书:《汉译第一首英语诗〈人生颂〉及有关二三事》//钱锺书:《七缀集》,生活·读书·新知三联书店 2002 年版,第 151 页)

光绪十三日正月十八日 饭后与彦甫久谈,出题试同文馆学生三人,复与彦甫谈,申初二刻归。

光绪十四年十二月十七日 巳正至译署,今明日同文馆岁考,在西堂更衣后即至馆监视。

光绪十四年十二月二十一日 阅同文馆岁考卷良久,德贞来谈,阅岁考卷,茶食后阅毕……编岁考卷甲乙,开写长单,以示译署,饭后封缄卷包。①

蔡钧在《出使须知》中云:"朝廷遣曾袭侯(按:曾纪泽)出使英、法、俄等国,每到一处,即为其人敬重,事后犹称慕弗置,则以袭侯于英法二国语言皆能通晓,与其人会晤,彼此寒暄,如出肺腑以相示,又留心于西国律例公法,遇交涉事件,必援证诘驳,殊无游移之见,虚浮之谈,故西人敬之畏之,恒以瞻识兼优相推重,而不敢有所挟制把持也。"②可见,曾纪泽不仅会外国语言,而且"留心于西国律例公法",并在对外交涉中运用,颇受中外人士的敬畏与钦佩。

(三)监察官

同文馆教学管理系统的决策层级中,监察官是唯一由外人担任的职官。毕乃德在《同文馆考》中提及"赫德任当然监察官"③,但"监察官"一词似未见诸各类奏定章程或总理衙门的奏折。不过,自光绪五年(1879)起的历次《同文馆题名录》中都有"监察官"的记载。如光绪二十四年(1898)刊行的《同文馆题名录》记载:"监察官,头品顶戴布政使衔,赫德。"④监察官一职可能设于同治八年(1869)丁韪良担任总教习之时。它一直由清廷海关总税务司赫德担任。监察官职权包括同文馆经费的支应稽核、洋教习的任免迁调、采购器材设备等,特别是洋教习(包括总教习在内)的管理,赫德握有决定权。⑤ 赫德还对该馆负监督之责,并参与馆务的管理。但是,法文馆教习李璧谐于 1870 年 2 月

---

① 〔清〕曾纪泽著,刘志惠点校辑注:《曾纪泽日记》(下册),岳麓书社 1998 年版,第 1564、1656、1657 页。

② 〔清〕蔡钧:《出使须知》,天南遯叟手校本,弢园王氏刊,光绪乙酉秋,第 15 页。

③ 毕乃德著,傅任敢译:《同文馆考》,《中华教育界》1935 年第二十三卷第二期,第 18 页。

④ 高时良:《中国近代教育史料汇编·洋务运动时期教育》,上海教育出版社 1992 年版,第 63 页。

⑤ 苏精:《清季同文馆及其师生》,台北上海印刷厂 1985 年版,第 24 页。

在致《北华捷报》编辑部的信中对赫德的官僚作风表达了强烈的不满。① 赫德还监督一切财政,由于他是海关总税务司,故总理衙门令拨该馆经费之船钞,亦由赫德经手。② 可见,赫德对同文馆的影响力之大,当不逊于总理衙门的各位大臣。

赫德是爱尔兰波塔当(Portadown)人,北爱尔兰皇仁大学(Queen College,Belsfast,现称贝尔法斯特女王大学)毕业后,被英国外交部选中,于咸丰四年(1854)来华。先后在香港商务监督处、英国驻宁波和广州领事馆及粤海关担任翻译、助理及副税务司,又充港督书记官。同治二年(1863),"擅华语"的赫德代替英人李泰国(Horatio N. Lay)出任清政府海关总税务司(Inspector General of Imperial Maritime Customs Service),掌权长达45年。他负责的中国海关税收,占清政府全部税收的三分之一。以海关税收维持同文馆的正常运营,是赫德对中国新教育事业最重要的贡献之一。宣统元年(1908),赫德回国。《清史稿》称"赫德官中国垂五十年,颇与士大夫往还"③。在主持清廷海关的近半个世纪中,赫德不仅建立了总税务司的绝对统治,而且其活动涉及中国的政治、经济、军事、外交以至文化、教育等多个领域。美国著名学者费正清(John K. Fairbank)说,赫德是"总理衙门的外籍总顾问,常对政府决策产生一定影响。如推动始于1866年的半官方的斌椿使团等出使海外活动、扩大同文馆设立天文算学馆等。他会就(政府的)外交政策提出建议,在外交谈判中提供帮助,这些举动得到总理衙门的极大重视"④。李安德牧师(Rev. L. W. Pilcher)称赫德领导下的帝国海关给中国的一些学堂提供资金和设计方案,对促进中国新教育产生了强有力的影响。他是中国政府最可靠和忠诚的顾问。⑤ 赫德是为数不多的受到清政府赏识的外国人之一,被清廷视为客卿,其官阶升至正一品。赫德去世后,清朝政府追授他为太子太保。

纵观赫德一生,他对同文馆的贡献主要有三:

---

① Emile Lépissier. The Peking College. Peking, 24th Fevrier, 1870. *The North-China Herald*, Apr. 4, 1870, pp. 244-245.

② 毕乃德著,许绍昌译:《同文馆考》,《外交月报》1935年第六卷第三期,第116页。

③ 赵尔巽等撰:《清史稿》,中华书局1977年版,第12363页。

④ John K. Fairbank and Kwang-Ching Liu(eds.). *The Cambridge History of China* (Volume 10, Late Ch'ing, 1800—1911, Part I). London: Cambridge University Press, 1978, p. 515.

⑤ Rev. L. W. Pilcher. The New Education in China(I). *The Chinese Recorder*, Jul., 1889, p. 306.

第一，为同文馆选聘了合适的负责人。同治六年(1867)发生的震撼京城的同文馆之争使同文馆陷入极大的困境。在"领袖无人，创始诸人也都不复再存奢望"①的情况下，赫德接过同文馆这个烂摊子，动员刚从美国完成国际法进修回来的原同文馆英文翻译教习丁韪良出任这个"遂趋衰落"的机构负责人。丁韪良在其回忆录《花甲忆记》中说：

> 1869年9月，当休完假回到中国，我拜访了赫德，向他了解同文馆的情况。他说："它依然存在。"接着又补充说，他已决定让我来主持馆务，并每年从海关税收中拨出一笔钱给我，以维持同文馆的正常运转。"我将不拒绝出来修剪一下灯芯，"我回答说，"但条件是你必须提供灯油。"也就是说我可以接受校长这一职务，但不负责经费的筹集。由于我的坚持，他同意负责经费。②

第二，为同文馆选拔优质师资。同文馆自创办伊始直至同治八年(1869)进行改组之前，一直是一所翻译学校。英、法、俄文三馆每年各招十名八旗少年入学，对外语师资的需求有限，各馆仅需一名外文教习。同治六年(1867)起，奕䜣等人启动改革，决定从广东和上海两地的同文馆选拔"学有成效者"赴京师同文馆学习外文和科学，同文馆随即扩大，紧接而来的是师资的选聘问题。按照当时的实际情况，聘用教习的任务非赫德莫属。根据魏尔特(Stanley Wright)，赫德早在咸丰十一年(1861)就得知同文馆即将诞生的消息，立即被其将来的前景吸引住了，但由于忙于海关事务，对此无暇顾及，不过此后他一直关注此事。同治四年(1865)八月起，他就热心从事和扩大同文馆的事业。③ 五年(1866)，赫德因私回国。临行前，他向总理衙门提出派遣一位使节和若干同文馆学生随他前往欧洲游历。他还希望获得授权，为同文馆招聘科学教习。他的建议得到总理衙门的首肯，后者将聘用教习的权限赋予了赫德，"延聘洋人一事一概由赫德代为招聘"④。赫德凭借其助手金登干(J. D. Campbell)的帮助，成功物色到了毕利干等杰出的洋教习。他招聘的李壁谐、

---

① 毕乃德著，傅任敢译：《同文馆考》，《中华教育界》1935年第二十三卷第二期，第15页。

② W. A. P. Martin. *A Cycle of Cathay or China*, *South and North with Personal Reminiscences*. New York: Fleming H. Revell Company, 1900, p. 293.

③ Stanley F. Wright. *Hart and the Chinese Customs*. Belfast, Northern Ireland: Wm. Mullan & Son (Publishers) Ltd., 1950, p. 325.

④ 中国史学会主编：《中国近代史资料丛刊：洋务运动》(二)，上海人民出版社2000年版，第23页。

额伯廉分别担任法文、英文教习。此后,赫德还源源不断地为同文馆输送合格教习,如后来接替丁韪良担任总教习的格致教习欧礼斐、天文教习骆三畏、化学和医学教习施德明、医学教习德贞、英文教习吉德等。光绪二十二年(1896)出版的《教务杂志》(*The Chinese Recorder*)在其"通告"栏目中称,"北京同文馆已故的毕利干教授生前提供的一组化学术语和丁韪良博士的著作中的许多物理学术语已被《钦定大清会典》收录……术语可能会被居住在京师的中央政府的学者们所熟知"[①]。该"通告"中关于毕利干等人的学术贡献的记载从侧面反映出赫德所招聘的外籍教习所具有的良好专业素质。当然,其中也有不尽人意者,如英籍德国人方根拔,被任命为天文和数学教习后,迟迟不上任,被丁韪良斥为"江湖骗子、误以声名狼藉为名誉"[②],最终被解聘。

然而,全由外人负责招聘教习的做法,引起了国人的不满。原同文馆学生齐如山说:"说起来(总理)衙门对这些教习,可以说是没有任免权。旧教习离开时,对于后任不许推荐,由外国新到人员,亦不许直接来谋教习之职,必须由总税务司推荐。"[③]总理衙门的做法虽然有客观现实的原因,但确实有些不妥,因为这一做法在一定程度上损害了中国的教育主权。[④] 而且,中国的传统人文教育只培养以科举入仕为终极目标的人才,不培养通晓外文和近代西方科学的人才。国内除活跃在沿江沿海一带的少数粗通外文的通事以外,很难觅得通晓外文,且胜任教学的教学人员。要解决外文和科学师资,只能将目光转向在华或国外的外籍人士。而此时,中国尚未全方位对外开放,选聘优质师资的通道几乎被完全堵塞。赫德主持海关,拥有广阔的人际网络,因此同文馆选聘外文和科学教习的任务历史地落在了这位被丁韪良称为"同文馆之父"[⑤]的总税务司身上。

第三,为同文馆的运行提供强大的经费支持。丁韪良接受赫德要求其主

①　*The Chinese Recorder*, Dec., 1896, pp.601-602.

②　W. A. P. Martin 著,傅任敢译,《同文馆记》,《教育杂志》1937 年第二十七卷第四号,第 217 页。

③　齐如山:《齐如山回忆录》,辽宁教育出版社 2005 年版,第 33 页。

④　教育权是国家主权的重要组成部分。自近代以来,中国的部分教育权旁落,为外人所控制,这一现状一直持续到民国时期。20 世纪 20 年代,发生了针对在华外国人及西方文教机构的非基督教运动和收回教育权运动。中华民国政府顺应历史潮流,采取了强硬措施,迫使西方在华各类教育机构自是时起先后向中国政府申请立案。至迟在 1947 年,随着由美国圣公会创办的圣约翰大学(St. John's University)申请立案成功,中国政府完全收回了教育主权。

⑤　W. A. P. Martin. *A Cycle of Cathay or China, South and North with Personal Reminiscences*. New York: Fleming H. Revell Company, 1900, p.293.

持同文馆馆务的首要条件是他每年从海关税收中拨出一笔经费来支持同文馆的正常运转。赫德没有食言,他"一直为同文馆提供稳定的财力支持"①。实际上,同治元年(1862)奕䜣等人呈奏的《遵议设立同文馆折》就对同文馆的办学经费作了明确规定:"于南北各海口外国所纳船钞项下,酌提三成,由海关按照三个月一结。奏报之期,委员批解,臣衙门交纳,以资应用。"②即从外国轮船停靠中国港口的吨位中抽取三分之一。赫德作为清廷海关的总负责人,利用关税支持同文馆办学是题中应有之义。

美国基督教公理会传教士明恩溥(Arthur Smith)称赫德"对中国的了解超过其他任何人"。③ 不仅如此,在近代经济、文化、管理、教育等各类人才几近阙如的晚清社会,他本人及由他从西方引介的各类人才确实为中国社会、经济、文化事业的发展做出了贡献。宣统三年(1911)九月,退休回籍的赫德在伦敦病逝后,清廷优旨褒扬:

> 总税务司赫德,于咸丰年间来华,由粤海关副税务司荐升总税务司,迭受先朝恩遇,历经赏加按察使衔、布政使衔、花翎头品顶戴,并双龙二等第一宝星,三代正一品封典,太子少保衔。前因病请假回国,复赏加尚书衔。该总税务司供职中国,所有通商各口,设关征税事宜,均由其经手创办,以及办理船厂,设同文馆,赴各国赛会,设立邮政,经始规画,悉臻妥协。遇有交涉,时备咨询,在中国宣力五十余年,深资赞助……遽闻溘逝,轸惜殊深,加恩著赏加太子少保衔。伊子赫承先,著赏换双龙二等第三宝星,以示优异。④

清廷的褒扬肯定赫德在中国现代化运动的早期阶段里所做的贡献。但称赫氏"设同文馆"一事与史实不符,这一说法导致了以讹传讹。姚崧龄在《楚才晋用之赫德》中归纳了赫德对中国经济社会发展的九大贡献,其中之一便是"训练翻译人才(设立同文馆)"⑤。赫德统筹海关,供应国用,为同文馆提供经

① Ssu-yü Teng & John K. Fairbank. *China's Response to the West*: *A Documentary Survey 1839—1923*. Cambridge: Harvard University Press, 1954, p.72.

② 宝鋆:《筹办夷务始末》(同治朝卷八),民国十九年故宫博物院用抄本影印,第807页。

③ Arthur H. Smith. The Life and Work of the Late Dr. W. A. P. Martin. *The Chinese Recorder*,Feb.,1917, p.120.

④ 《大清宣统政纪实录》(二)卷六十,台湾华文书局股份有限公司印行,1968年9月再版,第1038页。

⑤ 姚崧龄:《影响我国维新的几个外国人》,台湾传记文学出版社1985年版,第10页。

费支持,参与同文馆的教务及其管理等,功不可没,是对中国的经济、文教事业发展的贡献。当然,认为赫德"设立同文馆"的这种以讹传讹的做法也是有缘由的。赫德掌控中国海关,同文馆的正常运转仿佛全赖赫德"恩赐",同文馆简直是海关的附属机构。丁韪良曾说,赫德是"同文馆之父(the father)",他本人则是"不喂奶的保姆(dry-nurse)"①,这些说辞可能成了误导人们的因素。实际上,赫德之于同文馆,除提供财力支持外,不过是监察官,担任监督,主要是财务监督。当然,赫德也参与一些同文馆的具体事务,如拟制和批改外文试卷、组织口试和带领学生审核历年的条约等。至于姚崧龄说赫德"训练翻译人才",并无不妥,因为赫德曾于同治五年(1866)率张德彝等六名学生赴欧洲翻译见习,可视为同文馆课堂教学的延伸,但说"设立同文馆"则不符合事实。总之,同文馆是由总理衙门首席大臣、恭亲王奕䜣等人进行实际运作,经清廷最高统治者同意后创办的。这一结论得到"上谕"、总理衙门大臣及巡抚等的奏折及各类章程、名臣日记、档案文献等众多一手史料的支持,毋庸赘述。

二、执行层级

(一)总教习

同文馆成立之初,并无总教习之设。总教习一职设于同治八年(1869),由刚从美国耶鲁大学进修回华的丁韪良担任,丁氏担任斯职至光绪二十一年(1895)退休,长达25年之久。然后由格致、英文教习欧礼斐继任至光绪二十七年(1901)十二月同文馆并入京师大学堂,成为大学堂翻译科为止。

据《钦定大清会典》记载,"总教习系用洋人之兼通洋文洋学,及熟中国语言文字者"。

就职责而言,"设汉洋教习以分导之,立总教习以合语而董成之"②。就实际地位而言,在教务上,总教习虽居最高之职位,但如有"条陈馆务情事,须由帮提调察其可行与否,会同正提调核办,要事则呈堂"③。

关于总教习的职务,目前主要有两种说法,一是相当于校长(馆长),持这

---

①　W. A. P. Martin. *A Cycle of Cathay or China, South and North with Personal Reminiscences.* New York: Fleming H. Revell Company, 1900, p.293.

②　昆冈等纂修:《钦定大清会典》卷一百,商务印书馆,光绪戊申十一月,第2页。

③　孙子和:《清代同文馆之研究》,台湾嘉新水泥公司1977年版,第156页。

类观点的主要有吴宣易①、丁韪良②、台湾"国立"编译馆③、毕乃德④、杜斯⑤、姚崧龄⑥等。二是相当于后来大学的教务长或教务主任。持此观点的有熊月之、陈平原、苏精等人。熊月之(1994)认为总教习的主要职责为教务管理,如课表的制定与实施,对教习的监督与稽查,各项定期考试的执行,统筹编译教材、图书事宜,如译书章程的拟订、印书处的筹办、译成图书的鉴定,等等。⑦陈平原(2009)认同熊月之的说法,并进行了分析。⑧ 苏精(1985)认为总教习的行政权力并不及一般校长。⑨ 笔者认为,总教习很可能是后来大学的执行校长(或常务副校长)之类的职务。总教习之所以不可能是校长,是因为按照同文馆的管理序列,在其前面还有总理衙门大臣、同文馆管理大臣、监察官等。尽管这些人有时会参与同文馆的一些具体事务,如生源选拔、三年一度的大考的监考、评卷、出题及学生的工作分配等,但他们平时一般不分管具体事务。与总教习平级的还有提调、帮提调,但他们只负责学生管理事务。事实上,除学生事务外,同文馆的一切与教学有关的事务,举凡教习的聘任与管理、课堂及第二课堂教学的组织与开展、学生的学业考查、教科书的编译、一些教学辅助机构的设置与管理等基本由总教习负责。我们认为,担任总教习的丁韪良不可能仅仅是教务长,因为丁韪良除掌管学校的教务以外,学校的发展大计、基本建设等都在其掌管之内,而这些都超出了当下的教务长的职权范围。而且,由于同文馆是以教授西语、西学为主的综合性外语学堂,负责馆务的总理衙门大臣(曾纪泽、张荫桓等极少数人除外)对西语、西学乃至新式学堂的管理都不熟悉,加上赫德在经济上的强力支持,丁韪良的实际权利可能还要大。季

---

① 吴宣易:《京师同文馆略史》,《读书月刊》民国二十二年(1933)第二卷第四号,第 3、8页。

② W. A. P. Martin. *A Cycle of Cathay or China*, *South and North with Personal Reminiscences*. New York: Fleming H. Revell Company, 1900, p. 293.

③ 国立编译馆主编:《教育大辞书》(一),台北文景书局印行,2000 年,第 62 页。

④ Knight Biggerstaff. *The Earliest Modern Government Schools in China*. New York: Cornell University Press,1961, pp. 124-125.

⑤ Kwang-Ching Liu. *American Missionaries in China*: *Papers from Harvard Seminars*. Mass.: Harvard University Press,1966, p. 26.

⑥ 姚崧岭:《影响我国维新的几个外国人》,台湾传记文学出版社 1985 年版,第 25 页。

⑦ 熊月之:《西学东渐与晚清社会》,上海人民出版社 1994 年版,第 310 页。

⑧ 陈平原:《老北大的故事》(增订版),北京大学出版社 2009 年版,第 140-141 页。

⑨ 苏精:《清季同文馆及其师生》,台北上海印刷厂 1985 年版,第 26 页。

压西、陈伟民说总教习"实际上是总管同文馆教学的校长"①，这基本可印证笔者的推断。同文馆历史上，仅有丁韪良和欧礼斐担任过总教习，前者任职时间长达 25 年，后者仅 8 年。限于篇幅，仅对丁韪良作简单讨论。

丁韪良，出生于美国印第安纳州一个传统的基督教家庭，从小受到严格的宗教和经典教育的训练。长大后，他在印第安纳大学接受了四年系统的教育。他还广泛涉猎数学、化学、电学、光学、天文学、机械学等学科的知识，为他日后在中国从事教育活动夯下了坚实基础。1846 年秋，他进入专门训练传教士的印州长老会神学院学习神学。1849 年，他确定了前往中国传教的志向。是年底，丁韪良偕同妻子从波士顿出发，于翌年 4 月抵达香港。两个月后，丁韪良抵达在中国传教的目的地——宁波。从此，他与中国结下了 66 年的不解之缘。

丁韪良是一个语言天才，至少懂 7 门外语。② 他利用其卓越的语言天赋在中国开展西学扫盲教育，传播新知。丁韪良在宁波十年的时间里，一边传教，一边创办学校，开展识字和科学启蒙教育。在甬期间，为了使自己和当地人快速掌握中国官话，也为了使"福音能够在中国人之间更快地传播"③，他开始学习宁波方言和中国官话，并学会用拉丁字母标注宁波方言，使宁波方言的发音拼音化。他设计出一套"宁波拼音方案"。④ 丁韪良以他的"拼音方案"(the romanized vernacular)编写教科书和传教用的小册子供他创办的学校和其他教会学校使用，其中包括算术、地理、希腊史、罗马史等书籍。作为传教士，丁韪良早年在宁波布道，直接效果并不明显，但他撰写的《天道溯源》(Evidences of Christianity，包尔腾汉译)却是在中国最受欢迎的传教书籍，"1854—1912 年间，《天道溯源》在中国印行达三四十次，在日本和朝鲜也印了许多次"⑤。此外，他还和其他传教士一起用宁波方言翻译圣经，并于同治七

---

① 季压西、陈伟民：《语言障碍与晚清近代化进程（一）——中国近代通事》，学苑出版社2007 年版，第 63 页。

② Arthur Smith. The Late Dr. W. A. P. Martin. *The North China Herald*，Dec. 30, 1916，p. 715.

③ Peter Duus. Science and Salvation in China：The Life and Work of W. A. P. Martin (1827—1916) // Kwang-Ching Liu. *American Missionaries in China—Papers from Harvard Seminars*. Mass.：Harvard University Press，1966，pp. 13-14.

④ 龚缨晏：《浙江早期基督教史》，杭州出版社 2010 年版，第 164 页。

⑤ Ralph Covell. *W. A. P. Martin：Pioneer of Progress in China*. Washington：Christian University Consortium，1978，p. 109.

年(1868)完成该书的翻译。

同治二年(1863),丁韪良来到北京传教,从此逐步形成"以教育和西方世俗科学为内容的自上而下的世俗化传教思想"。① 次年,他创办了一所主日学校,即崇实馆(The Truth Hall Academy),教授英文、科学及中国经典。同治四年(1865),经美国公使蒲安臣和英国公使威妥玛的引荐,丁韪良接替傅兰雅,成为同文馆第三任英文教习。然而,丁韪良在同文馆教授英文没多久,就向总理衙门提出辞职。总理衙门派谭廷襄和董询两位大臣前来挽留。他们问是否薪水太低或是被冒犯,丁回答说,都不是,只是觉得在虚掷光阴,照管十个只学英语的男孩子很没出息。两位大臣劝他要有前瞻的眼光,说不定将来学生有可能会取代自己或成为皇帝的英文教师。这话对丁韪良有所触动,他认为"这是大可注意的预言"②。

同治六年(1867),丁韪良被任命为国际法及政治经济学教习。为使自己更胜任教学,丁韪良返美师从著名法学家、耶鲁大学校长吴尔玺(Theodore D. Woolsey),研修国际公法。同治八年(1869),丁韪良回到中国,经赫德之邀,受聘为濒临崩溃的同文馆首任总教习。自是时起,丁韪良暂时脱离了传教活动,专注于同文馆的教育工作。他这样做,是因为相信"基督教真理可以首先通过对中国人的施教而得到传播"③。从此,他在这一岗位上服务的时间长达25年。作为一个"来中土多年,深通华言文字"的"泰西通儒"④,丁韪良离开同文馆后,因管学大臣孙家鼐的举荐,于光绪二十四年(1898)被任命为京师大学堂西总教习。二十七年(1901),丁韪良应湖广总督张之洞之邀,前往武昌,拟聘为筹备中之"武昌大学"总教习,终因张氏调离他处未果。民国五年(1916)卒于北京香山的家中。

丁韪良于道光三十年(1850)来华至殁,时间长达66年。除返美进修、休假约三四年以外,丁韪良基本都在中国。纵观丁韪良一生之事业,其最具意义及不朽者有二:一是负责同文馆的日常教学管理,拯救同文馆于危难之中,使之成为清代最著名的外交官、外文教习等各类人才的培训基地之一,为清末其

---

① 王文兵:《丁韪良与中国》,外语教学与研究出版社 2008 年版,第 85 页。

② W. A. P. Martin. *A Cycle of Cathay or China*, *South and North with Personal Reminiscences*. New York: Fleming H. Revell Company,1900, p. 298. 另见 W. A. P. Martin 著,傅任敢译,《同文馆记》,《教育杂志》1937 年第二十七卷第四号,第 222 页。

③ Kwang-Ching Liu. *American Missionaries in China—Papers from Harvard Seminars*. Mass.: Harvard University Press,1966,p. 27.

④ 林乐知:《教会新报》,同治年间,第 9 页。

他新式学堂的创办和经营提供了借鉴;二是形成了以他为中心的翻译团队,组织翻译《万国公法》等 30 余部西学书籍,其中绝大多数系首次经译介才得以在中国传播,启动了近代中国译介西书的运动,对执掌中国朝政的士大夫们进行西学启蒙。但是,丁韪良是一个性格多元的人物,曾干过伤害中国人民感情的事,"功过得失系于一身"①。从正面来说,他几乎将一生中最宝贵的年华献给了中国的文教事业。在众多的来华传教士中,很少有人像丁韪良那样与一所外国语学堂的联系如此密切,既从事教学和翻译工作,又承担管理工作,取得了令世人瞩目的成就。光绪十六年(1890)五月,丁韪良回国,同文馆师生为之饯行并献颂词,盛赞他对同文馆的贡献:

> 自同治元年创建同文馆以来,规模略备,人才辈出,赖总教习分门析类,督课有方。举凡各国翻译、语言文字以及西律公法、天文、格物、测算、化学、医学,分任汉洋教习,综考阙成,殚心竭虑,惩劝兼施,以致馆务日有起色,详译西国各种书籍,皆精深宏实,为游艺必不可少之书。上年二月间,钦派大宪管理馆务,益求整顿,总教习职任益专,添设学额亦益广。历溯馆中高才生,或奉差出洋,或充各埠领事,或在各省机器局、学堂当差,此督课有方之明效也。现在请假吉旋,诸生不无依恋黯然之色。屈指十六月内安车旋馆又得亲炙辉光,面聆指授,振兴实学,鼓舞群才,克享大年,垂名竹帛,较之从前利玛窦、南怀仁、汤若望诸公倍有光彩,获益无涯。祷诵区区,曷有既极。②

西方世界对丁韪良的评价也很高。著名传教士明恩溥在《今日之中国与美国》(*China and American Today*)一书中称"丁韪良长期主持同文馆,为中国政府提供了绝大多数的口笔译译员"③。1917 年 4 月出版的美国印第安纳大学《校友会季刊》发表的一篇纪念优秀校友的文章称:"有史以来至少在中国的美国传教士群体中,丁韪良是拥有最宽基座和最高塔顶的金字塔。"④在 19世纪末曾任美国驻华公使的田贝(Charles Denby)称其为"最著名的在华美国

①　陈平原:《老北大的故事》(增订版),北京大学出版社 2009 年版,第 139 页。

②　佚名:《北京同文馆总教习丁韪良先生纪略》//林乐知主编:《万国公报》,上海墨海书局,光绪十六年(1890)五月,第 11297 页。

③　Arthur H. Smith. *China and American Today*. New York: Fleming H. Revell Company, 1907, p. 229.

④　John W. Foster. An Appreication of Dr. W. A. P. Martin. *Indiana University Alumni Quarterly*, Vol. IV, No. 2, Apr., 1917, p. 134.

人(*the foremost American in China*)"①。

(二)提调、帮提调、助教

提调、帮提调、助教和总教习一样,是同文馆教学管理序列中的执行层级,即受总理衙门委托,主要负责同义馆日常的学生管理工作,直接从总理衙门的官员中选派。对于提调、帮提调的任职资格和职责,《钦定大清会典》有简略记载:"提调二人,于总办章京内派充。帮提调二人,于馆股资深章京内选充。掌经理训课及督察生徒勤惰之事,常日轮班驻馆,朝夕稽查馆事,治其文书,达其条议,督其训习,制其膏奖,纪其勤能,纠其游惰,典其锾籍。"②

同文馆创办初期,即设满汉提调官各一人,由总理衙门总办章京内派充。但由于总办章京公务繁重,难以兼顾,一度曾委派原俄罗斯文馆助教国世春负责部分馆务。同治十年(1871)前后,整顿馆务期间,又添设帮提调二人,实际处理日常馆务。③从《钦定大清会典》所载及各项规定来看,和提调一样,掌管学生的考勤、稽查馆事、文书撰写、巡视督导、勤惰考核、成绩奖惩、膏火发放及印书处的管理等事务,并要"常日轮班驻馆",处理馆务。根据光绪二十四年(1898)《同文馆题名录》,在同文馆存续期间,共有 42 人担任过提调。④担任提调的基本上是总理衙门大臣、道员及六部司官。其中,最初担任提调的成林、夏家镐、周家楣、吴廷芬、袁昶等五人系总理衙门大臣,说明了清廷对同文馆的重视。不过从大约光绪十年(1884)以后,即从斌椿开始,不再有总理衙门大臣出任提调一职,这说明同文馆不如初期之受重视,以致同文馆的管理日渐松弛,陋弊丛生。光绪九年(1883)六月,御史陈锦上折朝廷,要求整顿同文馆并将提调苑菜池严惩,并列举了同文馆管理中存在的诸多问题,例如学生与教习、副教习协同作弊;学生叙补,仅靠关系;克扣膏火,以饱私囊;馆内事宜,概不管束。这些问题被陈锦概括为"考课不真""铨补不公""奖赏不实""馆规不严"等四大问题,造成的后果非常严重:"开馆多年,而通晓洋文、汉文者寥寥无几,殊属有名鲜实。"这些都与提调、帮提调大有关联。陈锦参劾苑菜池"贪鄙嗜利,擅作威

---

①　John W. Foster. An Appreication of Dr. W. A. P. Martin. *Indiana University Alumni Quarterly*, Vol. Ⅳ, No. 2, Apr., 1917, pp. 134-135.

②　昆岗等纂修:《钦定大清会典》卷一百,商务印书馆,光绪戊申十一月,第 3-4 页。

③　苏精:《清季同文馆及其师生》,台北上海印刷厂 1985 年版,第 25 页。

④　这 42 位提调的姓名及任前职务,参见孙子和《清代同文馆之研究》,台湾嘉新水泥公司 1977 年版,第 119-120 页。

福"①,证据确凿。其实,由于体制的原因,同文馆提调官是一个很肥的缺差,除课堂教学、教务诸事归总教习管理外,其余的事务,大都归其管辖。齐如山在其回忆录中详尽记述了同文馆提调肆意克扣、中饱私囊的事例。②

早期同文馆曾沿用俄罗斯馆旧例,设有助教一职。同治四年(1865)十一月,奕䜣等人制定了《酌拟变通同文馆章程六条》,其中第三款对助教一职的职责、待遇等做出了规定:

> 请饬助教常川住馆以资照料也。查俄罗斯馆助教国世春,系元年奏明留充同文馆助教。该助教自留馆以后,每遇月课、季考、岁考,皆在馆照料收卷等事,并未议令值班住宿。……嗣后应饬令国世春常川在馆住宿,专司稽查三馆教习、学生出入,并随时约束苏拉,以防流弊,兼收掌该馆各项册籍。其每年俸银八十两……由臣衙门按季给发,无庸行文户部支领。③

从上述文献资料来看,助教的职责似乎在行政性事务管理方面,从事学生事务的管理,类似于今天的"学生辅导员"或"学生干事"之类的角色,但权力似乎更大,因为他还可以"稽查三馆教习"。早期同文馆没有设置帮提调一职,设置助教可能是为了协助提调管理学生事务的缘故。

(三)教习、副教习

同文馆的教习由三部分构成,即总教习、教习和副教习。总教习、教习类似于当下的正式在编教师,副教习由拔尖学生充任,协助教习开展教学工作,同时也承担教学工作,但其身份依然是学生,仍习功课,接受教习的管理。《钦定大清会典》对各类教习的职责有简要介绍:"设汉洋教习以分导之。立总教习以合语而董成之。总教习用洋人之兼通洋文洋学及熟中国语言文字者。汉教习用汉人举人贡生出身者。洋教习用洋人,副教习由高足学生兼充,仍习学生功课。"④其中,总教习既是管理人员,又承担教学任务,如丁韪良是国际公法的教授,欧礼斐是英文和格致的教授。教习有汉教习和洋教习之分,汉教习负责汉文教学,先后有徐澍林、杨亦铭、张旭升等29人担任斯职。同治六年

①　中国史学会主编:《中国近代史资料丛刊:洋务运动》(二),上海人民出版社2000年版,第59-62页。

②　齐如山:《齐如山回忆录》,辽宁教育出版社2005年版,第37页。

③　奕䜣:《酌拟变通同文馆章程片》(附清单)//宝鋆:《筹办夷务始末》(同治朝卷三十七),民国十九年故宫博物院用抄本影印,第3537-3538页。

④　[清]昆岗等纂修:《钦定大清会典》卷一百,商务印书馆,光绪戊申十一月,第2页。

(1867)以后还要负责算学教学,出任算学教习的有李善兰、席淦和王季同,他们都是当时著名的数学家。洋教习负责外国语文和各类西学课程的教学。同文馆在其存续期间,先后聘请了丁韪良、傅兰雅、毕利干等 51 名洋教习,其中的多数人兢兢业业,忠于职守。

　　同文馆洋教习除了正常的教学活动,还要译书和编写论著,以资弥补教材之不足。以丁韪良为首的翻译团队,为世人贡献了 30 余部译作和论著,其中多数充作本校或其他新式学堂的教材。虽然这些书籍中的学问有不少在当时西方已有些陈旧过时,但对封闭落后、已实施了近 1300 年科举教育的中国而言仍属全新的,系首次引介的近代西方科学知识,弥足珍贵。从文献记载来看,学堂兼作译书机构,虽不是同文馆首创,但从译书的数量和质量来说,它可能是仅次于创办于同治二年(1863)的上海广方言馆(后并入江南制造局)的最出色的教学和译书机构。教习译书一直是中国外语学堂的传统。例如,元代回回国子学、明代四夷馆,曾让各馆教习编纂了近似教材的各种译语①,通称"华夷译语",供学习外国语言文字的学生使用。又如,上海广方言馆英文教习傅兰雅、林乐知等翻译了 100 多部西书②,其中多数供本校和其他各类洋务学堂和教会学堂使用。

　　根据贝奈特(Adrian Bennett)的记载,傅兰雅于同治二年至三年(1863—1864)担任同文馆英文教习,他的工作时间是每天两小时,报酬每年一千两白银。③ 对于教习的奖惩,虽无制度性的规定,但具体的奖励还是有的。同治四年十二月(1866 年 1 月),总理衙门认为学生大考成绩优异,学生"于外国语言文字又颇有进益",于是奏请奖给英、法、俄三馆教习"每名酌送库平银二百两,

---

　　① 所谓"译语",是指汉字与其他各族文字的互译。(任萍:《明代四夷馆研究》,北京师范大学出版社 2015 年版,第 162 页)元世祖至元二十六年(1289)创办的回回国子学就已有各国译语的汇编,称为《华夷译语》。明代则沿袭了元代的传统,编撰了多部诸蕃语言与汉语的对译辞书——《华夷译语》,作为四夷馆的教材。《华夷译语》分为甲、乙、丙三种版本,也被称为洪武本、永乐本(或称四夷馆本)、会同馆本。关于四夷馆的翻译教学,详见张美平:《教习译写番字,事虽轻而干系重——明代四夷馆翻译教学述略》,《中国科技翻译》2011 年第 2 期。

　　② 相关内容参见拙著:《翻译一事,系制造之根本——江南制造局的翻译及其影响》,《中国翻译》2010 年第 6 期;Adrian Bennett. *Missionary Journalist in China : Young J. Allen and His Magazines*, 1860—1883. Georgia: The University of Georgia Press, 1983, pp. 68-80; Adrian Bennett. *John Fryer: The Introduction of Western Science and Technology into Nineteenth-Century China*. Mass. : Harvard University Press, 1967, pp. 110-135.

　　③ Adrian Bennett. *John Fryer: The Introduction of Western Science and Technology into Nineteenth-Century China*. Mass. : Harvard University Press, 1967, pp. 5-6.

明示以酬劳之意"①。光绪十一年(1885),总理衙门上折奏奖"资格最深,馆课亦能勤慎"的丁韪良等三名洋教习。其中,丁韪良获赏三品衔,法文教习华必乐、化学教习毕利干均获赏四品衔。②

我国自西周起一直是"官师合一"的官学体系,学校的教师都是由官吏兼任,官即是师,师即是官。③ 同文馆也沿袭这一传统。汉教习既是教师,也是官员,也就是说,具有一定资历和工作年限的教习,即可出任知县。例如,同治二年(1863)到馆的俄文馆汉教习杨亦铭、法文馆汉教习张旭升在两年的任期届满后,奕䜣上奏要求对杨、张二人"照章奖叙,均以知县用"④。英文馆汉教习徐澍琳也照此办理,获得了知县的职位。对于洋教习,清政府也是用品级奖励的,如以三品衔(虚衔)赏总教习丁韪良,即是一例。

同文馆副教习职位介于教习和学生之间,虽兼具两者身份,但仍在学生之列,均如其他学生一样须每日按时到馆,仍然学习各门功课,违者以不到论,并扣罚膏火。光绪十七年(1891)十月"堂谕"规定:"同文馆前后馆以及副教习等,每日经提调于九、十点钟画到时有不到者,一律注不到字样,逾时不准补行画到。计日罚扣膏火。"⑤和前后馆学生一样,他们还要参加口笔译考试,其成绩还要排名并公布。光绪十八年(1892)正月"堂谕"曾提及试署英文副教习文祐、茂连"以洋译汉试卷,均因翻译较逊,名列于后"⑥。除笔试,还要每周参加口试,"除按月考试外,本大臣现定于每月初二、初九、十六、二十三等日亲赴提调公所,分班接见洋汉教习,抽考副教习及前后馆生徒,面试洋汉文及各国言语,并一切技艺等项"⑦。副教习除像普通学生那样参加学习和考试以外,还

① 奕䜣:《酌给外国教习奖赏折》//宝鋆:《筹办夷务始末》(同治朝卷三十八),民国十九年故宫博物院用抄本影印,第3626-3627页。
② 中国史学会主编:《中国近代史资料丛刊·洋务运动》(二),上海人民出版社2000年版,第65页。
③ 黄运红:《晚清京师新式学堂教师聘任初探——从京师同文馆到京师大学堂》,《湖南师范大学教育科学学报》2013年第5期。
④ 奕䜣:《俄法两馆二年期满请照章奖叙教习折》//宝鋆:《筹办夷务始末》(同治朝卷三十二),民国十九年故宫博物院用抄本影印,第3080页。
⑤ 高时良:《中国近代教育史料汇编·洋务运动时期教育》,上海教育出版社1992年版,第108页。
⑥ 高时良:《中国近代教育史料汇编·洋务运动时期教育》,上海教育出版社1992年版,第109页。
⑦ 光绪二十二年(1896)二月"堂谕"//高时良:《中国近代教育史料汇编·洋务运动时期教育》,上海教育出版社1992年版,第115页。

要承担教习的职责,担任后馆新生的教学,业绩突出的,还可获得奖励。例如,总教习丁韪良因试署英文副教习文祐、茂连"自试署以来,向来殷勤教授各生",便要求销去其头上的"试"字,并加给津贴。[①] 此外,经总理衙门同意,副教习还需协助教习的西书翻译工作。副教习汪凤藻等人就协助教习翻译了约 20 部西学书籍。

副教习有副教习、副教习上行走和记名副教习三种,以称副教习之人数最多。各科基本上都设有副教习,每科通常设有一人,也有设二人及以上的。例如,光绪五年(1879)的算学副教习有席淦、汪凤藻等五人,英文副教习有文续、那三等二人。其名额似无定数,各馆人数也不相等。就其待遇而言,不仅是学生中最高,甚至比汉教习还要高,"月给薪水十五两"[②],而汉教习仅有十二两(早期同文馆汉文教习仅八两)。丁韪良在《同文馆记》中介绍了副教习的职责:"同文馆的学生在外交界及领事署曾经任职一两期,现在尚在候差者,可以入馆复学。他们通常授以副教习名义,负领导一班之责,也有任为正式翻译官的。"(见表 4-1)[③]

表 4-1   同文馆历任副教习名录[④]

时 间	科 目	姓 名	备 注
光绪五年 (1879)	算学	席淦、汪凤藻、杜法孟、贵荣	
	化学	承霖	
	英文	文续、那三	
	俄文	巴克他讷	
光绪十三年 (1887)	算学	贵荣	兼署纂修官
	俄文	巴克他讷	
	化学	王钟祥	
	法文	阎海明	

---

①   高时良:《中国近代教育史料汇编·洋务运动时期教育》,上海教育出版社 1992 年版,第 109 页。

②   《同文馆题名录》(第四次),光绪十三年(1887)刊行,第 46 页。

③   W. A. P. Martin 著,傅任敢译:《同文馆记》,《教育杂志》1937 年第二十七卷第四号,第 227 页。

④   资料来源:"《同文馆题名录》关于历任副教习的记载"//高时良:《中国近代教育史料汇编·洋务运动时期教育》,上海教育出版社 1992 年版,第 69-71 页。

续表

时　间	科　目	姓　名	备　注
光绪十三年 （1887）	算学	胡玉麟	
	英文	斌衡	副教习上行走
	英文	左庚	副教习上行走
光绪二十二年 （1896）	算学	胡玉麟、陈寿田	
	天文	熙璋	
	化学	王钟祥	
	英文	陈寿平	
	法文	德昆	
	俄文	萨荫图	
	德文	程遵尧	
		文秀、周自齐	记名副教习
光绪二十四年 （1898）	算学	胡玉麟、陈寿田	
	天文	熙璋	
	化学	王钟祥	
	英文	刘田海	
	法文	恩庆	
	俄文	萨荫图	
	德文	程遵尧	
		文秀、冯晋秩、奎印	记名副教习

　　按照《钦定大清会典》，副教习"由高足学生兼充"[1]。从相关文献来看，这些副教习确实是学生中之翘楚，"皆同文馆之一时俊彦"[2]。首先，部分副教习的专业水准达到了业界的顶尖层次，如算学副教习席淦是清末继李善兰之后最著名的数学家。其次，包括攻读非外文科目在内的多数副教习的外语水平相当高，已达到独立翻译专业书籍的程度。例如，算学副教习汪凤藻翻译了《公法便览》《富国策》《新加坡刑律》《英文举隅》等六部法学、经济学、语言学书籍；算学副教习贵荣翻译了《俄国史略》《西学考略》等；天文副教习熙璋翻译了多部《天文合历》；化学副教习承霖、王钟祥与教习合作翻译了《化学阐原》《分化津梁》等。用当下的话语来说，这些副教习均属复合型应用型高级专业人才。再次，部分副

---

[1]　昆岗等纂修：《钦定大清会典》卷一百，商务印书馆，光绪戊申十一月，第 2 页。
[2]　孙子和：《清代同文馆之研究》，台湾嘉新水泥公司 1977 年版，第 185 页。

教习其后在政界、军界、外交界、教育界等领域取得了相当大的成就。如周自齐，担任了游美学务处和清华学堂的监督（按：校长），是后来的国立清华大学的奠基人。他还先后担任中国银行总裁、交通总长、陆军总长，署理国务总理、摄行大总统等职务。萨荫图、汪凤藻等担任了出使俄国、日本等国的大臣。

三、同文馆教学管理系统的利弊得失

同文馆教学管理系统是总理衙门组织架构的重要组成部分，是中国教育史上的新生事物，产生了积极的影响。首先，同文馆教学管理系统中的大部分职位在中国教育史上系首次出现，为后来的近代新式学堂教学管理职位的设置提供了示范。例如，总教习、提调、副教习等职位为不少新式学堂所沿用。光绪八年（1882）成立的天津水师学堂聘请严复担任该校总教习。光绪二十四年（1898），京师大学堂成立伊始，聘请原同文馆总教习丁韪良出任该校总教习。又如，同治二年（1863）成立的上海广方言馆，仿照同文馆之例，除设置教习外，还设置英文、算学、天文等副教习。著名学者、原北京女子师范学校校长章梫曾任作为同文馆后继的京师译学馆提调。

其次，同文馆教学管理系统严密、规范，虽然层次多，但依旧可以实行垂直管理，一旦发生教学乱象，能及时干预并整顿。同文馆作为总理衙门的直属机构，享有中国传统的官学、书院、私塾所不具有的地位，由总理衙门大臣或总理衙门委派的同文馆管理大臣直接管辖。同文馆似未设校长一职，教学由总教习丁韪良主管，学生和行政事务由提调或帮提调主管。这样的组织架构方便总理衙门垂直管理。同文馆历史上曾多次发生直接由总理衙门进行整顿的情形。最典型的是光绪十五年（1889），总理衙门大臣曾纪泽奉命整顿同文馆。经过整顿，该馆教学秩序步入正常轨道。

再次，通过设立教习职位，聘用外籍教习，有利于更好地开展外语和西学教育。此举为其他各类新式学堂所仿效。中国历史上有过聘请外籍教师的先例，如明代四夷馆的外文教习大多来自外国"为馆傅者多征自外国"[1]。所以，同文馆和历史上的同类机构一样，一开始就选聘外籍人士充任教习。不同的是，四夷馆的外文教习主要来自周边国家和地区，同文馆的外文和科学教习主要来自经济文化发达的欧美国家，而且，其中有不少是学养深厚的传教士出身，这在很大程度上保证了同文馆的教育质量。

最后，聘用海关总税务司赫德担任同文馆监察官，有利于同文馆各项事业

---

① ［明］王宗载：《四夷馆考》，东方学会印本，甲子夏六月，第15页。

的有序开展。一是利用赫德广泛的人际关系网络,聘请了不少来自欧美国家的优质师资长期服务同文馆,如毕利干(在馆 29 年)、华毕乐(25 年)、欧礼斐(22 年)、骆三畏(21 年)等;二是通过赫德掌管的中国海关,解决了办学中最重要的要素——经费问题,使得同文馆在四十年的运行中免受经费缺乏的困扰;三是利用赫德自身是爱尔兰人的英语优势,为同文馆外语教育事业做出贡献。根据文献资料,赫德经常参与同文馆的教务,如充当大考的面试官、拟就试题、带领学生查核中外条约及开展海外语言实践等活动。

　　毋庸置疑,同文馆教学管理系统同样存在一些问题。其一,虽然严密、多层次的管理体制有便利同文馆顺利运行的好处,但往往也会导致职责不明,甚至产生越权插手的现象。例如,同文馆首届 30 名学生学习届满举行大考,总理衙门大臣、监察官、提调、中外教习等都来监场。有时,拟定试题、批卷、外语口试等纯属教习的分内之事却由本该处理国家大事的总理衙门大臣们来操持。这些行为都与近代学校科学的管理理念与方法完全相悖。

　　其二,聘用外籍人士掌控同文馆,弊端也很明显。虽然总理衙门对同文馆承担管理之责,并且管得非常具体,但在涉及诸如课程标准的制定、教学内容的安排、课堂教学的组织与开展、教习的选聘等学校具体的事务时却往往不知如何下手,将其托付给丁韪良、赫德等人,导致同文馆的部分教育主权旁落。而且,由于缺乏有效的监督,洋教习利用其教学便利,向学生灌输与中华传统价值观格格不入,甚至是污蔑中国人的内容。丁韪良在《花甲忆记》中记述:"在我刚来这所译员学校任教时,我在一堂英语课上让他们阅读一本地理书,书中有段话竟将中国人描述成'肤色肮脏的黄牛皮'。学生并没有因为这句失敬的话而感到生气。"他竟然听之任之。他还提及,教室里有一块禁止在课堂教授圣经的牌子,但他依然故我,从不回避跟学生谈论这一问题,还要求其他教习不要在书上看到讨论宗教问题的段落时,就跳过去不读。课堂上讨论最热烈的话题就是异教徒和基督教世界的信仰问题。[①]

　　综上,同文馆的教学管理系统作为近代中国有条件实行开放后诞生的新

---

　　① W. A. P. Martin. *A Cycle of Cathay or China*, *South and North with Personal Reminiscences*. New York: Fleming H. Revell Company, 1900, p.325. 课堂上传播宗教也是政府明令禁止的。例如,1904 年 1 月 13 日公布的近代中国第一个在全国正式实施的"学校系统"——《奏定学堂章程》明确规定:"外国教员不得讲宗教。此时办学堂,教员乏人。初办之师范学堂,及普通中学堂以上,势不能不聘用西师。如所聘西师系教士出身,须于合同内订明,凡讲授科学,不得借词宣讲,涉及宗教之语,违者应即辞退。"(张百熙、张之洞、荣庆:《奏定学堂章程·学务纲要》,湖北学务处本,清光绪刻本,第 18-19 页)

生事物,有其积极的一面,成为新式学堂仿效的样本,甚至在当下也有一定的借鉴价值。但是,它也有其消极的一面,在同文馆的发展进程中产生了不利影响。

第二节　同文馆的教学组织形式

同文馆教学组织结构中的教学层级是同文馆组织结构的实体和主体,也是该组织结构中的基础层级,由各教学馆、教学辅助机构、前后馆和班级等层级构成。它的不少机构及教学组织形式,如前后馆、科学教学馆、班级授课制、特班、化学和物理实验室、博物馆等在中国教育史上均属首创。

一、教学馆:分专业教学

同文馆首先汲取自明代以来实行分馆教学的传统①,根据培养目标在馆内分设各类教学馆,包括在创办初期至光绪二十一年间设立的各外国语文教学馆和同治五年以后设立的各科学教学馆。此举系开展专业教学的先声。

（一）外文教学馆

创办同文馆的初衷是"培养中西交涉的译员"②,因而在创办初期,"止教授各国语言文字"③,招选十三四岁的八旗少年分别进入英、法、俄文等馆肄习外国语言文字。"同治元年七月间,设立同文馆,延请英、法、俄三国教师,分馆教习。"④由此确立了分馆教习、各馆分立的教学和组织形式。此处的"馆"类似于当下大学中的二级学院或系,如英文馆相当于英文系、法文馆为法文系等。从培养目标、办学规模、学生层次等方面看,同文馆尚未达到高等教育层次。由此可知,此处的分馆教习只能称之为分专业教学。同文馆最先开设的是英文馆,从满洲、蒙古、汉军八旗中招集十名十四岁左右的八旗少年来馆肄习英文。包尔腾出任首任英文教习。同治二年(1863)四月,同文馆又分别开设法文、俄文两馆,司默灵和柏林分别出任法文、俄文教习。同文馆由此确立

---

① 明代四夷馆设有蒙古、女直、西番、西天、回回、百夷、高昌、缅甸、暹罗等馆。参见[清]张廷玉等:《明史》,中华书局1974年版,第1797页。

② John K. Fairbank. *The Cambridge History of China* (Volume 10, Late Ch'ing, 1800—1911, Part I). London: Cambridge University Press, 1978, p.525.

③ 赵尔巽等撰:《清史稿》,中华书局1976年版,第3122页。

④ 宝鋆:《筹办夷务始末》(同治朝),民国十九年故宫博物院用抄本影印,第4416页。

了多馆制的组织架构,从而打破了传统的俄罗斯文馆那种单一馆制的组织结构模式,首创总馆之下设立分馆的新模式。英、法、俄文三馆是同文馆所有外文馆和科学馆中设立最早,"而且一直在招生和正常运作,可以说是京师同文馆的常设机构"①。

随着形势的发展和对外交往的需要,除原有的英、法、俄文三馆以外,同文馆决定于同治十一年(1872)增设布(德)文馆。光绪二十一年(1895),增设东(日)文馆②,添传记名学生十二人肄习东文,派东文翻译官唐家桢充东文教习。此外,还有光绪二十四年(1898)三月到馆的杉几太郎。至此为止,可以说当时与中国打交道的几个重要国家的语文都包括在内了。

英文馆是同文馆各外文学馆中最早设立的机构。它的设立是基于多种原因:首先,清政府设立英文馆,招收八旗幼童学习英文的直接动因是经历了两次鸦片战争,充分领教了由于缺乏通晓外文的交涉人才而遭受被人拿捏的耻辱(详见第一章相关内容)之后,才做出的无奈之举。奕䜣曾经历因不识英文而导致军情紧急稽延数日以待翻译的尴尬,因而对外文人才缺乏的体会尤其深刻。他说:"与外国交涉事件,必先识其性情,今言语不通、文字难辨,一切隔膜,安望其能妥协!"③其次,从历史上看,近代中国最早设立的外语课程是英

---

① 陈向阳:《京师同文馆组织结构探析》,《华东师范大学学报》(教育科学版)2005年第2期。

② 东文馆成立的时间迄无直接资料。早在光绪十三年(1887),时任驻法、意、比等国公使的许景澄就已建议添设东文馆。关于其成立时间,学界有成立于光绪二十一年(苏精,1985)、光绪二十二年(京师同文馆学友会,1916)、光绪二十三年(徐海华,2008)等三种观点。苏精认为东文馆成立于光绪二十一年(1895),其理由是,在同文馆第七次"题名录"中,唯一的东文教习杉几太郎于光绪二十四年(1898)到馆,但当时东文学生已参加三年一次的大考,故其成立于二十一年或以前。不过,根据光绪二十三年(1897)正月"堂谕",东文馆于是年成立。该谕云:"原呈内称:请添设东文学馆一节。查日本同洲邻近,交涉日繁,亟应添设东文学馆,以备异日翻译之选。着如所请。设立东文一馆,添传记名学生十二人肄习东文,派东文翻译官唐家桢充东文教习。"(高时良:《中国近代教育史料汇编·洋务运动时期教育》,上海教育出版社1992年版,第120页)本人暂从苏说,因为从"同文馆题名录"记载学生参加三年一次的大考情况看,苏说当是可信的,但作为如实记录并在同文馆出版的关于本校教学与管理的文献,"题名录"的权威性又是不容置疑的。至于"堂谕"提及的1897年添设东文馆一说,也应该是真实的。为什么提法不一? 其中的一种可能是,先招学生,再补办手续。这一做法是有先例的。奕䜣等人于同治元年(1862)七月奏呈《遵议设立同文馆折》时,英文馆的十名学生已于是年五月起就在位于东堂子胡同的同文馆内上了两个月的课了。

③ 贾桢:《筹办夷务始末》(咸丰朝),民国十九年故宫博物院用抄本影印,第5754页。

文。钱锺书说:"在一切外语里,我国广泛和认真学习得最早的是英语。"①最早使国人接触英文的是教会学校。嘉庆十一年十二月(1807 年 1 月),英国伦敦会为即将前往中国传教的马礼逊举行送别仪式,他们在给他的一份指令中指出:"对你来说,这将会是一件令人高兴的事……你将有机会教中国人学习英语,使他们中的许多人获得益处,他们可以跟公开在中国定居的英国人,或偶尔访问中华帝国的英国人用英语交流。"②指令表明,自传教士踏入中国国门之始,教授异教国家的民众学习英语便成为他们的一项潜在任务。嘉庆二十三年(1818),以招收海外华人为主要对象学习英语的英华书院(the Anglo-Chinese College at Malacca)在南洋马六甲创办。书院规定,"本土学生必须以英文授以地理、历史、数学知识"③。道光十五年(1835),为纪念马礼逊在《圣经》翻译和《华英字典》编纂等与传教有关的活动中做出的贡献,马礼逊教育会发起成立马礼逊纪念学校(The Morrison Memorial School)。学校规定以英语或华语作为教学语言:"本校课本旨在教导学生学习阅读、写作、数学、地理及其他科学,并以英语及华语教授,以期获得最佳效果。"④自是时起,截至同治元年(1862)同文馆成立之前,有确切可考的,仅基督教新教在香港、澳门、广州、厦门、福州、宁波、上海等地创办的各类学校就有五六十所。这些学校大多开设英文。再次,菲利普森(Robert Phillipson)在《语言领域的帝国主义》(Linguistic Imperialism)中说,英文是大英帝国执行其殖民扩张、商业贸易、文化输出、宗教传播等意图的媒介⑤,而且,它是当时中西交涉中最常用的外交语言。清廷除了与英、美、俄、法等国以这些国家的语言签订条约外,与其

---

① 　钱锺书:《汉译第一首英语诗〈人生颂〉及有关二三事》//钱锺书:《七缀集》,生活·读书·新知三联书店 2002 年版,第 134 页。

② 　Eliza Morrison:*Memoirs of the Life and Labours of Robert Morrison*,大象出版社 2008 年版,p. 96。

③ 　Brian Harrison. *Waiting for China*, *the Anglo-Chinese College at Malacca*, *1818—1843*, *and Early Nineteenth-Century Missions*. Hong Kong: Hong Kong University Press, 1979, p. 41.

④ 　李志刚:《基督教早期在华传教史》,台湾"商务印书馆"1985 年版,第 218 页。

⑤ 　Robert Phillipson:*Linguistic Imperialism*,上海外语教育出版社 2000 年版,pp. 1-9。

他的多数国家签订条约时使用的语言大多是英文。① 此外,还有不少国家与中国订约时规定以英文作为参照校正语言。例如,中秘《通商条约》十七款规定:"各国议立合约,原系汉、洋文字。惟有英国文中外人多熟习,此次所定之约,系中国文、日斯巴尼亚文(按:西班牙文)、英国文三国文字译出九纸。嗣后如有未甚妥协之处,彼此除各用本国文字外,亦可兼看英文,庶无讹误。"②最后,以英文作为中国人学习的首选语言,符合晚清时期国人对英文通用性的认知及英文普遍作为第一外国语加以学习的普遍状况。③ 著名传教士李提摩太说:"天下万国文字多有不同,惟美与英为同文。即其各大国虽各有本国文字,而所派驻扎各国钦使多有通习英文以便交涉。且英商、教士踪迹亦皆及远,故英人所至口岸多尚英国文字语言……即以中国而论,凡有英人商埠,苟熟习英语即便与英人交涉相通。此非独中国为然,即各国之有英商口岸者无不如此。"④李鸿章办理洋务的得力助手,曾创办中国第一个轮船招商局的唐廷枢在同治元年(1862)出版的《英语集全》中也说:"外国人到我国贸易最大莫如英、美两国。而别国到来,亦无一不晓英语,是与外国人交易总以英语通行。"

　　法、俄文二馆是除英文馆以外最早设立的外文学馆。法、俄文和英文一样,是侵略中国最积极的几个主要帝国主义国家的语言。这些国家仰仗其强大的经济军事实力,将侵略的触角延伸到世界各地,从而使得这些国家的语言影响力日增。美国著名政治学者亨廷顿(Samuel P. Huntington)在《文明的冲突与世界秩序的重建》中所说:"语言在世界上的分布反映了世界权利的分配。……权利分配的变化产生了语言使用的变化。"⑤处于半殖民地状况的中国,为了谋求自强,摆脱受欺压的不利局面,被迫学习这些强势国家的语言。奕䜣在给朝廷上的奏折中道出了当时中国面临的严峻局势:

---

　　① 例如,同治二年(1863)五月签订的中丹《天津条约》第五十款规定:"大丹国大臣并领事官等员,所有行知大清国大臣官员等公文各件,俱用英文书写,仍以汉文译录,暂为配送,俟中国学习英文熟习通彻,即不必配送汉文。惟遇有日后设有文词辩论之处,丹国总以英文作为正义。此次定议,汉、英文字详细校对,以期无讹。"(王铁崖:《中外旧约章汇编》第一册,生活·读书·新知三联书店 1957 年版,第 203 页)

　　② 王铁崖:《中外旧约章汇编》第一册,生活·读书·新知三联书店 1957 年版,第343页。

　　③ 季压西、陈伟民:《语言障碍与晚清近代化进程(一)——中国近代通事》,学苑出版社2007 年版,第 34 页。

　　④ 李提摩太:《恭记皇上肄习英文事》//钱锺书主编,李天刚编校:《万国公报文选》,生活·读书·新知三联书店 1998 年版,第 260 页。

　　⑤ [美]塞缪尔·亨廷顿著,周琪等译:《文明的冲突与世界秩序的重建》(修订版),新华出版社 2010 年版,第 41 页。

　　窃惟夷情之强悍萌于嘉庆年间,迫江宁换约,鸱张弥甚,至本年直入京城,要挟狂悖,夷祸之烈极矣。论者引历代夷患为前车之鉴,专意用剿。自古御夷之策,固未有外于此。然臣等揆时度势,各夷以英国为强悍,俄国为叵测,而佛、咪(按:指法、美)从而阴附之……谨悉心参度,统计全局,酌拟章程六条,恭呈御览。①

　　而且,法文和英文一样,也是当时教会学校(尤其是西方在华天主教会设立的学校)普遍设立的语种之一,如创办于道光三十年(1850)的上海徐汇中学是一所著名的公教(即天主教)学校。学校以英文或法文教授算学、物理、史地等学科。在国际交往中,法文和英文同属最常用的外交文本所使用的语言。《清史稿》记载,李鸿章曾就中秘《通商条约》草稿中的"彼此除各用本国文字"修改一事中提及清政府与西方列强所订条约"多以英、法文为凭"。

　　可见,被马克思称作"装出一副基督教的伪善面孔、利用文明来投机"②的英国及其他列强美、俄、法等国是当时中国政治、军事和外交斗争的主要对手,不熟悉其语言和国别状况,就无以有效地开展对敌斗争。就在同文馆开办两年后的1864年7月,奕䜣在《核查同文馆办理情形折》中还在强调学习这些国家语言的重要性。他说:"查通商各国,以英、法、俄交涉事务为多,学习外国语言文字,亦以英、法、俄为要。……是以臣衙门分设三馆,同时并习。广东省与外国交涉事件,英、法多而俄较少。是学习英、法文字,实为粤省急务。"③因此,英、法、俄文成了清政府最先开设的语种。

　　进入19世纪70年代后,普鲁士(按:奕䜣等人所说的布国,即后来的德国)在普法战争后崛起,成为世界强国,迈开了海外兼并、拓展世界市场的步伐,中国成为其实现图谋的对象之一。1868年2月15日,上海出版的英文报纸《北华捷报》报道:

---

　　①　奕䜣等:《通筹全局酌拟章程六条折》//贾桢:《筹办夷务始末》(咸丰朝),民国十九年故宫博物院用抄本影印,第5740页。

　　②　马克思:《鸦片贸易史》//中共中央马恩列斯著作编译局编:《马克思恩格斯选集》(第二卷),人民出版社1974年版,第28页。

　　③　宝鋆等:《筹办夷务始末》(同治朝)卷二十七,民国十九年故宫博物院用抄本影印,第2688页。

中国政府已遭遇来自俄国、英国、法国的陆军和海军的压力……就在1867 年行将结束的这个时候,一些尚未证实的报道,说一个当时在亚洲海域并没有多大利益的西方大国,正准备兼并中国的领土:上次邮件带来的一则最令人惊讶的消息是(普鲁士)正试图攫取舟山,将其作为德国罪犯的流放地。据说,普鲁士还有吞并台湾的企图。①

普鲁士对中国怀有领土野心的报道,虽然未经官方证实,但会对清廷形成压力,这一压力可能会成为其设置布(德)文馆的原因之一。杨选青在《宜习西文说》中,阐述了学习英、法、德等西方语文的重要性:

又查此一百年内,英文用处日新月盛,至今日而北美洲澳洲印度国及海外群岛,大半悉用英文。英国商务之盛,甲于天下,商贾往来,咸以英文为便。人苟能操斯语,虽遍走寰宇,自可于所到之处,与士大夫晋接。即谓英文为五洲之官话,谁曰不宜。至于德法二国之文,自亦宜习,以备翻译之选,究不若英文之用广也。②

杨选青的见解独特,特别提及肄习外语,"以备翻译之选",是当时社会对外语作用的理性认知的反映。

19 世纪 90 年代中期东文馆的设置,则是因为甲午战争以后,日本迅速成为瓜分中国领土、抢占中国市场的主要国家之一,中日交涉剧增,"日本同洲邻近,交涉日繁,亟应添设东文学馆,以备异日翻译之选"③。因此,东文馆的设立有主客观方面的原因。客观上是因中日"交涉日繁"而对日语翻译的需求量大增,主观上是中国在甲午战争中遭遇惨败,国人"渴望了解和探究日本作为'蕞尔小国'得以迅速富强的原因"④。

自近代以迄当下,英、法、俄、德、日等国的语言一直是我国学校开设的最主要的外语语种。中国第一部由中央政府颁布并得到全面贯彻实施的中学学制系统——《奏定学堂章程·中学堂章程》(1904)规定:"习外国文之要义,在娴习普通之东语、英语及俄、法、德语,而英语、东语为尤要。"这些语言之所以

---

① *The N. C. Herald and S. C. & C. Gazette*,Feb. 15, 1868.

② 杨选青:《宜习西文说》//郑振铎:《晚清文选》卷下,中国社会科学出版社 2002 年版,第 195 页。

③ 光绪二十二年(1897)正月"奉堂谕"//高时良:《中国近代教育史料汇编·洋务运动时期教育》,上海教育出版社 1992 年版,第 120 页。

④ 徐海华:《近代中国日语教育之发端——同文馆东文馆》,《日语学习与研究》2008 年第 1 期。

重要,是因为它们是阅读西书、从事各种实业的媒介,"方今世界,舟车交通,履欧美如若户庭;假令不能读其书,不能与之对语,即不能知其情状"①。由此可见,奕䜣等人决定开设这些语种确实有远见,有其务实和合理的地方。不仅仅在清末,即便在今天,美、英、法、德、俄、日等国挟其强大的经济、军事实力几乎主导着这个星球的一切,拥有无人可及的话语权,从而使得其语言依然强势无比。同样,在中国的绝大多数领域也都游荡着它们的幽灵,深入到国人的工作、学习和生活当中。其强劲的影响力,正如《在母语的屋檐下》一文所说:"商业往来,贸易开展,国际事务,它们是不可或缺的媒介。乃至职位招聘、职称评审,也常常需要跨过它们的门槛。语言霸权的背后,折射的是曾经的荣耀或者当下的实力。"②

(二)科学教学馆

"1866 年以前,同文馆只不过是一个翻译人员的训练所"③,因而开设的都是一些中外语文的课程。随着洋务运动的稳步推进,奕䜣、文祥、李鸿章等洋务领袖在办理洋务的过程中逐步认识到近代西方科学与技术的重要作用。算学作为最基础的学科,其重要性更是无可比拟。于是,征得清廷认可,奕䜣等人决定设立天文算学馆。经历了一场异常激烈的思想论争和政治博弈后,天文算学馆终于成立。《清史稿》云:"六年(按:即 1867 年),议于同文馆内添设算学馆。"④天文算学馆的设立,意义重大,奠定了外文教学馆和科学教学馆并存的崭新格局,是对早期同文馆形成的组织架构和办学格局的超越,开启了近代国人系统学习西洋科学的历史。同治七年(1868),著名数学家李善兰加盟同文馆及来自上海、广东两地同文馆的优秀学生入馆深造,使京师同文馆的师资队伍和生源素质得到优化,焕发出勃勃生机。丁韪良升任总教习后,数学、格致、化学、国际法、经济学、各国史地等近代西方自然和人文社科类课程陆续开设。同文馆的招生范围不断扩大,越来越多的汉族子弟入馆学习,改变了八旗子弟垄断外语和西学学习的局面。同文馆自此由一所专习外国语文的学堂变成了综合性的学校,进入了相对平稳的发展阶段。与此同时,自然科学各馆和教习职位相继设立。同治九年(1870),算学馆正式开课。同治十年(1871),

① 张百熙、张之洞、荣庆:《奏定学堂章程·中学堂章程》,湖北学务处本,清光绪刻本,第7 页。

② 彭程:《在母语的屋檐下》,《光明日报》,2015 年 4 月 10 日。

③ 林治平:《基督教与中国近代化论集》,台湾"商务印书馆"1975 年版,第 111 页。

④ 赵尔巽等撰:《清史稿》,中华书局 1976 年版,第 3122 页。

添设化学馆。是年,设医学和生理学教席,聘英国格拉斯哥大学的外科硕士德贞为教习。光绪三年(1877),美国密歇根大学文科硕士海灵敦充任天文学教习。翌年,天文馆正式开课。光绪五年(1879),爱尔兰皇仁大学硕士欧礼斐"出任物理学教习"[①]。光绪十四年(1888),添设格致馆。然而,同文馆创办之初没有考虑到要开设科学课程。丁韪良在《中国在觉醒》中说:"起初,学校没有或没有想到要开设科学课。"到后来,随着形势的发展,社会对熟悉科技知识人才的需求日渐强烈,同文馆才有设置各科学馆的举措,"我们终于赢得总理衙门大臣的首肯,扩大我们的学校以便设置天文学、数学、化学和物理学等教授席位"[②]。至此,西方的自然和人文社会科学的课程在同文馆得到全面开设,象征着西学教育直接嫁接中国本土,同文馆成为一个拥有外国语文和自然科学等十个教学馆的近代著名新式学堂。"单以科目的广泛而言,当时的京师同文馆确以脱离狭隘的译员学校性质,朝向现代意义的高等教育迈进。"[③]同文馆各科学馆的设立,为培养通晓外文的现代化科技人才提供了物质和技术保障。从此,为传统士大夫所鄙视,被称为"方技小道""奇技淫巧"的西洋科学被清朝最高统治者所认可,堂而皇之地进入了中国官办学府。

西学在推进中国现代化进程中的积极意义,确是毋庸置疑的。但耐人寻味的是,对于西学,近代著名思想家、翻译家严复却自有另一番见解。他在给上海南洋公学译书院院长张元济的信中指出:

> 民智不开,不变亡,即变亦亡——即谓此耳。今夫矿、路、船、电诸公司,借助洋财者,犹可言也;至于学堂,又何取乎? 瞆瞆者以为必洋人乃知办此,不知教中国少年以西学,其门径与西人从事西学者霄壤迥殊。故近日所成之材,其病有二:为西人培其羽翼,一也;否则,所学非所用,知者屠龙之技,而当务之急则反茫然。至于学本易而故难之,事在近而故远之,尤其常遇不一遇者矣。号曰培才,徒虚语耳。[④]

---

①　Hosea B. Morse. *The International Relations of the Chinese Empire* (Volume III). Kent, UK: Global Oriental Ltd., 2008, p.475.

②　W. A. P. Martin. *The Awakening of China*. New York: Doubleday, Page & Company, 1907, p.209.

③　苏精:《清季同文馆及其师生》,台北上海印刷厂1985年版,第31页。关于京师同文馆的性质,参见刘华:《论京师同文馆的高等教育性质》,《浙江大学学报》(人文社会科学版)2004年第1期。

④　王栻主编:《严复集·书信》第三册,中华书局1986年版,第539页。

　　按理,在中国本土(1867—1871 年在福州船政学堂后学堂)接受西学教育,又于光绪三至五年(1877—1879)留学英国格林威治皇家海军学院(Britannia Royal Naval College at Greenwich),学习海军驾驶理法的严复对于西学在开启民智、解放思想中的作用的理解是很到位的,但他却直陈西学教育的弊端。虽然不是完全针对同文馆的西学教育,但他的言辞却是振聋发聩的。可能正是他通晓西学,深知其弊端的缘故,成为他放弃科学救国,从事教育救国的原因之一吧。

二、前馆和后馆:分馆教学

　　大约在同治十年(1871)前后,同文馆出现了"前馆"和"后馆"的教学组织形式。此处"馆"与前述"英文馆""法文馆"中的"馆"是不同的,可理解为当下的预科或非预科学生就读的场所。"前馆"和"后馆"这种组织形式最早出现的时间似未见相关研究,相关的文献档案似未提及,有关前、后馆的史料也不很完整。

　　光绪十一年(1885)九月,总理衙门大臣奕劻在给朝廷的奏折中提到由他主持面试同文馆学生,"择其天资聪明者,记名挨次传补,分馆肄业。其用功奋勉、学有成效者,拨入前馆……如有其情懒惰,不堪造就者,随时咨回本旗,不得滥竽充数"①。对于前、后馆,除了奕劻所说的用功奋勉、学有成效的学生进入前馆外,没有其他任何信息。多年以后,齐如山在其回忆录中提到:"但因为招不到学生,非由八旗官学要人不可……要来的学生,都是十几岁的小学生,不但洋文从字母学起,就是中国文,也大半都在写仿影(按:习字时映写的字模)时代。所以馆中设有启蒙的教习,慢慢地就分为前馆和后馆。"②

　　前、后馆是以何种标准设立的?相关文献似也没有提供答案。按齐如山的说法,前馆和后馆的设立似乎不是同文馆有意为之,而是自然出现的产物。他没有交代前、后馆在何时出现。"前馆""后馆"之称谓可能出现于同治十年(1871)正月的"堂谕":"本衙门设立同文馆原为学习洋文,然必通晓汉文者,方能于洋文得力。……为此谕前后各馆学生知悉:嗣后除每日分做功课外,凡遇

---

　　①　中国史学会主编:《中国近代史资料丛刊:洋务运动》(二),上海人民出版社 2000 年版,第 63 页。

　　②　齐如山:《齐如山回忆录》,辽宁教育出版社 2005 年版,第 31 页。

礼拜日期,务须到馆专心学习汉文。"①光绪年间的《钦定大清会典》中就有"英文前馆""法文前馆""俄文前馆""德文前馆""英文后馆""法文后馆""俄文后馆""德文后馆"等馆名。②《光绪会典》也记载上述四个外文馆各设有前、后两馆。③

　　根据齐如山所述,前、后馆的设置没有统一的标准,只是按照学生的汉文程度安排。④ 陈向阳则认为,前、后馆是依据当时学生文化程度高低情况而设置的。⑤ 这里,陈氏说得很含糊,只是说依据文化程度的高低。是依据外文程度,抑或是汉文程度而定的? 他并未作具体交代。《同文馆题名录》(第四次)语焉不详,只是说"嗣学有成效"才能进入前馆。⑥ 季压西、陈伟民则认为,前馆学生的知识程度上要高一些,地位也相应高一些。后馆则类似于新入学者学习的地方,带有预科性质,而且,地位相对要低一些。⑦ 季、陈二人的论断虽然较前者具体,但仍然稍嫌简略。熊月之将光绪二十四年(1898)前、后馆的两道代数题做了比较,得出的结论是两者的教学程度相差不多,认为同文馆设置前、后馆,"可能有不尽得当之处"⑧。对前、后馆的设置条件和学习内容作较明确界定的当是苏渭昌。他说:

　　　　前馆学生与后馆学生的区别主要是前者汉文底子好一些,后者汉文底子差一些。由于同文馆招收的是八旗贵胄子弟,他们汉文很差,进馆后先要补习汉文,或坚持学习汉文,方能学好外文和其他课程。于是有前、后馆之分。后馆学生必须先学汉文,多学汉文;而前馆学生则主要学外

---

　　① 　高时良:《中国近代教育史料汇编·洋务运动时期教育》,上海教育出版社1992年版,第98页。

　　② 　昆岗等纂修:《钦定大清会典》卷一百,商务印书馆,光绪戊申十一月,第2页。

　　③ 　《光绪会典》记载:"掌通五大洲之学以佐朝廷一声教,考选八旗子弟与民籍之俊秀者记名入开以次传馆。设四国语言文字之馆,曰英文前馆、曰法文前馆、曰俄文前馆、曰德文前馆、曰英文后馆、曰法文后馆、曰俄文后馆、曰德文后馆。"(《光绪会典》卷四,光绪己亥敕修,台湾文海出版社1967年印行,第447页)

　　④ 　齐如山:《齐如山回忆录》,辽宁教育出版社2005年版,第31页。

　　⑤ 　陈向阳:《京师同文馆的学生管理》,《广州大学学报》(社会科学版)2011年第4期。

　　⑥ 　原文如下:"同文馆既为国家培养人才而设,则入馆学生向例按等给予膏火薪水。其入后馆肄习洋文者,月给膏火三两,嗣学有成效选拔前馆,月给膏火六两。"[《同文馆题名录》(第四次),光绪十三年刊行,第46页]

　　⑦ 　季压西、陈伟明:《语言障碍与晚清近代化进程(三)——从"同文三馆"起步》,学苑出版社2007年版,第69页。

　　⑧ 　熊月之:《西学东渐与晚清社会》,上海人民出版社1994年版,第322页。

文，也学一点汉文……所以，前后馆的区别不是学制上的区别。①

这一界定当是符合当时的实际情形的。因为，同治六年(1867)，总理衙门为解决同文馆生源不足的问题，启动了选拔广东同文馆和上海广方言馆优秀学生赴京深造的行动计划。选拔过程比较严格，注重外文和汉文功底的考察，所以这些学生的外文和汉文基础都比较稳定，他们入同文馆后，只是进一步提高中外语文和学习科技课程的问题。而同文馆自身招收的八旗贵胄子弟，入学前大都只学清文(满文)，汉文基础较差，甚至很多人压根就没学过汉文。齐如山对前、后馆的记述基本印证了苏渭昌的观点。他说："大学生之能通文者，名曰前馆的学生，不必再学汉文……其余小学生则都须入后馆。每种洋文都有后馆，如法文后馆，德文后馆等等，所以学英文的人，也可以入法文后馆，因为这后馆，可以说与前馆毫无相干。好在后馆的功课都一样，也无须分彼此了。"②

可见，"后馆"相当于当下学校里的预科，是为解决生源或提高学生的学科基础而设置的机构，它附设在同文馆内。学生经过一段时间的学习，达到一定的条件，如汉文符合要求，则升入前馆学习。再来看相关史料。《续增同文馆条规八条》规定："各馆翻译以汉文为本，汉文未能通顺，故翻译洋文多有不通之处。嗣后查看前馆学生有汉文未能明晰者，著令归后馆学习汉文，午后再学洋文。后馆学生向例早晨学习汉文，午后学习洋文。近来，竟有午刻始行到馆，并不学习汉文，殊属有违馆规。"③

由此可知，前馆以学习洋文为主，后馆以学习汉文为主。进入前馆的必备条件是汉文基础要达到要求。苏精在《清季同文馆及其师生》中论及前馆和后馆学生的学习情况时说："上课时间的编排，前后馆不同，后馆学生每日上午先学汉文，下午才是洋文课，前馆学生平日无汉文课，但每逢星期日及外国教习暑假期间，不论前后馆学生都必须到馆温习汉文，除了规定放假的年节外，并

---

① 苏渭昌：《关于同文馆的若干史实》，《南开学报》(哲学社会科学版)1981年第4期。根据光绪八年(1882)二月的"堂谕"，后馆学生必须"学有进益"，方能进入前馆学习，而且还要继续学习洋文、汉文各功课："查同文馆后馆学生，凡学有进益，补食六两膏火者，均拨入前馆肄业，仍按日兼办洋文、汉文各功课。"(高时良：《中国近代教育史料汇编·洋务运动时期教育》，上海教育出版社1992年版，第104页)

② 齐如山：《齐如山回忆录》，辽宁教育出版社2005年版，第31页。

③ 中国史学会主编：《中国近代史资料丛刊：洋务运动》(二)，上海人民出版社2000年版，第77页。

无类似现代的寒暑假或星期例假日等。"①

　　从《续增同文馆条规八条》的规定及苏精、苏渭昌等人的讨论中看出,后馆学生以学习汉文为主,学洋文为辅。从时间编排看,上午是学习语言的最好时段,同文馆安排后馆学生在这一时段学习汉文,下午才是他们学习洋文的时间。此举说明同文馆对汉文及中华传统文化的重视,同时也说明学生的汉文基础确实不太好,需要好好打基础。这一做法很明智,符合外语学习规律。我们认为,在非目的语环境(non-target language environment)中学习外语,必须以掌握扎实的母语为前提,"汉文为一切学科之基础"②。作为一所以培养外交翻译人才为旨归的外国语学堂,同文馆对汉语在外文学习中的地位有着清醒而明确的认识。同治十年(1871)正月的"堂谕"云:"本衙门设立同文馆原为学习洋文,然必通晓汉文者,方能于洋文得力。汉洋自应一体专心分学。"③为使学生专心向学,努力打好汉文基础,同文馆有一套较严格的管理制度:

　　　　后馆学生……近来竟有午刻始行到馆,并不学习汉文,殊属有违馆规。嗣后前后馆学生仍照旧章,自春分起限十点钟,自秋分起限九点钟到馆,当面画到,如逾时不到,即照章办理。午后仍著提调不时抽查,倘有画到后出馆者,即著从严惩办。其后馆学生有告假及不到者,即责成汉教习开列姓名,送提调处,于画到簿核对查核,以凭办理。④

　　而且,为使学生勤习汉文,同文馆还规定,洋教习于礼拜天休息时,学生来馆学习汉文,仍以画到为考勤之法:"近闻每逢外国礼拜之日,该学生等即不照常到馆学习汉文,殊非认真用功之道。为此谕前后各馆学生知悉:嗣后除每日分做功课外,凡遇礼拜日期,务须到馆专心学习汉文,一例赴提调处画到。有不到者仍按日扣除薪水;其旷功日多者,由提调回堂酌办。"⑤

　　同文馆规定,"凡学有进益、补食六两膏火者",均可进入前馆肄业。这一规定为努力向学、积极进取的后馆学生搭建了进入前馆的平台。光绪八年

　　①　苏精:《清季同文馆及其师生》,台北上海印刷厂 1985 年版,第 53 页。
　　②　孙子和:《清代同文馆之研究》,台湾嘉新水泥公司 1977 年版,第 216 页。
　　③　高时良:《中国近代教育史料汇编·洋务运动时期教育》,上海教育出版社 1992 年版,第 98 页。
　　④　中国史学会主编:《中国近代史资料丛刊:洋务运动》(二),上海人民出版社 2000 年版,第 77 页。
　　⑤　中国史学会主编:《中国近代史资料丛刊:洋务运动》(二),上海人民出版社 2000 年版,第 77 页。

(1882)二月的"堂谕"云：

> 查同文馆后馆学生，凡学有进益、补食六两膏火者，均拨入前馆肄业，仍按日兼办后馆洋文、汉文各功课，历经办理有案，现据教习毕利干单开，后馆学生恩禧、德海、金汤、双华等四名请拨前馆，核与成案相符。著自本年三月初一日起，即行照办。唯该学生等拨入前馆之后，其应办后馆各功课，仍责成提调章京逐日严检，饬令照旧办理，勿任稍涉疏懈。[1]

从现有史料来看，同文馆对后馆学生的管理还是严格的。一方面是由于后馆学生"入学时年岁很轻，所以中文程度往往不好"[2]。这些孩子的自我管理和自我约束的能力正在形成中，对其不能过于理想化，需要一定的刚性制度约束。另一方面是汉文对于外文学习的重要性。同文馆开办的目的"本在传习外国文字……为中国政府造就一些翻译和外交人员"[3]。如果学生缺乏汉文根基，成为翻译和外交人员就成为空中楼阁。所以，同文馆不仅对后馆学生的汉文学习有较高要求，对有汉文基础的前馆学生也同样有要求，如学生的汉文基础与要求不符，则令其再回后馆补习。而且，同文馆还规定，到了礼拜日，不管是前馆还是后馆学生，都要参加汉文学习。

> 一、各馆翻译，以汉文为本。汉文未能明顺，故翻译洋文多有不通之处。嗣后查看前馆学生有汉文未能明晰者，著仍令归后馆学习汉文，午后再学洋文。
>
> 一、礼拜之日，各洋教习向不到馆，是日正宜温习汉文，虽后馆学生间有作诗文者，亦有名无实。嗣后前后馆学生，每遇礼拜日，加添汉文功课，试以论策，或翻译照会，以备他日办公之用。其有愿作诗文者，亦听其便。[4]

同文馆自光绪年间开始，出现诸多弊端，管理松弛，教学质量下滑。光绪九年(1883)，掌广东道监察御史陈锦向朝廷呈上奏折，请饬整顿同文馆，并将提调苑菜池严惩，其中也指出在后馆学习的八旗少年子弟虚掷光阴、了无成效的现实："再，同文馆后馆，专调八旗少年子弟在彼学习。乃开馆多年，而通晓

---

① 光绪八年(1882)二月"奉堂谕"//高时良：《中国近代教育史料汇编·洋务运动时期教育》，上海教育出版社1992年版，第104页。

② 毕乃德：《同文馆考》，《中华教育界》1935年第二十三卷第二期。

③ 毕乃德：《同文馆考》，《中华教育界》1935年第二十三卷第二期。

④ 陈学恂：《中国近代教育史教学参考资料》上册，人民教育出版社1986年版，第35页。

洋文、汉文者寥寥无几，殊属有名鲜实。"①

三、班级授课制：分班教学

在中国近代教育史上，同文馆是最早将欧美流行的班级授课制（又称"班级教学制""班级上课制"）引入中国的近代新式学堂。同文馆将学生编级分班进行集体教学，这是外语教育史，乃至中国教育史上极为重要的改革。在课程编制上根据学生的实际情况采用八年制和五年制两套课程计划。根据学生的年龄和程度，进行分班教学，逐步提高。作为一种迥异于传统的教学组织形式，崭新的班级授课制满足了近代社会对人才培养的要求。

早期同文馆实行分馆教学。所谓分馆教学，是指根据专业或方向的不同所做的一个比较大的教学组织分工。但在早期同文馆规模较小的时候，实际也充当了教学的基层单位，直接组织教学。功能类似于班，只是当时没有"班"的名称和设置。② 当时每馆最多只有十名学生，在各馆上课。自19世纪70年代起，随着学生人数的增加，就要考虑实施分班教学。因此，除了根据学生的汉文基础，将其编排在前、后馆学习以外，同文馆还根据学生年龄、基础等特点，设置班级的建制，实施正常的晋级制度。这些班级主要设在几个外文馆，某些科学馆和科技课程也以班作为基础教学单位。齐如山谓："例如我，入馆一年多，升到第二班，但除第二班的功课之外，连第一班（彼时称头班，不说几年级，因为在一班之中，也有二三年的，也有学过四五年的，无法论几年）的功课，我都预备喽，所以二年之后，我便升了头班。"③对于同文馆的分班情形，台湾学者孙子和也有记述：

> 所以同文馆的课程虽有八年、五年两种，但在馆学生均不称几年级，而称第几班……但这种分班的情形，据现有四个年份之《同文馆题名录》记载，除光绪廿四年（一八九八年）刊题名录大考榜单有头班、二班、三班、弧三角班、代数班等分别外，而此种分班情形，大致均在英、法、俄、德四国语言文字学馆之后馆及天文馆，如前馆及未分前后之东文馆……仅分"馆"及应试科目，不分班。又，廿四年（一八九八年）题名录载汉文算学、化学、格致并未与天文同时称"馆"……但汉文算学及格致仅载学生名单，

① 中国史学会主编：《中国近代史资料丛刊：洋务运动》（二），上海人民出版社2000年版，第62页。

② 陈向阳：《晚清京师同文馆组织研究》，广东高等教育出版社2004年版，第190页。

③ 齐如山：《齐如山回忆录》，辽宁教育出版社2005年版，第41页。

而化学之下则分为英文头班、二班、法文头班、二班，俄文班，德文班。①

　　从齐如山、孙子和两人的记述来看，同文馆的分班教学实际上也是按程度实施教学的，学生基本上是在前馆和后馆接受教育。光绪二十三年（1897）正月的"堂谕"称："惟到馆既有先后之分，即造诣各有浅深之别，各教习自不得不分班教授，以期循序渐进。"②可见，这里"班"，是根据学生的基础，而不是根据年龄来划分的。虽然没有年级之名，却有按年级划分之实。但是，班级的建制并非很严格，还是有一定的随意性。例如，英文前馆学生冯晋秩、金森同时又是天文馆弧三角班的学生。在光绪二十四年（1898）的大考中，外文各馆的学生除了参加外文考试外，还参加了汉文算学、化学、格致等课程的考试。这种按班级实施教学，与现在学校里的"班"有所区别，因为，现代班级授课制是学校将学生按年龄层次、智力水平和受教育程度进行编班，学生数和课程相对固定，教师按照固定的教学时间实施授课的教学制度。即便如此，我们仍视同文馆的"班"为近代中国班级授课制之发轫。

四、特班：短期培训

　　同文馆后期，曾设有包括英、法、德、日四个班级的特班，这是根据在总理衙门任职，并于光绪十六至二十四年（1890—1898）担任总管同文馆事务大臣的晚清名臣张荫桓的提议设立的。特班延聘有海外研习和交涉经历的在职官员教授外国语言。英文由总翻译官张德彝教授，法文原由世增教授，因其奉使出洋，改由德友轩教授。近代著名文学家、翻译家曾朴（1872—1935，字孟朴，笔名东亚病夫）经总理衙门章京俞钟颖介绍，于光绪二十一年（1895）冬进入特班学习法文。他入特班学习是因为在国事蜩螗、丧师割地的年头，"觉悟到中国文化需要一次除旧更新的大改革，更看透了故步自封不足以救国，而研究西洋文化实为匡时治国的要图"。于是他"决心学习外国语言，致力于西洋文化的研讨，并认定外交官是为国宣劳的唯一捷径"③。曾朴选学的是法文，他之所以这么做，是因为他认为，"英文只足为通商贸易之用，而法文却是外交折冲

---

　　① 孙子和：《清代同文馆之研究》，台湾嘉新水泥公司 1977 年版，第 208 页。
　　② 高时良：《中国近代教育史料汇编·洋务运动时期教育》，上海教育出版社 1992 年版，第 120 页。
　　③ 曾虚白：《曾孟朴年谱》//魏绍昌编：《孽海花资料》（增订本），上海古籍出版社 1982 年版，第 158 页。

必要的文字,故决意舍英取法"①。1928 年 3 月 16 日,曾朴在给近代著名学者胡适(1891—1962)的复信中提及他在特班上课的情形时说:

> 我的开始学法语,是在光绪乙未年——中日战局刚了的时候——的秋天,那时张樵野(按:即张荫桓)在总理衙门,主张在同文馆里设一特班,专选各院的员司,有国学根底的,学习外国语,分了英法德日四班。我恰分在法文班里。这个办法,原是很好的,虽然目的只在养成几个高等翻译官,哪里晓得这些中选的特班生,不是红司官,就是名下士,事情又忙,意气又盛,那(哪)里肯低头伏案做小学生呢? 每天到馆,和上衙门一样,来坐一会儿,喝一杯茶,谈谈闲天,就算敷衍了上官育人才的盛意。弄得外国教授,没有办法,独自个在讲座上每天来讲演一折独语剧,自管自走了。后来实在演得厌烦,索性就不大来了,学生来得也参差错落了。这个特班,也就无形的消灭,前后统共支撑了八个月。这八个月的光阴,在别人呢,我敢说一句话,完全是虚掷的,却单做成了我一个人法文的基础。我的资质是很钝的,不过自始至终,学一点是一点,没有抛弃,拼音是熟了,文法是略懂些了。②

这种类似当前的外事干部培训班性质的特班,按照曾朴的说法,效果虽然极为有限,但也为其以后进一步学习法文打下了基础。由于一手文献资料的局限,我们难以得知英文及其他班级的教学情况。总之,不管特班的教学效果如何,同文馆设立特班之举,还是值得一提的,它很可能开启了近代新式学堂外事干部培训的先河。

五、教学辅助机构

"在当时的学堂中,同文馆不但规模是最大的,学堂的设施也很完备。"③除了前述的外文教学各馆、科学教学各馆、前后馆等专业教学馆以外,同文馆还先后设置了若干教学辅助机构,以支持日常教学。它的主要教辅机构有翻译处、印刷所、观象(星)台、藏书阁、化学实验室、物理实验室、博物馆等。这些

---

① 曾虚白:《曾孟朴年谱》//魏绍昌编:《孽海花资料》(增订本),上海古籍出版社 1982 年版,第 159 页。

② 曾虚白:《曾孟朴年谱》//魏绍昌编:《孽海花资料》(增订本),上海古籍出版社 1982 年版,第 192-193 页。关于曾朴在特班的学习情况,另见马晓冬:《曾朴:文化转型时期的翻译家》,北京大学出版社 2014 年版,第 14-21 页。

③ 郝平:《北京大学创办史实考源》(修订版),北京大学出版社 2008 年版,第 76 页。

机构的设置是中国近代教育史上未曾有过的新鲜事。

(一)翻译处

总理衙门认为"办理交涉事甚繁,翻译尤为紧要"①,遂于光绪十四年(1888)设立翻译处,从留馆优秀学生中选取若干人充任正副翻译官,从事外交翻译的工作。此举既是同文馆的重要教学内容之一,又为清政府的外交服务,一举两得。本节在第五章已有专门讨论,兹不赘述。

(二)印刷所

近代中国的铅活字印刷由西方传教士引进。同文馆印刷所创办之前,北京就有一个属于美国基督教公理会(American Board of Commissioners for Foreign Missions)的印刷所,同文馆的试卷及教学资料就是在那里印刷的。由于服务朝廷的武英殿皇家印刷所失火被毁,总理衙门接受总教习丁韪良的建议,决定新建一个。光绪二年(1876),在丁韪良的努力和总理衙门大臣文祥的支持下,同文馆印刷所成立,"拥有七部印刷机和活字四套,隶属于同文馆"②,以替代武英殿的皇家印刷所,主要负责同文馆日常教学资料、试卷、译书及总理衙门文件等的印刷任务。印刷所的成立,也为同文馆师生从事西书译介提供了方便,他们翻译的各类外国报刊、外交文件及西学书籍等都由该所承印。为了确保书刊的出版质量,同文馆为此设置了纂修官,对译就待刊的报刊、文件和书籍进行删校、润色。席淦、汪凤藻、贵荣、王钟祥等先后充任斯职。联芳、庆常翻译的《星轺指掌》(1876)、汪凤藻等翻译的《公法便览》(1878)、丁韪良主持翻译的《公法会通》(1880)及其他几乎所有的馆译西书均经过丁韪良和各纂修官的删校润色后,在同文馆印刷所以聚珍版印行于世。"印刷促进了翻译活动。"③从此以后,大批西学书籍被译介,在印刷所出版,"这些著作在中西文化之沟通上,厥功甚伟"④。因此,印刷所的创办,不仅为同文馆有效地组织教学和翻译,为总理衙门获取外国资讯、开展外交活动提供了强有力的后勤

---

① 中国史学会主编:《中国近代史资料丛刊:洋务运动》(二),上海人民出版社 2000 年版,第 90 页。

② Hosea B. Morse. *The International Relations of the Chinese Empire* (Volume III). Kent,UK: Global Oriental Ltd. , 2008, p. 475. 另见 W. A. P. Martin 著,傅任敢译:《同文馆记》,《教育杂志》1937 年第二十七卷第四号,第 218 页。

③ Jean Delisle & Judith Woodsworth. *Translators Through History*. Amsterdam: John Benjamins Publishing Company , 1995, p. 102.

④ 林治平:《基督教与中国近代化论集》,台湾"商务印书馆"1975 年版,第 119 页。

保障,而且通过纸质传媒使近代西方科技和思想文化得到更快、更有效地传播。

　　(三)观象(星)台

　　同文馆在同治六年(1867)设立天文算学馆后,利用原有的望远镜、天文台等设施为学生作直观演示。两年后,丁韪良执掌总教习一职,主持同文馆的日常教学工作。他比之前主持同文馆工作的任何总理衙门大臣都更加重视科学,他希望以西方科学来打破中国世代相沿的迷信。台湾学者林治平说:"(丁)韪良在同文馆中第一关心的便是如何加强有关科学方面的课程,他期望以西方的科学知识取代中国传统的错误的对宇宙结构与秩序的看法,易言之,他希望以西方的自然科学取代中国流行的风水、炼金及占卜诸说。"[1]

　　丁韪良上任伊始,认识到原有的教学媒介天文台有其不足之处,而且没有得到好好利用[2],于是便向总理衙门提出建造观象(星)台(即现代意义上的天文台)。此时的清政府虽然开始了一定程度的对外开放,以"夷人"为师,但在封建迷信根深蒂固和注重特权的晚清社会,要改变当权者的思想观念,按照丁韪良的意图去建造一座新的观象台,依旧是困难重重:"在建观象台这件事上,要鼓动总理衙门采取行动就不那么容易了,因为这么做就要跟钦天监的特权发生冲突。这座设置已久的钦天监已经有了一个观象台,所以它对于天文事宜容不得别人插手。"[3]观象台因而在二十年后,即光绪十四年(1888)才得以建成。丁韪良在《花甲忆记》中记述:

　　　　新的天文学需要一个新的观象台,这个请求的理由是不言自明的。总理衙门也承认有这个必要……有好几处地方曾被选中作为新观象台的地址,但每一次都是因为风水不合的原因,就像地上的提坦诸神总是挑战天上的宙斯而遭否决。差不多花了二十年的时间,我们才得到了一处风水没有问题的地址。1888年,新一任的总理衙门对于风水问题有了更为

　　① 林治平:《基督教与中国近代化论集》,台湾"商务印书馆"1975年版,第113页。

　　② 丁韪良记述:"那个观象台除了观察月食之外什么也做不了,而所谓的观察还包括定时的焚香击鼓,以便能吓走贪婪的龙王。……地球仪、地平精度仪、象限仪、浑天仪等设备放置在城墙的露台上,听凭日晒雨淋。……它们还在作为铸造工艺的奇迹供人参观,可是它们完全没有任何实用的价值。"(丁韪良著、沈弘等译:《花甲忆记:一位美国传教士眼中的晚清帝国》,广西师范大学出版社2004年版,第209页)

　　③ W. A. P. Martin. *A Cycle of Cathay or China*, *South and North with Personal Reminiscences*. New York: Fleming H. Revell Company, 1900, p. 309.

明确的认识,盼望已久的观象台方才被获准建立,其高度被限定为三层。①

> 天文一席,延聘教习,已历年所。因察日月薄蚀,星辰陵犯,平地虽有极精远镜,天边仍未获极目。爰于光绪十四年建造星台一区,上设仪器,顶盖四面旋转,高约五丈。凡有关天象者,教习即率馆生登之,以器窥测。近年所编中西合历一书,深资其助,裨益良多矣。②

虽然建造观象台这一步迈得很艰难,但毕竟向前迈进了一步,好处是不言而喻的。学生上天文课时,由教习率领登星台作实际天象观察。学生通过亲身观察,把书本的理论知识与实际天象相结合,增进感性认识,更好地理解与掌握近代西方自然科学知识,扩大了视野。

(四)藏书阁

同文馆建有藏书阁,用来收藏各国进献、赠送的书籍及本国的新旧图书。光绪十三年(1887),藏书阁拥有汉文经籍等书三百册,洋文一千七百册③,各种功课之书、汉文算学等书一千册,此外还有以各国语言出版的报纸和杂志。迄至光绪二十二年(1896),藏书阁的图书又有所增加,"同文馆题名录"记载:

> 存储汉洋书籍,用资查考,并有学生应用各种功课之书,以备随时分给各馆。汉文经籍等书八百本,内新增五百本。洋文一千九百本,内新增二百本。汉文算学等书一千本。除课读之书随时分给各馆外,其余任听教习、学生等借阅,注册存记,以免遗失。④

这些书籍有一部分是外籍人士赠送的。如,与北京大学保持密切联系的法国巴黎东方语言文化学院,早在同治十一年(1872),一次就向总教习丁韪良赠送了 188 本书,这些书籍内容涉及化学、医学、物理、算学、地理、农田、兵法

---

① 丁韪良著,沈弘等译:《花甲忆记:一位美国传教士眼中的晚清帝国》,广西师范大学出版社 2004 年版,第 209 页。英文见 W. A. P. Martin. *A Cycle of Cathay or China*, *South and North with Personal Reminiscences*. New York: Fleming H. Revell Company, 1900, pp. 309-310.

② 中国史学会主编:《中国近代史资料丛刊:洋务运动》(二),上海人民出版社 2000 年版,第 91 页。

③ Tsuen-Hsuin Tsien. Western Impact on China Through Translation. *The Far Eastern Quarterly*, May, 1954, p. 316.

④ 《同文馆提名录》,光绪二十二年(1896)刊,第 61-62 页。

等学科。[①] 同文馆藏书阁的中外文书籍,任由教习和师生借阅,拓宽了同文馆师生的知识范围。

(五)化学实验室、物理实验室、博物馆等

光绪二年(1876),同文馆化学实验室及科学博物馆大楼完工,这是中国最早的化学实验室及博物馆。光绪十四年(1888),丁韪良筹款兴建了一座物理实验室大楼,成为学生的实验场所。这些拥有科学实验的楼堂馆所的建成并投入使用,有力支持和配合了同文馆的课堂教学,有利于教习更为直观地传授近代西方自然科学知识。而且,使学生所学的课本知识在实验中得到印证,这对于初步接触西方科学的同文馆学生而言,接受和掌握新知识变得更加迅捷。因此,在课堂教学中对实验方法的运用程度直接影响学生对新知识的掌握和运用。

作为同文馆组织架构极其重要的组成部分,这套系统中的不少机构和教学组织形式都是中国教育史上未曾闻见的新鲜事物,对于后来的新式学堂教学机构的建立都有一定的影响。

---

① 郝平:《北京大学创办史实考源》(修订版),北京大学出版社 2008 年版,第 76 页。

第五章 "由洋文而及诸学"：
同文馆的课程与教学

　　教育现代化的一个重要标志是课程现代化。所谓课程，简单来说，是指课业及其进程，它是教育的核心，集中、具体地反映学校的人才培养目标及办学者的理念。一般而言，课程表现为课程标准（即教学计划、教学大纲）和教科书两种形态。同文馆虽然没有我们当下所说的课程标准，但它制定的中国历史上第一份分年制教学计划——"八年课程表"，将西方先进的自然和人文社会科学引入中国的课程体系，可视为中国近代课程标准的先声。同文馆师生翻译的30余部西学书籍，大部分成为同文馆及其他近代新式学堂的教科书。因此，同文馆的课程基本具备了现代意义的课程要素，初步实现了课程早期现代化，实为同文馆教学上的创新。

　　同文馆最早开设的课程是英文和汉文。同治五年（1866），设立天文算学馆，启用新的课程表，除汉文和外国语文外，开始设立数学、天文等西学课程，此举标志着同文馆课程改革的启动。同文馆课程的完善则始于光绪二年（1876）"八年课程表"的颁布，西方自然科学、应用科学和人文社会科学全面进入了同文馆的课程体系，这是对以教授"四书""五经"为主要内容的传统儒学经典教育的突破。

　　教学质量是学校发展的生命线。同文馆创办伊始就十分重视教学质量建设。同文馆以培养外交翻译人才为己任，重视外语经验的积累，以提高实际应用能力为导向，开展以翻译为特色的教学。同文馆的教学经历了初期和中后期两个阶段。在初期阶段，纯粹以语言学习和翻译实践（含出国进行翻译见习）为主。在中后期阶段，除语言学习和翻译实践以外，还增加了西学课程的学习、学生参与外交文书和西学书籍的翻译，出任驻外使领馆工作人员及出洋留学等教学内容。同文馆重视实践的取向，造就了实际应用能力较强的外交翻译、驻外使节、教学与管理及科技人才，对其他新式学堂起到了引领作用。

第一节 同文馆的课程设置及其特点

中国近代著名教育家和社会活动家余家菊在《课程论》中指出："在昔科举时代，士子之有志进取意图服务国家者，莫不精心于四子、五经之讲求，制艺帖括之学习。若夫志在略识之无以便服贾营生者，则其所专又在百家姓、四言杂字等书。所志不同，故所系不同。"①因此，授课之内容，修业之年限，不仅决定学生学习的深浅程度及学校人才培养的质量，而且体现学校的办学方向和办学目标。同文馆从创办之初到归并京师大学堂，其课程设置经历了不断演进的过程。课程由初期的二三门增加到约三十门。修业年限，也由三年延长到五至八年。这种演进过程，在一定程度上揭示了同文馆办学方向和办学目标的不断清晰与深化。同文馆课程的演进，分为两个阶段，即单纯学习语文的阶段和语文、科学兼学的阶段。

一、初期阶段：单纯学习语文的阶段

同文馆从同治元年（1862）创办到同治六年（1867）成立天文算学馆是单纯学习语文的阶段。"当时设立（同文馆）的目的只是训练中外交涉需用的外语人才而已，并没有计划教西洋科学技术。"②总理衙门于同治元年给清廷上《奏请创设京师同文馆疏》，云：

> 臣等伏思欲悉各国情形，必谙其言语文字方不受人欺蒙。各国皆以重赀聘请中国人讲解文义，而中国迄无熟习外国语言文字之人，恐无以悉其底蕴……因于上月十五日先令挑定学生十人来馆试行教习……另请汉人徐澍林教习汉文，并令暗为稽察，即以此学为同文馆。③

从中可知，初期同文馆仅设有语文课程，"初止教授各国语言文字"④，以培养熟习外国语言文字之人。个中原因，诚如后来军机大臣、总理衙门联衔奏

---

① 戴逸主编，郑刚编：《中国近代思想家文库·余家菊卷》，中国人民大学出版社 2013 年版，第 315 页。

② ［美］刘广京：《一八六七年同文馆的争议——洋务运动专题研究之一》，《复旦学报》（社会科学版）1982 年第 5 期。

③ 国家图书馆：《国家图书馆藏历史档案文献丛刊：洋务档案》（第二册），全国图书馆文献缩微复印中心，2004 年，第 503 页。

④ 赵尔巽等撰：《清史稿·选举志二·学校二》，中华书局 1976 年版，第 3122 页。

请设立京师大学堂之奏折所云："当同文馆、广方言馆初设时，风气尚未大开，不过欲培植译人，以为总署及各使馆之用，故仅教语言文字，而于各种学问皆从简略。"①这一阶段的同文馆完全是附属于总理衙门的一个专门机构，主持其事的恭亲工奕䜣、军机大臣文祥等人，因为觉察到外文的重要而创设，以期造就中西语文俱通的对外交涉人才。学生除学习外国语言文字以外，还要学习汉文，因为他们是十三四岁的八旗幼童，曾学过有限的清文（满文），尚未接触汉文。至于他们入学同文馆后，是否要继续学习清文，似乎未有相关的记载。不过，迟于同文馆一年创办，同样是以招收旗人子弟为主的广东同文馆，却明确规定学生要肄习清文。时任两广总督的毛鸿宾奏呈的《开设教习外国语言文字学馆折》说，学生除肄习英文外，"仍随时兼习清字清语，以重本务"②。所以，在课程方面，同文馆"只限于外国语言文字；同时也不抛弃汉文，另请中国教师讲授汉文"③。就学校性质而言，这一阶段的同文馆纯粹是一所外国语文学堂，也就是总教习丁韪良所说的"译员学校（School of Interpreters）"④或者同文馆英文教习马士所说的"语言学校（School of Languages）"⑤的时期。

关于初期同文馆的课程设置，郭德侠认为："清政府要求同文馆只准学习语言文字，外籍教师不得借此传教，也不能添设其他学科。所以，此时的课程十分简单。事实上，1867 年以前，所有的洋务学堂都如此。"⑥郭氏对早期同文馆课程的叙述应该是没问题的，但说"1867 年以前，所有的洋务学堂都如此"，恐怕不符合实际。迟于京师同文馆一年成立的上海同文馆，其课程设置远比京师同文馆丰富，除了外文，还有四门"中学"课程，即所谓的"正学"："分经学、史学、算学、词章为四类"，并明确规定："西语西文之暇，仍以正学为本。"⑦这些"正学"课程是早期京师同文馆所没有的。像"算学"这样的学习西学的基础

① 邓实辑：《政艺丛书》，光绪癸卯（1903 年），台湾文海出版社 1974 年版，第 271 页。

② ［清］毛承霖编：《毛尚书（鸿宾）奏稿》，台湾文海出版社 1971 年版，第 1282 页。

③ 吴宣易：《京师同文馆略史》，《读书月刊》1933 年第二卷第四号，第 4 页。

④ 丁韪良称："没有校舍，也不是大学，充其量不过是一所译员学校。但这所学校是后来正规大学的基础。它就设在与总理衙门相连的一幢空房子里，它的名字叫'同文馆'。"(W. A. P. Martin. *A Cycle of Cathay or China*, *South and North with Personal Reminiscences*. New York: Fleming H. Revell Company, 1900, p. 301)

⑤ Hosea B. Morse. *The International Relations of the Chinese Empire* (Volume Ⅲ). Kent, UK: Global Oriental Ltd., 2008, p. 413.

⑥ 郭德侠：《中国近代高等学校课程设置研究》，中国海洋大学出版社 2007 年版，第 25 页。

⑦ 佚名：《广方言馆全案》，光绪年间印行，铅印本，第 7 页。

课程,京师同文馆迟至 1867 年才开设,而上海同文馆早在 1863 年创办时就开设了。又如,1866 年创办的近代中国第一所海军工程技术学校——福州船政学堂,除了英文、法文,更是将算术、几何、代数、三角、天文、机械、航海等课程纳入必修课。左宗棠在《奏呈船政事宜折》(1866)中说:"一面开设学堂,延至熟习中外语言文字洋师,教习英、法两国语言文字、算法、画法……艺局之设,必学习英、法两国语言文字,精研算学,乃能依书绘图,深明制造之法,并通船主之学,堪任驾驶。"①此外,1864 年成立的广东同文馆,自成立伊始便设立了算学课。京师同文馆在创办五年之后才开设算学等西学课程,说明了总理衙门在创办同文馆时所体现出来的保守与短视的特性。

二、中后期阶段:语文和科学兼学的阶段

同文馆发生根本性变化的里程碑事件是同治五年(1866)总理衙门提出将天文、算学等西学课程纳入同文馆课程体系,让已获取功名或官职的封建士子接受西方近代科学教育的动议,由此引发了震撼京城的最高决策层关于中学西学的争论。这次争论的成果是总理衙门启动了同文馆的课程、招生等一系列重大改革,这些改革为同文馆跻身近代一流的新式学堂,培养一大批为国服务的外语、外交等领域的人才扎下了深厚的根基。从招生制度来看,学生的身份限制已被打破,便于同文馆选拔优质生源。毕乃德说:"此项建议(按:设立天文算学馆的建议),颇为重要,盖不仅拟招收成年学生以打破八旗幼童之限制,且拟于外国文语之外,更授以其他科学知识也。"②从课程方面来看,算学、国际法等西学课程开始进入同文馆课程体系。特别是在同治八年(1869),同文馆原英文教习丁韪良受清廷海关总税务司赫德之邀,担任同文馆总教习,并在总理衙门的支持下,对同文馆课程进行了大刀阔斧的改革。总理衙门拟复总教习丁韪良的条陈云:"自同治五年添设天文馆,设立课程表,由洋文而及诸学,则求之语言文字以为入门之阶梯。深则课以《几何原本》《平三角》《弧三角》《天文测算》诸书以为致用之归宿。"③同文馆进入了第二阶段即语文和科学兼学的阶段。这不仅是同文馆课程教学史,而且也是同文馆发展史上的重大转折点。同文馆的性质发生了根本变化,由创办初期的单一的语言类翻译

---

① 陈学恂:《中国近代教育史教学参考资料》上册,人民教育出版社 1986 年版,第 67-68 页。

② 毕乃德著,许绍昌译:《同文馆考》,《外交月报》1935 年第六卷第三期,第 114 页。

③ 〔清〕席裕福、沈师徐辑:《皇朝政典类纂》卷二百三十,台湾文海出版社 1969 年版,第 4443 页。

学校或语言学校演变成为集语言和科学教育为一体的综合性学校。马士说："增设科学课程后,学校获得了大学的地位。"①近代学者吴宣易也说:"算学馆终于成立……同文馆的课程,大加扩充,进行极为顺利,许多自然科学,都逐渐的介绍进来……同文馆于是由一个翻译学校,变为一个实用科学的学校了。"②

必须指出,主张外国语文和科学兼学的理念不是来自奕䜣、文祥等人,而是来自时任江苏巡抚的李鸿章。同治二年(1863),他在奏请设立上海同文馆的奏折中将学习外语与传播西学联系起来:"彼西人所擅长者,推算之学,格物之理,制器尚象之法,无不专精务实,洵有成书。经译者十才一二。必能尽阅其未译之书,方可探赜索隐,由粗显而入精微。……果有精熟西文转相传习,一切轮船火器等巧技,当可由渐通晓,与中国自强之道似有裨助。"③应该说,上海同文馆率先设置西学课程,成为奕䜣等人于同治五年(1866)奏请添设天文算学馆,"拟选阁部、翰林院五六品以下官送馆"④,肄习天文、算学等课程的先声。其实,李鸿章、张之洞、盛宣怀等洋务派人士因为有从事对外交涉及洋务活动的经历,深切地认识到西方科学在实现国家富强中的重要作用,于是在他们创办的新式学堂中普遍设置了为数不少的科学课程。张之洞在《设立自强学堂片》中指出设置科学课程的重要性:"格致,兼通化学、重学、电学、光学等事,为众学之入门。算学,乃制造之根源。"⑤

同治八年(1869),丁韪良被任命为同文馆总教习,他担任此职一直到光绪二十年(1894)被来自爱尔兰皇仁大学的欧礼斐替代为止。丁韪良上任后,采取了一系列切实有效的措施,使原先只有"十几个鞑靼男孩的同文馆演变成为一所拥有近一百名学生的学院。这些学生来自帝国各地,在一排新房子里学习教习教授的更加重要的基础课程"⑥。强力推动课程体系改革是丁韪良成

① Hosea B. Morse. *The International Relations of the Chinese Empire* (Volume Ⅲ). Kent, UK: Global Oriental Ltd. , 2008, p.413.

② 吴宣易:《京师同文馆略史》,《读书月刊》1933年第二卷第四号,第4页。

③ 李鸿章:《请设外国语言文字学馆折》//宝鋆:《筹办夷务始末》(同治朝),民国十九年故宫博物院用抄本影印,第1416页。

④ [清]陈康祺:《郎潜纪闻》//《续修四库全书》编纂委员会:《续修四库全书·子部·杂家类》,上海古籍出版社1995年版,第164页。

⑤ 张之洞著,国家清史编纂委员会编:《张之洞全集》,武汉出版社2008年版,第135页。

⑥ Progress in China. *The N. C. Herald and S. C. & C. Gazette*, Aug. 31, 1872, p.168.

为同文馆领导人之后采取的最具亮点的改革措施之一。

(一)增设外文和新设科学各馆

增设外文和新设科学各馆是同文馆在开设新学科方面的重大举措。其做法有二：一是增设外国语文学馆。除最初的英、法、俄文三馆外，后来又增设了布(德)文和东(日)文馆。可以说，当时与中国联系最为密切的几个主要国家的语文都涵盖在内了。二是设置自然科学馆。自同治五年(1866)起，同文馆相继开设了天文、算学、格致、化学等多个科学馆。同治六年(1867)以后，奕䜣等人启动了同文馆改革，招选上海和广东两地同文馆的优秀学生入京师同文馆学习。于是同文馆在原先的语文类课程的基础上，增设国际公法、富国策及外国史地等人文社会科学课程及格致、化学、天文、测算、医学等自然科学课程。同时，在清廷海关总税务司赫德的帮助和支持下，相继聘请术业有专攻的各领域知名人士出任各专业馆的教习。1872年，丁韪良在给时任美国驻华公使镂斐迪的信中说：

> 两年多以前，从我任职的那一天起，这所大学(我们更愿意这样称呼它)经历了渐进却是彻底的改造……数学由本国的一位教授(按：即李善兰)来教，他的影响力足以唤醒其同胞发自内心的对数学的热爱。格致由校长(按：即丁韪良)来教。自去年春天起，我们请来了一位化学教授(按：即毕利干)，给这些聪明的学生授课，让他们做实验。在过去的这个月里，增设了天文学和生理学教授席位。生理学教授德贞即将在秋季上任。[1]

由此可见，除了杰出的数学家李善兰，同文馆还延聘丁韪良、毕利干、德贞等在西方发达国家接受高等教育的高层次人才充任教习，开设这些中国传统学堂所不具有的舶自西方的西学课程。从这点上说，同文馆在丁韪良的主持下正逐步向近代中国新式学堂迈进，中国教育现代化逐步走向正轨。

(二)拟定新的课程表

创办初期，同文馆规定的学习年限为三年，仅开设外国语言文字和汉文课程。同治八年(1869)，丁韪良开始执掌馆务，对同文馆进行了全面整顿和改革。其中最具革命性的改革成果是启动了导致中国教育从传统走向现代的课程革命。他根据学生的素质制定了新的课程表，即"八年课程表"和"五年课程

---

① U. S. Department of States, Legation Archives, China, CCXLIII, 92-93, as cited in Knight Biggerstaff. *The Earliest Modern Government Schools in China*. New York：Cornell University Press,1961, p.126.

表",课程设置渐趋规范,学习年限由原来的三年延长为五至八年。八年制课程"由洋文而及诸学"①,即学习外国语文并兼习科学课程,共需八年。"八年课程表"和"五年课程表"经总理衙门批准于光绪二年(1876年)正式颁布实施。

八年课程表②

由洋文而及诸学,共须八年。馆中肄习洋文四种,即英、法、俄、德四国文字也。其习英文者,能藉之以及诸课,而始终无阻;其余三国文字虽熟习之,间须藉汉文以及算、格诸学。

首年:认字写字。浅解辞句。讲解浅书。

二年:讲解浅书。练习文法。翻译条子。

三年:讲各国地理。读各国史略。翻译选编。

四年:数理启蒙。代数学。翻译公文。

五年:讲求格物。几何原本。平三角、弧三角。练习译书。

六年:讲求机器。微分积分。航海测算。练习译书。

七年:讲求化学。天文测算。万国公法。练习译书。

八年:天文测算。地理金石。富国策。练习译书。

由此可知,"八年课程表"中的课程内容相当丰富,涉及自然科学和人文社会科学的多个学科,如按现在的学科分类,它至少涉及文学、语言学、史学、理学、法学、工学等6个学科门类。这些学科以往从未进入过以培养咕哔伊语、埋首四书五经的读书士人为己任的中国传统教育的视野,而现在却堂而皇之地进入了由中央政府创办的官立学校中,这是中国教育史上开天辟地的大事件。"八年课程表"由三部分构成,一是外国语言文字类,二是人文社科类(各国史地、国际法、经济学等),三是自然科学类(数学、物理、化学、天文等)。其中,外国语言文字类是重中之重的课程,贯穿八年始终,以培养具有"外语+专业知识(或专业方向)"的复合型外语外交人才为目标指向。学生前三年集中学习外国语文,后五年则攻读科学和综合课程,即从第四年起,除继续学习外国语言文字以外,开始学习数学、天文、万国公法、经济学等西方自然科学和人文社科的课程。在教学方面,重视语言技能的训练,尤其重视翻译技能的养成。第二年至第八年,从事翻译实务训练,连贯一体、衔接有序。同文馆是基

① 《同文馆题名录》(第四次),光绪十三年(1887)刊行,第41页。
② 《同文馆题名录》(第四次),光绪十三年(1887)刊行,第41-42页。

本"按照耶鲁等美国大学模式来设计课程和改组同文馆馆务的"①。这是中国教育史上第一份分年制教学计划,涵盖了当时主要的西学知识领域,突破了两千多年来以"经史"为主要内容的封建教育模式,近代科技知识堂而皇之地进入了中国官办学府。这样的课程设置迎合了政府视野中的国家需要,即为了实现"自强""求富"的洋务运动总目标,培养初步掌握近代西方科技的外语外交人才及各类技术人才,体现了同文馆创办者的"学期适用,事贵因时"②的务实思想。此外,值得注意的是,在语言文字、科学技术层面之外,还出现了"西政"的内容,即《万国公法》。

本课程表对晚清其他各类新式学堂的课程设置均有借鉴和示范作用。例如,美国南监理会(The Methodist Church,South)传教士林乐知于光绪七年(1881)创办上海中西书院(The Anglo-Chinese School)③,其课程设置几乎是同文馆"八年课程表"的翻版。

中西书院课程规条④

第一年:认字写字,浅解辞句,讲解浅书,习学琴韵,年年如此。

第二年:讲解各种浅书,练习文法,翻译字句,习学西书,年年如此。

第三年:数学启蒙,各国地图,翻译选编,查考文法。

第四年:代数学,讲求格致,翻译书信。

第五年:考究天文,勾股法则,平三角,弧三角。

第六年:化学,重学,微分,积分,讲解性理,翻译诸书。

第七年:航海测量,万国公法,全体功用,翻书作文。

第八年:富国策,天文测量,地学,金石类考,翻书作文。

同文馆"八年课程表"诞生于清政府刚刚启动对西方开放的晚清时期,毫无先例和借鉴可言。如果不以今人的眼光来苛求前人的话,对于其价值与影响,怎么评价都不过分。不过,曾担任作为同文馆后继的京师译学馆国文教习及国立北京大学校长的蔡元培,于1931年为译学馆校友会题词,曰:"译学馆……所

---

① 刘华:《论京师同文馆的高等教育性质》,《浙江大学学报》(人文社会科学版)2004年第1期。

② 赵尔巽等撰:《清史稿》,中华书局1976年版,第3122页。

③ 关于中西书院,参见 Adrian Bennett. *Missionary Journalist in China*:*Young J. Allen and His Magazines*,*1860—1883*. Georgia:The University of Georgia Press,1983,pp. 89-95.

④ 李楚材:《帝国主义侵华教育史资料·教会教育》,教育科学出版社1987年版,第103页。

以与同文馆、广方言馆等不同者,有两点:一兼习国文;一兼授其他科学;是也。"①蔡元培认为京师同文馆、上海广方言馆不课汉文,也不兼授其他科学课程。笔者以为,蔡氏所言不正确。恰恰相反,这些新式学堂不仅开设了国文等中国传统语言文化及其他科学的课程,而且还极其重视这些课程的教学,培养了不少中外文兼通的各类人才。

与"八年课程表"同时颁布的还有学习年限为五年的"五年课程表",这是为"无暇肄及洋文",仅凭汉文译本学习西学的"年齿稍长"即年纪较大者制定的:

> 五年课程表②
>
> 按照其年齿稍长,无暇肄及洋文,仅藉译本而求诸学者,共须五年。
>
> 首年:数理启蒙。九章算法。代数学。
>
> 二年:学四元解。几何原本。平三角、弧三角。
>
> 三年:格物入门。兼讲化学。重学测算。
>
> 四年:微分积分。航海测算。天文测算。讲求机器。
>
> 五年:万国公法。富国策。天文测算。地理金石。

这类"年齿稍长"的无须学习外文的学生数量并不多,光绪五年(1879)第一次《同文馆题名录》内有 10 名,很可能是同治六年(1867)招考的天文算学人员,光绪十三年(1887)第四次"题名录"也有 10 名,光绪十九年(1893)的第五次"题名录"只有 4 名,光绪二十四年(1898)的"题名录"内则无这种学生。③ 同文馆的这一按学生年龄分配教学内容的做法,是值得称道的,这是因材施教的重要实践。

我们看到,汉文没有列入这两份课程表,但并不说明同文馆不重视汉文。丁韪良说得很明确,学习该课程的条件,是要求"惟汉文熟谙、资质聪慧者"。④否则,学生先被安排进入后馆学习汉文,等汉文符合条件后,再进入前馆学习八年制课程。关于汉文的学习,同文馆规定:"至汉文经学,原当始终不已,故于课程并未另列。向来初学者每日专以半日用功于汉文,其稍进者亦皆随时练习作文。"⑤这说明同文馆的管理者还是很重视汉文学习的。此举为学生参

① 蔡元培题词,参见陈初:《京师译学馆校友录》,台湾文海出版社 1974 年版。

② 《同文馆题名录》(第四次),光绪十三年(1887)刊行,第 43-44 页。

③ 苏精:《清季同文馆及其师生》,台北上海印刷厂 1985 年版,第 32-33 页。

④ 《同文馆题名录》(第四次),光绪十三年(1887)刊行,第 43 页。

⑤ 《同文馆题名录》(第四次),光绪十三年(1887)刊行,第 44-45 页。

加科举打下了一定的基础,为他们今后的出路提供了一条可选择的路径。

值得注意的是,奕䜣等人的奏折均未提及同文馆的学制问题,只提及学习年限为三年,"到部学习三年期满"①。后来,五年和八年"课程表"颁布,年限延长为五至八年。不少研究者都说同文馆的学制为三年、五年或八年。就学习年限而言,这一说法没错,但说这是学制,多少有些不严谨。学习年限与学制是两个不同的概念。"学制"作为舶来品,于 20 世纪初才被引进中国。在此之前,中国根本没有也不可能有"学制"一说。所谓"学制",是指"国家对各级各类学校的性质、任务、组织系统和课程、学习年限等的规定"②。近代中国第一部由国家正式颁布,并在全国范围内正式实施的学制是 1904 年 1 月 13 日颁布的"癸卯学制"。虽然在此两年前,清政府正式颁布了中国历史上第一个正式学制——"壬寅学制",但该学制因存在问题而没有实行。③ 除此之外,清政府对各级各类学校也有一些制度性规定,但都很粗糙或随意,从严格意义上说,这些规定根本称不上学制。其实,对同文馆而言,见诸文献的,只有五年和八年两种课程表,但这两种课程表上的所有课程不是每一个学生都必须学的。同文馆没有学生必须学满五年或八年才能离校的规定,也没有在学生完成学业时必须参加毕业或结业考试,更没有证明学生在校学习经历的毕业或结业证书。因此,学生也就没有毕业一说。而且,学生学习届满之后,仍然可以留馆继续学习,以至于有不少学生冲着极为优厚的生活待遇而长期滞留在馆,有的留馆时间长达二十年。鉴于此弊端,总教习丁韪良曾向总理衙门提出"嗣后以在馆九年为限,界限满之期无论该学生课程已未完竣,均应截考一次,按其所学发给文凭,概令出馆"④。但丁韪良的建议没有被清廷采纳。

(三)译书列为课程

光绪十一年(1885),总理衙门给清廷上呈的奏疏称:"同治十三年四月间,据同文馆总教习丁韪良呈请译书开具章程六条,内有各馆洋教习教授功课是

---

① 宝鋆等:《筹办夷务始末》(同治朝卷八),民国十九年故宫博物院用抄本影印,第 813 页。

② 中国社科院语言研究所:《现代汉语词典》,外语教学与研究出版社 2002 年版,第 2179 页。

③ 光绪二十八年(1902),在管学大臣张百熙的主持下,拟定了"壬寅学制",于是年 8 月 15 日奏呈颁布。这是近代中国第一个以国家名义制订的全国性学制系统,具体规定了各级各类学堂的性质、培养目标、入学条件、在学年限、课程设置和相互衔接关系。但由于各种各样的原因,"壬寅学制"没有实行。

④ [清]席欲福、沈师徐辑:《皇朝政典类纂》卷二百三十,台湾文海出版社 1969 年版,第 4443 页。

其专责。若令兼理译书，未免事属分外，似应量予奖励。"①该奏疏说明两点：一是丁韪良重视译书，不过这份经总理衙门批准的"章程六条"，现已不可考；二是译书系分外之事，并非教习之专责，这从后来的情形来看，确是如此。以丁韪良为首的同文馆教习群体翻译了一批西方自然和社会科学书籍，但有译书成果的洋教习仅限于丁韪良、毕利干、德贞、施德明、欧礼斐、海灵顿、费理饬、骆三畏等少数几人，多数教习还是集中精力，努力做好教学的本职工作。例如，法文教习华毕乐，虽未译书而功课却极为认真，获得了总理衙门"赏给虚衔"的奖励。

根据"八年课程表"，学生从第五年起学习译书，一直持续到第八年，学程长达四年。而作为译书知识和技能的前期铺垫，句子翻译、段落翻译等在第二年就已开始。可以说，学生在馆八年的时间里，大部分时间都在学习翻译，借助翻译实践来促进对语言的掌握，"大量的翻译练习为学生用外语学习'富国策'等专业知识打下了语言基础"②。从教学法的角度看，这种学以致用的做法是同文馆的创举。金圣华说："从事翻译工作，是学习外语的途径之一。"③而且，翻译作为一种真实的语言交际，是听、说、读、写、译五种技能中综合性最强的一种技能，不仅是学习外语的途径，而且"非常有助于外语学习者培养创新意识和能力"④。在母语充斥的社会环境中，学习者平时的思考、表达、推理、交流等言语活动鲜有运用外文的机会。在当时，无论是在市面还是在学堂，几乎不大可能有很多的适合学生阅读的外文书籍，更没有训练学生听说、同声传译等能力的媒介。因此，通过翻译来学习和提高语言知识与技能，是切合了当时的教学实际的。

同文馆所译的32种西书中，全由学生翻译的有11种，师生合译的有9种，其余则为教习独立翻译。其中，在馆学生汪凤藻、贵荣、联芳、庆常、杨枢、熙璋、凤仪、席淦等最为出色，这些优秀译者后来大都凭借其出色的外文功底出任驻外出使大臣（公使）或外务部侍郎或教习等。凡此可说明同治末年整顿和改革后的同文馆，已远远超出了训练"熟悉外国语言文字之人"的范畴。著名汉学家、时任美国驻重庆使馆外交官的毕乃德在《同文馆考》中曾提及学生

---

① 《同文馆题名录》（第四次），光绪十三年（1887）刊行，第 69-70 页。

② 莫再树：《晚清商务英语教学源流考镜》，湖南大学博士论文，2012 年，第 107 页。

③ 金圣华："开卷语"//金圣华：《齐向译道行》，商务印书馆 2011 年版，第 1 页。

④ 杨忠：《从语言规约性与创新性辩证关系看外语教学中创新意识的培养》，《外语教学与研究》2015 年第 5 期。

参与译书一事，予以肯定。

　　　　同文馆的主要事迹之一，为外国书籍之翻译。虽当时译书机关不止同文馆一处，如上海制造局及福州海军学堂①均名著一时，然因同文馆与总理衙门关系密切，故其译书工作亦最重要。各种有用之书籍，如关于国际公法、外交、政治经济学、地理、化学、解剖及生理学等多有翻译者。此等翻译书籍，多由该馆自印刷。该馆学生，于八年修业期中最后两年必须从事译书工作，而毕业留馆学生亦多致力于此项工作。②

　　无论是教习还是在馆学生翻译的西书，绝大部分都作为教科书用于同文馆的课堂教学。例如，丁韪良翻译的《万国公法》(*Elements of International Law*)，化学教习毕利干翻译的《化学阐原》(*Advanced Chemistry*)，学生汪凤藻翻译的《富国策》(*Manual of Political Economy*)，联芳、庆常译的《星轺指掌》(*La Guide Diplomatique*)，汪凤藻、凤仪等译的《公法便览》(*Introduction to the Study of International Law*)等都是同文馆的优秀教材。这些教材大都是同文馆为培养外语外交人才而组织师生翻译的。余家菊说："达到教育目的，有许多工具，教科书就是一种，而且是其中重要的一种。"③因此，同文馆组织学生参与译书，不仅是一种有效的训练学生学习外语技能的手段，而且也是一种重要的达到教育目的的手段。同文馆组织学生参与译书的另一重要意义是此举开近代新式学堂系统翻译教科书之先河。

　　(四) 学生自由选修课程

　　光绪十三年(1887)的《同文馆题名录》(第四次)记载：对于"天文、化学、测地诸学，欲精其艺者，必分途而力求之：或一年，或数年，不可限定。"④这就是说同文馆学生是以一种外国语文或汉文、算学或其他作为主修，另外可自由选

---

　　① 上海制造局即"江南机器制造总局"，简称"江南制造局"。福州海军学堂即"福州船政学堂"。
　　② 毕乃德著，许绍昌译：《同文馆考》，《外交月报》1935年第六卷第三期，第120页。
　　③ 余家菊：《教科书革命》(1920年1月)//戴逸主编，郑刚编：《中国近代思想家文库·余家菊卷》，中国人民大学出版社2013年版，第22页。
　　④ 《同文馆题名录》(第四次)，光绪十三年(1887)刊行，第43页。

修其他学科或第二种外国语文。① 以第一次"题名录"中的榜单为例:参加光绪四年(1878)岁考的 98 名学生中,只考 1 科的有 62 名,两科的 15 名,三科的 14 名,四科的 7 名。再以第四次"题名录"中的榜单为例,参加光绪十二年(1886)大考的 103 名学生中,只考 1 科的有 66 名,两科的 22 名,三科的 11 名,四科的 3 名。而且一个很奇特的现象是各个学生每次大考时,与考的科目除主修的外国语文外,其他科目日常每次不同,这种情形可以说明学生选修课程的自由。② 这是尊重学生的个性,尊重学生的自主选择,有利于学生的多元发展,代表了近代教育发展的方向。应该说,这是很有意义的举措。不过,这也是值得进一步探讨的做法。课程学习最能反映一所学校的真实状况。从上述统计情况来看,参加两次考试的 201 名学生中,只考 1 科的高达 128 人,占总参加人数的 64%;参考 4 科的,仅有 10 人,仅占总人数的 5%。这说明学校的教学与管理及学生自身的学习基础和态度等均存在一些问题。再者,这批学生的年龄和学业大都相当于现在的中学生水平。在国家和社会的文明程度及开放程度远不如今天的晚清时期,让那些心智和认知能力尚未充分发展的学生对自己的未来负责,自主决定学什么、不学什么,要求是否过高? 另据课程研究专家吕达的统计,在光绪四年(1878)、十二年(1886)、十八年(1892)和二十二年(1896)共四次大考中的与考人数为 439 人,其中未考西学课程的平均人数和百分比分别为 231 人和 52.6%。③ 也就是说,自主选择参加西学考试的学生数仅占 47.4%(其中也有学习西学课程而不与考的情况,故学习西学的人数肯定要多一些)。这一数字与丁韪良在光绪三年(1877)向美国公使西华汇报选修西学的人数为 56% 的情况基本持平,也就是说,有将近一半的学生没有选修西学课程。这表明晚清时期尽管光绪帝带头学习英语,科举制度即将废除,整个社会对西学已相当的宽容的情况下,但西学进入中国仍遭遇顽强的阻力。同时,也表明有近一半的同文馆学生仍然热衷于走成为咕哔伊语、埋首四书五经的读书士人的路子,说明科举制度占有极大的市场及近代教

---

　　① 虽然总理衙门曾禁止学生修读第二种外国语文,但事实上有许多学生修习。第一次"题名录"中,恩光同时参加英德文大考,德明原属英文馆而参加法文大考。第五次"题名录"中,杨晟与董鸿钧两人同时参加英德文大考,桂绅则参加英法文大考。(苏精:《清季同文馆及其师生》,台北上海印刷厂 1985 年版,第 33 页)

　　② 苏精:《清季同文馆及其师生》,台北上海印刷厂 1985 年版,第 33 页。

　　③ 吕达:《京师同文馆与我国近代课程的萌芽》,《教育评论》1988 年第 6 期。另参见"京师同文馆学生大考应试西学科数"(苏精:《清季同文馆及其师生》,台北上海印刷厂 1985 年版,第 66 页)。

育改革所面临的艰巨性,诚如丁韪良所说:

> 有两个省的学政试图不等皇帝下谕旨(就在科举考试中)引进数学的内容。早在 1874 年,前述的那位已当上"祖父"的杜法孟陪同一位学政前往湖南检查数学考试,但没有一个考生报考。1885 年,山东学政要求考生参加数学考试,仅收到几份卷子。看来只有上谕才能使这个帝国的民众的思想导向新的轨道。在这一例子中,革新手法的使用非常谨慎,既不能给保守人士留下任何口实,又要获得实际的功效。①

三、外国语文的课程内容

同文馆的"八年课程表"只是非常简略的大纲,与当下所说的课程标准仍有很大的距离,但是,它已大致勾勒了同文馆的课程内容,仍然是当时最完整、最完善的课程表。第一年规定"认字写字。浅解词句。讲解浅书"。第二年是"讲解浅书。练习文法。翻译条子"。这些是基础阶段语言训练的内容。第三、第四年学习"翻译选编"和"翻译公文"②,可视为继续语言基础与技能训练,为第五至第八年的译书做准备。这些描述性词语并没有告诉我们同文馆到底开设了哪些课程,但我们仍可从中推断出同文馆开设了类似于当下的精读、语法、翻译等课程。实际上,同文馆实际开设的课程肯定要丰富得多,但由于一手文献资料阙如,我们无从进一步得知同文馆开设的具体课程和采用的教学方法。《钦定大清会典》记录了各科的教学内容,但都极为简略和含糊。现将有关外国语文的说明摘录如下:

> 凡文字,先考其母以别异同(英文字母二十有六,法文字母二十有五,俄文字母三十有五,德文字母二十有六)。次审其音,以分轻清重注之殊(以唇舌牙齿喉腭定其音)。次审其比合为体以成文(凡洋文皆和字母以成字,有主音,有辅音,合以成文。舆清文字母押配之审配,汉文偏旁部目之合形,大略相同)。次审其兼通互贯,以识其名物象数之繁(洋文字母最简,而成字最繁。以音为文,彼此移易,则其解各别,故洋文数倍于汉文)。设汉洋教习以分导之。立总教习以合语而董成之。③

---

① W. A. P. Martin. *A Cycle of Cathay or China*, *South and North with Personal Reminiscences*. New York: Fleming H. Revell Company, 1900, p. 319.

② 《同文馆题名录》(第四次),光绪十三年(1887)刊行,第 41 页。

③ 昆岗等纂修:《钦定大清会典》卷一百,商务印书馆,光绪戊申十一月,第 2 页。

　　这段文字开列的只是一些外语学习的程序，根本不是通常所说的课程。我们仍然无从得知更多的课程内容。今天所见到最详细的记录，则是来自曾在同文馆肄习德、法文的齐如山：

　　　　最初只是西洋小学的功课，慢慢地学习编译小故事，渐渐的翻译简单的公事文，例如总理衙门与各国交涉的普通公事，多交同文馆学生学着翻译，有时洋译汉，有时汉译洋。最后则读中国与各国订立的各种条约，例如学德文的学生，则读中国与德国订立的条约，至于他国订的就不用读了，然特别的条约，或也须读。过三几年之后，洋文稍有程度，可以被派到总理衙门旁听。因为国人懂得洋文的太少，最初衙门中并不预备翻译人员，后虽添设，然亦很少，且洋文程度多不够，所以遇有与外国使臣会晤（此系彼时的名词），所谈公事无秘密必要者，往往招一两学生去旁听，以便练耳音，只许听不许说话。按章程，学生听了回来，还应记录出来，呈交衙门，俾查验其听的对与不对。①

　　齐如山的回忆也没有明说同文馆到底开设了哪些课程，只是说学了什么或做了什么。但从他的较翔实的叙述中，我们得知同文馆学生至少曾经历过类似于当下的外译汉（洋译汉）、汉译外（汉译洋）、阅读（读各种条约）、听力（这是没有现代电化教学设备的听力，即齐氏所说的"练耳音"）等技能的训练。这虽是一种差强人意的做法，但就当时的教学条件来说，也是"一种由浅入深，且针对性很强的教习模式，重点是训练外交外语的人才。所以，学员虽学习翻译公文，也要读中外条约，而最有特色的是到总理衙门旁听，可说是一种外交现场的听力训练"②。

　　总之，同文馆设置迥异于中国传统的以儒家教育为中心的课程体系，要求学生学习外国语言文字和近代西方科学知识，在近代中国历史上首次引进"西文""西艺""西政"作为教育内容，冲破了长达两千多年传统儒家教育只讲"中学"的樊笼。而且，它的重视实践取向的课程体系，造就了实际应用能力较强的外交翻译、驻外使节、教学与管理及科技人才，对其他新式学堂起到了引领作用。自从有了同文馆，中国学生才开始正式接受外国语文、西方自然和人文社会科学知识，此后的中国教育，正是从同文馆开始，才一步一步地向近现代

---

　　①　齐如山：《齐如山回忆录》，辽宁教育出版社 2005 年版，第 41-42 页。
　　②　王宏志：《京师同文馆与晚清翻译事业》，《中国文化研究所学报》2003 年新第 12 期，第 315 页。

教育迈进。同文馆因此成为中国新教育的肇端。

第二节　同文馆以翻译实践为特色的教学

翻译实践教学是同文馆外语教育的特色，经历了两个阶段，即初期阶段和中后期阶段。这两个阶段的翻译教学各具特色，但又互相包含，联系密切，在培养学生的实际应用能力方面成效较为显著。

一、同文馆初期（1862—1869）的翻译教学

（一）外语教学法：翻译法

由于一手资料的极其缺乏，我们很难确知初期同文馆的课堂教学情况。但我们仍然可以从一些零碎的文献记录中梳理和归纳同文馆在翻译实践教学方面的一些成功事例。同治四年（1865）十一月，同文馆第一届学生学习届满，总理衙门依俄罗斯文馆之例，组织学生参加三年一次的大考。根据奕䜣等人的奏折，本次考试分初试和复试，初试是让学生将各国配送的洋字照会译成汉文，复试是将各国条约摘出一段，令其翻成洋文。又恐学生于外国文字虽能通晓，而言语未必娴熟，于是再行复试，令其将汉话条子翻成外文，隔座向外国教习侍讲，再令外国教习将学生言语译汉，写明两相核对。① 从中可知，同文馆考试是以翻译作为主要题型来考查学生学习情况的。考试内容同样也是一面镜子，可以真实地反映一所学校课程教学的情况。很显然，奕䜣奏折中提到的翻译照会、口头翻译等是对外交涉代表的必备技能，必须借助考试这一形式予以明确和强化。根据昆岗等人纂修的《钦定大清会典》记载，除了大考，同文馆的月课、季试、岁考的题型也基本都是翻译。② 关于同文馆的考试内容，可从曾担任过总管同文馆事务大臣的曾纪泽和翁同龢的日记中得到印证。曾纪泽在日记中记述："辰二刻起。茶食，运气，写一单致译署，调取汉文照会。……阅同文馆卷。"③翁同龢记述："饭后，赴同文馆岁考，樵野先点名，以洋译汉，廿九人，午正毕。设酒款总教习欧礼斐，饭后考汉文译洋，并择考语言，直至酉初

---

① 奕䜣：《奏陈同文馆学生考试情形折》//宝鋆等：《筹办夷务始末》（同治朝卷三十七），民国十九年故宫博物院用抄本影印，第3533-3534页。

② 昆岗等纂修：《钦定大清会典》卷一百，商务印书馆，光绪戊申十一月，第3页。

③ 曾纪泽著，刘志惠点校辑注：《曾纪泽日记》（下册），岳麓书社1998年版，第1757页。

毕。"①从上述当事人的记载可知,同文馆构建的考核评价体系是以考查学生
的口笔译能力为主要特征的。由此可推出同文馆的外语教学实际上是以翻译
技能训练为主的教学,即以翻译法组织的教学。这种做法是切合同文馆的实
际的,"同文馆最主要的目的是训练青年学生以便他们今后担任公职,尤其是
担任对外交涉的代表"②。

再从课堂教学来看。同治六年(1867)正月,奕䜣在《请饬派徐继畬为总管
同文馆事务大臣折》中说:"惟查臣衙门前设学习英、法、俄国语言文字各馆,均
设洋教习一员,专司讲译。"③可见,同文馆课堂教学的方式是以"讲译"为特征
的翻译法。

1866年,傅兰雅在致苏茜·约翰逊(Susy Johnson)的信中提到,他在上海
英华书院(The Anglo-Chinese College)教授英文时,以中文作为教学语言。
其步骤是先教学生发音,接下来教他们朗读和书写,然后给学生解释词语的意
思及语法和习语并让他们将这些词语和习语译成汉语。此外,他还在黑板上
写出中文句子,让学生汉译英。④ 很显然,作为同文馆原英文教习,傅兰雅采
用的教学方法是翻译法。一年前,他在同文馆教授英文时,采用的方法很可能
也是翻译法。

光绪年间出版的《广方言馆全案》揭示了晚于京师同文馆一年成立的上海
同文馆(即后来的上海广方言馆)的教学方法:

> 每日西教习课读,派通习西人语言文字之委员董事四人,环坐传递语
> 言,发明西教习意旨,使诸生易于领受。……课读讲解之时,拟宜用中国
> 语言,讲明意旨。次以西语口授,不但审其字音,并分明句读,以西语连贯
> 读之,日久习熟。其学生能通西语者,即以西语讲解其义,或以中国文义
> 译出西文,而以西语解之。⑤

上海同文馆这种西人口述、华人译述的教学模式,实际上是翻译法,这种

① 翁同龢著,陈义杰整理:《翁同龢日记》第五册,中华书局1997年版,第2865页。
② W. A. P. Martin. *A Cycle of Cathay or China*, *South and North with Personal Reminiscences*. New York: Fleming H. Revell Company, 1900, p. 295.
③ 高时良:《中国近代教育史料汇编·洋务运动时期教育》,上海教育出版社1992年版,第58页。
④ Ferdinand Dagenais: *The John Fryer Papers*(Vol. Ⅰ),广西师范大学出版社2010年版,p. 244.
⑤ 佚名:《广方言馆全案》,光绪年间印行,铅印本,第36页。

教学法在早期洋务学堂中得到普遍采用。广东同文馆毕业生嚣翁回忆:

> (广东)同文馆甲班为高年级,由外国总教习任教,三年为期。总教习授课全用外语,训练学生能讲能听,初期由甲班毕业生担任翻译,以后则不设翻译。……我学英语,英语课本由森马士自编英文文法讲义,读本则甲班毕业生翻译一些中国民间故事如三国演义、蔡文姬归汉、廿四孝的卧冰求鲤、哭竹生笋等,成为英译初稿,由森马士修正作为讲义。①

对于在中国这样的非目的语环境中学习外语的零起点学生而言,外籍教习上课时如不使用相应的汉语与之配合,教学效果估计是成问题的。京师同文馆未必一定采用沪、粤两地同文馆"西人口述、华人译述"的模式组织教学,但它采用翻译法组织教学,估计是有可能的,而且完全可以做到,因为课堂教学活动的组织者如包尔腾、傅兰雅、丁韪良等都是中外文俱通的洋教习。外语教育家张正东也认为这一时期的外语教学法是翻译法。② 在既没有收录机、语音室、电脑等现代电教设备,也没有当下外语学习氛围的晚清社会,翻译法当是上佳选择。诺德(Christiane Nord)在《目的性行为——析功能翻译理论》一书中说:"语法翻译法非常有助于外语学习。"③

翻译法又叫语法翻译法、阅读法④,诞生于18世纪末的德国(当时称普鲁士)。最早用于英语教学的翻译法教程系费克(Johann Christian Fick)于1793年撰写并在德国出版。翻译法的代表人物有奥朗多弗(H. Ollendorff)、雅科托(Jacotot)等人。翻译法是教学改革运动的产物。当时西欧各国的学校教育和著书立说等文化教育活动普遍使用被称作国际语言的拉丁语。哥白尼、笛卡尔、牛顿、伽利略、莱布尼茨等科学家的论著几乎都以拉丁语撰写。为适应阅读、著书立说和发展智慧的社会需要,翻译法应运而生。后来,英语、法语、德语等现代语言兴起,取代了拉丁语在学校教育中的主导地位,但翻译法一直

---

① 嚣翁口述,陈炳瀚整理:《清末广州同文馆、译学馆、两广方言学校回忆》//广州市政协学习和文史资料委员会:《广州文史资料存稿选编》(七),中国文史出版社2008年版,第63-64页。

② 张正东将中国外语教学的演进分成四个时期:(1)译学中心期(1862—1921);(2)欧法中心期(1922—1949);(3)东西跳动期(1950—1977);(4)走向自立期(1978—1999)。其中,译学中心期采用翻译法作为主要的教学方法。(张正东:《中国外语教学法理论与流派》,科学出版社2000年版,第1-10页)

③ Christiane Nord: *Translating as a Purposeful Activity*: *Functionalist Approaches Explained*,上海外语教育出版社2001年版,p.10。

④ 章兼中:《外语教育学》,浙江教育出版社1993年版,第37页。

沿用了下来。翻译法"在 19 世纪 40 年代至 20 世纪 40 年代统治欧洲和外国
语言教学"①，时间长达一百年，它是历史最悠久、使用范围最广的一种教学
法。经过改进的翻译法在当下世界的一些地区仍在广泛使用。同文馆自开展
外语教育以来，在传统的古典人文教育占统治地位的中国率先引进并使用翻
译法组织外语教学，中国由此成为最早使用翻译法教授外语的东方国家之一。
翻译法不仅在清末的新式学堂中盛行，而且在民国它是和直接法平起平坐的
最流行的两大教学法之一。它在内地或偏远地方的中学里特别流行，甚至有
相当多的以口语见长的教会学堂也很青睐翻译法。如东吴大学附中、北京汇
文中学、长沙雅礼中学等外语教学上走的是传统的路子，即采用注重文学阅
读、翻译和语法分析的翻译法组织教学。自清末民国以来，各级各类学校借助
翻译法培养了一大批中西贯通的外语人才。这是同文馆对现代外语教育事业
的重大贡献。

　　但是，翻译法过于重视语言文字学习，而忽视口语训练。② 理查兹(Jack
C. Richards)等人也认为翻译法注重读和写，不太注重听和说。③ 这种情形，
由于条件的局限，在同文馆也是存在的，甚至在光绪二十二年(1896)成立的上
海三等学堂的《小学堂功课章程》中也专门提到："洋文最重声音，西人言语之
间，抑扬高下，变化万端，若仅恃记诵，而不与西人晤对，将来即不能司舌人之
职。宜另请教习一人，专与诸生操西语晤谈，不准杂一华语，以药同文馆方言
馆重文字而轻言语之弊。"④可见，翻译法的缺陷也是明显的。当然，翻译法这
些缺陷的产生有其客观的历史背景。我们知道，直接法、听说法、自然法、交际

---

①　Jack C. Richards & Theodore S. Rodgers. *Approaches and Methods in Language Teaching*. Cambridge：Cambridge University Press，2004，p. 6.

②　A. P. R. Howatt：*A History of English Language Teaching*，上海外语教育出版社 1999 年版，第 133 页。

③　Jack C. Richards & Theodore S. Rodgers. *Approaches and Methods in Language Teaching*. Cambridge：Cambridge University Press，2004，p. 6. 关于语法翻译法的内容及其是非曲直，参见相关研究：李观仪：《传统教学法与交际教学法相结合可行乎》，《外语界》1989 年第 1 期；A. P. R. Howatt：*A History of English Language Teaching*，上海外语教育出版社 1999 年版，第 131-146 页；安美华：《大学英语语法教学问题种种》，《外语界》2000 年第 3 期；罗立胜、石晓佳：《语法翻译教学法的历史回顾、现状及展望》，《外语教学》2004 年第 1 期；肖辉：*A Critique of the Grammar-Translation Method in Foreign Language Teaching*，复旦大学出版社 2004 年版；张美平：《语法翻译法的存在价值及其创新运用》，《广西社会科学》2007 年第 10 期；左静妮：《语法翻译法的再认识》，《安徽工业大学学报》(社会科学版)2012 年第 6 期，等等。

④　陈学恂：《中国近代教育史教学参考资料》上册，人民教育出版社 1986 年版，第 300 页。

法、任务教学法等新式教学法都是后来才出现的新生事物。这些教学法大都重视训练学习者的听说能力,但训练学习者听说能力所需的现代电化教学设备在清末还没有问世或进入中国。例如,用于训练听力的留声机片迟至民国初年才引入中国,用于外语教学又是多年以后的事了,而且价格异常昂贵,非普通人家所能承担。留声机片最初在外籍人士创办的教会学校使用,然后扩展到条件较好的大中城市的公立学校。而且,除了为数不多的洋务学堂及上海、广州等通商口岸城市,鲜有外籍人士的身影,学生在母语充斥的社会背景中,几无参与外语交流的机会。

随着学生语言能力的提升,也可能是意识到忽视口语训练会带来严重后果,作为补救措施,同文馆开始考虑其教学语言的问题。《同文馆题名录》云:"其习英文者,能藉之以及诸课,而始终无阻。"①早期同文馆的英文教习额伯连也说,"所有这些学生一直在学习英文,以便使自己能适应以英文组织的科学课程的教学"②。由此推知,同文馆学生直接借助英文来学习其他西学课程。就当时来说,在没有现代电化教学设备的情况下,以外文授课成为提高学生听说水平的最主要途径。因为,来自以外语为母语的外籍教习高质量的语言输出及师生互动,能较好地训练学生的听说能力。

对于西学课程,用外文还是用中文施教,在近代中国教育史上存在不同的观点,甚至还有过激烈的争论。最典型的是来华传教士分别在光绪三年(1877)和光绪十六年(1890)在上海举行的传教士全国代表大会上就教会学校是否用"中国语言施教"进行过激烈争论。争论的最终结果是,尽管有部分传教士主张以中文施教,但大多数传教士倾向于以英文施教。同文馆与教会学校不同,是一所官立学校,但它的部分洋教习系传教士,并且也参与其中的讨论。在以何种语言施教的问题上,他们的做法也不相同。同文馆英文和格致教习、后来接替丁韪良出任总教习的欧礼斐说:"我并不认为完全了解英语很有必要。我认为最重要的不应该仅仅要求学生掌握理论方面的知识,他们应该拥有所有表达清晰的原理的实用性例证,允许他们自己动手做实验。我是彻彻底底地用中文组织教学的。迄今为止,没有发现任何困难。"③而同文馆天文、化学教习骆三畏则说:"对于大众天文学,中文和英文一样,都是合适的

---

① 《同文馆题名录》(第四次),光绪十三年(1887)刊行,第 41 页。

② *The N. C. Herald and S. C. & C. Gazette*, Jan. 25, 1870, p. 65.

③④ L. W. Pilcher. The New Education in China(Ⅱ). *The Chinese Recorder*, Aug., 1889, p. 348.

（教学）媒介。但从实用方面来看，英语是更好的媒介。"④ 毕乃德也有记述，他说："除各种外国文外，其他课程均用中文或英文讲授。但至光绪十四年，化学课程已用法文讲授。"⑤

从语言教学角度来看，使用中文或英文作为教学语言各有利弊，是利还是弊取决于当时的客观实际。在非目的语环境中开展外语教学或以外语讲授西学课程，适当地使用母语是有利于学习的。但是，一味地用母语组织教学，学习效果恐怕是有限的，因为在母语充斥的环境中，课堂是最主要的使用外语的地方，特别是在闭塞落后，没有外语学习氛围的晚清社会尤其如此。以外文授课的好处自不待言，但要有前提，即学生要有较好的中外两种语言的基础。否则，效果同样有限，有时还会加重学习的难度，阻碍了语言学习，抑制了学生的学习兴趣。1869 年 12 月 2 日，《纽约时报》发表的一篇文章认为，"学生年龄过大，没有以汉文授课（按：即以外文授课）"⑥成为早期同文馆教学被诟病的原因之一。这一文献反证了翻译法教学在推进外语教育质量中所起的作用。

（二）重视外语经验的积累：海外翻译见习

近代以来，当清政府及士大夫阶层连美国的方位还茫然无知时，已有不少中国人漂洋过海，前往异域他乡，其中较为知名者为林鍼和容闳。厦门人林鍼于 1847 年春受美商邀请，前往美国教习中文，两年后回到国内。他把在美国的见闻写成《西海纪游草》一书，是为近代中国第一部游西笔记。容闳（Yung Wing）被称为"中国留学生之父"，于 1847 年随义父布朗（Samuel Brown）前往美国求学，七年后，以优异成绩毕业于耶鲁大学，成为近代中国第一个"毕业于美国第一等之大学校"的中国人。⑦ 他回国后于同治十一年（1872）成功组织了中国历史上第一次大规模的学生留学海外的活动——幼童留学美国。

同治五年（1866）启动的同文馆学生海外翻译见习活动是近代中国学生游学海外的肇端。为了培养学生的对外交涉和口译等技能，同文馆除了正常的课堂教学，还经常给学生提供翻译实践的机会。根据《同文馆题名录》，同文馆规定，学生"在完成学业后，经过政府的选拔，必须留馆或出国进行专业学习，

⑤ 毕乃德著，许绍昌译：《同文馆考》，《外交月报》1935 年第六卷第三期，第 118 页。

⑥ Pery Plus. The Peking College. *New York Times*, Dec. 2, 1869, quoted in Ralph Covell. *W. A. P. Martin: Pioneer of Progress in China*. Washington: Christian University Consortium, 1978, p. 169.

⑦ Yung Wing. *My Life in China and America*. New York: Henry Holt and Company, 1909, pp. 39-40.

以提高使用外语的能力"①。鉴于此,同文馆安排他们"往西洋各国游历",随团出洋见习或担任翻译官,"在藉此验其所学"②。赴国外翻译见习也是课堂教学的重要组成部分。同文馆出洋有资格规定,必须"资格较深,考试前列及品行端谨之人,始堪充选"③。同文馆学生获得的第一次出国使用英语的机会是在1866年。自是年起至同治九年(1870),总理衙门就安排了学生三次随使出洋,第一次是同治五年(1866),第二次是同治七年(1868),第三次是同治九年(1870)。这三次出洋是近代中国最早的学生海外游历和翻译见习活动。不过这里要交代的是,这三次学生出洋,虽系清政府的特意安排,但其目的只是让同文馆学生"前往该国游历一番,亦可增长见闻,有俾学业"④,亦即一为考察各国风俗,二为藉资以为历练。

同治五年(1866)二月,时任海关总税务司的赫德告假回爱尔兰,向清政府建议派遣一个正式代表偕同前往。让其归国之后,将自己的所见所闻,形成报告上交,以资研究外国的风俗民情。⑤ 他还建议派遣若干名同文馆学生随团前往以增加对外部世界的了解⑥,并提名曾任山西襄陵县知县、时任总税务司赫德衙门中任中文文案的斌椿出任此职。赫德一直关注中国的现代化建设。同治四年十一月,赫德就向总理衙门提交了名为"局外旁观论"(*Observations by an Outsider*)的备忘录,除了强调铺设铁路、制造蒸汽船、设立电报局、开矿和遵循西方外交惯例的重要性以外,他强调驻节国外"至为重要",因为这可以避开北京的那些刚愎自用的外交官,直接向所在国家的政府说明真实情况,这有助于中国保持独立性,建立其与西方强有力的联系。他提出并最终成行的使节出使国外,是近代中国向国外派遣使团之发轫,为光绪二年(1876)中国首任驻外使节郭嵩焘驻节英国探路,意义重大。

赫德的建议与恭亲王奕䜣等人的想法一致,很快便获得清廷的嘉纳。斌

---

① *Triennial Calendar of The Tungwen College*（*Fourth Issue*），Published by Authority，Peking，1888，p. 20.

② 汪家熔辑注：《中国出版史料·近代部分》第一卷，湖北教育出版社2004年版,第367页。

③ 高时良：《中国近代教育史料汇编·洋务运动时期教育》,上海教育出版社1992年版,第103页。

④ 复旦大学历史系：《中国近代对外关系史资料选辑》（1840—1949）上卷第一分册,上海人民出版社1977年版,第240页。

⑤ *The N. C. Herald and S. C. & C. Gazette*，Mar. 31，1866，p. 50.

⑥ Stanley F. Wright. *Hart and the Chinese Customs*. Belfast，Northern Ireland：Wm. Mullan & Son（Publishers）Ltd.，1950，p. 327.

椿使团的成员除了同在海关服务的鲍拉（E. C. Bowra）、德善（E. de Chanmps）及斌椿的儿子广英等人以外，还有英文馆学生凤仪、张德彝（按：即德明）和法文馆学生彦慧作为随团翻译与之同行。①

毫无疑问，这是有史以来由中国政府向国外派遣的第一个使团，此行虽非外交任务，却为光绪年间遣使欧洲创下先例。使团访问了英国、法国、德国、俄国、比利时、瑞典、丹麦等一些西欧、北欧国家，此行历时三个半月。

对于斌椿使团出使欧洲，外界评价迥异。萧一山说："斌椿虽系游历性质，而外国新闻纸均以中华从无使臣至者，早为宣传，所到之处，备受欢迎。回国后，报告外情甚详。总署王大臣之观感一新，乃益视遣使为未可缓图。"②马士则认为："他（斌椿）并没有对中国文明进程产生有利的影响，他也没有提交有价值的报告，因此，必须肯定他没有完成其使命。"③

那么，张德彝等同文馆学生在这次出使中的表现又是如何呢？对此我们要做实事求是的分析。首先从奕䜣等人的奏折来看，总理衙门并没有要求学生充任翻译，只是要求他们"前往该国游历一番"。实际上，要让他们担当译员使命，从当时的实际来看，是勉为其难的。这三名同文馆学生在馆学习外语的时间非常短，仅三年左右。加上入学前没有任何的外语积累，因而他们的外语能力是很有限的，不大可能担任正式的翻译任务。而且，这些学生的中外语言文化知识的积累与一名合格的译员所需的相关专业知识尚有较大距离。斌椿的《乘槎笔记》及张德彝的《航海述奇》也基本没有提及同文馆学生在这次游历中做过什么正式的翻译工作。张德彝提到同行的有两位翻译官，一位是"帮办

---

① 关于此次出行的相关人员，赫德在多年以后仍记忆犹新。他于 1901 年 11 月 29 日在致小鲍拉的函中记述："你记得德明这个名字吗？他就是 1866 年出使欧洲的同文馆学生中的一员。当时我偕同斌老爷等一班人回国时，你的父亲是同我们一道携眷返国的。哦，就是这个德明——现在叫张德彝——刚刚替代罗丰禄（按：晚清著名外交家和翻译家，毕业于福州船政学堂），被任命为驻英国全权公使。我很欣慰当我还在这里的时候，看到他能有这样的高升。还有其他两位学生，一人叫凤仪，现在仍然活着。另一位叫彦慧，已经死了。斌椿去世已久，他的儿子广英也早已去世。他曾经也是我们这个团的。过去发生的一切全在我的脑海里，就像是在上星期发生的一样！"（R. Hart to C. A. V. Bowra , Nov. 29，1901// Hosea Morse. *The International Relations of the Chinese Empire*（Volume Ⅱ）. Kent，UK：Global Oriental Ltd. ，2008，p. 186）

② 萧一山：《清代通史》卷下，中华书局 1986 年版，第 861 页。

③ Hosea B. Morse. *The International Relations of the Chinese Empire*（Volume Ⅱ）. Kent，UK：Global Oriental Ltd. ，2008，p. 188.

税务司法国人名德善字一斋者,经赫总税务司命伊为翻译官"①及"广东帮办税务司、英人包腊字垄梅者……偕德善同为翻译官"②。可见,担任使团翻译的,无疑是这两位外籍译员。不过,这次游历,对于张德彝等人扩大视野,增进对西方语文及文化的感性认识是很有好处的,对于他们今后从事外交翻译和出任出使大臣等工作都能产生正面的影响。目前对斌椿使团出使欧洲的相关研究,主要是从外交史、中西交流史、文化史等角度展开的。③ 对外语教育史的意义是此举为中国首次派遣外语学生前往国外进行翻译见习提供了机会,也为后来的容闳组织幼童前往美国留学和福州船政学堂派遣学生留学欧洲探路。

同文馆学生第二次随使出访外国的经历是于同治七年(1868)参加了著名的"蒲安臣使团(Burlingame Embassy)"。

随着洋务运动向纵深推进,对外交往的增加,在传统农耕文明的基础上形成的以中国为中心的夷夏观发生动摇,清政府越来越认识到深入了解外部世界、与各国加强沟通与交往的必要性。同治六年(1867),奕䜣向朝廷呈上奏折,云:

> 窃臣衙门前因通商各国将届修约之期,所有一切事宜必须筹备……遣使一节,本系必应举行之事。止因一时乏人堪膺此选,且中外交际不无为难之处……惟近来中国之虚实,外国无不洞悉。外国之情伪,中国一概茫然。其中隔阂之由,总因彼有使来,我无使往。以致遇有该使倔强任性、不合情理之事,仅能正言折服,而不能向其本国一加诘责。④

于是,清政府决定向外国派遣使节,这一活动也是由总税务司赫德所促成的。1867 年 12 月 14 日,《北华捷报》的一则报道称:"对蒲安臣的任命是如此之快,以至于我们在北京的记者直呼我们简直不敢相信……我们深信,无论这个决定是多么突然,但对蒲安臣的任命是经过长期和缜密考虑的。我们的一

① 张德明:《航海述奇》,上海申报馆,同治年间,第 7 页。
② 张德明:《航海述奇》,上海申报馆,同治年间,第 16 页。
③ 关于斌椿使团出使欧洲的相关情况,参见 The N. C. Herald and S. C. & C. Gazette, Mar. 31, 1866, p. 50;[清]张德彝:《航海述奇》,湖南人民出版社 1982 年版,第 32-140 页;王尔敏:《弱国的外交:面对列强环伺的晚清世局》,广西师范大学出版社 2008 年版,第 199-228 页。
④ 宝鋆:《筹办夷务始末》(同治朝卷五十一),民国十九年故宫博物院用抄本影印,第 4899 页。

位记者说:'此事是经与赫德商议后才做出的。'我们相信这个计划最初来自赫德的大脑。"①同治六年(1867),出任驻华公使六年之久的美国著名外交家蒲安臣(Anson Burlingame,1820—1870)即将离任回国,因其"处事和平,洞悉中外大体"②,清政府依据"楚才晋用"和"谏逐客"的经典原则,有意让他出任中国首任全权使节③,"嗣后遇有与各国不平之事,伊必十分出力,即如中国派伊为使相同"④。于是,蒲安臣便率团"赍国书前往西洋有约各国办理中外交涉事件"⑤。随使团出访的有总理衙门章京、海关道志刚和礼部郎中孙家谷,蒲安臣的副手是左协理英国使馆翻译柏卓安(John M. Brown)和右协理海关税务司法籍职员德善(E. de Chanmps)。英文馆的张德彝(又名张德明)、凤仪、俄文馆的塔克什纳、桂荣与法文馆的联芳、廷俊等六名学生随团出任翻译。奕䜣在奏折中对同文馆学生作了专门介绍:

> 臣衙门章京志刚、孙家谷,前往各国办理交涉事件,应带同文馆学生,作为随员……查同文馆英文学生候选主事德明、凤仪,上年曾随郎中斌椿,赴各国游历,情形熟悉,俄文学生八品官塔克什纳、桂荣,法文学生九

① _The North-China Herald_, Dec., 14, 1867, p. 408. 后来,赫德在《中国事务纪略》中提及这一事件也有他的一份功劳:"我于1866年劝总署派遣斌椿与我一起前往欧洲。那年年底在我回到北京以后,我又敦促政府采取下一步的行动。翌年九、十月间,我每次去总署都要和他们谈论向海外派遣代表的问题。一次,谭廷襄跟我说,过一两星期,将有一项决定要通知我。此事表明政府即将按照我的建议行事了。文祥补充道,如果我抽空离开北京,即考虑派我与中国官员一同前往,关于这个官员的人选,他们可能要首先做出决定。几天以后,柏卓安告诉我,总署已打算任命蒲安臣作为出使条约国家的代表,并问我有何想法。我当即表示这种想法应当支持,并在第二天前往总署时极力表示赞成。"(_The North-China Herald_, Nov. 9, 1869)

② 宝鋆:《筹办夷务始末》(同治朝卷五十一),民国十九年故宫博物院用抄本影印,第4903页。关于蒲安臣的生平,详见 _The N. C. Herald and S. C. & C. Gazette_, Apr. 5, 1870, pp. 235-236.

③ 蒲安臣在致国务卿西华(Mr. Seward)的函中说:"他们(赫德和总理衙门大臣)曾就国际关系和将中国的目标向海外作适当宣传的困难有过交谈,当时一位帝国的领导人物文祥曾说:'你为何不能正式地代表我们?'"[Mr. Burlingame to Mr. Seward, Dec. 14th, 1867, U. S. For, Rel., 1868, p. 494, as cited in Hosea Morse. _The International Relations of the Chinese Empire_(Volume II), Kent, UK: Global Oriental Ltd., 2008, p. 189]

④ 宝鋆:《筹办夷务始末》(同治朝卷五十一),民国十九年故宫博物院用抄本影印,第4900页。

⑤ 志刚:《初使泰西记》,光绪丁丑镌,京都琉璃厂路南林华斋书坊发兑,第1页。

品官联芳、廷俊,在馆学习数年,均尚熟谙洋文,人亦诚实。[1]

关于同文馆学生的身份,一般认为是随团的译员,而奕䜣的说法是"作为随员"随使出国的。但据总理衙门给蒲安臣的条款最后一条："现在钦命之员,前赴各国,应带同文馆熟悉西文西语学生一、二名,作为通事。"[2]由此得知,这些学生的身份是"通事",即翻译官。可见,总理衙门的两种说辞有不相合之处。据孙子和的研究,张德彝等六名同文馆学生的身份应是翻译官。他说这些学生虽然是随行翻译官身份,但由于张德彝、凤仪、彦慧随斌椿赴欧系游历历练性质,并无外交任务,随蒲安臣出使之同文馆学生,似可视同中国最早派往欧美之本国籍职业外交官。蒲安臣逝世后,志刚、孙家谷这两位出使大臣不懂西文西语,"仍在欧洲逗留半载始行返国,其得以沟通意见办理交涉者,左右协理与出身同文馆翻译官之功也"[3]。孙家谷在为张德彝《三述奇》写的序言中说"时张君(按:即张德彝)在初以翻译官随行"[4]。丁韪良也说:"到第二次派遣使臣时,他们便能被派充当翻译了。"[5]应该说,孙子和、丁韪良等人的结论是有依据的。不过,在志刚的《初使泰西记》中,仅有的提及跨语传译的主角却不是这些学生,而是洋译员柏卓安等人:"蒲使(即蒲安臣)拟成八条洋文,柏协理(按:即柏卓安)口述,志使(即志刚)译汉文。"[6]该书通篇似未专门提及张德彝等这六名学生做过什么传译工作。值得注意的是,这些出使人员在相关的出使回忆录中,鲜有明确提及学生译员的传译活动及使用外文的记载。张德彝在其回忆录中,似乎仅有一次提及在法国时与俄文馆学生贵荣等人用外语交谈的情形:"王(即王承荣)解法语,郭(即郭怀仁)解拉丁语,冬卿(即贵荣)解俄语,福满解英语。华洋五国言语,互为翻译交谈,甚趣。"[7]在其他场合,提及外事活动时,即便参与了传译活动,这些学生也往往不愿提及。例如,张德

---

①　宝鋆:《筹办夷务始末》(同治朝卷五十二),民国十九年故宫博物院用抄本影印,第4921页。

②　孙子和:《清代同文馆之研究》,台湾嘉新水泥公司1977年版,第261页。

③　孙子和:《清代同文馆之研究》,台湾嘉新水泥公司1977年版,第262-263页。

④　孙家谷:《三述奇·序》//《续修四库全书·史部·传记类》,上海古籍出版社1995年版,第131页。

⑤　W. A. P. Martin著,傅任敢译,《同文馆记》,《教育杂志》1937年第二十七卷第四号,第218页。

⑥　志刚著,谷世及辑校:《初使泰西记》,湖南人民出版社1981年版,第28页。

⑦　张德彝著,左步青点、米江农校:《欧美环游记》,湖南人民出版社1981年版,第156页。

彝在《欧美环游记》中记载:"午刻,随志、孙两钦宪拜总督布洛克。"①他在华盛顿陪不懂英文的"志、孙两钦宪"拜访"总督布洛克"时,未提及有柏协理等洋译员在场,那么,是他充当志、孙两钦宪的译员无疑。再退一步讲,这次拜访传译工作即使另有其人代劳,张德彝他们还是有过传译经历的,例如充当秘书、生活等方面的中外沟通工作。但为什么不提及传译一事?张德彝在《三述奇·凡例》中道出了缘由:"历次出洋,虽辱承译事,而一切密勿,阙而不书,亦金人缄口之意也。"②可见,这些学生是做过传译工作的,尽管目前尚未发现其他直接的文献资料予以佐证。

同治七年(1868)二月,美国驻华公使蒲安臣率领由 30 人组成的中国使团从上海出发,前往美欧各国"办理中外交涉事件"。四月抵达旧金山,六月抵达华盛顿,受到美国总统约翰逊的接见,并代表清政府与美国签订了近代中国第一个平等条约《蒲安臣条约》。③ 而后,蒲安臣离美赴英。蒲安臣使团先后咨访法国、瑞典、比利时、普鲁士、丹麦、荷兰诸国。同治九年(1870)年初,使团前往俄国圣彼得堡,不久,蒲氏因肺炎客死他乡。半年后,志刚、孙家谷率使团返回国内。

蒲安臣使团是近代中国第一个由政府派遣的外交使团,其意义非常重大,"奉国书而周历瀛寰,为开辟以来之创举"④,也是中国破天荒地第一次试图按照西方国际法进入西方国际社会的尝试。⑤

同文馆学生第三次随使出访外国的起因是发生于同治九年(1870)的"天津教案"。是年夏,因谣传天主教育婴堂拐骗杀死孩子作为药材之用,导致中国民众围攻天主教教会机构,法国领事丰大业(H. V. Fontanier)及五十多名

①　张德彝著,左步青点、米江农校:《欧美环游记》,湖南人民出版社 1981 年版,第 105 页。

②　[清]张德彝:《三述奇叙》//《续修四库全书》编纂委员会:《续修四库全书·史部·传记类》,上海古籍出版社 1995 年版,第 133 页。

③　John K. Fairbank and Kwang-Ching Liu. *The Cambridge History of China*（Volume 11, Late Ch'ing, 1800—1911, Part Ⅱ）. London: Cambridge University Press, 1980, p.74. 关于《蒲安臣条约》全文,详见志刚著,谷世及辑校:《初使泰西记》,湖南人民出版社 1981 年版,第23-28 页。

④　[清]志刚著,谷世及辑校:《初使泰西记·序》,湖南人民出版社 1981 年版。

⑤　罗荣渠:《现代化新论——世界与中国的现代化进程》(增订本),商务印书馆 2009 年版,第 282 页。关于蒲安臣使团的研究,参见 John K. Fairbank and Kwang-Ching Liu(eds.). *The Cambridge History of China*（Volume 11, Late Ch'ing, 1800—1911, Part Ⅱ）. London: Cambridge University Press, 1980, pp.73-75; *The N. C. Herald and S. C. & C. Gazette*, Apr. 5, 1870, pp.235-236.

中外教士教民被杀,是为"天津教案"。清政府除惩凶、赔款以外,并派直隶总督崇厚作为专使,赴法国"代达衷曲,以为真心和好之据",即向法方道歉。代表团成员除七品职衔俞奎文,法籍翻译官英布尔、那威勇,英国人蒲郎等人以外,还有同文馆英文馆学生张德彝和法文馆学生庆常二人。崇厚称张德彝"迭次出洋,通晓外国语言文字",称庆常"通晓法文"。[①] 崇厚使团于是年十月出发,翌年年底回到国内。

这三次遣使出访欧美,意义非凡。首先,由于几千年以来形成的"天朝上国"的优越感,清政府除了遣使前往周边的藩属介绍册封以外,很少有主动离开国门向外国学习的举动。诚如马士所云:"直到 1842 年,中国所求于西方的,没有别的,只是让它自己安然自处。它从未遣使国外去解决实际困难或者是去探求有关国家的方法与专长。"[②]遣使欧美对于"穷年咕哗,足不出户,庭交不过乡里,目不睹天地古今之变"[③]的国人的影响是不言而喻的。斌椿在其《乘槎笔记》中记述了他所见到的伦敦:"(伦敦)城广四五十里,人烟稠密,楼宇整齐,率多四五层。街道洁净,车毂击,人摩肩,为泰西极大都会也。……西人好洁,浴室厕屋皆洗涤极净。"[④]游历了被他称为"真仙境"的瑞典后,斌椿感叹:"中华官从无远出重洋者……使臣非亲到,不知有此胜境。"[⑤]其次,对于同文馆而言,这三次遣使出访使它获得了直接参与推进中国外交现代化进程的机会。再次,对同文馆学生而言,这三次出国虽属见习与观摩,但这很可能是有史以来中国官办学堂的外语学生第一次正式随团出使欧美国家。尽管他们在跨语沟通中所起的作用可能有限,但他们随使出洋,参与翻译见习等活动,不仅是同文馆课堂教学的重要内容,而且使外语学习不间断地贯穿在各种活动中,成为一个连贯的过程,本质上是同文馆课堂教学活动的延伸。这种重视实践的取向,反映了对语言学习规律的正确认知。

二、同文馆中期迄至消亡(1869—1902)的翻译教学

同治八年(1869),丁韪良接受总理衙门聘任担任总教习,全面执掌同文馆

① 宝鋆:《筹办夷务始末》(同治朝卷七十一),民国十九年故宫博物院用抄本影印,第6608 页。

② Hosea B. Morse. *The International Relations of the Chinese Empire* (Volume Ⅱ). Kent, UK: Global Oriental Ltd., 2008, p. 186.

③ 孟保序,张德明:《航海述奇》,上海申报馆,同治年间。

④ 斌椿:《乘槎笔记》卷上,光绪乙酉镌,扫叶山房藏版,第 36 页。

⑤ 斌椿:《乘槎笔记》卷下,光绪乙酉镌,扫叶山房藏版,第 10 页。

教务。此举标志着同文馆正式从一个被额伯连称为"衙门学校"①的翻译学校转变为一所有较大自主性的近代综合性学校,其翻译教学走向规范化和系统化,进入了新的发展阶段。总理衙门"要求同文馆在外交口译和笔译工作方面提供帮助"②,以培养合格的对外交涉人才。为提高翻译教学质量,同文馆极其重视过程学习,将外语学习融合在平时的语言实践中,以实现外语知识与技能的同步发展。同文馆的做法主要有开展西学翻译、外交翻译实践、设立翻译及出版机构、建立以检验翻译能力为目标的考核机制和推行海外留学等举措。

（一）组织西学翻译

同文馆最具特色的教学活动是丁韪良组织学校师生开展的西学翻译。同文馆将西学翻译的学习纳入其"八年课程计划"中,年限长达四年。以丁韪良翻译的《万国公法》为肇端,以译书作为传媒,同文馆为清政府及同文馆自身提供了一批极具价值的各类书籍,为政府对部分士大夫及普通民众开展西学启蒙,为同文馆的教材建设,为中外文化交流做出了贡献。

道光二十五年(1845)十一月,俄罗斯曾将三百余种俄文书籍赠送清政府。由于当时找不到通晓俄文、胜任翻译的译员,这批书籍在进行编目后只好存放在理藩院。何秋涛在《朔方备乘》中说:

> 越数月,其国王因肄业换班学生进京,乃尽缮俄罗斯国所有书籍来献,凡三百五十七号,每号为一帙,装饰甚华。有书有图,惟通体皆俄罗斯字,人不尽识,当事者议发还之。或曰:斯乃所以为报也,却之,转拂远人之情,则奏请收存于理藩院,以俟暇日将翻译焉。于是军机处存注档册,例须先译书名,乃得其三百五十七号之书目。③

这批存放于理藩院的十箱俄罗斯书籍此后一直无人问津。其命运一直到同治元年(1862)同文馆成立后才有所改变,也就是说,其总目由同文馆俄文教习班铎(E. G. R. Pander)"率诸生分类译出"。历史学者蔡鸿生在《俄罗斯馆纪事》中记述:

> 总理衙门库存的十箱俄文图集,虽无一册转为华言,但其总目则曾翻

① *The N. C. Herald and S. C. & C. Gazette*,Jan. 25,1870,p. 63.

② Stanley F. Wright. *Hart and the Chinese Customs*. Belfast,Northern Ireland:Wm. Mullan & Son (Publishers) Ltd. ,1950,p. 331.

③ ［清］何秋涛:《朔方备乘·俄罗斯进呈书籍记》//《续修四库全书》编纂委员会:《续修四库全书·史部·地理类》,上海古籍出版社 1995 年版,第 653 页。

译两次。第一次由俄罗斯文馆译出,有编号,无分类,已载入《朔方备乘》第三十九卷中。第二次则由同文馆译出。仅文廷式著录过,并述重译的缘由如下:光绪乙酉(十一年),余为赵次山御史尔巽(按:即《清史稿》主编赵尔巽)草奏,请发出翻译。旋据总署复奏,以为旧书不如新书详备,俄书立论又不如英德法三国,可不必译,事遂中止。其实同文馆中学生精俄文者稀,故惮而置之也。惟书目则经俄文教习班铎率诸生分类译出。似较旧译为足据。①

　　这两次总目的翻译自有其历史意义。首先体现在语言学史和翻译史等方面,因为总目的翻译"构成近代译名与现代译名的中间环节,提供了一批值得注意的过渡性译名。如地名'高加索',初译作'喀法喀斯',二译作'高家索';又如人名'拿破仑',初译作'那普哩勇',二译作'那波仑';此外如学科名'微积分',初译作'贴斐叶楞其数书',二译作'微集分',都更接近今译"②。这对研究近代翻译史译名定型化的问题,是有一定参考价值的。其次,图集总目的翻译为同文馆学生提供了从课本的理论层面到实践层面转化的机会,是课堂教学的延续和重要补充。再次,此举也是外交史和中俄文化交流史上值得重视的一件事。

　　将学生译书引入同文馆的课堂教学,此举可能开外语院校在校学生译书的先河。从笔者所掌握的文献资料来看,同文馆创办以前的外国语文学堂如元代回回国子学、明代四夷馆及清代的四译馆、会同四译馆、俄罗斯文馆等似乎都没有学生参与译书的记载,仅有部分外语学馆让学生从事翻译实务的记载。例如,明代四夷馆让译字生或译字官(按:均为学生)参与翻译实践,其做法是,让他们前往边境地区负责来使的"审言语,译文字"等工作。《明史》记载:"各国使人往来,有诰敕则验诰敕,有勘籍则验勘籍,毋令阑入。土官朝贡,亦验勘籍。……凡审言语,译文字,送迎馆伴,考稽四夷馆译字生、通事之能否,而禁饬其交通漏泄。凡朝廷赐赏之典,各省土物之贡,咸掌之。"③以同文馆为先导,此后的各类洋务学堂,很多都有学生独立或参与翻译西书的传统。如上海广方言馆学生严良勋、钟天纬、瞿昂来等在洋教习傅兰雅、林乐知等指

①　蔡鸿生:《俄罗斯馆纪事》(增订本),中华书局 2006 年版,第 44 页。
②　蔡鸿生:《俄罗斯馆纪事》(增订本),中华书局 2006 年版,第 45 页。
③　[清]张廷玉:《明史》,中华书局 1974 年版,第 1749 页。

导下,翻译了《四裔年表》《英国水师考》《法国水师考》等多部西学书籍。①　光绪二十九年(1903)入京师译学馆攻读英文的甲级在读学生钱文选(字士青,安徽广德人),以其数年心得于三十三年(1907)编译《中英公牍辑要》一书,"经教习英人巴克斯、何福爱及欧阳教习、李教习先后阅定"。②　该书经清廷学部审定批准作为高等学校参考用书③,当时印有两千部,行销一空,"通英文之人读之,固足以征其造就。即不通英文之人读之,亦可知近十年政界之大凡。留心时局者,不可不人置一编,作政治书读之也,可作教科书读之也"④。

同文馆开展西学翻译的意义在于能够通过实践检验课堂教学效果,从而实现课堂教学与实践技能提升的良性促动。同文馆西学翻译的成果是师生翻译了30多种西方自然科学和人文社会科学书籍,在同文馆印刷所出版。这既解了教材缺乏的燃眉之急,也起到了良好的社会效果,为启动对中国士大夫的西学启蒙创造了条件。关于同文馆的西书翻译,因另有专章讨论,兹不赘述。

(二)开展外交翻译实践活动

同文馆学生除语言学习和参与翻译西书以外,还为国家和地方政府提供语言服务,如充任值班译员、翻译和审校外交文书、随使出洋充任见习译员等。

1.充任值班译员

除了参加笔译(西学翻译)实践,同文馆学生还要直接参与总理衙门对外交涉时的现场口译,以提高对外交涉人才必须掌握的口译这种最基本的技能。作为总理衙门对外交涉人才的培训基地,同文馆必须为学生提供能够身历其境的历练机会,以便能切实地提高其现场跨语转换的能力。同文馆经常安排学生参加总理衙门的一些外事活动,其做法是让英、法、俄、德等各外文学馆的学生组成口译班子,或采取随叫随到,或采取安排值班的方法,让相关语种的学生跟随交涉大臣出现在交涉现场,或直接出任翻译,或做翻译见习。如下史料见证了同文馆在提高学生的语际转换能力方面所做的努力:

> 嗣后各国会晤,应派熟悉该国语言之同文馆翻译官及学生等一二人,在旁静听,以免洋员翻译参差。英文着派张德彝、沈铎、斌衡、长德、陈贻

---

①　张美平:《翻译一事,系制造之根本——江南制造局的翻译及其影响》,《中国翻译》2010年第6期。

②　钱士青:《诵芬堂文稿续编》,上海商务印书馆,民国十九年(1930),第24页。

③　《学部审定钱文选中英公牍辑要一书应作为高等参考用书批》,《浙江教育官报》,宣统三年第九十四期,第89页。

④　钱士青:《诵芬堂文稿续编》,上海商务印书馆,民国十九年(1930),第37页。

范,法文着派世增、恩禧、伊哩布、世敏,俄文着派塔克什讷、瑞安、萨荫图、刘崇惠、邵恒浚,德文着派程遵尧、治格、黄允中。遇有会晤时,即随同上堂听话,按班当差。①

　　查前馆各学生向来不住馆者太多,遇有署中应译要件,恐兹贻误,所关匪轻。著该提调等于英、法、俄、布文馆内,择优派定十六人,令按五日一班,每班八人在馆住宿,以备翻译,不准托故旷误。②

同文馆学生充任值班译员,参加现场口译,既为总理衙门解决了译员紧缺的难题,也为学生提供了将课堂知识运用于实践的机会。而且,由于学生"在旁静听",可以在一定程度上避免外国译员"翻译参差",即错译或"胡来"的情形。

在近代中国历史上,曾多次发生外国译员"胡来",使中国利权丧失的情形。道光二十二年(1842)中英《江宁条约》(按:即《南京条约》)签订时,担任翻译的英方译员马儒翰(John R. Morrison)等人利用中方谈判代表不懂英文的便利,擅自添加了英文本中没有的"俟中国选派学生学习英文、英语熟习,即不用配送汉文"③的表述。又如,咸丰十年(1860)签订的中法《北京条约》也被该条约的主要译者德拉马神甫(Abbé Delamarre)私自加入了法文本中没有的"并任法国传教士在各省租买田地,建造自便"④的字样,这为后来的教案频

---

　　① 黎难秋、李亚舒:《中国科学翻译史料》,中国科技大学出版社1996年版,第565页。

　　② 高时良:《中国近代教育史料汇编·洋务运动时期教育》,上海教育出版社1992年版,第105页。

　　③ 王铁崖:《中外旧约章汇编》第一册,生活·读书·新知三联书店1957年版,第102页。

　　④ 笔者查阅了相关文献,现将中法《北京条约》第六条的法文表述引述如下:"Conformément à l'édit impérial rendu le vingt mars mil huit cent quarante - six par l'auguste Empereur Tao-Kouang, les établissements religieux et de bienfaisance qui ont été confisqués aux Chrétiens pendant les persécutions dont ils ont été les victimes seront rendus à leurs propriétaire par l'entremise du Ministre de France en Chine, auquel le gouvernement Impérial les fera délivrer avec les cimetiéres et les autres édifices qui en dépendaient. " (Hosea B. Morse. *The International Relations of the Chinese Empire* (Volume I). Kent, UK: Global Oriental Ltd. , 2008, pp. 615-616.)该条款的中文表述是:"第六条 应如道光二十六年正月二十五日上谕,即晓示天下黎民,任各处军民人等传习天主教、会合讲道、建堂礼拜,且将滥行查拿者,予以应得处分。又将前谋害奉天主教者之时所充之天主堂、学堂、茔坟、田土、房廊等件应赔还,交法国驻扎京师之钦差大臣,转交该处奉教之人,并任法国传教士在各省租买田地,建造自便。"(着重号系引者所加。参见王铁崖:《中外旧约章汇编》第一册,生活·读书·新知三联书店1957年版,第147页)

发,中外关系紧张埋下了祸根。正如马士所说:"这一规定以巨大的权利武装了天主教传教士,便于他们扩大宣传到内地去,并注定引起未来的很多摩擦。"①

对于同文馆学生参与现场翻译的情形,总理衙门大臣翁同龢在日记中也有记载:"巴兰德欲总署诸公拜各国参赞、翻译官,因此龃龉,竟未带翻译来,于是令国文馆(按:同文馆)学生同坐通语言。"②

同文馆学生不仅在京师充任值班译员,承担一定的口译任务,而且还要赶赴外地为总理衙门解决实际困难。例如,光绪二十三年(1897)发生德国占领山东青岛的胶州湾事件,沙俄乘机"暂借"胶州口。同文馆学生德坤、萨荫图、刘崇惠等人前往交涉。

> 现因俄国兵轮暂借胶州口门守冻,俄水师提督请派通晓俄、法文语之员赴彼照料,自应由总教习就该馆学生拣选。兹据总教习呈称:法文馆副教习德坤、俄文记名副教习萨荫图、学生刘崇惠三人,品行端方,洋文通达,堪以差委。……学生德坤、萨荫图、刘崇惠着即束装前往胶州地方俄船停泊处所,妥为照料,并准于明年二月差竣回馆补行大考。③

学生充任值班译员这一模式,如果管理不当,可能会产生一些问题。如直接从学生中轮流找人代值,就不可避免地会出现一些学生本无经验,还不适合当译员却被派担任翻译工作的情形,而真正胜任者却可能恰逢不值班而无法发挥作用。④ 但如果安排得当,还是可以避免这一情况发生的。根据同文馆的实际,让学生前往交涉现场,并非一定是要他们充任译员,更多的情形往往是,一是让他们"在旁静听,以免洋员翻译参差"⑤,即察看洋译员是否有乱译乱来的情形;二是让他们感受现场氛围,增强感性认识,从而增强外文学习的动力。况且,学生适不适合做翻译,总理衙门和同文馆不可能不清楚,即便需要学生出场传译,事先均可调度。需要学生出场,而胜任传译的学生又不当值

① Hosea B. Morse. *The International Relations of the Chinese Empire* (Volume I). Kent, UK: Global Oriental Ltd. , 2008, p. 616.

② [清]翁同龢著,陈义杰整理:《翁同龢日记》(第三册),中华书局 2006 年版,第 2173 页。

③ 高时良:《中国近代教育史料汇编·洋务运动时期教育》,上海教育出版社 1992 年版,第 113 页。

④ 季压西、陈伟民:《语言障碍与晚清近代化进程(三)——从"同文三馆"起步》,学苑出版社 2007 年版,第 90 页。

⑤ 黎难秋、李亚舒:《中国科学翻译史料》,中国科学技术大学出版社 1996 年版,第 565 页。

的情况一般不太会发生。

2. 翻译和审校外交文书

由于早期洋务官员和驻外使节几乎都不懂外文，因而培养能够翻译各类外交文书或各国洋文书报的译员尤为迫切。所以，作为以培养外语外交人才为鹄的近代新式学堂，同文馆必须以培养学生的外交文书翻译能力为己任。因此，同文馆的笔译教学内容除了西学翻译以外，还包括日常外交事务文本的翻译。同文馆学生肩负一切外交文件、外文报刊及交往的翻译，为总理衙门的决策提供依据和参考，如同当年林则徐初到广东组织翻译班子广泛搜集和翻译外语文献资料的情形一样。光绪二十四年(1898)五月的"堂谕"规定："所有同文馆向来翻译各国洋文新报，现自五月初一日起，隔七日进呈一次，着各翻译官择其有关风俗政令者，逐日详译，与总教习订正录送总办章京，汇总酌缮进呈。"①丁韪良在《花甲忆记》中提及，就在他被任命为总教习之后，总理衙门大臣董恂让学生翻译丁韪良在清军击败英法联军后写给上海出版的英文报纸《北华捷报》的一封信。②

译缮电报也是同文馆外语学生必做的一门功课。光绪二十四年(1898)三月的两份"堂谕"对此都有记载：

> 现在电报事繁，所有前经派画电报学生史元燧、庆奎、陈清壁、张魁第、文瑞、宝兴、额勒和泰、王莼等八名，着分隶两班随同电报处章京学习译缮电报。……该学生等每日四人轮流值班住宿，偶有告假等事，亦须托同事人代值，毋得旷课，该学生等逐日赴提调处画到，提调呈堂以备考核。③

如果学生阳奉阴违，或疏懒推诿，同文馆也会有相应的措施跟进，给予这些学生"立即革除"的处罚。光绪二十三年(1897)十二月的"堂谕"指出：

> 所有本署接收各项洋文等件，向由翻译官等译成汉文呈阅。惟各路洋文电报来无定时，往往有紧急要务，必当立即译出，方免贻误。惟该翻译等或遇有事他出，自应由馆中择其洋文素熟者，代为一译，亦属分所当

---

① 高时良：《中国近代教育史料汇编·洋务运动时期教育》，上海教育出版社 1992 年版，第 123 页。

② W. A. P. Martin. *A Cycle of Cathay or China*, *South and North with Personal Reminiscences*. New York: Fleming H. Revell Company, 1900, p. 357.

③ 高时良：《中国近代教育史料汇编·洋务运动时期教育》，上海教育出版社 1992 年版，第 123 页。

为。乃闻各馆学生遇有此等情事,率行推却,已非一次,实属滑懒性成,强分畛域……嗣后如遇应译文件,一经提调教习分派,务须赶紧办理,倘再有饰词推诿者,立即革除,绝不宽贷,勿谓言之不预也。①

该"堂谕"既说明同文馆重视管理,重视建章立制,也说明了当时翻译人才紧缺的现实。同文馆学生除了翻译西书、译缮电报、翻译"各国洋文新报"以外,还曾做过一项特殊的很少被人注意的"功课",即进行外交文件的审校,协助总理衙门核对条约文本及其他文件等。同治七年(1868)起,清政府准备与法国重新修订中法《天津条约》和《北京条约》,具体由负责外交事务的总理衙门组织对这两个条约底本进行核查,以备修约。"上届换约时,中国无熟识洋文之人,恐有洋、汉不符之处。此次修约,应先将条约汉、洋文核对符合,然后办理。"②此次查核由军机大臣兼总理衙门大臣文祥领衔,总理衙门各章京和同文馆法文馆学生共同实施的。法文馆学生负责外文审核,"此次定约时,须令同文馆法(文)馆学生与该国翻译官当面细加校对……务求尽力相符,免致狡赖"。查核的重点是"历年办理各件,虽经准行而与约相背应行改正者,有未经准行须于修约时议明者,有与约内微有参差应斟酌修改者,有情形不同从前所立之约今无所用者,有应行仍旧而字句间尚须酌改者"③。

同文馆法文馆学生在"阅看从先互换法文条约原本"④中发现了不少问题并予以纠正,维护了国家利权。例如,查核的通常流程是,先参照海关总税务司赫德的译文,然后传法文馆学生阅看。结果他们发现条约中的不少地方有多处矛盾之处。例如,核查出了法文本没有而汉文本却有的"任传教士在各省租买天地,建造自便"⑤的字句,发现了"以法国文义为正"之说的不妥之处。又如,光绪元年(1875),在处理马嘉理事件时,时任直隶总督的李鸿章与英国公使威妥玛在天津多次会商,威妥玛将会谈情况用英文写成会谈纪要。李鸿章先让曾在美国纽约汉密尔顿学院肄业的英文翻译曾恒忠译出呈览,在向朝廷汇报时,他特别强调"惟洋文译出汉文,间有歧误,兹并将威使画押盖印原文

---

① 黎难秋、李亚舒:《中国科学翻译史料》,中国科技大学出版社 1996 年版,第 568 页。

②③④ 中国第一历史档案馆:《同治年间总署查核中法条约底本》,《历史档案》1988 年第 4 期。

⑤ 摘录原文如下:"据赫德另译至转交该处奉教之人止,其下并任传教士在各省租买田地,建造自便,等语。为法文所无,应照以原文为正之说核议裁节。"(中国第一历史档案馆:《同治年间总署查核中法条约底本》,《历史档案》1988 年第 4 期)另见 Hosea Morse. *The International Relations of the Chinese Empire*(*Volume I*). Kent, UK: Global Oriental Ltd., 2008, p.616.

十二纸附呈"。然后"请饬同文馆精于英文者再行照译以便查考,庶较梅辉立(William F. Mayers,英国译员)口传之话,更为的确"。可见,李鸿章等洋务大臣此时更加信任地使用同文馆学生来参加对外文件的译审工作。① 根据总理衙门大臣翁同龢的记载,光绪二十二年(1896)六月廿八日,中法越南边界通商专条附章及会巡章程互换。事前翁同龢令法文馆学生校对,"余与张、吴两君款之,先阅凭单……次互递约本。余令法文学生校之,德堃、翟青松、宝兴。余曰界有线图,按线行事。又约内法文曰南边各省往来贸易,汉文则广东、广西、云南云云,余指示之"②。中法文本虽未出现大的问题,但这些学生还是查出其中的细微差异。

根据文献史料,外语教学服务国家的政治和外交,并不是同文馆的首创。例如,明代四夷馆让学习翻译的译字生翻译政府与其他周边国家和地区的往来文书。王宗载的《四夷馆考·回回馆》记载:"其附近诸国,如吐鲁番、天方、撒马尔罕旧隶本馆译审。此外,如占城、日本、真腊、爪哇、满剌加诸国皆习回回教,遇有进贡,番文亦属本馆代译,今俱列于后。""哈密地近高昌,本属高昌馆译审,但其中多回回人,入贡时,亦有用回回字者,故又属回回馆。"③可见,让学生从事翻译实务,不仅是外语教学的应有之义,于自身外文水平的提高有利,而且还能为国家做出贡献。这对当下的外语教学极具借鉴和启示意义。

京师同文馆由于地处京师,与地处开放前沿的上海与广东两地的同文馆相比,仍然更具地缘优势,因而使得学生有更多的参与外交翻译实践的机会,从而改进和提高自身的外语语言知识与技能。同文馆学生参与的所有这些活动,本质上是课堂教学的重要组成部分,但与狭义的课堂教学所不同的是,这些活动将外语实践由课内延伸至课外,其目的在于提高和检验学生的中外两种语言的输入与输出能力。这是一种多元化的外语教学模式,不仅进一步提高学生驾驭外语的实际应用能力,还能推动同文馆的课程建设。

3. 随使出洋

为提高学生的外语应用能力,总理衙门多次让同文馆学生赴海外参与翻译实践。如前所述,仅同治年间(1862—1874),同文馆学生德明、凤仪、彦慧、庆常等多人随使节出使外洋。值得一提的是,同文馆的体制很特别。早期同

---

① 季压西、陈伟民:《语言障碍与晚清近代化进程(三)——从"同文三馆"起步》,学苑出版社 2007 年版,第 93 页。

② 翁同龢著,陈义杰整理:《翁同龢日记》(第五册),中华书局 1998 年版,第 2921-2922 页。

③ 王宗载:《四夷馆考》,东方学会印本,甲子夏六月,第 11 页。

文馆学生的学习年限仅三年,他们在三年学习期满后,很多人不是立即离馆(当时没有毕业一说),而是继续留馆学习,因为当时社会的开放程度不够,吸纳外语人才的机会有限。自 19 世纪 80 年代起,国家的开放程度和社会风气才发生较大变化,社会对外语的认同感逐步增加。所以,80 年代以前的同文馆,学生留馆继续学习的情况很普遍,德明等人都是留馆学习者。学生留馆的时间长短不一,有的长达二十年,如俄文馆的奎印,分别参加了光绪五年(1879)与光绪二十四年(1898)的大考。据此计算,他在同文馆学习的时间不少于二十年。① 留馆学生除学习以外,还参加总理衙门的外事活动或在外事机构服务,其中的优异者升任副教习,有些还随使出洋或在中国驻外使馆工作。时任驻德公使许景澄在呈递清廷的奏折中提及德文馆学生"赓、荫两生"(按:指赓音泰、荫昌)曾在柏林的中国驻德公使馆工作。② 这些留馆学生不管是继续学习的,还是升任副教习的,其身份仍然是学生。丁韪良记述:

> (同文馆)毕业生在外交界或领事机构服务一、二期之后,在候差期间,还可以回到学院继续学习。他们通常会被授予助教(按:副教习)的头衔,负责一个班的学生,或者受雇为正式译员。大概在四年以前,两位校友张德彝君和沈铎君,刚从国外回来,就被指派教授光绪皇帝的英语,这正好应验了董恂的预言。③

以下史料记述了同文馆法、英文馆学生联芳、德明等人担任驻外使馆随员或随使参加口译等一些外事活动:

> 九月初一　末正,携参赞官黎庶昌、翻译官联芳,兼办法文翻译官法兰亭,公服同诣勒立色官。法国伯理玺天德(按:即总统)格勒斐,立迎于殿门。纪泽入门鞠躬,格勒斐握手为礼,参赞擎国书立于后。纪泽顾取国书,捧而呈递,因陈词曰:"中国大皇帝闻上堂、下堂公举伯理玺天德登御宝位,圣心嘉悦,命使臣曾纪泽恭递此函,谒见称贺。愿两国从此益敦睦谊,永庆升平。"联芳以法语译述。伯理玺天德受书,复握手为礼而答曰:"蒙大皇帝寄书敬贺,不胜感谢之至。余亦愿彼此邦交日笃一日。"④

---

① 高晓芳:《晚清洋务学堂的外语教育研究》,商务印书馆 2007 年版,第 91 页。

② [清]许景澄:《许文肃公遗稿卷五·函牍一》//《续修四库全书》编纂委员会编:《续修四库全书》,上海古籍出版社 1995 年版,第 530 页。

③ W. A. P. Martin. *A Cycle of Cathay, South and North with Personal Reminiscences.* New York: Fleming H. Revell Company, 1900, p. 316.

④ 曾纪泽著,王杰成标点:《出使英法俄国日记》,岳麓书社 1985 年版,第 259-260 页。

……因偕翻译德明、联芳、马建忠、陈季同(按:马、陈二人系福州船政学堂毕业生)恭奉国书至宫廷内院下车。院内列队奏乐,宫官数员相迎劳。上楼转过二厅旁,以为当可小息,莫拉前行,更转一厅,入则其伯理玺天德免冠立,左右侍从十余人。因前进鞠躬。德明递交图书,宣读诵词,马建忠复以法文译诵。①

光绪四年(1878),清政府派崇厚为全权大臣赴俄谈判,签订了丧权辱国的《里瓦几亚条约》,举国哗然。清廷被迫于六年(1880)派出使英法大臣曾纪泽兼充使俄大臣,将崇厚所订约章再行商议。曾纪泽据理力争,坚忍不拔,终于为国家争回了一部分领土主权。曾氏的《出使英法俄国日记》里便有霭堂(即法文翻译官庆常)、穆庵(即俄文翻译官塔克什纳)、冬青(即法文翻译官桂荣)等同文馆译员在谈判过程中的译事活动:

未正,偕康侯、霭堂、穆庵、冬青至外部,见尚书吉尔斯(俄国外交大臣)、驻华公使布策福、外部总办梅尼廓福,翻译官孟第同坐。吉尔斯面冷词横,始言约不可改。

未正三刻,偕小村、霭堂、穆庵至外部,与热梅尼、布策久谈。

饭后,偕霭堂、穆庵、冬青至外部,与热梅尼、布策谈甚久。②

曾纪泽有一定的英文基础,能进行一般的跨语沟通,但他跟法、俄等国打交道时,仍依靠专职译员及同文馆学生的襄助。从光绪二年(1876)开始,清政府相继派出驻外使节。郭嵩焘和徐建寅作为出使大臣驻节伦敦,陈兰彬和容闳出使美国、西班牙和秘鲁时,"同文馆陆续派出了能独当一面的外交翻译和秘书"③。光绪二十四年(1898),同文馆学生分两批,每批各16名随出使大臣前往英、法、俄、德四个使馆见习。洋务运动期间,"共有86名京师同文馆学生出国担任了外交或驻外使馆的翻译"④。

所有这些翻译实践活动,不但是同文馆课程设置的要求和课堂教学成果的全面检验,而且又是锻炼和进一步提高学生外语实际能力的有效尝试。

① 郭嵩焘著:《郭嵩焘日记》第三卷,湖南人民出版社1982年版,第496页。
② 曾纪泽著,王杰成标点:《出使英法俄国日记》,岳麓书社1985年版,第357、388、389页。
③ Stanley F. Wright. *Hart and the Chinese Customs*. Belfast, Northern Ireland: Wm. Mullan & Son (Publishers) Ltd., 1950, p.331.
④ 顾卫星:《晚清英语教学研究》,苏州大学出版社2004年版,第164页。

（三）设立纂修官和翻译处

设立纂修官是因为"不特西学条理亟待研求，抑且记载纷繁，尤资编撰"①，总理衙门于是酌照方略馆之例，于光绪十二年（1886）添设纂修官二员，纂修官从完成学业留馆的学生中选聘，以席淦、汪凤藻充任。后来，汪凤藻奉调出洋，由算学副教习贵荣兼署。其职责主要是对馆译西书进行删校润色。

光绪十四年（1888），总理各国事务大臣奕劻在《遴选学生充当翻译官片》中提出在同文馆内增设正副翻译官的职位，以便正式肩负起外交翻译的工作：

　　　臣衙门同文馆奏定章程，遴选学生内通晓洋文者作为七、八、九品翻译官，原以资谙习各国语言文字储为舌人之选。……至臣衙门办理交涉事务甚繁，翻译尤为紧要，必须于外洋情形阅历较深者方资得力。臣等共同商酌，拟添英、法、俄、布文翻译官正副各一员，于曾经出洋充当参赞、翻译差满回京者拣选派充，如人数不敷拣选，任缺毋滥。此项翻译官遇有各国使臣到署会晤时，即令随同传宣问答之词，兼充翻订华洋文字之职。②

此折包含四层意思，一是对外交涉事务日增，亟须精熟外洋情形的翻译官；二是翻译官从有海外历练经历的参赞、翻译中选拔，各选一人充任各语种的副翻译官；三是翻译官不仅要承担口译，还要从事笔译事务；四是翻译官不是委任的，要通过严格选拔，宁缺毋滥。翻译官的职责除调往边界，或奏带出洋，协助封疆大吏、出使大臣的外交工作以外，一个很重要的工作是在总理衙门内负责外交文件译校及在外国使臣到访时作跨语传译。因此，同文馆于是时添设翻译处。翻译处以张德彝、沈铎、马廷亮、斌衡、文佑为英文翻译官；恩光为德文翻译官；塔克什讷、巴克他讷、瑞安、庆全为俄文翻译官；联涌、世增为法文翻译官；唐家祯为东文（日文）翻译官。另据光绪十五年（1889）十二月的"堂谕"，考选翻译官需要特别的资历，"只许曾经在洋充当参赞翻译人员之回馆者与考"③。当然，只要有总教习丁韪良的推荐，"馆中高足诸生暨此次随同游历官出洋之翻译诸生，如其情愿应考，亦准就题同试"④。可见，同文馆很重

①　中国史学会主编：《中国近代史资料丛刊·洋务运动》（二），上海人民出版社2000年版，第66页。

②　奕劻等：《遴选学生充当翻译官片》//高时良：《中国近代教育史料汇编·洋务运动时期教育》，上海教育出版社1992年版，第75页。

③　黎难秋、李亚舒：《中国科学翻译史料》，中国科学技术大学出版社1996年版，第565页。

④　高时良：《中国近代教育史料汇编·洋务运动时期教育》，上海教育出版社1992年版，第106页。

视到国外实习和应用外语的经验。

（四）建立以检验外语和翻译能力为目的的考核机制

教学目的之达成,需要有合理有效的考核评价机制来支撑。考试指挥棒对课堂教学的引领作用是显而易见的。同文馆不仅建立了一套严格的考核及赏罚制度,而且还形成了以检验外语和翻译能力为宗旨的考核评价体系。《同文馆章程六条》规定的月课、季考、岁试和大考四种考试模式都将外汉翻译和汉外翻译纳入了考核范围,通过考核机制来引领同文馆的课堂教学,达到培养通晓外语及翻译的对外交涉人才的目的。鉴于本书相关章节已有较详尽的讨论,兹不赘述。

（五）推行海外留学

近代以来,陆续有中国人走出国门,留学海外。例如,毕业于马六甲英华书院的吴文秀、李金麟、宋佛俭等人于 1845 年 11 月赴英国留学。[1] 此为中国人留学英国之滥觞。又如,容闳、黄宽、黄胜等人自澳门马礼逊学堂毕业后于1847 年 1 月随布朗前往美国留学。但作为人才培养的一种方式,由政府主导、有计划地派遣学生赴海外留学,则是肇始于同治十一年(1872)由容闳主导的幼童留学美国活动。[2] 幼童留美和稍后的福州船政学堂学生留学英、法、德等国,甲午战后同文馆学生留学欧洲,作为同文馆后继的京师译学馆学生留学欧洲及掀起的留学日本的高潮等,是对近代中国产生重大影响的事件,构成了

---

[1] Brian Harrison. *Waiting for China*. Hong Kong：Hong Kong University Press,1979 , p.131.

[2] 近代中国最早提出派遣学生海外留学想法的是位卑职低的拣选知县桂文灿。同治二年(1863),他给朝廷上的奏折云:"闻日本近遣幼童分往俄、美两国,学习制造船炮、铅药及一切军器之法,期以十年而回。此事如确,日本必强,有明倭寇,可为预虑;学习制造船炮等法,我国家亦宜行之。纵不必遣人远到外国,亦可在内地学习讲求。"(宝鋆:《筹办夷务始末》,民国十九年故宫博物院用抄本影印,第 1549 页)奕䜣在议复桂文灿所陈述的日本派学生赴俄、美两国学习之事时,开始考虑派学生出国留学的问题:"伏思购买外国船炮,由外国派员前来教习,若各督抚处置不当,流弊原多,诚不若派员带人分往外国学习之便。惟此项人员,急切实难其选。"(同上,第 1552 页)同治四年(1865)四月,奕䜣又致函李鸿章,提出"派旗兵前往外国,布置机器局中,学习制造,以资制胜"(近代史研究所:《海防档·丙·机器局》,台湾文海出版社 1974 年版,第 13 页)的设想,但未得到李鸿章的响应。同年,薛福成也曾向李鸿章提出过此类建议:"仿俄人国子监读书之例,招后生之敏慧者,俾适各国,习其语言文字,考其学问机器。其杰出者,旌以爵赏。"(薛福成:《上曾侯相书》//《续修四库全书》编纂委员会:《续修四库全书·集部·别集类》,上海古籍出版社 1995 年版,第 229 页)经过各方的努力及后来形势的发展,才有派遣学生出国留学的举措,开创了中国出国留学的教育体制。

声势浩大的清末留学运动。同文馆派遣学生留学海外既是清末留学运动的一部分,也是其外语教学的重要组成部分。

同文馆海外留学活动萌芽于同治五年(1866)同文馆学生张德彝、凤仪、彦慧随赫德赴欧洲游学及翻译见习。是年三月至七月(即 1866 年 5 月至 8 月),张德彝等三人先后游历了欧洲各国,这是近代中国人第一次前往欧洲游历,系近代中国人接触、了解西方之肇端。这些学生除充任使团随员或译员及处理相关的事务以外,还负有短期学习的任务。张德彝在伦敦近四个月的时间里,曾在"海大囿"(按:海德公园)北边的一家私人学馆进修英文。他在《欧美环游记》中记述:

> 十五日乙卯,晴。奉志、孙两钦宪命,令明往英国教习艾德林处肄业,从驻华阿公使①之请也。明遵即束装,辞别登车,行十二里第海大囿北柏灵坦街艾教习家。其人年约三旬余,乌须苍发,温厚和平。……
>
> 十六日庚辰,晴。晨起入馆,讲求书籍,明白晓畅。一切起居饮食,与他生徒等。②

为帮助张德彝熟习英国语文,英国艾教习"经常带他参加社交活动,参观博物馆和公园,听音乐会,听说书,听故事会"③。他于同治七年(1868)九月二十九日记述:"同艾教习步至卫溪班堂内听书。说书人姓见名榴,原系耶稣弟子,现奉天主教。所说者皆名人诗词小说,声音洪亮,字句清楚,能肖男女口音,一切喜怒歌泣,曲尽其情。"④另据张德彝的《航海述奇》记载,他们在英游历期间,分别参观了剑桥大学、牛津大学,对西方近代著名大学有了初步的了解。同治七年(1868)、同治九年(1870)同文馆派遣在馆学生随团出使欧美,均属游学及翻译见习活动。自光绪二年(1876)起,清政府先后派遣郭嵩焘、曾纪泽、薛福成等驻节欧美国家。这些公使都配有同文馆出身的翻译官或翻译学生。他们除承担翻译或协助处理使馆馆务以外,还有在职学习的任务。例如,光绪十五年(1889),驻英公使薛福成随带王丰镐、郭家骥、胡惟德等三名同文馆翻译学生赴英任职。这些学生"在协助处理外交事务的同时,还可以入英国

---

　　① 阿公使,即英国时任驻华公使阿礼国(Rutherford Alcock),当时他建议出使大臣应派员在英国学习英文,志刚、孙家谷两大臣遂派张德彝在艾德林处肄习英文。

　　② 张德彝著,左步青点、米江农校:《欧美环游记》,湖南人民出版社 1981 年版,第 123-124 页。

　　③ 钟叔河:《从东方到西方——走向世界丛书叙论集》,岳麓书社 2002 年版,第 77 页。

　　④ 张德彝著,左步青点、米江农校:《欧美环游记》,湖南人民出版社 1981 年版,第 129 页。

学校学习。王丰镐在英期间,即入格林威治大学读书,并被补为使馆正式随员"①。所有这些活动达到了"增长见闻,有俾学业"的效果,是为同文馆学生留学海外的先导,可以说是同文馆留学教育的重要组成部分。

总理衙门正式派遣同文馆学生留学欧洲是在光绪二十二年(1896)四月,此次共派出丁永琨、世敏、邵恒浚、杨晟等十六名英、法、俄、德文馆学生赴上述四国留学。② 这是总理衙门第一次正式派遣同文馆学生出洋留学。派遣学生留学之举是基于如下两个原因:第一,培养对外交涉人员的需要。虽然同文馆培养了不少"学有成就者",但仍缺乏真正能胜任对外交涉事务的人才,而国家却急需此类人才。总理衙门向朝廷呈递的奏折云:"近来交涉日繁,需材益众。臣衙门同文馆延请各国教习,俾该学生学习语言文字,溯自开馆以来,学有成就者,尚不乏人,第恐限于见闻,未能曲尽其妙。"③第二,是基于学习"实学"、历练学生和扩大见闻的需要。光绪二十二年四月"堂谕"云:"专为讲求实学,磨砺真才,广见闻而开风气。"④总理衙门对相关事项作了明确规定,学生出洋是学习"语言文字、算法",学习年限为三年。这些出洋学生在国内接受了一定的中国传统文化教育,其年龄大都在20岁以上,心智和思想发展较为成熟,学习目的性明确。而且,他们对国家和民族的认同感比较稳定,更愿意为振兴国家而学习。而出国年龄太小,弊端甚多,正如《北华捷报》在评价同治十一年(1872)启动的幼童留美一事时所说的,派12~14岁的幼童赴美学习,十年后学成归国,他们"将几乎会失去中国人的本性,其身份介于中国人和外国人的中间,这种状况是双方都不愿看到的"。成年后出国,"由于已受过相当的汉文教育,他们或许能学到不仅在国内而且在国外同样是必要的知识"⑤。傅兰雅曾提及出国留学的学生通常太过欧化⑥,年龄过小出国,问题更多,幼童留美活动即是一例。总理衙门此次派遣20岁以上的青年出国,说明其决策较二十多年前更为明智和成熟。这批学生到洋后寓居中国驻各国的使馆,由"出使大

① 刘晓琴:《同文馆与晚清留英教育》,《史学月刊》2004年第8期。
② 相关情况参见本书附录3"京师同文馆第一届留欧学生名录"。
③ 孙子和:《清代同文馆之研究》,台湾嘉新水泥公司1977年版,第241页。
④ 高时良:《中国近代教育史料汇编·洋务运动时期教育》,上海教育出版社1992年版,第117页。
⑤ Progress in China. *The N. C. Herald and S. C. & C. Gazette*, Aug. 31, 1872, p. 76.
⑥ John Fryer. Account of the Department for the Translation of Foreign Books at the Kiangnan Arsenal, Shanghai. *The N. C. Herald and S. C. & C. Gazette*, Jan. 29, 1880, p. 80.

臣严为稽核","每人月给薪水银五十两以资旅费"。如果学生"不堪造就,随即咨回,如三年学有明效,出使大臣加具考语咨送回京",再由总理衙门面加考试,"果能精进",则参照同文馆三年大考之例,"奏请奖叙"。① 这些学生学成后悉数返国,报效国家。

但耐人寻味的是,这批学生几乎都没有专门学习语言文字,而是"讲求实学",即学习当时国家所急需的法律、矿务、铁路等"实学"或曰"新学"。此时,虽然洋务运动已经破产,民族危机进一步加深,但社会的各项改革事业依然在推进,对"实学"人才的需求强劲。

光绪二十五年(1899),总理衙门派出了第二批也是最后一批同文馆学生赴海外学习。和上次一样,这次一共派出国栋、文惠、张庆桐、程经世等十六名英、法、俄、德文馆学生赴各国留学。这批学生除了学习法律、矿务、铁路外,还有的学生学习工科、财政、外交等,学习的专业领域已大大拓宽。

这两批学生学成回国后,大都在外交、政法、教育、军事等领域就业。其中有约三成的学生出任翻译官或相关的工作,仅有约一成的学生从事铁路、交通等技术工作,约有一成的学生学矿务。② 笔者以为,虽然社会对"实学"人才的需求强劲,但对外交、政法、教育等领域的人才的需求更为迫切。这些学生学成回国时,刚好处在世纪之交,特别是在"庚子之变"后,清政府在痛定思痛之余启动了被称为"新政"的改革,急需这些领域的人才。应该说,这两批留学海外的同文馆学生的最终去向与总理衙门的初衷基本还是一致的。

总之,从上述讨论来看,同文馆对课程建设与外语教学是花了很多精力的。那么同文馆学生的课堂学习效果到底如何?目前见诸史料的记载不多。丁韪良于同治十一年(1872)创办的《中西闻见录》(*the Peking Magazine*),是报道时事新闻、科学文化等方面内容的综合性报刊,刊登了算学教习李善兰等中国科学家的一批原创性研究成果,其中就有学生蔡锡勇的《节译几何新本圆径求周法》《天文馆难题做法》和左秉隆的《天文馆难题做法又法》等论文。③ 这说明这些同文馆学生具有较好的学术水平。被薛福成称为"才猷练达、任事勤能"④的户部右侍郎曾纪泽被派充出使大臣时指定左秉隆出任翻译,曾氏说

---

① 转引自孙子和:《清代同文馆之研究》,台湾嘉新水泥公司1977年版,第241页。
② 参见本书附录4"京师同文馆第二届留欧学生名录"。
③ 姚远:《〈中西闻见录〉与中土第一批科学论文》,《科学时报》,2008年9月24日。
④ 薛福成:《出使四国日记》,社会科学文献出版社2007年版,第88页。

"知其可用"。① 此外，丁韪良学生的一篇具有相当水准的英文作文被收进他的《花甲忆记》一书。从学生离校后在外交、军政、教育文化和科技等多个领域所取得的成就来看，同文馆的外语教育效果应当是不错的。

---

① 光绪四年(1878)，曾纪泽奉旨派充驻英兼驻法钦差大臣。他在日记中记载临行前觐见东、西两太后时的对话：

问："你带同文馆学生去否？"

对："臣带英翻译一名，法翻译一名，供事一名，均俟到上海汇奏。"

问："他们都好否？"

对："臣略懂英文，英翻译左秉隆，臣知其可用。法翻译联兴，臣未能深加考究，因臣不懂法文之故，然联兴在同文馆已派充副教习，想其法文尚可。至于供事，不过抄誊公文，只要字迹干净就可用了。"([清]曾纪泽著，喻岳衡校：《曾纪泽集》，岳麓书社 2005 年版，第 317 页)

第六章　同文馆的重大转折：
最高决策层的中学西学之争

19世纪60年代初,清政府在内外交困中启动了在局部领域里向西方学习的运动——洋务运动,这是近代中国第一次学习西方文明的现代化运动。体现在教育领域里向西方学习的事件是创办了京师同文馆等近代中国第一批新式外国语学堂,聘请西人教授被称为"鴃舌之音"的外国语言文字,此举系中国新教育之发轫。

同文馆在其存续的四十年时间里,虽然取得了不菲的成就,但也饱受外界的质疑与批评。其中,最具代表性的批评有两次。一次是发生在同治年间因开设天文算学馆而引发清廷最高决策层关于中学西学的争论(简称同文馆之争);另一次是发生在光绪年间关于另辟新教育的途径的争论。前者是由心存天朝意向和夷夏之别的正统保守派挑起,导致同文馆与向为传统社会精英的士大夫不相与谋;后者则是颇具进取态度的士大夫从倾向西化的观点批评同文馆的落伍①,促成京师大学堂及其他新式学堂的创办。

在同文馆历史上,这两次争论都对同文馆的发展产生了影响。相较之下,同文馆之争更具现实意义。这场争论的直接成果是同文馆启动了一系列改革:首先,天文、算学及其他传统学堂未曾闻见的西学课程相继进入同文馆课程体系,这清楚地标示同文馆的教育内容已从外国语言层面提升至技术层面,此举在中国传统学术和政治语境中无疑是一个重大的突破。其次,同文馆启动招生改革,一批来自上海广方言馆和广东同文馆的外语基础较好的学生入馆学习西学和翻译,有力改善了同文馆的生源结构,同文馆进入良性发展的轨道,为进一步发展奠定了基础。这是中国近代翻译史和外语教育史上值得重视的重大事件。

同文馆之争是近代中国历史上第一次关于学习西学和西方的争论,改变了同文馆的语言学堂性质,确立了它在中国教育现代化进程中的开创性地位。

---

① 苏精:《清季同文馆及其师生》,台北上海印刷厂1985年版,第76页。

第一节　中学西学之争的背景

咸丰十年(1860)庚申之变后,清政府被迫分别与英、法等国签订了《北京条约》,英法联军撤出北京。与此同时,清军在"常胜军""常捷军"等外国洋枪队的支持下,重创太平军,太平天国日趋式微,清政府因而得以苟延,腾出手脚来处理外交、内政、经济等重大问题。是年十二月(1861 年 1 月),以办理洋务和对外交涉事务为宗旨的总理衙门成立。翌年(1862)五月,同文馆在北京东堂子胡同成立,招集八旗少年入馆肄习外国语言文字。

同文馆创办之初,所开设的课程无非是外国语言文字和汉文。但在同文馆开馆三年以后,亦即第一批入馆学生参加总理衙门组织的大考,完成学业以后,奕䜣等人于同治五年(1866)十一月向清廷呈上奏折称,"制造机器,必须讲求天文算学"[①],要求在原来的英、法、俄文三馆的基础上,再添一馆,招取青年及正途官员学习天文、算学等西学课程。一个月后,奕䜣再上一折,详尽论述了设馆理由及其安排。但此举招致了以同治帝师、大学士倭仁为代表的正统保守派的激烈反对,由此引发了震荡朝野上下、持续时间长达半年之久的最高决策层的中学西学之争。这场论争持续时间之长、规格之高、涉及面之广实属罕见。关于此次论争,学界已有不少成果[②],但大都基于中国近代史、教育史、文化史、中西文化交流史等视角,鲜有涉及外语及翻译在引进西学中的作用,本章将在这方面做些努力。

同文馆之争的启动因素是奕䜣等人决意成立天文算学馆,让学有所成的正途人员接受近代西方科学的训练,以适应变革时代的需要。天文算学馆的成立,主要是基于多方面的原因。

一、受曾国藩、李鸿章、左宗棠等地方洋务实力派的影响

在"天朝上国"开设同文馆,学习外国语言文字,在封闭保守的晚清社会实乃一桩开风气的事。不过,当初清廷创办同文馆,虽然是基于复杂的政治、外交、军事等多方面考量,但设馆的直接动因却不复杂,仅仅是出自外交实用的考虑,谈不上有什么高远的志向。而且,学馆规模又极小(根据规定,最高学额

---

① ［清］席欲福、沈师徐辑:《皇朝政典类纂》卷二百三十,台湾文海出版社 1969 年版,第4438 页。

② 参见本书"绪论"中"学术史回顾"的相关内容。

为 24 人,初创时仅"先传十名"),所以这一"师从夷人"之举,并没有受到正统保守派的强大抵制。按理说,同文馆第一届参加大考的学生质量还算可以,"各馆学生于洋文洋话,尚能领略"①。只要按部就班,好好培养能胜任对外交涉任务的译员即可。但奕䜣等人为什么要给同文馆扩容,另设专习西学的天文算学馆?有论者指出,奕䜣等人设立天文算学馆的动议,是接受了地方实力派领袖李鸿章的建议。而李鸿章则采纳了启蒙思想家冯桂芬等人的主张,推动总理衙门实施的一次文化革新举动。② 先是,在李鸿章幕府任职的冯桂芬于咸丰十年(1860)写出了著名的《采西学议》一文。此文收入被称为"冯桂芬维新变法思想之大成"③的《校邠庐抗议》中。

冯桂芬首先提出"于广东、上海设一翻译公所",即创办一所肄习外国语言文字和西方自然科学的新式学堂。他说,今欲采西学,"倍其廪饩,住院肄业,聘西人课以诸国语言文字,又聘内地名师课以经史等学,兼习算学"。冯桂芬在这里实际上规定了教学内容:一是若干种外国语文,二是经史等中国传统文化课程,三是算学等西学课程。其次,他规定招选的对象是"近郡十五岁以下颖悟文童"。良好的生源素质是培养合乎洋务事业人才的基础。再次,规定在完成三年的学业之后,优秀学生应再补修"本学",即应试科举所需的内容,再授予"举人"等功名。最后,建议翻译近代西方科技书籍,举凡天文、算学、物理、化学、轮船、火器等,"择其有理者译之"④。

可见,冯桂芬设计的"翻译公所"的办学宗旨和教学内容,跟仅以培养外交翻译人才为目标的京师同文馆相比,显然更胜一筹。冯桂芬得知同文馆在京创办,便对《采西学议》略加修润增补,形成了《上海设立同文馆议》一文。他建议:"推广同文馆之法,令上海、广州仿照办理,各为一馆,募近郡年十五岁以下之颖悟诚实文童,聘西人如法教习,仍兼聘品学兼优之举贡生监,兼课经史文艺,不碍其上进之路,三年为期,学习有成,调京考试,量才录用。"⑤此举乃其构想中的"翻译公所"之翻版。他又进一步将他在《上海设立同文馆议》中的西

① 奕䜣:《请添设一馆讲求天文算学折》//宝鋆:《筹办夷务始末》(同治朝卷四十六),民国十九年故宫博物院用抄本影印,第 4416 页。

② 丁伟志、陈崧:《中西体用之间——晚清文化思潮述论》,社会科学文献出版社 2011 年版,第 61 页。

③ 孙子和:《清代同文馆之研究》,台湾嘉新水泥公司 1977 年版,第 15 页。

④ 戴逸主编,熊月之编:《中国近代思想家文库·冯桂芬卷》,中国人民大学出版社 2013 年版,第 324 页。

⑤ 冯桂芬:《显志堂稿·上海设立同文馆议》,光绪二年校邠庐刊,第 19 页。

学内容更具体地展现了出来:

> 至西人之擅长者,历算之学、格物之理、制器尚象之法,皆有成书,经译者十之一二耳,必能尽见其未译之书,方能探赜索隐,由粗迹而入精微。我中华智巧聪明,必不出西人之下,安知不冰寒于水,青出于蓝?轮船火器等制,尽羿之道,似亦无难,于洋务岂曰小补之哉。①

综上可知,冯桂芬的建议已不是简单"推广同文馆之法",在沪、粤两地各设一馆,移植京师同文馆的人才培养方案,而是要将单纯的外国语文学堂全面升级改造,使之成为学习近代西方科技知识的综合性学校。事实上,光绪六年(1867)以后的同文馆正是按照冯桂芬设计的方案走的,证明了冯氏的先见之明。

冯桂芬的建议得到了时任江苏巡抚的李鸿章的支持。作为其幕僚,冯桂芬对李鸿章的影响是非常明显的,这在后者向清廷呈奏的《请设外国语言文字学馆折》中可以看出:

> 彼西人所擅长者,测算之学,格物之理,制器尚象之法,无不专精务实,渺有成书,经译者十才一二。必能尽阅其未译之书,方可探迹索隐,由粗显而入精微。我中华智巧聪明,岂出西人之下?果有精熟西文,转相传习,一切轮船火器等巧技,当可由渐通晓,于中国自强之道,似有裨助。②

除少数语词外,李鸿章对冯桂芬的《上海设立同文馆议》中的思想和观点几乎照单全收,一概录进。从这段话来看,李鸿章的用意很明显:其一,把学习外文和翻译西方科技书籍联系起来;其二,把学习外文、西方科技与"自强之道"联系起来。③ 同治二年(1863),李鸿章设立上海同文馆。同治六年

---

① 冯桂芬:《显志堂稿·上海设立同文馆议》,光绪二年校邠庐刊,第20页。

② 李鸿章:《请设外国语言文字学馆折》//[清]吴汝纶编:《李文忠公(鸿章)全集》,台湾文海出版社1980年版,第110页。

③ 张美平:《翻译一事,系制造之根本——江南制造局的翻译及其影响》,《中国翻译》2010年第6期。

（1867），上海同文馆改称上海广方言馆，其课程设置①则完全贯穿了上述思想。除强调肄习外国语言文字以外，李鸿章尤其强调学习算学，并认定算学是学习西洋科学的基础，"西人制器尚象之法，皆从算学出，若不通算学，即精熟西文亦难施之实用"②。我们认为李鸿章的观点非常专业。第一，设若没有算学基础，对于西洋的声光化电，即自然科学和技术的学习就没有了根基。李鸿章说："机器制造一事，为今日御侮之资，自强之本。"③没有算学，开展机器制造等洋务实业更是无从谈起。第二，外语作为跨语交流的媒介，在获取西学知识过程中的重要性妇孺皆知。但是，撇开当时极端缺乏科技翻译人才的现实，就算基本能解决语言问题，如果没有专业学科知识的支持，获取的知识同样是要打折扣的：一是译文质量难以保证；二是获取知识的时效性受影响；三是许多术语没办法解释。术语问题是从晚清直至民国困扰学界的大问题。晚清、民国时期的许多学校采用外文课本，用外文授课，增加学生真实地道的语言输入固然是原因，但是，没有统一的能被普遍接受的专业术语也是重要原因之一。所以，跟京师同文馆不同的是，上海同文馆在创办之初，除设立英、法文馆，还设有算学馆，进行学科渗透，优势互补，这说明其人才培养规格已经超出了单纯培养外语翻译人才的局限。同治五年（1866），闽浙总督左宗棠在福州创办近代中国第一所军工技术学堂——福州船政学堂。学堂设立法文学堂（又称前学堂）和英文学堂（又称后学堂），学习法文、英文、制造、驾驶等。其中，左宗棠专门提到要求学生学好外文和算学。他说：

> 夫习造轮船，非为造轮船也，欲尽其制造、驾驶之术耳。非徒求一二能制造、驾驶也，欲广其传，使中国才艺日进，制造、驾驶辗转授受，传习无

---

① 上海江南制造局总办冯俊光、郑藻如在《酌拟广方言馆课程十条》中规定了广方言馆学生的课程学习内容："学生分为上下班。初进馆者先在下班，学习外国公理公法，如算学、代数学、对数学、几何学、重学、天文、地理、绘图等事，皆用初学浅书教习。若做翻译者，另习外国语言文字等书。诸生每日于午前，毕集西学讲堂，专习学习。阅七日，课以翻译一篇，评定甲乙，上取者酌给奖赏。至年底考试可取者，察其性情相近，并意气所向，再进上班，专习一艺。上班分七门：一、辨察地产，分炼各金，以备制造之材料；二、选用各金材料，或铸或打，以成机器；三、制造或木或铁各种；四、拟定各汽机图样或司机各事；五、行海理法；六、水陆攻战；七、外国语言文字、风俗国政，生徒学此各事之时，仍须兼习下班之学，以期精深。"（吴馨等修：《上海县续志》，上海南园志局，民国七年，第1页。另见佚名：《广方言馆全案》，光绪年间印行，铅印本，第23页）

② 佚名：《广方言馆全案》，光绪年间印行，铅印本，第7页。

③ 李鸿章：《置办外国铁厂机器折》//中国史学会主编：《中国近代史资料丛刊：洋务运动》（四），上海人民出版社2000年版，第14页。

穷耳。故必开艺局,选少年颖悟子弟习其语言、文字,诵其书,通其算学,而后西法可衍于中国。①

这说明李鸿章、左宗棠等洋务派人士已经正确意识到只有将外语跟算学(西学)相结合,才能培养出适合洋务事业所亟须的人才,这也是他们比奕䜣等人高明和富有远见的地方。

作为在中央政府的洋务派代表人物,奕䜣与从事创办近代军工企业、机器局及洋务教育机构等洋务事业的曾国藩、李鸿章、左宗棠、沈葆桢等地方洋务实力派代表人物曾就同文馆的人才培养事宜反复函商,"金谓制造巧法,必由算学入手"②。同治五年(1866)春,郭嵩焘向清廷奏呈《保举实学人员疏》,强调"方今要务,莫急于崇尚实学,振兴人文"。他在向清廷所举的10余人中,其中就有"木讷简古,专精数学"的南海生员邹伯奇和"淹通算术,尤精西法"③的海宁人李善兰两位数学大师。可见,奕䜣等人对西洋科学的认知及后来上折要求设立天文算学馆的动议,显然也是受了在办理洋务过程中对西学西技有真切感受的曾国藩、李鸿章、左宗棠、沈葆桢、郭嵩焘等人的影响。

二、在办理洋务的过程中逐步认识到西方科学和技术的重要作用

奕䜣、李鸿章等人作为近代中国第一次现代化运动的引领者,在办理洋务的过程中对西方科学和技术的重要作用是有深切感受的。李鸿章说:"西人专恃其枪炮轮船之精利,故能横行于中土……自强之道在乎师其所能夺其所恃耳。"④制造枪炮轮船的基础学科便是算学。因此,不管是李鸿章还是奕䜣,对于算学在洋务自强运动中的重要性是再明白不过了,从洋务事业全局考虑,必须重视算学这一问题。奕䜣在《请添设一馆讲求天文算学折》中指出:

---

① 左宗棠:《详议创设船政章程购器募匠教习折》//中国史学会主编:《中国近代史资料丛刊:洋务运动》(五),上海人民出版社2000年版,第28页。

② 宝鋆:《筹办夷务始末》(同治朝卷四十八),民国十九年故宫博物院用抄本影印,第4581页。

③ 国家清史编纂委员会:《清代诗文集汇编·郭侍郎奏疏》,上海古籍出版社2011年版,第259页。

④ 李鸿章:《筹议制造轮船未可裁撤折》//[清]吴汝伦编:《李文忠公(鸿章)全集》,台湾文海出版社1980年版,第676页。

因思洋人制造机器、火器等件，以及行船、行军，无一不自天文、算学中来。现在上海、浙江等处，讲求轮船各项，若不从根本上用着实功夫，即学习皮毛，仍无俾于实用。臣等公同商酌，现拟添设一馆，招取满汉举人及恩、拔、岁、副、优贡，汉文业已通顺，年在二十以外者，取具同乡京官印结或本旗图片，赴臣衙门考试，并准令前项正途出身五品以下满汉京外各官，少年聪慧，愿入馆学习者，呈明分别出具本旗图片及同乡官印结，一体与考，由臣等录取后，即延聘西人在馆教习，务期天文、算学，均能洞彻根源，斯道成于上，即艺成于下，数年以后，必有成效。……诚以进取之途，一经推广，必有奇技异能之士出乎其中。华人之智巧不在西人以下，举凡推算格致之理，制器尚象之法，钩河摘洛之方，倘能专精务实，尽得其妙，则中国自强之道在此矣。①

奕䜣的奏折涉及三方面的内容：第一，强调算学在洋务事业中的重要性。众所周知，开设外国语学堂，培养从事对外交涉事务的外语外交人才仅是奕䜣、李鸿章等人办理的洋务事业的一部分。洋务运动的内容很广泛，涉及创办近代军用工业、近代民用工业、近代文化教育事业（创办外语、科技、军事学堂等）、创办新式海陆军、创办民生工程（如采矿、造船、铁路、电线电报业）等。蒋梦麟说："我们吃过（洋人）炮弹的苦头，因而也就对炮弹发生兴趣。"②制造枪械、军舰、炮弹等，不受洋人欺蒙，同样是洋务运动的重要内容。因此，所有这些洋务事业都离不开作为基础学科的算学。如果"不从根本上用着实功夫"，仅学点皮毛，那么，"仍无俾于实用"，洋务事业是不可能办成的。就在甲午战争后洋务运动破产后，总理衙门仍在强调算学和外语的重要性："三角、八线、几何、代数，洵为西学根本。然臣等以为寻流溯源，必先自语言文字为始，从未有语言不通，文字不解，而能窥其底蕴者。"③寥寥数语，揭示了算学与外语的辩证关系。因此，开设天文算学馆是培养洋务事业急需的通晓外文的科技人才的必由之路。但是，洋务运动启动之初的实际情况是，堂堂的天朝上国，深通西洋语言文字者竟寥寥无几。同治七年（1868），曾国藩在复吴嘉善的信中说："洋人自通上国，所至语言文字，无不容心。而中邦人士能晓西文者，寥寥

① 宝鋆：《筹办夷务始末》（同治朝卷卷四十六），民国十九年故宫博物院用抄本影印，第4417页。

② 蒋梦麟：《西潮》，外语教学与研究出版社2012年版，第4页。

③ 总理衙门：《遵议陈其璋请整顿同文馆疏》//高时良：《中国近代教育史料汇编·洋务运动时期教育》，上海教育出版社1992年版，第32页。

罕靓。"①

第二,确定了进入设想中的天文算学馆学习人员的资格,即两类人可以报考,第一类是拥有举人及恩、拔、岁、副、优贡等职衔,且汉文有一定基础,年在二十以外的满汉人员。这对京师同文馆和广东同文馆初期招生仅限定八旗子弟的规定是很大的突破,说明奕䜣等人的思想观念已有很大转变。第二类是"少年聪慧,愿入馆学习者"及"前项正途出身五品以下满汉京外各官"。这充分说明,招考入馆学习资格已突破种族、地域、年龄等方面的限制。②

第三,明确了要达到的效果。学习者经过若干年的培养,成为天文、算学、物理、化学及各类应用技术诸方面的"奇技异能之士",而这些人才恰恰都是洋务事业所急需的。总之,奕䜣在此折中体现出来的对算学等西洋科学技术的认知水平,较五年前上折创办同文馆时相比,已发生革命性的变化。正如论者所指出的,奏设天文算学馆的提议,标志着清朝中央当权派对于西方文化态度的一次实质性变化,表明洋务派对西方文化的认识进入了一个新的阶段。总理衙门奏请增设天文算学馆是由于洋务派在创办军事工业的实践活动中逐渐认识到西方科学在洋务活动中的重要性,是想让西学本身的合法性得到清帝及像翰林院那样的正统部门的承认,为西学在中国的发展创造一个良好的

① 戴逸主编,董丛林编:《中国近代思想家文库·曾国藩卷》,中国人民大学出版社2013年版,第420页。

② 奕䜣为什么要将天文算学馆的招考范围锁定在那些正途人员,而不是在馆肄习外文的年少学生身上?他在奏折中已明确表示:"各馆学生,系由八旗咨取年在十四岁内外。迄今几及五载,各馆学生于洋文洋话,尚能领略。惟年幼学浅,于汉文文义,尚难贯串。现仍督令该学生等,将洋文翻译汉文,以冀精进。"(高时良:《中国近代教育史料汇编·洋务运动时期教育》,上海教育出版社1992年版,第43页)一言以蔽之,这些学生年幼学浅,汉文基础尚不扎实,不适宜学习天文算学。是为其一。其二,奕䜣认为这些学生心智发展尚未成熟,担心其"不加拣择,或为洋人所用"。而正途人员系"读书明理之士""存心正大……必能卧薪尝胆,共深刻励,以求自强"。而且,这些人员"学问素优,差使较简",若令他们学习,"程功必易"。(出处同前,第46页)而实际上,从后来的形势发展来看,奕䜣等人的想法太过单纯。几乎没有正途人员愿入馆学习天文、算学,即便有入馆学习者,成绩也很不如人意。魏尔特所说的话值得深思:"(天文教习)方根拔不懂汉语,而学生的英语水平太差,甚至是基础数学都无法保证完全听懂。此外,教中国人学西方科学还存在着一些额外的困难,不单要发明一些新的语言和文字来表示他们所不懂的技术用语,而且,还得让中国人的脑袋明白这些新创造出来的术语所代表的意思。"(魏尔特著,陈敩才等译:《赫德与中国海关》,厦门大学出版社1993年版,第450页)当时的许多科技术语尚无被普遍认同的汉语表达,加上这些正途人员入馆前没有接受过算学等西学教育,成绩差自在情理之中。

氛围。①

三、从维护清朝统治的角度出发

19世纪60年代,世界资本主义飞速发展,科学技术日新月异,而大清帝国,犹如陶渊明在《桃花源记》中所描述的"不知有汉,无论魏晋",正沉浸在"天朝上国"的迷梦中。那些被丁韪良称为"井蛙之辈"(frogs in the well)②的执掌朝政、接受中国传统教育的士大夫,对近代西方科学和技术知识一无所知,本身就是一个影响国家和社会发展的不稳定因素。丁韪良在其回忆录《花甲忆记》中强调,这些执掌清廷朝政的高官需要科学的启蒙。③ 因此,要是不想在与西方国家交往中处于不利地位的话,必须借鉴西方的东西。

第二节　中学西学之争的过程

同文馆之争是同文馆历史上持续时间最长、涉及面最广、影响最大的关于中学西学的争论。以恭亲王奕䜣等人为代表的洋务实力派与以倭仁、张盛藻等为代表的正统保守派就是否开设天文算学馆而进行了长达六个月的较量。争论经过了启动、高潮和结束三个阶段④,最终在清廷最高统治者的干预下,以倭仁等人退出论争而告结束。

一、第一个阶段:启动阶段

奕䜣等自强运动的倡导者们已认识到仅满足于训练外语外交人才是远远不够的,还必须培养通晓西方科技的人才,方于自强运动有益。于是,同治五年(1866),奕䜣、桂良、文祥等人呈上《请添设一馆讲求天文算学折》,决定将天

---

①　顾卫星:《晚清英语教学研究》,苏州大学出版社2004年版,第152页。

②　W. A. P. Martin. *The Tung Wen Kuan* // Hosea B. Morse. *The International Relations of the Chinese Empire*(Volume III). Kent, UK: Global Oriental Ltd. , 2008, p. 474.

③　W. A. P. Martin. *A Cycle of Cathay or China*, *South and North with Personal Reminiscences*. New York: Fleming H. Revell Company, 1900, p. 313.

④　第一个阶段:奕䜣分别于1866年12月和次年1月连上两折,张盛藻上折回应,表明"无庸招集正途",被清廷否决。第二个阶段:倭仁正式出面,提出"请罢同文馆用正途人员习天算",奕䜣回击,要求倭仁拿出良图妙策。但倭仁坚持原议,奕䜣要求倭仁"酌保数员""择地另设一馆"。在清廷的干预下,倭仁退出论争。第三个阶段:于凌晨、崇实、杨廷熙等上折反对。清廷"著毋庸议"杨廷熙折,论战结束。

文、算学等西学课程纳入同文馆课程体系,让已获取功名或官职的封建士子接
受近代科学教育,清廷很快批复依议照办。① 这一计划如能得到切实推行,对
于改变那些执掌朝政的封建士大夫的知识结构,提高其近代科技修养,进而推
动洋务自强事业的发展将大有裨益。虽然此折在朝廷士大夫中曾引起强烈反
响,如他们认为增设天文算学馆为"不急之务",是"舍中法而从西人",甚至有
"以中国之人师法西人为深可耻者,此皆不识时务"②等论调,但奏折的措辞、
语气相对温和,主要就添设天文算学馆的动因、招取对象及预期的成效等问题
做了陈述,争议涉及的范围有限,所以也没有引起太强烈的抵制。当然,也有
可能是由于奕䜣和他的同事们将天文、算学、化学、物理、机械学、政治经济学、
国际公法等西学课程置于"天文和算学"的名头之下,以掩藏其革新举动,从而
缓解守旧势力抵制③的缘故。因为早在17世纪,中国就已引进西方的天文学
和算学。而且,按清代中国的传统观念,"天文和算学"被认为是具有实用价
值,而且确实是持某种主张的儒家学者知识探索中的合理合规之课题。现在
这一旧名称被总理衙门用来涵盖化学、机械学之类的西学内容。④ 真正引爆
震荡朝野上下的同文馆之争是同治五年十二月二十三日(1867年1月28日)
奕䜣等人奏呈的《同文馆添设天文算学一馆折》。如果说,奕䜣上一次的奏折
是具有探路性质的初步打算的话,那么,此次的奏折是要应对士大夫们的猜

① 总理衙门的《请添设一馆讲求天文算学折》是在同治五年十一月初五(1866年12月
11日)向清帝呈奏的,但何时做出添设同文馆课程,扩大招生范围,尚不清楚。魏尔特提及,清
廷总税务司赫德曾和总理衙门关于在同文馆实施科学教育有过争论,最终,"他们做出决定,扩
大学校规模,增设教授西方科学,特别是天文学和数学的部门"。(魏尔特著,陈敖才等译:《赫
德与中国海关》,厦门大学出版社1993年版,第439页)不过,魏氏也未提及他们何时做出决
定。但从总理衙门委托打算于是年3月回国休假的赫德,顺带招聘天文、算学教习一事[参见
John K. Fairbank. *The Cambridge History of China* (Volume 10, Late Ch'ing, 1800—1911,
Part Ⅰ). London: Cambridge University Press, 1978, p.528]中可以看出,至少在9个多月之
前就决意增设天文算学馆。奕䜣等人在奏折中已提及招聘洋教习之事,"其延聘洋人一事,前
与总税务司赫德议及,伊可代为招聘"。(宝鋆:《筹办夷务始末》(同治朝卷四十六),民国十九
年故宫博物院用抄本影印,第4418页)从这里即可看出,总理衙门对待天文算学馆的设立一事
已与赫德等人有过商议,可见此举是相当慎重的。

② 奕䜣:《同文馆添设天文算学一馆折》(附清单)//宝鋆:《筹办夷务始末》(同治朝卷四
十六),民国十九年故宫博物院用抄本影印,第4497页。

③ Ssu-yü Teng, John K. Fairbank. *China's Response to the West: A Documentary Survey 1839—1923*. Cambridge: Harvard University Press, 1954, p.75.

④ John K. Fairbank. *The Cambridge History of China* (Volume 10, Late Ch'ing,
1800—1911, Part I). London: Cambridge University Press, 1978, p.528.

疑、责难,拿出进一步的举措,正式采取其坚定的改革措施。首先,奕䜣再次申明招考天文、算学之议的重要性:"盖以西人制器之法,无不度数而生,今中国议欲讲求制造轮船、机器诸法,苟不藉西士为先导,俾讲明机巧之原,制作之本,窃恐师心自用,徒费钱粮,仍无裨于实际。"①其次,奕䜣抛出了他的更为激进的措施,即《酌拟同文馆学习天文、算学章程六条》(简称"章程六条")。其要点如下:(1)规定"专取正途人员"。入馆人员的资格从"举人,恩、拔、岁、副、优贡及由此项出身人员"推广到"凡翰林院庶吉士、编修、检讨,并五品以下由进士出身之京外各官"。京外各官的年龄在三十岁以内,如有天文、算学基础,自愿来学者,"其年岁亦可不拘"。这一点很重要,说明奕䜣等人已实现重大突破,将同文馆招生仅以八旗子弟为主要对象转变为招取满汉举人、五项贡生及进士出身之京外各官。这一转变打破了按祖制业已明确的利益划分。(2)在馆学习人员,无论京外,一概"常川驻馆,以资讲习"。(3)按月考试,"以稽勤惰"。(4)每届三年,举行一次大考。(5)"给薪水银十两",确保寒畯之士"用志不纷"。(6)对于"平日用心勤苦""试居高等"者,"优加奖叙""均准各按升阶,格外优保班次"。②

　　郭廷以说,知识的高低决定民族的命运,特别是科学知识。③ 从"章程六条"来看,奕䜣等人显然是要着力打造一批具有近代西方科技知识的干部队伍,以彻底改变清廷在任官员的知识结构。因为,"只有这样的人充当各级官吏,才能使洋务路线和各项相应的政策便于推行,才有利于洋务事业的发展"④,有利于国家和民族的振兴。应该说,这是一个进步的措施。而且,奕䜣的动议要比创办同文馆这一事件本身激进得多,毕乃德说这无异于"承认中国这个具有悠久历史的传统教育制度存在缺陷,这很自然会引起大学士倭仁和总理衙门激进者之间的激烈争论"⑤,尤其是奕䜣坚持前议,即在招收两类已获取功名或官职的封建士子的基础上,将天文算学馆的入学对象进一步扩大,将其资格从由举人、五项贡生及由此项出身人员翰林院编修、进士等,并五品

---

① 宝鋆:《筹办夷务始末》(同治朝卷四十六),民国十九年故宫博物院用抄本影印,第4502页。

② 宝鋆:《筹办夷务始末》(同治朝卷四十六),民国十九年故宫博物院用抄本影印,第4502-4506页。

③ 郭廷以:《近代中国的变局》,台湾联经出版事业公司1987年版,第9页。

④ 夏东元:《洋务运动史》,华东师范大学出版社1992年版,第157页。

⑤ Knight Biggerstaff. *The Earliest Modern Government Schools in China*. New York: Cornell University Press,1961, p.108.

以下由进士出身之京外各官全部列入选拔范围。

此前同文馆的设置,因援有康熙朝设俄罗斯文馆[①]旧例,且又属工具性质,故较易为正统保守派所接受。天文算学馆的提出,甚至扩大生源选拔范围,"还要让皇上和像翰林院这样的正统机构完全承认西学的合法性"[②],即让中国政府彻底承认和学习、吸纳西学,这对从来只信"用夏变夷",自居"天朝上国"的传统士大夫来说,不啻首足倒悬般荒唐可笑。此项获御批的建议,在本已紧张的京城空气中无疑添加了催化剂,促成了同文馆之争的爆发。那些既是封建教育制度的既得利益者,又是维护者的正统保守派们终于坐不住了。首先挑起论争的是掌山东道监察御史张盛藻。同治六年正月二十九日(1867年3月5日),张盛藻奏上《请同文馆无庸招集正途疏》,对奕䜣等人奏折中的建议提出异议。张盛藻的意见大致反映了当时士大夫阶层对该事件的普遍认知,是挑起论争的开篇之作,故不避冗长,摘录如下:

> 臣愚以为朝廷命官必用科甲正途者,为其读孔孟之书,学尧舜之道,明体达用,规模宏远也,何必令其习为技巧,专明制造轮船、洋枪之理乎?若以自强而论,则朝廷之强,莫如整纪纲、明政刑、严赏罚、求贤养民、练兵筹饷诸大端。臣民之强,则惟气节一端耳。朝廷能养臣民之气节,是以遇有灾患之来,天下臣民莫不同仇敌忾,赴汤蹈火而不辞。以之御灾而灾可平,以之御寇而寇可灭,皆数百年深仁厚泽以尧舜孔孟之道为教育以培养之也。若令正途科甲人员习为机巧之事,又藉升途、银两以诱之,是重名利而轻气节,无气节安望其有事功哉?臣以为设立专馆,只宜责成钦天监衙门考取年少颖悟之天文生、算学生,送馆学习,俾西法与中法互相考验。至轮船、洋枪,则宜令工部遴选精巧工匠或军营武弁之有心计者,令其专心演习,传受其法,不必用科甲正途官员肄习其事,以养士气而专责成。[③]

张盛藻的奏折大致包含如下三方面的用意:第一,应保持科甲正途者的纯洁性,其使命在于"读孔孟之书,学尧舜之道,明体达用"。第二,国家立于不败

---

① 俄罗斯文馆是中国最早的一所培养俄文人才的专门学校。它自 1708 年创立至 1862 年并入京师同文馆,历时 154 年之久。(详见郝淑霞:《中国俄语教育的最早尝试——俄罗斯文馆》,《中国俄语教学》2005 年第 1 期)

② John K. Fairbank. *The Cambridge History of China* (Volume 10, Late Ch'ing, 1800—1911,Part I). London: Cambridge University Press, 1978, p. 528.

③ 张盛藻:《请同文馆无庸招集正途疏》//高时良:《中国近代教育史料汇编·洋务运动时期教育》,上海教育出版社 1992 年版,第 7-8 页。

之地的源泉,在于民众的气节。只要"以尧舜孔孟之道为教育",养成民众之气节,对于任何灾患、敌寇,都能做到兵来将挡,水来土掩。第三,天文算学、轮船洋枪等"机巧之事",只要钦天监的颖悟少年或工匠武弁等学学即可,无须劳驾科甲正途官员。

张盛藻的论调虽然与奕䜣、文祥等洋务派的见解格格不入,但也不是没有一点道理。例如,他提出的"整纪纲、明政刑、严赏罚、求贤养民、练兵筹饷"等做法虽系一直不断在弹的陈年老调,但也不能说没有抓到点子,但无奈满清王朝已是病入膏肓的垂死老者,时日不多了,正如马克思在《鸦片贸易史》中所说:"一个人口几乎占人类三分之一的幅员广大的帝国,不顾时势,仍然安于现状,由于被强力排斥于世界联系的体系之外而孤立无援……这样一个帝国终于要在这样一场殊死的决斗中死去。"①更要命的是,面临如此严峻的形势,清政府依然没有任何扎实、具体、有效的措施跟进,还"竭力以天朝尽善尽美的幻想来欺骗自己"②。又如,"养臣民之气节"系思想道德建设。思想决定行动,行动决定结果。思想道德建设在任何时候和任何朝代都是重中之重的大事,关乎国家安危。任何王朝的消亡,都是从思想道德崩溃开始的。但问题是,没有任何针对性的措施,仅仅空喊保持"气节"是远远不够的。鸦片战争中,坐拥上百万军队的"天朝上国",竟然被拥有区区十六艘战舰、四千人部队的英国远征军③打得毫无还手之力,最终被迫接受城下之盟,丧失了国家领土主权。第二次鸦片战争中,那些侈谈"气节""人心"高调、闭眼不看世界的张盛藻们惊慌失措,"御夷无上策"④。结果,用"气节"和大刀、长矛等冷兵器武装起来的天朝大兵,在英法联军的远程大炮、机枪等热兵器面前瞬间化为乌有。京畿被占,皇帝出逃,再次以割地赔款、丧权辱国了事,又一次证明了近代科技的力量远胜于所谓的"气节""人心",空谈不能雪耻、只能误国的道理。在这个已发生根本变化的世界上,面对汹涌而来的世界科技革命浪潮,张盛藻们"不顾时势,仍然安于现状",除了死守封建的伦理纲常以外,拿不出任何切实可行的应对措施。所以,张盛藻这个如此缺乏论据的奏折,就是像慈禧太后这样的守旧分子都看不下去了,结局是明摆着的。朝廷批复云:"取用正途学习,原以天文、

---

①② 中共中央马恩列斯著作编译局编:《马克思恩格斯选集》(第二卷),人民出版社1974年版,第26页。

③ Murray A. Rubinstein. *The Origins of the Anglo-American Missionary Enterprise in China*, *1807—1840*. Lanham, Md., & Lodon: The Scarecrow Press, Inc., 1996, p.350.

④ 奕䜣:《沥陈开设天文算学馆情由折》//宝鋆:《筹办夷务始末》(同治朝卷四十八),民国十九年故宫博物院用抄本影印,第4579页。

算学为儒者所当知,不得目为机巧。正途人员用心较精,则学习自易,亦于读书学道无所偏废。"清廷的态度很明确,学习天文、算学,于读书学道、人心士习均无大碍,所以"著毋庸议"①。

二、第二个阶段:高潮阶段

就在张盛藻上折半个月后,即二月十五日(1867 年 3 月 20 日),同光两代帝师、有"理学名儒"②之称的倭仁呈上《请罢同文馆用正途人员习天算折》,将同文馆之争推向高潮。如果说,张盛藻的奏折尚属温和,对奕䜣等人的建议还是部分认可的话(即允许钦天监的颖悟少年或工匠武弁等学习所谓的"机巧之事"),那么,倭仁的奏折则是全盘否定,不留任何余地。

> 窃闻立国之道,尚礼仪不尚权谋。根本之图,在人心不在技艺。今求之一艺之末,而又奉夷人为师,无论夷人诡谲,未必传其精巧。即使教者诚教,学者诚学,所成就者不过术数之士,古今来未闻有恃术数而能起衰振弱者也。天下之大,不患无才。如以天文、算学必须讲习,博采旁求,必有精其术者,何必夷人,何必师事夷人?
>
> 且夷人吾仇也。咸丰十年,称兵犯顺,凭陵我畿甸,震惊我宗社,焚毁我园囿,戕害我臣民,此我朝二百年未有之辱,学士大夫无不痛心疾首,饮恨至今,朝廷亦不得已而与之和耳,能一日忘此仇耻哉?
>
> 议和以来,耶稣之教盛行,无识愚民半为煽惑,所恃读书之士讲明义理,或可维持人心。今复举聪明隽秀,国家所培养而储以有用者,变而从夷,正气为之不申,邪氛因而弥炽,数年之后,不尽驱中国之众咸归夷人不止。③

倭仁在奏折中明确了如下几层意思:一是立国之道"在人心不在技艺","技艺"(按:指西洋科学)根本无法"起衰振弱",挽救国家于危难之中。这就从根本上否定了学习西学的必要性。二是人才遍及国中,即便需讲习天文、算学,也无须"师事夷人"。三是不能忘仇师夷。四是如放任此举,其结果必将以

---

①　同治帝:《著毋庸议张盛藻奏折谕》//[清]席欲福、沈师徐辑:《皇朝政典类纂》卷二百三十,台湾文海出版社 1969 年版,第 4437 页。

②　陈康祺:《郎潜纪闻》//《续修四库全书》编纂委员会:《续修四库全书·子部·杂家类》,上海古籍出版社 1995 年版,第 164 页。

③　倭仁:《请罢同文馆用正途人员习天算折》//宝鋆:《筹办夷务始末》(同治朝卷四十七),民国十九年故宫博物院用抄本影印,第 4557-4559 页。

夷变夏,亡国灭种。倭仁的这几条意见,不仅言辞峻急,甚至将张盛藻认同的让钦天监"颖悟少年或工匠武弁"入馆肄习的意见也一概封杀,而且达到了上纲上线的地步,这在当时的中国,只要符合其中任何一条,几乎可以够上死罪。实际上,倭仁的这几条意见极具权威性和典型性,在中国传统文化的思维范域中甚至具有较强的不可批驳性,因为他"手中紧握的是'礼仪'这张王牌,这张王牌在中国传统以儒家为主导的文化语境中具有不容置疑的崇高性"①,基本上代表了当时整个士大夫阶层的态度。有史以来,中国文化始终处于优越的地位,所谓"声教所被,无远弗届"。任何异质文化都被中国文化所融合、所消化,就连文化深层结构里的宗教(如外来的佛教)也一样要经过中国文化的洗礼。

面对占领道德高地、以道学鸣高的倭仁张狂的进逼,奕䜣愤而应对。他于三月初二(1867 年 4 月 6 日)奏上《沥陈开设天文算学馆情由折》,对"陈义甚高,持论甚正"的倭仁及受其袒护的张盛藻进行批驳。首先,针对倭仁等人强调所谓的"义理""气节""人心"等在国家生活中的支柱作用,奕䜣毫不客气地指出,英法联军"兵临城下,烽焰烛天,京师危在旦夕",皇帝被迫"西狩热河"②,而那些坚守所谓的"人心""气节",泛泛悠悠、徒托空言的中外臣僚却"非袖手旁观,即纷纷逃避"。其次,奕䜣强调自强之道在于学习外国语言文字和制造机器各法,设立天文算学馆是深思熟虑之举,经与洋务重臣曾国藩、李鸿章、左宗棠等往返函商后做出的。而且,已有左宗棠在闽省设立艺局、船厂的先例,"此举实属有益"。因此,设馆肄习天文、算学,"以为制造轮船、各机器张本,并非空讲孤虚,侈谈术数,为此不急之务"。再次,倭仁所说的正途人员不能"师事夷人"的谬论,恰恰成为奕䜣招收这些人员入馆肄习西学的依据:一是正途人员是"读书明理之士,存心正大",学习西学不会"不加拣择,或为洋人引诱误入歧途";二是面对今日之危局,他们均"痛心疾首""必能卧薪尝胆,共深刻励,以求自强"。这些人才是挽救危局、兴国安邦的基石。最后,奕䜣从国家安全、民族危亡的角度,论述了外国语言文字、西方自然科学的重要作用。由于对西方科学和技术的无知,才酿成庚申之变:"洋人敢入中国肆行无忌者,缘其处心积虑在数十年以前,凡中国语言文字,形势虚实,一言一动,无不周知,而彼族之举

---

① 刘华:《中国近代科学教育体制形成的认知逻辑基础——重评京师同文馆的创立及 1866—1867 年关于添设天文算学馆的争论》,《浙江大学学报》(人文社会科学版)2007 年第 6 期。

② 指在第二次鸦片战争中,即 1860 年 6 月,由英国额尔金率领的一支 25000 人的英法联军占领天津,直扑京城,咸丰帝携西太后等人仓皇逃往热河行宫暂避联军锋芒的事件。

动,我则一无所知。"①这里,奕訢已将外语与自强结合起来,将其上升到关乎国家安危的高度。尽管这是从经验出发得出的结论,但对于奕訢这样的接受中国传统古典教育的封建士大夫来说,能有这样的认知已是难能可贵了。其实,至迟在明代,人们已将外语和翻译与国家安全直接扯上关系。著名学者、户部尚书邱濬(1418—1495)说:"盖此一事(指翻译),似缓而实急,似轻而实重。一旦外夷有事,上书来言其情,使人人皆不知其所谓,或知而未尽,则我所以应之者,岂不至相矛盾哉! 非惟失远情,而或至启边衅者,亦有之矣。"②可见,对于外语关乎国家安危的认知并不是奕訢的首创,不过这至少说明奕訢较当时绝大多数的士大夫有远见。外语除了与国家安全有关,还有助于西学知识的引进和传播,有助于打破与外界的隔绝状态。③ 这正是奕訢将外语引入西学教育的认知依据。奕訢还援引李鸿章的意见,指斥那些"徒以道义空谈"的"泛泛悠悠莫不相关者",无事则"嗤外国之利器为奇技淫巧以为不必学",有事则"惊外国之利器变怪神奇以为不能学"。奕訢祭出了撒手锏,让"久著理学盛名"的倭仁拿出"可以制外国而不为外国所制"的良图妙策,并表示"自当追随该大学士之后,竭其椿昧,悉心商办,用示和衷共济,上慰宸廑"④,把倭仁逼到了死角。

不甘示弱的倭仁于三月初八(1867 年 4 月 12 日)再上一折,进行反击。倭仁直言同文馆延聘夷人教习正途人员一事,"上亏国体,下失人心",再次强调忠信礼义系立国之本,"夫欲求制胜必求之忠信之人,欲谋自强必谋之礼义之士"。如无忠信礼义,所培养的人才,其结果必然是"为夷人所用":

> 今以诵习诗书者而奉夷为师,其志行已可概见,无论所学必不能精,即使能精,又安望其存心正大、尽力报国乎? 恐不为夷人用者鲜矣。且夷人机心最重,狡诈多端,今欲习其秘术以制彼死命,彼枞阳为指受,安知不

　　① 奕訢:《沥陈开设天文算学馆情由折》//宝鋆:《筹办夷务始末》(同治朝卷四十八),民国十九年故宫博物院用抄本影印,第 4579-4583 页。
　　② 邱濬:《大学衍义补》//[明]林尧俞等纂修:《景印文渊阁四库全书·史部三五六》,台湾"商务印书馆"1983 年版,第 677 页。
　　③ Jean Delisle & Judith Woodsworth. *Translators Through History*. Amsterdam: John Benjamins Publishing Company, 1995, p. 120.
　　④ 奕訢:《沥陈开设天文算学馆情由折》//宝鋆:《筹办夷务始末》(同治朝卷四十八),民国十九年故宫博物院用抄本影印,第 4585 页。

　　另有诡谋？奴才所虑堕其术中耳。①

　　倭仁此折更是无限上纲，不但坚决反对延聘夷人教习科甲正途人员，而且指责愿意进馆学习的人，其道德、人格有问题，不能"尽力报国"，恐怕"为夷人用"。"奉夷为师""为夷人用"对于在长期闭关锁国环境里形成的政治定式和思想定式的中国人来说，是异常严重的罪名，这几乎就等同于扣上了一个"里通外国""卖国求荣"的汉奸罪名。而且，"帝国的整个知识界弥漫着一种对外国人及外国思想的厌恶，一种充满鄙视的厌恶的情绪"②。这些情形对于正待开张的天文算学馆，无疑是致命的打击。一些原欲报考的人自然闻而生畏，"不再把职业晋升的希望寄托在这所学校上面"③。不过，就在一个月前，当御史张盛藻上折挑起事端时，京城士人对同文馆还是认可的，"臣衙门投考者尚不乏人"。但自倭仁倡议以来，尤其是有着强烈文化危机意识的传统知识分子不甘做"丑夷之学子"④的保守倾向，使同文馆招生遭遇了极大的困难，"京师各省士大夫聚党私议，约法阻拦，甚且以无稽谣言煽惑人心，臣衙门遂无复有投考者。"⑤《春冰室野乘》也云："而词馆曹郎皆自以下乔迁谷为耻，竟无一人肯入馆者。"⑥

　　"竟无一人肯入馆者"，是略有夸张的历史事实。教育改革是一项系统工程，涉及广大读书人的前途、衣食问题，没有必要的社会条件和配套措施跟进，改革便难以向前推进。问题是，倭仁等人并没有正面回答辩论的主题，他们的论据仍未走出"义""理"的象牙塔，尽管"义""理"是任何时代、任何朝代治国安邦的基石，但他们忽视了中国已被卷入世界资本主义体系的现实及由日益加剧的民族危机所无情显露的世界舞台上弱肉强食的铁律。"英国的大炮破坏了中国皇帝的权威……与外界完全隔绝曾是保存旧中国的首要条件，而当这

　　①　倭仁：《密陈同文馆招考天文算学请罢前议折》//宝鋆：《筹办夷务始末》（同治朝卷四十八），民国十九年故宫博物院用抄本影印，第4598-4599页。

　　②　The N. C. Herald and S. C. & C. Gazette, Jan. 25, 1870, p. 64.

　　③　Knight Biggerstaff. The Earliest Modern Government Schools in China. New York: Cornell University Press, 1961, p. 119.

　　④　徐一士：《倭仁与总署同文馆》//徐一士：《一士谭荟》，台湾文海出版社1966年版，第136页。

　　⑤　宝鋆：《筹办夷务始末》（同治朝卷四十八），民国十九年故宫博物院用抄本影印，第4605页。

　　⑥　《倭文端沮开同文馆》//李岳瑞撰：《春冰室野乘》，民国二十五年（1936），陕西通志馆印，第172页。

种隔绝状态在英国的努力之下被暴力所打破的时候，接踵而来的必然是解体的过程，正如小心保存在密闭棺木里的木乃伊一接触新鲜空气便必然要解体一样。"①但是，面对资本主义席卷全球及兴起的科技革命和现代化浪潮，"狃于晏安、而不知祸之将及"②的倭仁等接受传统人文教育的士大夫们没有看出马克思所说的"野蛮的、闭关自守的、与文明世界隔绝的"③旧中国行将解体。他们除了李鸿章所痛斥的"囿于章句之学而昧于数千年来一大变局，狃于目前苟安"④，依然死守所谓的"义""理"之外，拿不出任何切实有效的应对措施。无论东方还是西方，"近代化""现代化"都将是一个充满功利主义色彩的语汇。所以，尽管倭仁本人如《清史稿》所言，"秉性忠贞，见理明决，生平言行不负所学""老成端谨，学问优长"⑤，但他及其追随者的主张如此逆时代潮流而动，实在是发人深思，难以理喻。

就在倭仁上折11天后，即三月十九日（1867年4月23日），奕䜣奏上《遵议倭仁密陈折片并陈管见折》，严厉批驳倭仁无限上纲的责难，指责倭仁等人浮言惑众误事，指出当年的"庚申之变"就是那些"游谈侈论，邀誉沽名"的内外臣工"不求御制实际，徒以空言塞责"酿成的，指斥倭仁之辈对于愿肄习西语西艺之人，或以"师事夷人"，或以"奉夷为师"进行压制，"臆造师名，阻人向往"。奕䜣再次申明，设馆请用洋人教习西文西语，翻译近代西方科学书籍，是洋务自强事业发展的需要，也是眼观世界，了解对手，最终撒开对手的需要，"窥其长短以收知彼知此之效。并以中国自造轮船、枪炮等件，无从入手，若得读书之人旁通其书籍、文字，用心研究，译出精要之语，将来即可自相授受，并非终用洋人。"⑥奕䜣这段关于翻译在引进西学中的作用的议论，虽然系从实际经验中得出，尚未上升至理论层面，但对于一个从未接触西学的传统封建士大夫来说能有这样的认知已是很了不起了。奕䜣对翻译作用的朴素认知与曾国

---

① 马克思：《中国革命和欧洲革命》//中共中央马恩列斯著作编译局编：《马克思恩格斯选集》第二卷，人民出版社1974年版，第3页。

② "《劝学篇》序"//张之洞撰、冯天瑜等评注：《劝学篇》，湖北人民出版社2002年版，第26页。

③ 马克思：《中国革命和欧洲革命》//中共中央马恩列斯著作编译局编：《马克思恩格斯选集》第二卷，人民出版社1974年版，第2页。

④ 李鸿章：《筹议制造轮船未可裁撤折》//［清］吴汝纶编：《李文忠公（鸿章）全集》，台湾文海出版社1980年版，第676页。

⑤ 赵尔巽等：《清史稿》，中华书局1976年版，第11736-11737页。

⑥ 宝鋆：《筹办夷务始末》（同治朝卷四十八），民国十九年故宫博物院用抄本影印，第4606页。

藩、李鸿章等洋务派人士的见解是一脉相承的,他们将翻译视为实现西方科技知识引进的先决条件。曾国藩说:"中国学外国之技,则须以翻译为第一要义。"①李鸿章也说:"又如翻译课士一事,西法兼博大潜奥之理,苦于语言文字不同,将欲因端竟委,穷流溯源,舍翻书读书无其策。"②可见,奕䜣等人从更为宏观的视角——世界列国并争的视角来谈西学的引进,从被动地跟在别国后面爬行还是主动地迎头赶上来谈天文算学馆的设立。其视野和观察问题的高度远超倭仁之辈,这反映了奕䜣等洋务派人士放眼世界、融入世界和实现自强的强烈愿望。最后,奕䜣针对倭仁的"天下之大,不患无才"的谬论,狠狠地将了他一军,请旨饬下倭仁,酌保数名天文、算学之人,并即请"择地另设一馆,由倭仁督饬,以观厥成"。"若能如此办理,更属两得之道,裨益匪浅,彼时臣衙门原请奏办之件,即行次第裁撤。"③清廷依议,"着即酌保数员,另行择地设馆,由倭仁督饬讲求,与同文馆招考各员互相砥砺,共收实效"④。让倭仁另设一馆,与奕䜣等人的天文算学馆相颉颃,这一招正好击中倭仁死穴。

虽然奕䜣在与倭仁的交锋中占了上风,但事实上他还可以用更有力的证据来回击倭仁。如果说让正途人员学习天文、算学,是"师事夷人""奉夷为师"的话,那么顺治、康熙等先皇帝早就树立了先例。其实,向西人学习西方科学,并不是什么新奇事物,早在清军入关时就开始了。当清军于崇祯十七年(1644)进入北京时,他们就注意到耶稣会士汤若望(Johann Adam Schaal von Bell)等传教士。顺治帝对他们非常友好,常听取他们的意见,让汤若望等人编订历法。同治九年(1870)出版的《中国的近代基督教传道团》(*Modern Christian Missions in China*)一文称:"满洲(帝国)的第一位皇帝顺治是汤若望及其同伴的伟大的朋友。他们的事业在北京和各省都得到蓬勃发展。顺治帝指定汤若望修改历法,后者因工作非常出色而被任命为钦天监的监正,有着一品官员的头衔和权威。皇帝在与汤若望聊天时,会将公务撇在一边……甚

---

① 曾国藩:"钦奉谕旨复陈夷务折"//戴逸主编,董丛林编:《中国近代思想家文库·曾国藩卷》,中国人民大学出版社 2013 年版,第 524 页。

② 中国史学会主编:《中国近代史资料丛刊:洋务运动》(四),上海人民出版社 2000 年版,第 30 页。

③ 奕䜣:《遵议倭仁密陈折片并陈管见折》//宝鋆:《筹办夷务始末》(同治朝卷四十八),民国十九年故宫博物院用抄本影印,第 4607 页。

④ 同治帝:《著倭仁酌保数员另行择地设馆谕》//宝鋆:《筹办夷务始末》(同治朝卷四十八),民国十九年故宫博物院用抄本影印,第 4608 页。

至还经常登门拜访他。"①康熙本人十分喜欢作为国粹之一的天文算学。在他执政后，更加重视耶稣会士，延聘汤若望、南怀仁为帝师，向他们学习天文、欧几里得几何学，让他们留在身边，以便获取相关的西方科学知识。"南怀仁为其讲授的知识包括天文学、数学、统计学等，并授以各种天算仪器之使用方法。他还让官学生进入钦天监学习天算学。康熙晚年在宫中设有蒙养斋算学馆。"②康熙曾组织编撰《数理精蕴》等书，作为当朝官员的钦定读物之一。康熙四十七年(1708)开始的前后十年间，康熙雇佣九名耶稣会士完成了全国地理测量工作，中国所有可靠的地图绘制由此奠定。对于数典忘祖的倭仁之流，奕䜣可能为避先人之讳或基于多种考量，没有搬出顺治、康熙等人的"奉夷为师"之举。

而且，奕䜣的论据也不是无懈可击的。他一直在强调翻译在引进西学中的作用，但是，他所不知道（或未意识到）的事实是，选拔大多已届中年，从未接触过外文的有一定社会阅历的正途人员肄习外文和西学，其科学性本身就值得怀疑。根据"关键期假说"(Critical Period Hypothesis)，学习者过了语言学习的关键期，学习效果要大打折扣。即使这些人根据"五年课程表"可以不学外文，借助译本学习西学，但是，当时西学译本少之又少的现实是明摆着的，而那些上西学课程的外籍人士大多不懂汉文，"讲课的是外国人，学的是外国的东西，那么，语言障碍是绝对绕过去的"③。奕䜣恰恰将主次颠倒了过来，只关注生源层次，未顾及他们因年岁偏大、知识结构单一而不很适合学习外文和西学的事实。让本不适合学习外文和天文算学的正途人员去学习这些课程，理想与现实发生碰撞是必然的。且不说此举遭遇来自多个层面的强烈抵制，就是已招收的正途人员的学习效果也很不理想，"仅长于中国文理，而与西文西语未尝学问。即使所延洋人亦通中国语言文字，究恐讲解尚多隔阂"④。但是，仅接受中国古典儒学教育的倭仁为其识见所囿，无法对奕䜣进行有理有据的有效反击。

在奕䜣的凌厉反击下，加上清朝最高统治者的强力干预，倭仁自知言语过火，只好再上一折自行辩护，以前所说"不患无才"，只是"以理度之"，系想当然

① Rev. M. J. Rnowlton. Modern Christian Missions in China(Ⅰ). *The Chinese Recorder*, May, 1870, p.340.
② 田正平主编：《中外教育交流史》，广东教育出版社2004年版，第99-100页。
③ 季压西、陈伟民：《语言障碍与晚清近代化进程(三)——从"同文三馆"起步》，学苑出版社2007年版，第55页。
④ 朱有瓛：《中国近代学制史料》第一辑上册，华东师范大学出版社1983年版，第45页。

之语。他说:"惟奴才前奏谓算法系六艺之一,如欲讲求,中国岂无精是术者,盖以理度之,天文、算学世有专家,不必奉夷人为师耳。"对于清廷"酌保数员,另行择地设馆"之谕旨,倭仁自知无力为之,只能如实相告:"应请不必另行设馆,由奴才督饬办理。况奴才并无精于天文、算学之人,不敢妄保。"①不久,朝廷命倭仁任总理各国事务衙门行走。倭仁"屡疏恳辞,不允;因称疾笃,乞休,命解兼职,仍在弘德殿行走"②。倭仁开缺休养,辞去除大学士以外的一切职务。

三、第三个阶段:结束阶段

就在倭仁退出论争之后,通政史于凌晨、崇实和候选直隶知州杨廷熙分别向朝廷奏呈《请无庸开设二馆以弭朋党之祸折》《同文馆招考天文算学无须限定正途折》《请撤同文馆以弭天变折》等折。杨廷熙认为,奕䜣等人请设同文馆的原奏,"觉其事、其理、其言、其心,有不可解者十焉",杨廷熙从十个方面对奕䜣进行了驳斥,并罗列了十大罪名。他还将学习天文算学者指斥为"颛蒙愚鲁之辈,奸宄不法之徒"③。对于于凌晨、崇实的胡言乱语,清廷未予理会。但对杨廷熙于五月二十二日(1867 年 6 月 23 日)越级奏陈的这份洋洋数万言的奇异怪诞、撷拾陈言的条陈,清廷下诏"无著庸议"。慈禧太后等清廷最高统治者觉得杨氏很过分,认为一知州微员,竟敢如此痛诋"在京王大臣"及曾国藩、李鸿章等朝廷命官,直斥其"肆口抵诬,情尤可恶!"④据说被朝廷称为"草莽无知"的杨廷熙如此大胆放肆,是有倭仁在背后撑腰。清廷因此批评了倭仁,"杨廷熙此折,如系倭仁授意,殊失大臣之体"⑤。至此,这场涉及清廷最高层的持续长达半年之久的中学西学之争,在清政府最高统治者的强力干预下,以奕䜣为代表的洋务实力派提出设馆招收学员学习天文算学的建议获准并付诸实施而告结束。

---

①　倭仁:《奏陈保举无人无庸另行设馆折》//高时良:《中国近代教育史料汇编·洋务运动时期教育》,上海教育出版社 1992 年版,第 15 页。

②　赵尔巽等撰:《清史稿》,中华书局 1977 年版,第 11737 页。

③　杨廷熙:《请撤同文馆以弭天变折》//高时良:《中国近代教育史料汇编·洋务运动时期教育》,上海教育出版社 1992 年版,第 19-25 页。

④　[清]席欲福、沈师徐辑:《皇朝政典类纂》卷二百三十,台湾文海出版社 1969 年版,第 4437 页。

⑤　同治帝:《著毋庸议杨廷熙奏折谕》//高时良:《中国近代教育史料汇编·洋务运动时期教育》,上海教育出版社 1992 年版,第 26 页。

第三节　中学西学之争的结果及影响

从同治五年十一月初五(1866 年 12 月 11 日)奕䜣以总理衙门的名义呈上奏折,请添设一馆讲求天文算学起,至翌年五月二十九日(1867 年 6 月 30 日)清廷下诏"著毋庸议"杨廷熙奏折止,这场争论震撼京城历时半年多,影响之大、范围之广实属罕见。上至清廷实际上的最高统治者慈禧太后、最有实力的恭亲王奕䜣及最有学术影响力的理学大师兼帝师倭仁,下达知州及京城平头百姓都参与或关注这场争论。这次争论产生了极大的负面影响,对同文馆的打击是毁灭性的。额伯连说"同文馆被扼杀在萌芽状态"①。由于受到普遍的抵制,几乎无人愿意报考同文馆。但是,奕䜣等人在痛定思痛之余启动了招生等一系列制度的改革,使同文馆走上了健康发展的道路。

一、中学西学之争的负面影响

同文馆之争表面上是以奕䜣为代表的洋务实力派与以倭仁为代表的正统保守派就是否开设天文算学馆而进行的较量,实际上是各个利益群体在为捍卫自己的利益而进行的殊死博弈。从奕䜣一方来讲,这是要不要进行进一步教育改革的问题。此时,洋务事业正蹒跚起步,无明显成效可言。近代军事和民用工业、文化教育事业、近代海陆军的筹建与发展、矿物的开采与冶炼等洋务事业急需各类人才,尤其急需掌握近代西方自然、社会和应用科学的人才。掌握算学是掌握近代西方科学和技术的先决条件。如果各类学堂不开设算学,培养科技人才就成了一句空话,奕䜣、李鸿章、左宗棠等洋务改革者所苦心经营的洋务事业必将毁于一旦,从而危及大清王朝的统治。这也是奕䜣等人在这次与正统保守派的争论中获得清廷高层默认的缘由之一。客观地说,奕䜣的改革措施是一个"对旧式知识分子和年轻官吏进行再教育的计划。这个计划如果能够实现,无疑会对中国现代化事业发生极大的推动作用"②。但是,奕䜣的改革措施与科举制下培养人才的做法是背道而驰的。科举考试则以其独特的形式和内容,维护着传统儒家文化的正统地位,成为莘莘学子实现自身价值、跻身仕途的唯一通道。因此,就倭仁一方来说,他们不仅代表从传统的科举制度中获利的正统保守派阶层的利益,而且也代表一大批为实现科

---

① *The N. C. Herald and S. C. & C. Gazette*, Jan. 25, 1870, p. 64.

② 钟叔河:《从东方到西方——走向世界丛书叙论集》,岳麓书社 2002 年版,第 66 页。

举人仕而苦苦奋斗的中下层(甚至是社会最底层)民众的利益。奕䜣的改革势必要触动这一大批人的切身利益,此举无疑会对绵延数千年的中国传统文化构成挑战,遭到倭仁一派的坚决反对是情理之中的事。民国时期著名的历史学家、外交家、政治家蒋廷黻的分析直指士大夫阶级(知识阶级和官僚阶级)的劣根性。他说:"中国文化是士大夫阶级的生命线。文化的撼动,就是士大夫饭碗的撼动。我们一实行新政,科举出身的先生们就有失业的危险,难怪他们要反对。"①可见,砸了以倭仁为代表的知识阶级和官僚阶级的饭碗,这些人不跳出来才叫不正常呢。让"在社会上属于卑微、穷困的八旗子弟"②学一点外国话,已是格外开恩了,而要让"正途科甲人员习为机巧之事",即研究西人所擅长的学问,公然地"师法夷裔""以夷为师",绝对是"上亏国体,下失人心"③,于国家、于世道人心毫无益处。

当然,作为封建卫道士的倭仁等人的所作所为在一定程度上符合当时的社会心态和文化要求,在捍卫中国传统文化方面未必毫无可取之处,否则,他们不可能得到数量不菲的民众的支持。奕䜣说:"(倭仁)久著理学盛名,此论出而学士大夫从而和之必众。"④以今人的眼光来看,倭仁可能已经意识到了这样的一个问题:来自西方世界的学术渗透终将导致中国传统儒家文化向着科学与人文的两级分化,而这种分化的结果又是抛弃人文,仅向科学的一元化

---

① 蒋廷黻:《中国近代史》,江苏人民出版社 2014 年版,第 20-21 页。历史学者项锷也有切合实际的分析,兹录如下:"如果天文算学馆和当初同文馆一样,只招收旗人子弟,或和福州船政学堂一样,只培养工匠,就不会引起纷争。但是天文算学馆的构想打破了旗人子弟在官学领域的传统优势,给予正途科甲人员一个新的升迁机会,可是同文馆倡导的西学又是这些熟读经书的正途官员最为劣势之处。靠军功和捐纳不断升迁的官员已经严重影响了正途官员的任职之路,而同文馆崇尚西学之风一开,难免会成为朝廷官员任用私人的又一途径,这将进一步压缩正途官员的生存空间,使之边缘化。当然,倭仁等身在官场,又是读书出身,决不能如商贩般轻而言利,他们只能从意识形态的高度,只能从治国理念的高度,来批驳朝廷的政策。因此同文馆之争,从表面上看来,是一场思想之争,是实行洋务还是顽固守旧之争。但是,思想之争的背后,永远隐藏着个人和集团的利益。同文馆之争实际上是一场以意识形态之争为表象的,正途出身官员为维护传统利益的政治斗争。"[项锷:《再论同文馆之争》,《深圳大学学报》(人文社会科学版)2006 年第 2 期]

② Knight Biggerstaff. *The Earliest Modern Government Schools in China*. New York: Cornell University Press,1961, p. 124.

③ 倭仁:《密陈同文馆招考天文算学请罢前议折》//宝鋆:《筹办夷务始末》(同治朝卷四十八),民国十九年故宫博物院用抄本影印,第 4598 页。

④ 奕䜣:《沥陈开设天文算学馆情由折》//宝鋆:《筹办夷务始末》(同治朝卷四十八),民国十九年故宫博物院用抄本影印,第 4583 页。

方向发展，最终影响到民众的价值取向及国家政权的稳定。实际上，自 18 世纪西方开展工业革命以来，作为其副产品的诸如忽视人类心灵世界、摒弃个体内在的道德与情感价值、削弱人的主体地位等负面现象已越来越影响到社会的各个层面，影响到人们的世界观、道德观和行为方式的正确表达。

奕䜣上折请设天文算学馆，引起了倭仁所代表的那一群体的强烈反对，这从以下事实中可见一斑。同治帝师、总理衙门大臣翁同龢在是年二月十三日的日记中记载："同文馆之设，谣言甚多。有对联云：'诡计本多端，使小朝廷设同文之馆；军机无远略，诱佳子弟拜异类为师。'"他在十一天以后，即二月二十四日的日记中又作如下记载："前日总理衙门尚递封奏，大约办同文馆一事未见明文也。京师口语藉藉，或粘纸于前门，以俚语笑骂，'胡闹，胡闹，教人都从了天主教'云云。或作对句：'未同而言，斯文将丧。'又曰：'孔门弟子，鬼谷先生。'"[1]翁同龢日记中反映的这批心仪倭仁、腹诽奕䜣的人中，既有执掌朝廷权力的守旧士大夫，也有无职无权、忙于生计的普通百姓。从地域上看，既有京师的，也有京外省份的。总之，不仅京城谣言满天，就是京外也对奕䜣极力倡导的天文算学馆退避三舍。知名学者李慈铭记述："至今年开同文馆……而选翰林及部员之科甲出身、年三十以下者学习行走，则以中华之儒臣而为丑夷之学子，稍有人心，宜不肯就，而又群焉趋之。盖学术不明，礼义尽丧，士习卑污，遂至于此。驯将夷夏不别，人道沦胥，家国之忧，非可言究。"[2]时任湖南巡抚的王文韶在日记中流露了京外士人同情倭仁、张盛藻等人及抵制同文馆的情形：

> 同治六年六月初五　钟六英有请准臣工直言极谏之奏，大致论夏同善谏止临幸邸第事，倭中堂谏同文馆收考正途事，又近来内廷传取较多，内务府用项日增，请崇节俭各节，大言炎炎，切中时弊，诚足佩也。

> 同治六年六月二十四日　有候选直牧杨廷熙上封事，力言同文馆之失，虽词涉激烈而胆识颇优，廷旨似归咎倭相，并有疑其授意之意，甚非敬大臣之体也。

> 同治六年六月二十七日　湘岑、省三昨言同文馆之设，京师议论不一，两湖京馆首出知单，言凡我同乡，如有报考同文馆者，薪水较优，此后可以

---

① 　翁同龢：《翁文恭公日记》//中国史学会主编：《中国近代史资料丛刊：洋务运动》（八），上海人民出版社 2000 年版，第 231-232 页。

② 　徐一士：《倭仁与总署同文馆》//沈云龙主编：《近代中国史料丛刊：一士谭荟》，台湾文海出版社 1966 年版，第 136 页。

不分印结,公事较繁,庆吊可以不相闻问,措辞绝妙。张盛藻春陔一折,为一时推重,蔡滋斋中翰世保投名与试,其夫人力阻之,好事者遂有张侍御与蔡夫人合传之作,真新闻也。①

在士大夫阶层的反对声浪中,清廷要求天文算学馆的招考还是如期举行,"现在投考人员,认真考试,送馆攻习"②。然而,形势的发展,殊难逆料,即便是同文馆得到朝廷至少是表面上的支持,但不管是在京城还是在京外,持异议的人是如此之多,特别是具有学术地位的理学大师倭仁发难之后,舆论更是一边倒,倭仁几乎赢得天下士人的同情和支持。在这样的形势下,同文馆的招生形势是不问便知了。史料记载:

> 乃自议设天文、算学馆以来,验之人心,考之士气,窃有大可虑者。天文、算学招考正途人员,数月于兹,众论纷争,日甚一日。或一省中并无一二人愿投考者,或一省中仅有一二人愿投考者,一有其人,遂为同乡、同列之所不齿。夫明知为众论所排,而负气而来,其来者既不恤人言,而攻者愈不留余地,入馆与不入馆,显分两途,已成水火,互相攻击之不已,因而互相倾覆,异日之势所必至也。③

在这样的背景之下,半年之中,仅有 98 人报考同文馆,这还是奕䜣等人将条件放宽,"一律收考"正途杂项人员的情况下取得的"成绩"。这与成千上万的莘莘学子激情飞扬地奔赴科举考场的盛况相比,简直是沧海一粟,实在微不足道。这些人当中,"无一人是科举正途出身,多数素质不高"④。临考时,又有 26 人自动放弃,仅 72 人参考。经过策论等考试,选取 30 名学生进入新创办的天文算学馆。再经由总理衙门官员主持的复试,结果仅有 10 人留下,其余皆被淘汰⑤。这 10 人当中,有 5 人留在英文馆,余下 5 人留在法文馆继续学

---

① 王文韶著,袁英光、胡逢祥整理:《王文韶日记》上册(中国近代人物日记丛书),中华书局 1989 年版,第 32-37 页。

② 同治帝:《著倭仁酌保数员另行择地设馆谕》//宝鋆:《筹办夷务始末》(同治朝卷四十八),民国十九年故宫博物院用抄本影印,第 4608 页。

③ 于凌晨:《请毋庸开设二馆以弭朋党之祸折》//中国史学会主编:《中国近代史资料丛刊:洋务运动》(二),上海人民出版社 2000 年版,第 39 页。甚至在多年以后,同文馆在招生方面依然受到此次论争所带来的不利影响:"部院庶僚,亦自以下乔迁谷为耻,迄今十余年,尚无儒衣冠入馆者。"(陈康祺:《郎潜纪闻》卷一//《续修四库全书》编纂委员会:《续修四库全书·子部·杂家类》,上海古籍出版社 1995 年版,第 164 页)

④ 熊月之:《西学东渐与晚清社会》,上海人民出版社 1994 年版,第 331 页。

⑤ *The N. C. Herald and S. C. & C. Gazette*, Jan. 25, 1870, p. 65.

习。这种状况一直延续到他们对目标语言足够熟练,能够听懂科学教习上课为止。

　　不过,根据同文馆英文教习额伯连的说法,这次考试的科学性值得怀疑。他对这次考试提出了批评。1870 年 1 月 25 日,他在致《北华捷报》编辑部的一封信中称,这次考试是在没有任何同文馆教职员参加的情况下举行的。那些不通外文的组织者仅依靠同文馆高级语言班的学员和若干常用语手册的帮助。他们对学生中文文体和风格的兴致,似乎要高于他们对段落翻译准确性的把握。他说,英文馆的两名最有希望的学生被淘汰了,这次考试中留下的原英文馆五名学生中,有两名一开始就是毫无希望的。① 实际上,这些留馆继续学习者,并非全部都自觉自愿的,并且承受了巨大的压力。额伯连说:

> 自倭仁发难之后,体面的中国人不再愿意入馆读书了。任何年轻人也不再愿意将职场晋升的希望寄托在这所学院上面。入馆的少部分人是官场失意者——他们贫穷潦倒,靠领取由总理衙门提供的比名声更为珍贵的薪俸才得以维持生计……他们被那些同为士人的同类看不起,被斥为离经叛道者、叛徒。他们觉得自己就是这类人。其中一人在总理衙门外面……承认……是叛徒。他自称是打字者或职员,从不承认自己是同文馆学生。身处这样的位置,用他自己的话说,就是汉奸,是耻辱。②

　　对学生本人及其家人来说,这场论争的后果极为严重,他们"受到亲友的排斥,被斥为投降西人。一些人甚至找对象都成了问题"③。1872 年 8 月 31 日,《北华捷报》发表《中国在进步中》一文,评论道:

> 文人们把这个革新单纯看作是对他们生活所系的旧制度的一个打击。化学、数学、西方语言等等的教师们被请到北京来了。虽然同文馆的事业到现在略略地有些推进,但在它开办时实在是一个大失败。中国学者中的优秀部分拒绝和它发生任何关系。文人们的自尊心阻止他们去忍受向西方番人学习的屈辱。结果这个新的学府受了多数人的抵制。只有

---

　　①　*The N. C. Herald and S. C. & C. Gazette*, Jan. 25, 1870, p. 65.

　　②　*The N. C. Herald and S. C. & C. Gazette*, Jan. 25, 1870, p. 64. Also see Knight Biggerstaff. *The Earliest Modern Government Schools in China*. New York: Cornell University Press,1961, p. 120.

　　③　Bob Adamson. *China's English: A History of English in Chinese Education*. Hong Kong: Hong Kong University Press,2004, p. 26.

一些才具较差的"骗子"之流才肯去接受新课程的利益。①

同文馆之争导致了这样的结果,很难说是奕䜣等为代表的洋务派取得了完全的胜利,如同苏精所说,这场争论牵涉到朝廷政争的背景,使得本属一项具体事实的争议,不仅被提升到争论是否改变传统考试、教育制度的层次,更被提升到争论是否改变整个中国传统政治思想的层次,结果以恭亲王奕䜣为首的洋务派,在这场争论中事实上已经失败了。② 毕乃德也说,"1867 年总理衙门吸引举人、进士甚至翰林院更年轻的翰林进入天文算学馆学习的努力半途而废"③。

这场由正统保守派挑起的最高决策层的中学西学之争,使刚刚走上正轨的同文馆大受打击,"这棵'西学'的幼苗,勉强插在从根本上排斥它的土壤里,自然无法长成郁郁葱葱的大树,结出繁茂硕大的果实"④。奕䜣的改革措施触动了以倭仁为代表的正统保守派阶层的既得利益,使同文馆陷入了空前危机,"1867—1870 年的同文馆令人失望"⑤,"领袖无人,创始诸人也都不复存奢望,同文馆遂趋衰落"⑥。魏尔特也说,"同文馆的中国支持者对它的前途失去了信心"⑦。

---

① 高斯特撰、张雁深摘译:《中国在进步中》//中国史学会主编:《中国近代史资料丛刊:洋务运动》(八),上海人民出版社 2000 年版,第 432 页。另见 Progress in China. *The N. C. Herald and S. C. & C. Gazette*,Aug. 31,1872,p.168.

② 苏精:《清季同文馆及其师生》,台北上海印刷厂 1985 年版,第 80-81 页。

③ Knight Biggerstaff. *The Earliest Modern Government Schools in China*. New York:Cornell University Press,1961,p.32. 与苏精、毕乃德等人的观点不同的是,丁伟志、陈崧则认为,以奕䜣为代表的洋务派取得了胜利。他说:"同文馆之议,靠着皇权的权威,把守旧派的反对硬压了下去。一场争论就以洋务派的胜利宣告结束,同文馆得以办了下去。这场庙堂之上的争论,却在于通过主张引进西学和反对引进西学之争,把如何处理中学和西学的关系问题,提上了中国近代文化史的日程。"(丁伟志、陈崧:《中西体用之间——晚清文化思潮述论》,社会科学文献出版社 2011 年版,第 76 页)

④ 钟叔河:《从东方到西方——走向世界丛书叙论集》,岳麓书社 2002 年版,第 68 页。

⑤ Knight Biggerstaff. *The Earliest Modern Government Schools in China*. New York:Cornell University Press,1961,p.122.

⑥ 毕乃德:《同文馆考》,《中华教育界》1935 年第 23 卷第 2 期,第 15 页。

⑦ Stanley F. Wright. *Hart and the Chinese Customs*. Belfast,Northern Ireland:Wm. Mullan & Son (Publishers) Ltd.,1950,p.328.

二、中学西学之争的正面影响

虽然遭遇了前所未有的困难,但在奕䜣、文祥及清廷海关总税务司赫德等人的努力下,同文馆毕竟还是保住了。以奕䜣为代表的洋务派遭遇"师法夷裔""上亏国体,下失人心"的攻讦,在"以洋务为不屑,鄙西学为可耻"①的年代,能守住同文馆,确保天文算学馆得以开设已是了不起的功绩。从此,中国学子得以开始系统地学习近代西方自然科学、应用科学和人文社会科学。同文馆教授外语和西学,"标志着西学知识开始引入中国"②。同文馆第二任英文教习傅兰雅对西学终于进入中国给予了高度评价。他说此举表明中国正从漫长的梦境中醒来,并最终付诸行动,加入与世界其他国家竞争的潮流中。③这同样表明清政府决策层已认同奕䜣等人的改革主张,确认拜夷人为师的做法是正确之举。总理衙门和后来成为总教习的丁韪良将此挫折作为改革的契机,使同文馆焕发了生机。近代学者吴宣易说:

> 算学馆终于成立。自从这个难关打破以后,同文馆的课程,大加扩充,进行极为顺利,许多自然科学,都逐渐的介绍进来。所以算学馆的成立,可以说是中国的学生正式接受西洋近代自然科学的起始。同文馆于是由一个翻译学校,变为一个实用科学的学校了。④

教育体系总是受一定社会经济制度与政治制度支撑,一定社会的教育体系中所吸收的文化,主要是反映统治阶级根本利益的文化。教育内容的变化,直接关系到教育的目的,关系到培养什么人的问题。传统教育对知识探求的兴趣在"价值—规范体系",侧重精神层面;近代教育由于受西方的影响,注重的则是"知识—技术体系",侧重实用层面,两者殊异。两千多年的封建社会,儒家学说一统天下,至近代逢"亘古未有之变局",西方坚船利炮轰开了中国的国门,教育领域不得不面对"什么是知识最有价值"的问题。正统保守派坚持传统,因而恣意贬低洋务派欲讲求的近代科技知识。保守与洋务两派之争是社会变革在教育领域的反映。天文算学馆的开设,使近代科技知识正式被列

---

① 王之春:《国朝柔远记》,光绪十七年夏广雅书局刻,光绪十七年(1891),第7页。

② Chiu-sam Tsang. *Nationalism in School Education in China*. Hong Kong: The South China Morning Post, Ltd., 1933, p.31.

③ Ferdinand Dagenais: *The John Fryer Papers*(Vol. One),广西师范大学出版社 2010 年版,p.255。

④ 吴宣易:《京师同文馆略史》,《读书月刊》1933 年第二卷第四号,第 4 页。

为学校教育内容,这是教育进步的表现。这是同文馆之争所产生的第一个成果。

　　同文馆之争的第二个成果是,从此时起,奕䜣等人启动了招生、延聘教习、增加办学经费等一系列的改革。丁韪良在 1867 年 10 月 1 日致美国长老会差会部的一份报告中指出:

> 　　他们将从帝国的各个省份招收优秀青年入馆学习。他们从欧洲延聘教授,还拨付大量的经费用于购置图书和仪器。因此,在帝国阳光的庇护之下,这所小小的学堂突然发展成为一所学院,甚至可以说是一所大学。我会放下目前的工作,他们任命我为国际法和政治经济学的教授——因为这一职位将对这个国家的领导人产生重要影响,所以我认为如果拒绝的话,将会是不明智的……创办这所新的学院是要对这个国家的教育制度进行改革,也是自签订了条约,开放这个国家及其首都以来最令人欣喜的进步的标志。[①]

　　这一系列的举措,特别是延聘丁韪良等外籍人士掌管中国官办新式学堂的日常教学工作,充分说明奕䜣等人不甘人后,努力向西方学习的坚定决心。从广东、上海两地的同文馆中调取成绩优秀的外语学生来京学习西学科目,成为奕䜣等人祭出的最重要的改革措施之一。实际上,粤、沪两地同文馆学生的西学基础均优于京师同文馆,这是因为他们一开始就接触算学等西学课程。于是,奕䜣向清廷呈上奏折,请旨饬下上海通商大臣、两广总督及广东巡抚,在沪、粤两地同文馆内择其已有成效者数名,咨送北京考试,才识出众者,即留京继续深造。

　　粤、沪二馆迅即咨送优秀学生赴京。同治六年(1867)十一月,粤馆"文艺尚堪造就"的蔡锡勇等第一批共 6 名学生咨送京馆考试。后来粤馆又先后向京馆输送了共 5 批 40 名优秀学生。沪馆则于次年三月起,先后将严良勋等 28 名来自英、法文馆的沪馆学生咨送北京。京馆从粤、沪二馆招收优秀学生,破除了过去只在八旗子弟中挑选学生的做法,有利于正面引导社会风气,是积极可取的。更重要的是,同文馆历史上最杰出的翻译官、译员大都出自这些保送的学生。他们还和丁韪良等杰出的教习兼翻译家一道,翻译了国际法、经济

---

　　① CL, VII, Peking, Martin to Board, # 499, Oct. 1, 1867, as cited in Ralph Covell. *W. A. P. Martin: Pioneer of Progress in China*. Washington: Christian University Consortium, 1978, p. 172.

学、语言学及其他自然科学书籍,为西学东渐和中国早期现代化做出了贡献。

京师同文馆在接受粤、沪二馆学生深造的同时,加快了师资队伍建设的步伐。数学家、翻译家李善兰被聘为算学教习。赫德从欧洲延聘的额伯连和毕利干分别担任英文和化学教习。自同治三年(1864)以来一直在同文馆担任英文教习的著名教育家、翻译家丁韪良出任物理教习。[①] 同治八年(1869),丁韪良由赫德引荐,经总理衙门同意,正式出任同文馆总教习。正是这些教学名师,使得同文馆在正确的轨道上阔步前行,成为近代中国第一所新式学堂,成为19世纪中后期传播西学、培养新式人才的重要基地。

同文馆之争的第三个成果是在一定程度上扭转了国人对西学的看法,为西学进入科举并最终废除科举创造了条件。同文馆之争后,新思想在更广的领域里得到传播,使地方督抚们逐渐认识到西学的重要性。同治八年(1869),闽浙总督左宗棠建议在科举考试中增加数学知识的考查。光绪二年(1876),直隶总督李鸿章建议科举考试中增加格致一科。虽然这些建议没有立即得到清政府的同意,但科学考试“逐渐引入各省的省级考试中”。此举表明,“相较于北京的中央政府来说,新教育更快地赢得了人民和知识界的青睐”[②]。在地方督抚们及丁韪良、傅兰雅等知名洋教习的呼吁下,清政府最终在光绪十三年(1887)将科学的内容引进国家级的考试中。

同文馆之争的第四个成果是扩大了同文馆的影响。这场争论中,洋务自强运动中的许多理论第一次得到全面阐述,并在争论中得到完善与升华。学习西方先进的知识和理念得到了肯定,同文馆等洋务学堂的影响日益扩大。许多人本不知道有同文馆,而这场争论使它几乎家喻户晓,以至于后来有许多人,包括王之春、胡适等名人都以为同文馆设立于同治六年(1867)。以下是他们有关同文馆的记述:

◆ 王之春:《国朝柔远记》

丁卯 同治六年(按:1867年)春三月,设同文馆于京师。时京师有洋馆,乃议设同文馆,并招集士子学习推算及泰西文字语言,而雇西人教习,廷臣谏疏皆留中。[③]

---

① John K. Fairbank. *The Cambridge History of China* (Volume 10, Late Ch'ing, 1800—1911, Part Ⅰ). London: Cambridge University Press, 1978, p. 531.

② Rev. L. W. Pilcher. The New Education in China(Ⅰ). *The Chinese Recorder*, Jul., 1889, p. 309.

③ 王之春:《国朝柔远记》卷十八,光绪十七年夏广雅书局刻,第10页。

◆ 胡适:《最近之五十年》

中国明白事理的人渐渐承认西洋各国的重要。一八六一年,清廷设立总理衙门。一八六七年,设同文馆。后来又有派学生留学外国的政策。①

同文馆终于走上良性发展的轨道,教育质量稳步上升,逐渐赢得社会的认可。自同治九年(1870)起,同文馆又先后三次招考,效果明显好转,特别是光绪十一年(1885)的招考,形势极为喜人,"自出示招考后,投考者颇不乏人"②。在394人的报考者中,经初试、复试,最终有108人被录取。清人陈康祺在《郎潜纪闻》中记述了这种翻天覆地的变化:"同文馆者,聘西人为教授,凡中国搢绅至齐民家,聪颖子弟均许投牒赴馆学习天文、勾股、造船、治器诸法。月有课,岁有会,其尤隽异者尤其廪饩,奖以清秩,盖终南捷径也。"③同文馆招生形势的变化,与光绪朝开始人们对外语和西学的态度发生转变有关,孙子和的评述道出了这一转变过程:"同文馆初时收不到学生,'无人肯入',到了后期,不仅入者渐多,须经考试,至'当时士子,颇以入同文馆肄业为荣'。先辱而后荣,前倨而后恭,由夷务而洋务,由排外、崇外而媚外,时势变迁,社会人心亦在剧激转变之中。"④同文馆的教学与管理逐步走向正轨委实是重要原因之一。不过,我们应该看到,当年奕䜣等人开设天文算学馆的举措遭遇顽强的抵制,像倭仁、张盛藻等头脑顽冥的冬烘先生,竟然拥有如此广阔的市场,正好说明了奕䜣等洋务派人士在推动教育改革的过程中所面临的复杂和艰巨的局面,这是中国现代化运动艰难行进的缩影。

① 胡适:《最近之五十年(一八七二年~一九二二年)——申报馆五十周年纪念》,上海书店影印出版,1987年,第5页。

② 奕劻等:《招考满汉学生情形折》//中国史学会主编:《中国近代史资料丛刊:洋务运动》(二),上海人民出版社2000年版,第66页。

③ 陈康祺:《郎潜纪闻》卷一//《续修四库全书》编纂委员会:《续修四库全书·子部·杂家类》,上海古籍出版社1995年版,第164页。

④ 孙子和:《清代同文馆之研究》,台湾嘉新水泥公司1977年版,第233页。

第七章 "若令兼理译书，未免事属分外"：
同文馆的西学翻译

译书是中西文化交流最普遍、最重要的形式之一。自近代以来，一个突出的现象是译书不仅成为西学东渐最主要的形式之一，而且与国家"自强""求富"的目标密切相关，借助译书获取实现这一目标所急需的知识和技术，因而成为国家现代化的重要推手。亚当森（Bob Adamson）说：同文馆学生"学习外语可以达到双重目的：一是通过翻译来接触西方科学技术，二是使中国政府能开展与西方列强的外交活动"①。同文馆师生在总教习丁韪良的领导下，开始了西学翻译运动，是为近代中国官办机构系统翻译西学书籍之肇始。

服务同文馆外语教学（解决教材紧缺问题及为师生提供历练平台）和对部分执掌朝政的封建士大夫进行西学知识启蒙是同文馆译书的两大目标指向。同文馆西学翻译运动的一个突出特点是教习和学生都参与西学翻译。其实，教习从事翻译并非始于同文馆。据文献史料记载，明代四夷馆要求教习"办译书写"②，这是教习的职责。但跟四夷馆不同的是，同文馆还让学生在教习的带领下从事西学书籍的翻译。同文馆翻译的西书中，有不少是学生单独翻译或师生合作的产物，也是学生外语技能得到历练的产物。同文馆与江南制造局翻译馆（兼具译书与教学功能的机构）同属清末官办译书中心，但与后者不同的是，译书并非同文馆师生的主业，而是他们的额外工作，"若令间理译书，

---

① Bob Adamson. *China's English：A History of English in Chinese Education*. Hong Kong：Hong Kong University Press，2004，p. 26.

② 《四译馆增订馆则》记载："自嘉靖十六年考收之后……见今各馆惟鞑靼、女直等馆共止有译字官四员，回回、西番、高昌、八百等馆虽有教师一二员，并无一名子弟习学，至于百夷、西天等馆，教师久已物故，缅甸馆师生俱各故绝，其见在教师又皆正德初年选入者，年深齿迈，精力衰颓。每年各夷进到番文及敕谕夷使，事务颇为繁剧，乃责成于一二教师，使之办译书写。"（《续修四库全书》编纂委员会：《续修四库全书·史部·职官类》，上海古籍出版社2002年版，第586页）

未免事属分外"①。同文馆在其存续四十年的时间里,共翻译了三十余部西方自然科学和人文社会科学书籍,从绝对数量来看,同文馆翻译的西书不算很多,但意义重大,"打破了从明末耶稣会士到墨海书馆长达两个世纪,翻译世俗图书仅限于历算舆地的格局而进入了法律、经济和普及自然科学知识方面"。更重要的是,"它扭转了鄙视翻译的风气"②。同文馆译书在中国近代翻译史和教育史上起到了开路先锋的作用。

第一节　同文馆西学翻译的背景

《邵氏危言·译书》云:"道光以前通泰西文字语言者甚寡,不知其书,后乃弛海禁,而泰西人士之稍稍译传于我中国,亦特同文馆闽、粤、津、沪之地,皆颇立学,招徕英秀子弟肄习其中。傅兰雅、丁韪良之徒所译书益众,若律令、公法、史记、地舆、算数、器艺之学,大略有之,中国因以知其学问政事。"③同文馆开近代系统翻译西学书籍之先河,自此以后,国人才得以了解西方之"学问政事"。

一、同文馆以前的西学翻译概览

近代中国的西学翻译起源于19世纪上半叶西方来华传教士开展的西学翻译活动。嘉庆十二年(1807),英国基督教伦敦会传教士马礼逊抵达中国广州,成为第一位来华并首开西学翻译的新教传教士。马礼逊西学翻译的两大贡献是首次将《圣经》完整地译成汉文和编译近代中国第一部汉英和英汉字典——《华英字典》。④ 随着马礼逊的来华,米怜(William Milne)、麦都思(Walter Medhurst)、郭实腊等英国和其他国家的传教士相继踏上中国领土,在广州、上海等地或创办报刊,或翻译西学书籍及《圣经》,介绍西学知识,揭开了近代西学东渐的序幕。嘉庆二十年(1815),米怜主办、梁发协办的《察世俗每月统纪传》(*Chinese Monthly Magazine*)在南洋马六甲创刊,署名"博爱者纂",这是世界上第一份以华人为主要对象的中文报刊。道光十三年(1833),

---

① 《同文馆题名录》(第四次),1888年刊,国家图书馆缩微文献复制中心,第70页。

② 汪家熔:《同文馆与丁韪良——同文馆的出版物》,《黑龙江图书馆》1988年第6期。

③ 邵作舟:《邵氏危言》(选录)//中国史学会主编:《中国近代史资料丛刊:戊戌变法》,上海人民出版社2000年版,第182页。

④ 关于马礼逊的西学翻译,参见张美平:《马礼逊经典翻译与中西文化交流》,《浙江教育学院学报》2011年第1期。

郭实腊以"爱汉者"署名的中国境内第一份中文期刊《东西洋考每月统纪传》(*Eastern and Western Monthly Magazine*)在广州创办。道光二十六年(1846),美国传教士俾治文的《亚美理驾合众国志略》(*A Brief Account of the United States of America*)在广州出版。咸丰三年(1853),由传教士麦都思、中国学者黄胜等编辑的中文月刊《遐迩贯珍》在香港出版,内容包括科学、地理、天文、历法、政治、贸易、宗教等。咸丰七年(1857),由传教士伟烈亚力主编的《六合丛谈》在上海出版,这是近代上海出版的第一份综合性杂志,内容涉及科学、文学、新闻、宗教及贸易等。

近代中国最早的译书机构,当推道光十九年(1839)林则徐在广州设立的译馆。奉清政府之命在广东查禁鸦片的林则徐,抵达广州后迅速组成由在国外接受过外语培训的袁德辉、梁进德等多人组成的翻译班子,翻译了地理、律法、贸易等方面的书籍及一些外国书报[1],为开展对敌斗争提供信息支持。这是第一支为解决英语语言问题而由政府组织的翻译团队。[2] 接着是伦敦会传教士麦都思、美魏茶(William C. Milne)、慕维廉(William Muirhead)、艾约瑟(Joseph Edkins)等人于道光二十三年(1843)在上海创办的墨海书馆,为诸如徐寿、李善兰、王韬、赵元益等近代中国最早一批通习西学的科学家提供了译书的条件。其后为道光二十五年(1845)美国长老会传教士柯理夫妇等人在宁波创办"华花圣经书房"(The Chinese and American Holy Classic Book Establishment),翻译出版圣经、天文、史地、语言、风俗等书籍。咸丰十年(1860),华花圣经书房迁往上海,更名为"美华书馆"。再后即为京师同文馆,它和上海江南制造局翻译馆、广学会并称近代中国三大翻译中心。

---

① 林则徐在近代西学翻译运动中的贡献是首次将世界地理和国际法文献移植至中国。林则徐抵达广东后,组织人员将慕瑞的《世界地理大全》一书进行翻译,辑成《四洲记》。他们还先后编译了《滑达尔各国律例》《华事夷言》等书籍。林则徐曾让当时在广州开医局的医学传教士伯驾翻译滑达尔的作品。1840 年 4 月出版的《中国丛报》记述了林拜访伯驾的情形:"病历:第 6565 号,疝气。林钦差……4 月份的头几次他来不是治他的疝气,而是询问翻译他手头的滑达尔《万国律例》的部分片段。这些片段是通过行商(hong-merchant)获得的,它们涉及战争以及由战争带来的封锁、禁运等敌对措施的问题。"(*The Chinese Repository*, Apr., 1840, pp. 634-635.)

② Mona Baker:*Routledge Encyclopedia of Translation Studies*,上海外语教育出版社 2004 年版,p. 369。

二、同文馆西学翻译的背景

同文馆师生在总教习丁韪良的躬行实践和指导下,启动了中国近代翻译史上具有一定规模的西学翻译运动。同文馆西学翻译的开展是出于多方面的考虑。举其荦荦大者,主要是基于如下原因。

(一)基于现实的需要

咸丰十一年(1861),总理衙门正式成立,开启了清政府对外交涉的第一道窗口。恭亲王奕䜣、总理衙门大臣文祥、桂良等人在与列强交涉的过程中,渐渐发觉外国人不仅留心中国语言文字的学习,对中国的政治军事、文化习俗、典制律例等无不了如指掌,而且还经常援引国际法的相关条款与中国交涉,主张其权利所在,而中国对外国语言文字和国际法及国际惯例一无所知①,在对外交涉中无法开展有礼有节的斗争,因而频频受挫,国家利权屡遭损失。例如,鸦片战争结束后,伊里布、耆英与英方交涉,英人主张将协定关税、治外法权写入条约,并将新的税则平均到 5%,比旧日的自主关税还略高一点。伊里布等人计算以后海关的收入比以前要多,他们便洋洋得意,以为是他们的外交成功。其实他们牺牲了国家的主权,贻害不少。② 因此,译介西方的国际法知识成为当务之急。同治二年(1863)夏,清政府在与法国交涉时碰到困难,文祥便请时任美国驻华公使蒲安臣介绍西方国家公认的权威国际法著作,蒲氏便推荐了惠顿的《国际法原理》(*Elements of International Law*),并答应翻译其中的一部分。③ 不久,美国传教士丁韪良从上海来到北京。他把应蒲安臣的要求所翻译的惠顿《国际法原理》的手稿出示给他于 1858 年担任列卫廉的译

---

① 丁韪良记述,他于 1858 年作为美国公使列维廉的翻译参加了《天津条约》的谈判。清廷谈判代表耆英与列维廉因为外交礼节发生争执:“他(耆英)建议列先生预先要排练一下接旨的仪式。但列先生拒绝了。耆英补充说:'您得下跪受书。'列先生回答:'不行,我只在上帝面前下跪!''但皇上就是上帝!'耆英说。”([美]丁韪良著,沈弘等译:《花甲忆记:一位美国传教士眼中的晚清帝国》,广西师范大学出版社 2002 年版,第 116 页)由此可见清政府对于近代西方外交礼仪的极端无知。

② 蒋廷黻:《中国近代史》,江苏人民出版社 2014 年版,第 23 页。

③ 实际上,蒲安臣并没有翻译惠顿的著作,个中原因可能是他已得知丁韪良早在 1862 年在上海期间就已着手翻译惠氏的著作。(Kwang-Ching Liu. *American Missionaries in China*:*Papers from Harvard Seminars*. Cambridge, Mass: Harvard University Press, 1966, p. 25. 另参见林学忠:《从万国公法到公法外交:晚清国际法的传入、诠释与应用》,上海古籍出版社 2009 年版,第 48 页)

员时所认识的三口通商大臣崇厚,后者认为丁韪良的手稿很契合中国的需求,便答应向总理衙门大臣文祥推荐。① 后来,丁韪良翻译的惠顿《国际法原理》的出版、发行得到了清政府的全力支持②,被认为是"新形势下的行动指南,(它的出版)适逢其时"③。奕诉等人给清廷的奏折交代了政府支持国际法文献翻译的缘由及经过:

> 窃查中国语言文字,外国人无不留心学习……往往辩论事件,援据中国典制律例相难。臣等每欲借彼国事例以破其说,无如外国条例具系洋字,苦不能识。而同文馆学生通晓尚需时日。臣等……知有《万国律例》一书,然欲径向索取,并托翻译,又恐秘而不宣……近日经文士丁韪良译出汉文,可以观览。旋于上年九月间,带同来见,呈出《万国律例》四本,声称此书凡属有约之国,皆宜寓目。遇有事件亦可参酌援引……检阅其书,大约俱论会盟战法诸事……因派出臣衙门章京陈钦、李常华、方濬师、毛鸿图等四员,与之悉心商酌删润,但易其字,不改其意……臣等查该外国律例一书,衡以中国制度,原不尽合,但其中亦间有可采之处。即如本年布国在天津海口扣留丹国船只一事,臣等暗采该律例中之言,与之辩论,布国公使即行认错,俯首无词,亦似一证。④

奕诉等人的奏折主要包括两层意思:一是揭示了清廷办理交涉时缺乏通晓外文和国际法知识的交涉人才的极端无奈,而同文馆尚属创始,尚未培养出这方面的人才。二是在同文馆担任英文教习的丁韪良在进馆之前已译出《万国律例》(正式出版时更名为《万国公法》),并肯定其在实际交涉中的价值:"其中亦间有可采之处。"可见,同文馆开展的包括国际法在内的西学翻译得到了清政府的支持。

(二)基于西方列强的考虑

同文馆的西学翻译是以译介《国际法原理》肇其端的。将西方国际法知识

---

① W. A. P. Martin. *A Cycle of Cathay or China*, *South and North with Personal Reminiscences*. New York: Fleming H. Revell Company, 1900, p. 222.

② Arthur H. Smith. The Life and Work of the Late Dr. W. A. P. Martin. *The Chinese Recorder*, Feb., 1917, p. 119.

③ W. A. P. Martin. *The Awakening of China*. New York: Doubleday, Page & Company, 1907, p. 288.

④ 宝鋆:《筹办夷务始末》(同治朝卷二十七),民国十九年故宫博物院用抄本影印,第2701-2704页。

引进中国不只是清政府官员的要求,也有出自西方人士的考量。据丁韪良的回忆,他至迟在1860年之前就注意到中国在中外关系中亟须熟悉西方惯例,而此时的中国恰恰缺乏体现西方惯例的国际法书籍。1859年6月至8月间,丁韪良出任美国新任驻华公使华约翰(John Ward)的中文译员,随团北上交换中美《天津条约》的批准文件。在此期间,华约翰建议丁韪良放弃他原先打算翻译瑞士国际法专家滑达尔的《万国法》(*Le Droit des Gens*),改译更加新颖和同样权威的惠顿的《国际法原理》。① 实际上,美国政府也很重视发展对华关系。早在1855年,美国国务院便给早年在中国进行医学传教、当时已由医生转任为美国驻华委员的伯驾寄来一本惠顿的著作,可惜伯驾没有收到。其后的驻华公使列威廉在1857年又用公费另买了一本。

(三)基于课程教学的需要

同文馆是一所与中国传统私塾、书院、八旗官学等办学机构殊异的新式学堂,除汉文以外,开设的外文、格致、化学、国际法、外国史地等是对于中国传统学堂来说完全陌生的课程,无现成的教材。西学翻译既可为同文馆提供教材,同时也为学生翻译技能的历练提供平台。

同治六年(1867),丁韪良接受了总理衙门让其教授《万国公法》的要求。翌年,他离职赴美国耶鲁大学进修国际法。在听了校长吴尔玺的课后,他在钦羡吴氏②的同时也萌生了将其《国际法导论》(*Introduction to the Study of International Law*,即《公法便览》)引入中国的念头。他说:"余于丁卯年请假回国,曾在雅礼学院得识吴君,观其教法,心甚羡之。复读是书,窃思吴君已用之于本国以课其子弟,曷不可携之于中国而课诸馆生。兹既以洋文课读,复令译以汉文,俾得公诸同好。"③丁韪良返回中国后,便将《国际法导论》引进作为教材。但是,无论是从语言,还是从学生的接受能力看,原版的《国际法导论》是不适宜直接作为教材使用的。后来,该书经英文馆学生汪凤藻、凤仪等人翻译出版后,丁韪良随即赠送吴尔玺一部并致信吴氏,云:"忆昔得瞻大著,复观教

---

① W. A. P. Martin. *A Cycle of Cathay or China*, *South and North with Personal Reminiscences*. New York: Fleming H. Revell Company, 1900, pp. 221-222.

② 丁韪良非常推崇吴尔玺:"美之名士也,年近八旬,曾于雅礼学院总理学政,追以老乞休而专致力于公法,爰著此书以课子弟云。"(丁韪良:《公法便览·凡例》,光绪三年孟秋,同文馆聚珍版,第2页)"先生平生以兴学育才为己任,始充古文教习而注释希腊往籍,追先哲于羹墙,继主书院讲坛而提倡当世学风,为儒林之圭臬,终则著是书于一室,传公法于万邦,厥功亦伟矣哉!"(丁韪良:《公法便览·致吴君书》,光绪三年孟秋,同文馆聚珍版,第1页)

③ 丁韪良:《公法便览·凡例》,光绪三年孟秋,同文馆聚珍版,第2页。

法，不胜钦佩。私拟以先生之书为课，以先生之法为则，实于后学有裨。良旋华时即用原文教课馆生，而外间鲜有能读者，于是翻译华文以期广布。"①又如，译介英国经济学家法斯特(Henry Fawcett)的《政治经济学指南》(*A Manual of Political Economy*，即《富国策》)的目的是"以此学课读诸生"②。根据光绪二年(1876)颁布的同文馆"八年"和"五年"课程计划，在第八年和第五年均设有《富国策》③，授课者是丁韪良。据柯饶富(Ralph Covell)记载，早在1867年秋天，丁韪良在给董事会的信中说，他应邀出任国际法和富国策的教习。④ 中国传统教育中没有经济学，这门课是舶来品。丁韪良虽然可以直接以英文上课，但学生的英文基础及相关专业知识尚未达到可以使用原版教材的程度，故一部汉文版的《富国策》显得十分必要。

(四)基于开启民智的需要

钱存训(Tsuen-Hsuin Tsien)说，"由于近代(中国)政治和知识界领袖都不懂外语，因此，西学知识的获得，主要靠翻译"⑤。众所周知，中国自康熙朝开始，就实行严厉的禁教政策，导致明末清初西方天主教传教士借助译书向中国输入近代西方科技知识由此中断，从而使部分中国士大夫获取科技知识的通道被完全堵塞。虽然清政府启动了向西方学习的洋务自强运动，但领导洋务运动的领袖们对西方科学仍然极其隔膜。民国外交家蒋廷黻说："恭亲王奕䜣、文祥、曾国藩、李鸿章、左宗棠这五大领袖都出身于旧社会，受的是旧教育。他们没有一个人能读外国书，除李鸿章外，没有一个人到过外国。就是李鸿章的出洋尚在甲午战败之后，他的建设事业已经过去了。"⑥奕䜣他们尚且如此，普通百姓除极少数外，更没机会接触西学了。随着洋务运动的深入开展，非常

---

① 丁韪良：《公法便览·致吴君书》，光绪三年孟秋，同文馆聚珍版，第1页。

② 丁冠西、汪凤藻译：《富国策·凡例》，鸿宝书局，光绪二十八年，第3页。

③ *Triennial Calendar of The Tungwen College* (*Fourth Issue*)，Published by Authority，Peking，1888，p. 21. 根据《钦定大清会典》关于同文馆各科课程内容的记载，在学习了语言文字、天文、舆图、算学、化学和格致之学后，同文馆学生"则习公法或富国策，以毕其业"。"富国策，农工商之事也。三者裕国之源，明乎其术，惟士为能，故必择颖悟之资、精于格致者习之。"(昆冈等纂修：《钦定大清会典》卷一百，上海商务印书馆，光绪戊申十一月，第3页)

④ Ralph Covell. *W. A. P. Martin*: *Pioneer of Progress in China*. Washington: Christian University Consortium，1978，p. 157.

⑤ Tsuen-Hsuin Tsien. Western Impact on China Through Translation. *The Far Eastern Quarterly*，Vol. 13，No. 3 (May，1954)，p. 305.

⑥ 蒋廷黻：《中国近代史》，江苏人民出版社2014年版，第62页。

有必要通过译书对主宰中国社会各个层面,特别是对西方科学极为陌生的士大夫进行西学知识启蒙。同文馆是当时极少数的仅能担当这一责任的译书机构之一。丁韪良在为《富国策》撰写的凡例中说:"《富国策》虽不究夫业也,而间亦旁逮格致诸学,并专以开发智巧为富国之上策,而不外乎智者强之义焉。"①按丁氏所云,他组织翻译《富国策》乃开发国人之"智巧"以实现"富国"之目的。对当时中国这个西学荒岛而言,上至执掌朝政的士大夫,下至普通百姓,很有必要得到西学知识的启蒙。对以培养外语外交人才为己任的外语学堂而言,翻译《富国策》《万国公法》等西书就显得尤为迫切,也是其应有之义。颜清湟指出,1894年以前清政府任命的中国(驻外)公使,虽然大多是"洋务"专家,但无人受过正规的外语和国际法训练。他们的唯一资格是曾在曾国藩或李鸿章部下实习过并和外人打过交道,这说明了初期驻外使节对国际法及国际事务的无知。②　其实,丁韪良热衷翻译国际法,与他两次随美使团充任译员,具有与清廷官员进行交涉的经验有关。对于那些颟顸愚氓的官员全然不知全权代表为何物、破坏休战、囚禁英全权代表巴夏礼等违反国际法的行径,他印象很深,因此他希望教导中国人遵守西方的国际规范。③　进入19世纪70年代后,随着中国与西方列强联系的加强,原有的一些惯例做法已不合时宜,需要补充新的国际法知识。丁韪良在《公法便览》"自序"中说,他译刊惠氏《万国公法》一书,"迄今十三易寒暑矣。邦国局势既有变迁,地球图式亦囊昔,兼之名家著作代出,公使大会叠见,而大国争端每延友邦调处以免兵戈,公法因之益重,审是则将公法新书译刊华文,不得谓非急务矣"④。因此,引介西方自然科学和人文社会科学知识,便于西方国家向中国传输科技知识、价值观及其国际惯例,增进中国对其他国家的认知与理解,从而接受所谓"先进"的西方文明。因此,丁韪良组织同文馆师生陆续翻译了国际法、天文学、经济学、数学、格致、化学、医学、语言学、历史学等多个学科的西学书籍。不管丁韪良的真实动机如何,他组织的西学翻译客观上起到了对仅接受中国传统经典教育的国人进行西学知识扫盲的效果。

---

①　丁冠西、汪凤藻译:《富国策·凡例》,鸿宝书局,光绪二十八年,第3页。

②　[澳]颜清湟著,栗明鲜等译:《出国华工与清朝官员》,中国友谊出版公司1990年版,第224页。

③　林学忠:《从万国公法到公法外交:晚清国际法的传入、诠释与应用》,上海古籍出版社2009年版,第51页。

④　丁韪良:《公法便览·自序》,光绪三年孟秋,同文馆聚珍版,第1页。

(五)基于传播宗教的目的

丁韪良作为传教士,传教是他义不容辞的使命。自同治三年(1864)春天起,他放弃了传教活动,入职同文馆,从事世俗的教育工作,担任了英文和格致教习,但他仍不放弃向学生灌输宗教知识。丁韪良在其回忆录中说:"尽管学校禁止常规的宗教教学,但我总是很随意地跟学生聊宗教的话题,并要求其他教习在读本中不要跳过有关宗教的课文。"①丁韪良翻译《国际法原理》等西学书籍这一世俗的工作,也同样包含其宗教上的动机。他在 1863 年 10 月 1 日给美国北长老会差会部的报告中说:"我翻译这部书,不是因为有人建议我这么做,而是靠上帝的保佑,我坚信这项工作可能会使这个不信神的政府承认上帝及其永恒的正义,给他们带来一些基督教的精神。"②西方传教士借助翻译或外语课堂传播基督教,是他们不辞辛劳、千里迢迢来到中国这个异教国度的主要使命之一。同文馆原英文教习傅兰雅后来在上海英华书院任教时,采用渐进的方式向学生灌输基督教。为实现此目的,他"在学生打下扎实的英文基础后,将圣经中的朗诵片段引入每天的课程中"③。因此,翻译西学书籍,可以作为传输宗教知识的媒介,使作为受众的同文馆学生在不自觉中了解和吸纳宗教知识,然后借助学生这一媒介,达到传播福音的隐性目的。

第二节 同文馆西学翻译的过程

同文馆作为和江南制造局翻译馆、广学会并列的晚清三大翻译中心之一,其西学翻译以丁韪良翻译惠顿的《国际法原理》为肇端,至光绪二十八年(1902)被并入京师大学堂,至少翻译了 32 部西学书籍,为近代西方自然科学和人文社会科学在中国的传播做出了贡献。

一、同文馆西学翻译的内容

同文馆翻译的西学书籍中,最具影响力的是国际法文献的翻译。孔慧怡

---

① W. A. P. Martin. *A Cycle of Cathay or China*, *South and North with Personal Reminiscences*. New York: Fleming H. Revell Company, 1900, p. 325.

② Ralph Covell. *W. A. P. Martin*: *Pioneer of Progress in China*. Washington: Christian University Consortium, 1978, p. 146. Also see Kwang-Ching Liu. *American Missionaries in China*: *Papers from Harvard Seminars*. Mass: Harvard University Press, 1966, p. 25.

③ Adrian Bennett. *John Fryer*: *The Introduction of Western Science and Technology into Nineteenth-Century China*. Mass.: Harvard University Press, 1967, p. 8.

(Eva Hung)等人指出:"(同文馆)学生最基本的角色表现是在外交领域,但学校也翻译和出版了法律、政治和自然科学方面的书籍。他们在法律方面的成就最为显著。"①其次是化学、天文、格致、医学等西方自然科学的翻译。再次是语言学、历史学、经济学等人文社科文献的翻译。在四十年的办学生涯中,同文馆翻译的西学书籍大多在同文馆印刷所出版。不过,关于同文馆师生的译书数量,学界看法不一,至今仍无准确数字。②

表 7-1　京师同文馆翻译西书目录③

汉译书名	原书名及作者	译　者	出版时间
万国公法	*Elements of International Law* by Henry Wheaton	丁韪良译,陈钦、李常华、方濬师、毛鸿图删润考订	同治三年
陆地战例新选	*Le Manual des Lois de la Guerre* by Gustave Moynier	丁韪良、汪凤藻	光绪六年
化学指南	*Lecons Elementaires de Chimie*	毕利干	不详
全体通考	*Human Anatomy*	德贞	光绪十一年
法国律例	*Code Napoleon*	毕利干口译,时雨化笔述	光绪六年
化学阐原	*Advanced Chemistry*	毕利干译,承霖助译	不详
格物测算	*Mathematical Physics*	丁韪良口授,席淦、贵荣、胡玉麟等笔述	不详
公法会通	*Le Droit International Codifie* by Johann Bluntschli	丁韪良译,联芳、庆常等助译	光绪六年

① Eva Hung & David Pollard: *Chinese Tradition* // Mona Baker: *Routledge Encyclopedia of Translation Studies*,上海外语教育出版社 2004 年版,p.369。

② 关于同文馆的译书书目,光绪二十四年的《同文馆题名录》辑录了 27 种;丁韪良的《同文馆记》录有 22 种,见 W. A. P. Martin 著,傅任敢译:《同文馆记》,《教育杂志》1937 年第二十七卷第四号。还有其他说法:26 种,见 Tsuen-Hsuin Tsien. Western Impact on China Through Translation. *The Far Eastern Quarterly*, Vol.13, No.3 (May, 1954);31 种,见李亚舒:《中国科学翻译史》,湖南教育出版社 2000 年版,第 161-162 页;25 种,见王宏志:《京师同文馆与晚清翻译事业》,香港中文大学《中国文化研究所学报》2003 年新第 12 期;熊月之:《西学东渐与晚清社会》,上海人民出版社 1994 年版,第 317 页;31 种,见黎难秋:《中国科学翻译史》,中国科技大学出版社 2006 年版,第 303 页;33 种,见李伟:《中国近代翻译史》,齐鲁书社 2005 年版,第 76 页;29 种,见顾卫星:《晚清英语教学研究》,苏州大学出版社 2004 年版,第 311 页。

③ 资料来源:《同文馆题名录》(第四次),1888 年刊,国家图书馆缩微文献复制中心,第 47-49 页;苏精:《清季同文馆及其师生》,台北上海印刷厂 1985 年版,第 159-161 页;熊月之:《西学东渐与晚清社会》,上海人民出版社 1994 年版,第 322-323 页。有改动。

汉译书名	原书名及作者	译　者	出版时间
分化津梁	不详	施德明口授，王钟祥笔述	不详
星轺指掌	*La Guide Diplomatique* by Charles de Martens	联芳、庆常译，丁韪良鉴定	光绪二年
公法便览	*Introduction to the Study of International Law* by Theodore D. Woolsey	汪凤藻、凤仪、左秉隆、德明译，丁韪良鉴定	光绪三年
英文举隅	*A Common-School Grammar of the English Language* by Simon Kerl	汪凤藻译，丁韪良鉴定	光绪四年
算学课艺	*Mathematical Exercises*	席淦、贵荣编译，丁韪良鉴定	不详
富国策	*Manual of Political Economy* by Henry Fawcett	汪凤藻译，丁韪良审定	光绪六年
俄国史略	*History of Russia*	贵荣等译，夏干鉴定	待刊
西学考略	*A Resume of Western Education* by W. A. P. Martin	贵荣等	光绪九年
药材通考	不详	德贞编译	不详
弧三角阐微	不详	欧礼斐编译	不详
各国史略	*Universal History* by Patrick K. Tytler	长秀、杨枢等	未完
汉法字汇	*Franco-Chinnese Dictionary*	毕利干编译	未完
中亚洲俄属游记	*Russian Central Asia* by Henry Lansdell	杨枢、莫镇藩等	不详
中西合历（1877/1878—1880/1881—1898）	*Astronomical Almanac*，1877/1878—1880/1881—1898	海灵敦、费理饬、骆三畏等辑，熙璋等译	光绪二十四年
电理测微	不详	欧礼斐著译	不详
中国古世公法论略	*International Law of Ancient China* by W. A. P. Martin	汪凤藻译	光绪十年
星学发轫	*An Introduction to Practical Astronomy*	熙璋、左庚等	光绪二十三年
新加坡刑例	*Penal Code of Singapore*	汪凤藻译，丁韪良鉴定	待刊
坤象究原	不详	文佑译，欧礼斐鉴定	待刊
同文津梁	*Chinese Students Manual*	丁韪良鉴定	光绪十四年
柬埔寨以北探路记	不详	晃西士	不详

续表

汉译书名	原书名及作者	译　者	出版时间
天学发轫	*Elements of Astronomy*	熙璋、左庚等译,骆三畏鉴定	待刊
各国通商条约	不详	不详	不详
鼓铸小银说略	不详	不详	不详

同文馆所译西书分两类,一是人文社科类,二是自然科学类。人文社科类包括国际法、外国史地、经济学和语言学等。自然科学类包括天文、化学、医学、格致等。同文馆的这些译书是与其人才培养规格相契合的。同治六年(1867)以后,同文馆由一所纯粹的外国语学堂转变为涵盖人文社科和自然科学等多个学科的综合性学堂,但外国语言文字仍然是其重中之重的学科。

同文馆除了翻译西方自然和人文社科的书籍外,还为《中西闻见录》(1872年创刊)、《格致汇编》(1876年创刊)、《时务报》(1896年创刊)、《经世报》(1897年创刊)、《译书公会报》(1897年创刊)、《江南商务报》(1900年创刊)、《农学报》(1897年创刊)等科技刊物翻译稿件。译者中可查出身为同文馆者有英文馆的长秀、凤仪、蔡锡勇、杨兆鋆、王镇贤、陈贻范、王丰镐等;法文馆有吴宗濂、郭家骥、黄致尧、刘镜人等;德文馆有张永煜等;俄文馆有刘崇惠等人。

二、同文馆西学翻译的过程

同文馆是近代中国设立最早,具有较强实力的官方翻译机构,除开展正常的外国语言文字教育以外,还形成了以总教习丁韪良为负责人的翻译团队,组织各科教习和学生开展译书活动。丁韪良说,在他就任总教习以后,"便组织了一个由教习和冒尖学生所组成的翻译班子。这个班子得到了总理衙门的认可,凡是工作勤奋、成绩斐然的译员均可获得奖赏"①。

丁韪良的《万国公法》是同文馆西学翻译的发轫之作,产生了一定影响。进入 19 世纪 70 年代,随着同文馆教学逐步走上正轨,教材紧缺和学生外语技能亟须提高等问题突显。光绪元年(1874)五月,丁韪良向清廷"呈请译书,开具章程六条"②,首次提出在馆内组织师生开展西学翻译,并在"八年课程表"中,将"译书"列入正式课程。限于篇幅,我们仅讨论国际(公)法类书籍及经

---

① W. A. P. Martin. *A Cycle of Cathay*, *South and North with Personal Reminiscences*. New York: Fleming H. Revell Company, 1900, p. 319.

② 《同文馆题名录》(第四次),1888 年刊,国家图书馆缩微文献复制中心,第 69 页。

济、语言学类书籍的翻译。

(一)国际(公)法类著作的翻译

在《万国公法》问世之前，中国就开始了对西方法律的翻译和移植引进工作。明清交替之际来华的意大利传教士卫匡国(Martino Martini)率先将苏阿瑞兹(Francisco Suarez)的拉丁文国际法著作《法律及作为立法者的上帝》译成中文。1815—1823年间，马礼逊在中国翻译出版了三部六卷《华英字典》(A Dictionary of the Chingese Language)，将"债主""罪""权""刑法""法场""证人""刑罚"等法律名词引入中国法律话语系统。道光十九年(1839)，美国传教士伯驾和林则徐翻译团队的重要成员袁德辉节译了滑达尔的《万国律例》。此后，英国传教士麦都思、德国传教士罗存德(Wilhelm Lobscheid)等人通过编纂《英汉字典》《英华字典》等书籍，从西方移植了"法律""制度""原告""法典""死罪"等多个至今仍在通行的法律用语。英国传教士米怜、德国传教士郭实腊等创办的《察世俗每月统纪传》《东西洋考每月统纪传》等中文期刊也先后引进"犯罪""证据""律例""治理""立法""议会""平等""有罪""无罪"等法律词汇，但这些翻译系"简单的、片段式的译介"。① 近代中国第一部系统翻译和引进的国际法专著是丁韪良主译的《万国公法》。《万国公法》的译介，开启了近代中国全面系统地介绍西方国际法知识的先河。

同文馆翻译的与国际法有关的文献有《万国公法》《公法便览》《公法会通》《星轺指掌》《陆地战例新选》《法国律例》《新加坡刑例》等7部，《中国古世公法论略》虽不属国际公法，但也涉及国与国之间的法律关系。国际(公)法类著作的翻译②是同文馆西学翻译最具特色的部分，是中国系统翻译近代国际法之发轫。

① 屈文生：《早期英文法律词语的汉译研究——以19世纪中叶前后若干传教士著译书为考察对象》，《中国翻译》2012年第1期。

② 有关《万国公法》及其之前的翻译的研究，参见屈文生：《早期英文法律词语的汉译研究——以19世纪中叶前后若干传教士著译书为考察对象》，《中国翻译》2012年第1期；崔军民：《萌芽期的现代法律新词研究》，中国社会科学出版社2011年版，第18-129页；何勤华主编：《法律翻译与法律移植》，法律出版社2015年版，第283-298页；Lydia H. Liu. *Translating International Law*//Lydia H. Liu. *The Clash of Empires*：*The Invention of China in Modern World Making*. Cambridge, Massachusetts：Harvard University，2004，pp.108-139；屈文生：《早期中英条约的翻译问题》，《历史研究》2013年第6期；王维俭：《林则徐翻译西方国际法著作考略》，《中山大学学报》1985年第1期；张用心：《〈万国公法〉的几个问题》，《北京大学学报》(哲学社会科学版)2005年第3期，等等。

1.《万国公法》的翻译及国际法术语的输入

(1)惠顿与《万国公法》

《万国公法》原名《国际法原理》,是美国著名律师、法律专家和外交官惠顿(1785—1848)于1836年出版的世界最早和最权威的国际法论著之一。惠顿大学毕业后,从事律师工作。自1827年起,他开始外交官的职业生涯,先后出任驻丹麦使馆临时代办、驻普鲁士使馆公使等职。惠顿有许多著述,其中最著名的是在中国产生巨大影响的《国际法原理》。该书甫一出版,即广受好评,被译成各国文字,被接受为标准教科书,并成为西方国家外交官培训的必读书籍。该书从问世到20世纪30年代,先后印行了26版。

(2)《万国公法》的主要内容

《万国公法》出版之前,虽然已经移植引进了一些国际法术语及国际法知识,但都是一些支离破碎的内容,难成系统。中国人获取比较完整系统的国际法知识,则始自丁韪良翻译的《万国公法》。全书共分四卷,十二章,二百三十一节。主要内容如下:

第一卷的内容是"释公法之义,明其本源,题其大旨(Definition, Sources, and Subjects of International Law)",下分二章,三十七节。其中,第一章"释义明源",主要阐释国际法的含义、起源及宗旨。第二章"论邦国自治、自主之权",就何者为国、国家之主权、易君变法、君民之私权、美国之司法体现等进行具体的阐述。第二卷是"论诸国自然之权(Absolute International Rights of States)",下设四章,六十节,具体论述"自护、自主之权""制定律法之权""诸国平行之权"及"各国掌物之权"等。第三卷是"论诸国平时往来之权"(International Rights of States in Their Pacific Relations),共分二章,四十三节,分别讨论"通史之权"和"商议立约之权"等。第四卷是"论交战条规(International Rights of States in Their Hostile Relations)",共分四章,九十一节。本卷阐述"战始""敌国交战之权""战时局外之权"及"合约章程"等。

(3)《万国公法》的翻译及国际法术语的输入

同治三年(1864)《万国公法》出版前夕,中国与英、法、美、德等11个国家签订的不平等条约已达24个。这些国家从中国攫取了领事裁判权、最惠国待遇、租界、驻军、邮政、航行、采矿及兴办医疗与教育机构等各种特权。正是在中国逐步沦为半殖民地过程中,一方面是以奕䜣、文祥等清王朝中的一些较为明达者试图通过掌握国际法知识来尽可能多地维护国家利权;另一方面,是因为西方的一批在华外交官和传教士希望通过在中国传播其国际法思想和制度,"帮助中国认识西方外交制度与惯例"①,让中国遵循他们的价值观和法律规范,以维护其在华利益,正如刘禾(Lydia Liu)所说:"在武力胁迫下,清政府(与列强)签订了一系列的'不平等条约'。现在需要总理衙门和清廷按照国际法的要求严格履行和实施这些条约。"②此外,丁韪良翻译《万国公法》,是因为他看中了该书的权威性。他说,惠顿"既已深谙古今书籍,更复广有见闻,且持论颇以不偏著名。故各国每有公论,多引其书以释疑端。奉使外出者无不携贮囊箧,时备参考。至派少年学翻译等职,亦每以是书课之"③。

因此,丁韪良在美时任驻华公使华若翰、蒲安臣等人的建议下,着手翻译是书。他所依据的蓝本是1855年出版的《国际法原理》第六版。《万国公法》由丁韪良主译,陈钦、李常华、方濬师、毛鸿图等中国助手"删校一过以归之"④。总理衙门章京、《万国公法》修订者之一方濬师在《蕉轩随录·海洋纪略》中也说《万国公法》系"美国丁韪良所译,予与陈子敬、李叔彦、毛升甫三君,竭年余之力,为之删削考订"⑤。该书的翻译还得到了恭亲王奕䜣、总理衙门大臣文祥及总理衙门官员兼三口通商大臣崇厚的支持,于同治二年(1863)完成。正式付印前,丁韪良定其译名为《万国律例》。同治三年(1864),该书以《万国公法》之名在京都崇实馆刊行。

虽然丁韪良精通汉文,但在翻译的过程中仍然碰到不少困难,在此之前,中国人普遍未接受近代国际法知识的启蒙,遑论有独立的国际法知识体系了。因此,惠顿的《国际法原理》中的绝大多数术语缺乏对应的中文表达。丁韪良要做的工作,不仅要将惠顿著作中的意思表述出来,还要创造基本能为中国知识界所能接受的国际法术语。翻译是未曾经历而不知其艰辛的工作。丁韪良筚路蓝缕,不畏艰难,创造性地为中国贡献了诸多的国际法术语,充实了中国国际法话语系统。现略举数例如下。

---

① 王尔敏:《弱国的外交:面对列强环伺的晚清世局》,广西师范大学出版社2008年版,第184页。

② Lydia H. Liu. *The Clash of Empires: The Invention of China in Modern World Making*. Cambridge, Massachusetts: Havard University, 2004, p.120.

③ [美]惠顿撰,[美]丁韪良译:《万国公法·凡例》,同治三年岁在甲子孟冬月镌,京都崇实馆存板。

④ 董恂:"万国公法序"//[美]惠顿撰,[美]丁韪良译:《万国公法·凡例》,同治三年岁在甲子孟冬月镌,京都崇实馆存板。

⑤ [清]方濬师:《蕉轩随录》卷八,退一步斋,同治十一年,第39页。陈钦,字子敬;李常华,字叔彦;方濬师,字子严;毛鸿图,字升甫。此四君均系总理衙门章京。

例1:"万国公法"(简称"公法",International code/International law/Law of nations/Jus gentium)

惠顿原文:

During the Middle Ages they were less distinctly recognized, and it was not until the seventeenth century that they were firmly established. The institution of resident permanent legations at all the European courts took place subsequently to the peace of Westphalia, and was rendered expedient by the increasing interest of the different States in each other's affairs, growing out of more extensive commercial and political relations, and more refined speculations respecting the balance of power, giving them the right of mutual inspection as to all transactions by which that balance might be affected. Hence, the rights of legation have become definitely ascertained and incorporated into the international code. ①

丁韪良译文:

> 缘近二百年内,各国通商、交际更密,每有不明之事,特派钦差以治理之。又恐各国有恃强凌弱,而碍于均势之法,故设驻京钦差以防之也。此万国公法所以立有章程,定通使往来之权。②

对比一下惠顿《国际法原理》的原文和丁韪良《万国公法》的译文,我们即可发现,丁氏译文言简意赅,如将自17世纪欧洲始设领事机构(not until the seventeenth century that they were firmly established)至惠顿著作出版(1836)的这段时间译为"近二百年内",并没有译成"直到17世纪……"而且,为了照顾目标读者(执掌朝纲的士大夫阶层)的阅读习惯,他采用归化译法,如将"驻欧洲各国宫廷的领事"译为"驻京钦差",将尚未进入近代汉语话语系统的专名the Middle Ages(中世纪)、the peace of Westphalia(威斯特伐利亚和约)省去不译。当然,还有错译的,表达不准确的,甚至自行添加惠顿原文所没有的如"恃强凌弱"等。总体而言,惠顿的原意基本得到传达,能为中国读者所理解。限于篇幅,拟讨论"万国公法"一词的翻译。

丁韪良将International code译为"万国公法",这是他的首创。除Interna-

---

① Henry Wheaton, *Elements of International Law*. Oxford, London: The Clarendon Press, 1936, p.243.

② [美]惠顿著,[美]丁韪良译,何勤华点校:《万国公法》,中国政法大学出版社2003年版,第141页。

tional code 外，惠顿还在其他场合交替使用 International law，Law of nations，Jus gentium 等词语①，丁韪良一律译为"万国公法"或"公法"，这在当时已属不易。国际法或国际公法的形成、定型，在西方也有一个过程。中世纪时，西方人讲到国际法时，用的是罗马时期使用的拉丁语 Jus gentium（万民法），一直到格劳秀斯（1583—1645）创立近代国际法这一学科时，仍然使用这一术语。后来有人使用 Law of nations（万国法）。1789 年，英国法律改革家边沁（J. Bentham）正式使用 International law。从此以后，International law 一词成为西方表达国际法这一学科及法域的通用术语。② 丁韪良翻译惠顿的《国际法原理》之前，中国传统话语体系中是没有"公法"或"国际法"一词的。中国是一个大一统的中央集权国家，除少数的几个朝代以外，大都发达强盛，是名副其实的"天朝上国"、万邦称臣，所谓的国际关系基本是外国使臣前来朝贡，朝廷对其册封，国际交往极为有限，根本没有形成近代国际法律话语体系，更遑论有"公法"等国际法术语了。丁韪良成功地将"万国公法"一词引入中国，使之成为中国表达国际法的专用术语。当丁译《万国公法》传入日本，被其翻刻时，仍然使用"万国公法"而未作任何变动。"直至 20 世纪初叶，日本出版的法律辞典，仍将 International law 译成'万国公法''公法''国际公法'和'国际法'。"③

"万国公法"一词，虽然因清末中国法学界接受日本学者的汉字译文"国际法"而逐步消亡，但"公法"一词的用法保留了下来，尤其是"国际法是关于调整国家之间的法律关系的公共法律"这一观念开始在中国生根发芽，并为中国近代国际法的诞生提供了基础。④

例 2："权利"（privilege）

惠顿原文：

The same remark may be made as to what Puffendorf says respecting the privileges of ambassadors, which Grotius supposes to depend upon the voluntary law of nations; whilst Puffendorf says they depend, either upon natural law which gives to public minister a sacred and inviolable character, or upon tacit consent, as evi-

---

① Henry Wheaton. *Elements of International Law*. Oxford, London：The Clarendon Press，1936，p.3，p.5，p.10.

② "点校者前言"//[美]惠顿著，[美]丁韪良译，何勤华点校：《万国公法》，中国政法大学出版社 2003 年版，第 28-29 页。

③ 崔军民：《萌芽期的现代法律新词研究》，中国社会科学出版社 2011 年版，第 91 页。

④ "点校者前言"//[美]惠顿著，[美]丁韪良译，何勤华点校：《万国公法》，中国政法大学出版社 2003 年版，第 30 页。

denced in the usage of nations, conferring upon them certain privileges which may be withheld at the pleasure of the State where they reside. ①

丁韪良译文：

> 窃思布氏所言国使之权利，分为二种：或本于天性，而不可犯；或本于常例，而随可改者。②

丁韪良的译文简洁明了，条理清楚，虽然有些信息缺省，但关键信息基本未丢失。不少词语隐去不译，如专名 Grotius（即荷兰国际法学创始人胡果·格劳秀斯），并不影响主要信息的传达。其中，privilege 一词的翻译值得重视。根据《牛津英语大词典》，privilege 的本义是 a right, advantage, or immunity granted to or enjoyed by a person or a class of people, beyond the usual rights or advantages of others③，即通常所说的"特权"之意。丁韪良将其词义扩大，译为中性的法律词语"权利"。其实，表示"权利"之意，惠顿在其他场合大都用 right 一词，如 rights of legation。④ "权利"系古词，本义为"权势和货利"。《史记·魏其武安侯列传》："家累数千万，食客日数十百人，陂池田园，宗族宾客为权利，横于颍川。"⑤可见，"权利"是贬义词。中国古代法律语言里没有像英文"权利（right）""义务（duty）"那样的词汇。丁韪良的贡献在于将"权利"这一古词来对译 right 或 privilege，将其引入近代法律话语系统，使之具有"自然人或法人依法行使的权利与享受的利益"⑥含义的专用词语。不过，高名凯、刘正琰认为"权利"等词属于"日本人用古代汉语原有的词去'意译'欧美语言的词，再由汉族人民根据这些日语的外来词而改造成的现代汉语的外来词"⑦。但根据崔军民引用刘禾的观点，此种说法有误。刘禾指出，"权利"等词"源自传

①　Henry Wheaton. *Elements of International Law*. Oxford, London: The Clarendon Press, 1936. p. 6.

②　[美]惠顿著，[美]丁韪良译，何勤华点校：《万国公法》，中国政法大学出版社 2003 年版，第 10 页。

③　W. R. Trumble & A. Stevenson. *Shorter Oxford English Dictionary (Fifth Edition)*，上海外语教育出版社 2004 年版，p. 2351。

④　Henry Wheaton. *Elements of International Law*. Oxford, London: The Clarendon Press, 1936, p. 243.

⑤　司马迁著，李全华标点：《史记》，岳麓书社 1988 年版，第 772 页。

⑥　夏征农主编：《辞海·语词分册》（缩印珍藏本），上海辞书出版社 2000 年版，第 1129 页。

⑦　高名凯、刘正琰：《现代汉语外来词研究》，文字改革出版社 1958 年版，第 83 页。

教士汉语文本的新词，不属于日源性的"。①

例3："人民"（individual）

惠顿原文：

According to Heffter… the *jus gentium* consists of two distinct branches：

1. Human rights in general，and those private relations which sovereign States recognize in respect to individuals not subject to their authority.

2. The direct relations existing between those States themselves. ②

丁韪良译文：

> 海氏以公法分为二派：论世人自然之权，并各国所任，他国人民通行之权利者，一也；论诸国交际之道，二也。③

"人民"是一个古词，泛指社会成员。《搜神后记》："城郭如故人民非。"④但是作为具有现代意义的"人民"一词，最早可能出自中英《南京条约》。该条约第一款云："嗣后大清大皇帝，大英国君主永存平和，所属华英人民彼此友睦，各住他国者必受该国保佑身家全安。"⑤但直至丁韪良的《万国公法》出版时为止，中外条约中使用的大都是"民人"或"人"的表述。例如，中美《五口通商章程：海关税则》（即《望厦条约》）、中法《五口贸易章程：海关税则》（即《黄埔条约》）均用"民人"⑥，而非"人民"。因此，《南京条约》中出现"人民"似属偶然，该条约其他地方也都用"民人"。如该条约第四款云："因大清钦差大宪等于道光十九年二月间经将大英国领事官及民人等强留粤省。"⑦丁韪良将individual（个人）的词义扩大，译为"人民"，使之作为法律术语在其译品中正式使用并固定下来。

例4："主权"（sovereignty）

---

① 崔军民：《近代法律新词对日语词汇的借用及其辩证》，《河北法学》2009年第4期。

② Henry Wheaton. *Elements of International Law*. Oxford，London：The Clarendon Press，1936，p. 10.

③ ［美］惠顿著，［美］丁韪良译，何勤华点校：《万国公法》，中国政法大学出版社2003年版，第16页。

④ 夏征农主编：《辞海·语词分册》（缩印珍藏本），上海辞书出版社2000年版，第240页。

⑤ 王铁崖：《中外旧约章汇编》第一册，生活·读书·新知三联书店1957年版，第30页。

⑥ 王铁崖：《中外旧约章汇编》第一册，生活·读书·新知三联书店1957年版，第51、58页。

⑦ 王铁崖：《中外旧约章汇编》第一册，生活·读书·新知三联书店1957年版，第31页。

惠顿原文：

Sovereignty is the supreme power by which any State is governed. This supreme power may be exercised either by internally or externally. ①

丁韪良译文：

治国之上权，谓之主权。此上权或行于内，或行于外。②

"主权"一词，古已有之，其本义是"君主的权利"。《管子·七臣七主》："藏竭则主权衰，法伤则奸门闾。故曰泰则反败矣！"③现代意义上的"主权"是指"国家对内高于一切和对外保持独立自主的固有权利。"④洪深《劫后桃花》六十："现在青岛还了我们中国，是我们中国人的主权了。"丁韪良颠覆了"主权"的古义，使惠顿原文中的 sovereignty 对应现代汉语"主权"。日语也有"主权"一词，最早见于津田真道的《泰西国法论》一书。高名凯等人认为"主权"是来自日语的借词。⑤ 崔军民并不这样认为，他推测津田真道可能在日本重印的《万国公法》中读到过"主权"一词，因为《泰西国法论》在《万国公法》重印三年后才出版。⑥ 不管怎样，丁韪良是最早将古词"主权"移植至近代中国法律体系的先驱之一。

上述讨论的"公法""权利""人民""主权"等均由丁韪良首译，经过多年的积淀和使用，其稳定性、科学性俱佳，已成为现代国际法术语的一部分。其他还有："民主"(democratic)、"政治"(political)、"国库"(national treasury)、"国会"(Congress)、"司法"(judicial)、"赋税"(taxes)、"责任"(obligation)、"管辖"(control)、"争端"(contest)、"遗嘱"(testament)、"天理"(natural law)、"(交)战权"(rights of war)、"角力"(contest of force)、"宣战"(declare war)、"犯法"

---

① Henry Wheaton. *Elements of International Law*. Oxford，London：The Clarendon Press，1936，p. 20.

② ［美］惠顿著，［美］丁韪良译，何勤华点校：《万国公法》，中国政法大学出版社 2003 年版，第 27 页。

③ 戴望校正：《管子》卷十七，商务印书馆 1934 年版，第 1 页。

④ 夏征农主编：《辞海·语词分册》(缩印珍藏本)，上海辞书出版社 2000 年版，第 1082 页。

⑤ 高名凯、刘正埮：《现代汉语外来词研究》，文字改革出版社 1958 年版，第 96 页。

⑥ 崔军民：《萌芽期的现代法律新词研究》，中国社会科学出版社 2011 年版，第 95 页。

(illegal)、"和约"①(treaty of peace②)等,不一而足。这些翻译颇具匠心,基本都是丁韪良的创造性翻译,其中绝大多数术语是第一次面向国人,有的即便不是丁韪良的创造,至少是经过他的使用,借助《万国公法》的传播而固定下来。

丁韪良在为从未接受过近代国际法知识启蒙的国人贡献了诸多国际法术语的同时,也创造了一些毁誉参半的术语。例如:

惠顿原文:

Every independent State is entitled to the exclusive power of legislation, in respect to the personal rights and civil state and condition of its citizens, and in respect to all real and personal property situated within its territory, whether belonging to citizens or aliens. ③

丁韪良译文:

> 凡自主之国,制律定己民之分位、权利等情,并定疆内产业、植物、动物,无论属己民、属外人,皆得操其专权。④

惠顿原文中的 real and personal property 为"不动产、动产"之意,但古代没有"不动产、动产"之说。丁韪良将其译为"植物、动物",虽然形象但很费解。"动物",即可移动之物,外延太广,与惠顿原意有距离。所以,表达"不动产、动产"之意的"植物、动物"未能流传下来。又如,在"This perfect independence of every sovereign State, in respect to its political institutions, extends to the choice of the supreme magistrate and other rulers, as well as to the form of government itself"⑤一句中,丁韪良将 the form of government(政体)译为"国法"⑥,这在当下看来也很费解,甚至是错译。在丁译《万国公法》中,有不少这

---

① [美]惠顿著,[美]丁韪良译,何勤华点校:《万国公法》,中国政法大学出版社 2003 年版,第 31,46,51,58,77,78,88,126,199,200,227/232,253 页。

② Henry Wheaton. *Elements of International Law*. Oxford, London: The Clarendon Press, 1936, p. 25,p. 54,p. 56,p. 75,p. 83,p. 102,p. 110,p. 125,p. 158,p. 362,p. 364,p. 595.

③ Henry Wheaton. *Elements of International Law*. Oxford, London: The Clarendon Press, 1936, p. 110.

④ [美]惠顿著,[美]丁韪良译,何勤华点校:《万国公法》,中国政法大学出版社 2003 年版,第 77 页。

⑤ Henry Wheaton. *Elements of International Law*. Oxford, London: The Clarendon Press, 1936, p. 102.

⑥ [美]惠顿著,[美]丁韪良译,何勤华点校:《万国公法》,中国政法大学出版社 2003 年版,第 72 页。

方面的例子。例如：将 natural law（自然法）译为"性法/天法"，judge/jurisconsult（法官）译为"法师"，Union/Confederation（联邦，邦联）译为"合邦"，president（总统）译为"首领"或音译为"伯理玺天德"，Congress（国会）译为"总会"，House of Representatives（众议院）译为"下房"，Senate（参议院）译为"上房"，interference（干涉）译为"管制"，high seas（公海）译为"海""大海"，equality（平等）译为"平行"，self-preservation（自保）译为"自护"，neutral, neutrality①（中立）译为"局外"，②等等。丁韪良创造或使用的这些术语中，大部分已被淘汰，如"性法""伯理玺天德"等，而有一些术语的内涵和外延则发生了变化，如"大海"已成为"公海"等，得以保存下来。

虽然丁韪良给后代创造了诸如"公法""权利"等为数不少的极具历史价值的术语，但其翻译也存在一些问题。参与丁韪良译事的方濬师云：

> 《万国公法》，美国丁韪良所译……其中于中外交涉事宜，颇多可采。惟以钩輈格磔之谈，律以中华文字，不无勉强迁就，并有语气不合处。有心者分别体会，未始不可据理论辩，因势利导也。全书俱在，披览可知。③

不过在刚刚打开国门，国人不知国际法为何物的 19 世纪 60 年代，丁韪良在"前无古人"的情况下，能够创造出这些极具历史价值的全新的术语，实属不易，怎么评价都不过分，我们不能以今人的眼光去苛求前人。从总体上看，"该书表达清晰，文字通顺"④。

在翻译方法方面，丁韪良至少在主观上还是小心谨慎，尽量贴近原文，忠实原著。他在"凡例"中云："译者惟精义是求，未敢傍参己意。原书所有条例无不尽录。但引证烦冗之处少有删减耳。"⑤但是，对译文进行"节译""意译"或"变译"⑥甚至任意增删的情形，客观上还是存在的，以至于有学者断定丁氏

---

① Henry Wheaton. *Elements of International Law*. Oxford，London：The Clarendon Press，1936，p. 3，p. 6，pp. 52-57，p. 54，p. 68，p. 75，p. 154，p. 426，pp. 435-439.

② ［美］惠顿著，［美］丁韪良译，何勤华点校：《万国公法》，中国政法大学出版社 2003 年版，第 7、11、49-52、50、57、65、124、221、227-228 页。

③ ［清］方濬师：《蕉轩随录》卷八，退一步斋，同治十一年（1872），第 39 页。

④ 王文兵：《丁韪良与中国》，外语教学与研究出版社 2008 年版，第 120 页。

⑤ "凡例"//［美］惠顿著，［美］丁韪良译，何勤华点校：《万国公法》，中国政法大学出版社 2003 年版。

⑥ 关于"变译"，参见黄忠廉、方梦之、李亚舒：《应用翻译学》，国防工业出版社 2013 年版，第 91-114 页。

的译品不能看作是翻译。[①] 当然,"节译""意译"或"变译"未必就是不好,关键是看这些手段用得是否得当。例如,严复翻译的西方人文社科著作,大都存在任意增删、改写等诸多情形,但都没有影响到严氏作品在清末民初时期的传播效果。如果他完全按他自己所说的"信""达""雅"进行翻译,以当时国人的眼界及对西方政治、经济、法律制度等的认知水平,恐怕其译作的传播力和影响力要大打折扣。译者采用"节译""意译"或"变译"手法的原因很多,其中,译品输入国的民众对输入译品的先在知识的储备及接受能力恐怕是译者不得不考虑的重要因素之一。丁韪良开系统翻译西方国际法著作的先河,而要在民众毫无先在知识储备的国度传播近代国际法知识,丁氏采取一些策略性的变通手段不仅要允许,而且应当鼓励。

(4)《万国公法》的地位及影响

《万国公法》是丁韪良引介的中国历史上第一部西方法学著作,在中国近代国际法的诞生、发展乃至中国近代法制史和法学史上都占有重要的位置。《万国公法》是丁韪良"视理足义备,思于中外不无裨益"[②]的情况下翻译的,它的翻译与出版,给中国带来了一个全新的关于国际法的体系,是中国从鸦片战争直至辛亥革命清王朝被推翻这半个多世纪里最重要的从西方移植国际法的实践,这对当时中国来说无疑是一个重大的历史事件。

《万国公法》带给国人的第二笔财富是它引入了西方近代国际法的基本原则,而在此之前,国人几乎未曾接触和了解这些原则。例如,尊重各国主权原则,国与国之间平等往来原则,遵守国际公约和双边条约原则等,这些在一定程度上成为清政府正确处理国际关系的指南。同治三年(1864)四月,普鲁士军舰在天津大沽口海面上无端拿获了三艘丹麦商船。总理衙门随即援引《万国公法》中的有关条款,指出拿获丹麦商船的水域是中国的"内洋"(领水),按照国际法原则,应属中国政府管辖,并以如不释放丹麦商船,清廷将不予以接待相威胁,迫使普鲁士释放了两艘丹麦商船。普(鲁士)丹(麦)大沽口事件得到成功处置。19世纪七八十年代,《万国公法》等书成了中国通商口岸地方官员和涉外人员的必备书,影响广泛。此书出版第二年,即传到了日本,"不仅在

---

① Immanuel C. Y. Hsu. *China's Entrance into the Family of Nations: The Diplomatic Phase 1858—1880*. Cambridge: Harvard University Press, 1960, p.129.

② "凡例"//[美]惠顿著,[美]丁韪良译,何勤华点校:《万国公法》,中国政法大学出版社2003年版。

中国有许多个版本,而且在日本不断被重印"①。日本在实行新学制时就指定《万国公法》为教科书。②

谭嗣同在《报贝元征书》中说:"即如万国公法,乃西人仁至义尽之书。"③众所周知,"仁至义尽"一词,在中国的文化语境里,是最高的赞词。光绪元年(1875),在李鸿章幕府任职的薛福成在《上诏陈言疏》中提议"多为刊印"《万国公法》:

> 条约诸书,宜颁发州县也。西人风气,最重条约,至于事关军国,尤当以万国公法一书为凭。……似宜将万国公法、通商条约等书,多为刊印,由各省藩司颁发州县,将来流布渐广,庶有志之士与办事之官、幕书吏,咸得随时披览,一临事变,可以触类旁通,援引不穷矣。④

1866年,达纳(Richard Dana)对惠顿的《国际法原理》进行了重新编辑,他在该书的注释中曾专门提及丁韪良译本对于中国政府的意义:

> 惠顿先生的这部著作,在帝国政府的赞助下,于1864年被翻译成汉文,并作为其官员在国际法领域的行动指南。这是西方文明在东方获得推进的最出色的证明。该书经美国公使蒲安臣的建议,由美国传教士丁韪良博士翻译,并得到由总理衙门大臣恭亲王指定的一班中国学者的帮助。中国政府在与西方列强驻北京的使节办理交涉时,都已经引用和依赖这部著作了。⑤

不过,虽然《万国公法》的翻译出版具有划时代的意义,但在一个不讲公理的世界上,《万国公法》所起的作用非常有限,公理的实现,还得有强大的国家力量作为依托。启蒙思想家、政论家王韬一针见血地指出:"试观《万国公法》一书,乃泰西之所以联与国,结邻邦,俾众咸遵其约束者,然俄邀诸国公议行阵交战之事,而英不赴,俄卒无如之何。此盖国强则公法我得而废之,亦得而兴

---

①　W. A. P. Martin. *The Awakening of China*. New York: Doubleday, Page & Company, 1907, p. 288.

②　罗荣渠:《现代化新论——世界与中国的现代化进程》(增订本),商务印书馆2009年版,第285页。

③　谭嗣同:《谭嗣同全集》,中华书局1981年版,第225页。

④　薛福成:《上诏陈言疏》//徐素华选注:《筹洋刍议》,辽宁人民出版社1994年版,第47页。

⑤　Lydia H. Liu. *The Clash of Empires: The Invention of China in Modern World Making*. Cambridge, Massachusetts: Havard University, 2004, p. 137.

之;国弱则我欲用公法,而公法不为我用。"①

2.《星轺指掌》的翻译及外交术语的输入

(1)《星轺指掌》翻译的背景

丁韪良在《花甲忆记》中说:"在我的学生帮助下,我已将马尔顿的《外交指南》、吴尔玺的《国际法导论》、布伦的《近代国际法手册》以及欧洲国际法协会编写的《战争法手册》②翻译出来。这些书籍大都在日本得到重印,就我所知,除此之外尚未有其他的国际法书籍被译成这两个国家的文字。"③丁韪良所说的《外交指南》(La Guide Diplomatique)一书的法文版于1866年在德国莱比锡出版,是翻译《星轺指掌》所依据的蓝本。丁韪良翻译的首部国际法著作《万国公法》于同治三年(1864)出版后,在中国产生了较大的影响,但在光绪二年(1876)《星轺指掌》问世前,再无新的国际法书籍出版。随着清政府对外交往的增加,尤其是进入19世纪70年代后,中国酝酿并陆续向国外派遣使节,国家对通晓国际法知识和外国语的人才需求日渐强烈。为了系统向中国介绍国际法知识,使国人了解并使用国际法,以利于更好地开展对外交往,丁韪良率领他的翻译团队,"陆续增译各国名家著作,俾中华文人学士虽未通习洋文,亦得窥泰西往来交涉之道,庶几对镜参观,不致为一国议论所囿从"④。

(2)《星轺指掌》内容简介

马尔顿(Charles de Martens,1790—1863)⑤是德国著名外交家。他的《外交指南》刊行于世后,葛福根(M. F. Geffken)对该书进行了增补,增加一些案

---

① 王韬:《弢园文录外编》卷二"洋务"上,上海书店出版社2002年版,第27页。

② 这四部书的中文译名分别为《星轺指掌》《公法便览》《公法会通》和《陆地战例新选》。

③ W. A. P. Martin. *A Cycle of Cathay or China*, *South and North with Personal Reminiscences*. New York: Fleming H. Revell Company, 1900, p.235.

④ 丁韪良:《公法便览·自序》,光绪三年孟秋,同文馆聚珍版,第1页。

⑤ 傅德元将《星轺指掌》原作者Charles de Martens译为"马顿斯"。("点校者前言"//[德]查尔斯·马顿斯著,[清]联芳、庆常译,傅德元点校:《星轺指掌》,中国政法大学出版社2006年版,第8页)笔者以为,Martens作为普通人名,这样译没有问题,但在这里,还是尊重传统,以原译名"马尔顿"为好,无须"按照现代音译标准"(出处同上)再另起炉灶。原译者联芳等人依据的是法文本,原作者Martens按法文音译为"马尔顿"没错,因为法文结尾的"s"是不发音的,这跟英语、德语是不一样的。翻译史上,很多专名如按现在译法,恐怕都有问题。但现实是,大多是沿袭传统,将错就错,作为正式译名固定了下来。例如,鸦片战争前,清廷贬称时任英驻华商务总监William John Napier为"律劳卑",而不是"纳皮尔"之类的译名。又如,明清及民国时期,来华传教士为方便活动,大都有一个中文名字,如同文馆总教习W. A. P. Martin就有"丁韪良""丁冠西"等名字,我们不能将其译为"马丁""马挺"等。

例及后来出现的若干条文,附于书后。《星轺指掌》出版后,被译为多国文字。该书共四卷,即正文三卷,续卷一卷,总计四十二章,基本涵盖了近代外交关系法的主要内容。第一卷为"通史总论",包括"论各国应有专属以理外事"等五章内容。第二卷为"论使臣与礼节",包括"论使臣之权利"等六章内容。第三卷为"论领事官",包括"论领事之责任"等三章内容。续卷为全书的附录部分,共二十八章。最后附有公文程式,包括国书二件、照会八件、信函五件及呈递国书礼节。就内容来看,在正文的三卷中,有二卷是论述使臣的,这充分说明使臣在中西交涉中享有重要地位,诚如维新派领袖、著名政治活动家唐才常(1867—1900)所说,"使臣为交涉第一要义,其应尽之职、应享之权利见于《星轺指掌》者颇详"①。

(3)《星轺指掌》的翻译及外交术语的输入

《星轺指掌》由同文馆法文馆学生联芳、庆常翻译,后经同文馆算学副教习贵荣和杜法孟润色,再经总教习丁韪良最后审定出版。联芳等人在翻译时,对原书的体例作了一些改动:一是将放在书尾的案例改为与正文相间,便于读者明白易懂;二是增译了美国领事则例。目前较为常见的《星轺指掌》版本为光绪二年(1876)正式出版的同文馆聚珍版,分元、亨、利、贞四部。②《星轺指掌》出版后,很快流传到日本,在日本有柳泽信大的训点本,于明治十二年(1879)出版。

《星轺指掌》的译者联芳、庆常均为同文馆优秀学生。联芳(1835—1927),字春卿,汉军镶白旗人。早年在同文馆法文馆就读,成绩优异,在丁韪良主办的《中西闻见录》第 11 号和第 21 号中刊有其译作。学习届满后,联芳留在同文馆。除了翻译《星轺指掌》,他还协助丁韪良等人翻译布伦的《公法会通》一书。后被派驻法国,出任清廷驻法国公使馆翻译。曾纪泽称联芳和《公法会通》主要译者之一的联兴"均擅长法文,亦应长驻巴黎"③。19 世纪 80 年代初,联芳署驻俄国公使馆参赞。庆常是联芳从事译事的最重要合作者。他和联芳、联兴等人合作翻译了《星轺指掌》《公法会通》等国际法名著。他还和联芳一起出任驻法公使馆翻译。丁韪良称庆常是"名副其实的基督教徒,在欧洲曾

---

① [清]唐才常著,中华书局编辑部编:《唐才常集·公法通义》(增订本),中华书局 2013 年版,第 117 页。

② 万齐州:《〈星轺指掌〉与近代西方外交关系法及外交术语的输入》,《惠州学院学报》(社会科学版)2011 年第 4 期。

③ 曾纪泽:《派员驻法片》//曾纪泽:《曾记泽遗集》,岳麓书社 1983 年版,第 13 页。

有辉煌的经历，数次出任驻巴黎临时代办"①。

《星轺指掌》作为同文馆出版的第二部重要的国际法论著，为中国贡献了众多的法学、外交术语，如领事（领事官、总领事、正领事、副领事）、公使、参赞、协理、国书（文凭）、护照（执照）、豁免、遗产、条约、公署、牌照、照会、难民、和约，等等。这些术语大多是译者的创造，也有的是先前就有，却没有广泛使用，经过译者的使用，然后传播开来的。兹撷取若干词语讨论如下：

例1："护照"（执照）

> 发给执照，原为途中任便往来，各处文武职官保护之用。当升平无事之时，凡人领有执照，安分守法者，既准其各处任便游历，则使臣前来，更当毫无阻碍。至争战多事之秋，于执照外，由用兵各国，另授以护照，以便使臣过境，免有险阻之虞。②

古汉语中不见"护照"一词。古代类似"护照"的证件有"通关文牒""过所""度牒""公验"等。将动词"护"和"照"合用，系《星轺指掌》译者首创。这里，"护照""执照"当为同义词，其作用基本相同，是指国家发给本国公民执行公务、游历或出国，证明其国籍和身份的证件。

例2："公使"

> 第一节　论公使之职：查各国执掌部院事务大臣，洋语称密尼司德，其授以文凭或全权字据，差往国外，办理交涉事务者。按洋文，其职名与部院大臣相同。③

"公使"作为由一国元首派驻另一国最高级别的外交代表④，出现在光绪年间。光绪二年（1876），郭嵩焘率刘锡鸿等随员出使英国，成为中国第一位驻节国外的全权公使。在古代，只见"公使钱"一词。但"公使钱"与现在所说的"公使"毫无关联，它是指宋代官府用于宴请和馈送过往官员的招待费用。《文献通考·国用》："自天圣九年上下因循，全无检点，纵有大段侵欺，亦无由举

---

① W. A. P. Martin. *A Cycle of Cathay or China*, *South and North with Personal Reminiscences*. New York: Fleming H. Revell Company, 1900, p. 326.

② ［德］查尔斯·马顿斯著，［清］联芳、庆常译，［美］丁韪良鉴定、校核，傅德元点校：《星轺指掌》，中国政法大学出版社2006年版，第35页。

③ ［德］查尔斯·马顿斯著，［清］联芳、庆常译，［美］丁韪良鉴定、校核，傅德元点校：《星轺指掌》，中国政法大学出版社2006年版，第11页。

④ 旧中国国际地位低下，直至20世纪30年代后期才有级别高于"公使"的"大使"，在此之前，驻节国外的级别最高的外交代表是公使。

发,为弊滋多。遂乞专置司驱磨天下帐籍。自专置司继以旁通目子,而天下无遗利,而公使钱始立定额,自二百贯至三千贯止。"①联芳、庆常将法文 ministre 一词译为"公使",实为其一大创造。"公"与"私"相对,意即"属于国家或集体的","使"是使节之意。"公""使"合在一起,则成了"国家派驻国外的使节",即本书中所称的"国使",非常达意。

例3:"国书"(文凭)

> 凡出使者,自头等以及各等公使,皆奉有文凭以昭职守。其文凭系本国之君藉使臣以转达彼国之君,即谓之国书,可作为该公使全权之据。实则书内只载使臣所膺之职,不详其所办之事。②

《星轺指掌》中的"国书"与"文凭"系同义词,语义大致相同。"国书"在古汉语里是指"国家间往来或共同议定的文书"。《隋书·东夷传·倭国》:"大业三年,其王多利思比孤遣使朝贡。……其国书曰:'日出处天子致书日没处天子无恙'云云。"③《星轺指掌》中"国书"或"文凭"的内涵与外延与古义大致相同。此外,古汉语中的"国书"还有"国史""国字"之意。《魏书·高祐传》:"请取有才用者,参造国书,如得其人,三年有成矣。"④

例4:"领事"

> 查领事官,系在驻京公使之先后设也。八、九百年间,回回地方有义(按:即意大利)、法、日等国城镇各设领事。日耳曼之沿海城镇亦各派绅董以理通商。嗣后贸易渐盛,事务日繁,其遣派领事之权,操之国主,不归郡邑商会。渐则沿海各国市舶云集,彼此互相简派领事以便办理。其责任、权衡,因事随时,屡有更易。⑤

"领事"一词,古已有之。《汉书·百官公卿表上》:"古者重武官,有主射以督课之……取其领事之号。"⑥这里,"领事"为"所管之事"之意,不是我们现在所说的"领事"。具有近代意义的"领事"一词最早可能出现在道光二十四年

① [元]马端临撰:《文献通考·国用一》卷二十三,中华书局1986年版,第228页。

② [德]查尔斯·马顿斯著,[清]联芳、庆常译,[美]丁韪良鉴定、校核,傅德元点校:《星轺指掌》,中国政法大学出版社2006年版,第31页。

③ [唐]魏征等撰:《隋书》,中华书局1973年版,第1827页。

④ [北齐]魏收撰:《魏书》第四册卷五十七,中华书局1974年版,第1260页。

⑤ [德]查尔斯·马顿斯著,[清]联芳、庆常译,[美]丁韪良鉴定、校核,傅德元点校:《星轺指掌》,中国政法大学出版社2006年版,第111页。

⑥ 吴荣曾等注释:《新译汉书》(二),台湾三民书局印行,2013年,第744页。

(1844)的中美《望厦条约》第四款中："合众国民人既准赴五港口贸易，应须各设领事等官管理本国民人事宜；中国地方官应加款接；遇有交涉事件，或公文往来，或会晤面商，务须两得其平。"①"领事"系由"管事"一词演变而来。"管事"出自上一年的中英《五口通商附粘善后条款》(即《虎门条约》)第六款："广州等五港口英商或常川居住，或不时来往，均不可妄到乡间任意游行，更不可远入内地贸易，中华地方官应与英国管事官各就地方民情地势，议定界址，不得逾越，以期永久彼此相安。"②"领事"一词经过《星轺指掌》译者的进一步使用而固定下来，一直沿用至今。

(4)《星轺指掌》的社会评价及影响

《星轺指掌》一书出版后，产生了较大的反响，受到广泛关注，社会各界给予了较高的评价。总理衙门大臣董恂在为该书撰写的序文中对翻译的组织者和鉴定者丁韪良及《星轺指掌》一书大加赞赏：

> 同文馆总教习丁冠西先生明练典故，淹通古今，深有味乎礼从宜、使从俗之意，爰取迩来海外诸国交际事宜，译以华言，用备星轺之采。士大夫本忠信笃教之训，成约束坚明之举，将片言重于九鼎，一纸书贤于十部，从此俾四海永清，中外褆福，合乎时而不戾乎古，则是书未始非我行人之一助也。③

维新思想家梁启超称《星轺指掌》"言使臣之职掌，及派使待使之道，条理粲然"④。唐才常在《使学要言·使臣解任例》中指出："公使条例，《星轺指掌》一书，焦抽茧剥，谊例森呈，在近译诸书中，允为明皙。其总论所胪列须知八节，尤交涉精要之义。"⑤

《星轺指掌》的出版，给身处"内外之辩、夷夏之防"国度的人们带来了许多有关外交惯例方面的新知识。例如，讲求国与国之间平等的理念："按公法，凡

---

　　① 王铁崖：《中外旧约章汇编》第一册，生活·读书·新知三联书店 1957 年版，第 52 页。英文参见 Treaty of Wanghia. *The Chinese Repository*, Vol. XIV., No. 11, Nov. 1846, pp. 560-561.

　　② 王铁崖：《中外旧约章汇编》第一册，生活·读书·新知三联书店 1957 年版，第 34 页。

　　③ [德]查尔斯·马顿斯著，[清]联芳、庆常译，[美]丁韪良鉴定、校核，傅德元点校：《星轺指掌》，中国政法大学出版社 2006 年版，第 1-2 页。

　　④ 梁启超：《饮冰室合集·读西学书法》集外文下册，北京大学出版社 2005 年版，第 1165 页。

　　⑤ [清]唐才常著，中华书局编辑部编：《唐才常集》(增订本)，中华书局 2013 年版，第 150-151 页。

自主之国,俱用平行之礼,虽国势强弱不一,其权利并无参差,则均有自主之权也。"①外交活动中讲究先后顺序,如按先来后到原则:"使臣到任,无论何国之使,只以该使臣与他国之使呈递文凭日期互相比较,而定其前后次序。遇有某使呈递文凭在先,而他国在后,其在后各国,虽有未认其国者,亦当居伊之后。"②而且,为清政府处理对外交涉事件提供了可资借鉴的办法与路径。例如,光绪三年(1877)以后,清政府在新加坡、日本、古巴等国相继设立了领事馆,派遣了驻外领事,保护海外华侨、华工,拓展海外贸易。一些驻外使节能够引用相关知识为国家争取权益。驻美公使崔国因曾就禁止华人条例与美国多次交涉,终使美国自 1888 年开始施行的苛待华人条例在两年后废除。③

当然,《星轺指掌》从西方殖民主义的角度,宣扬了对非洲国家及东方国家包括中国在内的"领事裁判权"(也称"治外法权")制度。《星轺指掌》虽然不是"领事裁判权"的始作俑者,但通过其传播效应,强化了社会对这一制度的认知。臭名昭著的"领事裁判权"对近代中国社会产生了极大的负面影响。

(二)经济学、语言学类著作的翻译

以丁韪良为中心的翻译团队翻译的人文社科类西学书籍中,除国际公法类书籍以外,《富国策》《英文举隅》等经济学、语言学类著作具有较大的影响力。

1.《富国策》的翻译及经济学术语的输入

除国际公法和格致等西方科学以外,丁韪良还是第一个将被梁启超称为国人"非惟不知研此学理,且并不知有此学科"④的近代西方经济学引入中国的学者。将政治经济学译成"富国策"系丁韪良首创⑤,这一举动无疑迎合了洋务运动所揭示的"自强""求富"的时代要求。丁韪良组织翻译《富国策》,显然是认识到了它对于国计民生的重要性。他在《富国策》"凡例"中指出:

> 《富国策》为西国之新学,近代最重之。其义在使民足衣足食,无一夫

① [德]查尔斯·马顿斯著,[清]联芳、庆常译,[美]丁韪良鉴定、校核,傅德元点校:《星轺指掌》,中国政法大学出版社 2006 年版,第 96 页。

② [德]查尔斯·马顿斯著,[清]联芳、庆常译,[美]丁韪良鉴定、校核,傅德元点校:《星轺指掌》,中国政法大学出版社 2006 年版,第 25-26 页。

③ "点校者前言"//[德]查尔斯·马顿斯著,[清]联芳、庆常译,[美]丁韪良鉴定、校核,傅德元点校:《星轺指掌》,中国政法大学出版社 2006 年版,第 33 页。

④ 梁启超:《饮冰室合集》第 12 册,中华书局 1989 年版,第 5 页。

⑤ 王文兵:《丁韪良与中国》,外语教学与研究出版社 2008 年版,第 140 页。

失所。至强兵一道虽在所不论，亦有不期而自得之理存焉。《富国策》系属内政而不属外交，重在偃武修和，盖自古殃民穷国之举未有如黩兵之甚也。《富国策》虽旨在广发财源而未尝遗乎仁义，缘若绝仁弃义，则无论再有何策，终难利国矣。①

《富国策》翻译所依据的蓝本是英国著名经济学家法斯特（Henry Fawcett）的《政治经济学指南》（A Manual of Political Economy）。② 该书于 1863年由英国麦克米兰公司出版，由被丁韪良称为"夙擅敏才，既长于汉文，尤精于英文"③、时任同文馆副教习的汪凤藻翻译，再经丁韪良负责审定。

《富国策》给西学知识贫瘠的中国引介了部分新概念、新词汇，丰富和发展了汉语中的经济学词汇。其中使用的一些新词汇，例如，资本、罢工、合同、价值、股分（份）公司等。有些词汇在后来被国人稍加改造，如"利息"改为"利润"，"工价"改为"工资"，"贷财"改为"贷款"，"入款税"改为"收入税"，"恒本"改为"固定资本"等。这些经济学概念经过多年的使用，逐渐固定下来，进入了现代汉语词汇系统，一直沿用至今。

由于是清末第一部系统介绍西方政治经济学的中译本，《富国策》甫一问世，便广受瞩目，"曾被多次刊刻翻印，先后出现乐善堂本、美华书馆本、益智书

---

① 丁冠西、汪凤藻译：《富国策·凡例》，鸿宝书局，光绪二十八年，第 3 页。

② 关于《富国策》的英文原书名，傅德元说"大部分学者错误地认为原书书名是 Political Economy"，并在脚注中列举王立新、林治平、吴素敏等人的书名翻译"错误"的文献。（傅德元：《〈富国策〉的翻译与西方经济学在华的早期传播》，《社会科学战线》2010 年第 2 期）笔者查阅了若干英文原始文献，有关同文馆的课程《富国策》或馆译西书《富国策》的英文对应表述大多还是 Political Economy。例如，丁韪良在其自传《花甲忆记》中用的是 Political Economy。（W. A. P. Martin. A Cycle of Cathay or China, South and North with Personal Reminiscences. New York：Fleming H. Revell Company，1900，p. 320）柯饶富在《丁韪良：中国进步的先驱》中提及丁韪良译书时也用 Political Economy。（Ralph Covell. W. A. P. Martin：Pioneer of Progress in China. Washington：Christian University Consortium，1978，p. 182）《同文馆题名录》（1888 年刊行）"八年课程表"中"富国策"的对应英文是 Political Economy。［Triennial Calendar of The Tungwen College（Fourth Issue），Published by Authority，Peking，1888，p. 21.］不过，丁韪良在《同文馆记》（The Tungwen College）中"富国策"的表述则是 Fawcett' Politi. Economy。（Hosea Morse. The International Relations of the Chinese Empire（Volume Ⅲ）. UK：Global Oriental Ltd.，2008，p. 478）这里，丁韪良用 Fawcett' Politi. Economy 不会错，Politi 是 Political 的缩写，Fawcett 是原书作者。熊月之采用此说。（《西学东渐与晚清社会》，上海人民出版社 1994 年版，第 323 页）综上，笔者以为 Political Economy 作为"富国策"的对应译名是可行的。

③ 丁冠西、汪凤藻译：《富国策·凡例》，鸿宝书局，光绪二十八年（1902）。

会本、实学新编本、鸿宝书局本,而且一些报纸也纷纷转载和介绍"①。

1899 年 1 月 24 日,中国教育会执委会在麦克泰尔(McTyeire)家开会,总编辑报告了自上次以来的订购书籍的情况,其中提到丁韪良的《富国策》被订购了 1000 部②,足见其影响之广泛。梁启超在谈及《富国策》时说:"同文馆所译《富国策》,与税务司所译《富国养民策》,或言本属一书云,译笔皆劣而精义甚多。其中所言商理商情合地球人民土地以几何公法盈虚消长之,盖非专门名家者不能通其奥也。中国欲振兴商务,非有商学会聚众讲求,大明此等理法不可。"③虽然梁启超认为《富国策》的译文语言质量较差,"译笔皆劣",但也肯定其"精义甚多",并指出中国要振兴商务,非学习掌握此等理法不可。

光绪二十五年(1899),马林、李玉书在《万国公报》发表《各家富国策辩》一文,专门提及《富国策》,对其中的马尔萨斯人口论给予肯定:

> 此三说者皆有意义,皆可为马书之证。即皆为富国策作家之圭臬。故丁韪良先生富国策中亦曰:数十年来,诸家之说俱无能出马氏之右者。且述马氏之意曰:以英国论,苟无阻抑生命之端,则必使嫁娶日稀。或令迁徙出洋,令辟新地,庶可少纾充塞之患。不然,虽有救贫之方,终归无益。④

可见,虽然《富国策》的翻译质量存在问题,但从该书译印后产生的反响来看,这确实是很有影响力的中国第一部政治经济学译本,难怪译者在《富国策》"凡例"中不无自豪地说"文人学士之留心时事者皆详阅之"⑤。《富国策》是近代中国知识分子系统学习西方政治经济学理论最重要的著作之一。

2.《英文举隅》的翻译及英语语法术语的输入

同文馆重视教材建设,组织编译了《法国话料》《英文举隅》《同文津梁》《法汉字汇》《英文话规》等语言类书籍充作教材。其中,《英文举隅》是近代中国极

---

① 张德登:《〈富国策〉著译者考释》,《安徽史学》2006 年第 6 期。

② *The Chinese Recorder*,Mar. 1899,p.140.

③ 梁启超著,夏晓虹辑:《饮冰室合集·读西学书法》集外文下册,北京大学出版社 2005 年版,第 1166 页。

④ 钱锺书主编:《万国公报文选》,生活·读书·新知三联书店 1998 年版,第 639 页。

⑤ 丁冠西、汪凤藻译:《富国策·凡例》,鸿宝书局,光绪二十八年(1902)。

有影响的最早编译的英文文法书之一。①

(1)译者简介

汪凤藻,字云章,号芝房,江苏元和(今苏州)人。早年在上海广方言馆师从著名传教士林乐知、归国留学生黄胜学习英语。同治七年(1868),他和严良勋等四名英文学生被咨送京师同文馆深造。在馆期间,学业优异。光绪九年(1883)高中进士,后授翰林院编修,担任出使日本大臣和南洋公学校长等职。汪凤藻的中外语文功底深厚,高出同侪,丁韪良对其颇为看重。他在《公法便览·自序》中说:"兹译以华文而词义尚能明晰者,则汪君芝房之力为多。芝房既具敏才,复精英文。余为之讲解一切,易于领悟,其笔亦足以达之,且能恪遵原本,不减不增,使余省点窜之劳焉。"②在同文馆的西学翻译运动中,他一共翻译《富国策》《英文举隅》《中国古世公法论略》《新加坡刑律》《公法便览》等多部西书。

(2)《英文举隅》的编译

《英文举隅》系汪凤藻根据美国《喀而氏文法》(*A Common School Grammar of the English Language* by Simon Kerl)第21次刊本编译而成。该书的编译与曾纪泽有着极大的关系。为方便外交工作,曾纪泽从中年起,开始刻苦自学英文。在学习过程中,他深感"数十年来,中外多闻强识之士,为合璧字典数十百种。……然而说字义者多,谈文法者少,则譬诸輗軏胥具,轮辕不缺,而无寸牵以制辐,盖终不可行焉"③。于是,他想找来英语文法书籍,"译以华言",但终因事务缠身,未能如愿。光绪三年(1877),曾纪泽结识了丁韪良、左秉隆、汪凤藻等人。他很欣赏左、汪二人的才学,称其"年富而劬学,兼营而并骛",便将翻译文法书的任务托付给了汪凤藻,而后者亦不负重托,"阅月而成册"④。《英文举隅》经丁韪良鉴定后,于光绪五年(1879)在同文馆出版发行。

---

① 有论者认为《英文举隅》是我国近代史上第一部由国人自己编译的英语语法书。(邹振环:《晚清同文馆外语教学与外语教科书的编纂》,《学术研究》2004年第12期)但根据文献资料,1879年《英文举隅》问世之前,已有高第丕、张儒珍的《文学书官话》(*Mandarin Grammar*,1869)、郭赞生的《文法初阶》(*English School Grammar*,1878)等由国人自编(译)的语法书籍在中国澳门、广州等地出版。由外人马礼逊编译的《英国文语凡例传》(*A Grammar of the English Language*,1823)当是最早在中国出版的供国人学习英文的语法书籍。

② 丁韪良:《公法便览·自序》,光绪三年孟秋,同文馆聚珍版,第3页。

③ [清]曾纪泽序,[清]汪芝房编译:《英文举隅》,京都官书局石印,光绪二十五年五月,第1页。

④ [清]曾纪泽著,喻岳衡点校:《曾纪泽集》卷二,岳麓书社2005年版,第128页。

（3）《英文举隅》的内容及语法术语的输入

《英文举隅》包括"序""凡例""总论"及正文四部分。正文部分 22 节，大致分为两部分：第一至第九节为第一部分，讨论词类及用法：论静字（名词）；论代静字（代词）仍兼及静字；论区指字（冠词）；论系静字（形容词）；论动字（动词）；论系动字（副词）；论缩合字（介词）；论承转字（连词）；论发语字（感叹词）。第十至第二十二节为第二部分，讨论用字、造句等多方面的内容：论用字之法；论造句之法；辨伪一；辨伪二；辨伪三；章句条分；同字异用；句点式号、杂用记号、辨音记号；字体异宜；拼音简例；变字例略；省字；倒句。

《英文举隅》以"举隅"为名，系"举一隅而反三隅"之意，"原书逐条下所设语例，往往引用他书成语，或至数十句之多，兹只择其浅近足资发明者录之，以为一隅之举"①。因此，以"举隅"即举例的方式解释语法现象是该书的一大特点。例如：

> 动字者，所以记事之迹，与静字相表里者也。凡物由静而至动，自无而至有，皆动字类也。
>
> 举隅 The man writes. 此人写字。②

作者在解释何谓"动字"时，先出示概念，然后以例子说明之。这一醒豁易懂的做法，很方便英语学习者掌握语法知识及技巧，这是相当有效和可取的做法。突出重点，解释详尽、清楚是该书的另一个特点。动词是英语学习中最重要也是最难掌握的语法项目之一。作者用了相当大的篇幅，系统讲解这些语法知识。例如，对于"动字"，作者在解释何谓"动字"后指出：

> 动字有贯 Transitive、不贯 Intransitive 之分。凡一举一动，其力径及于物者，为贯动字。
>
> 举隅 John struck him. 仲某击之。
>
> 不径及于物者，为不贯动字。
>
> 举隅 John writes well. 仲某写得好。③

作者通过举例，解释了"动字"有"贯"（及物）与"不贯"（不及物）之分。然后他进一步指出动字有"五辨"，即"势"（语态）、"状"（语气）、"时"（时态）、"位"（人称）和"数"。其中，"势""状""时"尤其重要。"势"有"主作"（主动）和"主

---

① ［清］汪芝房编译：《英文举隅》，京都官书局石印，光绪二十五年五月，第 1 页。
② ［清］汪芝房编译：《英文举隅》，京都官书局石印，光绪二十五年五月，第 12 页。
③ ［清］汪芝房编译：《英文举隅》，京都官书局石印，光绪二十五年五月，第 11 页。

受"（被动）之分。"状"有"敷陈"（直陈）、"悬拟"（虚拟）、"权度"（可能）、"提命"
（祈使）、"无限"（不定）等。"时"有六种，即"当时"（现在时）、"曩时"（过去时）、
"异时"（将来时）、"今成"（现在完成时）、"昔成"（过去完成时）和"将成"（将来
完成时）。同时，作者还介绍了"系静动字"（即 ing—分词）的概念及其用法。
他指出，"静动字 be"和 ing—分词合而为用，"以示其事未毕者"，系"未已式"，
即进行式。此外，ing—分词还有"已成类"，分成"今成""昔成""将成"三类，所
用的动词是"已成动字"，即动词的完成式。作者将"系静动字"分为三类："当
时类"（现在式）、"已成类"（完成式）和"双叠类"（复合式）。

又如，"静字"是作者阐述的另一个重点，且很有条理、简明清晰。他说：
"静字者，事物之名，日月星辰山川草木鸟兽之类，皆是也。名有专用 Proper，
有泛用 Common，凡人名地名之属，专用者也。凡同类通称之名，泛用者也。
泛用之中，有所谓包举静字者 Collective noun，其所指恒不止一人一物，如
Family（家属）、Army（师旅）是也。"①作者除给出"静字"的定义，还介绍"专
用"（即专有）、"泛用"（即普通）和"包举"（即集体）名词。此外，他还花了很大
的篇幅，介绍"静字"的"性""人称""数"和"格"等相关内容。限于篇幅，恕不一
一介绍。

《英文举隅》为我们贡献了至今仍在使用的语法术语，如"文法""专名""辅
音""通称""称谓""单数""语助辞（词）""多音字"②，等等。还有一些术语，如
"字类"（词类）、"专用"（专有）、"多数"（复数）、"代静字""动字""省字"（省略）、
"倒句"（倒装句）③等与现在通行的术语十分相近。即便其中的部分术语，可
能不是汪凤藻的首创④，但至少我们可以说，大部分术语是经过他的使用，借
助《英文举隅》的影响力从而固定下来并得到广泛传播。

但是，近代中国的语法学科建设刚刚起步，成果极其有限。《英文举隅》问
世前，中国仅有三四部关涉英语语法的中文书。⑤ 作为第一部由国人担纲编

---

①　［清］汪芝房编译：《英文举隅》，京都官书局石印，光绪二十五年五月，第 1-2 页。

②　［清］汪芝房编译：《英文举隅》，京都官书局石印，光绪二十五年五月，第 1、2、4、7、9
页。

③　［清］汪芝房编译：《英文举隅》，京都官书局石印，光绪二十五年五月，第 1、2、11、47、50
页。

④　根据黄兴涛的研究，"单数""多数"系英国传教士马礼逊所创。（黄兴涛：《第一部中英
文对照的英语文法书——〈英国文语凡例传〉》，《文史知识》2006 年第 3 期）

⑤　黄兴涛：《第一部中英文对照的英语文法书——〈英国文语凡例传〉》，《文史知识》2006
年第 3 期。

纂的系统全面的汉语语法著作——《马氏文通》，是在《英文举隅》出版近二十年后才在商务印书馆出版。由于可供参照借鉴的资料奇缺，许多语法术语的翻译对译者来说简直是一道难以跨越的门槛。汪凤藻煞费苦心地创造了许多术语，有些得到传播并得以传承下来。但有些术语，如"平等"（即形容词的 the positive degree，原级）、"加等"（the comparative degree，比较级）和"极等"（the superlative degree，最高级）①，还是未能进入近代汉语话语系统。

　　由于客观原因，《英文举隅》存在一些问题。首先，除少部分外，大多数的内容介绍过于简洁。全书仅有 59 页，这样的篇幅是很难将英语语法知识介绍清楚的。其次，一些关键性的术语，前人已有创造，而他却未能合理借鉴。如 he、she，郭赞生早已将其分别译为"他""伊"②，但汪凤藻一律将其译为"彼"，表示女性时，在"彼"后另加"女"或"妇"。例如：

　　　　He loves me. 彼爱我。
　　　　She sings well. 彼女善歌。
　　　　She is both handsome and intelligent. 彼妇既美且慧也。

　　耐人寻味的是，汪凤藻却将 him 译为"他"。如，John laughed at him. 仲某笑他。③

　　虽然《英文举隅》存在问题，但在国人学习英语的早期阶段，该书对于国人学习英语及语法知识的巩固和传播，起到了重要作用。汪凤藻在吸收、接受前人成果的同时，创造性地贡献了不少英语语法术语，说明其概念化水平在前人的基础上有了更进一步的推进。这些术语及文法书编写的结构等方面，对后世的语法教科书的编写产生了影响。曾纪泽为之作序，云："虽觏缕证据未逮原书，然名目纲领大致已备，亦急就之奇觚，启蒙之要帙也。"④

三、同文馆西学翻译的特点

　　同文馆的西学翻译最初由洋教习独立承担，后来师生合作，也有部分译著

---

　　①　［清］汪芝房编译：《英文举隅》，京都官书局石印，光绪二十五年五月，第 8-9 页。
　　②　郭赞生在谈及名词性别时写道："男人意思是（he）他，乃是属阳类的；女人意思是（she）伊，乃属阴类的；小子意思是（he）他，是属阳的；女子意思是（she）伊，是阴的。"（引自黄兴涛：《〈文学书官话〉与〈文法初阶〉》，《文史知识》2006 年第 4 期）表示女性的"她"字出现很晚，直到"五四"时期，才经著名语言学家刘半农发明，作为 she 的定译得到固定并流传开来。
　　③　［清］汪芝房编译：《英文举隅》，京都官书局石印，光绪二十五年五月，第 6、11 页。
　　④　［清］曾纪泽序，［清］汪芝房编译：《英文举隅》，京都官书局石印，光绪二十五年五月，第 1-2 页。

是学生单独完成的。光绪五年(1879)出版的《同文馆题名录》记载:"自升馆以来,译书为要务,起初总教习、教习自译,近来学生则颇可襄助,间有能自行翻译者。"①师生协同译书是同文馆西学翻译的最主要方式。概括地说,同文馆译书主要有以下特点:

第一,形成了以总教习丁韪良和学生汪凤藻为中心的翻译团队,同文馆以他们为中心开展了卓有成效的译书活动。

第二,译书活动参与人员的面很广,既有洋教习,也有中国教习、副教习(学生)和一般学生。

第三,译书多直接服务于同文馆课堂教学。同文馆作为近代中国创办的第一所新式学堂,无现成教科书,所译之书大多可充教科书之用。《万国公法》《星轺指掌》《公法便览》《公法会通》等成为同文馆最基本的国际法教科书。《化学指南》《化学阐原》《格物测算》《富国策》《英文举隅》《各国史略》等也相继进入了同文馆的课堂。这不仅解决了同文馆教材紧缺的问题,而且还为教会学堂和其他新式学校提供教材。② 总之,同文馆西学翻译既服务于教学,又引进了西学,在近代西学东渐史上留下了浓重的一笔。

第四,同文馆各届"冒尖的学生"起了台柱子的作用。光绪十九年(1893)的《同文馆题名录》记载,凡有学生参与翻译的西书(包括待刊)有16种,占总数32种的一半。其中汪凤藻、贵荣、联芳、庆常、杨枢、熙璋、凤仪、席淦、德明、长秀、王钟祥等人的表现最为出色,是同文馆历届学生中之翘楚,他们为上海江南制造局翻译馆、福州船政学堂等新式学堂的学生从事西书翻译树立了标杆。可以说,这些学生是最早一批由我国官办的新式学堂独立培养的西学翻译人才。

第五,从内容上看,同文馆西学翻译的种类较多,涉及国际法、化学、数学、物理学、经济学、语言学、天文学、历史学、医药学等至少9个学科的西学书籍,国际(公)法类书籍的翻译是其特色,是同文馆译书最重要也是最具亮点的部分。究其原因:一是同文馆是一所以培养外语外交人才为特色的新式学堂,重视国际法是题中应有之义;二是译者的专业背景决定了文本的选择趋向,正如

---

① 朱有瓛:《中国近代学制史料》第一辑,华东师范大学出版社1983年版,第153页。
② 晚清新式学堂使用的外语和科学等西学教材的主要来源地是上海江南制造局翻译馆、广学会、京师同文馆和教会学堂山东登州文会馆等。

唐才常所言,"即同文馆总教习丁韪良,亦著名法家,其所翻译之书,多法家言"[1]。不过,值得明确的是,丁韪良组织同文馆师生开展的译书活动,并非同文馆师生的主业,只是同文馆外语教学活动链条中的一个环节。虽系同文馆课堂教学的一部分,但译书主要是在课外完成。关于译书在同文馆教育中的贡献,沈福伟给予了恰如其分的评价:

> 从 19 世纪 70 年代开始,直到 90 年代,译书工作一直是同文馆对引进西学、吸纳西学所做的重要贡献,并且在实践中形成了自身的特色。相对于上海江南制造局的译书,多致力于数理化等自然科学和军械、轮船、矿冶等工艺技术,同文馆的译书以侧重政法、外交和编译西方语文辞书,形成自己独特的译书专长。[2]

同文馆翻译的西书,多以聚珍版在自己的印刷所印行,免费分发各级官吏。这些译书的内容和质量参差不齐,有的虽然只是一些简单的知识入门,但对于只懂"四书""五经",从未接受过西学启蒙的清末官员和士人而言则是全新的西方科学知识,让他们接触这些知识,增长他们的见识是很有好处的。例如,丁韪良译的《万国公法》是中国通商口岸地方官员及涉外人员的必备书。联芳、庆常等译的《星轺指掌》《公法遍览》《公法会通》等成为晚清名臣曾纪泽处理对外交涉的必读参考书籍。而汪凤藻译的《富国策》,影响更大,并一度传到日本。

第三节　同文馆西学翻译的影响

同文馆首创的近代西学翻译运动,将国人还极其陌生的近代西方自然科学、应用科学和人文社会科学知识译介到中国,在当时的知识界、思想界和文化界产生了重大影响。一位名叫胡光麃的民国老人在其回忆录《波逐六十年》中,满怀激情地描述了当时的情景:"译书运动既对于我国科学工艺有启蒙的作用,而对于思想开放变法维新,象巨石般投起了很大的涟漪,成长在那个时代的我,和其他千万的青年一样,很自然地饱受了它的启示和感染,尤其当一种文化政治根本变动的时期,实为一切将要改革的先声。"[3]同文馆在西学翻

---

① ［清］唐才常著,中华书局编辑部编:《唐才常集·交涉甄微》(增订本),中华书局 2013 年版,第 75 页。

② 沈福伟:《西方文化与中国(1793—2000)》,上海教育出版社 2003 年版,第 112 页。

③ 赵蕙蓉:《北京近代教育源泉探——论析京师同文馆》,《北京社会科学》1990 年第 1 期。

译方面取得了较大的成就,为西学东渐,促进中西文化交流做出了贡献。然而,由于环境、译者素质等因素,同文馆的西学翻译存在一定的局限性。

一、同文馆西学翻译的影响

同文馆作为晚清三大翻译中心,翻译了一系列的西方自然科学、应用科学和人文社科书籍,在政治、外交、文化、教育等领域产生了较大影响。

(一)在政治、外交方面的影响

以丁韪良为中心的翻译团队在清末西学东渐和近代翻译事业中的最大贡献是引进了对当时中国来说还是新鲜事物的国际法学科。在丁韪良等人的共同努力下,国际法和近代西方兵工技术和格致诸学一起成为当时广为传播的一门学科,对近代中国产生了深远影响。首先,提高了清政府官员对国际关系的认识,为清政府正确处理对外关系提供了借鉴。其中,最显著的例子是同治三年(1864)得到成功处置的普鲁士无端扣押丹麦商船的"大沽口事件"。总理衙门援引《万国公法》关于局外中立的条文,以保中国局外中立的权利:"缘滋事之处,系属中国洋面,中枢政考所载,界限甚明。外国无论与何国有隙,在中国洋面扣船,即属轻视中国。所以本王大臣等不能不向贵大臣理论者,非为丹国任其责,实为中国保其权。"①由于总理衙门祭出了中立国地位不得侵犯的原则,普鲁士驻华公使被迫释放了在中国领海被其扣留的丹麦船只。通过这一事件,清政府各级官员逐渐认识到《万国公法》及中外缔结的条约是维护和平、确保主权的利器。同治六年(1867),两广总督瑞麟在给清廷的奏折中说:"第自立条约以来,沿海各口遇有华洋交涉事件,皆以条约为权衡,使各国洋人渐就范围,咸资遵守。虽间有约外要索,一经援照原约,持平理论,剀切劝阻,未始不折服中止,幸获相安。是前此议立条约,实为羁縻善法。"②自1870年以还,清政府在条约改订上取得了一定程度的进展,例如在1871年9月缔结的《中日修好条规》中,成功否决了日本加入最惠国条款的要求,而在1881年的《中巴和好通商条约》中,更是确定了互相平等的最惠国待遇。③可见,得益

---

① 宝鋆:《筹办夷务始末》(同治朝)卷二十六,民国十九年故宫博物院用抄本影印,第2628页。

② 宝鋆:《筹办夷务始末》(同治朝)卷五十二,民国十九年故宫博物院用抄本影印,第4943页。

③ 林学忠:《从万国公法到公法外交:晚清国际法的传入、诠释与应用》,上海古籍出版社2009年版,第256页。

于同文馆师生对国际法的介绍,并在实践中得到运用,在一定程度上便利清政府做出正确决策,维护了国家利权。

其次,为清政府各级官员提供了重要的国际法知识资源。除《万国公法》以外,《星轺指掌》《公法便览》等为早期中国驻外使节提供了较全面地了解国际法知识的材料。张之洞是洋务派代表人物之一,他在办理洋务的过程中十分重视各种信息的收集,其中就有《万国公法》等馆译书籍:"荟集条约档案、中外图集,以便查核而资讲求,如总署所刊《万国公法》《星轺便览》上海所译《四裔编年》《列国会计政要》等类,一切有关洋务政事之书,均须广储备用。"①唐才常说:"薛叔耘(按:即外交家薛福成)亦云宜参用中西律例,详细酌核,如犹不能行,即专用洋法亦可……余谓无论中西律例,急以开条例馆、设法律科为要。"②清政府向海外派遣的外交官员,基本上都阅读过《星轺指掌》,并将其带到出使之国,以资参考。可以说,此书是晚清 30 余年间使臣们的必读书。③著名外交家曾纪泽曾担任出使俄国大臣,于光绪七年(1881)收回了因出使俄国大臣崇厚渎职而失去的部分中国领土。曾纪泽任出使大臣期间,《星轺指掌》《公法便览》等是其案头必备之书:

> 光绪四年(八月)十七日　茶食后,登楼久坐,看《星轺指掌》,与松生一谈。……陪法医诊视銮儿。看《星轺指掌》。
> 廿二日　除早茶及巳、酉两餐外,竟日偃卧。看《星轺指掌》二卷。学法语数句,未熟也。子正,解衣睡。
> (十二月)初五日　卯正二刻起,茶食后,偃卧甚久。看《公法便览》。饭后,登楼久坐,练所抄法语。体中不适,偃卧成寐。午茶后,登楼偃卧极久。看《公法便览》。④

光绪九年(1883),丁韪良率同文馆法文馆学生将国际红十字会创始人之一、瑞士国际法学家穆尼耶(Gustave Moynier)的 *Manuel des lois de la guerre sur terre* 译为《陆地战例新选》,在同文馆刊行出版。是年出版的《教务杂志》(*The Chinese Recorder*)介绍该书时称:"中华帝国的外交部授权出版该书,这

---

① 苑书义等主编:《张之洞全集》第四册,河北人民出版社 1998 年版,第 2524 页。

② 唐才常著,中华书局编辑部编:《唐才常集·交涉甄徽》(增订本),中华书局 2013 年版,第 74 页。

③ 傅德元:《〈星轺指掌〉与晚清外交的近代化》,《北京师范大学学报》(社会科学版)2006年第 6 期。

④ 曾记泽:《出使英法俄国日记》,岳麓书社 1985 年版,第 105、141、146 页。

是值得关注的进步的标志。这表明清政府在如此危急的时刻,准备遵守西方国家批准的法律法规。"①时值中法战争,该书正好为清政府处理对外交涉提供了实用的国际法依据。资产阶级早期维新派代表人物、外交家薛福成(1838—1894)于光绪十六年(1890)出使英、法、意、比四国,也曾携带《陆地战例新选》《星轺指掌》等馆译书籍,以备随时查阅。他在次年5月22日的日记中根据《星轺指掌》的内容,分析了以参赞署理公使的情形,他认为:"各国皆派专使,必其使臣有事请假,乃用参赞署理。中国使者兼摄数国,往来驻扎,未尝离任,安有另增一署理公使之理乎? 此其沿用洋例旧称,本属不合,亟应厘而正之。此事使臣有应为之权,不必请示总署,但咨请立案,或云令参赞某转报而已。"②可见,《万国公法》等馆译国际法书籍在清廷官员处理对外关系中确实起到了一定的作用。而且,这些书籍在外交界、知识界等都有很好的口碑,产生了较大的影响。因护送留美幼童而载入史册的外交官祁兆熙在《出洋见闻琐述》中指出:"中国律例与泰西例及万国公法,使好手翻译,参互考证。将彼之条款,印证我之律例,集成全部,分发十八省。地方官遇交涉事务,亦能理论。并通商口岸,摘紧要者,湖表挂于海关辕门,使军民人等尽知之,不为无补于事。"③启蒙思想家、政论家和翻译家王韬对《星轺指掌》给予了高度评价。他说:

> 《星轺指掌》一书,纪海外诸国遣使往来之事特详,凡膺海外皇华之役者,可取资焉……以欧洲诸国重译远交,不可不结信讲好,联两国之欢心而永万年之盟誓。此役也,固为我国从来未有之创举矣,然则衔命前往者,宜若郑重载。余尝受其书而读之,叹其足为我行人之一助。惟是留心西事者,争欲先睹为快……庶几见是书者,得窥西国遣使命意之所在,而以忠信笃敬临之,礼义恭让持之,然后能要约于无形,战胜于不兵,薄海咸宁,越裳是宾。④

由于对西方国际法及国际惯例的无知,参与早期中西交涉谈判的朝廷大员,在关税自主、治外法权和最惠国待遇等一些事关宏旨的问题上轻易作出让

---

① *The Chinese Recorder*, Vol. XIV. Jan.-Feb., 1883, p.333.

② 薛福成:《出使英法义比四国日记》,岳麓书社1984年版,第368页。

③ [清]祁兆熙:《出洋见闻琐述》//祁兆熙:《游美洲日记》,岳麓书社1985年版,第265页。

④ 王韬:《〈星轺指掌〉序》//王韬:《弢园文录外编》卷九,上海书店出版社2002年版,第204-205页。

步,致使国家利权屡遭损失;而在诸如外交代表驻节和觐见不行磕头礼之类无关大局的事情上却拼死相争。根据士觅威(W. L. G. Smith)《对中国及中国人的观察》(*Observations on China and the Chinese*)一书的记述,咸丰九年(1859),美国驻华公使华若瀚(John E. Ward)等人携国书并就换约一事前往北京。但在觐见行磕头礼的问题上,双方未能达成共识,终致换约一事告吹。① 自从有了《万国公法》等国际法书籍,清政府在处理中外交涉事务方面显然更为明智、务实,加上国际国内环境向好的方向转化,赢得了十年和平发展的时间,诚如徐中约所说:"(清政府)运用这种新的知识并辅之以其他一些外交现代化举措,中国在 19 世纪 60 年代的整个十年中,设法维持了与外国列强的和平关系,从而得到了一段迫切需要的喘息时间,以实施其自强规划。"② 大清帝国进入所谓"同治中兴"的时期。

再次,在一定程度上改变了国人的思想观念,带来了许多闻所未闻、见所未见的新观念、新知识。例如,丁韪良、联芳等译的《公法会通》云:"公法不分畛域,无论东教西教,儒教释教,均目为一体,而毫无歧视也"③;"按公法,邦国无论有君无君,君权有限无限,国之大小,法律异同,幅员狭阔,莫不相交以道,相接以礼"④;"万物惟人能享权利"⑤。这些有关公法、国权、人权的论断,宣传了生活在"普天之下,莫非王土;率土之滨、莫非王臣"⑥及"内外之辩,夷夏之防"⑦观念中的中国知识分子及普通民众从未闻见的国家平等、人人平等的思想,具有一定的启蒙作用。傅兰雅说,译书能够打破中国知识界一潭死水的状况。⑧ 同时,译书进一步动摇了中国传统的夷夏尊卑观念和以朝贡制度为核

---

① [美]W. L. G. Smith 著,[美]李国庆整理:*Observations on China and the Chinese*,广西师范大学出版社 2013 年版,pp.113-117。

② [美]徐中约著,计秋枫、朱庆葆译:《中国近代史:1600—2000 中国的奋斗》(第 6 版),世界图书出版公司 2008 年版,第 212-213 页。

③ [瑞士]布伦撰,[美]丁韪良、[清]联芳、[清]庆常等译:《公法会通》卷一,光绪庚辰,第 2 页。

④ [瑞士]布伦撰,[美]丁韪良、[清]联芳、[清]庆常等译:《公法会通》卷二,光绪庚辰,第 2-3 页。

⑤ [瑞士]布伦撰,[美]丁韪良、[清]联芳、[清]庆常等译:《公法会通》卷四,光绪庚辰,第 1 页。

⑥ 杨伯峻:《孟子译注·万章句上》卷九,中华书局 2005 年版,第 215 页。

⑦ 郑观应著,夏东元编:《郑观应集·盛世危言》,中华书局 2013 年版,第 165 页。

⑧ John Fryer. Account of the Department for the Translation of Foreign Books at the Kiangnan Arsenal. *The N. C. Herald and S. C. & C. Gazette*, Jan. 29, 1880, p.80.

心的处理国际关系的准则，有助于中国更好地融入国际社会和参与国际对话。同治四年(1865)，总理衙门大臣董恂在为《万国公法》所作的序中谈道："今九州外之国林立矣，不有法以维之，其何以国？"①感慨之情溢于言表。

最后，国际法知识的传播刺激了近代中国知识分子的变法图强意识，其中的国家主权与平等原则等促进了以争取民族独立和主权完整为核心的近代中国民族主义的兴起。② 这绝非国际法传播者丁韪良等人始料所及的。被梁启超称为"晚清思想界一彗星"③的维新志士谭嗣同阅读《万国公法》后，产生强烈的危机感和紧迫感，萌发了变法维新思想，希冀通过变法，使中国国势强盛，"列于公法"，自立于世界民族之林。他说：

> 即如《万国公法》，为西人仁至义尽之书，亦即《公羊春秋》之律。惜中国自己求亡，为外洋所不齿，曾不足列于公法，非法不足恃也。欧洲百里之国甚多，如瑞士国国势甚盛，众国公同保护，永为列兵不到之国，享太平之福六百年矣。三代之盛，何以如此？……中国不自变法，以求列于公法，使外人代为变之，则养生送死之权利一操之外人，可使四百兆黄种之民胥为白种之奴役，即胥化为日本之虾夷、美利坚之红皮土番，印度、阿非利加之黑奴！④

(二)在文化、教育等领域的影响

19世纪60年代到90年代，洋务运动的领袖们创办了一批近代军事工业和民用工业，与之相联系，文化领域也发生了重大变革，这就是以同文馆师生的译书为肇端，上海广方言馆、江南制造局翻译馆、福州船政学堂、南洋公学译书院等为后继，大量引进西方自然科学、应用科学和人文社会科学知识，形成了中国第一次译介西学的热潮。迄至光绪二十一年(1895)，相关的外语教育和翻译机构译介的354种西学书籍(不含宗教类)中，大部分为西方近代自然和应用科学书籍，也有一部分是政治、法律、史地类书籍。以这些书籍为媒介，引进和传播了大量的西方科学技术，对儒家文化的传统价值取向和思维定势形成了冲击，有助于近代科学的世界观和方法论在中国的传播和发展。同文

---

① [美]惠顿撰，[美]丁韪良译：《万国公法·凡例》，同治三年岁在甲子孟冬月镌，京都崇实馆存板。

② 王立新：《美国传教士与晚清中国现代化》(修订本)，天津人民出版社2008年版，第208页。

③ 梁启超原著，朱维铮校注：《清代学术概论》，中华书局2010年版，第135页。

④ 谭嗣同：《谭嗣同全集》，中华书局1981年版，第225页。

馆贡献了至少 32 部法律、天文学、化学、医学、经济学、语言学等方面的书籍，数量虽然不是很大，但非常珍贵，意义重大，启动了近代中国译介西书的运动，其创始之功足以说明其在中国近代翻译史上的地位。例如，人文社科类的一些译作介绍和引进了一些政治、外交、法律等领域的新名词，这些新词逐渐被中国知识界所接受或加以改造，不仅宣传了西方的政治法律思想，而且丰富和充实了汉语词汇，有的沿用至今。例如，"主权"成为 sovereign right 的虚拟对等词，"权利"成为 right 的虚拟对等词等，这些政治理论概念首次进入汉语，都是通过《万国公法》才得以实现。① 此外还有政体、国体、内政、国会、政治体制、民为邦本、外交、国书、总领事、入籍、法律、法院、遗产、牌照、红十字等。当然，有的词语并非新词，如"入籍""法律""法院"等在《公法便览》《万国公法》中出现过，经过反复使用，这些词语被接受，成为汉语的新词汇，加深了中国民众对西方政治法律思想的了解。②

馆译西书的流向，除部分免费送给清政府中央及地方督抚外，大部分作为教学用书在馆内使用或进入教会学堂及各类官办的新式学堂。自同文馆率先开设《富国策》之后，一些著名的教会学堂相继开设"富国策"课程。例如，根据"正斋分年课程表"，山东登州文会馆在第六年开设了《心灵学》《富国策》《微积学》等 10 门课程③，上海中西书院的《中西书院课程规条》第八年的课程为《富国策》《天文测量》《地学》《金石类考》《翻书作文》等。④ 广学会、益智书会拟订的《推广实学条例》将《富国策》分别列入"华文西学等第课程单"和"紧要书目"。⑤ 光绪二十四年(1898)十二月出版的《教务杂志》在"告示栏"中专门提及联芳、庆常等译的《公法会通》(*Bluntschli's International Law*)、汪凤藻和丁韪良合译的《富国策》及丁韪良的《格物入门》是中华教育会指定的教科书，称之为"优秀教科书"。兹摘录英文原文如下：

> Dr Martin's "Political Economy"(按：即《富国策》), as well as his translation of Bluntschli's "International Law"(按：即《公法会通》) are

① Lydia H. Liu. *The Clash of Empires：The Invention of China in Modern World Making*. Cambridge, Massachusetts：Harvard University, 2004，p. 109.

② 傅德元：《丁韪良主持翻译〈公法会通〉新探》//李灵：《中西文化交流：回顾与展望——纪念马礼逊来华两百周年国际学术研讨会论文集》，上海人民出版社 2009 年版，第 113 页。

③ 陈学恂：《中国近代教育史教学参考资料》下册，人民教育出版社 1987 年版，第 225 页。

④ 李楚材：《帝国主义侵华教育史资料·教会教育》，教育科学出版社 1987 年版，第 103 页。

⑤ 钱锺书主编：《万国公报文选》，生活·读书·新知三联书店 1998 年版，第 664-665 页。

excellent text-books. They have been generally given to the Association by Dr Martin, and are now printed in a new edition. His "Physics"(按：即《格物入门》) and "Evidences of Christianity"(按：即《天道溯源》) are too well known to need recommendation. All are on sale at our Depository——the Presbyterian Mission Press. ①

根据 1870 年 1 月发表在《北华捷报》上的《上海江南制造局》(*The Shanghai Arsenal*)一文所说,《格物入门》是上海广方言馆的指定教科书。② 南洋通商大臣刘坤一要求福州船政学堂参照广东西学馆,使用馆译西书:"文笔畅达者,教以翻译,习《万国公法》《星轺指掌》各书。"③以学生为传媒,在中国传播西方先进的科学知识,起到了人类历史上任何传媒所起不到的作用。

1944 年,郑鹤声在《说文月刊》发表的《八十年来官办编译事业之检讨》一文中指出:"清季以来之编译事业,当以京师同文馆为首创。同文馆之设立,注意一般新知识之介绍,而兼及于文字之学。我国近世翻译之风气,因之而兴。"④他将清季以来官办之编译事业,分成四个时期,其中注重各项知识之介绍的同文馆时代为第一个时期。这同样说明了同文馆在近代翻译事业和大规模的西学传播中起到了奠基作用。

馆译书籍引进了西方文明,成为中国融入世界的核心话语。中国在帝制时代,"向来士族儒流,多鄙视别国方言",而译者又被轻视,"习攻翻译,大抵闾阎寒贱、性情暗钝之人"。⑤ 而作为同文馆总教习的丁韪良,认识到翻译在启蒙思想、传播新知中的作用,并率先垂范,反映了他的胆略与远见。

二、同文馆西学翻译的局限性

虽然同文馆的西学翻译在启蒙思想、传播新知和服务国家中起到了较大的作用,但依然存在一定的局限性。在对其进行讨论之前,先看看知识界的言论。

◆ 梁启超:《变法通议·论译书》

---

① *The Chinese Recorder*, Dec. 1898, p. 606.

② Ferdinand Dagenais: *The John Fryer Papers*(Vol. Ⅱ),广西师范大学出版社 2010 年版,p. 321。

③ 《谨将闽省船政西学旧章参酌粤省情形,拟列西学章程,呈请采择》//杨逸、梦畹生编,陈正青、陆菁标点:《海上墨林》,上海古籍出版社 1989 年版,第 147 页。

④ 黎难秋、李亚舒:《中国科学翻译史料》,中国科学技术大学出版社 1996 年版,第 682 页。

⑤ 张元济:《张元济全集》(第 5 卷),商务印书馆 2008 年版,第 1 页。

中国旧译,惟同文馆本,多法家言,丁韪良盖治此学也。然彼时笔受者,皆馆中新学诸生,未受专门,不能深知其意,故义多暗智。即如《法国律例》一书,欧洲亦以为善本,而馆译之本,往往不能达其意,且当有一字一句之颠倒漏略,至与原文相反者。①

◆ 盛宣怀:《愚斋存稿·请设学堂片》

中国三十年来如京都同文馆、上海制造局等处,所译西书不过千百中之十一,大抵算、化、工艺诸学居多,而政治之书最少。②

◆ 梁启超:《读西学书法》

《中国古世公法论略》,丁韪良得意之书。然以西人谈中国古事,大方见之,鲜不为笑。中国当封建之世,诸国并立,公法学之昌明,不亚于彼之希腊。若博雅君子,衰而补成之,可得巨帙也。西政之合于中国古世者多矣,又宁独公法耶?③

◆ 郑观应:《盛世危言·华人宜通西文说》

自数十年来,京师同文馆、上海翻译馆,以及各省教会翻译各种西书,不下数百部。……然此中大有分别,翻西书而译成华文,是不得已也,聊胜于无耳,且亦不能完全也,不过一鳞半爪耳。况西书事物名目,往往为中国所无,而文辞语气等又与中国文法迥然不同,是故翻译之书恒有辞不达意之患,似是而非之弊。④

◆ 马建忠:《拟设翻译书院议》

近今上海制造局、福州船政局与京师译署,虽设有同文书馆,罗致学生,以读诸国语言文字。第始事之意,止求通好,不专译书。即有译成数种,或仅为一事一艺之用,未有将其政令治教之本原条贯,译为成书,使人人得以观其会通者。其律例公法之类,间有摘译,或文辞艰涩,于原书之面目尽失本来,或挂一漏万,割裂复重,未足资为考订之助。……今之译者,大抵于外国之语言,或稍涉其藩篱,而其文字之微辞奥旨,与夫各国之

---

① 梁启超:《变法通议》,华夏出版社 2002 年版,第 146 页。

② 盛宣怀:《愚斋存稿》初刊卷二,思补楼藏版,1930 年刻本,第 27 页。

③ 梁启超著,夏晓虹辑:《饮冰室合集·集外文》下册,北京大学出版社 2005 年版,第 1165 页。

④ 郑观应著,夏东元编:《郑观应集》上册,上海人民出版社 1982 年版,第 284 页。

所谓古文词者,率茫然而未识其名称,或仅通外国文字言语,而汉文则粗陋鄙俚,未窥门径。①

纵观上述言论,我们得知梁启超、郑观应、马建忠等知识界巨擘对同文馆等新式学堂译书的评价并不高。他们对馆译西书的不满主要体现在两个方面,一是选材,二是质量。先来看选材。同文馆译书的特点是选材较为狭窄,随意性较大。虽然同文馆翻译了国际法、化学、医学、天文、历史、数学、经济学、语言学、商贸等多个学科三十余部书籍,但与当时同文馆的教学实际及洋务运动发展的现实不相适应。从教学方面来看,由于同文馆是近代中国创办的第一所新式学堂,开设的是中国传统学堂完全陌生的西方自然科学和人文社科类课程,无现成教材是不争的事实。例如,丁韪良曾将原版《国际法导论》作为教材使用,"良旋华时即用原文教课馆生",但发现太难,"鲜有能读者"②,于是才让汪凤藻、凤仪等同文馆学生全文译出。同文馆译书在很大程度上是为教学服务的,虽然翻译了三十余部书籍,但仍然无法满足教学的需要。西学课程,和外语一样,本是重点,但同文馆所译的西学书籍不算多。根据"八年课程表",同文馆开设的《代数学》《平三角》《航海测算》《地理金石》《讲求机器》《各国地图》等课程都是没有教材的,同文馆没有翻译体现这些内容的书籍,只好从山东登州文会馆等教会学堂引进。有的科目,如《讲求格物》(即物理学),仅有《格物测算》一部,师生几无选择余地。同文馆仅开设《万国公法》一门课程,权且充作教材的竟有七部,这与主持同文馆翻译工作的丁韪良的专业背景有关,正如梁启超所说,"同文馆教习丁韪良,公法专家,故馆译多法学之书"。③ 这恰好说明同文馆译书的随意性和不平衡性。而且,反映近代西方社会、政治制度等方面的书籍也没有,如马建忠所说:"即有译成数种,或仅为一事一艺之用,未有将其政令、治教之本原条贯,译为成书,使人人得以观其会通者。"④其中有主观原因,但更有客观原因,盛宣怀对此有具体分析。其分析比较在理,兹引如下:

> 且各国风尚不同,习其学者莫不自尊其说,择焉不察,流弊滋多。故

---

① 马建忠:《适可斋记言》卷四//梁启超辑:《西政丛书》,慎记书庄石印,光绪二十三年,第7-8页。

② 丁韪良:《公法便览·致吴君书》,光绪三年孟秋,同文馆聚珍版,第1页。

③ 梁启超:《读西学书法》,时务报馆,光绪年间石印本,第7页。

④ 马建忠:《适可斋记言》卷四//梁启超辑:《西政丛书》,慎记书庄石印,光绪二十三年,第8页。

论译书则天算、制造较政治、史学为难，论选书则政治、史学较天算、制造为难。昔年官译诸书，只有同文馆所译《法国律例》、制造局所译《佐治刍言》数小种，余皆不及政治，盖不敢率尔操觚，其难其慎，良有故矣。①

其次，就质量而言，虽然译书是同文馆翻译教学活动中极具代表性的成就，且不乏受时人称赞。例如，传教士翻译家傅兰雅评价馆译西书时说："《格物入门》《万国公法》诸书……皆为华人所悦服者，亦当有益于国。其书文雅清顺，故官绅学士皆欲先睹。"②梁启超称，"《星轺指掌》言使臣之职掌，及派使待使之道，条理粲然"③。清人徐维则辑、顾燮光补辑的《增版东西学书录》对《公法便览》给予较高的评价："此书较惠氏万国公法更为周密，例有未达者历引泰西史乘及近今案牍以发明之。复经数手精心笔述，故其文义简显，非同惠书之诘屈。上卷载欧洲各国三百年来所立条约，下卷名为证义，盖旁引他书，以补正本书之缺漏，二者皆不可少。然翻译公法书，一字之殊，情节大异，学者当合诸书参考之则得矣。"④丁韪良、联芳、庆常翻译的《公法会通》"较《万国公法》更为明洁也"⑤。有关对部分馆译西书的好评另见本章第二节。但是，仍有相当一部分馆译书籍不尽如人意，遭人诟非，"皆非精通其艺之人所译"⑥。同治七年(1868)印行的《格物入门》是丁韪良花两年时间编写的一部作品，共七卷，分述水学、气学、火学、电学、力学、化学及数学，是同文馆最基本的教材。但梁启超却认为："同文馆所译格物入门，无新奇之义，能详他书所略者，而译文亦劣，可不必读。"⑦清末经济学家、强学会骨干陈炽对汪凤藻所译《富国策》的语言质量提出了强烈批评。他说："总署同文馆所译《富国策》，词旨庸陋，平平焉无奇也……旋假得西人《富国策》原文，与同文馆所译华文，彼此参校，始知原

①　盛宣怀：《奏陈南洋公学翻辑诸书纲要折》//张静庐辑注：《中国近代出版史料初编》，上杂出版社1953年版，第51页。

②　罗新璋：《翻译论集》，商务印书馆1984年版，第223页。

③　梁启超著，夏晓虹辑：《饮冰室合集·集外文》下册，北京大学出版社2005年版，第1165页。

④　[清]徐维则辑，顾燮光补辑：《增版东西学书录》，光绪二十六年十二月印行，第89页。

⑤　[清]徐维则辑，顾燮光补辑：《增版东西学书录》，光绪二十六年十二月印行，第88页。

⑥　夏东元编：《郑观应集》上册，上海人民出版社1982年版，第286页。

⑦　梁启超：《读西学书法》，时务报馆，清光绪年间石印本，第10页。不过，清代著名学人黄庆澄则对《格物入门》表示认可。他说该书"浅显。所列名目与别本微有异同，学者当以意通之"。（[清]黄庆澄：《中西普通书目表·读书灯》，羊城铸史斋刊，光绪戊戌九月，第2页）

文阅肆博辨,文品在管墨之间,而译者弃菁英存糟粕,名言精理百无一存。"①
即便是对近代中国产生一定影响的国际法名著《万国公法》,其翻译也存在一
些问题。有人认为:"该书文辞艰涩,一派胡言乱语,倘不当面解释,则茫茫然
无从理喻其义。"②马建忠批评京师同文馆、江南制造局等晚清翻译机构翻译
的西书存在"文辞艰涩,于原书之面目尽失本来,或挂一漏万,割裂重复"③的
问题。著名思想家、翻译家严复也对馆译西书颇有微词,他在《论译才之难》中
说:"囊闻友人言,已译之书,如《谈天》《万国公法》《富国策》,皆纰漏层出,开卷
即见。"④

　　对于上述评论,我们未必完全赞成,但是,同文馆译书的弊端确实存在,学
界的批评指责也是有一定根据的。出现上述情况,与中国当时特定的社会文
化历史背景有极大的关联。第一,当时的中国社会,除了北京、上海、广州等沿
海、沿江的通商城市外,是极其封闭的,猎取功名、登途入仕为当时读书人唯一
的价值取向及谋生路径。资料、工具书奇缺,可选择的余地极小。译书范围相
对单一,"馆译多法学之书",同文馆翻译的各国法律、国际法和史地著作竟占
译书总量的近40%。这与译者的个人专长与嗜好有关系,这是清末译书的普
遍现象。有论者云:

　　　　言政以公法公理之书为枢纽,言学以格致算学之书为关键。东西人
　　在中国译书大抵丁韪良、古城贞吉长于公法;李提摩太、林乐知长于政事。
　　傅兰雅在局最久,译书最多,究其所归,旨似长于格致制造诸书。算学之
　　书,可云备矣。惟公法公理格致之书,中国极少。⑤

　　更重要的是,虽然奕䜣、曾国藩、李鸿章等开明士大夫开启了向西方学习
的洋务自强运动,但以慈禧太后为首的顽固派掌控的清政府并不想真正的改

------

　　① [日]狭间直树主编、袁广泉等译:《近代东亚翻译概念的发生与传播》,社会科学文献
出版社2015年版,第273页。当然,陈炽认为《富国策》翻译质量存在问题的见解是有根据的,
如梁启超称该书"译笔皆劣而精义甚多"。(梁启超:《读西学书法》,时务报馆代印,清光绪年间
石印本,第8页)但是,陈炽本人不识外文,竟说能"彼此参校"两种文本,实属夸张。
　　② 转引自季压西、陈伟民:《语言障碍与晚清近代化进程(三)——从"同文三馆"起步》,
学苑出版社2007年版,第96页。
　　③ 马建忠:《适可斋记言》卷四//梁启超辑:《西政丛书》,慎记书庄石印,光绪二十三年,
第8页。
　　④ 王栻编:《严复集》第1册,中华书局1986年版,第90页。
　　⑤ 蔡元培、徐维则:《东西学书录序例》(光绪二十五年)//张静庐辑注:《中国近代出版史
料初编》,上杂出版社1953年版,第64页。

革开放,因而中国除少数开放地区以外,仍是极其封闭的,西方先进的思想、观念、价值观等进入中国依然困难重重,再加上中国语言表达力有限,无法大量生成可供借鉴的新术语。更何况《万国公法》《富国策》等系首次引进的专业书籍,对同文馆师生而言,系前无古人的事物,他们无从参照和借鉴,出现错误在所难免。第二,从译书方式来说,同文馆和江南制造局翻译馆不同,它不是一个专门的译书机构,洋教习译书纯属业余性质,教习于"训课之余,兼能翻译各项书籍"①,而学生译书仅属于课程练习。第三,同文馆从事译书的师生中,有不少是非专业人员。因此,误译、错译、漏译在所难免。如毕利干翻译的《化学指南》一书是近代中国引进的第一本化学书,没有中外相关书籍可供参考,也没有现成的化学术语对照表,化学术语特别是元素名称的翻译就显得异常艰难。他们采用的是那个时代特有的译书方法——"西译中述",即外籍人士口述,中方人员笔述。担任笔述的大多是同文馆学生,他们所掌握的科学知识相当有限,让他们笔述科学书籍常常是勉为其难的。而且,担任口译的外籍教习并非人人都是百科全书式的才具很高的科学家,其中有些人汉语讲得并不好,口译书籍难免辞不达意,给笔述人员增添了莫大的困难。著名数学家、江南制造局翻译馆的重要笔述者华蘅芳(1833—1902)在《地学浅释》"序"中道出了科技翻译的艰辛:"惟余于西国文字未能通晓,玛君(按:指华的合作者玛高温)于中土之学又不甚周知。而书中名目之繁,头绪之多,其所记之事迹每离奇恍惚,迥出于寻常意计之外,而文理辞句又颠倒重复而不易明。往往观其面色,视其手势,而欲以笔墨达之,岂不难哉!"②华蘅芳所记述的情况在同文馆师生的翻译中也同样存在。例如,以丁韪良为首的翻译团队虽然已有翻译多部西书的经历,积累了一定的翻译实践经验,但在翻译《公法便览》时,仍然遭遇不少的困难。丁韪良在《公法便览·凡例》中云:

> 公法既别为一科,则应有专用之字样。故原文内偶有汉文所难达之意,因之用字往往似觉勉强。即如一"权"字,书内不独指有司所操之权,亦指凡人理所应得之分,有时增一"利"字,如谓庶人本有之权利云云。此等字句,初见多不入目,屡见方知为不得已而用之也。……天下邦国既众,以华文而译诸国名者,其用字配音率多不同,致一国而有数名,易于舛错。是书所用国名以及人名、地名则本条约与《瀛寰志略》,以期画一。③

---

① 朱有瓛:《中国近代学制史料》第一辑上册,华东师范大学出版社 1983 年版,第 152 页。
② 华蘅芳:《地学浅释》卷一,光绪丙申小仓山房校印,第 1 页。
③ 丁韪良:《公法便览·凡例》,光绪三年孟秋,同文馆聚珍版,第 2、4 页。

由此可知,丁韪良所指的困难主要有二:一是学科术语的翻译;二是国名、人名、地名等专名的翻译。尤其是术语的翻译,就是在当下也是令翻译家们万分头疼的事,因为中外文化在交流互动的过程中,术语表达常有互相缺省的情形,遑论在科学术语极不发达的晚清时期了。西方国际法学科非常发达,而当时的中国仅有一部完整的《万国公法》,很多术语都没有对应的汉语表达,即便有,往往是要经过较长时间的使用,经过滤才能固定下来。而且,现有的许多术语生僻、拗口,让人不知所云,如《万国公法》中的"总会"(国会)、"下房"(众议院)等。实际上,就是现在大家所熟知的"国会""众议院"等,时人也还是一头雾水,因为晚清时期的中国根本没有这些事物。正因为这一点,晚清民国时期的许多中外教习更愿意以外文授课,因为从语言学习的角度看,全盘外文化教学当然是外文学习的最佳路径,但这种方式受制于学生先在知识的铺垫和所处的语言文化环境。而实际上,这些教习以外文授课的深层次原因就在于可以避开没有合适的汉语学科术语或表达不清学科术语的尴尬。后世的研究者常常津津乐道于过往教习以外文授课的做法,殊不知这些教习这样做的苦衷所在。所以,同文馆这支以学生为骨干的翻译团队所遭遇的困难是可以想见的,丁韪良所说的"鲁鱼亥豕之讹"[1]在所难免。因此,由于受当时各方条件的限制,以今人的眼光要求同文馆师生译出近乎完美的书籍,实属苛求。总而言之,同文馆在译书方面取得了一定的成效,但也存在一些问题。兹引用香港著名学者王宏志的讨论作为本章的结束语。

> 不能否认,无论在量和质方面,京师同文馆所翻译的西书不能算是成绩突出。除了《万国公法》较受重视外,其他的并没有产生重大的影响。不过,应该同意,京师同文馆所翻译西书是切合了当时中国政治及社会需要的,甚至可以说,直至甲午战后严复(1854—1921)开始翻译《天演论》、戊戌政变后梁启超(1873—1929)提出翻译外国小说前,同文馆的译书活动是具有代表性的。被视为晚清"译书中心"的江南制造局翻译馆所译西书,在类别上其实跟京师同文馆是没有太大的区别的。[2]

---

① 丁韪良说:"余督率馆生翻译此书,既将洋文为之讲解于前,复将译稿详加校阅于后,而鲁鱼亥豕之讹仍恐在所不免。"(丁韪良:《公法便览·凡例》,光绪三年孟秋,同文馆聚珍版,第5页)

② 王宏志:《翻译与文学之间》,南京大学出版社2011年版,第131页。

第八章 "西学东渐,国人讲求异邦文言, 此为嚆矢":同文馆的成就及影响

一个国家的现代化,有赖于教育的现代化。同文馆的诞生与发展,初步动摇了中国古典人文教育的传统。在中国这个封建老大帝国开展外语和西学教育,是中国教育前所未有的创举,揭橥中国近代新式教育之肇始。同文馆自同治元年(1862)创办至光绪二十七年十二月(1902 年 1 月)并入京师大学堂,走过了四十年的风雨历程。在这四十年中,无论是创办过程,还是办学经历都是不平凡的,充满了艰辛与坎坷。反思和回顾这段历史,了解中国近代外语教育蹒跚起步的情形,考察它对中国教育现代化的意义,对于了解中国教育史乃至中国现代化史,都具有重要意义,对当下的中国外语教育改革也具有一定的现实意义。

"一校之成绩,观其出产人才可知矣;人才之成绩,观其服务社会可知矣。"[①]美国教会史专家鲁珍晞(Jessie G. Lutz)说:"评估教会大学影响力的一个具体方法是通过对其毕业生的了解。学生的社会与知识背景,进教会学校的目的,开设的课程以及他们毕业后所从事的职业,所有这一切都能说明教会大学对社会的贡献。"[②]同文馆不是教会学校,但鲁珍晞所说的关于评估一所学校办学效果和影响力的具体方法同样适用于同文馆。结合相关文献史料,本章拟对同文馆的办学成就进行梳理,以便更好地了解同文馆走过的不平凡的历程。

---

① 《圣约翰大学四十年成绩志略》//徐以骅:《上海圣约翰大学(1879—1952)》,上海人民出版社 2009 年版,第 136 页。

② Jessie G. Lutz. *China and the Christian Colleges*, 1850—1950. Ithaca: Cornell University Press, 1972, p. 494.

第一节 同文馆的成就及存在的问题

同文馆在其存续四十年的时间里,培养了第一代具有近代知识和双语能力的为国家服务的军政界要人、外交官、外语翻译、科技人员和学堂教习等各类人才,在近代中国产生了深远的影响。"这些成效不仅见于当时,甚至在同文馆结束后,对于促进中国的近代化仍具有积极的影响。"[①]但由于客观历史条件的限制,同文馆在教学与管理方面存在一些问题。

一、同文馆的成就及影响

在对同文馆四十年的办学质量及成就进行梳理之前,先来看看社会各界的评价。

◆ 外务部:《议复管学大臣奏同文馆归并大学堂折》

臣等查中外交涉以来,翻译需才尤急,从前总理衙门奏设同文馆,教授汉文、洋文,兼习天文、算术、化学,学堂规制名异实同,肄业既专,成才颇众。[②]

◆ 奕劻:《遴选学生充当翻译官片》

臣衙门同文馆奏定章程,遴选学生内通晓洋文者作为七八九品翻译官,原以资谙习各国语言文字储为舌人之选。比年该翻译等学有成效者颇不乏人,或调往边界,或奏带出洋,均能奉差无误,俾疆吏、使臣各收指臂之益。[③]

◆ 曾纪泽:《〈文法举隅〉序》

自同文馆设,而英才辈出,之二患者,庶几其有瘳焉。……馆中生徒斐然有成,或以干济闻,或以文藻显,中国声明文物、彝伦道义、先圣昔贤六经典籍之教未始有损也,而复益以海国人士深思格物、实事求是之学,则谓是编为岷源之滥觞焉可也。[④]

---

① 苏精:《清季同文馆及其师生》,台北上海印刷厂1985年版,第137页。
② 黎难秋、李亚舒:《中国科学翻译史料》,中国科学技术大学出版社1996年版,第105页。
③ 《同文馆题名录》(第四次),光绪十三年(1887)刊行,第68-69页。
④ 曾纪泽:《〈文法举隅〉序》//曾纪泽:《曾纪泽集》卷二,岳麓书社2005年版,第129页。

◆ 刘铭传:《台设西学堂招选生徒延聘西师立案折》

窃惟中外通商互准研学文艺,自京师同文馆招选满汉子弟,延请西师,天津、上海、福建、广东仿造枪炮船械之地,无(不)兼设学堂,风气日开,人才蔚起,海防、洋务利赖良多。①

◆ 方濬师:《蕉轩随录》

同文馆学习西洋文字之八旗俊秀,予曾历试以各国洋字文件,均能通晓译写,此非其明效欤?②

◆ 毕桂芳:《京师同文馆学友会第一次报告书》"序"

于是朝野上下风气打开,京员子弟争以入馆就学为荣。迄今五十年来,名臣硕彦,先后辈出,折冲御侮,使绝国而擅玷者照耀阃寰,又何其盛也。……然现列政界亦大有人在,即如近今吾华出使东西各国全权公使十居其五,其在国内领部务跻要职,尤可列举以对,则未尝不叹始事诸公,斯馆之设,陶冶人才至为无穷也。③

◆《申报》:《阅同文馆题名录书后》

同文馆自创设以来,于今已十数年。其中因学业已成、可充副教习及可作翻译等官足以随钦使出洋者已有数人,即在馆诸学生莫不焉有日上之势。……其学业分数等,先从语言入手,然后由语言而文字,由文字而义理,由是而算学天文、机器程法之类,莫不兼综条贯,由渐而知,旁及于医道,亦不遗余力。课则有程,息则有时,其意之良而法之美,可谓毫发无遗憾矣。……天姿(资)敏捷者不过数年可以收效,即钝者亦将涵儒渐渍,以默化潜移而底于成。……故谓同文一馆,其所以裕人之才以储他日国家之用者,其效甚捷也。④

上述对同文馆的肯定性评价来自不同阶层的人士,既有主管同文馆事务的总理衙门大臣,如奕劻、曾纪泽,又有封疆大吏刘铭传,也有一般的士人、学者。这些人士根据自己的经验及对同文馆的认知,从宏观、中观或微观的角度向我们揭示了同文馆办学"斐然有成"的精彩一面,说明同文馆过去四十年的

---

①　刘铭传:《刘壮肃公奏议》卷六,台湾文海出版社 1968 年版,第 479 页。
②　[清]方濬师:《蕉轩随录》卷八,退一步斋,同治十一年(1872),第 39 页。
③　马挺亮:《京师同文馆学友会第一次报告书》,京华印书局代印,1916 年。
④　《阅同文馆题名录书后》,《申报》,光绪四年正月廿五日(1878 年 2 月 21 日)。

办学历程和经验确实不容小觑,值得我们好好梳理和总结。当然,这些评价中,有意无意的拔高在所难免,如同毕乃德所说,这些带有倾向性(biased)的评价"往往尽可能从最好的方面入手,总理衙门自然也要为自己创办的学堂辩护"①。但是,如果将我们置身于"外邦之风俗政事,一概不知,且深以西学为可鄙"②,还要遭受正统保守派的诘难、掣肘的当时如此艰难的办学环境中,冷静、仔细、宽容地,而不是带有情感色彩地去分析、考量,那么,这样的"拔高"应该值得我们理解。

上述言论纯属概括性、综合性的定性评价,我们无法更具体、更详尽地从中了解同文馆的办学成效。现结合相关史料及学界的研究拟在外交、军政、教育文化、科技诸领域对同文馆的办学成效进行具体分析。

(一)外交领域

从历史上看,中国无真正之外交,其对外关系的特点是政府仅从事单向的对外交往,"只有他国来朝入贡,中国册封恩赏"③,除派人赐封或训导藩属以外,从未派遣使节常驻域外国家。同文馆见证了中国外交从无到有的历史,它培养的第一批处理涉外事务的职业外交官与翻译,在中国的外交和政治舞台上发挥了重要作用,开创了清末民初外交新局面。从同文馆学生的出路来看,外交官员的培养是同文馆的最大成就。丁韪良在1907年出版的《中国的觉醒》(*The Awakening of China*)一书中说:"最近刚从英国回来的公使,目前正在德国、日本履职的公使,以前曾在法国履职的公使,更不要说那些在领事馆和公使馆出任秘书的,全都是我们早年的毕业生。"④历史学家范文澜也说这些学生若干年后都担任外交要职。⑤

根据相关史料,在外交领域任职的同文馆毕业生主要有两类,第一类是出任外务(交)部官员、驻外公使、驻外(总)领事、参赞等职务。出任高级外交官员的有陆徵祥(外交总长)、胡惟德(外交总长)、吴宗濂(总统府外交咨议)、周传经(外交部司长)、陈恩厚(外交部司长)、毕桂煜(喀什噶尔外交局长)等。

①　Knight Biggerstaff. *The Earliest Modern Government Schools in China*. New York: Cornell University Press,1961, p.140.
②　李东沅:《论考试》//郑振铎编:《晚清文选》,中国社会科学出版社2002年版,第255页。
③　郭廷以:《近代中国的变局》,台湾联经出版事业公司1987年版,第89页。
④　W. A. P. Martin. *The Awakening of China*. New York: Doubleday, Page & Company, 1907, p.210.
⑤　范文澜:《范文澜全集》第九卷,河北教育出版社2002年版,第152页。

　　光绪二年(1876),中国首位驻外公使郭嵩焘就事伦敦,出任翻译的是花翎四品衔兵部员外郎张德彝、户部员外郎凤仪等人。此后中国陆续向外派驻使节,为其提供翻译的译员大多系同文馆出身。例如,光绪三年(1877),刘锡鸿出使德国,庆常、廕音泰和荫昌等三人出任翻译。陪同曾纪泽出使法国的译员是左秉隆、联兴、凤仪、联芳等人。同文馆毕业生先后被派驻各相关国家,到光绪五年(1879),至少有16名同文馆学生担任了外交翻译和秘书一类的工作,其中,伦敦3人,巴黎2人,柏林3人,圣彼得堡4人,华盛顿2人,东京2人。9年后,至少有21名同文馆毕业生活跃在外交岗位上。[①] 1885年9月,傅兰雅在《写给一个未具名的一神教协会的信》(Letter to an Unidentified "Unitarian" Association)中曾提及他在同文馆待了两年,他的学生中就有人担任过中国驻伦敦公使馆的翻译和助手。[②] 1879—1898年间,至少有71名原同文馆学生在国外任职,后来至少有10人成为公使。[③] 其中担任出使日本国大臣的汪凤藻,早年由上海广方言馆咨送京师同文馆深造,他是同文馆学生担任驻外公使的第一人。光绪五年(1879)以前派驻国外使馆的20名开馆翻译官中,有12人系同文馆出身,占总人数的60%。清末派遣并实际到任的54名出使大臣中,有13人在同文馆接受过系统的外语和西学教育,占总数的24%。民国以降,1912—1928年间持节国外的35名公使(后来称大使)中,至少有7人系同文馆出身,占总数的20%。原同文馆俄文馆学生,曾任驻俄国海参崴总领事、黑龙江省省长的毕桂芳说"近今吾华使东西各国全权公使十居其五"[④],即一半为原同文馆学生。据刘华的统计,从1879至1898年的20年间从同文馆毕业的176名学生中,有33人赴英、法、美、德、俄、日任外交官,26人在各新式学堂任教习或斋长,其余的大都在各驻外使馆任翻译。[⑤] 另据《京师同文馆学友会第一次报告书》中附"学生离校后情况一览表",注明离校后职业的凡

---

　　① Stanley F. Wright. *Hart and the Chinese Customs*. Belfast, Northern Ireland: Wm. Mullan & Son (Publishers) Ltd. , 1950, p. 331.

　　② Ferdinand Dagenais: *The John Fryer Papers*(Vol. II),广西师范大学出版社 2010 年版,pp. 583-584。

　　③ Knight Biggerstaff. *The Earliest Modern Government Schools in China*. Ithaca: Cornell University Press, 1961, pp. 149-151.

　　④ "毕桂芳序"//马挺亮:《京师同文馆学友会第一次报告书》,京华印书局代印,1916 年。

　　⑤ 刘华:《论京师同文馆的高等教育性质》,《浙江大学学报》(人文社会科学版)2004 年第 1 期。

91 人,其中在外交部门或涉外部门任职的有 40 人。[①] 可见,外交和涉外部门是同文馆学生的主要出路。上述数据未必十分精确,但同文馆学生走出书斋,走向外交领域,在这个舞台上维护国家利益、宣传中国主张、向世人展示中国学子风采这一事实是毋庸置疑的,而且,在晚清近四十所各类新式学堂中,这样的成效无疑是极具代表性的。有论者指出:"晚清、民国的驻外公使中同文馆毕业生达 35 位,可以说,中国早期外交事业的半壁江山,都是由同文馆的毕业生占据着,他们为中国外交的近代化作出了不懈的努力。"[②]现结合相关文献资料,将同文馆出身的部分外交人员的相关信息列表如下(见表 8-1)。

表 8-1　担任外交官员的部分同文馆知名毕业生名录[③]

姓　名	字　号	籍　贯	经　历
汪凤藻	芝房	江苏元和(今苏州)	早年就读上海广方言馆,1868 年被选送京师同文馆,几年后任副教习,1891—1894 年为出使日本大臣。
陆征祥	子兴	江苏上海(今上海市)	1890 年由上海广方言馆咨送京师同文馆,1906—1911 年为出使荷兰大臣及俄国大臣,1912 年、1915 年两度出任外交总长,1922—1928 年为驻瑞士公使。
左秉隆	不详	广东广州	1872 年由广东同文馆咨送京师同文馆学习。1878 年,随曾纪泽出使英国,任英文三等翻译官。1880 年出任清政府驻新加坡第一任领事。1907 年升任总领事。
杨兆鋆	诚之	浙江吴兴(今湖州)	1871 年由上海广方言馆咨送京师同文馆,1902—1905 年为出使比利时大臣。
左庚	不详	不详	1871 年由广东同文馆咨送京师同文馆。1889—1891 年任驻旧金山领事。
黄致尧	伯申	江苏宝山(今上海市)	1879 年由上海广方言馆咨送京师同文馆法文馆。曾任驻西班牙代办。
刘式训	紫升	江苏南汇(今上海市)	1890 年被选送京师同文馆,1905—1911 年为出使法国、西班牙大臣,1911 年改兼出使巴西大臣,1913—1916 年为驻巴西、秘鲁公使。

----

① 熊月之:《西学东渐与晚清社会》,上海人民出版社 1994 年版,第 316 页。

② 夏红卫:《跨文化传播视野下的晚清同文馆》,《北京大学学报》(哲学社会科学版)2007 年第 6 期。

③ 资料来源:Knight Biggerstaff. *The Earliest Modern Government Schools in China*. Ithaca:Cornell University Press,1961,p. 195;马挺亮:《京师同文馆学友会第一次报告书》,京华印书局代印,1916 年,第 26-34 页;熊月之:《西学东渐与晚清社会》,上海人民出版社 1994 版,第 347-349 页;黎难秋、李亚舒:《中国科学技术翻译史》,中国科学技术大学出版社 2006 年版,第 111-116 页。有改动。

续表

姓　名	字　号	籍　贯	经　历
陈厚恩	坤峰	京兆宛平	1893 年入京师同文馆肄习英文。后任外交部司长。
蔡锡勇	毅若	福建龙溪	1872 年由广东同文馆咨送京师同文馆。1875 年,随陈兰彬出使美、日、秘鲁三国,出任翻译官。1881 年出任驻西班牙参赞。后协助张之洞在湖北办理洋务。
李光亨	嘉乐	广东	1890 年入京师同文馆,后任驻檀香山领事馆随习领事。
张德彝	在初	盛京（今辽宁）铁岭	早年入读京师同文馆。1876 年随郭嵩焘出使英国,1896 年任驻日本参赞,1902 年受赏二品官衔,出任驻英公使。
刘镜人	士熙	江苏宝山（今上海市）	1890 年被选送京师同文馆,1911 年为出使荷兰大臣,1912—1918 年为驻俄公使,1919 年调任驻日公使。后任外交部条约研究会副会长、外交委员会副会长等职。
萨荫图	不详	不详	曾就读京师同文馆。后任出使俄国公使。
戴陈霖	雨农	浙江海盐	1896 年被选送京师同文馆,1913—1920 年为驻西班牙兼驻葡萄牙公使,1922—1925 年为驻瑞典兼挪威、丹麦公使。
赓音泰	不详	不详	曾就读京师同文馆德文馆。后任署理驻德公使。
杨晟	小川	广东东莞	1884 年进入广东同文馆肄习英文。1890 年被咨送入京师同文馆德文馆。曾任清驻德公使、民国江苏外交特派员。
周自齐	子廙	山东成武	1889 年毕业于广东同文馆。次年被咨送京师同文馆。1896 年起先后出任随员、领事、三等参赞及驻美使馆代办,驻纽约、旧金山领事,出使美、日、秘鲁等国的使臣。
庆常	不详	不详	曾就读京师同文馆法文馆。出使法国公使,参赞。
胡惟德	馨吾	浙江吴兴（今湖州）	1883 年入广方言馆,1902—1907 年为出使俄国大臣,1908—1910 年为出使日本大臣,1912—1920 年为驻法国兼西班牙、葡萄牙公使,1920—1922 年为驻日本公使,1926 年出任外交总长。
唐在复	心畲	江苏上海（今上海市）	1896 年被选送京师同文馆,1913—1920 年为驻荷兰公使,1920—1925 年为驻意大利公使。
荫昌	午楼	不详	1872 年入京师同文馆肄习德文。1877 年任驻柏林使馆三等翻译官。1906 年为出使德国公使。
吴宗濂	挹清	江苏嘉定（今上海市）	1876 年入广方言馆,1879 年被选送京师同文馆,1909—1911 年为出使意大利大臣,1912 至 1914 年为驻意大利公使。
王广圻	劼孚	江苏南汇（今上海市）	历任驻荷兰使馆随员,一等书记官,驻荷兰使馆二等参赞,中俄修改陆路通商条约参赞,驻俄使馆二等参赞,外交部秘书长等。巴黎和会中国代表团代表。

续表

姓 名	字 号	籍 贯	经 历
翟青松	健人	不详	曾就读京师同文馆法文馆。驻意大利使馆翻译,代理出使丹麦公使。
郭家骥	稚良	顺天府（今北京市）宛平	曾就读京师同文馆法文馆。1890年随薛福成出使,任驻英使馆翻译学生。后任驻葡萄牙使馆代办。辛亥革命后,在中华民国外交部任职。
杨枢	不详	广东广州	1871年由广东同文馆咨送京师同文馆。1878年,任驻日使馆三等翻译官。1884年升任翻译官兼参赞。1891—1902年任清政府驻日本长崎领事。
马廷亮	拱宸	广东南海	1890年由广东同文馆咨送京师同文馆学习。曾任驻日参赞。1905—1911年驻汉城总领事。
杨书雯	仲卿	湖南长沙	1890年入京师同文馆英文馆。后任驻加拿大总领事,驻长崎领事。
黎子祥	吉士	不详	京师同文馆英文馆肄业。1894年出洋,1906—1909年驻朝鲜元山领事。
毕桂芳	植臣	北京	1881年入京师同文馆肄习俄文。曾任外蒙议约专使,驻符拉迪沃斯托克领事。
白寿和	寿芝	京兆大兴	曾在京师同文馆肄习法文。后担任驻加拿大总领事馆随习领事。

从人数总量及清政府对外交外事人员的需求来看,原同文馆学生担任外交总长、出使大臣、公使、(总)领事、参赞等外交官的人数并不是很多,但非常宝贵。咸丰十年(1860)奕䜣倡议在京师设立总理衙门时,在这一新的外交机构里从事对外交涉事务的官员中,"没有一人懂西方语言文字"①。中国近代意义的外交肇始于这一时期。由于传统学堂如八旗官学、各类书院等没有能力培养外交人才,外交官主要来自由洋务派创办的京师同文馆、上海广方言馆等外国语学堂及福州船政学堂、天津水师学堂等军事技术学堂和留美幼童等留学归来的人员。晚清的新式学堂规模都很小,归国留学生的数量也很有限。此外,还有少量的外交官来自游移于中国教育体制之外,由欧美传教士创办的教会学堂。就在总理衙门诞生十多年以后,第一批由同文馆自己培养的外交官开始在国际舞台上崭露头角,他们改变了由外国人包办中国外交的传统局面,而且逐渐取代了一班昏聩懵懂的满汉官僚在外交界的位置。再则,同文馆的出才率也是不低的,因为同文馆的办学始终规模不大。根据赵蕙蓉(1990)

---

① 赵蕙蓉:《北京近代教育源泉探——论析京师同文馆》,《北京社会科学》1990年第1期。

的研究,同文馆在其存续的四十年中,前后入馆的学员在三百人左右。① 即便
这一数字接近真实,但由于各种原因(如自动退学、被开除或经选拔淘汰等)离
开学校,真正学有所成的学生实际上远低于这一数字。但不管怎样,这足以说
明同文馆已经成为晚清外交官的最重要的培训基地之一。同文馆毕业生是
19 世纪 70 年代以后中国驻外使馆工作人员的主要来源。

在中国开始走向世界,与世界各国建立正常外交关系的初始阶段,同文馆
的毕业生提供了最早一批受过专业训练的近代外交人才。② 这些人才不仅在
国外代表国家处理交涉事务,维护国家尊严,与驻外使节一道最大限度地确保
国家利权,而且在国内中央及各省地方担任要职。如 20 世纪初,总理衙门改
组为外务部,原法文馆学生联芳出任右侍郎,民国以后同文馆毕业生出任高官
的就更多了。19 世纪末 20 世纪初,已有原同文馆学生负责当地对外交涉谈
判的情形,如荫昌、杨晟在山东开展对德外交的例子。因此,同文馆造就之人
才,虽然在政治、教育、科技诸领域均有上佳表现,但在外交方面之贡献,实为
学生成就最佳之一项。

第二类是在总理衙门、各省衙门、各官方机构、边境口岸等地担任翻译官、
翻译委员等职务。翻译官与一般的译员不一样,它是一个职务,有良好的待
遇。根据史料,翻译官一职设于光绪十四年(1888),是在交涉事务日烦,而当
时各出使大臣(曾纪泽等极少数人除外)皆不通外文,翻译重要性日渐突显的
情况下设立的。但实际上,翻译官一职实际设立的时间可能更早。根据李文
杰(2011)的研究,总理衙门共任命了 17 名翻译官(含两名非同文馆毕业的东
文翻译官)(见表 8-2)。

表 8-2　总理衙门翻译官一览③

馆 别	姓 名	经 历
英文馆	张德彝	1866 年、1868 年分别随斌椿、蒲安臣出访欧美各国。1876 年,以三等翻译官身份随郭嵩焘使英。1878 年在驻俄使馆服务。1890 年充总理衙门翻译官。

① 赵蕙蓉:《北京近代教育源泉探——论析京师同文馆》,《北京社会科学》1990 年第 1
期。但根据李长莉的研究,入京馆的学习者有 462 人。(李长莉:《晚清同文馆三馆对人才的培
养》,《河北师范大学学报》1987 年第 1 期)即使李长莉的说法正确,入同文馆学习的学生数依
然很少,平均每年还不到 12 名。

② 田正平主编:《中国教育史研究》(近代分卷),华东师范大学出版社 2009 年版,第 60 页。

③ 资料来源:根据李文杰《总理衙门的翻译官》一文改编,见《历史档案》2011 年第 2 期。
有改动。

续表

馆别	姓名	经　历
英文馆	沈铎	1882年经驻日公使黎庶昌奏带赴日,出任英文翻译官。曾和张德彝一起出任光绪帝英文教师。
	马廷亮	1896年以同文馆英文副教习身份出任总理衙门翻译官。次年,随中国特使张荫桓出席维多利亚女王登基60周年庆典。1901年,协助山东巡抚袁世凯办理交涉事务,被留在山东办理洋务。
	文祐	中法战争(1883—1885)期间,以同文馆学生身份为总理衙门翻译上海外文报刊消息,供其参考决策用。自1896年起,在总署、外务部任翻译官一职。
	斌衡	中法战争期间及此后,为总理衙门翻译外文报刊,以供决策之用。1893年前后,以起居注笔帖式任西藏测绘委员。
俄文馆	塔克什纳	1878年出使俄国,任三等翻译官。1892年,被派充为总理衙门俄文正翻译官。1894年,经特使李鸿章奏带随同赴俄。
	庆全	1881年出任驻俄候补翻译官。1887年经吉林将军希元奏调,充任俄文书院教习,后又充任湖北俄文教习,回署后任同文馆俄文副教习。1896年被派充总理衙门俄文翻译官。
	萨荫图	同文馆大考中三次成绩优等,于1895年经总理衙门保奏,作为员外郎分部即补,签分户部。1897年补授总理衙门俄文翻译官。1900年,经四川提督宋庆调赴天津行营差遣。后在户部任职,兼任外务部翻译官。
	瑞安	1886年大考优等,旋派充游历俄国翻译官。1890年授俄文副教习。1895年派充总理衙门翻译官,同年由查办黑龙江事件大臣延茂带赴黑龙江办理交涉,并留下总理俄文学务。
	巴克他讷	因成绩优秀被派为俄文副教习。1891年以副教习身份出任驻俄翻译官。1896年被李鸿章奏调赴俄,任总理衙门俄文翻译官。
法文馆	联涌	1892年充任法文翻译官。次年,经驻英法公使龚照瑗奏调出洋。后经驻法公使庆常留任,历任翻译官、参赞。
	世增	1889年,经驻英法公使薛福成奏调出洋,充翻译官。1897年经出使俄国大臣杨儒调赴俄国派充翻译官。
德文馆	恩光	1886年由驻法德公使许景澄咨调出国充翻译官。1890年充总理衙门翻译官。1892年为候选郎中遇缺即选,次年奉旨补授泰陵工部郎中。他是总理衙门翻译官中少有的获正途出身者。
	治格	1895年,以同文馆优等生身份被选拔赴驻外使馆学习外文。翌年,被派赴驻德使馆。1898年回国,任总理衙门翻译官。
	程遵尧	因成绩优秀,派为该馆德文副教习,后任官书局翻译委员。大考中获第一名,经总理衙门保举同文馆五品衔七品翻译官。庚子事变后,随奕劻等办理议约事宜。后留充外务部翻译官。

续表

馆　别	姓　名	经　历
东文馆	唐家祯	1887年经驻日公使黎庶昌调入驻日使馆东文(即日文)学堂学习。1890年赴云南矿务局当差,后在北洋大臣处任差。1896年,同文馆东文馆设立,被派为东文教习。此后,一直在总理衙门、外务部任翻译。
	陶大均	1885年入东文学堂学习,后经驻日公使李经方、汪凤藻奏留翻译一职。1896年任同文馆东文教习。1900年出任总理衙门东文翻译官。

这些翻译官的水平到底如何?文献档案资料记载不多。一般而言,被总理衙门任命为翻译官的,外文及其相关专业知识水平应该不会差,他们当是同文馆学生中之翘楚。光绪三年(1877),奕䜣等对学生长秀就有"晓畅英语英文,并通算学,屡考优等,著有成效,翻译各国书籍,交涉文件,深为得力"①的评语。总理衙门大臣、著名外交家曾纪泽对法文馆毕业生联芳、庆常的评价颇高并上折请奖:

> 户部尽先即补郎中联芳,于光绪四年三月二十五日行抵巴黎,派充三等法文翻译官……工部遇缺即补主事庆常,于光绪三年十一月十五日行抵德国,派充法文翻译官……伏查联芳、庆常二员均系同文馆学生,经总理衙门奏派出洋,随臣办理交涉一切事宜,供差六载,尽力宣勤,不辞劳瘁,实属异常出力,兹届二次三年期满,自应援案请奖,以昭激劝。②

清廷户部文选司郎中崇彝在《道咸以来朝野杂记》中提及原同文馆英文馆学生张德彝(字在初)、联芳(字春卿),俄文馆塔克什纳和德文馆治格等人出众的业务能力及他们清正耿直、不事张扬的品质:

> 习英、美文出洋最先者,为张在初德彝,习法文出洋最先者,为联春卿芳,其随使节皆在同治中。二公同文馆之先进也。后张仕至都统,联仕至外部侍郎,皆诚笃君子人,韬光养晦,从不以通洋务自炫,近年所不多见,其遗风犹可缅想也。

> 塔克什纳,字穆庵。习俄文资格最先者。当庚子联军之役,与俄国交涉多赖之。其门弟子甚众,公不合群,且清介自持,故终身未显达,仕至

---

①　覃艺:《晚清同文馆与近代学校教育》//中国人民大学清史研究所编:《清史研究全集》第五辑,光明日报出版社1986年版,第361页。

②　《请奖两次期满之翻译官疏》(甲申闰五月十八日)//[清]曾纪泽著,喻岳衡点校:《曾纪泽集》,岳麓书社2005年版,第79-80页。

都统。

　　治格,字鹤清。初入同文馆,习德文。世居东城总捕胡同。其先人系文举人,官国子监助教,盖读书家子弟也。曾随某公使出使德国,屡办交涉,深资得力,保至道员。后肃王善耆喜其精干,办警察时,曾一度署理外城警察厅丞。①

　　根据上述文献,张德彝等不少翻译官不仅专业水平突出,而且品行高洁、为人清正。毋庸讳言,同文馆是当时最主要的翻译官培训基地。总理衙门大臣兼工部左侍郎、外交家许景澄曾明确指定出洋德文翻译官"专由同文馆遴派"。他说:"请明定新章,翻译官外常置学生二员,专由同文馆遴派,不得以他员充当。"②可见其对同文馆学生的信任。

　　同文馆学生除了担任总理衙门翻译官,还被分配在各衙门、各官方机构任翻译官、翻译委员者甚多。他们除参加口译外,还担负起翻译书籍、文件及各种资料的任务。已知这些翻译官员有:北洋大臣公署翻译朱格仁;苏松太道公署翻译杨兆鋆;官书局英文翻译委员马挺亮;官书局俄文翻译委员萨荫图;官书局德文翻译委员程遵尧;黑龙江翻译官邵恒俊;芦汉铁路翻译官文惠;四川靖西厅翻译官刘田海;陕甘英文翻译官茂连;陕甘法文翻译官阎海明;黑龙江俄文翻译官瑞安;京师大学堂翻译官岱寿;四川靖西翻译委员懿善;黑龙江将军衙门翻译官赓善;江南制造局翻译官凤仪;徐州铁路总局翻译谈汝康;政事堂法制局编译窦学光;天津警厅暨审判厅译员金汤。③

　　同文馆的创办及中国第一代职业外交官和翻译官的诞生,为逐步改变近代以来我国外交和翻译工作依赖西方传教士,假手于"客卿"的局面④奠定了良好的基础,做出了重大贡献,在中国近代外交史、教育史上写下了浓重的一笔。

　　(二)军政领域

　　同文馆毕业生在军政领域担任要职的有周自齐(摄行大总统、署理国务总

---

　　① [清]崇彝:《道咸以来朝野杂记》,北京古籍出版社 1982 年版,第 97-98 页。
　　② [清]许景澄:《许文肃公遗稿卷五·函牍一》//《续修四库全书》编纂委员会编:《续修四库全书》,上海古籍出版社 1995 年版,第 530 页。
　　③ 李亚舒、黎难秋:《中国科学翻译史》,湖南教育出版社 2000 年版,第 164-165 页;高时良:《中国近代教育史料汇编·洋务运动时期教育》,上海教育出版社 1992 年版,第 78-80 页。
　　④ 例如,清廷延聘英人李泰国(Horatia N. Lay)、赫德担任海关总税务司(中国海关最高领导),延聘原美国驻华公使蒲安臣担任办理中外交涉事务大臣(中国首任全权使节),率团出使欧美各国。

理、交通总长、陆军总长、财政总长、农商总长);胡惟德(代理国务总理并摄行临时执政、内务部总长);陆征祥(代理国务总理兼外交总长);荫昌(陆军大臣、总统府高等顾问、参谋总长);毕桂芳(黑龙江省省长兼署黑龙江督军);程经邦(参谋本部科长);李恩庆(农商部帮科长);李垣(法制局署参事);杨庆銎(山东省城警察厅厅长),等等。

　　除了在军政领域担任要职,还有一些学生通过科举考试步入仕途,担任中央及地方部门的行政工作。丁韪良记述:"他们当中获取三种科名(按:秀才、举人和进士)的人都有,许多人来之前已获得最低的科名,来这所学院后获得了最高的科名。其中,汪凤藻君有幸成了翰林院的一员,前途无量。学院因而受到士大夫们的尊敬,就连许多贵胄子弟都争相入馆学习。"①虽然科举之途并非同文馆开展新式教育的终极目的,但事实上却是同文馆学生的重要出路之一。根据刘华的研究,从同文馆毕业而任职于朝廷和地方政府行政部门的学生达64人,其中官居二品者9人,居三、四品者25人,分别任职于兵部、户部、刑部、工部、都察院和内阁等部门。② 从光绪元年(1875)开始,陆续有学生高中乡试、会试。据历次《同文馆题名录》记载,先后共有13名学生中试举人(含两名副榜及1名翻译举人)。他们是:郭万俊(英文)、长秀(英文)、玉启(英文)、汪凤藻(英文)、何文澜(英文)、袁桐(英文)、吴筠孙(不详)、恩裕(英文)、恩光(英文)、董钧(英文)、王泽沛(英文)、祺昌(德文)、周自齐(英文)。其中的郭万俊、长秀、汪凤藻等7人又高中进士。这13人中除已知两人仍在外交界继续工作,其他的人都转而从事中央或地方各种行政职务。同文馆学生不仅在近代西方科学知识的掌握方面,而且在仕途方面同样不输从传统的以科举入仕为终极目的的各种官学、书院出来的学生。这在一定程度上改变了上至执掌朝政的满汉官僚,下至寻常百姓对同文馆这类新式学堂的思想观念,提高了同文馆的社会地位。台湾学者孙子和探讨了同文馆不寻常的办学历程后,论及它的贡献和影响时指出:"任职者亦屡见不鲜,上自中央院、部、寺、监,下至地方道、府、州、县,莫不有该馆学生之踪迹,在早期西方思想之传播,除由海外回国之留学生外,国内均藉彼等为重要之媒介。"③从同文馆学生离校后的

①　W. A. P. Martin. *A Cycle of Cathay, South and North with Personal Reminiscences*. New York: Fleming H. Revell Company, 1900, p. 312.
②　刘华:《论京师同文馆的高等教育性质》,《浙江大学学报》(人文社会科学版)2004年第1期。
③　孙子和:《清代同文馆之研究》,台湾嘉新水泥公司1977年版,第273页。

去向来看,孙氏的评价大致是符合实际的。

(三)教育文化领域

1. 为近代新式学堂培养了最早的一批新学师资、教育管理、文学等方面的人才

同文馆创办的初衷是培养从事对外交涉事务的外交翻译人才,但随着作为维新变法运动重要表征之一的新式学堂的普遍设立,对具备新知识的师资的需求日盛,同文馆自觉不自觉地承担起为这些学堂培养新学师资的使命,它"不仅为自己培养师资,而且还为天津电报学堂、天津水师学堂、上海广方言馆提供师资"①。光绪二十二年(1896),时任湖广总督的张之洞向总理衙门提出引进"德文尚优"的同文馆德文馆学生程遵尧,出任译员和湖北自强学堂教习。他还提出要一名俄文生来学堂任教。② 同文馆在其存续期间,为近代新式学堂培养了至少四十名外文、算学教习及部分新式学堂主要负责人。这些学堂包括清末最具影响力的外国语学堂,如京师同文馆、上海广方言馆、湖北自强学堂及近代中国第一所综合性大学——京师大学堂(国立北京大学前身)等,其中,仅京师大学堂就录用了十一名原同文馆学生,他们是:格致科监督汪凤藻;英文教习文廉、柏锐、杨书雯、全森;法文教习郭家骥、周传经、文惠;德文教习唐德萱;算学教习胡玉麟、席淦。③ 在教育界服务的其他同文馆优秀毕业生还有:南洋公学(上海交大前身)总理(校长)汪凤藻;湖北自强学堂首任总办(校长)蔡锡勇;天津电报学堂提调兼英文教习庆常;安徽省城高等学堂英文教习何六吉;湖南明德学校英文教习张嘉森;上海广方言馆英文教习严良勋、凤仪、朱格仁、朱敬彝,法文教习黄致尧、吴宗濂、周传经、徐绍甲;京师同文馆算学教习席淦、王季同;天津武备学堂监督(校长)联芳,学堂总办、翻译教习廕昌,教习陈应宗、德海;天津军营教习金采;天津军营德文教习景启;珲春俄文书院教习毛鸿遇;天津军营德文教习文利、谭澧;天津俄文教习刘崇惠;新疆抚署翻译教习桂煜;安徽学堂教习德昆、李联壁;芦台军营教习扎尔罕;畿辅学堂斋长陈寿平;四川法文教习恩禧、英文教习长德;京师译学馆监督、俄文专修馆

① Knight Biggerstaff. *The Earliest Modern Government Schools in China*. Ithaca: Cornell University Press,1961,p.90.

② 张之洞:"致总署"//国家清史编纂委员会编:《张之洞全集》九,武汉出版社2008年版,第136页。

③ 《民国史料丛刊:国立北京大学廿周年纪念册》,大象出版社2009年版,第251-285页。

校长邵恒俊,德文教习恩祜;陕西第一师范附属小学主任景纪光。①

　　值得一提的是,光绪帝屈尊聘用同文馆学生教授被称为"鴃舌之音"的英语。这一事件在封闭落后的晚清社会是一件开风气的事,引起了社会广泛的关注。丁韪良说:"同治(按:应为光绪)学习英文的时候,他的教师便是同文馆的学生。后来光绪皇帝决心设立大学,当然也是因为有感于同文馆的成绩。"②光绪十八年正月(1892年2月),《万国公报》刊登李提摩太的《恭记皇上肄习英文事》一文,称"皇上于几余之暇,召取同文馆士人入宫讲习英文。欲将英国文字语言贯通熟习,以裕圣学,俾他日中西交涉得有操持"③。1892年2月4日,美国《纽约时报》报道:"今年20岁的清国皇帝陛下……目前正由两个受过英美教育的北京国子监(按:应为同文馆)学生负责教授英语,而这件事是由光绪皇帝颁布诏书告知全国的。"④《纽约时报》提及的教授光绪帝英语的这两位学生,一位是张德彝,另一位是沈铎,他们都是早期同文馆的英文学生,受教于丁韪良、额伯连等著名洋教习,他们在外交、学术等领域均有贡献。光绪帝学习英文的时间不算短,光绪十七年(1891)十一月至光绪二十年(1894)十一月,前后长达整整三年。这一事件大大地推动了晚清社会风气的转变,形成学习英语的热潮。⑤可见同文馆这种先导的运动自有其重要的地位。

　　虽说从事教育事业的同文馆毕业生人数并不算多,但他们毕竟是近代中国自己培养的第一批新式学堂的外文和西学教师,为中国外语教育早期现

---

　　①　高时良:《中国近代教育史料汇编·洋务运动时期教育》,上海教育出版社1992年版,第80-83页;黎难秋、李亚舒:《中国科学技术翻译史》,中国科学技术大学出版社2006年版,第116页。有改动。

　　②　W. A. P. Martin著,傅任敢译:《同文馆记》,《教育杂志》1937年第27卷,第218页。

　　③　钱锺书主编,李天纲编校:《万国公报文选》,生活·读书·新知三联书店1998年版,第260页。关于光绪帝学习英文的情形,翁同龢在日记中也有记述:"(光绪十七年)十月廿五日　闻欲通泰西字义,此何意也。十一月初一　上在勤政(殿),命奕劻带同文馆教习进见讲洋文。十一月初五　入时已晚,敷衍而已,上于西文极用意也。十一月初七　不肖不克负荷,如洋药税……近且洋文彻于御案矣,伤哉!"(翁万戈编:《翁同龢日记》第六卷,中西书局2012年版,第2524-2527页)寥寥数语,流露了这位饱读儒家经典、毕生接受中国传统儒家教育的文化人对光绪帝学习英文的不解与无奈。

　　④　李方惠、郑曦原等译:《帝国的回忆——〈纽约时报〉晚清观察记》,生活·读书·新知三联书店2001年版,第129页。

　　⑤　丁韪良记述:"四年以前,有两位校友从海外归来,果如董(恂)所言,被派教授光绪帝的英文。……百姓看见他学英文,虽然认为是种屈辱,因此也不十分惊讶。皇上首开学习英文的先河,此举掀起了学习英文的热潮,宫廷里的王爷和大臣们纷纷寻找课本,拜师学习。"(W. A. P. Martin著,傅任敢译:《同文馆记》,《教育杂志》1937年第27卷,第227-228页)

代化和西学东渐做出了贡献,诚如论者所云:"中国英语教学后来之所以能发展,其中也有他们的辛劳。"[1]这些从事教育和管理的人当中,周自齐、蔡锡勇等人是佼佼者。

周自齐早年入读广东同文馆。光绪十六年(1890),他和杨晟、马廷亮等12人被保送入京师同文馆英文馆进修英文。光绪二十年(1894),周自齐中甲午科副榜。光绪二十二年(1896),时任总理衙门大臣兼户部侍郎的张荫桓把周自齐推荐给中国驻美公使伍廷芳。从此,周自齐在外交界、政界和教育界开始其不凡的人生。

周自齐在中国驻美国公使馆担任翻译、参赞及使馆代办,继而出任驻纽约、旧金山领事,并担任出使美、日、秘鲁等国的使臣。宣统元年(1909),周自齐自美返国,任职外务部(按:即后来的外交部)。次年6月清政府成立了专司考选学生留美的游美学务处,周自齐出任总办,同时筹设游美肄业馆。宣统辛亥年(1911),肄业馆改称"清华学堂"(Tsing Hua Imperial College),成为国立清华大学之前身[2],周自齐出任学堂监督(按:即校长),他因此被称为"创办清华第一人"。他任职清华期间(1909—1911),主持考选梅贻琦、王世杰、竺可桢、胡适、赵元任、姜立夫等三批共180名学子赴美留学。这批英才学成回国后,在民国各界均有杰出表现。民国元年(1912)起,周自齐先后出任山东都督、交通部总长、代理陆军总长、财政总长、中国银行总裁等职。民国十一年(1922)起,相继出任署理国务总理兼教育总长、摄行大总统等职。周自齐一生中有大半时间活跃于晚清民国政坛,在外交界、政界和教育界均有上乘的表现,这在清末民初新式学堂的毕业生中是不多见的。

同文馆出身的另一位著名教育家是蔡锡勇。蔡氏早年在广东同文馆师从谭顺、哈巴安德等洋教习肄习英文,是第一批入学的四名汉人子弟之一。同治十一年(1872),他和那三、左秉隆等三人获保送入京师同文馆深造,在丁韪良、李善兰等中外名师指导下,兼习近代西方自然科学和人文社会科学,奠定了毕生从事洋务事业的基础。

蔡锡勇是以翻译官的身份开始其辉煌人生的。光绪元年(1875),蔡锡勇奉命随陈兰彬出使美国、日本、秘鲁三国,出任翻译官,是我国第一代职业外交官。光绪七年(1881),蔡锡勇出任驻西班牙参赞,后回国担任广东实学馆教

---

[1]　李良佑、张日昇、刘犁:《中国英语教学史》,上海外语教育出版社1988年版,第28页。

[2]　关于国立清华大学之沿革,参见张美平:《民国外语教学研究》,浙江大学出版社2012年版,第291-295页。

习,并开办东文报局。张之洞主政广东期间,曾设立"办理洋务处"。光绪十年(1884),派蔡锡勇为坐办提调,在其麾下任职的有外语英才辜鸿铭、邝其照、张懋德等人,分任德、英、法文翻译委员,负责搜集条约档案及图书、与各国副领事以下人员晤商,研究各项交涉事件,训练广东地区的外语外交人才等。光绪十五年(1889),张之洞调任湖广总督,奏调蔡锡勇赴鄂从事洋务事业。在教育方面,作为张之洞洋务事业主要执行者的蔡锡勇负责经营自强、化学和武备学堂。其中,自强学堂的成效最为显著。作为张之洞最器重的得力部下之一,蔡锡勇的才学、品行、责任心及办事能力,深得张之洞的赏识。张之洞在光绪二十年(1894)十月初五的《保荐蔡锡勇片》中竭力保荐时任湖北试用道的蔡锡勇。该奏称:"该员器端识远,心细才长,熟习洋情,曾充美、日各国翻译、参赞等官……深通泰西语言文字,于格致、测算、机器、商务、条约、外洋各国情形、政事,无不详究精研,洵属通达时务,体用兼赅,臣所见办理洋务之员,其才品兼优事事著实,实无有能出蔡锡勇之右者。"①在张之洞的保荐下,蔡锡勇出任自强学堂总办(按:即校长)。自强学堂是张之洞为实现湖北教育现代化而创办的新式学堂,是其湖北新教育事业的象征,是近代中国第一所真正由中国人自行创办和管理的新式高等外国语学堂。蔡锡勇模仿其母校粤、京二馆的做法,将学堂分成英、法、德、俄各斋,并附译书工作。更为重要的是,自强学堂实施分科教学,突出方言(按:即外国语文)、汉文、数学三科教学,并兼顾人文与自然学科的教学,被《清史稿》称为办学最有成效的学堂之一,"查京外学堂,办有成效者,以湖北自强学堂、上海南洋公学为最"②。

同文馆在文学人才培养方面也有贡献。虽然文学人才的培养不是同文馆的主业,但它却在"无心插柳"中培养了若干"以文藻显"的著名文学大家,齐如山、张德彝、曾朴等人是其中的杰出代表。

戏曲理论家齐如山(1875—1962)曾任京师大学堂、北京女子文理学院教授。他是一个多产的学者,出版了约30部著作,内容涉及戏剧、化学、民俗、随笔、工艺、饮食等方面。其中,有关京剧的就达10余部(不含未正式出版的8部)。齐如山的代表作有《中国剧之组织》《京剧之变迁》《国剧概论》《齐如山谈梅兰芳》《中国固有的化学工艺》《华北农村》等。孙子和称:"齐如山在国剧方

---

① 张之洞著,国家清史编纂委员会编:《张之洞全集》(第三册),武汉出版社2008年版,第207页。

② 赵尔巽等编:《清史稿》卷一百七,中华书局1976年版,第3128页。

面之贡献,则为同文馆学生文学方面之特殊表现。"①

　　作为同文馆第一批入馆的学生,张德彝好学聪慧,贵荣称其"性颖悟,喜读书,目下数行,过辄不忘"②。他是近代中国最早出国的在馆学生,除了担任驻日本参赞、驻英公使以外,在文学方面也有上佳的表现。十九岁时,他随斌椿使团出使欧美,以青年人特有的敏感和观察力写成《航海述奇》一书,介绍国人闻所未闻、见所未见的西方工业革命的成果——煤气灯、钢琴、印度擦物宝(橡皮)、自行屋(升降机、电梯)、电报、火轮车(火车)、铁裁缝(缝纫机)、肾衣(安全套),等等,不一而足,从而给世人留下了中国人对欧洲生活和事物的"第一印象"。张德彝一生8次出国,在国外度过27个春秋。他是个有心人,每次随使出国,都详尽记下其所见所闻,依次汇编成辑。他撰写的游记,除《航海述奇》以外,还有《再述奇》《三述奇》直至《八述奇》,计200余万字,"可算得十九世纪中国最多产的旅游作家"③。作为巴黎公社起义的目击者,他在《三述奇》中,以直观、形象、鲜明的笔触描绘了世界上第一次无产阶级革命的壮举。他回国后写成的《航海述奇》等游记,详细记载了他的观察见闻,其中,许多喜剧活动的记载形象记述了欧洲喜剧活动的盛况,由此成为我国第一个介绍欧美喜剧的人。台湾学者王尔敏对张德彝的才学评价很高,说他"不但学殖深厚,而且用心深细,凡经考察而得,必能详备周至。至其书内容,加倍于斌椿之笔记,极具参证价值"④。张德彝还是将西洋标点符号引入近代中国的第一人。⑤ 他的一系列游记,促进了中西文化交流。更重要的是,这些作品对世界知识一无所知的中国知识界,起到了一定的启蒙作用。

　　光绪二十一年(1895)冬进入同文馆特班学习法文的曾朴,同时兼具作家、译者和出版家的身份。他的长篇小说《孽海花》,被公认为四大谴责小说中最有价值的一部。鲁迅在《中国小说史略》中称它"惟结构工巧,文采斐然,则其所长也"⑥。甚至还有他人续书《碧血幕》《续孽海花》等。曾朴著有《补汉书艺

　　① 孙子和:《清代同文馆之研究》,台湾嘉新水泥公司1977年版,第273页。

　　② [清]贵荣:"序二"//[清]张德明:《航海述奇》,上海申报馆,同治年间。

　　③ 赵蕙蓉:《北京近代教育源泉探——论析京师同文馆》,《北京社会科学》1990年第1期。

　　④ 王尔敏:《弱国的外交:面对列强环伺的晚清世局》,广西师范大学出版社2008年版,第217页。

　　⑤ 张德彝随蒲安臣、志刚出使欧美后写成了《再述奇》(即《欧美环游记》)一书。他在书中详细介绍了西洋标点符号及其用法。([清]张德彝著:《欧美环游记》,湖南人民出版社1981年版,第197-198页)

　　⑥ 鲁迅:《中国小说史略》//鲁迅:《鲁迅全集》,人民文学出版社1981年版,第300页。

文志考》十卷,受到光绪帝师翁同龢的称赞,翁氏称"此子年才廿五,著书博赡,异才也"①。他还是著名的法兰西文学翻译家,代表性译作有雨果的《九三年》《钟楼怪人》《笑面人》《欧娜尼》、左拉的《南丹与奈侬夫人》和莫里哀的《夫人学堂》等。跟林纾等翻译家不同的是,这位被郁达夫称为"新旧文学交替时代这一道大桥梁"的文学家和翻译家,是"清末民初不多见的直接从原文译介西方文学作品的翻译者"。②郭延礼称,在中国近代翻译界,"能对法国文学有如此全面而深入了解的,除曾朴外,恐怕也难找第二个人了"③。著名出版家张元济认为曾朴的才具可与大翻译家林纾比肩。他说:"翻译外文,只有闽县林琴南(按:即林纾)的古文和常熟曾孟朴(按:曾朴,字孟朴,江苏常熟人)的白话,才能合乎理想要求。"他非常器重曾氏,把林、曾二氏的商务稿费列为最高标准,每千字银洋十六元,约合白米三石许,高人一等。④

2. 翻译出版了一批西方自然和人文社会科学书籍

同文馆创办之前,对西方思想和知识进行翻译、出版的主渠道是外国传教士或教会机构。他们在19世纪初即开展这项工作,但其中大部分是《圣经》等宗教教义的翻译,至于自然及人文社会科学,除马礼逊编译的《华英字典》、李善兰译的《代微积拾级》、艾约瑟译的《植物学》等以外,其成果则很有限。同文馆创办后,在丁韪良领导下,掀起了近代中国历史上产生一定影响的译书运动,成为近代中国第一个具有较大规模的西学翻译中心。对西方科学的引介促成了近代思想学术的现代化,这是同文馆的重大贡献。同文馆在其存续期间,至少翻译了32部西学书籍。关于同文馆的西学翻译,本书的相关章节已有较详尽的讨论,兹不赘述。这里择其重要者予以补充。

在中国近代翻译史上,同文馆师生创造了多项"中国第一"。

丁韪良主译的《万国公法》是同文馆出版的第一部西学著作,也是中国第一部国际法专著。王尔敏称:"总理衙门积极译印《万国公法》,并将其书进呈御览,正见其对外交事务之认真培植专才之急切。后来同文馆译印之书不少,特别是格致历算之书不少,却未尝再有进呈,具见总理衙门大臣最为重视外交知识与对西方列强交际之经验。"⑤

① [清]翁同龢著,陈义杰整理:《翁同龢日记》第五册,中华书局1997年版,第2898页。
② 马晓冬:《曾朴:文化转型时期的翻译家》,北京大学出版社2014年版,第4页。
③ 郭延礼:《中国近代翻译文学概论》(修订本),湖北教育出版社2005年版,第330页。
④ 郭延礼:《中国近代翻译文学概论》(修订本),湖北教育出版社2005年版,第334页。
⑤ 王尔敏:《弱国的外交:面对列强环伺的晚清世局》,广西师范大学出版社2008年版,第201页。

1876 年刊印的《星轺指掌》系首部由中国学生独立翻译的国际法书籍,也是近代中国出版的第一部外交书籍。译者为法文馆学生联芳、庆常。

毕利干是近代中国第一位化学教习。他编译的《化学指南》(*Lecons Elementaires de Chimie*)、《化学阐原》(*Advanced Chemistry*)是中国最早的中文化学教科书。《化学阐原》被总理衙门大臣周家楣称为"化学之津梁":

> 化学者,西学之一大端也。同文馆肄习各国语言文字、天文、算学、医学诸大端之外有化学一门。西儒毕教习专精此学,既在馆日久,与诸生讨论讲习有成效,曾译《化学指南》十卷,印传海内者有年。今又与冠西丁总教习商同译成《化学阐原》,相与参互考订指正详明六章。用该万变如沿流者,必溯其原,譬挈衣者先提其领,将踵印传布,以惠有志于斯诣者,洵足为化学之津梁,而为中外所拱璧同珍者矣。①

毕利干还是第一个把《拿破仑法典》(*Code Napoleon*,中译名《法国律例》,毕利干口译,时雨化笔述)介绍到中国的西方学者。黄庆澄在《中西普通书目表》中称:"《法国律例》,拿破仑手定也。读之,可想见雄才大略,并世无双。"②毕利干还编有一部《法汉字汇》(*Franco-Chinnese Dictionary*),充作教材使用。

熙璋、海灵顿等人翻译的《中西合历》(*Astronomical Almanac* 1877/1878—1880/1881—1898)是中国最早的中西历对照表。

作为同文馆最杰出的学生之一,汪凤藻是同文馆师生中译书最多的译者,一共翻译了《富国策》《新加坡刑例》《中国古世公法论略》《英文举隅》《陆地战例新选》《公法便览》等六部西书。根据相关文献,前四部是汪凤藻独立完成,后两部虽与他人合作,但其中的大部分仍出自汪氏之手。汪译西书几乎占馆译西书的 20%。其中,汪凤藻翻译、丁韪良负责审定的《富国策》是第一部译成中文的西方经济学专著,流传很广。近代著名教育家和出版家高凤谦在致汪康年的信中说:"《富国策》甚好,何人所译? 示之。如已成书,请源源刊印。"③1880 年 12 月,基督教新教在华传教士组织的学校教科书委员会(the

---

① 周家楣序,[法]毕利干口译,[清]承霖、王钟祥笔述:《化学阐原》,同文馆聚珍版,光绪八年孟冬。

② 黄庆澄:《中西普通书目表·读书灯》,羊城铸史斋刊,光绪戊戌九月,第 16 页。不过,梁启超对《法国律例》的译文质量并不认同:"《法国律例》名为'律例',实则拿破仑治国之规模在焉,不得以刑书读也。惟译文繁讹。"(梁启超:《读西学书法》,时务报馆,清光绪年间石印本,第 8 页)

③ 上海图书馆编:《汪康年师友书札》第二册,上海古籍出版社 1986 年版,第 1623 页。

School and Textbook Series Committee，又称"益智书会")将《富国策》列入学校教科书系列。① 1898年，《富国策》和《格物入门》《公法会通》等馆译西书一起被中华教育会指定为优秀教科书。②《英文举隅》于光绪五年(1879)在同文馆正式出版，这是最早由中国学者编译的英语文法书之一。

蔡锡勇在担任清政府驻华盛顿公使馆翻译期间，将《美国合邦盟约》(即《美国联邦宪法》)译为中文，这是首次在国内传播的中译本。光绪二十三年(1897)，《美国合邦盟约》在《时务报》刊发后，"进入康有为等维新思想家的视野，成为他们改造传统'民本'思想的一种知识参照"③。

除此以外，同文馆师生翻译的一些西学书籍具有较大的影响力。例如，丁韪良的《格物入门》(Natural philosophy)，不但在中国有很大影响，"被摆上了皇帝的案头"，而且受到当时日本人的重视，"在日本得到重印并加了注释"④。

原同文馆德文馆学生荫昌在武备学堂执教期间翻译了《行军指南》，庚音泰则翻译了《步队毛瑟枪说》。⑤ 原俄文馆学生、总理衙门翻译官、官书局俄文翻译委员萨荫图翻译了一部《俄罗斯刑法》十二卷。这些书籍在当时产生了较大的影响。

张德彝编译的《英文话规》《汉英字汇》和《英文举隅》一样，也是晚清时期较具影响力的英文文法书。

光绪二十九年(1903)起，原同文馆学生杨枢以候补四品京堂衔任出使日本大臣。时值日俄战争，杨枢根据日本报道资料，写成《日俄战争纪要》一书，在东京以汉文出版，指出"日俄战争，实为中国之患"，并呼吁国人发愤图强。⑥爱国之情溢于言表。

---

　　① Ferdinand Dagenais：*The John Fryer Papers*(Vol. Ⅱ)，广西师范大学出版社2010年版，p.353。

　　② *The Chinese Recorder*，Dec. 1898，p.606.

　　③ 胡其柱：《蔡锡勇〈美国合邦盟约〉译本考论》，《学术研究》2011年第3期。

　　④ Arthur Smith. The Life and Work of the Late Dr. W. A. P. Martin. *The Chinese Recorder*，Feb.，1917，p.122. Also see W. A. P. Martin. *A Cycle of Cathay or China*，South and North *with Personal Reminiscences*. New York：Fleming H. Revell Company，1900，p.237.

　　⑤ 栗进英、易点点：《晚清军事需求下的外语教育研究》，湖南大学出版社2010年版，第19页。

　　⑥ 栗进英、易点点：《晚清军事需求下的外语教育研究》，湖南大学出版社2010年版，第83页。

(四)科技、军工、矿务、铁路领域

同文馆是一所以外国语言文字训练为主兼及传授西方人文社科和自然科学知识的近代新式外国语学堂,其培养的人才分布在多个领域。丁韪良说:

> 上述提到的那位已是祖父的可敬学生(按:即杜法孟)最终当上了县令。我们的很多学生都获得了类似的职位。有的被调往武备学堂,其中两位当上了学堂的监督。还有的学生进了电报局。但我们最出色的学生都在外交界和国外的领事馆任职。有好几位已升至总领事和代办。一位已是翰林的学生(按:即汪凤藻)还有幸代表皇帝出使外国。中法战争期间,一位学生因为知道如何计算弹道轨迹而被派往广东,担任军队里的工程师。这一事件就像黑暗中的一道闪电。①

由此可见,除外交、教育及政府部门是同文馆学生的主要去向外,洋务派创办的军工和技术部门也是其去向之一。据早期同文馆英文教习额伯连记载,天津机器制造局曾向同文馆招聘译员和工程技术人员,最终有两名最出色的学生被录用。② 这说明早在 19 世纪 60 年代后期同文馆就已培养出具有一定科技知识的人才。在军工和技术部门担任委员及领导职务的同文馆毕业生有:天津军械局总办承霖;天津军营委员金汤;官电报局领班柏斌;广东船政局总办、机器局总办、军械所会办熊方柏;天津电报局领班双华;厘金局委员王文灏;北京官报局委员英志;天津电报局委员廷熏;电报局候补领班徐明;天津电报局郭家珍;天津德律风报局领班文廉;沽野电报局领班万林;张绥铁路收支科科员李广元;外交部译电处汪庆奎、王莼;前印铸局局长俞文鼎;津浦铁路工程提调高寿昌;直隶西区矿税局委员孟纶昌;四川彭县铜矿局局长孙海环;津浦铁路总办李德顺;京奉铁路营口车站站长梁翅厦③;镇江大照电器公司总经理王季同。

这些在以学习西方的声光化电为特征的洋务自强运动中创办的企业也是吸纳具有一定近代西方科技知识的同文馆学生的主要去处之一。他们的科技知识达到了科举制下培养出来的学生所无法企及的高度,甚至被运用到保卫

---

① W. A. P. Martin. *A Cycle of Cathay or China*, South and North with Personal *Reminiscences*. New York: Fleming H. Revell Company, 1900, pp. 317-318.

② M. J. O'brien. The Peking College. *The N. C. Herald and S. C. & C. Gazette*, Jan. 25, 1870, p. 64.

③ 马挺亮:《京师同文馆学友会第一次报告书》,京华印书局代印,1916 年,第 26-34 页;高时良:《中国近代教育史料汇编·洋务运动时期教育》,上海教育出版社 1992 年版,第 80-82 页。

国家的战斗中。如前丁韪良所述,在中法战争期间,一位知道如何计算弹道轨迹的同文馆学生被派往广东,担任军队里的工程师。[①] 蔡锡勇不仅是著名的教育家,而且还是近代中国科技领域的代表性人物之一。光绪十年(1885),张之洞担任两广总督后,与各国领事发生交涉事件日渐增加,蔡锡勇因其不凡的外语能力,引起张之洞的注意,便将其揽入麾下。蔡锡勇在张氏幕府工作半年后,获得后者的啧啧称赞:"大抵粤东官吏结识洋人者甚多,而讲求洋务者甚少,向来号称熟习洋务者,非学识粗浅,即品行猥杂,惟蔡锡勇志向端谨,才识精详,因专派充当洋务局委员,承办各事,均能深明大体,动协机宜,实为办理洋务不可多得之员。"[②]

　　张之洞在广东开展的洋务事业中,比较重要的一项是设立于光绪十二年(1886)的海图馆,设立该馆是为了将粤海地形及守备绘图备用。蔡锡勇派遣并指导肄习算法、舆地的学生完成分图共十四幅。自光绪十五年(1889)起,张之洞调往湖北,蔡锡勇协助其在湖北创办并经理汉阳炼铁厂、枪炮厂、织布局、缫丝局、纺纱局、湖北银元局等洋务事业。在科学领域,蔡锡勇创造了三项"中国第一":一是中文速记。他根据英文速记原理创制中文速记,著有中国首部速记专著《传音快字》[③],并在自强学堂组织教学。二是著有《连环帐谱》一书,将西方复式会计科学引进,取代了我国传统的四柱帐法。它是西式复式帐法引进的先导,也是后来中式簿记改良的先声,推动了我国近代会计的发展[④]。三是在广州设立银元局,是为中国以机器大量铸币之始。

　　作为张之洞洋务事业的左膀右臂,蔡锡勇因劳累过度,撒手人寰。张之洞在悲痛之余,奏请优抚恤,追赠蔡锡勇为二品内阁学士。他在为蔡锡勇请恤的折中说:

　　　　查该故道,志操廉正,器识宏深,博通泰西语言文字,精究天文、格致、测算等学,于各国外政畅悉利病源流,而天怀淡泊,任事肫诚,凡各国领

　　① W. A. P. Martin. *A Cycle of Cathay or China*, *South and North with Personal Reminiscences*. New York: Fleming H. Revell Company, 1900, p. 318.

　　② 张之洞:《蔡锡勇留粤补用片》//国家清史编纂委员会编:《张之洞全集》第一册,武汉出版社 2008 年版,第 265 页。

　　③ 高凤谦在给中国近代出版家汪康年的信中提及这部著作,称:"蔡氏《传音快字》已有,亦略能中,但笔画似近繁否?"(上海图书馆编:《汪康年师友书札》第二册,上海古籍出版社 1986 年版,第 1623 页)

　　④ 葛继圣:《中国近代高校第一位校长 中文速记首创人——蔡锡勇》,《广西大学学报》(哲学社会科学版)1995 年第 5 期。

事、江海税司以及矿师良匠、中西商贾,莫不钦其耿介,服其明达。遇交涉重要繁难之事,他人棘手莫办者,该故道靡不迎刃而解。所办织、布、枪炮各局、厂,经手款项多至数百万两,力杜虚糜,丝毫不苟。殆其殁也,囊无余蓄,旅殡难归,各国洋报流传,咸加惋惜伤悼,异口同声。微臣失此臂助,极目时艰,人才罕觏,尤不能不为国家惜此人矣![①]

同文馆首届学生张德彝不仅精通英文、擅长汉文著述,而且也是电报科技领域的行家里手。他在 19 世纪 60 年代中期出洋时就会拍发电报,并通过其《航海述奇》一书向国人介绍。[②] 70 年代初,逗留法国巴黎时,他取七千常用汉字按序编成《电信新法》一书,为总理衙门所采用,作为拍发中文电报之用。

同文馆学生肖开泰悉心研究机械制作工艺。甲午战争失败后,他"数上陈条,言测绘战守器具中有制火镜焚毁敌船一条,大为世之诟病,开泰愤而归,自以心得制造各种器具,其镜能焚小物于十丈外,烤炙鸭猪等肉,故终信其可用。制木茑,为人传信。制盐井起水机,多有效者"[③]。这一史料说明三点:一是肖开泰是一位优秀的科技制造发明者,二是同文馆曾开展过较有成效的科技教育,三是他的成就竟然不为当时社会所容,说明晚清现代化进程推进之艰难。

有论者认为,同文馆"虽以西洋文字和科学技术为主要学习内容,但建馆近四十年,总括北京、上海、广东三处,却没有培养出几个有影响的科学技术专门家"[④]。此说值得商榷。这里,他们没有指明要有多高的水平或取得多大的成就才能称为"有影响的科学技术专门家"。假定以今人的标准,如获得省部级以上政府部门的奖励才算是"专门家"的话,那么此说在一定程度上可能是成立的。但是,在 19 世纪 60 年代洋务运动启动之前的中国社会,几乎所有的国人都不知道西洋科技为何物。例如,以电为媒介进行通信的电报,在 19 世纪 30 年代由美国人莫尔斯发明。张德彝早在 60 年代中期即已掌握该技术并向国人介绍,而电报技术却迟至 70 年代才传入中国。他的电报知识最早是从

---

① 张之洞:《为蔡锡勇请恤折》//国家清史编纂委员会编:《张之洞全集》第三册,武汉出版社 2008 年版,第 481 页。

② 张德彝除了其出色的英文水平,他还掌握了当时国人几乎一无所知的电学。同治五年(1866)二月,他在中国政府向国外派遣的第一个使团中出任见习翻译。在法国,他亲自到电报局与海关税务司法籍译员德善一起向巴黎拍发电报,以备旅居馆舍。对于拍发电报的过程,张德彝在记述其海外见闻的游记《航海述奇》中有较详尽的描述。(张德彝:《航海述奇》,岳麓书社 1985 年版,第 488 页)

③ 赵蕙蓉:《北京近代教育源泉探——论析京师同文馆》,《北京社会科学》1990 年第 1 期。

④ 吕景林、张德信:《略论京师同文馆与人才培养》,《近代史研究》1988 年第 5 期。

同文馆英文兼格致教习丁韪良处获得的。丁韪良以其编撰的《格物入门》为教材,向同文馆学生介绍电学方面的知识。他说除了教这十个学生的英文,还教他们使用和管理电报的课程。为了引介这种"神奇"的事物,他还前往费城学习那些课程,并带回了自己掏钱购买的两套电报装置,一套发报机使用莫尔电码,另一套是使用字母标度盘。① 可以说,张德彝等同文馆学生是最早一批掌握电报知识的中国人。从这个意义上说,这些学生都是有影响力的电报方面的专门家。撇开上海、广东两地的同文馆不谈,仅京师同文馆就培养了不少近代中国有影响的科学技术专门家,如创下三项"中国第一"的张之洞洋务助手蔡锡勇及上述所列的以天津军械局总办承霖等为代表的 20 多位科技界专家。

(五)在维护国家利权方面

同文馆学生不仅在外交、军政、文化教育、科技等领域大放异彩,而且利用其所学的外文知识在维护国家利权方面做出了贡献。庆常、荫昌、萨荫图等人是其中的杰出代表。

同治十年(1871),沙俄侵占了中国新疆伊犁地区。光绪四年(1878),清政府派崇厚充出使俄国大臣,前往俄国交涉归还伊犁事项,调原同文馆学生庆常以三等翻译官身份从事传译工作。崇厚归国后,曾纪泽赴沙俄重开谈判,庆常作为正式翻译官协助曾氏工作。自光绪六年六月至七年元月(1880 年 7 月—1881 年 2 月)七个月的时间里,中俄先后举行了五十次会议,庆常是曾氏所有随员中唯一一位每次都参与传译的译员。经过艰苦谈判,中俄签订《中俄伊犁条约》,收回了部分被沙俄强占的领土,在一定程度上为国家减少了损失。

荫昌是同文馆德文馆第一届学生,他于同治十一年(1872)入馆学习德文。他于光绪三年(1877)以三等翻译官的身份与庆常一起作为首任出使德国大臣刘锡鸿的译员前往德国履职。后来,荫昌进入军界。十一年(1885),荫昌出任天津武备学堂翻译,后来成为这所新式陆军学堂的总办。光绪二十七年三月二十五日(1901 年 5 月 13 日),两江总督张之洞在"今时势日棘,外患内忧交发并至"的情况下,向清廷荐举时任记名副都统荫昌、翰林院编修徐世昌(1918—1922 年间任中华民国大总统)等九人,称他们是"志节才器,矫然拔俗,确有实绩",希望破格擢用。举荐荫昌的理由是:

> 该员前赴德国学习武备,于练兵本原功用均能得其窍要。……近年

---

① W. A. P. Martin. *A Cycle of Cathay or China*, *South and North with Personal Reminiscences*. New York: Fleming H. Revell Company, 1900, p. 299.

将领,仍是旧日习气,一味大言欺人,讲排场,耽安逸……枪炮理法,全不讲求,间有采用西法,亦但凭庸陋教习为指挥统带、营哨官,全不能自教操练。……若使该员专练一军,以为诸将法式,必有实用,且将来可随时派赴各省查阅各军,指其利病,核其勤惰,则各省将弁兵勇必更鼓舞讲求,一扫从前娇惰空疏、欺诳牟利之恶习。①

宣统二年(1910),荫昌升任陆军部尚书(后改称陆军大臣)。光绪二十三年(1897),发生德军侵占山东青岛的胶州湾事件。翁同龢奏调荫昌担任随员对德交涉。翁氏屡屡述及荫昌,可见对他极为欣赏。他在日记中记述:"此人曾入德奥两国军队,曾与德现在王同学,今在天津武备学堂帮办挑带八旗子弟百五十人入学,此次调来充吾随员。颇慤直无习气。"②光绪二十五年(1899),山东巡抚袁世凯奏调荫昌协助对德交涉路矿事宜,与德人议订《山东煤矿章程》及《胶济铁路章程》。翌年,袁世凯又专折奏调他到山东工作,称他"公忠亮直,恫愊无华,洞烛德人情伪"③。

萨荫图是蒙古镶黄旗人,于光绪八年(1882)考进同文馆专习俄文。因在同文馆大考中获得优等,被总理衙门奏保荐为八品官,并身兼俄文副教习、总理衙门翻译官和官书局翻译委员等职务。光绪二十三年,俄国利用德人占据胶州湾,佯称助我却派军舰径入旅顺借泊,欲以既成事实达到租借旅大的目的。"品行端方,洋文通达"的俄文馆记名副教习萨荫图、学生刘崇惠、法文馆副教习德坤等受李鸿章的指派,协助提督宋庆做好交涉事宜。翁同龢记述,"李相又派萨荫图赴旅顺当俄翻译"④。光绪三十三年(1907),萨荫图奉旨充出使俄国钦差大臣。使俄期间,经常翻译俄国报纸的重要内容发回国内。1910年7月,日俄签订第二次日俄协约,规定日俄有权采取必要措施以保卫其在中国东北的特权。萨荫图抢在该协约公布前三个月电告国内,以便国内及早应对。他又进一步分析日俄勾结之本意及后果,并建议切实整顿东三省内治以保我主权。又如,1911年年初,俄国提出三十余款要求,大肆恫吓我国

① 张之洞:《保荐人才折》(并清单)//《续修四库全书》编纂委员会:《续修四库全书·张文襄公奏议卷五十二》,上海古籍出版社2002年版,第2-3页。

② 艾文博主编:《翁同龢日记排印本附索引》(五),台湾成文出版社有限公司1979年版,第2138页。

③ 苏精:《清季同文馆及其师生》,台北上海印刷厂1985年版,第172页。

④ 艾文博主编:《翁同龢日记排印本附索引》(五),台湾成文出版社有限公司1979年版,第2136页。

修订光绪七年(1911)条约,萨荫图探报俄方汹汹之状及双方情势:"不俟开议,藉端先发,许之则议约时我所应争之权利,彼几一网打尽,不许则彼沿边调兵较速,难保无占地之虞。"①但是,腐败的清王朝却最终屈服于俄国的最后通牒之下,专派陆征祥赴俄修约。

二、同文馆存在的问题及成因分析

作为中国新教育启动标志的同文馆,为近代中国培养了一批外交、政治、教育、科技等领域的专门人才,为中国的现代化做出了贡献。但是,由于同文馆"这颗'西学'的幼苗,勉强插在从根本上排斥它的土壤里",不仅无法"长成郁郁葱葱的大树,结出繁茂硕大的果实"②,而且在进行新教育的探索中留下了诸多遗憾,以致广招各界的质疑、批评。

最早对同文馆进行批评的是同治五年(1866)由恭亲王奕䜣奏设天文算学馆而引发的关于中学西学的争论,即同文馆之争。挑起论争的主角是御史张盛藻、大学士倭仁等人,最后经同治帝、慈禧太后出面才得以平息。光绪九年(1883)及十五年(1889),先后又有御史陈锦和杨晨分别奏请整顿同文馆,但他们像接受传统人文经典教育的张盛藻、倭仁一样,并无西方近代学校教育的认识,其批评缺乏高度和视野,就事论事,也拿不出具体的应对措施,因此谈不上有什么创新性的见解。例如,陈锦在《请饬整顿同文馆并将提调苑棻池严惩折》中,胪列了同文馆存在"考课不真""铨补不公""奖赏不实""馆规不严"等四大弊端及提调苑棻池"贪鄙嗜利、擅作威福"③等情形。陈锦泛泛胪列的这些弊端,缺乏针对性。事实上,这些弊端并非同文馆所独有,几乎在古今中外的任何学校里都是存在的,无非程度不同而已。

自19世纪90年代起,直至今天,人们依旧没有停止对同文馆的批评。先将若干有代表性的批评意见列举如下:

◆ 孙家鼐:《议覆开办京师大学堂折》

> 京外同文方言各馆,西学所教亦有算学格致诸端,徒以志趣太卑,浅尝辄止,历年既久,成就甚稀,不立专门,终无心得也。……总署同文馆岁费二十余万两,天津医学堂岁费十万两,各省同文方言各馆、水师武备学

① [清]王彦威辑:《清宣统朝外交史料》卷十九,民国二十二年十月初版,第7页。
② 钟叔河:《从东方到西方——走向世界丛书叙论集》,岳麓书社2002年版,第68页。
③ 中国史学会主编:《中国近代史资料丛刊:洋务运动》(二),上海人民出版社2000年版,第59-61页。

堂岁费十余万、数万两不等,大抵草率狭隘、日久因循,卒未闻成就一人,足以上济国家之急,固缘于办理之未善,亦苦于经费之不敷耳。[①]

◆ 张之洞:《劝学篇下·益智第一·愚民辩》

同治军务敉平以后,内外开同文方言馆,教译也……屡遣学生出洋,赴美、英、法、德,学公法、矿学、水师……总署编刊公法、格致、化学诸书……且同文馆三年有优保出洋,随员三年有优保学堂,学生有保奖,游历有厚资……译书不广,学亦不精,出洋者大半志不在学,故成材亦不多。[②]

◆ 盛宣怀:《请设学堂片》

中国遣使交邻,时逾廿载,同文之馆培植不为不殷,随使之员阅历不为不广,然犹不免有乏才之叹者,何欤?毋亦孔孟义理之学未植其本,中外法政之故未通其大,虽娴熟其语言文字,仅同于小道可观,而不足以致远也。[③]

◆ 郑观应:《盛世危言·西学》

至如广方言馆、同文馆,虽罗致英才,聘师教习,要亦不过只学言语文字,若夫天文、舆地、算学、化学,直不过粗习皮毛而已。他如水师武备学堂,仅设于通商口岸,为数无多,且皆未能悉照西法认真学习,不如科甲之重,轻视武员,良以上不重之,故下亦不好。世家子弟皆不屑就,恒招募婆人子下及舆台贱役之子弟入充学生。况督理非人,教习充数,专精研习,曾无一生,何得有杰出之士成非常之才耶?[④]

◆ 徐士佳:《奏请乡会试增设洋文中额折》

京师之同文馆,广东之方言馆以及福建船政,上海制造各局,虽皆有延聘西师教习华生之事,然而经费出自公家,成就究属无几,且就学者大率孤寒子弟与市井之家为多,若名门望族,资性聪明文理通达者犹多狃于俗见,往往以练习洋文为耻。以致与洋人会晤,则舌人鲜能达意,动多隔

---

① 孙家鼐:《议覆开办京师大学堂折》//陈忠倚辑:《皇朝经世文三编》卷二,上海书局印,光绪壬寅夏,第17页。

② 张之洞撰,冯天瑜等评注:《劝学篇》,湖北人民出版社2002年版,第131页。

③ 盛宣怀:《愚斋存稿》卷一,奏疏一,思补楼藏版,1930年刻本,第11页。

④ 郑观应著,王贻梁评注:《盛世危言》,中州古籍出版社1998年版,第77页。

膜。至翻译西书,尤为今日之至要,然译笔陋劣类多,得粗遗精,莫发原书之奥义,此皆译才太浅,先由中学未深之患也。①

◆ 佚名:《申报·商务论略中》

方今当事者亦尝孜孜焉讲求西学矣。……乃观同文馆、方言馆、船厂局与遣赴美都之学生,为洋行公司添多少买办,求其堪为钦使随员者,已难其选,未闻有俊伟秀异,超轶群伦,克自振拔,有所表现者。何也? 盖学之而不精也。②

◆ 樊百川:《清季的洋务新政》

在一个如此的大国,洋务派兴办同文馆 30 余年,到头来却仅仅培养出了几个不成才的半殖民地公使、领事人员。这不但根本谈不上会对谋求国家独立、富强,尽心出力,"卓为有用",甚至连对洋务派所希冀的保持半殖民地制度下的封建统治现状,也不足以发生进一策、出一谋的作用。充其量,不过只是在中国陷入半殖民地的狱门上,添加一些微小的点缀品。③

这些批评除少数外,大多属于泛泛而论,针对的是包括京师同文馆在内的晚清洋务学堂,所传递的信息无非是这些学堂的办学效果存在较大的问题。不过,值得注意的是,这些言论虽然不无刻薄,但大多触及了京师同文馆等洋务学堂的核心及共性问题,如培养目标、专业教学、传统文化、技术教育、课程、生源、教学方法乃至译书等,因而无论是看待问题的高度及视野,还是解决实际的问题等方面,显然要强于 19 世纪 60 年代中期倭仁等人和 80 年代陈锦等人提出的批评。而且,这些批评者自身所拥有的西方政教与科学知识、社会阅历及外国语文能力(如郑观应在上海英华书馆师从传教士教育家傅兰雅学习英文)等都达到了相当的水平。如管学大臣(相当于现在的教育部长)孙家鼐是光绪帝师,甲午战后即提出"变法自强"的主张,认为要振兴国家,必须注重科学,兴办实业。张之洞、盛宣怀、郑观应等人更是一时无两的名士、人杰。不过,其中有的观点有失偏颇,特别是其中的一些刻薄之见,一笔抹杀同文馆办学之艰难历程,不足以反映事实的全貌,我们也是不认同的。

---

① 徐士佳:《奏请乡会试增设洋文中额折》(光绪二十九年)//黎难秋、李亚舒:《中国科学翻译史料》,中国科技大学出版社 1996 年版,第 107 页。

② 佚名:《商务论略中》,《申报》,光绪十五年十二月初七日,上海书店 1983 年影印出版。

③ 樊百川:《清季的洋务新政》第一卷,上海书店出版社 2003 年版,第 598-599 页。

从目前所掌握的资料来看，最早来自教学一线的对同文馆外语教育提出具体批评意见的是时任同文馆英文教习额伯连和法文教习李壁谐。额伯连于1869年12月给上海字林洋行出版的英文刊物《北华捷报》编辑部写信。该信于次年1月25日在该报刊登。这封长达约7000字的长信详尽介绍了早期同文馆在生源选拔、学生的学习态度、教习的素质、师生待遇、教学管理等诸多方面存在的问题。为便于我们更好地了解早期同文馆的外语教育，现摘译部分内容如下：

> 首先，关于对教习无能的指控问题。……教习可能是一帮无能之徒，大部分情形是这样的，但没有他们无能的证据。所谓无能是指不会教书。但是，除了法文教习和我之外，这些教习因为没有学生可教，指责他们无能是过于苛刻的。最能干的将军没有士兵就无法打仗，能力最强的教习没有可施教的对象也是无法实施教学的。……其他教习没有一名学生，也没有任何人安排他们从事与同文馆有关的工作。英、法文班于1867年12月开办。我所在的英文馆有21名学生，分成两个班，一个初级班，一个高级班。初级班由初学者组成。法文班的学生人数差不多，也分成初级和高级两个班。……高级班有8名学生，大约在我接受教职的五六年前，他们先后受教于包尔腾先生、威妥玛先生和丁韪良先生。……这些满洲学生，都是一些穷困潦倒的旗人子弟，他们在社会上属于卑微至极的群体。……一位汉人教授他们汉文，他们学习汉文的时间总是超过其他的课程。这很正常，因为精通汉文能保证他们在这个国家享有功名。但是，他们期待通过学习外文获得良好职业的前景，即便是从最乐观的方面看，也是不确定的，因而没有先例表明他们有什么长远的打算。学习外国的学问使他们遭受知识界的鄙视，甚至还受到亲朋好友的怀疑。我很快弄明白了，除了一两个人，他们对英文敷衍了事，把大部分时间用来学习汉文。我曾就此事问过他们。他们坦率地承认，他们将会很快地失去对英文的兴趣，因为学习英文不会有任何的结果。
>
> ……
>
> "高级班""初级班"的称谓，在某种意义上说，是属于用词失当，因为高级班由青年学生组成，初级班则几乎全是老人。……他们的年龄实在太大了。他们中只有两人在30岁以下，其余的都在30至50岁之间。其中一人因年龄过大，其发音器官已变得衰弱无力。他在那些40至50岁"年轻的"爱恶作剧的同学面前，试图清楚地发出音节表中奇特的英文音，却屡遭失败。另外一位是48岁的医生，在我的课堂里很少见到他的身

影,很明显他大部分的时间是在行医。其他的都是衙门的职员,因为要上班,其中的一些人一星期要缺5天课。我的法国同事的学生同样是没希望的。我想他们的年龄比我班学生的年龄还要大。我知道,其中的一人是我学生的父亲。孔夫子说,"朽木不可雕也",可能再也找不到比我任教的初级班这个更没有希望的"朽木"了。教他们学习几乎毫无成效可言。就算有成效,他们艰难获得的知识——这些他们希望获得的却迟早要和他们一道进入坟墓的知识——究竟有多大用处?就从这里我们即可找找同文馆失败的原因。

……

在任教这个班级六个月之后的一天,我像往常一样前往教室,却惊讶地发现教室里空无一人。第二天来了5个学生。我问学生为何前一天没来,他们说是接受总理衙门的考试。这次考试的结果是,英、法文馆各有8名学生被开除,因此今天才来了5人。总理衙门没有一人是懂英文的。得知这一消息,我很惊讶。我进一步询问后得知,他们是借助两个高级班的学生和一本词语手册组织考试的。所以,在教习们如此关注的这件事上,总理衙门官员却没有按礼节和常识事先和教习商量或就学生的长短处作出裁决,甚至没有向他们透露任何要组织考试的意图。……由于考试组织者的无能及文本的荒谬,法文教习和我都为被淘汰的8名学生中的一二名真正有培养前途的学生感到惋惜。英文馆留下来的5名学生中,接下来即可看到,有两人是没有任何希望的,另一人要是不吸食鸦片,也许还能学点知识。……我关注这次考试是因为它是同文馆失败的次要因素之一……测试段落的选择与上课内容完全无关,因而无法鼓励学生上课认真听讲,他们随意和乱来的学习习惯从此养成。

……

我的这5位学生中,有3人经常旷课。这次考试以后,他们旷课的次数更多了。不久,他们连学校也不来,只是到了领薪水的这一天,仍然会明智地及时地露一下面。在总理衙门了解这一情况之前,这一现状持续了好几个月,因为这些官员从不向教习索取点名册或了解学生的学习情况。被委托管理学生的满人斌椿对此心知肚明,却从不向上级汇报。如果有人旷课,他就把每月发给他们的薪水据为己有。后来,我终于逮到机会,向总理衙门大臣文祥(可能是帝国中最能干和最开明的官员)检举此事。他立即亲自将违纪者从名单中勾去。这样,我原先的13个学生现在只剩下两个。这一情况一直持续到今年七月。这时,一位名叫李善兰的中国数学家被任命为数学教习。我的这两个学生连同另外三个仍留在我同事任教的初级班里的学生，被安排在这位新来的教习那里接受教育。这些学生以吃不消同时学习一门外语和数学为托词，便放弃了法文或英文的学习。有四个来自上海同文馆的学生（在那里接受过很好的教育），来到北京以后也以相同的原因离开了英文馆而改学数学。①

1870 年 2 月 24 日，同文馆法文教习李壁谐给《北华捷报》编辑部去信，对同文馆的管理乱象、师生受到不公正待遇及被丁韪良称为"同文馆之父"的清廷海关总税务司兼同文馆监察官赫德的官僚作风等方面表达了强烈的不满。这封以法文撰写的约 2500 字的信件于是年 4 月 4 日在《北华捷报》全文登出。现摘译部分内容如下：

> 在我的想象中，京师同文馆的教习也该得到中国政府的关怀，我不敢希望大家能得到像我们的总教习兄弟那般的优待，但是起码应该可以像海关的职员一样得到同等的关怀。重要的是，我的同事需要通过获得官方特殊的礼遇来提高他们的威信和地位。然而，仅仅在两三天之前，在他们还没有向总理衙门申诉自己的请求的时候，总理衙门毫无道理地用一种侮辱性的方式对待这些可敬的教习。在经过一次所谓的考试之后，总理衙门在没有征求他们意见的情况下撵走了他们三分之二的学生（并不是因为这些学生能力不佳）。

> 我曾经在一封给赫德先生的信中充满苦涩地抱怨我所见识到的总理衙门粗暴的行事方法。然而，赫德先生总是习惯于对我的那些可敬的同事作这样的解释："总理衙门同我们完全合得来，强烈指责总理衙门并不会起到什么实质性的作用。至于采取别的方式，比如向总理衙门递交申诉和请愿，向中国负责此事的官员抱怨他们没有给教习应有的优待，那也是没有用的，因为他们本来就没有打算给我们这些优待。"我想说，赫德先生怎么能将我的信件置之不理、不予回复呢？当然，我对他这种置身事外的沉默态度并不很吃惊，因为我本来就预料到他不可能向我吐露真言。真正的智慧从来不是言语表达的智慧，我们的海关总督大人也惜字如金，对这件事采取讳莫如深的态度。保持沉默与神秘，这就是他的信条！

> 为了更加公正和客观，我向诸位讲述一下我的一个学生的经历。这

---

① M. J. O'brien. The Peking College. *The N. C. Herald and S. C. & C. Gazette*, Jan. 25，1870，pp. 63-65.

位先生是英语班的一个学生的父亲，尽管年事已高，但是他仍然称得上是我最优秀的弟子之一，在法语语言的理解方面造诣颇深，当然，这样的成绩是在他的学业没有遭到中断的前提下取得的。我的另外一位三十岁的弟子和他旗鼓相当，两人一同协助我著述一部关于"法语语言基础"的中文作品，这部作品得到了总理衙门的公开称赞，并且已经开始投入印刷。然而，赫德先生最近向我传达了总理衙门的决定（让部分中国学生退学），且仅仅是给了我他这方面的解释。于是，我想知道，总理衙门如今要怎样履行之前许下的诺言。据我所知，尽管我们曾经以个人的名义向赫德先生抗议，但是经历了五个月之久，我的两位学生助教仍然没有得到一丁点酬金，而在此之前，有关方面向我许诺，这两位参与书籍编写工作的助教能够得到与他们的工作相匹配的报酬。①

与前述批评者相比，额伯连、李壁谐二人从更加微观的角度，根据其自身的体验与认识，如实记录了丁韪良等精通外文和西学的外籍管理人员执掌同文馆教务之前的学校所存在的问题。从现有的研究来看，鲜有研究者提及这两篇文献。应当同意，这两篇文献是来自教学一线的同文馆外籍教习的亲身经历，其客观性和真实性是毋庸置疑的，值得研究者深入了解。额、李二氏提及的由不懂英文的总理衙门大臣主持英文考试并决定学生的去留一事，实为荒唐至极。而且，类似的情形也一直存在。光绪二十一年（1895），经由通晓英文的总理衙门大臣张荫桓所批改决定名次的英文试卷，同是总理衙门大臣却对外文一窍不通的翁同龢竟能加以变动名次先后。② 同文馆的一切馆务无论大小巨细都由总理衙门大臣们会商决策，并奏请皇帝批准，甚至学生考卷评分等也由大臣亲力为之，时任总理衙门大臣的董恂即是一例。他记述："自（光绪二年十二月）十六日起，岁考同文馆算学、翻译、格物、化学、富国策并甄别，十八日毕。"③这些完全是教习的份内之事，却由朝廷大员代劳了。这些情形往好处说是总理衙门重视教学质量建设，凡事事必躬亲，关怀体恤教师，往坏处说是越俎代庖，不分轻重缓急，肆意干扰学校教学活动，毫无近代学校管理的

① Emile Lépissier. The Peking College. Peking, 24th Fevrier, 1870. *The North-China Herald*, Apr. 4, 1870, pp. 244-245.
② 翁同龢记述："不得眠，看同文馆卷一过，后馆判甲乙，前馆则张公已定，余悉照之，惟英文提起三卷。抵暮始毕，乏甚。"（翁同龢著，陈义杰整理：《翁同龢日记》第五册，中华书局1997年版，第2872页）
③ ［清］董恂：《还读我书室老人手订年谱》卷一，台湾文海出版社1968年版，第185页。

理念与方法。1885 年,傅兰雅在一封信中提及他当年离开同文馆是因为厌倦了在同文馆的英语教学及来自下级官员的干扰。[①] 更为糟糕的是,由于负责学校事务的总理衙门对于同文馆这个新生事物,竟然不知如何下手,将其完全托付给时任清廷海关总税务司的英国人赫德及总教习丁韪良等外籍人士,导致中国的部分教育主权旁落。

上述所有对同文馆在教学、管理、师资、学生、办学效果等方面的批评和质疑不无事实依据,而且,有些批评可以说是入木三分,很有针对性。但这些批评者没有提及的是,同文馆存在严重的制度缺陷。例如,同文馆虽有三年(早期)和五至八年(中后期)的学习时限,但并没有经考试或其他测试方式而使学生毕(结)业的程序或制度安排,因而不存在毕(结)业一说。关于毕业考试及文凭等事,丁韪良已经考虑到了,他曾奏请学生在馆以九年为限,届限满之期,不论学业完成与否,组织一次统考,按其所学发给文凭,令其离校,一概不留。[②] 但是,丁韪良这一创新性的建议如泥牛入海,杳无音讯。同文馆学生在完成学业后,虽有"优者授为七、八、九品官"[③]或"优者保升官阶"[④]的规定,但往往成为具文,更无体现和证明他们学业水准的文凭。他们离校后的去向在同文馆章程中也无明确规定。要得到相应的出身或品秩,或者说要找到一个好的出路,这些学生还必须参加科举考试,但他们只是科举制汪洋大海中漂浮的异类。我们知道,同文馆等洋务学堂虽然由官方创办,但它们像清末兴起的教会学校一样,仍然属于游移于中国传统教育体制之外的办学实体,不以培养科举入仕的人才为旨归。同文馆学生在馆学习三五年,时间长的有八年甚至更长,大量的时间用在了与科举毫无关联的外语和西学上。他们无暇学习与考试有关的儒学经典,因而在科举的竞技场上,一开始便输在了起跑线上。曾在上海广方言馆接受近代西学教育的著名学者张君劢道出了馆中学生地位和出路的无奈与尴尬:"在当时还是科举时代……一般人对学堂认为无所谓,认为读了洋学堂的书等于没读一样,因为人家都只知道做八股、考功名、好做官,

---

① Ferdinand Dagenais:*The John Fryer Papers*(Vol. Ⅱ),广西师范大学出版社 2010 年版,p.584.

② [清]席欲福、沈师徐辑:《皇朝政典类纂·学校十八》卷二百三十,台湾文海出版社 1969 年版,第 4443 页。

③ 宝鋆:《筹办夷务始末》(同治朝),民国十九年故宫博物院用抄本影印,第 813 页。

④ 吴相湘主编:《皇朝蓄艾文编》,台湾学生书局 1965 年印行,第 1311 页。

而全无一点研究科学的想法。"①不少以科举为正途的学生便放弃学业,穷年
呫哔,孜孜于词章、义理、考据、八股,"俊慧子弟,率从事帖括,以取富贵"②。
两广总督刘坤一在给黎召民的信中曾提及广东同文馆的这种弊端:"初议兼用
满汉生徒……嗣以专用旗人子弟,一味训课时文,虽仍聘一英员教习,略存其
名而已。似此毫无实际,纵添设一二馆,徒糜经费,为外人所笑。"③广东不过
是此弊之尤者,上海、北京亦无大异。同文馆这一制度设计上的缺陷,在科举
垄断选官的时代,堵塞了广大学子努力跻身官场的通道。因此,这不能不说是
一个极大的弊端,不少人既缺乏精通外文和西学的动力(因为近代新式机构对
通晓外文的各类人才的需求很有限,科举考试对外文和西学又不作要求),更
没有明确的努力方向和奋斗目标。

　　同文馆存在的所有问题,当然可以被解读为因清政府的腐败无能而导致
的必然结果,这样理解当然也不会错。同文馆确实有不足,有失误,有时甚至
还非常严重,但作为后人,我们应该善待前人,多多地给予宽容,多看贡献多看
正面也许更有意义。如果我们摈除单向度的思维,换一个视角,读到的将是清
政府办学的艰难。同文馆是在大清帝国行将崩溃前夕勉力自强的尝试下创办
的第一所学习西洋语言和科学的新式外国语学堂,在办学过程中遭遇了前所
未有的困难:外有列强环伺,虎视眈眈,时而挑起纷争;内有正统派守旧分子的
掣肘、阻扰,耻于学习西方,"内外诸大臣,皆深以言西事为讳,徒事粉饰,弥缝
苟且于目前,有告之者则斥为妄"④。而且,同文馆又是在毫无先例可循,负管
理之责的总理衙门大臣(曾纪泽、张荫桓等极少数人除外)几乎是对外文和西
学一窍不通、毫无近代学校管理知识的情况下,开始了艰难的办学历程。再从
中国的政治经济制度和社会结构来看,几千年的中国文化传统具有高度稳定
性,是现代化进程中的慢变因素。在教育现代化的早期阶段,任何教育方面的
变革举措,如新式教育机构的创办,都意味着对中国旧的传统、对"祖宗成法"
的偏离、突破与挑战,其结果是占主导、支配地位的传统儒家文化与皇权官僚
政治及封建的农耕经济制度密切结合,形成了巨大的合力,顽强地抵御改革。

---

　　①　张君劢:《我的学生时代》//张君劢:《中西印哲学文集》(上),台湾学生书局 1980 年
版,第 163-164 页。
　　②　李端棻:《请推广学校折》//陈忠倚辑:《皇朝经世文三编》二,上海书局印,光绪壬寅
夏,第 633 页。
　　③　刘坤一:光绪二年十月二十八日"致黎召民函"//欧阳辅之编:《刘忠诚公(坤一)遗
集·书牍》卷六,台湾文海出版社 1968 年版,第 20-21 页。
　　④　"《瀛寰志略》序"//王韬:《弢园文录外编》,上海书店出版社 2002 年版,第 226 页。

因增设天文算学馆而引发的同文馆之争即是很典型的例子。奕䜣、文祥等先知先觉的洋务派人士,很多时候都是在孤军奋战。作为洋务运动著名领袖人物之一的张之洞在其著名的《劝学篇》中说:"文文忠(按:即总理衙门大臣文祥,他和奕䜣等人联奏创办同文馆)创同文馆,遣驻使,编西学各书矣,然孤立而无助。迂谬之论,苟简之谋,充塞于朝野,不惟不信不学,且诟病焉。"①他又提及这些陋儒俗吏"动以新学为诟病""相戒不入同文馆,不考总署章京,京朝官讲新学者,阒然无闻"②。张之洞和奕䜣、文祥等人一样,是中国第一次现代化运动的重要倡导者和推动者,他在广东、湖北经营了许多洋务事业,对他们的遭遇非常明了,感同身受。总教习丁韪良也以其自身的遭遇明示世人,同文馆办学四十年所取得的成果委实不易,完全是在同封建顽固势力的斗争妥协中取得的:"(同)文馆之能有此成绩,是与顽梗的守旧主义多年斗争的结果。日本采用西方教育制度,下起幼稚园,上迄大学,是一脉相承的,中国则不然,安于旧制,从来不想加以大规模的改革或补充。同文馆之设,算是对新的环境的一种退让——目的只在养成定量的官吏,并不想把整个的员吏制度加以改革。"③可见,中国在现代化进程中每前进一步,都要付出巨大的努力与代价。但是,同文馆在奕䜣等人的领导下,始终能够奋勇向前,在不断的自我革新与调适中,有所发展。从最初的聘请洋教习,至开设天文算学馆,启动招生改革,派遣学生参与总理衙门的外事活动及赴欧美翻译见习,并让他们挑起翻译西学的重担,甚至在完成历史使命前夕还派遣两批学生赴海外留学。同文馆的这些举措无一不在显示其排除万难、努力前行的决心和意志。台湾著名学者王尔敏说:"北京同文馆之设立,虽非政府重要体制,却为中国近代教育,特别是西学教育,实为近代先驱,意义重大。……同文馆自非清廷重大衙门,实代表中国探求西方知识,因应西方主流外交的养成之所,也可见出清廷严肃面对列强冲击之用心。与此时起步以新外交体制与列强正面周旋,无论如何,学者当以敬慎看待,不能菲薄清廷当局的智能与诚心。"④可以说,同文馆起着"创榛辟莽""前驱先路"的功能。虽然同文馆饱受质疑和批评,而且确实也存在不少问题,但是,如果没有同文馆的努力与探索,"其他陆续出现的语言学校、新

---

① 张之洞撰,冯天瑜等评注:《劝学篇·益智第一》,湖北人民出版社2002年版,第129页。

② 张之洞撰,冯天瑜等评注:《劝学篇·变法第七》,湖北人民出版社2002年版,第159页。

③ H. BW. A. P. Martin著,傅任敢译:《同文馆记》,《教育杂志》第二十七卷第四号,民国二十六年四月,第231页。

④ 王尔敏:《弱国的外交:面对列强环伺的晚清世局》,广西师范大学出版社2008年版,第180-181页。

式学堂和翻译机关并不一定能够造出今天所见到的成绩来,甚至根本不会成立[1]。一个明显的例子是被称为在所有洋务外语学堂中"质量最高、成就最著"[2]的上海广方言馆,它原本就是以京师同文馆为蓝本而成立的外文学馆,李鸿章在奏请设立学堂的奏折中称"遵议设立学习外国语言文字学馆为同文馆"[3],学馆简称"上海同文馆",至同治六年(1867)才改称"上海广方言馆",由此可见京师同文馆的关键作用。

作为洋务派人士创办的第一所不同于传统的新式外国语学堂,同文馆成功地训练出了近代中国第一代外语外交和翻译人才。虽然中国自元代开始,就有了专门培养译员的"回回国子学",在明朝和清代前期有"四夷馆"和"俄罗斯文馆"等外国语学堂,然而,本着向西方学习的决心,并与新的国际形势及生产方式相适应的学校,实自此始。因此,同文馆外语教育的尝试具有里程碑的意义,标志着中国近代外语教育的正式起步,"西学东渐,国人讲求异邦文言,此为嚆矢"[4]。

第二节　同文馆外语教育经验及其当下启示

改革开放以来的四十多年时间里,中国外语教育取得了长足的发展,培养了大批高素质的外语人才,但在外语教育的理论和实践层面,在实现中国传统外语教育经验的现实转化方面,仍有诸多难题需要破解。概而言之,主要有三方面的问题:一是培养什么人,这是价值层面的人才培养目标和培养规格;二是用什么培养人,即知识层面的培养(或课程)计划和教育内容;三是怎样培养人,主要涉及行为层面的教育途径和方法。同文馆在前无古人的情况下,披荆斩棘,奋勇向前,在教育目标、教育内容和教育方法等方面进行了可贵探索,走出了一条符合中国国情的外语人才培养之路,培养出了一批努力为国家服务的人才,具有传承与借鉴价值。

一、教育目标:培养具有国际视野的复合型外交翻译人才

教育目标(亦称教育目的)是学校全部教育工作的核心,是一切教育活动

---

① 王宏志:《京师同文馆与晚清翻译事业》,《中国文化研究所学报》2003年新第12期。
② 季压西、陈伟民:《语言障碍与晚清近代化进程(三)——从"同文三馆"起步》,学苑出版社2007年版,第150页。
③ [清]吴汝伦编:《李文忠公(鸿章)全集》,台湾文海出版社1980年版,第110页。
④ 马挺亮:《京师同文馆学友会第一次报告书》,京华印书局代印,1916年,第1页。

的出发点和归宿,同时也是确定教育内容、选择教育方式和方法、检查和评估教育活动效果的依据。只有明确了教育目标,各级各类学校才能制定出符合办学者要求的培养目标或曰人才培养规格。培养目标是教育目标的具体化。

同文馆是以奕䜣等人为代表的洋务派,为了满足办理外交和洋务的需要而创办的。奕䜣在《通筹善后章程折》《遵筹设立同文馆折》等奏折中提及创办外语学堂的目的是培养"认识外国文字,通解外国言语之人"①"熟悉外国语言文字之人"②等。尽管这些表述尚待进一步明晰化,但根据这些奏折的上下语境,我们得知同文馆的培养目标是培养从事交涉实务的外交翻译人才。光绪五年(1879)三月的"堂谕"云,"本衙门设立同文馆,令诸生学习西语西文,备翻译差委之用"③。这是较早将同文馆培养目标进一步明确化的表述。此后的各类文献,在提及同文馆的培养目标时,都用比较具体的表述。光绪十二年(1886),首席总理衙门大臣奕劻在《遴选学生派充同文馆纂修官片》中说:"臣衙门同文馆,系为边务储才之地,去年奏准推广考取学生,加增额数,督饬各项教习稽查功课,考艺诹经,冀人人通知四国之务……高者可备行人摈介之班,下者亦充象胥舌人之选。"④光绪二十四年(1898),军机大臣、总理衙门联奏的《遵筹开办京师大学堂折》说,创办同文馆"不过欲培植译人,以为总署及各使馆之用"⑤。1916年出版的《京师同文馆学友会第一次报告书》提及,创办同文馆,"期于晓畅翻译,通澈中外事理,以备舌人之选"⑥。由此可见,培养"通知四国之务""通澈中外事理""以为总署及各使馆之用"的译人,即具有国际视野

---

① 贾桢:《筹办夷务始末》(咸丰朝),民国十九年故宫博物院用抄本影印,第5754页。

② 国家图书馆:《国家图书馆藏历史档案文献丛刊:洋务档案》(第二册),全国图书馆文献缩微复印中心,2004年,第503页。

③ 高时良:《中国近代教育史料汇编·洋务运动时期教育》,上海教育出版社1992年版,第101页。

④ 奕劻:《遴选学生派充同文馆纂修官片》//黎难秋、李亚舒:《中国科学翻译史料》,中国科技大学出版社1996年版,第57-58页。

⑤ 军机大臣、总理衙门:《遵筹开办京师大学堂折》//邓实辑:《政艺丛书》,光绪癸卯(1903),台湾文海出版社1974年版,第271页。

⑥ 马挺亮:《京师同文馆学友会第一次报告书》,京华印书局代印,1916年,第1页。

的复合型外交翻译人才①,是同文馆自 19 世纪 60 年代中后期起自始至终、一以贯之的目标。为实现这一目标,同文馆开风气之先,开设西学课程,大胆聘用来自西方发达国家的外语和科学教习,为西方自然科学和人文社科知识源源不断地涌入中国做了扎实的铺垫。

教育目标往往受某些现实的功利要求所驱使,有时也受某些社会思潮或社会评价的影响,但受前者的影响或更为直接。同文馆创办的直接动因是当时极度缺乏与西方列强交涉的外交翻译人才,因此,将同文馆的培养目标定位于培养外交翻译人才成了奕䜣等人为应对交涉危局而不得不做出的一种选择。19 世纪 60 年代中期以后,随着洋务运动向纵深推进,急需既通晓外国语文,又懂西方科学的各类人才。奕䜣等人审时度势,不顾倭仁等正统保守派的阻扰,主动调整了人才培养目标,以服务洋务事业为旨归,除在原有的各外文学馆基础上,于同治六年(1867)创办了天文算学馆,并在同文馆之争后启动了招生制度改革。自 19 世纪 70 年代起,又相继开办了格致、化学、医学等多个科学馆及德文、东文(日文)馆。这一系列的事件表明,同文馆的培养目标已发生根本性变化。早期同文馆的目标指向是培养单一的从事对外交涉的外交翻译人才,而从这一时期开始,原初的培养目标开始实现务实转身,以培养具有国际视野和自然及人文社科知识的复合型外交翻译人才为旨归。这说明现实的功利要求或社会需求左右了奕䜣等人对教育目标的选择,也是他们顺应时势,为了洋务事业的有效开展而做出的明智抉择。

随着全球化、国际化进一步加剧,人类社会活动已越来越依赖科学技术和经济的发展,社会文化也呈现出多元色彩,即使是语言文学领域也随着经济、社会的发展而有了多元生态,知识的分化、融合也变得更加迅捷。中国正由"本土型国家"逐渐向"国际型国家"转变。"国际型国家"对外语的需求是多方面的,其最主要的特点是需要外语服务甚至"外语生活"②,因而具有良好的语

---

① 关于"国际视野的复合型外交翻译人才",可从如下两方面来看。首先,从同文馆的培养目标来看,如果没有国际视野,没有外交、国际法等方面的知识,其培养的学生是谈不上"通知四国之务""通澈中外事理"的,更不可能"以为总署(即总理衙门)及各使馆之用"。其次,从课程设计来看,同文馆开设了当时欧美各国普遍开设,但对中国人是完全陌生的西学课程,如万国公法、各国地理、各国史略、富国策等。这些课程对当时的中国而言,纯属当下所说的国际化课程或专业方向课程。因此,无论是奕劻所说的"行人揖介"(高级礼宾官),还是"象胥舌人"(普通译员)都需要具备国际视野及专业知识。从当时的历史条件来看,奕䜣等人的认识是不可能上升到这样的高度的。但从同文馆的办学实践来看,它确实是按这样的步子走的。

② 李宇明:《中国外语规划的若干思考》,《外国语》2010 年第 1 期。

言交际能力,又具有国际视野,通晓某一专业、层次、领域内国际通行规则,且具有一定专业技能的国际化人才才能更加适应未来发展的需要。[①] 可见,传统的外国语言文学人才,尽管在当下乃至今后很长的历史时期里仍有一定的需求,但这一类人才由于就业面不是很宽,其局限性正变得越来越明显。因此,正如《国家中长期教育改革和发展规划纲要(2010—2020 年)》所指出的,"培养大批具有国际视野、通晓国际规则、能够参与国际事务与国际竞争的国际化人才"[②]在当下社会显得尤为迫切,高校的外语院系应当成为培养国际化人才的排头兵。所以,我们在制定人才培养目标时,既要有明确的目标指向,又要根据形势发展和社会需要的变化及各校的实际适时做出调整,以便更好地适应瞬息万变的形势。

二、教育内容:外语＋专业知识(或专业方向)＋中华传统文化

教育内容是为实现教育目标而经选择纳入教育活动过程的知识、技能、行为规范、价值观念、世界观等文化总体,一般以课程的形式体现。[③] 课程是学校教育的核心,具体体现教育的目标,是人才培养的蓝图,也是教育现代化实现的基本标准。学校课程有文化课程、经验课程、实践课程、隐性课程等。对于课程及其作用,学者雷钧有具体的论述,兹引如下:

> 学校或教育机构内部课程的量变以及从量变到质变的过程,可以视为衡量教育近代化的基本尺度,而课程的科学化则是衡量教育近代化完成的基本标准。以课程的变化程度作为衡量教育近代化的尺度,主要基于三方面的理由。第一,学校的办学思想、培养目标以及对人才规格的要求等,必须落实或具体反映在一定课程之中,从这个意义上来说,课程实际上已经包含了一定的教育目的和办学思想。第二,从教育的内部过程来看,教育的本质就是通过一定的方式将知识转化为可以教授和掌握的特殊形态——课程,是教育者按照既定的目标促使教育者成长和发展的过程,没有一定的课程设置,既不能实现特定的培养目标,也不可能构成学校的教学过程。最后,从历史和比较的观点进行考案,教育在不同历史

---

① 杨凡:《对外语高校培养国际化人才的几点思考》,《外语界》2003 年第 2 期。

② 教育部:《国家中长期教育改革和发展规划纲要(2010—2020 年)》,http://edu.ifeng.comnewsdetail_2010_07/30/1859314_23.shtml,2015 年 4 月 30 日浏览。

③ 魏所康:《培养模式论——学生创新精神培养与人才培养模式改革》,东南大学出版社 2004 年版,第 28 页。

阶段的质的变革,不同国家或地区教育机构之间的本质区别,主要表现在课程设置或结构上。课程的变化不仅可以引起教育类型和层次的变化,而且也可以引起教育结构和本质特征的变化。①

课程是学校教育的核心,学校的教育目标、办学思想及质量主要通过课程来体现。早期同文馆课程设置单一,学生主要学习汉文、外文等语言类课程,反映了奕䜣等人训练"于文字言语悉能通晓"的外交翻译人才的初始动机。自同治六年(1867)起,随着天文、算学、化学等多个科学馆的创办,同文馆的课程体系发生革命性的变化,算学、天文、格致、化学、富国策(经济学)、国际公法、医学等西方科学先后进入同文馆课程体系。同文馆由一所单一的外国语文学堂向综合性学堂转变,课程也由原来的外文、汉文逐步扩展到自然和人文社会科学领域。同文馆课程改革的标志性成果是丁韪良根据美国哈佛、耶鲁等名校的模式制定的"八年课程表"。② 该课表由外国语言文字、人文和自然科学三部分构成,以外国语言文字(包括认字写字、讲解浅书、练习文法、练习译书等 9 门课程)为主体,加载人文社会科学(富国策、万国公法等 4 门)和自然科学课程(数理启蒙、代数学、化学、天文测算、航海等 13 门),正好对应当下正在实践的"外语+专业知识或方向"模式,即张冲所说的"基材(base material)+加强材料(reinforcement)"模式。③ 其中,外国语言文字类课程是基材,人文社科或自然科学类课程是加强材料,作为加强材料的这些课程大致相当于当下的专业知识或方向课程。就教学方法而言,丁韪良等洋教习以外文教授这些课程,达到了在不同的教学内容中深化语言的学习,从而实现语言与相关专业知识的同步增长。以现在的眼光来看,该课程体系未必很完善,但就当时的实际来看,已较好地做到了载体与被载体的复合相融,即语言与其所背负的相关知识复合相融。可以说,早在 150 年前,同文馆已经开始了当下所说的复合型人才培养模式的尝试,它把外文当作通向西学的阶梯,着力打造满足洋务事业所需的复合型外交翻译人才及其他类型的人才。实际上,同文馆在同治五年(1866)就已设立新的课程表,"由洋文而及诸学"④,开设几何原本、平三角、

---

① 雷钧:《京师同文馆对我国教育近代化的意义及其启示》,http://www.doc88.com/p—3147133730648.html,2015 年 4 月 26 日浏览。

② 参见本书第五章第一节的相关内容。

③ 张冲:《高校英语专业英语复合型人才培养对策的思考》,《外语界》1996 年第 1 期。

④ [清]席欲福、沈师徐辑:《皇朝政典类纂》卷二百三十,台湾文海出版社 1969 年版,第 4443 页。

弧三角、天文测算等课程,开始了"外语＋专业知识或方向"这一模式的探索,学生除了学习外文,还要学习算学、天文等西学课程。光绪二年(1876)公布的"八年课程表"只是以教学文件的形式加以明确和强化。

　　除了规定学习专业知识或方向课以外,同文馆对从事外语学习的学生,还强制性地在专业学习中加载地质学、机械学、航海学等自然科学课程。这一举措对从事外语学习的学生,强制性地规定必须具备一定的基础性的科学知识,显然是一种颇为深刻的认识,同文馆在专业课中加载自然科学的举措,与教育部《关于外语专业面向 21 世纪本科教育改革的若干意见》(1998,简称"若干意见")中提出的"适当选开部分自然科学领域的基础课,加强科学技术知识教育"①的精神相吻合,体现了它的务实性和前瞻性。② 可见,作为体现同文馆教育内容主要媒介的课程,可以说已基本实现早期现代化,符合雷钧所说的"教育近代化完成的基本标准"。必须指出的是,除同文馆外,晚清和民国时期的许多新式外国语文学堂的课程设计中,除原有的外国语言文字以外,均设有复合型人才培养模式所必备的专业知识或方向的课程。例如,上海广方言馆设置的专业方向课有采矿冶金、军火制造、蒸汽机、造船、航海、海军军事学等③;湖北自强学堂设有方言(外语)、算学、格致、商务四斋,开设了相关的专业课程;民国时期的国立东方语文专科学校设有新闻、国际贸易、侨务和教育四个专业方向,每个方向均开设四门专业方向课程(如新闻方向设新闻采编、新闻学概论、新闻采访和国际形势等课程)。可以说,复合型外语人才的培养实践活动肇始于京师同文馆等外国语文学堂。

---

　　①　高等学校外语专业教学指导委员会:《关于外语专业面向 21 世纪本科教育改革的若干意见》//《高等学校英语专业教学大纲》附录Ⅲ,上海外语教育出版社 2000 年版,第 38 页。

　　②　当前,全国有超过 90％的本科院校都设有英语专业,此外还有为数不少的院校设有日、法、德等其他语种的专业。但各校的课程设置是否与其培养目标和办学条件相匹配呢? 很多学校可能都还没有做到这一点。据我们所知,当下的相关高校大都参照"英语教学大纲"(2000)来培养复合型外语人才,但其课程设置不合理,特色不明显(郑玉琪:《英语专业课程设置改革与创新人才培养模式》,《外语与外语教学》2006 年第 8 期),同质化现象非常显著(胡文仲:《试论我国英语专业人才的培养:回顾与展望》,《外语教学与研究》2014 年第 1 期)。此外,学生的科学素质也很成问题。根据我国第八次公民科学素质调查,2010 年我国公民科学素质指数只有 3.2％,而美国公民在 2000 年就达到 17％(蔡基刚:《全球化背景下外语教学工具与素质之争的意义》,《外国语》2010 年第 6 期)。而在当前的"英语专业教学大纲"和商务英语专业"教学要求"(2009)中竟然没有一门自然科学课程。

　　③　Ferdinand Dagenais:*The John Fryer Papers*(Vol. Ⅱ),广西师范大学出版社 2010 年版,p.520。

中国在两次鸦片战争中惨败,奕䜣等人对外语人才奇缺的窘况及列强坚船利炮威力的感受非常直观、真切。通晓外文的各类人才极端缺乏是当时的国情。因此,他们将培养外交翻译人才列为首要任务之一,以便更好地处理与西方列强的关系。在极端困难的情况下,奕䜣等人解决了师资、校舍和生源等问题,开设了汉文、外文等课程。现在看来,这样的课程设置是很不完善的,但符合当时的国情。在中国传统教育体系里,没有西学的一席之地,很难开出系统的西学课程,即使能够开出这些课程,师资能否到位还是个问题。课程是学校教育内容最重要的载体,学校的培养目标及其办学质量主要通过课程来体现。自1867年起,奕䜣、丁韪良等人根据形势发展的需要,对同文馆培养目标进行了调整,着力培养具有近代西方科学知识的外交翻译及其他类型的人才,并在原有的基础上加载天文、算学、格致、万国公法、富国策等自然和人文社科课程,使同文馆的课程内容达到了对当时来说已是相当完善的程度。从培养目标来看,"八年课程表"除外语类课程以外,还开设培养外交翻译所需的课程及其他科学类课程。课程的侧重点也很明显,除数理化、天文、航海、地质等课程以外,其他课程均指向外交翻译的培养。同时,为配合课程教学,丁韪良组织该馆师生翻译了《万国公法》《星轺指掌》等7部国际法文献,这些文献均作为国际法类的教学用书在课堂上使用,这又进一步说明了同文馆明确的目标指向。可见,同文馆的"专业知识或方向"的课程设置已具备特色化、系统化的特点。"复合型人才的'外语+相关专业'的知识结构中,相关专业模块必须达到一定程度的系统化,而不能处于零散、无序和笼统状态。"[1]从这点上看,同文馆复合型人才培养的实践已相当成熟。

同文馆课程设置的另一个显著特点是重视中华传统文化的主要载体——汉文的学习。同治十年(1871)正月的"堂谕"指出:"设立同文馆原为学习洋文,然必通晓汉文者,方能于洋文得力。汉洋自应一体专心分学。"[2]可见,早期同文馆十分重视汉文的学习,在其仅有的两门课程中,其中一门便是汉文,汉文和外文的地位相当,同为必修课。后来颁行的"八年课程表"中虽然没有开设汉文,但还是强调"惟汉文熟谙、资质聪慧者,可期成就"[3],即学习该课表

---

① 《入世与外语专业教育》课题组:《关于高校外语专业教育体制与教学模式改革的几点思考》,《外语界》2001年第5期。

② 高时良:《中国近代教育史料汇编·洋务运动时期教育》,上海教育出版社1992年版,第98页。

③ 《同文馆题名录》(第四次),光绪十三年(1887)刊行,第42页。

的课程,须有良好的汉文根基。这说明同文馆仍然重视汉文和中华传统文化的学习。同文馆规定,汉文不好者,先进后馆(类似于当下的预科)学习,等汉文达到要求后再进入前馆学习各专业课程,同时还有相应的惩戒措施跟进,"每月月底将各学生(后馆学生及由后馆兼充前馆之学生)汉文功课,由汉教习呈由帮提调察核,倘有学生不往学汉文者,即由帮提调将该学生惩办。……每年夏月洋教习息伏期内,及每月外国礼拜洋教习不到馆之日,除准两日假期外,各学生均令在馆学习汉文,照常画到,违者按日罚扣膏火"①。可见,以学习外文为主和以学习汉文为主的前后馆学生,每逢周末和暑假都要学习汉文,并像平时一样接受学馆的督促检查,不学汉文者要接受按日罚扣膏火的处罚。对于汉文的学习,历年的"堂谕"②及《同文馆章程》《续增同文馆条规八条》③基本上都有明确规定。可见,同文馆外语教育的内容构成是:外语+专业知识(或专业方向)+中华传统文化。

值得一提的是,除京师同文馆外,清末其他各类新式学堂都很重视汉文及中华文化传统的教学。例如,湖北自强学堂"招考章程"规定:"学生必须以华文为根底,以圣道为准绳。儒书既通,则指授西文,亦可收事半功倍之效果。此次挑取学生,非华文精通义理明白,根基已立者,断不收录。"④广东同文馆不仅重视汉文教学,甚至将它作为咨送学生入京师深造的最重要的标准,以此来强化中华文化及其传统的教学。在第二次咨送北京的学生中,杨枢、善桐等5名"汉文西文俱属平通""西文虽逊,而汉文尚属平通"的学生被录取,而罗谦和、左庚二人,"西文虽清,而汉文稍欠",则没有录取,理由是"学习西文,必以汉文为本,汉文通顺,则西文不难学成"。⑤京师译学馆"章程"指出:"向来学方言(按:外国语文)者,于中国文词多不措意,不知中国文理不深,则于外国书精深之理不能确解悉达。且中文太浅,则入仕以后,成就必不能远大。故本馆

---

① "同文馆章程及续增条规"//陈学恂:《中国近代教育史教学参考资料》上册,人民教育出版社1986年版,第34页。

② 高时良:《中国近代教育史料汇编·洋务运动时期教育》,上海教育出版社1992年版,第98-109页。

③ 陈学恂:《中国近代教育史教学参考资料》上册,人民教育出版社1986年版,第33-36页。

④ 张之洞:《招考自强学堂学生示并章程》//王树枏编:《张文襄公公牍稿》卷二十八,1920年铅印本,第13页。

⑤ 马挺亮:《京师同文馆学友会第一次报告书》,京华印书局代印,1916年,第13页。

现定课程,于中国文学亦为注重。"①为此,京师译学馆开设《古文渊鉴》选读、历代名臣奏折选读兼作文、历代文章名家流派讲解等课程,以提高学生古文修养和写作能力。《大清北洋海军章程》对天津水师学堂的招生有个指导性的标准:"凡挑选海军学生,须身家清白……口齿清爽,文字清顺,年在十四岁以上十七岁以下,已读二三经,能作论文及小讲半篇者,准其父兄觅具保人,送堂考验。如其合选,留堂习英文三个月,……择其聪俊者留堂肄业。"②水师学堂要求"教授用英文,兼习操法,及读经、国文等科"③。

以京师同文馆为代表的以培养通晓西方语言和科技知识人才为目标的近代各类新式学堂牢牢地抓住中国语言文字和中华传统文化这个根本,坚守着自己的精神家园。2017 年 1 月,中共中央办公厅、国务院办公厅印发《关于实施中华优秀传统文化传承发展工程的意见》④,要求全面复兴传统文化。这充分印证了同文馆的睿智与务实。

同文馆重视经史的学习,这不仅体现在招考过程及其章程中,而且也落实在平时的教育及管理实践中。同文馆成功培养出曾朴、齐如山、张德彝等文学名家,汪凤藻、联芳、贵荣、蔡锡勇等优秀译者及陆征祥、周自齐、胡惟德、左秉隆等知名外交官。这些人中外文水平俱佳,在文化、外交等领域使用外文及祖国语言文字,在消除中西隔阂和交际障碍,促进中西交流,向世界展示自尊自信、自强自立的中华民族精神等方面做出了贡献。这完全得益于同文馆对中文及中华传统文化教育的重视。

中华人民共和国成立后,北京外贸学院开设了"外贸英语"等专业,继续开展复合型外语人才培养模式的探索。20 世纪 80 年代中期开始,北京外国语学院等外语院校及相关大学的外语院系相继开展复合型外语人才培养的实践。1998 年,教育部的"若干意见"颁布,要求外语专业"必须从单科的'经院式'人才培养模式转向宽口径、应用型、复合型人才的培养模式"⑤。《英语专业教学大纲》(2000,简称"大纲")明确规定英语专业培养"具有扎实的英语语言基础和广博的文化知识并能熟练地运用英语在外事、教育、经贸、文化、科

---

① 张百熙、荣庆、张之洞:《奏定学堂章程·译学馆章程》,湖北学务处本,光绪年间,第 1 页。

② 总理海军事务衙门:《大清北洋海军章程》,台湾文海出版社 1974 年版,第 12 页。

③ 赵尔巽等编:《清史稿·选举志》卷一百七,中华书局 1976 年版,第 3123 页。

④ 《人民日报》,2017 年 1 月 26 日。

⑤ 高等学校外语专业教学指导委员会:《关于外语专业面向 21 世纪本科教育改革的若干意见》//《高等学校英语专业教学大纲》附录 III,上海外语教育出版社 2000 年版,第 33 页。

技、军事等部门从事翻译、教学、管理、研究等工作的复合型英语人才"①。《高等学校商务英语专业本科教学要求》(试行,2009,简称"教学要求")规定商务英语专业培养"具有扎实的英语基本功、宽阔的国际化视野、合理的商务知识与技能,掌握经济、管理和法学等相关学科的基本知识和理论,具备较高的人文素养和跨文化交际与沟通能力,能在国际环境中用英语从事商务、经贸、管理、金融、外事等工作的复合型英语人才"②。《国家中长期教育改革和发展规划纲要(2010—2020年)》(2010)提出"优化学科专业、类型、层次结构,促进多学科交叉和融合。重点扩大应用型、复合型、技能型人才培养规模"③的思路。可见,培养复合型外语专业人才是时代的呼唤,也是国家的意志,因此它是当前乃至今后相当长的时期里外语工作者的历史使命。作为近代中国外语教育的领头羊,同文馆在复合型外语人才培养方面进行了可贵探索,积累了可资借鉴和传承的外语教育经验。因此,在教育内容方面,应做好如下几点。

首先,课程设置不仅要与国情、地情相匹配,更要与学校的培养目标和办学条件相匹配。当前高校英语专业课程设置的依据仍然是2000年版的"大纲"。以全国统一的大纲来要求"不同地区不同水平的英语专业培养同一类型的英语毕业生"④的做法存在很大问题。众所周知,中国是一个多民族的发展中国家,社会经济文化事业的发展极不平衡。且不论发达的东部地区与广大的中西部地区存在巨大差异,就是在发达省份的地市之间也存在差别。各高校之间同样存在巨大差异,有985、211重点高校和一般普通高校之分,也有公办高校和民办高校之别,还有中央高校和地方高校之异。我们认为,人才培养实践要符合国情、地情和校情,要根据学校的历史积淀及办学条件进行差别化的课程设置,让各高校制订出符合本地实际的课程计划。课程设置既要脚踏实地,符合实际,又要适度超前,体现前瞻性;既要体现民族性,具有地域特色,也要体现国际性,具有国际视野;既要服从国家建设大局,也要服务地方经济。同文馆在这方面所作的探索为我们提供了一个可供借鉴的样本。

---

① 高等学校外语专业教学指导委员会英语组:《高等学校英语专业教学大纲》,上海外语教育出版社2000年版,第1页。

② 陈准民、王立非:《解读〈高等学校商务英语专业本科教学要求〉》,《中国外语》2009年第4期。

③ 教育部:《国家中长期教育改革和发展规划纲要(2010—2020年)》,http://edu.ifeng.comnewsdetail_2010_07/30/1859314_23.shtml,2015年4月30日浏览。

④ 胡文仲:《试论我国英语专业人才的培养:回顾与展望》,《外语教学与研究》2014年第1期。

　　其次，要重视中华传统文化的学习与传承。中国传统的知识结构，是按"经史子集"四部分类的，以儒家意识形态的经学为文化知识的砥柱，以史学为贯串历史经验的殷鉴，子部与集部则是作为保存文献、扩大知识面的附带知识。① 中国语言文字是人生求学与处世必需的工具，对于学生良好个性的铸造、健康精神的培育及祖国文化传统的继承，起着至为重要的作用。余家菊说，中文"不仅应为一种科目，亦应为学校中一切活动之基。前人之感情意志，前人之行为经验，皆借文字以传遗于吾人。吾人之与前人的精神相接触，文学其为唯一之主要门径"②。可见，中文须占据教育上的中心位置。反观当下的语文教学，现状着实令人堪忧。1978 年，语言学家、翻译家吕叔湘在《人民日报》撰文指斥语文教育"效果很差"。③ 近四十年过去了，语文教育的生态、环境、软硬件设施、师资及生源素质等发生了翻天覆地的变化，但教育质量却没有得到根本改观，甚至有更趋严重的危险。根据某报的网络民意调查，80.8%的人认为当前存在汉语应用能力危机，书写格式、行文语气、语法逻辑、词语储备、语言美感等诸方面，问题多多。④ 更为严重的是，正如马智强所指出的，"很多学生对传统文化非常生疏、淡漠。换言之，他们对祖国的传统文化从来就没有产生过认同心理，更别说亲近感、眷念感，由此弱化了他们的国家意识。因此很大一部分精英学生负笈海外后，便毫不犹豫地选择留居异域。这和过去的留学生是有明显区别的。传统文化缺位的语文教育对此负有不可推诿的责任"⑤。知名学者钱理群说，目前最主要的弊端是太忽视人文教育的作用。⑥实施人文教育最有效的载体是语文教育。语文教育理当给青少年学生打下真善美的精神底子，给人的生命一种亮色。而当下的语文教育却反其道而行之，不是重在"传道"，而是重在"传器"，体现在课堂教学中，便是着眼于若干教材及教辅用书，围着应试教育打转，少给甚至不给学生文本阅读或传统经典阅读

---

　　① 郑培凯：《民国汉译的价值》，《读书》2015 年第 10 期，第 169 页。

　　② 余家菊：《课程论》(1925 年 3 月)//戴逸主编，郑刚编：《中国近代思想家文库·余家菊卷》，中国人民大学出版社 2013 年版，第 327 页。

　　③ 吕叔湘在《当前语文教学中两个迫切问题》一文中指出："中小学语文教学效果很差，中学毕业生语文水平低……十年的时间，二千七百多课时，用来学本国语文，却是大多数不过关，岂非咄咄怪事！"(吕叔湘：《吕叔湘文集》第 4 卷，商务印书馆 2004 年版，第 348 页)

　　④ 刘巽达：《优雅的汉语容不得粗鄙化》，《光明日报》，2012 年 1 月 13 日。

　　⑤ 马智强：《语文课的出路：回归传统》，《光明日报》，2008 年 12 月 15 日。

　　⑥ 钱理群：《语文教育的弊端及其背后的教育理念》//钱理群：《语文教学门外汉谈》，广西师范大学出版社 2003 年版，第 75 页。

的训练,以在残酷的高考竞技场上的胜出为唯一旨归。改革开放以来,教育界的一些较为明达者虽然一直在为语文诊脉治病,但"收效甚微,似成绝症"①。我们认为,有效治疗这一"绝症",可行的办法有如下数端。

第一,要改变教育思想,将目光转向弃置已久的传统经典教育。中国数千年的教育经验表明:"传统教育下的受教者语文功底扎实,常常是未到成年,写字、作文、思想已相当可观,传统文化也得以继承。"②正因为对传统经典教育的坚持,京师同文馆等晚清洋务学堂所培养的各类人才,除借助外国语文这个工具从事服务国家的使命以外,还能熟练地使用祖国的语言文字。同文馆优秀学生陆征祥是民国著名政治家、外交家,官至代理国务总理、外交总长。罗光在《陆征祥传》中对陆氏深厚的国学功底大加赞赏:"兴老(按,陆征祥又名陆子兴)一生求学的机会,就只在广方言馆和同文馆。他自己虽说那时专读法文,于中文只读了一部《四书》和半部《礼记》。实际上,他于中文努力不少。他一生到老,终为儒者,举止言行,常循孔孟之道。暮年著书,以儒学解释《圣经》,以《圣经》补充孔孟之学。若非他少时于中国经书、子书,修养有素,岂能办到?他后来著作虽常用法文,法文之美,可以侧于法国文学作者之林。然他的中文信札,文笔优美,而且古雅可爱,也可以看出他对于中国古代经籍,含咀很深。"③

撇开远的不说,较近的严复、王国维、梁启超、马一浮、陈寅恪等人对中华文化发展的贡献有目共睹。即便是新文化运动时期斥文言倡白话的旗手钱玄同、吴稚晖、胡适、傅斯年、陈独秀、鲁迅等人,他们无一不是熔铸古今、会通中西的大师,正如著名学者余光中所说:"胡适、傅斯年等人毕竟旧学深邃……他们自己动笔写起文言来,还是不含糊的。"④中国外语教育史告诉我们,大凡真正的外语高手,在中国语言文化领域里同样都有不俗的表现。外语界英才季

---

① 马智强:《语文课的出路:回归传统》,《光明日报》,2008年12月15日。另参阅相关文章:《哀中文之式微》(余光中:《余光中选集》第四卷,安徽教育出版社1999年版,第26—29页)、《大学不学语文,苦了谁》(戎国强:《钱江晚报》,2010年1月25日)、《今天,我们需要什么样的语文课》(王佳颖、靳晓燕:《光明日报》,2013年1月16日)、《汉字"失写症",需要治治了》(胡乐乐:《光明日报》,2013年8月9日)、《语言要花一生去琢磨》(张巨龄:《光明日报》,2014年3月19日)。

② 马智强:《语文课的出路:回归传统》,《光明日报》,2008年12月15日。

③ 罗光:《陆征祥传》,香港"商务印书馆"1949年版,第19-20页。

④ 余光中:《论中文之西化》//余光中:《余光中选集》第四卷,安徽教育出版社1999年版,第61页。

羡林、梁实秋、钱锺书、吴宓、朱生豪、杨宪益、朱光潜、吕叔湘、曹禺、卞之琳、范存忠、许国璋等人,其中外文水平哪怕在当下也鲜有人能赶得上,他们哪一个不是学贯中西、融通古今的大师? 实际上,汉语基础与英语学习呈正相关的关系。复旦大学著名教授徐燕谋著有《徐燕谋诗抄》,他是"文革"前高教部英语专业教材系列中程度最高两册(第七、第八册,与许国璋《英语》一至四册、俞大綱《英语》第五、第六册配套)的编者。他说中文根柢单薄,洋文修养也好不到哪里去。①

第二,从教育方法来看,要放弃数十年来被实践证明为不切合中国实际,从西方舶来的文本解析的教学方法,重启数千年以来一直沿用但在当代被弃置的传统语文教学法。季羡林曾引用一位德国语言学家的话说,学外语有如学游泳,把学生带至游泳池旁,推下水去,只要淹不死,游泳就学会了。② 母语学习何尝不是如此? 不在经典的游泳池里游泳,怎能学好语言? 钱锺书"横扫清华图书馆"的功夫,使他成为令无数人景仰的一代宗师。在全球化、信息化时代,"传播汉语,促进世界了解中国"③是中国应尽的国际义务。语文教育的目的应当指向学习者表达力的持续养成。因此,语文教育打上鲜明的"中国制造"标记,注重言语接受和言语表达已经刻不容缓。"没有言语接受,思维无所凭依,表达无以养成;而没有言语表达,就可能贬值为单纯接受语符指令的'机器人'之类的工具性存在。"④如果言语接受和言语表达能力欠缺,中西之间业已存在的"认知鸿沟"不仅难以逾越,而且有进一步加深的危险。

第三,要重视文言文的学习。毋庸讳言,包括文言在内的中国文字存在诸多的局限,傅斯年称文言为"天下第一不方便的器具"⑤。但是,"每一种语言都连接着一种文化,通向一种共同的记忆。文化有着自己的基因,被封存在作为载体和符号的特有的语言中"⑥。今天几乎被弃置的文言文便是这样的一种语言。文言文的存在至少有三千年的历史,其优点在于端庄文雅。"传世的文言文几乎都是'思无邪',尤其是儒家文章,符合明道、传道的传统,历代都不

---

① 徐燕谋:《洋文修养源自扎实的中文根底》,《21st Century 英语教育》,2016 年 7 月 1 日。

② 季羡林:《季羡林谈翻译》,当代中国出版社 2007 年版,第 43 页。

③ 赵世举主编:《语言与国家》,商务印书馆 2015 年版,第 31 页。

④ 潘涌:《祛蔽当前"读经热":表达为本——由"读经热"引发的对古今母语教育的建设性反思》,《教育研究》2015 年第 1 期。

⑤ 傅斯年:《汉语改用拼音文字的初步谈》(1919 年)//戴逸主编,欧阳哲生编:《中国近代思想家文库·傅斯年卷》,中国人民大学出版社 2013 年版,第 77 页。

⑥ 彭程:《在母语的屋檐下》,《光明日报》,2015 年 4 月 10 日。

允许淫思邪念和粗辞鄙语进入它的语用系统。其次是简洁精炼,妥帖适宜、字无可删、句无可削是它的行文标准。"而且,它是汉字运用的典范,"汉字是单音节的音意文字,在同音字众多,声调不一的语言环境中,汉字的单兵作战能力非常强,文言就充分体现了这个特点"[1]。文言文是五千年中华文化的载体,重视对它的学习,在社会宏观领域,可以使中国传统文化免遭西方话语主导,不再沦为西方观念及其话语体系的"跑马场";在外语教育领域,使学习者置身外语环境仍能清晰地定义自己的民族和文化身份。为了维护中华文化的根基,古文大师、翻译家林纾呕心沥血,直至临终已不能言,犹以指在琼儿手掌上写道:"古文万无灭亡之理,其忽怠尔修!"[2]著名历史学家、翻译家何兆武特别强调年轻人要学文言文,他说要继承中华历史文化的话,"就得非学古文不可……传统文化是融化在你的血液里面,渗透在你的骨髓里边的"[3]。因此,在"一些浅显的文言词语已难倒了许多学人,各种粗俗鄙陋的话语堂而皇之地流行于世"[4]的当下中国,却又面临如何走出去,向世界传播中国文化的现实的情况下,对文言的学习就显得愈益迫切。

三、教育方法:重视外语经验积累

教育方法是为实现教育目的、掌握教育内容而采用的程序、方式和手段的总和。教育方法既包括教育者施教的方法,也包括在教育者指导下受教育者领教及自我教育的方法;既包括教育活动的方法,也包括教育活动的程序;既包括教学方法,也包括考核评价方法。[5] 同文馆经过多年的探索,形成了值得传承的重视外语经验积累的传统。本节从教育者开展教育活动的视角对此作

---

① 马智强:《语文课的出路:回归传统》,《光明日报》,2008 年 12 月 15 日。

② 简梅:《风华绝唱"冷红生"》,《人民日报》,2016 年 3 月 21 日。

③ 何兆武口述,文靖撰写:《上学记》(修订本),生活·读书·新知三联书店 2008 年版,第 27 页。

④ 马智强:《语文课的出路:回归传统》,《光明日报》,2008 年 12 月 15 日。当下的社会,新思想、新观念层出不穷,技术在不断地改进,唯独对于祖国语言文字的掌握与运用却在不断地退化。姑且不论乡头百姓的语文水平如何,就是以传播文明和知识为己任的媒体人的语言文字水平和责任心都在断崖式地下降。曹林在《奇葩错误见证媒体的失败者情绪》一文中说:"媒体的文字差错,似乎从来没有像今天这样错得这么离谱、奇葩,错得这么低级和不可思议,错得这么丢人和让人心惊肉跳……并且错误还像病毒一样在媒体间传染,一错再错,一错就是一窝,不断刷新报刊史的差错底线。"(《书摘》2016 年第 7 期,第 18 页)

⑤ 魏所康:《培养模式论——学生创新精神培养与人才培养模式改革》,东南大学出版社 2004 年版,第 29 页。

一简单梳理。

第一,措施多管齐下,配合教育活动有效开展。为训练从事对外交涉的外交翻译人才,同文馆采取了多种措施:一是建立规章制度,为开展外语教育实践提供制度保证。同文馆创办伊始,通过建章立制,制定了招生管理、待遇管理、作息考勤管理、考核评价管理及参与外事活动的管理等诸多措施。对于违反规定者,分别给予处分、降低待遇、开除出馆等惩戒措施;对于勤奋好学、品质优良者,给予"花红""膏火"等奖励;开展过程管理,建立"去留限制以免滥厕"①的淘汰制度,努力营造一心向学、积极进取的学习氛围;对于拒不参加外事活动或外语实践活动的学生,给予处分。如该馆对"均不应差"书写电码的王汝淮等四名俄文学生给予记过或"均著罚膏火二日"②的处理。二是招收优质生源,为开展外语实践提供生源保证。香港中文大学制定的 21 世纪前十年发展规划认为,大学的声望和成功主要取决于其所选择的对象。③ 为了将同文馆办成外交翻译人才的培训基地,奕䜣等人一直在努力探索和完善招生制度,其最具特色的举措是要求沪、粤二馆向京馆保送优质生源,对咨送学生经过至少两轮的中外文语言能力的审查考核后方可进入京师学习。此举当是京师同文馆的首创。清末民初的外交、军政、文教、科技等领域里大放异彩者,大多出自这些学生。其他选拔生源的方式如招考、咨送、推荐等也同样为京馆揽取了部分优质生源。三是延聘优质师资,为开展外语实践提供师资保证。教师是学校职能的主要实施者,同文馆将师资工作放在了优先考虑的地位。在外国驻华公使和清廷总税务司赫德等人的帮助下,同文馆延聘了一批来自欧美发达国家的学有专长的外籍人士充任外文和科学教习,其中不乏深通中外文的本学科领域的佼佼者。国内招聘的汉文和算学教习同样都是饱学之士。以丁韪良、李善兰等为代表的大多数汉洋教习无论是教育背景、业务能力,还是工作态度、社会阅历等均受到社会各界的广泛好评。总之,同文馆所有这些措施的终极目的是为学生积累外语经验,有效开展外语服务提供环境和制度支撑。

第二,创新教育方法,培养学生实际应用能力。"储材为致用而设""人才

---

① 宝鋆等:《筹办夷务始末》(同治朝),民国十九年故宫博物院用抄本影印,第 3538 页。

② 高时良:《中国近代教育史料汇编·洋务运动时期教育》,上海教育出版社 1992 年版,第 108 页。

③ 栗进英等:《中国外语教育的非常史例:福州船政学堂》,《外国语文》2009 年第 5 期。

以历练而精"。① 同文馆采取了多元化的教学方式。首先,在外国语言文字训练方面,非常重视外语经验的积累。同文馆外语教育的一个突出特点是不脱离实际,它的一切日常教学活动,都与培养具有国际视野的外交翻译人才这一目标紧密相连。除了督促学生按部就班分年学习各门课程以外,还注重学用结合,利用一切可能的机会让学生接触实际,参加各种外语实践及其语言服务活动,以验所学。例如,同文馆派遣优秀学生随使出洋,开展海外翻译见习活动;组织开展外交翻译实践,为总理衙门翻译对外交涉的往来信函、电报及校对历年的条约文本;组织学生参与或独立开展西学翻译;设立纂修官和翻译处及推行海外留学等。早期同文馆法文教习李壁谐在致《北华捷报》编辑部的信中提及他的两位学生曾协助他撰写一部关于《法语语言基础》(les Eléments de la langue française)的中文书籍,受到总理衙门的好评并在同文馆印刷所印制发行。② 光绪五年(1879),入天文馆出任教习的爱尔兰皇仁大学毕业生骆三畏在授课之外,每年都带领学生编印一部《中西合历》(Astronaumical Almanac),经他编辑后让学生译成中文。《天学发轫》(An Introduction to Practical Astronomy)也是他和学生合作翻译的产物。同文馆学生还直接参与总理衙门的外事活动,充任见习译员。1878年和1894年,同文馆学生参与接待欢迎美国格兰特(U. S. Grant)将军和前国务卿福斯特(J. W. Foster)。③ 在官方组织的外事活动中,他们"在旁静听"外籍译员翻译,即齐如山所说的"练耳音"④,有时也直接参与译事活动。所有这些语言实践活动,有效提升了学生的外语应用能力。实际上,重视实践是晚清各类新式学堂的传统。和京馆一样,粤馆和沪馆处于对外交涉的前沿,学生同样有很多机会参与地方督抚组织的各类活动。沪馆也规定学生必须参与西学书籍的翻译,"以译西书为学者毕业之证"。⑤朱格仁、严良勋、钟天纬等学生翻译了三十余部各类外文书籍。粤馆为解决教材紧缺的问题,西教习森马士(J. A. Summers)组织学生翻译中国民间故事如三国演义,蔡文姬归汉,廿四孝的卧冰求鲤、哭竹生笋等,成为

---

① 志锐:《请饬派学生充当出使翻译参赞等片》//高时良:《中国近代教育史料汇编·洋务运动时期教育》,上海教育出版社1992年版,第76页。

② Emile Lépissier. The Peking College. Peking,24th Fevrier,1870. *The North-China Herald*,Apr. 4,1870,p. 244.

③ [美]丁韪良著,沈弘等译:《花甲忆记:一位美国传教士眼中的晚清帝国》,广西师范大学出版社2004年版,第219页。

④ 齐如山:《齐如山回忆录》,辽宁教育出版社2005年版,第42页。

⑤ 柳诒徵:《中国文化史》(下),中国社会科学出版社2008年版,第182页。

英译初稿,由他修正作为讲义。① 此外,粤馆还让学有所成的高年级学生担任西教习上课的汉文翻译。所有这些语言实践活动,不仅增加了学生对外文的感性认知,提高了其自身的语言技能及业务实践能力,而且,为中西文化交流做出了贡献。总之,这些颇为西化的教学方式,改变了中国传统语言文字的学习方式,将理论付诸于实践,将抽象的书面知识转化为更加生动直观的形式,这种在言语实践中学习和运用语言的教学方式,便于学生认知和接受知识,增加其学习兴趣。同文馆的这些做法,是符合外语学习规律的,因为外语能力的发展离不开读、写、听、说、译的言语实践,更在于人的思维主要是依靠语言进行的,语言的调整即思维的调整。其次,在科学教育方面,同文馆积极探索符合中国实际的教学模式,积极为各外文学馆的学生开展普及科学知识的教育,采用中国传统学堂前所未闻的直观演示、观察、实验和实习等新的教学手段,将书本的理论知识与社会实践相结合。同文馆还建立起近代课程教学所必需的各类设施,如观星(象)台、化学实验室、物理实验室、博物馆及印刷所等。

第三,建立科学的考核评价体系,为教育目的服务。为了确保培养外交翻译人才这一培养目标的实现,同文馆建立了区别于专以作八股文章定优劣的新型考核机制,这是检验外语经验积累效果的最主要的手段。虽然似未发现支持同文馆实行形成性评价(formative evaluation)学业的相关文献资料,但它的终结性评价(summative evaluation)体系很有特色。为了有效检验教学效果,同文馆实行月课、季考、岁试和大考制度。考试实行教考分离,岁试和大考由总理衙门大臣或监察官命题、监考和批改。大考除要求初试以外,还要复试。复试又分口笔试两种形式。笔试采用汉译条约文本、各国照会、段落散文等形式。口试采取翻译汉文条子题等形式,中外教习(有时还有总理衙门大臣等要人)监场。这些措施使考试的公正性、客观性得到保证,将学生的学习兴趣及学习活动导向外语经验的积累方面。

质而言之,无论是严格的规章制度,还是课堂教学及作为课堂教学延伸的课外实践活动,抑或考核评价体系的构建,同文馆的外语教育目标指向增强学生外语经验的积累,提高其外语应用及服务能力。

在当下扩大开放的大背景下,对外语服务的需求日盛。首先,随着中外联系的进一步加强,众多领域的国际交流与合作、商贸旅游、出国留学、劳务输出等业务及向外国展示中华传统与文化、介绍真实的现代中国的机会不断涌现。

---

① 嗤翁口述,陈炳瀚整理:《清末广州同文馆、译学馆、两广方言学校回忆》//广州市政协学习和文史资料委员会:《广州文史资料存稿选编》(七),中国文史出版社2008年版,第63-64页。

其次,随着中国综合国力的增强,国际化水平的提高,越来越多的外国公民来华旅游、学习、就业、定居。一些大型的国际比赛、博览会、商贸洽谈会、学术会议等都在中国举行。对在华外国公民提供语言服务将成为中国一项重要的外语事业。这些语言服务涉及邮政、餐饮、医疗、金融、通讯、文化、教育、公共安全等诸多领域。① 再次,作为一个负责任的国际型大国,中国正越来越多地承担反恐、维和、调解、救援、选举观察等国际义务。最后,当前我国各种思潮的交流、交融、交锋异常复杂、激烈,一些非主流或反主流社会思潮,或由于其中国主体意识的缺乏和主体意志的丧失,或出于其他的动机,正竭力争夺话语权并试图影响现实政治,国外反华势力正利用"信息强势",尤其是利用"英语全球化对各地语言、文化和社会领域所产生的破坏力"②来加紧渗透中国的思想文化领域。因此,随着中国改革开放和国际化程度的加强,要善用国际表达方式,讲好中国故事,也就越来越需要精熟外国语言与文化的各方面人才,"这不仅缘于中国的许多海外利益需要保护,更因为它关乎中国的国际地位和大国形象"③及国家和社会的安全与稳定。

与对精熟外国语言与文化人才强劲需求形成鲜明对比的是,当前的外语教育质量屡遭质疑。时任国务院副总理的李岚清同志于 1996 年所说的外语教学"费时低效"④的现状尚未得到根本改观。束定芳(2015)在一篇缅怀许国璋的纪念文章中指出:"许老去世以后又多少年过去,外语界的状况不但未见改善,与当年相比在某些方面又不知恶化了几多!"⑤当前的许多质疑直指外语教育的病根,"使用少、产出少、练习有限"⑥的外语教学导致学生眼高手低、

---

① 李宇明:《中国外语规划的若干思考》,《外国语》2010 年第 1 期。

② Joseph Sung-Yul Park and Lionel Wee. *Markets of English: Linguistic Capital and Language Policy in a Globalizing World*. New York: Routledge Taylor & Francis Group, 2012, p. 5.

③ 赵畅:《语言,不只是技术问题》,《人民日报》,2015 年 6 月 7 日。

④ 李岚清指出:"我国目前外语教学水平、教学方法普遍存在'费时较多、收效较低'的问题,亟需研究改进。……从中学(有的从小学三年级)到大学二年级,很多学生经历过八年或十二年的外语学习,然而大多数学生却不能较熟练地阅读外文原版书籍,尤其是听不懂、讲不出,难以与外国人直接交流,这说明我国的外语教学效果不理想,还不能适应国家经济和社会发展,特别是改革开放和扩大对外交往的需要。"(《李岚清副总理在外语教学座谈会上的讲话》,《中国教育报》,1996 年 9 月 5 日)

⑤ 束定芳:《重读许国璋先生所撰"编者的话"》,《外语教学与研究》2015 年第 5 期。

⑥ 戴炜栋、张雪梅:《对我国英语专业本科教学的反思》,《外语界》2007 年第 4 期。

学习效率低下,培养了不少"死读书的聋哑病患者"①。造成这些问题的原因很多,但具体而言,从作为教学主体的教师来讲,缺乏重视培养学生外语经验积累的意识和举措是主要的原因。外语经验的积累不可能在时间有限的课堂教学中完成,需要在课外下大功夫。黄源深说,"英语学习的功夫主要在于课外……就语言学习的特殊性而言,学习者必须在课堂之外花费大量功夫才能学好一门外语。课外学习的质量之优劣以及所花精力之多寡,某种程度上决定着外语学习的成败"②。黄氏所言切中肯綮。同文馆外语教育传统为我们提供了很好的启示。外语教学中我们应当理顺好如下几层关系。

(一)严格管理与提高教育质量的关系问题

"没有规矩无以成方圆""严师出高徒"等人们耳熟能详的经验,说明了在教学管理中严字当头的重要性。随着当下人口出生率持续走低,生源逐年减少的趋势日见明显,部分学校为维持一定的规模,放松了教学管理,对学生的规矩意识、成绩要求等逐步降低,以往对严重违规者或成绩低下者的开除或留级等处理手段似乎离我们渐行渐远。有学者认为,当下的英语课外学习基本上处于"放羊"和"娱乐"两种状态。所谓"放羊"是指教师不去指导、督促、检查;所谓"娱乐"是指教师让学生忙于参加"歌咏队""小剧团"等一些兴趣活动③,放松了专业学习。部分学校的外语课堂学习又何尝不是处于"放羊"和"娱乐"状态呢?这些颠倒"本"与"末"的关系,忽视语言学习的根本的现象亟需扭转。因此,迫切需要像同文馆那样,建章立制,严抓落实,为有效开展语言实践提供环境和制度支撑。一是严格管理学生。通过制度化建设,形成现代学生管理制度。通过抓学风、抓考勤和抓外语实践"三抓"活动,促使学生将主要精力放在学习上来。做到奖惩分明,留级、退学等传统做法不仅要保留,而且还要强化。二是严格管理教师。教师是教育质量的第一责任人,事关学生和学校的未来。不仅要抓教师的工作态度,还要抓好教师入职的进口关,将滥竽充数者挡在门外。三是抓好招生制度管理。通过严抓教育质量,吸引优秀学生入校,为有效开展教育活动,提升学校竞争力提供生源保证。

① 胡壮麟:《谈中国外语教育30年》,《天津外国语大学学报》2011年第4期。
② 黄源深:《英语学习的功夫主要在于课外》,《外语界》2007年第6期。
③ 黄源深:《英语学习的功夫主要在于课外》,《外语界》2007年第6期。其实,适当参加这些以外语组织的活动是有利于专业学习的。但作者反对的是主次颠倒,花过多的时间从事这些方面的活动。而且,当下更趋严重的事实是,很多学生热衷于参加各类社团、党团、学生会等活动,严重影响了专业学习。

（二）重视理论还是实践的关系问题

同文馆重视外语经验积累,采取了诸多扎实有效的措施来培养学生的实际应用能力,为中央和地方各级政府提供语言服务。而且,还催生了一批翻译作品,为国人打开西学的大门,为中国进一步认识世界和融入世界提供了条件。当下的中国像晚清时期一样,同样面临着进一步打开国门、融入世界的情形。因此,对于教育者而言,亟须提升学生的实践能力的问题。首先,要处理好知识的输入与输出的关系。从信息论的观点来看,语言技能的学习与掌握要通过大量的语言输入和输出才能实现。英国哲学家罗素（Bertrand Russell）在《心的分析》中说:"学习的过程在于获得习惯。"①只有通过不断地输入与输出,习惯才能获得,交际所需的各种技能才最终得以达成。其中,输入是基础,没有一定量的输入,没有先在知识的铺垫,所谓的输出便无从谈起。输入可以通过课堂教学或其他活动,也可以通过书本等各类媒介进行。在新媒体时代,输入知识的途径更多。反观当下的外语教学,情况着实难以乐观。诚如论者所说,课外语言知识的输入与输出在理论上可以说是毫无争议,但在实践上,却常常被忽略了。很多外语学生没有读完一本英语原著②,对他们而言,由于缺乏"大剂量的阅读"③而导致外语词汇积累的欠缺,课外翻译、写作、高级会话等语言输出活动更是无从谈起。因此,训练学生的语言输入与输出能力成为当下教改的重中之重的课题。其次,要处理好课堂学习与课外学习的关系。课堂学习是各级各类学生在校学习的基本形式,特别是在义务教育阶段,由于学习者学习和掌握知识的能力尚未完全形成和发展,因而课堂学习成为他们获取知识最主要的来源。即便是在非义务教育阶段,课堂学习仍然是学习者获取知识最主要的来源之一。但是,作为课堂学习延伸和补充的课外学习,是更重要的课堂,因为课堂上教师所传授的知识和技能的消化与巩固主要由学习者花费大量的时间在课外完成。语言学习过程是一个参与实践的过程,各项语言技能的掌握无一不是通过大量的操练、重复和亲身实践所获得,"语言学习者也像汽车驾驶员,是个熟练工,练得越多,掌握得越好"④。课外学习为语言技能的训练提供了广阔的空间。而且,课堂学习的知识仅是学

---

① 伯特兰·罗素著,贾可春译:《心的分析》,商务印书馆 2012 年版,第 41 页。

② 黄源深:《英语学习的功夫主要在于课外》,《外语界》2007 年第 6 期。

③ 胡明扬:《外语学习和教学往事谈》//束定芳主编:《外语教育往事谈》（第二辑）,上海外语教育出版社 2005 年版,第 103 页。

④ 黄源深:《英语学习的功夫主要在于课外》,《外语界》2007 年第 6 期。

习者知识体系中的一部分。他们职业生涯中用到的许多知识和技能不可能在有限的课堂学习中学得，需要在大量的课外学习中去积累和提高。例如，翻译技能是向世界传递中国声音，参与国际竞争最重要的技能之一，是建立在听说读写基础上的最具综合性的技能，但前四种技能不会自动生成翻译技能。只有在强化这四种能力的基础上，加载翻译技能的训练，目的才能有效达成。

（三）考查语言知识还是语言能力的关系问题

同文馆重视语言能力考查的传统值得重视，它的月课、季考、岁试和大考等终结性评价方式的目标指向单一，仅考查学生外语经验积累的程度，也就是说，考的是学生的口笔语交际能力，而不是语言知识（没有当下所谓的多项选择题等形式，只有外汉互译和以外文作答各科试题等形式）。这一做法对于当下考核评价体系的构建特别具有借鉴价值。因为，现在各级各类的外语考试基本都以考查语言知识的客观选择题为主要题型。这种题型虽然客观性、公正性较好，但其缺陷是显而易见的，它仅考查识别和记忆能力，无法全面考查学习者的语言输出能力。更为恶劣的是，它将心智和思维尚未充分发展的大多数学生引向仅注重知识的学习，忽略自身交际能力的养成。知识的学习固然很重要，有学者呼吁要"凸显外语专业知识课的重要性"[1]，但知识学习是为能力发展服务的，能力的发展是知识学习的终极目的。我们认为，当下外语教育屡遭诟病的一大原因就是考核评价体系出了问题，颠倒了考查的重点是知识还是能力的关系问题。

（四）专业知识与非专业知识的关系问题

语言是思维与文化的载体，它所表达的内容涉及人类生活的各个方面，只有尽可能地熟悉和掌握与之相关的知识，才能提高学习者对语言的感知、理解与表达的能力。因此，对教育者来讲，帮助学习者正确处理好专业知识与非专业知识（这里指除外语知识以外的各类知识）的关系尤为重要。外语学习需要各类知识的支撑。近年来，在 CCTV 等有影响的外语演讲赛中，外语专业学生不敌非外语专业学生已成常态，知识面不广是最重要的原因之一。如果知识面不广，与外籍人士进行深层次的交流会变得异常困难，从事翻译、写作、同传等专业性强的交际活动便无从谈起。同文馆开设了许多看似与外语专业不相关的如数学、天文、地质等西学课程，其依据，正如光绪二十一年（1895）八月

---

① 仇云龙、张绍杰：《晚清外语人才培养特色及其当下启示》，《外语教学与研究》2011 年第 2 期。

的"堂谕"所云:"然得洋文之奥窍,必赖以杂学以贯通,如天文、算学、格致、化学、医学等类,泰西各国皆恃此为策富强之本。"①这正是同文馆有远见的地方。吕叔湘也强调了外语学习中掌握"杂学"的重要性。② 而且,非专业知识的欠缺会成为学生专业知识水平提升和能力发展的羁绊。在这一方面,同文馆为我们树起了一个学习和借鉴的标杆,它的学生就业面相当宽,涉及外交、军政、教育、文化、科技等多个领域。所以,在当下的"英语学习者普遍知识面偏窄"③的情况下,外语教育者要切实拿出举措,帮助学生提高非专业知识水平。

教育部《关于外语专业面向 21 世纪本科教育改革的若干意见》指出:"21世纪国际竞争的特点是在交际中竞争,在竞争中交际。作为人类交往的工具的外语和文化传播者的外语人才必将成为这场竞争的核心,外语人才的需求将继续呈上升的趋势。而外语人才的知识、能力和素质将直接影响我国在国际竞争中的地位。"④但由于历史和现实的原因,当下的中国外语教育存在不少的问题。对外语学习者而言,最突出的问题是由于缺乏足够的外语经验积累而导致的语言输出能力,特别是跨语交际能力的低下。⑤ 正因为这一点,在中国与世界各国的交流、交往越来越频繁的大背景下,加上国际社会对中国的误解和偏见,以致"中国的声音、意图也常常被误读、误判"⑥。因此,我们需要花更大力气进行外语教育改革,从教育目标、教育内容、教育方法等方面着力,

---

① 高时良:《中国近代教育史料汇编·洋务运动时期教育》,上海教育出版社 1992 年版,第 112 页。

② 吕叔湘:《翻译工作和"杂学"》//吕叔湘:《吕叔湘文集》第 4 卷,商务印书馆 2004 年版,第 421-425 页。

③ 黄源深:《英语学习的功夫主要在于课外》,《外语界》2007 年第 6 期。

④ 高等学校外语专业教学指导委员会:《关于外语专业面向 21 世纪本科教育改革的若干意见》//《高等学校英语专业教学大纲》附录Ⅲ,上海外语教育出版社 2000 年版。

⑤ 据 2014 年国家知识产权局统计,我国在高铁的核心技术领域,已在国内外提交专利申请超过 1000 件。不过,国际化认知度仍是开拓海外市场的短板。这固然有其他方面的原因,但语言能力不足,直接导致了一个严重的问题,那就是我们的技术文本与商务文本的质量远远落后于竞争对手。2012 年年底,一家中国企业在北欧的营销团队经过两年多的艰苦努力,离竞标成功只有一步之遥,连对方企业总经理都同意了,但最终因方案翻译错误而被技术专家否定。(赵畅:《语言,不只是技术问题》,《人民日报》,2015 年 6 月 7 日。另参见曹昌:《高铁出海因翻译错误丢订单:把刮雨器译成抹布》,http://www.ceweekly.cn/2014/1229/100225.shtml,2015 年 6 月 15 日浏览)

⑥ 李苑:《"中译外"人才短缺阻碍文化"走出去"》,《光明日报》,2013 年 8 月 5 日。

借鉴和效法同文馆成功的外语教育经验,尤其是它的重视翻译实践等外语经验积累的做法。"外语教育以实现、服务国家利益为本。"①现在,翻译工作已辐射到各个领域,构建起中国与世界文化的桥梁。国家外文局常务副局长郭晓勇指出:"跨越语言和文化的障碍,这就需要翻译,特别是'中译外'发挥作用。"而当下"中译外"人才短缺正成为文化"走出去"的阻碍。② 总之,向世界传递中国的声音和意图,"用最恰当的外语形式,讲述中国故事"③的正确途径是在外语教育中重视语言经验的积累,这也是同文馆四十年外语教育给我们传递的最重要的启示。

---

① 李善廷:《外语教育改革亟待总体设计》,《光明日报》,2013 年 11 月 6 日。
② 李苑:《"中译外"人才短缺阻碍文化"走出去"》,《光明日报》,2013 年 8 月 5 日。
③ 黄忠廉:《文化译出谁主译?》,《读书》2015 年第 10 期,第 68 页。

附　录

附录1：光绪二十一年（1895）各科大考题

汉文照会题
英文照会

为照复事。案查成都滋闹一案，本大臣曾以川省藩、臬两司前往重庆，会同领事及两教士，查明滋事情由，由润五月二十一日照会贵署在案。昨于二十四日接准复文，均已阅悉。查来文内于本大臣请派两司前往重庆会查一节，并未直言不允，仅重述贵署前言，以川东道与领事官就近会商妥办云云。窃以为以上办法，实难应允，若贵署所拟之法，尚能照行，则本大臣无不甚愿相从。惟此事最关紧要，若能令川臬前赴重庆会办，本大臣即可允领事及两教士与黎道在重庆会商，否则惟有执定前言，在省城查办此案可也。须至照会者。①

法文照会

为照会事。迩使广西、越南来报，据称：股匪现均大备，拟俟届冬，在越南之与广西、归顺、州连界一带蠢动，合力兹扰。而其为首者，直往中国界内招募人伙，地方官并不阻止。又在彼购买枪械军火，由海口运至太平府转送归顺以及左右各处出卖等情。查此事断不可长，业经法国驻龙州领事官据详细情形知照龙州文武，而该土匪既择于冬令酿事，其时在即，本大臣应请贵王大臣迅速电致广西省，严切设法，即行禁止，不准在该省界内募人联合越匪，并不准运送兵械军火，缘此亦违悖条约，大伤两国和好，亟应速为陈之，已闻我驻龙安领事官，业将此事与苏提督讲论利害，惟仍须贵衙门催饬广西巡抚提督妥速措置，是所盼切。须至照会者。

---

① 朱有瓛：《中国近代学制史料》第一辑上册，华东师范大学出版社 1983 年版，第 95 页。

汉文条子题（英法俄德四馆皆同）：

言行拟之圣贤，则德业日进；名利付之天命，则妄念自消；报应念及子孙，则作事自厚；受享虑及疾病，则存心自淡。

守本分，就是中国良民；明人伦，就是圣门弟子；保精神，就是道德修炼；存慈悲，就是佛氏心肠。①

附录 2：光绪二十四年（1898）大考试题②

英文照会

为照会事。兹据本国驻厦门领事详称：本口海防厅于贼盗案件，办理松懈，令人难解，几乎每日有拿获真赃实犯之案，将犯送厅究惩，咸经该厅借端释放，并不治以应得之罪。又虽经领事屡次将贼犯姓名告知，该厅竟未缉获一名。今略陈三案，即知该厅如何办理也。一、前四个月，怡和栈房被人窃进，偷去煤油数百箱。经领事将贼犯三人拿获，送至该厅，至今并未惩办，赃物亦毫无追起。二、近来在台湾记英行内，拿获一贼，该贼正在欲行偷窃三百余元之货物，经领事送交该厅。该贼虽系著名窃匪，又系知情窝赃之犯，因其以酒后无知为词，竟行释放。三、近日有贼匪三名，上船行窃，经领事拿送该厅，其中二人，尽人皆知为贼党，因以所偷之茶叶，原拟送还原主为此，亦叩释放。其一人承认偷窃，仅枷号十日而已。闻得众论，咸谓该厅衙署与贼党勾通，厦门全口中外商民，均以该厅办理不善，毫不掩饰，至多物议各等情前来。本大臣之意，以为极应由贵王大臣电行闽省，查看该员办理窃案情形，并饬办干练委员，前往代办，是为切要。须至照会者。

法文照会

为照会事。山东梨园屯教案，本大臣于本年七月二十五日文商办结，于七月三十日接准贵王大臣照复，内开严拿首犯一节，自系教案内应办之事，东抚亦无不认真究办之理。本衙门咨催该省，俟缉获首犯，再行照会等因到本大

---

① 朱有瓛：《中国近代学制史料》第一辑上册，华东师范大学出版社 1983 年版，第 97 页。
② 朱有瓛：《中国近代学制史料》第一辑上册，华东师范大学出版社 1983 年版，第 95-109 页。

臣,迄今已阅两月有余,而贵署仍未将十八魁首犯拿获惩办之事,知照前来,且计贵王大臣咨行东抚,东抚转饬梨园屯一带遵办,均数日内可至当可要犯刻即捕获。盖十八魁匪首姓名住处地方官素所熟知,亦经本王大臣早于五月二十七日照会,附将清单列送查收。然兹据山东迤北马主教禀呈:足见东抚将此案应办,以资妥速了结之各事宜,虽经主教就近函催办理,均未措办。仅拿十八魁两人,一系阎四妮,即阎士和者,而均非首要,是案仍悬未理。其案出负咎之吉道洪守,经本大臣请予撤开,仍任原职,与冠县知县曹倜一味搪塞,不令将匪加以威力惩处。是故教民复遭荼毒不绝,本大臣亦无从诧异。据马主教来信称:九月二十日黎明,梅花拳与十八魁匪,将冠县之红桃园教民杀毙三名,房屋被烧若干,并将小李固教堂与配房共烧毁八间,并陈家庄教民一家房屋,均被烧毁等情。并由直隶迤南步主教函告:直属临近地方,住有教民处所,亦有滋扰烧屋情事等语,似此局势,断不忍其绵长。山东巡抚接收贵署饬令,既不为遵行,并纵吉道洪守曹,阻滞不令旧安复修教案妥结。本大臣为此照会贵衙门,希即专奏请将上开三员撤换,并饬下将冠县一带各教案,即行设法妥洽了结,如此委办了事。前因张道上达屡办教案,均能持平,并令民教相安,目下似宜用之,以期得力。查张道已回山东,自能从速前往办理,至贵王大臣倘不肯具奏,本大臣则以为意在久扰山东迤北及直隶连界境内教堂教民,即当请我国家将此案与四川广东各巨案,并向中国国家索报将事可也。须至照会者。

俄文照会

为照会事。近来迭据塔尔巴哈台俄领事将塔城恭赞大臣衙门办理中俄交涉局所办未合,每以疑俄属哈萨克在交界地方犯罪为词,擅行扣留、监禁数月之久等情,详报前来。若果俄属哈萨克实有被告情事,则该局应照约即交俄领事,不得擅拿监禁。惟速除该处官此项非理所为,如何至要以固邻邦睦谊,贵国自然知悉,因请贵署将此刻即转行塔尔巴哈台恭赞大臣,属其与中俄交涉局严遵条约,慎勿擅自收禁俄属哈萨克,禁押多时各事,格外查察。如何办理,希即见复可也。须至照会者。

德文照会

为照会事。本大臣曾于光绪二十四年十月二十四日以山东潍县出有告示,内似唆使居民与该处勘路查矿之德国人为难,因照会贵署请转饬将该告示即行撤回在案。嗣又经在贵署面谈之际,本大臣问及此事如何办理,当时在座列位大臣回答,已饬确查,俟回复到日即行知本大臣等语。嗣于本月初七、十五两日接准照会各文,籍悉山东巡抚遵照贵王大臣之命,现已通饬所属保护游历德国人,此原系各地方官之责任,果加意保护,固属可嘉。惟查潍县告示一节,至今并未提及。因思新近山东数次滋事,本国闻之不胜诧异,业经本臣与贵王大臣陈明在案。兹者务望贵署设法,俾本大臣早可将此告示一事之情由达于本国,并可达明该告示已行撤回,妄出告示之官,已行责办,此固最要之件也,为此照会。须至照会者。

翻译题

桃园县知县禀称:七月初间湖水陡长,将王家嘴土堰冲塌二十余丈,淹及城根,该县土城卑矮,城内仓库监狱,均关紧要,即经筹备料物,督率兵役,昼夜防护。七月十七日晚间,忽起大风,水高于岸,附近村庄庐舍,淹入水中。先经晓谕居民迁避高阜,幸未损伤人口,而风栖露宿,贫民口食无资,实堪悯恻。经该署府于府库内酌动银五百两,督县先行散给饼馍,量为接济。迨八月初间,湖水渐落,县城可保无虞。城外堤堰,亦经抢筑出水,足资防护。惟被淹较重之黄河南岸,吴城陆城两乡,房屋坍倒,贫民栖食两无。禀请照例给予抚恤等情。

庄子行于山中,见大木枝叶茂盛,伐木者止其旁,而不取之也。问其故,曰:无所可用。庄子曰:此木以不材,得终其天年。夫子出于山,舍于故人之家,故人喜,命竖子杀雁而烹之。竖子请,曰:其一能鸣,其一不能鸣,请奚杀。主人曰:杀不能鸣者。明日弟子问于庄子,曰:昨日山中之木以不材得终其天年。今主人之雁以不材死,先生将何处?庄子笑曰:周将处材与不材之间似之而非也,故未免乎累。

今夜天气晴亮,咱们出去瞧瞧月亮好不好?很好。出去之后,功夫不久,月亮即出来了,形如红盘,又大又亮,必是到月满之日了。星星亦当出来,星体比月体仿佛较小,其实皆比月体大数千倍,因星星离地太远,人看著以为其体小耳。白昼因太阳照著,星星皆不能见,盖太阳光大,星光小,故不能见也。万不可因不能见,就以为白昼无星,无论昼夜,天上总有星星。

汉文条子题(同光绪二十一年各科大考题,略)

附录3：京师同文馆第一届留欧学生名录[①]

姓 名	籍 贯	入馆时间	留学学校及专业	主要经历
陈贻范	江苏吴县	1890 年	林肯法学院 法律	驻英参赞、云南迤西道民江苏外交特派员、西藏宣抚使
朱敬彝		1890 年	铁路	上海广方言馆教习
王汝淮	汉军镶黄	1890 年	矿务	农工商部员外郎
丁永焜		1890 年		
（以上英国）				
世 敏		1891 年以前		
伊里布		1885 年以前		
双 莆	满洲镶白	1885 年以前		兵部、陆军部员外郎
汇 谦	汉军	1875 年		驻法翻译、北洋翻译官
（以上法国）				
桂 芳	汉军镶蓝	1881 年		驻海参崴总领事，民黑龙江都督、将军、省长
邵恒浚	山东文登	1886 年		译学馆监督、民俄文专修馆校长、驻海参崴总领事、唐山大学分校校长
陈嘉驹	四川金堂	1886 年		译学馆教习、驻法随员，民外交部主事、国务院主事
李鸿谟	山东牟平	1891 年		奉天交涉委员、师范学堂监督、民吉林滨江道尹
（以上俄国）				
杨 晟	汉军正红	1890 年	柏林大学 法律	驻德公使、民江苏外交特派员、沪海道尹
金大敏	江苏宝山	1895 年	矿务大学 矿务	民统帅办事处调查员、陆军部奥俘收容所检查员

---

① 苏精：《清季同文馆及其师生》，台北上海印刷厂1985年版，第236-237页。有改动。

姓　名	籍　贯	入馆时间	留学学校及专业	主要经历
治　格	蒙古正白	1891 年以前		总理衙门翻译官,民都护副使、陆军中将
黄允中		1891 年以前		总理衙门翻译官

（以上德国）

附录 4：京师同文馆第二届留欧学生名录①

姓　名	籍　贯	入馆时间	留学学校及专业	主要经历
国　栋	满洲镶蓝	1896 年	伦敦大学	法部主事
柏　锐	满洲镶白	1896 年	伦敦大学工科	京师大学堂教习、外务部翻译官、民蒙藏院司长
六　宝	满洲正黄	1891 年以前	伦敦大学工科	邮传部主事、民交通部金事
恩　厚	蒙古正白	1893 年	伦敦大学工科	外务部翻译官、民外交部交际司长、参事

（以上英国）

姓　名	籍　贯	入馆时间	留学学校及专业	主要经历
文　惠	蒙古正蓝	1896 年	巴黎政治学院内政	驻法翻译官、京师大学堂教习、驻义（按:意大利）书籍官
贵　和	满洲镶黄	1896 年	巴黎政治学院财政	驻新加坡总领事翻译官、民驻加拿大随习教习
唐再复	江苏上海	1896 年	巴黎政治学院外交	驻法荷俄参赞、代办,民外部参事、驻荷义（意大利）公使
戴陈霖	浙江海盐	1894 年	巴黎政治学院法律	驻西葡法参赞、代办,民驻西葡瑞挪丹公使

（以上法国）

姓　名	籍　贯	入馆时间	留学学校及专业	主要经历
张庆桐	江苏上海	1896 年	圣彼得堡大学法律	民黑龙江外交部特派员、恰克图佐理员、阿尔泰办事长官

① 苏精:《清季同文馆及其师生》,台北上海印刷厂 1985 年版,第 238-239 页。有改动。

续表

姓　名	籍　贯	入馆时间	留学学校及专业	主要经历
陈　瀚	江苏江浦	1896 年以前	工程铁路大学 铁路	民交通部技正、海宁塘工总局局长、中东铁路监事会长
郝树基	河北三河	1891 年以前	矿务大学 矿务	译学馆教习、民驻俄商务委员、农工商部金事、矿政局科长
范其光	江苏江宁	1895 年	工程铁路大学 铁路	民中东铁路理事、黑龙江外交特派员、驻海参崴总领事

（以上俄国）

姓　名	籍　贯	入馆时间	留学学校及专业	主要经历
程经世	安徽潜山	1893 年		北洋翻译官、外部翻译官、民交通部参事、国务院秘书
唐德萱	湖南芷江	1894 年前后	柏林大学 法律	京师大学堂教习、民汉粤川铁路汉宜湘鄂工程局长、京绥铁路局局长
恩　祜	蒙古正白	1896 年		外务部翻译官、译学馆教习、民外交部金事
永　祜	满洲	1896 年	柏林大学 法律	山东办理洋务候补道、民山东交涉署科长

（以上德国）

附录 5：丁韪良学生的英文作文

Here is a composition of one of my younger students. It is the more comical from the evident seriousness of the writer.

"All the human beings of the various nations throughout the world should respect the God; because he is the source from which the wealth, happiness, blessing, etc. , are derived, and it is he who gives fortune or misfortune to the people. Although people cannot see his appearance, yet they should respect him as though he is in the presence before their eyes; because he can secretly give rewards to those who have done good deeds, and punishment to those who are bad. On thinking of this, I will relate a story in which a man was punished by the God on account of his having disobeyed the God's order, and which runs as follows: Once a German named Jonah was ordered by the God to go to a certain place for preaching, and he promised to do so. Notwithstanding his promise, he disobeyed the order, and, instead of going to his destination, went to another place by a steamer. During the voyage, a great storm suddenly arose, which caused the steamer being unable to go on forth. So the Captain said that there must be a bad man among the passengers, and lots must be cast in order to point out who is the bad man. After this work had been done, it showed that Jonah was a bad man, so the Captain asked him what bad action he had done, and he told all what had happened to him. According to the usage that Jonah should be thrown into the water, but the Captain would not throw him into the water, for if he were not to be so done, the vessel would be upset, and all the passengers would be imprecated to death. When Jonah threw himself into the sea, the storm began to cease, and the vessel went away safely. However, Jonah did not get drowned, because when he was throwing himself into the water, a whale was opening its mouth, and he just fell into it. He lived in the whale's stomach for three days, and afterward when the whale breathed the air, he was vomited out alive. Thus he began to offer up prayers saying that he would never venture to go against the God's wish, and afterward he was saved by a steamer, and went to the place appointed to him by the God to preach. "[1]

---

[1]　W. A. P. Martin. *A Cycle of Cathay, South and North with Personal Reminiscences*. New York: Fleming H. Revell Company, 1900, pp. 298-299.

参考文献

外文文献

专　著

A. P. R. Howatt. *A History of English Language Teaching*. 上海：上海外语教育出版社,1999.

Adrian Bennett. *John Fryer：The Introduction of Western Science and Technology into Nineteenth-Century China*. Mass.：Harvard University Press,1967.

Adrian Bennett. *Missionary Journalist in China：Young J. Allen and His Magazines，1860—1883*. Georgia：The University of Georgia Press，1983.

Arthur H. Smith. *China and American Today*. New York：Fleming H. Revell Company，1907.

Bob Adamson. *China's English：A History of English in Chinese Education*. Hong Kong：Hong Kong University Press，2004.

Brian Harrison. *Waiting for China，the Anglo-Chinese College at Malacca，1818—1843，and Early Nineteenth-Century Missions*. Hong Kong：Hong Kong University Press，1979.

Chiu-Sam Tsang. *Nationalism in School Education in China*. Hong Kong：The South China Morning Post, Ltd.，1933.

Christian Schaffner & Beverly Adab 编. *Developing Translation Competence*.上海：上海外语教育出版社,2012.

Christiane Nord. *Translating as a Purposeful Activity：Functionalist Approaches Explained*.上海：上海外语教育出版社,2001.

Eliza Morrison. *Memoirs of the Life and Labours of Robert Morrison*.

郑州：大象出版社，2008.

Ferdinand Dagenais. *The John Fryer Papers* (*Volume One*). 桂林：广西师范大学出版社，2010.

Ferdinand Dagenais. *The John Fryer Papers* (*Volume Two*). 桂林：广西师范大学出版社，2010.

Harold M. Vinacke. *A History of the Far East in Modern Times* (*Fourth Edition*). New York：F. S. Crofts & Co.，Inc.，1944.

Henry Wheaton. *Elements of International Law*. Oxford，London：The Clarendon Press，1936.

Hosea B. Morse. *The International Relations of the Chinese Empire* (*Volume* Ⅰ). Kent，UK：Global Oriental Ltd.，2008.

Jack C. Richards & Theodore S. Rodgers. *Approaches and Methods in Language Teaching*. Cambridge：Cambridge University Press，2004.

Jean Woodsworth. *Translators through History*. Amsterdam：John Benjamins Publishing Company Unesco Publishing，1995.

Jessie Gregory Lutz. *China and the Christian Colleges*，*1850-1950*. Ithaca：Cornell University Press，1972.

John Garraty & Peter Gay(eds.) *The Columbia History of the World*. New York：Harper & Row Publishers，1972.

John K. Fairbank. *The Cambridge History of China* (Volume 10，Late Ch'ing，1800—1911，Part I). London：Cambridge University Press，1978.

Jonathan Spence. *To Change China：Western Advisers in China 1620—1960*. Toronto：Little，Brown and Company，1969.

Joseph Sung-Yul Park and Lionel Wee. *Markets of English：Linguistic Capital and Language Policy in a Globalizing World*. New York：Routledge Taylor & Francis Group，2012.

Kenneth S. Latourette. *The History of Early Relations between The United States and China*，*1784—1844*. Hew Haven，Connecticut：Yale University Press，1917.

Knight Biggerstaff. *The Earliest Modern Government Schools in China*. New York：Cornell University Press，1961.

Kwang-Ching Liu(ed.). *American Missionaries in China—Papers from Harvard Seminars*. Mass.：Harvard University Press，1966.

Lindsay Ride. *Robert Morrison, the Scholar and the Man*. Hong Kong: Hong Kong University Press, 1957.

刘道义,吴兆颐. *English Language Education in China: Past and Present*. 北京:人民教育出版社,2015.

Lydia H. Liu. *The Clash of Empires: The Invention of China in Modern World Making*. Cambridge, Massachusetts: Harvard University, 2004.

Mona Baker. *Routledge Encyclopedia of Translation Studies*. 上海:上海外语教育出版社,2004.

Murray A. Rubinstein. *The Origins of the Anglo-American Missionary Enterprise in China, 1807—1840*. Lanham, Md. , & Lodon: The Scarecrow Press, Inc. ,1996.

Myriam Salama-Carr (ed.). *Translating and Interpreting Conflict*. New York:Amsterdam-New York, 2007.

Ralph Covell. *W. A. P. Martin: Pioneer of Progress in China*. Washington: Christian University Consortium, 1978.

Ssu-yü Teng & John K. Fairbank. *China's Response to the West: A Documentary Survey 1839—1923*. Cambridge: Harvard University Press, 1954.

Stanley F. Wright. *Hart and the Chinese Customs*. Belfast, Northern Ireland: Wm. Mullan & Son (Publishers) Ltd. , 1950.

W. A. P. Martin. *A Cycle of Cathay or China, South and North with Personal Reminiscences*. New York: Fleming H. Revell Company, 1900.

W. A. P. Martin. *The Awakening of China*. New York: Doubleday, Page & Company, 1907.

W. A. P. Martin. *The Lore of Cathy*. New York:Fleming H. Revell Company, 1912.

W. A. P. Martin. *The Siege of Peking—China against the World by an Eye Witness*. Edinburgh and London: Oliphant Anderson & Ferrier,1900.

William F. Mayers (ed.). *Treaties between the Empire of China and Foreign Powers (together with Regulations for the Conduct of Foreign Trade, ETC)*. Shanghai: Printed and Published at the "North-China Herald" Office, 1901.

William Hunter. *Bits of Old China*. Taipei: Ch'eng-wen Publishing

Company，1976.

William Hunter. *The "Fan Kwae" at Canton Before Treaty Days，1825—1844*. Taipei：Ch'eng-wen Publishing Company，1970.

［法］赵保禄著，［美］李国庆整理. *Another China：Notes on the Celestial Empire as Viewed by a Catholic Bishop*. 桂林：广西师范大学出版社，2013.

［美］W. L. G. Smith 著，［美］李国庆整理. *Observations on China and the Chinese*. 桂林：广西师范大学出版社，2009.

［英］D. F. Rennie 著，［美］李国庆整理. *Peking and the Pekingese during the First Year of the British Embassy at Peking*. 桂林：广西师范大学出版社，2011.

［英］W. E. Soothill 著，［美］李国庆整理. *A Typical Mission in China*. 桂林：广西师范大学出版社，2013.

期刊论文

Arthur Smith. The Late Dr. W. A. P. Martin. *The North-China Herald*，Dec. 30，1916.

Arthur Smith. The Life and Work of the Late Dr. W. A. P. Martin. *The Chinese Recorder*，Feb. ，1917.

Brian Harrison. *Waiting for China*. Hong Kong University Press，1979.

Charles Gutzlaff. Gutzlaff's Journal. *The Chinese Repository*，Vol. I，May，1832.

Progress in China. *The N. C. Herald and S. C. & C. Gazette*，Aug. 31，1872.

Chinese Vocabularies. *The Chinese Repository*，Volume V. VI（2），Oct，1837.

Emile Lépissier . The Peking College. *The N. C. Herald and S. C. & C. Gazette*，Apr. 4，1870.

Gilbert Reid. Rev. Young Allen，D. D. ，LL. D. *The Chinese Recorder*，Jul. ，1907.

H. H. Lindsay. Report of Proceedings. *The Chinese Repository*，Vol. II，Apr. ，1834.

John Foster. An Appreciation of Dr. W. A. P. Martin. *Indiana Uni-*

versity Alumni Quarterly，Vol. IV，No. 2，Apr. ，1917.

John Fryer. Account of the Department for the Translation of Foreign Books at the Kiangnan Arsenal，Shanghai. *The N. C. Herald and S. C. & C. Gazette*，Jan. 29，1880.

Leung Yuen Sang. *The Tragic Passage to a New World：Changing Attitudes of the Chinese Intellectuals to the West in the Late Ch'ing Period.* 香港中文大学中华文化研究所学报，1985 年第十六卷.

M. J. O'brien. The Peking College. *The N. C. Herald and S. C. & C. Gazette*，Jan. 25，1870.

Rev. L. W. Pilcher. The New Education in China（Ⅰ）. *The Chinese Recorder*，Jul. ，1889.

Rev. L. W. Pilcher. The New Education in China（Ⅱ）. *The Chinese Recorder*，Aug. ，1889.

Rev. M. J. Rnowlton. Modern Christian Missions in China. *The Chinese Recorder*，May，1870.

Treaty of Wanghia. *The Chinese Repository*，Vol. XIV. No. 11，Nov. ，1845.

Triennial Calendar of The Tungwen College（Fourth Issue），Published by Authority，Peking，1888.

Tsuen-Hsuin Tsien. Western Impact on China Through Translation. *The Far Eastern Quarterly*，Vol. 13，No. 3，May，1954.

中文文献

古近代文献
专　　著

［德］查尔斯·马顿斯著，［清］联芳、庆常译，［美］丁韪良鉴定、校核，傅德元点校. 星轺指掌. 北京：中国政法大学出版社，2006.

［法］毕利干口译，［清］承霖、王钟祥笔述. 化学阐原. 同文馆聚珍版，光绪八年（1882）孟冬.

［汉］郑玄注，［唐］贾公彦疏. 周礼注疏. 上海：上海古籍出版社，2010.

［美］丁冠西、［中］汪凤藻译. 富国策. 鸿宝书局，光绪二十八年（1902）.

［美］丁韪良.公法便览.同文馆聚珍版,光绪三年(1877)孟秋.

［美］惠顿著,［美］丁韪良译,何勤华点校.万国公法.北京:中国政法大学出版社,2003.

［美］惠顿撰,［美］丁韪良译.万国公法.京都崇实馆存板,同治三年(1864)孟冬月镌.

［明］利玛窦、金尼阁著,何高济等译.利玛窦中国札记.北京:中华书局,1983.

［明］林尧俞等纂修.景印文渊阁四库全书.台北:台湾"商务印书馆",1983.

［明］王宗载.四夷馆考.东方学会印本,甲子夏六月.

［明］严从简.殊域周咨录.北京:中华书局,2000.

［清］斌春.乘槎笔记(卷下).光绪乙酉(1885)镌,扫叶山房藏版.

［清］蔡钧.出使须知.天南遯叟手校本,豷园王氏刊,光绪乙酉(1885)秋.

［清］崇彝.道咸以来朝野杂记.北京:北京古籍出版社,1982.

［清］德贞译.全体通考(同文馆聚珍版),光绪丙戌(1886)孟夏.

［清］邓实辑.政艺丛书［光绪癸卯(二十九年)］.台北:台湾文海出版社,1974.

［清］董恂.还读我书室老人手订年谱(卷一).台北:台湾文海出版社,1968.

［清］方濬师.蕉轩随录.退一步斋,同治十一年(1872).

［清］冯桂芬.显志堂稿.光绪二年(1876)校邠庐刊.

［清］冯桂芬.校邠庐抗议.郑州:中州古籍出版社,1998.

［清］葛元煦.重修沪游杂记.光绪十二年(1886).

［清］郭嵩焘.郭嵩焘日记.长沙:湖南人民出版社,1982.

［清］黄庆澄.中西普通书目表·读书灯.羊城铸史斋刊,光绪戊戌(1898)九月.

［清］昆岗等纂修.钦定大清会典(卷一百).北京:商务印书馆,光绪戊申(1908)十一月.

［清］梁廷枏.清代史料笔记丛刊:夷氛闻记.北京:中华书局,1985.

［清］梁廷枏.粤海关志.台北:台湾文海出版社,1974.

［清］毛承霖编.毛尚书(鸿宾)奏稿.台北:台湾文海出版社,1971.

［清］毛佩之辑.变法自强奏议汇编.上海书局石印,光绪辛丑年(1901).

［清］缪荃孙辑.艺风堂杂钞.北京:中华书局,2010.

［清］唐才常.唐才常集（增订本）.北京：中华书局,2013.

［清］汪凤藻等译,丁韪良鉴定.公法便览.同文馆聚珍版,光绪三年（1877）孟秋.

［清］汪芝房编译.英文举隅.京都官书局石印,光绪二十五年（1899）五月.

［清］王韬.弢园文录外编.上海：上海书店出版社,2002.

［清］王文韶著,袁英光、胡逢祥整理.中国近代人物日记丛书：王文韶日记（上册）.北京：中华书局,1989.

［清］王彦威辑.清宣统朝外交史料.民国二十二年（1933）十月初版.

［清］王之春.国朝柔远记.夏广雅书局刻,光绪十七年（1891）.

［清］魏源.海国图志.咸丰二年（1852）古微堂刻本.

［清］魏源.魏源集（上）.北京：中华书局,2009.

［清］魏源.魏源全集（四）.长沙：岳麓书社,2011.

［清］翁同龢著,陈义杰整理.翁同龢日记（第五册）.北京：中华书局,1997.

［清］吴汝伦编.李文忠公（鸿章）全集.台北：台湾文海出版社,1980.

［清］席欲福、沈师徐辑.皇朝政典类纂（卷二百三十）.台北：台湾文海出版社,1969.

［清］夏燮.中西纪事.长沙：岳麓书社,1988.

［清］徐维则辑,顾燮光补辑.增版东西学书录.光绪二十六年（1900）十二月印行.

［清］薛福成著,张玄浩、张英宇标点.出使英法义比四国日记.长沙：岳麓书社,1984.

［清］姚莹.康輶纪行.清同治六年（1867）刻本,中山大学图书馆藏.

［清］姚莹.中复堂全集·东溟文后集.道光十三年（1833）刊.

［清］曾纪泽著,刘志惠点校辑注.曾纪泽日记（下册）.长沙：岳麓书社,1998.

［清］曾纪泽著,王杰成标点.出使英法俄国日记.长沙：岳麓书社,1985.

［清］曾纪泽著,喻岳衡点校.曾纪泽集.长沙：岳麓书社,2005.

［清］曾纪泽.曾惠敏公手写日记.台北：台湾学生书局,1965.

［清］张德明.航海述奇.上海：上海申报馆,同治年间（1862—1874）.

［清］张德彝著,左步青点、米江农校.欧美环游记.长沙：湖南人民出版社,1981.

［清］张廷玉等.明史.北京：中华书局,1974.

［清］志刚.初使泰西记.光绪丁丑（1877）镌,京都琉璃厂路南林华斋书坊

发兑.

　　［瑞士］布伦撰，［美］丁韪良、［清］联芳、庆常等译.公法会通.乐善堂聚珍版，光绪庚辰（1880）.

　　［瑞士］穆尼耶撰，［美］丁韪良译.陆地战例新选.光绪二十七年（1901），铅印本.

　　［宋］周密.癸辛杂识（后集）.北京：中华书局，1988.

　　［元］马端临.文献通考（卷二十三·国用一）.北京：中华书局，1986.

　　《大清宣统政纪实录》（二）.台湾华文书局股份有限公司印行，1968.

　　光绪会典.光绪己亥敕修.台北：台湾文海出版社，1967.

　　同文馆题名录（第四次），光绪十三年（1887）刊行.

　　宝鋆等.筹办夷务始末（同治朝）.民国十九年（1930）故宫博物院用抄本影印.

　　陈初.京师译学馆校友录.台北：台湾文海出版社，1974.

　　戴逸主编，董丛林编.中国近代思想家文库·曾国藩卷.北京：中国人民大学出版社，2013.

　　戴逸主编，海清编.中国近代思想家文库·王韬卷.北京：中国人民大学出版社，2013.

　　戴逸主编，熊月之编.中国近代思想家文库·冯桂芬卷.北京：中国人民大学出版社，2013.

　　国家清史编纂委员会.清代诗文集汇编·郭侍郎奏疏.上海：上海古籍出版社，2011.

　　贾桢.筹办夷务始末（咸丰朝），民国十九年（1930）故宫博物院用抄本影印.

　　李岳瑞.春冰室野乘.陕西通志馆印，民国二十五年（1936）.

　　梁启超.变法通议.北京：华夏出版社，2002.

　　梁启超.读西学书法.上海：时务报馆，清光绪年间石印本.

　　梁启超.饮冰室合集（之一）.北京：中华书局，1989.

　　梁启超.中国近三百年学术史.北京：中国人民大学出版社，2012.

　　梁启超著，朱维铮校注.清代学术概论.北京：中华书局，2010.

　　梁启超撰，夏晓虹辑.饮冰室合集（集外文下册）.北京：北京大学出版社，2005.

　　林则徐撰，杨国桢选注.林则徐选集.北京：人民文学出版社，2004.

　　马挺亮.京师同文馆学友会第一次报告书.北京：京华印书局代印，1916.

钱士青.诵芬堂文稿续编.上海:上海商务印书馆,民国十九年(1930).

《四库未收书辑刊》编纂委员会.四库未收书辑刊(五辑).北京:北京出版社,1997.

王宗载.四夷馆考.东方学会印本,甲子夏六月.

文庆.筹办夷务始末(道光朝),民国十九年(1930)故宫博物院用抄本影印.

翁万戈编,翁以钧校订.翁同龢日记(第六、七卷).上海:中西书局,2012.

吴相湘主编.皇朝蓄艾文编.台北:台湾学生书局,1965.

徐一士著,沈云龙主编.近代中国史料丛刊:一士谭荟.台北:台湾文海出版社,1966.

《续修四库全书》编纂委员会.续修四库全书.上海:上海古籍出版社,2002.

佚名.广方言馆全案.光绪年间印行,铅印本.

张百熙,张之洞,荣庆.奏定学堂章程·中学堂章程.湖北学务处本,清光绪刻本.

张百熙,张之洞,荣庆.奏定学堂章程·学务刚要.湖北学务处本,清光绪刻本.

张之洞著,国家清史编纂委员会编.张之洞全集.武汉:武汉出版社,2008.

张之洞撰,冯天瑜等评注.劝学篇.武汉:湖北人民出版社,2002.

赵尔巽等.清史稿.北京:中华书局,1976.

佚名.北京同文馆总教习丁韪良先生纪略//.万国公报.上海:上海墨海书局,1990.

期刊论文

H. B. Morse & W. A. P. Martin 著,傅任敢译.同文馆记.教育杂志,民国二十六年(1937)四月第二十七卷第四号.

毕乃德著,傅任敢译.同文馆考.中华教育界,1935 年第二十三卷第二期.

毕乃德著,徐绍昌译.同文馆考.外交月报,1935 年第六卷.

蒋廷黻.国际公法输入中国之起始.政治学报,1932.

吴宣易.京师同文馆略史.读书月刊,1933 年第二卷第四号.

史料汇编

北京大学,中国第一历史档案馆编.京师大学堂档案选编.北京:北京大学出版社,2001.

复旦大学历史系.中国近代对外关系史资料选辑(1840—1949)(上卷第一分册).上海:上海人民出版社,1977.

高时良.中国近代教育史料汇编·洋务运动时期教育.上海:上海教育出版社,1992.

国家图书馆.国家图书馆藏历史档案文献丛刊:洋务档案(第二册).北京:全国图书馆文献缩微复印中心,2004.

黎难秋,李亚舒.中国科学翻译史料.合肥:中国科学技术大学出版社,1996.

李楚材.帝国主义侵华教育史资料·教会教育.北京:教育科学出版社,1987.

舒新城.中国近代教育史资料(中册).北京:人民教育出版社,1961.

宋元放主编,汪家熔辑注.中国出版史料·近代部分(第一卷).武汉:湖北教育出版社,2004.

王铁崖.中外旧约章汇编(第一册).北京:生活·读书·新知三联书店,1957.

张静庐辑注.中国近代出版史料初编.上海:上杂出版社,1953.

张静庐辑注.中国近现代出版史料(近代初编).上海:上海书店出版社,2003.

中国史学会.中国近代史资料丛刊:第二次鸦片战争(五).上海:上海人民出版社,1978.

中国史学会.中国近代史资料丛刊:鸦片战争(二).上海:上海人民出版社,1957.

中国史学会.中国近代史资料丛刊:洋务运动(二)(四)(八).上海:上海人民出版社,2000.

中国史学会.中国近代史资料丛刊:戊戌变法.上海:上海人民出版社,2000.

中华文化复兴运动推行委员会.中国近代现代史论集(第七编).台北:台湾"商务印书馆",1986.

台湾"中央研究院"近代史研究所.近代中国对西方及列强认识资料汇编(第一辑第一分册).台湾:清水印刷厂,1972.

台湾"中央研究院"近代史研究所.中美关系史料.台湾:1968.

朱有瓛.中国近代学制史料(第一辑上册).上海:华东师范大学出版

社,1983.

当代文献
专　著

［美］丁韪良著,沈弘、浑文捷、郝田虎译.花甲忆记:一位美国传教士眼中的晚清帝国.桂林:广西师范大学出版社,2004.

［美］费正清编,中国社会科学院历史研究所译.剑桥中国晚清史 1800—1911(上卷).北京:中国社会科学出版社,1993.

［美］凯瑟琳·F.布鲁纳等编,［中］陈绛译.赫德日记——赫德与中国早期现代化.北京:中国海关出版社,2005.

［美］凯瑟琳·F.布鲁纳等编,［中］傅曾仁等译.步入中国清廷仕途——赫德日记(1854—1863).北京:中国海关出版社,2003.

［美］塞缪尔·亨廷顿著,周琪等译.文明的冲突与世界秩序的重建(修订版).北京:新华出版社,2010.

［美］徐中约著,计秋风、朱庆葆译.中国近代史:1600—2000 中国的奋斗(第 6 版).北京:世界图书出版公司,2008.

［英］E. H. 卡尔著,陈恒译.历史是什么.北京:商务印书馆,2014.

［英］阿诺德·汤因比著,刘北成、郭小凌译.历史研究.上海:上海人民出版社,2005.

［英］伯特兰·罗素著,贾可春译.心的分析.北京:商务印书馆,2012.

［英］斯坦利·莱恩-普尔等著,金莹译.巴夏礼在中国.桂林:广西师范大学出版社,2008.

蔡鸿生.俄罗斯馆纪事(增订本).北京:中华书局,2006.

陈景磐.中国近代教育史.北京:人民教育出版社,1979.

陈平原.老北大的故事(增订版).北京:北京大学出版社,2009.

陈向阳.晚清京师同文馆组织研究.广州:广东高等教育出版社,2004.

戴逸主编,欧阳哲生编.中国近代思想家文库·傅斯年卷.北京:中国人民大学出版社,2013.

戴逸主编,郑刚编.中国近代思想家文库·余家菊卷.北京:中国人民大学出版社,2013.

丁伟志,陈崧.中西体用之间——晚清文化思潮述论.北京:社会科学文献出版社,2011.

范文澜.范文澜全集第九卷·中国近代史(上册),石家庄:河北教育出版

社,2002.

付克.中国外语教学史.上海:上海外语教育出版社,1986.

高晞.德贞传:一个英国传教士与晚清医学现代化.上海:复旦大学出版社,2009.

高名凯,刘正埮.现代汉语外来词研究.北京:文字改革出版社,1958.

高晓芳.晚清洋务学堂的外语教育研究.北京:商务印书馆,2007.

龚缨晏.浙江早期基督教史.杭州:杭州出版社,2010.

顾长声.传教士与近代中国.上海:上海人民出版社,1981/2013.

顾长声.从马礼逊到司徒雷登——来华新教传教士评传.上海:上海书店出版社,2005.

顾卫星.晚清英语教学研究.苏州:苏州大学出版社,2004.

郭德侠.中国近代高等学校课程设置研究.青岛:中国海洋大学出版社,2007.

郭廷以.近代中国的变局.台北:台湾联经出版事业公司,1987.

郭延礼.中国近代翻译文学概论(修订本).武汉:湖北教育出版社,2005.

胡适著,沈卫威选编.胡适经典论丛:胡适论读书.合肥:安徽教育出版社,2013.

黄忠廉,方梦之,李亚舒.应用翻译学.北京:国防工业出版社,2013.

季压西,陈伟民.语言障碍与晚清近代化进程(一)——中国近代通事.北京:学苑出版社,2007.

季压西,陈伟民.语言障碍与晚清近代化进程(三)——从"同文三馆"起步.北京:学苑出版社,2007.

蒋梦麟.西潮.北京:外语教学与研究出版社,2012.

蒋廷黻.中国近代史.南京:江苏人民出版社,2014.

金圣华.齐向译道行.北京:商务印书馆,2011.

孔慧怡.重写翻译史.香港:香港中文大学翻译研究中心,2005.

李传松,许宝发.中国近现代外语教育史.上海:上海外语教育出版社,2006.

李国钧.王炳照总主编.中国教育制度通史[第六卷清代(下)(公元一八四〇至一九一一年)].济南:山东教育出版社,2000.

李良佑,张日昇,刘犁.中国英语教学史.上海:上海外语教育出版社,1988.

李亚舒,黎难秋.中国科学翻译史.长沙:湖南教育出版社,2000.

李泽厚.中国近代思想史论.北京:生活·读书·新知三联书店,2008.

李志刚.基督教早期在华传教史.台北:台湾"商务印书馆",1985.

黎难秋,李亚舒.中国科学翻译史料.合肥:中国科技大学出版社,1996.

栗进英,易点点.晚清军事需求下的外语教育研究.长沙:湖南大学出版社,2010.

梁碧莹.艰难的外交——晚清中国驻美公使研究.天津:天津古籍出版社,2004.

林学忠.从万国公法到公法外交:晚清国际法的传入、诠释与应用.上海:上海古籍出版社,2009.

林治平.基督教与中国近代化论集.台北:台湾"商务印书馆",1975.

刘禾著,杨立华等译.帝国的话语政治——从近代中西冲突看现代世界秩序的形成.北京:生活·读书·新知三联书店,2014.

吕达.中国近代课程史论.北京:人民教育出版社,1994.

吕叔湘.吕叔湘文集(第4卷).北京:商务印书馆,2004.

罗荣渠.现代化新论——世界与中国的现代化进程(增订本).北京:商务印书馆,2009.

马士著,张汇文等译.中华帝国对外关系史(第一卷).上海:上海书店出版社,2000.

马晓冬.曾朴:文化转型时期的翻译家.北京:北京大学出版社,2014.

彭刚.叙事的转向——当代西方史学理论的考察.北京:北京大学出版社,2009.

齐如山.齐如山回忆录.沈阳:辽宁教育出版社,2005.

钱锺书.七缀集.北京:生活·读书·新知三联书店,2002.

钱锺书主编,李天刚编校.万国公报文选.北京:生活·读书·新知三联书店,1998.

束定芳,庄智象.现代外语教学:理论、实践与方法(修订版).上海:上海外语教育出版社,2008.

苏精.清季同文馆及其师生.台北:台北上海印刷厂,1985.

苏云峰著,吴家莹整理.中国新教育的萌芽与成长(1860—1928).北京:北京大学出版社,2007.

孙立平.国外发展理论研究.北京:人民出版社,1992.

孙子和.清代同文馆之研究.台北:台湾嘉新水泥公司,1977.

田正平主编.中国教育史研究(近代分卷).上海:华东师范大学出版

社,2009.

汪中求,王筱宁.1750—1950 的中国.北京:新世界出版社,2008.

王宏志.翻译与近代中国.上海:复旦大学出版社,2014.

王宏志.翻译与文学之间.南京:南京大学出版社,2011.

王宏志主编.翻译史研究.上海:复旦大学出版社,2011.

王立新.美国传教士与晚清中国现代化.天津:天津人民出版社,2008.

王文兵.丁韪良与中国.北京:外语教学与研究出版社,2008.

魏尔特著,陈敖才、陆琢成等译.赫德与中国海关.厦门:厦门大学出版社,1993.

魏绍昌编.孽海花资料(增订本).上海:上海古籍出版社,1982.

魏所康.培养模式论——学生创新精神培养与人才培养模式改革.南京:东南大学出版社,2004.

夏东元.洋务运动史.上海:华东师范大学出版社,1992.

夏征农主编.辞海(缩印珍藏本).上海:上海辞书出版社,2000.

萧一山.清代通史(卷下).上海:中华书局,1986.

熊月之.西学东渐与晚清社会.上海:上海人民出版社,1994.

许嘉璐主编.二十四史全译·新唐书.上海:汉语大辞典出版社,2004.

杨自强.学贯中西——李善兰传.杭州:浙江人民出版社,2006.

姚崧龄.影响我国维新的几个外国人.台北:台湾传记文学出版社,1985.

余光中.余光中选集(第四卷).合肥:安徽教育出版社,1999.

余林祥主编.中国教育制度通史[第六卷·清代(下)].济南:山东教育出版社,2000.

张元济.张元济全集(第 5 卷).北京:商务印书馆,2008.

张正东.中国外语教学法理论与流派.北京:科学出版社,2000.

章兼中.外语教育学.杭州:浙江教育出版社,1993.

赵尔巽等撰.清史稿.上海:中华书局,1977.

赵世举主编.语言与国家.北京:商务印书馆,2015.

郑曦原编,李方惠等译.帝国的回忆——《纽约时报》晚清观察记.北京:生活·读书·新知三联书店,2001.

郑振铎编.晚清文选.北京:中国社会科学出版社,2002.

中共中央马恩列斯著作编译局编.马克思恩格斯选集(第二卷).北京:人民出版社,1974.

中国人民大学清史研究所编.清史研究全集(第五辑).北京:光明日报出

版社,1986.

  钟叔河.从东方到西方——走向世界丛书叙论集.长沙:岳麓书社,2002.

  邹振环.疏通知译史.上海:上海人民出版社,2012.

期刊论文

  [美]刘广京.一八六七年同文馆的争议——洋务运动专题研究之一.复旦学报(社会科学版),1982年第5期.

  陈向阳.京师同文馆的学生管理.广州大学学报(社会科学版),2011年第4期.

  陈向阳.京师同文馆组织结构探析.华东师范大学学报(教育科学版),2005年第2期.

  陈向阳.论京师同文馆的洋教习.重庆社会科学,2007年第10期.

  仇云龙,张绍杰.晚清外语人才培养特色及其当下启示.外语教学与研究,2011年第2期.

  戴炜栋,张雪梅.对我国英语专业本科教学的反思.外语界,2007年第4期.

  丁伟.我国英语教学本土化的探索者丁韪良与京师同文馆.广西社会科学,2006年第10期.

  丁则良.《天津条约》订立前后美国对中国的侵略行动.历史教学,1951年第2期.

  傅德元.《富国策》的翻译与西方经济学在华的早期传播.社会科学战线,2010年第2期.

  傅德元.《星轺指掌》与晚清外交现代化.北京师范大学学报(社会科学版),2006年第6期.

  高晞."解剖学"中文译名的由来与确定——以德贞《全体通考》为中心.历史研究,2008年第6期.

  顾卫星.京师同文馆外语教学特色简析.苏州大学学报(哲学社会科学版),2001年第2期.

  顾卫星.京师同文馆英语教学历史研究.外语与外语教学,2004年第5期.

  郭悟真.略论北京同文馆的设置.山西师院学报(社会科学版),1957年第2期.

  哈赫洛夫·亚历山大·尼古拉耶维奇著,张飞燕译.清末京师同文馆的第一位俄语教师.中国文化,2013 年第 1 期.

郝淑霞.京师同文馆的俄语教学.中国俄语教学,2004 年第 2 期.

郝淑霞.晚清中俄外交与京师同文馆俄文教育.教育评论,2012 年第 4 期.

何大进.丁韪良与京师同文馆.北方论丛,2005 年第 4 期.

胡其柱.蔡锡勇《美国合邦盟约》译本考论.学术研究,2011 年第 3 期.

胡文仲.试论我国英语专业人才的培养:回顾与展望.外语教学与研究, 2014 年第 1 期.

黄立波,朱志瑜.晚清时期关于翻译政策的讨论.中国翻译,2012 年第 3 期.

黄运红.晚清京师新式学堂教师聘任初探——从京师同文馆到京师大学堂,湖南师范大学教育科学学报,2013 年第 5 期.

贾熟村.翁同龢笔下的同文馆.北京社会科学,2006 年第 5 期.

李长莉.晚清同文馆三馆对人才的培养.河北师范大学学报,1987 年第 1 期.

李宇明.中国外语规划的若干思考.外国语,2010 年第 1 期.

刘华.论京师同文馆的高等教育性质.浙江大学学报(人文社会科学版), 2004 年第 1 期.

刘华.中国近代科学教育体制形成的认知逻辑基础——重评京师同文馆的创立及 1866—1867 年关于添设天文算学馆的争论.浙江大学学报(人文社会科学版),2007 年第 6 期.

刘念业."佐译典籍贯中西":王韬的翻译事业.浙江外国语学院学报,2015 年第 2 期.

欧阳恩良,翟巍巍.从"𫘝舌之音"到京师同文馆的建立——近代中西语言接触看清廷观念的转变.甘肃社会科学,2008 年第 1 期.

刘晓琴.同文馆与晚清留英教育.史学月刊,2004 年第 8 期.

吕达.京师同文馆与我国近代课程的萌芽.教育评论,1988 年第 6 期.

吕景林,张德信.略论京师同文馆与人才培养.近代史研究,1988 年第 5 期.

吕万和等.西学在封建末期的中国与日本.历史研究,1981 年第 3 期.

罗列,杨文瑨.论作为国家文化战略的翻译政策——以京师同文馆的翻译活动为例.山东外语教学,2015 年第 2 期.

钱远镕.奕䜣与倭仁围绕同文馆问题的一场斗争.青海社会科学,1983 年第 3 期.

邱志红.《英文举隅》与《英文话规》——同文馆早期毕业生编译的早期英语文法书.寻根,2008 年第 5 期.

施正宇.试论清代来华西方人的中国语言水平——从京师同文馆的建立说起.清华大学学报(哲学社会科学版),2014 年第 6 期.

束定芳.重读许国璋先生所撰"编者的话".外语教学与研究,2015 年第 5 期.

司佳.从"通事"到"翻译官"——论近代中外语言接触史上的主、被动角色的转移.复旦学报,2002 年第 3 期.

苏谓昌.也评京师同文馆——兼与郑登云同志商榷.华东师范大学学报(自然科学版),1980 年第 4 期.

苏渭昌.论同文馆之争.重庆师院学报(哲学社会科学版),1983 年第 1 期.

孙邦华.简论丁韪良.史林,1999 年第 1 期.

田涛.丁韪良与《万国公法》的几个问题.社会科学研究,1999 年第 5 期.

万齐洲.《公法便览》与战争法及其术语的输入.三峡大学学报(人文社会科学版),2011 年第 2 期.

万齐洲.《星轺指掌》与近代西方外交关系法及外交术语的输入.惠州学院学报(社会科学版),2011 年第 2 期.

汪家熔.同文馆与丁韪良——同文馆出版物.黑龙江图书馆,1988 年第 6 期.

王大明.京师同文馆及其历史地位.中国科技史料,1987 年第 4 期.

王宏志.京师同文馆与晚清翻译事业.文化研究所学报,2003 年新第 12 期.

王升远.中国近代外语观之嬗变——对清末同文馆之争的反思.上海师范大学学报,2008 年第 5 期.

王维俭.丁韪良和京师同文馆.中山大学学报(哲学社会科学版),1984 年第 2 期.

王维检.林则徐翻译西方国际法著作考略.中山大学学报,1985 年第 1 期.

王中江.世界秩序中国际法的道德性与权力身影——"万国公法"在晚清中国的正当化及其依据.天津社会科学,2014 年第 3 期.

吴洪成."洋务运动"时期西学教科书编译问题的研究.临沂师范学院学

报,2004年第5期.

夏红卫.跨文化传播视野下的晚清同文馆.北京大学学报(哲学社会科学版),2007年第6期.

项锷.再论同文馆之争.深圳大学学报(人文社会科学版),2006年第2期.

肖朗.《西学考略》与中国近代教育.华东师范大学学报(教育科学版),1999年第1期.

徐海华.近代中国日语教育之发端——同文馆东文馆.日语学习与研究,2008年第1期.

杨凡.对外语高校培养国际化人才的几点思考.外语界,2003年第2期.

杨忠.从语言规约性与创新性辩证关系看外语教学中创新意识的培养.外语教学与研究,2015年第5期.

尹文涓.林则徐的翻译班子及所译西书西刊.福建论坛(人文社会科学版),2010年第6期.

张登德.汪凤藻与《富国策》的翻译.苏州科技学院学报(社会科学版),2010年第5期.

张慧丽.京师同文馆的翻译出版活动及其贡献.山东图书馆学刊,2010年第5期.

张劲草.国际法最早的汉文译著者是林则徐.法学,1982年第2期.

张绍杰.面向多元社会需求和多元目标取向 培养"厚基础、强能力、高素质"的外语人才——对英语专业教育教学改革的新思考.中国外语,2010年第3期.

张用心.《万国公法》的几个问题.北京大学学报(哲学社会科学版),2005年第3期.

赵惠容.北京近代教育源泉探——论析京师同文馆.北京社会科学,1990年第1期.

郑登云.评京师同文馆.上海师范大学学报(社会科学版),1979年第2期.

郑玉琪.英语专业课程设置改革与创新人才培养模式.外语与外语教学,2006年第8期.

中国第一历史档案馆.同治年间总署查核中法条约底本.历史档案,1988年第4期.

周毅.近代广东通事及其角色特征之分析.四川大学学报(哲学社会科

版),2005年第3期.

周俐玲,段怀清.京师同文馆与晚清"学生—译员计划".北京化工大学学报,2006年第2期.

周振鹤.对传统文化再认识的飞跃——"五四"新文化运动的一个剖析.复旦学报(社会科学版),1989年第3期.

朱务本.洋教习与晚清的教育事业.贵州社会科学,1990年第6期.

邹振环.清代前期外语教学与译员培养上的制度问题——与俄国、日本的比较.社会科学辑刊,2007年第1期.

邹振环.晚清同文馆外语教学与外语教科书的编纂.学术研究,2004年第12期.

硕博士论文

赵海亮.京师同文馆与中国近代化.山西大学硕士论文,2004.

许海华.清末官办日语教育之研究.浙江大学硕士论文,2007.

陈媛媛.同文馆的翻译教学及其对MTI教学的启示.上海外国语大学硕士论文,2012.

莫再树.晚清商务英语教学源流考镜.湖南大学博士论文,2012.

孙广平.晚清英语教科书发展考述.浙江大学博士论文,2013.

索　引

图书在版编目（CIP）数据

京师同文馆外语教育研究 / 张美平著. —杭州：浙江
大学出版社，2017.12
ISBN 978-7-308-17247-9

Ⅰ.①京… Ⅱ.①张… Ⅲ.①外语教学—教学研究—中国
—清代 Ⅳ.①H09

中国版本图书馆 CIP 数据核字（2017）第 187567 号

京师同文馆外语教育研究

张美平 著

责任编辑	蔡圆圆	
责任校对	杨利军　李增基	
封面设计	春天书装	
出版发行	浙江大学出版社	
	（杭州市天目山路 148 号　邮政编码 310007）	
	（网址：http://www.zjupress.com）	
排　　版	浙江时代出版服务有限公司	
印　　刷	虎彩印艺股份有限公司	
开　　本	710mm×1000mm　1/16	
印　　张	26.25	
字　　数	457 千	
版 印 次	2017 年 12 月第 1 版　2017 年 12 月第 1 次印刷	
书　　号	ISBN 978-7-308-17247-9	
定　　价	65.00 元	